KB083024

『세종실록』 속의
대마도·일본 기사
1

편자

이근우(李根雨, Rhee, Kun Woo)_ 서울대 동양사학과 졸업, 한국학대학원 석·박사 졸업. 현재 부경대 사학과 교수 및 대마도연구센터 소장. 저서로는 『전근대한일관계사』, 『고대왕국의 풍경』, 『훈민정음은 한글인가』, 『대한민국은 유교공화국이다』, 『조선지도 속의 대마도』가 있으며, 역서로는 『한국수산지』 1·3, 『일본서기』 상·중·하, 『속일본기』 1·2·3·4, 『영의해』 상·하, 『조선사료 속의 대마도』가 있다.

공미희(孔美熙, Kong, Mi Hee)_ 부경대 대학원 문학박사. 현재 부경대 HK 연구교수. 연구논문으로는 「근대 이문화 교류공간으로서의 항구도시 부산」이 있다.

『세종실록』 속의 대마도 · 일본 기사 1

초판인쇄 2018년 12월 21일 **초판발행** 2019년 1월 4일
편자 이근우 · 공미희 **펴낸이** 박성모 **펴낸곳** 소명출판 **출판등록** 제13-522호
주소 06643 서울시 서초구 서초중앙로6길 15, 1층
전화 02-585-7840 **팩스** 02-585-7848 **전자우편** somyungbooks@daum.net **홈페이지** www.somyong.co.kr

값 43,000원 ⓒ 이근우 · 공미희, 2018
ISBN 979-11-5905-323-8 93910

이 책은 2017년 대한민국 교육부와 한국연구재단의 지원을 받아 수행된 연구임 (NRF-2017S1A6A3A01079869).

부경대학교 인문사회과학연구소
해역인문학 자료총서 / 01 /

『세종실록』 속의 대마도·일본 기사 1

이근우 · 공미희 편

The Records on Tsushima and
Japan in Sejong Chronicles

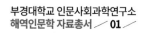 소명출판

일러두기

- 이 책에서 인용한 『조선왕조실록』의 원문 및 번역문은 고전번역원 및 국사편찬위원회가 인터넷상에 공개한 것을 인용하였다. 그러나 번역문은 그대로 사용하지 않고 구두점 및 오역과 오류를 수정하였다.
- 주석은 『한국민족대백과사전』(한국학중앙연구원), 『한국고전용어사전』(세종대왕기념사업회) 등을 많이 참조하였다.
- 『조선왕조실록』을 출전으로 하는 자료는 본문과 각주의 문장 끝에서 '태종 4-2-1-1'과 같이 나타내었다. 태종 4년 2월 1일 1번째 기사라는 뜻이다.
- 『조선왕조실록』 원문의 문장기호를 그대로 쓰기도 하고, 일부 수정하기도 하였다. 인용문 표시를 위한 콜론(:)은 쉼표로 바꾸고, 나열을 나타내는 기호는 가운뎃점(·)을 사용하였다. 원문에서 2줄로 된 割註는 【 】기호를 그대로 썼다.
- 주석은 앞에 있는 주석을 참조하는 방식과 같은 내용의 주석을 다시 다는 방식을 병용하였다. 자료가 연원일 순으로 배열되어 있어, 앞의 주석을 찾는 것이 크게 어렵지 않을 것으로 판단하였다.
- '여기에만 보인다'는 『조선왕조실록』과 고전번역원 DB 전체에서도 해당 기사에만 보인다는 뜻이다.

발간사

    부경대학교 인문사회과학연구소와 해양인문학연구소는 해양수산 교육과 연구의 중심이라는 대학의 전통과 해양수도 부산의 지역 인프라를 바탕으로 바다를 중심으로 하는 인간 삶에 대한 총체적 연구를 지향해 왔다. 바다와 인간의 관계에서 볼 때, 아주 오랫동안 인간은 육지를 근거지로 살아왔던 탓에 바다가 인간의 인식 속에 자리잡게 된 것은 시간적으로 길지 않았다. 특히 이전 연근해에서의 어업활동이나 교류가 아니라 인간이 원양을 가로질러 항해하게 되면서 바다는 본격적으로 인식의 대상을 넘어서 연구의 대상이 되었다. 그래서 현재까지 바다에 대한 연구는 주로 과학기술이나 해양산업 분야의 몫이었다. 하지만 인간이 육지만큼이나 빈번히 바다를 건너 이동하게 되면서 바다는 육상의 실크로드처럼 지구적 규모의 '바닷길 네트워크'를 형성하게 되었다. 그리고 이 해상실크로드를 따라 사람, 물자, 사상, 종교, 정보, 동식물, 심지어 병균까지 교환되게 되었다.

    이제 바다는 육지만큼이나 인간의 활동 속에 빠질 수 없는 대상이다. 바다와 인간의 관계를 인문학적으로 점검하는 학문은 아직 정립되지 못했지만, 근대 이후 바다의 강력한 적이 인간이 된 지금 소위 '바다의 인문학'을 수립해야 할 시점에 이르렀다. 하지만 바다의 인문학은 소위 '해양문화'가 지닌 성격을 규정하는데서 시작하기보다 더 현실적인 인문학적 문제에서 출발해야 한다. 그것은 한반도 주변의 바다를 둘러싼 동북아 국제관계에서부터 국가, 사회, 개인 일상의 각 층위에서 심화되고 있는 갈등과 모순들 때문이다. 이것은 근대이후 본격화된 바닷길 네트워크를 통해서 대두되었다. 곧 이질적 성격의 인간 집단과 문화가 접촉, 갈등, 교섭해 오면서 동양과 서양, 내셔널과 트랜스내셔널, 중앙과 지방의 대립 등이 해역海域 세계를 중심으로 발생했던 것이다.

다시 말해 해역 내에서 인간(집단)이 교류하며 만들어내는 사회문화와 그 변용을 그 해역의 역사라 할 수 있으며, 그 과정의 축적이 현재의 상황으로 나타난다고 할 수 있다. 따라서 해역의 관점에서 동북아를 고찰한다는 것은 동북아 현상의 역사적 과정을 규명하고, 접촉과 교섭의 경험을 발굴, 분석하여 갈등의 해결 방식을 모색토록 하며, 향후 우리가 나아가야 할 방향을 제시해주는 하나의 방법이라고 할 수 있다. 개방성, 외향성, 교류성, 공존성 등을 해양문화의 특징으로 설정하여 이를 인문학적 자산으로 상정하고 또 외화하는 바다의 인문학을 추구하면서도, 바다와 육역의 결절 지점이며 동시에 동북아 지역 갈등의 현장이기도 한 해역을 연구의 대상으로 삼아 실제적으로 현재의 갈등과 대립을 해소하는 방안을 강구하고, 나아가 바다와 인간의 관계를 새롭게 규정하는 '해역인문학'을 정립할 필요성이 여기에 있다.

이러한 인식하에 본 사업단은 바다로 둘러싸인 육역陸域들의 느슨한 이음을 해역으로 상정하고, 황해와 동해, 동중국해가 모여 태평양과 이어지는 지점을 중심으로 동북아해역의 역사적 형성 과정과 그 의의를 모색하는 "동북아해역과 인문네트워크의 역동성 연구"를 제안한다. 이를 통해 우리는 첫째, 육역의 개별 국가 단위로 논의되어 온 세계를 해역이라는 관점에서 다르게 사유하고 구상할 수 있는 학문적 방법과 둘째, 동북아 현상의 역사적 맥락과 그 과정에서 축적된 경험을 발판으로 현재의 문제를 해결하고 향후의 방향성을 제시하는 실천적 논의를 도출하고자 한다.

부경대 인문한국플러스사업단이 추구하는 소위 '(동북아)해역인문학'은 새로운 학문을 창안하는 일이다. '해역인문학' 총서 시리즈는 이와 관련된 연구 성과를 집약해서 보여줄 것이고, 또 이 총서의 권수가 늘어가면서 '해역인문학'은 그 모습을 드러낼 수 있을 것으로 기대한다. 끝으로 '해역인문학총서'가 인간과 사회를 다루는 학문인 인문학의 발전에 기여할 수 있는 하나의 씨앗이 되기를 희망한다.

부경대 인문한국플러스사업단 단장 손동주

조선시대 세종 대에는 1419년에 대마도를 정벌하였고, 1443년에 조선과 대마도 관계의 기본틀을 마련한 계해약조가 체결되었다. 또한 조선은 실정막부의 3대 장군 족리의만을 비롯하여 족리의지, 족리의교 등의 조문사를 파견하는가 하면, 왜구를 금압하기 위하여 구주탐제 금천료준(원료준), 삽천만뢰(원도진) 등 구주·본주의 유력자들과 활발하게 통교하였다. 그중에서도 대마도를 비롯한 일본 각지와 통교한 횟수가 가장 많은 시기가 세종 대이다.

한편『조선왕조실록』중 조선 전기에 해당하는 부분은 일본 외교사를 알 수 있는 중요한 사료이기도 하다. 당시 일본은 남북조시대와 전국시대라는 내란기가 이어져, 안정적인 역사 기록이 어려운 상황이었다. 남아있는 기록은 대부분 개인의 일기나 고문서가 중심이고, 체계적인 기록은 존재하지 않는다. 특히 대외관계에 대하여 실정막부가 통제할 수 없는 상황이었으므로, 일본 열도의 각 지역의 유력자와 상인들이 개별적으로 조선과 통교하고 있었다. 실로 다양한 통교 기록이 남아있기 때문에, 이러한 사료들은 일본 중세사 연구에 널리 이용되고 있다.

이 책에서는 주로『세종실록』중의 대마도·일본 관련 기사와 왜구 대응책과 관련된 내용을 정리하였다. 조선 초기의 대일관계는 왜구 대책과 실정막부와의 교린관계 유지가 목적이었다고 할 수 있다. 그중에서도 대마도와의 관계가 핵심이었다.

기해동정과 관련된 『세종실록』의 기사는, 근대에 이르러 대마도 영유설의 근거가 되기도 하였다. 그러나 현재까지 대마도 영유권에 대한 주장은 많지만, 이와 관련된 『세종실록』의 대마도 관련 기사를 정밀하게 분석하는 작업은 이루어지지 않았다. 기해동정 당시 상왕 태종이 대마도가 원래 경상도 계림에 속한 우리 땅이라고 한 사실은 부각시키고 있으나, 그 주장에 대하여 대마도 측이 그런 사실을 알고 있는 사람이나 관련된 문헌 기록을 전혀 찾을 수가 없다고 반박한 사실이나, 세종이 부왕의 발언을 입증하기 위하여 노력하였지만 결정적인 증거를 찾을 수 없다는 사실에 대해서는 별로 주목하지 않았다. 객관적인 주장으로 인정받기 위해서는, 주장의 근거가 되는 자료를 제시할 수 있어야 한다. 『세종실록』이야말로 이와 관련된 가장 중요한 자료이다. 조선과 대마도의 관계가 어떤지는 당시의 사료를 통해서 확인해야 한다.

『조선 사료 속의 대마도』(한국해양재단, 2014)라는 제목으로 태조 · 정종 · 태종 대의 대마도 · 일본 관련 자료를 정리한 데 이어서, 『세종실록』의 자료를 정리하게 되었다. 흔히 『조선왕조실록』이라는 자료는 완전무결한 것으로 생각하기 쉽지만, 실상은 반드시 그렇지 않다. 특히 외국과 관계되는 자료인 경우에는 다양한 오류가 발생하기 쉽다. 실제로 『세종실록』의 경우에도 인명과 지명 중에 실록 편찬 혹은 실록 편찬 과정에서 활용한 자료 정리 단계에서 생긴 것으로 보이는 오류들이 존재한다. 특히 일본 인명의 경우는 대단히 복잡하게 구성되어 있어서, 관직명이 함께 들어가 있는 경우도 있고, 평소에 쓰는 이름과 공식적인 이름이 같이 쓰인 경우도 있다. 또한 조선에서 일본의 관직체계를 잘 알지 못했기 때문에 한자를 잘못 쓴 경우도 적지 않다.

이는 우리말 번역 과정에서도 마찬가지로 문제가 된다. 역시 인명과 지명의 번역에 오류가 두드러진다. 예를 들어 북 구주의 왜구 지역 통교자 중에 염진류鹽津留를 거점으로 하는 자가 있었는데, 번역하면서 "염진에 머무는"이라고 하였다. 흔히 일본 지명이 당진唐津·강진江津과 같이 '진'으로 끝나는 경우가 많고, 공교롭게도 '류'는 '머물다'라는 뜻이기 때문에, 이를 나누어서 번역한 것이다. 그러나 이는 '시오쯔루'라고 읽는 하나의 지명이다.

또 세종 10년 1월 25일조에 종언륙정성宗彦六貞盛이라는 인명이 보이는데, 이를 종언륙·종정성 두 사람으로 옮겼다. 그러나 이는 언륙이라는 평소에 쓰이는 이름과 정성이라는 공식적인 이름을 함께 쓴 것이고 결국 한 사람 이름이다. 게다가 언륙이라는 이름은 한 사람만 쓴 것이 아니라, 아버지로 아들로 이어가면서 사용하기도 한다. 일본에는 우리로서는 생각하기 어려운 습명襲名이라는 관습이 있기 때문이다. 이는 특히 아버지의 지위나 권력을 계승하는 경우에 중요한 의미를 지닌다. 가신들이나 부하가 주군이나 상관에 대하여 전임자와 후임자를 같은 이름으로 부르게 된다면, 지배·복종의 연속성이 유지될 가능성이 높다. 실제로 대마도주의 경우 언륙과 언칠이라는 이름이 여러 대에 걸쳐서 사용되었다. 이처럼 자료를 모아보면, 자료의 특성이 드러나고 그 자료들을 해석할 수 있는 새로운 시각도 생기기 마련이다.

이 책에서는 단순한 자료의 수집과 나열에 그치지 않고 그 자료의 내용을 좀더 깊이 알 수 있도록, 제1부에서 기해동정과 중요인물들과 관련된 내용을 정리하였고, 제2부에서는 시간 순서대로 대마도·일본 기사를 배열하면서 주석을 달았다. 주석은 주로 인명, 지명, 물품명을 대상으로 하였다.

 이 책을 통해서 세종 대에 일본 열도 각 지역과의 교류가 얼마나 활발하였는지를 알 수 있다. 또한 조선과 일본이 어떤 물품을 교역하였는지도 가늠할 수 있다. 시야를 좀더 넓힌다면, 베트남, 태국, 말레이시아, 인도네시아 등 동남아 여러 나라의 물품이 조선으로 유입된 사실을 파악할 수 있을 것이다. 편자 서문을 빌려 책의 출간을 지원해주신 부경대학교 HK 사업단 단장 손동주 교수님과 난삽하고 지루한 책의 교정을 맡아 책의 완성도를 한 단계 끌어올려주신 소명출판의 윤소연 선생님께 깊이 감사드린다.

2018.12.4

대마도연구센터 소장 이근우

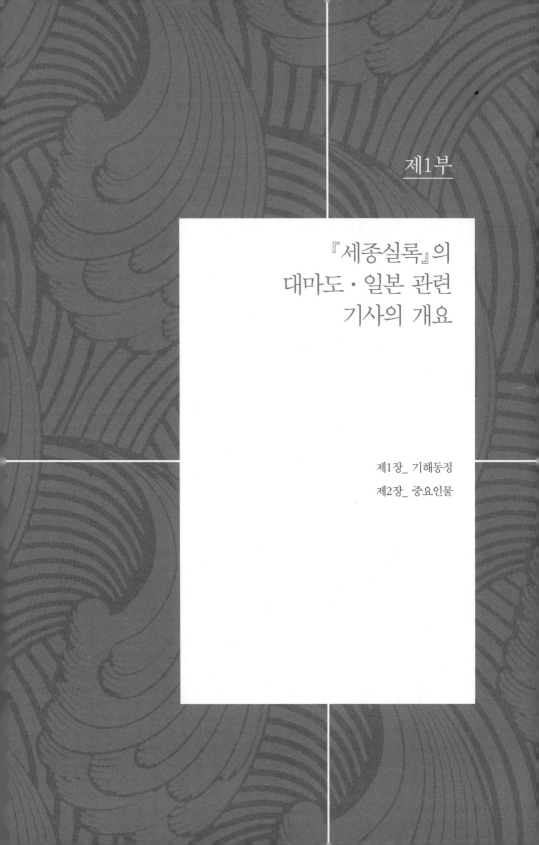

제1부

『세종실록』의
대마도·일본 관련
기사의 개요

제1장
기해동정

세종 대에 있었던 대마도·일본 관련 사건 중에서 가장 주목해야 할 것은 기해동정(1419)과 계해약조의 체결(1443)이다. 계해약조에 관해서는 해당 권에서 다루기로 하고 『세종실록』의 전반부에서는 기해동정에 대해서 구체적으로 살펴보고 당시 조선 및 대마도 일본에서 활동한 중요인물에 대하여 정리하였다.

1. 기해동정

기해동정은 세종 원년에 상왕인 태종이 단행한 대마도 정벌을 말한다. 기해동정은 대마도 영유권 문제와 관련하여 중요한 자료를 제공하고 있다. 실제로 대마도가 우리 땅이라고 하는 주장은 크게 기해동정 당시의 태종의 발언과 이승만 대통령의 발언 두 가지에 의지하고 있다. 그러나 한일 관계가 큰 갈등을 빚게 될 주요한 사안에 대하여 정밀한 분석 없이, 단편적인 정보들에 의존해서 대마도의 영유권을 주장할 수는 없는 일이다. 따라서 기해동정 과정과 그 과정에서 제기된 대마도가 우리 땅이라고 하는 주장, 그리고 최종적인 귀결점을 확인해 보고자 한다.

기해동정에 대해서는 『조선왕조실록』에도 비교적 소상하게 남아 있지만, 사건의 전모를 일목요연하게 정리한 『국조정토록』도 좋은 참고가 된다.[1] 『국조정토록』은 7차례의 전쟁 기록을 싣고 있다. 상권에 대마도, 파저강婆猪江, 건주위建州衛를 정벌한 기록을 싣고 있고, 하권에 건주위建州衛, 니마거尼麻車, 서북西北 오랑캐, 삼포三浦 왜인倭人을 정벌한 기록을 싣고 있다. 왜인과의 전쟁이 2차례이고 여진족과는 5차례이다.

『국조정토록』은 연월일의 순서로 사건을 열거한 편년체 역사 서술과는 구별된다. 예컨대 『조선왕조실록』의 경우는 시간의 순서에 따라 그 날 그 날의 사건을 차례대로 기록하는 것을 원칙으로 한 편집본이다. 그런데 『국조정토록』은 각종 사료를 바탕으로 순서를 정하였지만 사건의 발단과 종결을 기록하는 이른바 기사본말체 편집 원칙에 따라 재구성하였다.

그중에서도 기해동정이 『국조정토록』의 첫 부분에 실려 있으며, 현재 전하지 않는 조선 전기의 『승정원일기』 등의 자료를 참조한 것으로 보인다. 따라서 현재로서는 『국조정토록』이 기해동정에 관한 가장 자세한 기록이라고 할 수 있다. 다만 『국조정토록』은 정벌의 이유와 과정이 자세하

---

1   김혁, 『국조정토록』, 국방부군사편찬연구소, 2009. 『국조정토록』 번역문은 김혁의 번역에 따랐다.

지만, 태종이 대마도를 정벌한 중요한 이유 중 하나라고 할 수 있는 대마도 공도화와 관련된 내용은 실려 있지 않으므로, 이는『세종실록』의 내용을 바탕으로 구체적으로 살펴보고자 한다.

2. 기해동정의 발단

기해동정의 원인과 배경에 대해서는 이미 다양한 견해가 제시되어 있다. 중촌영효中村榮孝는 기해동정 발발 요인에 대하여 ① 조선과 우호적인 관계를 유지하였던 대마도주 종정무가 죽고, 왜구의 우두머리인 조전좌위문대랑早田左衛門大郎이 대마도의 실권을 장악하게 된 것, ② 1369년(태조5), 1406년(태종6), 1408년(태종8)에 각각 왜구가 대규모로 조선을 침략한 사실, ③ 대마도의 심한 기근으로 다시 왜구의 침략이 활발해진 점 등을 지적하였다.[2] 이후 신석호, 손홍렬, 나종우, 한문종, 이해철 등의 연구에서도 대마도 정벌 원인을 주로 조선과 왜구의 관계에서 찾고, 정벌의 목적은 왜구의 근거지 소탕으로 파악하였다.[3] 장학근은 대마도 정

---

[2] 中林榮孝,『日鮮關係史の硏究』, 吉川弘文館, 1975, pp. 227~310.

[3] 신기석,「고려 초기의 대일관계―여말 왜구에 관한 연구」,『사회과학』1, 한국사회과학연구회, 1957; 신석호,「여말 선초의 왜구와 그 대책」,『국사상의 제문제』3, 국사편찬위원회, 1959; 이현종,「왜구와 대왜정책」,『조선 초기 대일교섭사 연구』, 한국연구원, 1964; 이은규,「15세기 초 한일교섭사 연구―대마도 정벌을 중심으로」,『호서사학』3, 호서사학회, 1974; 손홍렬,「여말·선초의 대마도 정벌」,『호서사학』6, 호서사학회, 1978; 나종우,「조선 초기의 대왜구정책」, 중재장충식박사화갑기념논총간행위원회,『중재장충식박사화갑기념논총』, 단국대 출판부, 1992; 한문종,「조선 초기의 왜구정책과 대마도 정벌」,『전북사학』19·20, 전북사학회, 1997; 이해철,「세종 시대의 대마도 정벌」,『세종문화사대계』3, 세종대왕기념사업회, 2001; 靑山公亮,『日麗交涉史の硏究』, 明治大學文學部報告書, 1955; 田中健夫,『中世海外交涉史の硏究』, 東京大學出版會, 1959; 石原道

벌의 원인이 명의 정왜론에 대한 대응이라고 주장하면서 정벌의 목적이 대마도의 영토화라고 보았다.[4] 이규철은 대마도 정벌이 명의 왜구 정벌 계획을 중지시키기 위한 것이며 대마도를 영토화할 의도는 없었다는 견해를 제시하였다.[5] 이 글에서는 기해동정의 직접적인 원인이 된 도두음곶을 침범한 왜구의 행적, 그리고 기해동정 과정의 니로군 전투, 그리고 대마도 속주화의 논의를 중심으로 사건의 추이를 살펴보고자 한다.

1) 사건의 발단과 조선의 대응

기해동정의 가장 직접적인 원인은 1419년 5월 5일부터 명을 노략질하러 가던 대마도 왜구들이 비인현 도두음곶, 해주 연평곶, 장연현 백령도 등을 지나가면서 약탈과 위협을 일삼은 일이다. 서해안에서 왜선이 탐지된 것은 5월 4일의 일이었다. 5월 5일에 왜구들이 도두음곶을 공격하여 병선 7척을 불태웠다. 다시 상륙하여 비인현을 공격하였으나 서천과 남포에서 원군이 도착하자 왜구들은 물러났다.

『국조정토록』에는 비인현에 왜구가 침입한 사건 직후에 바로 태종이 왜구 토벌을 위하여 여러 장수들을 임명하고, 왜구를 제대로 막지 못한 김성길을 참형에 처하고, 평도전을 조전병마사에 임명한 내용이 보인다. 그러나 『조선왕조실록』에는 김성길 처형은 세종 1년 5월 10일로 기

博, 『倭寇』, 吉川弘文館, 1964; 田中健夫, 『倭寇―海の歴史』, 教育社, 1982; 田村洋幸, 「鮮初倭寇の系譜について」, 『朝鮮學報』 23, 天理大學朝鮮學會, 1962; 李領, 「東ジナ海世界における麗日關係史の研究」, 東京大 博士論文, 1995.

4   장학근, 「조선의 대마도 정벌과 그 지배정책―대외정책을 중심으로」, 『해사논문집』 8, 해군사관학교, 1983.

5   이규철, 「조선 초기의 대외정벌과 대명의식」, 가톨릭대 박사논문, 2013, 35~54쪽.

록되어 있다.

또한『세종실록』에는 해주 지역에서 잡힌 왜인이 자신은 대마도 사람인데 배 수십 척을 끌고 절강을 약탈하러 가는 길이라고 언급한 내용이 보인다. 이는 아마도 왜구 일행을 보호하기 위한 거짓말로 생각된다. 또한 괴수가 도두음곶에서 만호의 화살에 맞아 죽었다는 내용도 백령도에서 왜구의 괴수가 탄 배를 포획했다는 내용과 맞지 않는다.

2) 왜구의 행적

비인현 도두음곶을 노략질한 왜구는 다시 서해안을 북상하여 5월 11일에 해주 연평곶에 나타났다. 이사검과 이덕생이 병선 5척으로 왜구를 염탐하던 중 적선에 포위되었으나 쌀 45곡과 술 등을 주어 풀려났다. 18일에는 더욱 북쪽에 위치한 백령도에서 왜선 2척과 교전하였다. 이 부분에서도『국조정토록』과『세종실록』은 조금씩 다르게 기록하고 있는데, 연평곶에서 조선 수군과 적선이 조우한 상황에 대한 날짜를『세종실록』은 11일이라고 명기한 반면,『국조정토록』에서는 13일에 보고된 내용 속에 막연히 이번 달이라고 하였다.

3) 대마도 정벌 논의와 사전 조치

5월 14일에 상왕 태종은 류정현, 박은, 이은, 허조 등과 함께 대마도 정벌을 논의하였다. 태종은 "빈 때를 틈타 정벌하는 편이 낫겠다. 그들의 처자를 사로잡고 군사를 거제로 돌려서 적을 기다리라. 그리고 그들의 배를 빼앗아서 불태우라. 또 팔러온 상인들과 조회하러 온 사람들도 모두 구류하여, 만일 명을 거스르는 자가 있으면 제거하라. 그 구주九州의 왜인들을 구류하여 경거망동하게 하지 말게 하라"고 하였다.

그리고 장천군長川君 이종무李從茂를 삼군도체찰사三軍都體察使에 임명하여 중군中軍을 이끌게 하였고, 우박禹博, 박성양朴成陽, 황상黃象을 중군 절제사로 임명하였다. 절제사節制使 유습柳濕을 좌군도절제사로 임명하였고 박초朴礎, 박실朴實을 좌군절제사左軍節制使로 임명하였고 이지실李之實을 우군도절제사右軍都節制使로 임명하였다. 그리고 경상도, 전라도, 충청도의 병선을 발동시켜서 6월 초8일 견내량見乃梁에 모두 결집시키기로 약속하였다.

3. 정벌 과정

1) 출정과 도도웅환에 대한 교유

기해동정에 동원된 병선은 모두 227척이며, 정벌에 나선 모든 장군 이하 군관 및 겸종傔從은 669명이었다. 갑사甲士, 별패別牌, 시위패侍衛牌 및 영營과 진鎭에 소속된 부치들 및 자모강용잡색군自募强勇雜色軍, 기선군騎船軍은 16,616명이니 총 인원은 17,285명이었다. 65일분의 양식을 준비하였다.

태종은 대마도주 종정성에게 글을 보내어 조선이 호의적으로 대마도를 대우하였으나, 은혜를 원수로 갚음을 비난하고, "적당賊黨으로서 섬에 있는 자들은 한 놈도 남기지 말고 모조리 쓸어서 보내되, 선부先父 종정무)의 정성을 다하여 바치던 뜻을 이어 길이길이 화호함을 도타이 한다면 어찌 너의 섬의 복이 아니겠는가. 만일 그렇지 못하면 (후에) 뉘우쳐도 미치지 못할 것이니, 오직 수호(종정성)는 삼가 도중島中의 사람으로서 대의를 알 만한 자들과 잘 생각하라"고 하였다.

1419년 6월 20일 오시午時에 우리 군사 10여 척이 먼저 대마도에 도착하였다. 섬에 있는 도적이 바라보고서 본섬에 있는 사람이 재물을 얻어가지고 돌아온다 하고, 술과 고기를 가지고 환영하다가, 대군이 뒤이어 두지포豆知浦에 정박하니, 모두 넋을 잃고 도망하고, 다만 50여 인이 막으며 싸우다가, 흩어져 양식과 재산을 버리고, 험하고 막힌 곳에 숨어서 대적하지 않으므로, 먼저 귀화한 왜인 지문池文을 보내어 편지로 도도웅와에게 깨우쳐 이르나 대답하지 않았다.

2) 본격적인 토벌과 니로군 전투

이처럼 대마도주에게 정벌을 회피할 수 있는 조건을 제시하였지만, 아무런 응답이 없자 본격적인 공격이 시작되었다. 배를 불태우고 왜구들의 가옥을 불사르고, 왜구의 머리를 베고 사람들을 사로잡았다. 바로 공격하지 않았고 대마도주인 도도웅환에게 항복하기를 먼저 권유하였으나, 이에 따르지 않자 공격을 시작한 것이다.

6월 20일에 크고 작은 적선 129척을 빼앗아, 그중에 사용할 만한 것으로 20척을 고르고, 나머지는 모두 불살라 버렸다. 또 도적의 가옥 1,939호를 불질렀으며, 전후에 머리 벤 것이 114명, 사로잡은 사람이 21명이었다. 또한 책柵을 훈내곶訓乃串에 세워 적이 왕래하는 중요한 곳을 막으며, 오래 머무를 뜻을 보였다.

대마도 왜구들을 공격하기 시작한 조선군들은 순조롭게 소탕작전을 전개해 갔으나, 니로군 지역을 공격하다가 기습을 당해서 적지않은 피해를 입었다. 니로군은 인위군에 대한 조선식 음차 표기이다. 대마도의 인위군은 도주 가문인 종씨 중에 인위 종씨仁位宗氏라고 불리는 가문의 거점인데, 천조만의 북쪽 깊숙한 곳에 위치하고 있다. 만의 입구인 일중기一重崎로부터 직선거리로도 5km가 넘는다. 또한 부중府中(현재의 엄원嚴原), 소무전少武田 등과 함께 대마도에서는 보기 드물게 제법 넓은 평지가 있는 곳이다. 종씨들이 비록 대마도에 살고 있지만 원래 북부 구주에서 활동하던 전형적인 무사들이었다. 무사는 농경지를 생활의 기반으로 하고 있었기 때문에, 대마도 중에서 비교적 넓은 경지가 있으면서, 만 안의 깊은 곳에 위치하여 전략적으로 유리한 인위군 지역을 거점으로 삼은 것으로 보인다.

니로군에 있었던 마지막 전투에 대해서는 『국조정토록』이 좀더 자세한 대목이 있다. 거의 같은 내용이지만, 박실이 이끄는 상륙군을 매복하여 공격한 것이 대마도인들만이 아니었음을 알 수 있다. 대마도에서 일기도와 북부 구주의 상송포에 구원을 청하여 그들과 합세하여 조선군이 상륙하기를 기다렸던 것이다. 인위군의 입구에는 천조만 전체를 조망할 수 있는 오모자악烏帽子岳(에보시타케)가 있다. 높이는 176m에 불과하지만, 주변에 시선을 가리는 장애물이 없어서 주변의 상황을 한 눈에 내려다 볼 수 있는 곳이다. 이곳에서는 천조만의 반대편에 주둔하고 있는 두지포의 조선군의 동정은 물론이고 조선 정벌군의 선박이 천조만을 항해하는 상황을 손바닥 들여다보듯 알 수 있는 곳이다. 이종무가 이끈 조선군 선단이 인위군 지역으로 이동하는 모습을 이 산 위에서 내려다보면서, 대응책을 강구하였을 가능성이 크다.

다만 조선군이 천조만을 장악하고 있는 상황에서 일기도와 상송포 등지에서 배를 타고 모여든 병력들이 어떻게 인위군에 집결할 수 있었는지는 분명하지 않다. 그러나 이 또한 대마도의 특수한 지형을 생각하면 대강 추측할 수 있다. 대마도는 남북으로는 80km이지만, 동서로는 가장 좁은 곳이 500m에 불과한 곳도 있다. 물론 배를 끌어서 넘길 수 있는 선월船越(후나코시)에는 조선군이 목책을 세워 지키고 있었으므로, 일기도·상송포 세력이 이용할 수 없었을 것이다. 그러나 그보다 좀더 북쪽에도 동쪽에서 서쪽으로 깊이 만입한 부분이 있다. 예를 들어 풍옥정豊玉町 견천鑓川(야리카와)으로 상륙하면 표고 100m에 불과한 산지를 넘으면 인위군을 흐르는 인위천仁位川의 상류에 도달할 수 있다. 견천에서 강의 상류까지는 1.4km이다. 20일에 이종무의 선단이 도착하자마자, 대마도는 일기도와 상송포에 사람을 보내어 구원을 요청하였을 것이다. 급한 경우에는 하루 만에도 왕복할 수 있는 거리이다. 그러므로 니로군 전투가 있었던 26일에는『국조정토록』이 전하는 바와 같이 일기도와 상송포의 구원군이 도착하여 대마도 종씨와 합세하였을 가능성이 크다. 그러나 조선군은 이러한 상황을 예측하지 못하였던 것으로 보인다. 인위 지역의 병력이 많지 않았을 것으로 판단했기 때문에 병력을 상륙시켰을 것이다.

3) 승전 보고와 귀환

6월 29일에 유정현의 종사관인 조의구가 조정에 돌아와 승전을 고하였다. 천조만에 들어간 것이 20일이므로 두지포 공략에 성공한 직후에 조의구를 본국으로 돌려보내 승전을 보고하도록 하였을 것이다. 이에 상왕 태종은 2통의 선지로 답하였다. 1통은 이종무에 대하여 향후의 군사작전을 지시한 것이고, 다른 1통은 모두 항복해서 조선으로 들어오면 의식을 제공하겠다는 뜻을 도도웅환에게 교유하라는 내용이다.

7월 3일에 이종무 등이 배와 군사를 이끌고 거제도로 돌아왔다. 상왕이 상호군 오익생에게 명령하여 궁궐 음식을 가지고 가서 여러 장수들을 위로하게 하였다.

4. 재정벌 논의와 사후처리

1) 대마도 왜구의 동향과 재정벌 논의

이종무가 거제도로 귀환한 날을 전후하여, 왜구가 7월 3일에 황해도 소청도를 거쳐 7월 5일에 충청도 안흥량에 이르러 전라도 공물선 9척을 노략질하여 대마도를 향했다. 이 왜구들은 대마도 왜구의 주력으로 명을 노략질하러 갔다가 사전에 대비하고 있던 명군의 공격으로 큰 피해를 입고 대마도로 돌아가던 길이었다. 명을 노략질하는 데 실패하여 전리품을 확보하지 못한 왜구들이 조선의 공물선을 공격하여 그 약탈품을 대마도로 가져가려고 한 것이다.

이러한 소식을 접한 조정은 바로 다음날인 7월 6일에 이종무를 다시 대마도에 보내어 돌아오는 왜구들을 맞아서 치면 반드시 이길 수 있을 것이라고 판단하였다. 그래서 7월 7일에 대마도로 돌아오고 있는 왜구들을 칠 구체적인 계획을 여러 장수들에게 시달하였다. 대마도를 다시 정벌하기 위하여 우박과 권만으로 중군 절제사를 삼고, 박실과 박초로 좌군 절제사, 이순몽과 이천으로 우군 절제사를 삼아, 각각 병선 20척 도합 120척의 배를 편성하였다. 또한 조선 연안을 통과하는 대마도 왜구를 공격하여 대마도로 몰아갈 목적으로, 박성양으로는 중군 절제사를, 유습으로는 좌군 절제사를, 황상으로는 우군 절제사를 삼아, 각각 병선 25척 도합 75척의 배를 편성하였다. 당시 대마도로 돌아가는 왜구의 배가 불과 30척이었는데, 조선은 200척 이상의 배를 동원하여 공격하려고 한 것이다. 그러나 이에 반대하는 목소리도 없지 않았다.

2) 재정벌의 중지

이처럼 대마도 왜구들을 조선 연안에서 포위하여 추격하면서 대마도까지 끌고 가면, 대마도에서 기다리고 있던 조선군이 섬멸한다는 작전을 세워서 진행되는 과정에서 의외의 소식이 날아들었다.

명에 천추사로 갔던 김청이 돌아오는 길에 요동반도의 금주위를 노략질하려던 왜구들이 도독 유강의 전략에 빠져 절반인 700명가량은 죽고 100명 이상이 포로로 잡혀 압송되어 가는 것을 목격하였다. 이 소식을 접한 태종은 대마도 재정벌 논의를 중단하고, 돌아오는 왜구를 해상에서 요격하기로 계획을 변경하였다.

이처럼 조선 서해안을 약탈하고 명의 요동을 공격하였다가 유강의 공격으로 큰 피해를 입었다는 소식을 들은 태종은 굳이 대마도까지 건너가서 왜구를 섬멸할 필요가 없다고 생각하고, 유정현에게 대마도 재정벌을 중지하고 전라도 경상도 연안에서 적을 공격하도록 명하였다. 그런 와중에 대마도 재정벌을 위해서 구량량에 집결해 있던 조선 수군의 배 일부가 태풍의 피해를 입은 일이 생겼다.

3) 왜구의 규모와 구성

기해동정의 직접적인 계기는 1419년 5월 5일에 왜구들이 비인현 도두음곶에 있는 수군진을 공격하여 병선을 불태우고 노략질한 사건이다. 이 왜구들은 계속 서해안을 북상하면서 연평곶·백령도 등에서 조선 수군과 마주쳤다.

이후 왜구들은 6월 15일 아침에 요동반도 최남단에 위치한 금주위를 공격하였으나, 미리 대비하고 있던 요동총병 유강劉江의 매복작전에 걸려 치명적인 피해를 입었다. 이 왜구들은 원래 32척 1,500명 정도의 규모였던 것으로 생각된다. 그러나 조선과의 전투 과정에서 배 1척 및 사상자를 내었고 왜구의 괴수가 죽었다고 한다. 명의 금주위 망해과에서는 적어도 700여 명이 죽고 103명이 생포되고 10여 척의 배를 잃은 것으로 보인다. 왜구의 수와 배의 수를 살펴보면, 1척에 최대 60명이 탈 수 있었다.

금주위를 간신히 벗어난 왜구의 잔당들은 7월 5일에 다시 조선 해안에 나타났다. 안흥량의 조공선을 약탈한 것이다. 조선은 명에서 돌아오는 대마도 왜구의 잔당들을 남해 쪽에서 요격하여 궤멸시키고자 하였다. 안흥량에 나타난 왜구들은 그 후 종적이 확인되지 않는다. 아마도 조선의 수군이 대비하고 있을 것을 알고 연안을 크게 우회하여 대마도로 돌아갔을 것이다. 최종적으로 대마도에 도착한 배는 14척이라고 하였지만, 그 규모나 일기도 세력의 참여 여부는 단정하기 어렵다.

4) 송희경의 파견과 종금의 등장

기해동정이 끝난 뒤에 조선은 대마도 정벌의 후속 처리에 착수하였다. 구주탐제 삽천의준 및 실정막부의 장군 족리의지足利義持에게 조선이 왜구 문제 때문에 대마도만을 정벌한 것이라는 사정을 전달할 필요가 있었다. 송희경은 구주에서는 환대를 받았고, 종금宗金의 호송을 받으면서 경도京都에 이르렀으나, 족리의지는 기해동정이 조선이 명과 함께 일본을 공격한 것이라고 판단하고, 송희경 일행을 냉대하였다. 마침 족리의지는 족리의만足利義滿과 달리 명의 책봉을 거부하였고, 명의 환관이 연이어 경도에 가지 못하고 포구인 병고兵庫에서 돌아간 상황이었다. 명과 국교가 단절된 상황이었기 때문에 조선의 군사 행동이 명과 연

관련 것이라고 여겼고, 대마도 종씨의 주군가인 소이씨少貳氏도 명과 조선이 침입해 온 것을 자신들이 격퇴하였다는 허위보고를 족리의지에게 올렸다. 그러나 박다博多, 하카타의 상인 종금의 노력으로 족리의지는 오해를 풀고 조선과의 우호적인 관계를 유지하게 되었다.

5) 족리의지의 고려대장경판 구청求請

이미 출가하여 승려의 신분이 된 족리의지는 고려대장경판에 대한 강한 의욕이 있었던 것으로 보인다. 그래서 규주圭籌와 범령梵齡이라는 승려를 보내어 이를 요청하였다. 그러나 조선의 입장으로는 유일한 대장경의 판목이므로 그들의 요청을 들어줄 수 없었다. 그러자 규주 등은 족리의지에게 무력을 행사해서 대장경판을 빼앗자는 문서를 보내고자 하였다. 이 사실이 미리 발각되었고, 조선은 외교 문제로 비화하는 것을 막기 위하여 이를 추궁하지 않았다. 이 과정에서 일본이 대장경판을 확보하려는 생각이 얼마나 강하였는지를 확인할 수 있다. 다른 여러 가지 경판과 불경을 전하러 일본으로 건너간 박안신 일행이 적간관에 55일간 체류하는 등 족리의지는 고려대장경판을 받지 못한 것에 강한 불만을 표시하였다.

제2장
중요인물

1. 조선의 사신들

1) 송희경宋希璟(1376~1446)

송희경은 고려 말 우왕 때 충청도 연산連山에서 태어났다. 1402년(태종 2) 과거 급제 후 한림원 벼슬을 거쳐 사간원 정언이 되었다. 1404년(태종 4) 사간원과 사헌부의 마찰에 휘말려 담양에 유배되었다. 1411년 성절사聖節使의 서장관으로 명나라에 다녀왔고, 1420년(세종 2)에는 회례사回禮使에 뽑혀 족리막부足利幕府가 있는 경도京都에 파견되었다. 1425년(세종 7)에 은퇴하여 담양에 은거하였다.

송희경은 회례사로 10개월 동안 사행한 내용을 세종의 명을 받아 날짜별로 기록하여 보고하였다. 이를 『노송당 일본행록老松堂日本行錄』이라고

하는데, 송희경 사후 자필본으로 된 원고본이 유실되었다가 1556년(명종 11) 후손 송순宋純에 의해 발견되어 가보로서 보관되어 오다가 임진왜란 당시 다시 분실되었다.

이후 임진왜란 당시 일본에 포로로 잡혀갔던 함평 사람 정경득鄭慶得이 일본군이 약탈해 간 것을 얻어 필사해 가지고 돌아왔다. 이후 1799년(정조 23)에 목활자 판본으로 인쇄되어 세상에 알려지게 되었다.

『노송당 일본행록』에 따르면 회례사 일행은 1420년(세종 2) 2월 5일경에 동래에 내려갔고, 15일 부산포를 출발해 초량에서 하룻밤을 잔 다음 이튿날 대마도에 도착하였다. 송희경은 동래의 동헌에 묵을 때 관원 및 일본 승려와 여러 편의 시를 주고받았다. 경도에서 통신의례를 마친 회례사 일행은 9월 26일 제포로 들어와, 김해를 거쳐 서울로 향하였다.

사행 출발에서부터 돌아와 복명復命을 마칠 때까지 보고 느낀 일본의 산천, 풍물, 인정, 풍속, 정치 제도 및 저자가 겪은 모든 일과 심경을 총망라한 내용으로, 모두 227편에 달하는 시詩로 기록하였다. 송희경은 『노송당 일본행록』에서 제3자의 객관적 시각으로 조선과 다른 일본의 사회와 풍속에 대해서 접근하고, 관찰한 것을 사실적으로 기록하는 동시에 나름대로의 원인을 발견하려고 노력하였다.

『노송당 일본행록』을 통해 사행의 일정을 확인할 수 있다. 송희경 일행은 1420년 춘 윤정월 15일 명을 받고 서울을 출발하였다. 이천－기흥－충주－문경－유곡－선산－성주－청도－밀양－금곡－김해를 거쳐서 2월 5일 동래 동헌에 도착하였다. 15일 부산포를 출발해 초량에서 묵고 16일 대마도對馬에 도착하였다. 일본에서 경도京都까지 왕복한 후 9월 26일 제포로 들어와 김해를 거쳐 서울로 향했다.[1]

2) 이예李藝(1373~1445)

이예는 조선 전기의 대일 외교에서 크게 활약한 인물이며, 특히 대마도와 계해약조를 체결하는 주도적인 역할을 하였다. 1396년(태조5) 12월에 3천 명의 일본 해적이 울산에 침입하여 군수를 사로잡아 돌아갔다. 울산의 여러 관리들은 모두 도망하여 숨었다. 그러나 공은 해적의 배를 바다 가운데까지 뒤쫓아 가서 군수와 같은 배에 타기를 청하였다. 해적이 그 정성에 감동하여 이를 허락하였다. 대마도에 이르러서 해적은 군수의 일행을 죽이려고 의논하였다. 그런데 공이 군수에게 여전히 아전의 예절을 지키기를 더욱 깍듯이 하는 것을 보고는 이에 감동하여 마음을 바꾸었다. 이들은 죽음을 면하고 대마도의 화전포和田浦에 유치되었다. 나라에서 통신사 박인귀朴仁貴를 보내어 화해하게 되어, 이듬해 2월에 공은 군수와 함께 돌아왔다. 나라에서 공의 충절을 가상히 여기어 아전의 역役을 면제시키고 벼슬을 주었다. 일찍이 1380년에 모친이 왜구에게 포로가 되었다. 공은 어머니를 찾기 위해 조정에 청해 1400년에 회례사回禮使 윤명尹銘의 수행원으로 대마도에 갔다. 집집마다 수색하며 어머니를 찾았으나 끝내 성공하지 못했다. 이예는 1401년부터 1443년까지 43년간 40여 회 일본(대마도·일기도·유구 포함)에 사신으로 파견되었다. 그중 실록에 사행의 활동내용이 구체적으로 기록된 것만 해도 13회에 달한다(일본국왕에 6회, 대마도·일기도·유구국에 7회). 실록에는 44년간의 사행에서 공이 일본으로부터 쇄환해 조선인 포로가 모두 667명으로 기록되어 있다. 이처럼 이예는 조선의 대일외교에서 가장 두드러진 역할을 담당한 인물이었다. 조선

---

1   한국향토문화전자대전, 한국학중앙연구원.

전·후기에 걸쳐 일본국왕에게 파견된 사행은 모두 30회였는데 이예는 이 중 6회의 사행에 참여하여 가장 파견 빈도가 높았다. 공은 또한 통신사란 명칭이 최초로 사용된 사행에도 참여하였다. 조선 전기 200년간 대마도·일기도·유구국에 대한 사행은 40회(대마도 33회, 일기도 4회, 유구국 3회)였는데 이예는 그중 7회의 사행에 참여하여 역시 가장 파견 빈도가 높다. 세종 8년에 통신사로 일본으로 떠나보내면서, "모르는 사람은 보낼 수 없어서, 이에 그대를 명하여 보내는 것이니, 귀찮다 생각하지 말라"고 위로하였다. 또 이예는 71세의 노구로 대마도 체찰사를 자청하며, "신은 어려서부터 늙기까지 이 섬에 출입하여 이 섬의 사람과 사정을 두루 알지 못하는 것이 없으니, 신이 가면 저 섬의 사람들이 기꺼이 만나볼 것이며, 누가 감히 사실을 숨기겠습니까"라고 하였다. 그는 특히 대장경 및 불경의 사급賜給을 통한 불교문화와 인쇄문화를 일본에서 전하였고, 일본의 자전 물레방아을 도입하였으며, 화폐의 광범위한 사용과 사탕수수의 재배와 보급에 대한 건의하였다(충숙공이예기념사업회 홈페이지의 내용을 정리). 『학파이선생실기』에는 기해동정에서도 이예가 활약한 것으로 기록되어 있다. 또한 『해동제국기』에 실려 있는 대마도와 일기도 지도도 이예가 획득한 현지에 대한 지식을 반영한 것으로 생각된다.[2]

3) 평도전平道田(?~1434)[3]

대마도의 왜인이었으나 조선에 귀화하여 활동하였다. 태종 7년에 대

---

2 이근우, 「해동제국기의 지리정보와 이예」, 『한일관계사연구』 51, 한일관계사학회, 2015.
3 생몰년이 정확하지 않을 경우는 물음표로 표기한다.

마도 수호 종정무宗貞茂가 평도전을 보내어 토산물을 바치고 붙잡혀 갔던 사람을 돌려 보냈다(태종 7-3-16-1). 같은 해 7월에 평도전에게 원외 사재 소감員外司宰少監을 삼고, 은대銀帶를 주었는데 이때 평도전은 일본 사람인데 투화한 자라고 하였다(태종 7-7-15-4). 태종 8년에 호군의 지위에 있으면서 대마도에 가서 잡혀 갔던 사람을 데려왔다(태종 8-11-16-3). 태종 9년에도 대마도에 보빙사報聘使로 파견되었다(태종 9-4-21-2).

세종 원년(1419)에 왜인이 침략해 오자, 윤득홍尹得洪 등에게 명하여 군사를 이끌고 토벌할 때, 평도전을 조전 병마사助戰兵馬使로 삼으니 그는 수하의 왜병 16인을 거느리고 출정하였다. 왜선을 협공하여 도전이 또한 적의 머리 3급을 베고 18인을 사로잡으니, 상왕上王께서 명하여 도전에게 안마鞍馬를 하사하게 하였다.

득홍이, "도전은 원래 일본 사람이므로 힘써 싸우려 하지 않다가, 신이 적병과 싸워 적병이 패전하매 도전이 비로소 싸움에 협조하였습니다"라고 하니, 상왕이 명하여 도전을 평양에 귀양보내게 하였다.

드디어 대마도의 정벌에 나서 군사를 들어 마도馬島의 부중포府中浦에 와 있는 왜인들을 생포하고 그 가운데 흉포한 평망고平望古 등 21명을 참수했으니, 망고는 도전의 아들이다.[4]

이처럼 평도전은 조선의 조정에서 왜倭와 외교는 물론이고 왜구와의 전투에도 참여하였다. 태종의 명을 받아 대마도를 왕래하였고 대마도 도주의 의중을 조선 조정에 전달하였다. 또한 그는 조선의 병선兵船 제조에도 관여하였는데 태종의 명을 받아 왜선倭船을 제작하여 한강에서

---

4 이익, 『성호사설』 「인사문(人事門)」 「평도전(平道田)」조.

조선의 군선과 성능을 비교하였다. 이때 왜선이 훨씬 속도가 빨라 태종이 조선의 군선을 개선하라는 지시를 내렸다고 전한다.

세종 1년인 1419년 5월 왜구가 비인현庇仁縣을 공격하여 그곳의 병선을 불태우고 양민 300여 명을 학살하며 곡물과 가축을 약탈하였다. 이들 왜구들은 30여 척의 배로 계속 북상하여 연평도와 백령도에 이르렀다. 이때 평도전은 아들 평망고와 함께 출전하였으나 싸움에 적극적이지 않고 소극적인 태도로 일관하였다가 대마도와 내통한 일이 발각되었다. 당시 평도전은 "조선이 대마도를 박하게 대하니 대마도에서 조선을 위협하면 조선이 다시 대마도를 잘 대접할 것이다"라는 밀지를 전달했다. 그의 가족은 평안도에 유배되어 위리안치되었고 평망고는 반발하여 달아났다가 체포되어 처형되었다. 평도전은 대호군·상호군이라는 지위에 올랐으나 세종 16년에 평안도 양덕의 유배지에서 곤궁한 삶을 살다 사망했다(세종 16-3-1-5).

2. 대마도와 중요인물

1) 화전포

화전포和田浦, 花田浦는 대마도 중앙의 천조만 내에 위치하고 있다. 이곳은 대마도 종씨 중 인위 종씨仁位宗氏의 근거지이자, 기해동정 당시 전투가 벌어진 현장이기도 하다. 현 지명은 대마시對馬市 카미아가타군上縣郡 토요타마마치豊玉町에 속해 있다. 『해동제국기』에 완다로포完多老浦로 기록하였으며 와다노우라, 와다우라 등으로 읽는 듯하다. 『조선왕조실록』에는 태종에서 세종에 이르기까지 화전포 만호和田浦萬戶가 네 차례, 화전포 천호花田浦千戶가 한 차례로 화전포는 총 일곱 차례 언급되어 있다. 이때 화전포和田浦와 화전포花田浦는 다른 문자로 표기되어 있는데, 원래는 화전和田이라고 쓰고 '와다'라고 읽는 것을, 조선에서 화和와 화花가 음이 같으므로 오용한 것으로 보인다.

울산 관아의 관리였던 이예가 포로가 된 지울산군사 이은知蔚山郡事李殷과 전 판사 위충前判事魏种을 구하기 위하여 따라갔다가 화전포에 약한 달 동안 억류되었다고 나와 있다(세종 27-2-23-2).

당시 화전포는 대마도 지배 세력이었던 인위 종씨의 거점이었다. 천조만 북쪽 깊숙이 자리잡고 있어서 안전하고 또 일대에는 제법 평지가 있다. 이예 등이 처음 잡혀간 곳이 천조만의 입구이자 왜구의 소굴이었던 두지포豆地浦였으므로, 이예는 왜구의 본거지 중 두 곳을 보게 된 것이다. 이후 1400년에는 8세에 왜구에 납치당한 어머니의 흔적을 찾아 대마도와 일기도一岐島 등 그들의 본거지 곳곳을 수색했다고 한다. 이때에 얻은 정보력 덕택에 기해동정에서 왜구의 소굴인 두지포豆地浦와 인위 종씨의 거점인 인위군仁位郡, 선월船越, 訓乃串 세 곳을 조선군의 공격 목표로 정할 수 있었다.

2) 종정무宗貞茂(?~1418)

세종 대에 대마도주로 등장하는 종정성宗貞盛, 都都熊丸의 아버지이다. 종경무宗經茂의 손자이고 영감靈監의 아들로, 무가관위는 형부소보刑部少輔 찬기수讚岐守였다. 1398년, 일족인 종뢰무宗賴茂로부터 가독家督의 지위를 빼앗아 종씨의 당주當主가 되었고, 1399년부터 조선과 통교하였다. 소이씨少貳氏의 가신家臣으로 축전筑前과 대마도의 수호대守護代가 되었으며, 북부 구주에서 소이씨를 도와 여러 차례 전투를 치르기도 하였다. 1408년 축전 수호대의 지위를 동생인 종정징宗貞澄에게 물려주고, 자신은 대마도 지배에 전념하였다. 1417년 9월에 병에 걸려 1418년 4월에 죽었다. 기해동정은 그가 죽은 직후의 혼란 속에 왜구들이 조선 서해안을 공격한 일이 단서가 되어 발생한 것이다.

원래 종씨는 소이씨의 휘하로서 여러 대에 걸쳐 대마도 지두대地頭代로서 대마도를 관할하였는데, 종정무의 조부 종경무는 북부 구주의 거듭되는 전란에 참여하고 있었기 때문에 대마도의 지배를 자신의 동생인 종향宗香에게 맡겼다. 종향은 거점을 인위仁位에 두었기 때문에 종씨 본가와 구분하여 인위 종씨仁位宗氏라고 한다. 인위는 천조만淺藻灣의 북쪽으로 깊이 만입한 포구 안에 위치하고 있다. 이후 종징무宗澄茂 종뢰무宗賴茂에 걸쳐 2대 동안 대마도주의 지위는 인위 종씨가 차지하였다.

주로 북부 구주에서 활동하고 있던 1398년에 종정무는 인위 종씨 출신의 대마주對馬州 수호 종뢰무로부터 종씨 가독의 지위를 되찾았다. 그리고 바로 다음해 조선에 사신을 보내 조선의 배가 거리낌 없이 내왕하고, 연해의 사찰과 인가가 전처럼 아무 탈없이 경영할 수 있게 될 것이라고 하며 충성을 맹세하였다(정종 1-7-1-4). 그러나 이때도 종정무가 직접 대마도에 들어오지 않고 자신의 아버지인 영감靈鑑, 宗尙茂?으로 하여금 대마도를 다스리게 하였다.

1401년에 인위 종씨의 종하무宗賀茂가 봉기하자 구주의 전투에 참여하고 있던 종정무는 이를 진압하러 직접 대마도로 가지 못하고 자신의 측근을 보내 진압토록 하였다. 종언오랑宗彦五郎, 종삼랑宗三郎 등과 합세하여 반란을 진압하도록 하였다. 다시 1402년 7월에는 종자무宗資茂 · 종미농개宗美濃介 · 대산소전궁내좌위문大山小田宮內左衛門 · 사뢰팔랑병위絲瀨八郎兵衛 · 국분우이랑國分又二郎 등과 함께 종하무의 난을 진압하였다.

1408년에 이르러서야 종정무는 축전수호대筑前守護代의 지위를 동생인 종정징으로 하여금 대신하게 하고, 자신은 대마도의 좌하佐賀, 사카에 거처를 두고 직접 대마도를 지배하는 한편 본격적으로 조선과도 통교를 시작하였다. 『해동제국기』에서는 이곳에 500여 호가 살고 있으며 6명의 통교자가 있다고 하였다. 좌하는 종정무, 종정성, 종성직宗成職 3대에 걸쳐서 거점으로 삼았으며 그 흔적이 현재의 원통사圓通寺이다. 현재도 종정무가 죽은 후에 종정성의 요구로 조선이 보낸 조선 초기의 종이 걸려 있다(세종 즉-8-25-4).

종정무家督(1398~1418)는 조선이 왜구 금압 요구에 호응하여 적극적으로 왜구를 금압한 인물이다. 그는 대마도뿐만 아니라 북부 구주에서도 자신의 영지를 확보하고자 노력하였다. 1407년에 종정무는 여러 부락을 거느리고 무릉도(울릉도)가 옮겨 살 것을 청하기도 하였다(태종 7-3-16-1). 그는 북부 구주 일대에는 물론 일기도 대마도에 상당한 영향력을 가진 인물이었으므로, 그의 왜구 금압은 효과적이었다고 할 수 있다. 실제로 종정무가 가독직을 회복한 1398년 가을 이후 왜구의 침구는 크게 감소하고 있다. 왜구가 조선에 귀화하여 관직을 받거나 조선의 이름을 받기도 하는 사례가 이 시기에 증가하고 있다. 1418년에 종정무가 죽자 조선에서는 "그가 대마도에 있을 동안에 위엄이 여러 도島에 행하여지고 우리 국가를 향하여 충성하고 여러 도적을 금제禁制하여 자주 변경邊境을 침입하지 못하게 하였기 때문에 그의 죽음에 특별히 후사厚賜한다"고 할 정도로 높이 평가하였다(태종 18-4-24-2).

3) 종정성宗貞盛(1385?~1452)

종정성은 종정무宗貞茂의 아들로, 종정무 사후 도주직을 이어받았으며, 종씨宗氏의 9대 당주當主가 되었다. 세종 즉위년(1418) 8월부터 단종 즉위년(1452) 7월까지 총 300여 회에 걸쳐 통교하였다.

주로 대마주 태수 혹은 대마도주를 자칭하였으며, 세종 10년(1428) 이전까지는 대마도수호對馬島守護 도도웅환都都熊丸·대마도 종정성·대마도 수호 종언륙宗彦六, 종언륙정성宗彦六貞盛·종우마언륙정성宗右馬彦六貞盛

등의 호칭을 사용하였다. 『세종실록』에서 도도웅와都都熊瓦로 되어 있으나, 이는 도도웅환의 잘못이다. '환丸'은 '마루'라고 읽으며 아명으로 많이 쓰였다. '환丸'과 '와瓦'가 글자 형태가 비슷하여 『세종실록』에서 잘못 기록한 것으로 보인다. 『조선왕조실록』에서는 일본의 인명과 지명에 대한 오류가 적지 않다.[5]

중세 이래 근세까지 무사들의 이름은 대단히 복잡한 구조를 가지고 있었다. 인명을 가장 복잡한 형태로 만들어 보면 '평조신종우마언륙정성平朝臣宗右馬彦六貞盛'과 같이 될 것이다. '평平'은 '씨氏, 우지' 혹은 '본성本姓, 혼세이'이고, '조신朝臣, 아손'은 신분을 나타내는 '성姓, 카바네', '종宗'은 '명자名字, 묘지' 혹은 '묘자苗字, 묘지', '우마右馬'는 '무가관위武家官位', '언륙彦六, 히코로쿠'은 '통칭通稱, 쯔쇼오'이고 그중에서 '육六, 로쿠'은 '배행명輩行名'에 해당한다. 마지막으로 '정성貞盛, 사다모리'은 '휘諱' · '본명本名' · '실명實名'이라고 하는 공식적인 이름이다. 여기에 '도도웅환'이라는 '아명兒名'이 있다.

'씨' 혹은 '본성'은 무사들이 대체로 '원씨源氏'와 '평씨平氏'를 조상으로 하고 있다는 의식을 가지고 있었기 때문에 대마도주인 종씨宗氏 역시 본성으로는 평씨平氏를 자칭하고 있는 것이다. 조신朝臣은 각 씨의 가격家格을 보여주는 것으로 천무천황天武天皇 대에 8가지 성이 제정되면서 서열화된 것이다.[6] 이를 '성姓'이라고 한다. 진인眞人 아래에 위치하는 조신朝臣이라는 성은 왕족에서 연원한 귀족을 제외하면 가장 높은 신분임을 나타내는 것이다.[7]

---

5   이근우, 「조선왕조실록 일본 관련 자료 번역의 문제점」, 『동북아문화연구』 40, 동북아시아문화학회, 2014.
6   『일본서기(日本書紀)』 천무 13년(684) 10월조. 眞人, 朝臣, 宿禰, 忌寸, 道師, 臣, 連, 稲置의 8가지 성이 정해졌다. '眞人'은 왕족이며, '朝臣'이 신하로서는 가장 높은 가격(家格)을 나타내었다.

종宗은 '명자名字'에 해당한다. '명자'는 이는 무사들이 자신이 지배하는 토지名에 대한 소유권을 주장하기 위하여 세습하던 관직의 기득권을 주장하기 위하여 이름의 일부로 사용하면서 형성된 것이라고 한다. 그렇기 때문에 형제 간에도 '명자'를 달리하는 경우가 있었다.[8] 우마[9]는 '무가관위' 혹은 '백관명百官名'이라고 하며 무사들이 고대 율령제公家의 관직을 이용하여 자신들의 지위를 나타낸 것이다. 이는 천황의 허가를 받은 것부터 무사 스스로가 마음대로 사용하는 것까지 여러 종류가 있었다. 당시 일본 인명에 흔히 쓰였던 좌위문左衛門이나 우위문右衛門의 경우도 원래는 '무가관위'의 일종이었다. 이는 후에 '통칭通稱' 속에 포함되었고, 이 경우에는 '백관명百官名'이라고 한다.

언륙彦六은 '통칭'이라고 하며 일상적으로 사용된 이름이라고 할 수 있으며, 이름의 가장 마지막에 위치하는 '휘'·'실명'에 대하여 '가명假名'이라고도 한다. '가명'에는 출생 순서에서 비롯된 '배행명輩行名' 혹은 관직명에서 비롯된 '백관명' 등이 포함될 수 있으며, '통칭' 속에 포함된 '백관명'은 신분 표지라고 할 수 있는 '무가관위'와는 구별된다. '배행명'은 원래 출생 순서에서 비롯된 것이지만, 반드시 실제 출생 순서를 반영하지는 않으며, 부조父祖의 이름을 회피하는 경우가 있는가 하면 도리어 아버지의 이름을 그대로 사용하는 경우(襲名)도 있었다.

'휘' 혹은 '실명'은 공식적인 이름이고 이는 피휘避諱의 관념에 따라 특별한 경우 이외에는 사용되지 않았다. 즉 부모, 자신의 군주, 장군 등에

---

7   이는 우리나라의 성(姓)과는 전혀 다른 의미이며, '카바네'라고 한다.
8   현재는 이 명자(名字)가 일본의 family name으로 사용되고 있다.
9   흔히 고대(古代)의 관사(官司)인 우마료(右馬寮)의 관원 혹은 속관(屬官)이라는 뜻으로 사용되었다.

게 자신을 이를 때 사용되었고 특히 아랫사람이 휘를 사용하는 것은 금기시된 것으로 보인다.

휘는 다시 편휘 혹은 통명이라고 하는 부분을 포함하는 경우가 있다. 편휘는 자신의 주군 등의 이름 한 자를 허락 받아서 쓰는 것이고, 통명은 한 집안에서 공통적으로 쓰는 글자이다. '실명'은 정치적 상황에 따라 달라지기도 하였다. 주군이 바뀌면 이전 주군의 편휘를 버리고 새로운 주군의 편휘를 쓰는 경우가 발생하기 때문이다. 그런 점에서 '실명'은 정치적인 역관계를 보여주는 것이었으므로 '통칭'보다 오히려 유동적인 성격을 가지고 있었다. 따라서 편휘를 포함한 '실명'이 있는 경우에도 여전히 '통칭'을 쓰게 되는 것이다.

언류 역시 대마도주의 습명 중 하나이다. 습명은 아버지가 쓰는 통칭을 아들이 다시 쓰는 경우이다. 처음 종언류宗彦六으로 나타나는 사람은 종정성宗貞盛이다. 1422년(세종 4) 3월 27일부터 종언류이 보이며, 이를 시작으로 '종우마언류정성宗右馬彦六貞盛', '대마도 수호 종언류對馬島 守護 宗彦六' 등으로 보인다. 그러므로 1428년(세종 10) 1월 25일조에서 종언류정성宗彦六貞盛을 종언류·종정성으로 번역한 것은 잘못이다. 그는 1452년 6월 22일에 68세로 죽었다. 그런데 실록에는 1452년(단종 즉위년) 11월 2일에 대마도 태수 종언류이 사람을 보내왔다는 기록이 보인다. 언류이라는 통칭이 종정성에서 종성직으로 습명된 것이다. 그러나 언류이라는 통칭은 그 이후로 보이지 않는다. 왜냐하면 종성직에게는 아들이 없었고 대마주 태수宗家 當主의 자리는 동생 종언칠성국宗彦七盛國의 아들인 종정국宗貞國으로 계승되었기 때문이다. 이후 종의성宗義盛까지 언칠彦七이 습명된 것이다. 종정무宗貞茂의 두 아들 종정성宗貞盛과 종성국宗盛國이 각각 언륙彦六과 언칠彦七이었는데, 언륙은 종성직에서 중단되고, 언칠은 종정국, 종재성, 종의성까지 습명된 것이다.

종정성은 1419년에 기해동정을 겪고 나서 조선과의 통교 관계를 회복하기 위하여 노력하였고, 1441년에는 대마도 사람들이 조선의 고초도에서 어업에 종사할 수 있는 고초도금약孤草島禁約을 체결하였다. 1443년에는 조선과 계해약조를 체결하였으며, 이 조약은 조선과 대마도의 관계를 규정하는 기본적인 조약이 되었다.

원래 대마도 종씨는 구주 지역에서 소이씨少貳氏의 가신으로 구주 북부 지역에서 활약하였고, 그에 대한 은상으로 대마도의 지배권을 위임받았으나, 소이씨가 구주탐제九州探題인 삽천씨澁川氏 및 조선과의 교역에 적극적이었던 대내씨大內氏에게 패하면서, 종씨는 대마도의 지배에 전념할 수밖에 없게 되었다. 대마도는 농업생산력이 낮았으므로, 조선과의 통교에서 얻는 이익을 수하에게 분배하는 방식으로 대마도에 대한 지배권을 구축하였다.

종정성이 1452년 6월 22일에 죽자, 아들인 종성직 그리고 조카인 종정국이 뒤를 이었다.

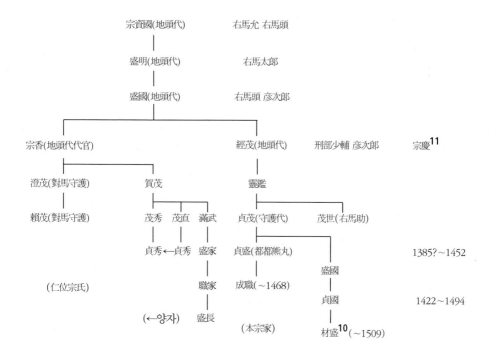

＼〈표 1〉 對馬島 宗氏의 계보

4) 종성직宗成職(1419?~1467)

　종성직은 종정성宗貞盛의 아들로, 유명은 천대웅환千代熊丸, 치요노쿠마마루,
통명은 언륙彦六, 히코로쿠이다. 종정국 사후 1452년(단종 즉위년)에 대마도주
가 되었다. 주군가의 소이교뢰少貳敎賴를 도와 축전 지역의 수복을 꾀하였

10　『조선왕조실록』에서 '宗杜盛'이라고 한 것은 잘못이다.
11　『고려사』에 대마도 萬戶·萬古 崇宗慶·宗慶으로 보인다. 崇은 宗의 잘못이다.

으나, 대내씨大內氏와 싸워서 패배하였다. 후사가 없어서 종제인 종정국宗貞國이 뒤를 이었다.

5) 종정국宗貞國(1422~1494)

종정국은 종성국宗盛國의 둘째 아들로 종형인 종성직宗成職이 후사가 없이 죽자 대마도주가 되었다. 무가관위는 형부소보刑部少輔이고, 통칭은 언칠彦七, 히코시치이다. 1468년에 성직이 죽은 후 가독의 지위를 계승하였다. 종정국은 분열된 종씨를 통합하여 대마도의 지배권을 확립하였고, 조선과도 활발히 통교하였다. 주군가인 소이교뢰少貳教賴 소이정자少貳政資 등을 도와 축전筑前 탈환을 위해서 대내씨大內氏와 싸웠으나, 대내정홍大內政弘에게 패배하였다. 이때 종씨가 축전국에 가지고 있었던 지배영역을 상실하였다. 1492년 은거에 들어가면서 아들인 종재성宗材盛에게 도주직을 물려주었다. 1494년에 죽었다.

6) 종무수宗茂秀/종대선宗大膳[12]

인위 종씨의 중심 인물인 종하무宗賀茂의 아들이며 인위군仁位郡 · 괘로군卦老郡 군수로서 사수포沙須浦에 거주하였다. 종하무의 아들로는 종무수宗茂秀 · 종무직宗茂直 · 종만무宗滿茂가 있었고, 이들은 종정성 · 종언칠과 함께 대마도의 실질적인 지배자로 군림하였다. 무수는 아들이 없어서 종

---

[12] 이하 생몰년은 모두 알 수 없는 경우 표기하지 않았다.

무직의 아들인 종정수宗貞秀·彦九郞를 양자로 삼았다.

『해동제국기』 대마도 괘로군 조에서는 "군수郡守는 종무수이다. 계축년(1433, 세종 15)에 사자使者를 보내어 내조하였다. 서장에는, 출우수종대선 무수出羽守宗大膳茂秀라 일컬었다. 아들이 없어, 아우 무직茂直의 아들 종 언구랑 정수宗彦九郞貞秀를 아들로 삼았다. 무수의 아버지 하무賀茂가 일찍이 도주島主 영감靈鑑을 축출하고 그 자리를 탈취하였는데, 영감의 아들 정무貞茂가 도로 빼앗았으나, 하무의 족속이 강성함으로써 절사絶嗣시키지는 못하고, 무수를 도대관都代官으로 삼았다"고 하여, 대마도의 상황을 구체적으로 설명하고 있다. 도대관은 수호守護의 직무를 대리하는 대관代官 중에서 으뜸간다는 뜻이다.

종무수는 종대선宗大膳으로도 『조선왕조실록』에 보인다. 세종 15년 3월 19일 3번째 기사에 종대선이 보이는데, 이 해가 종무수가 처음으로 사람을 보냈다는 1433년에 해당하므로, 종대선이 종무수임을 알 수 있다. 세종 21년 윤2월 14일 3번째 기사에서는 무직이 종대선宗大善의 아우라고 했는데, 이는 종대선宗大膳의 잘못이다.

한편 세종 21년 11월 18일 3번째 기사에서는 "대마도는 본래 종무수의 아비가 주장하였는데, 그 후에 종정성의 아비에게 빼앗기게 되었다"고 하였는데, 당시 대마도 도주에 해당하는 대마수호對馬守護는 종무수의 아버지가 아니라 큰아버지에 해당하는 종징무宗澄茂였다. 세종 21년 4월 17일 1번째 기사에서는 대마도를 종정성宗貞盛 종무직宗茂直 종무수宗茂秀 종언칠宗彦七 4형제가 나누어 차지하고 있다고 하였다. 이처럼 종무수는 대마도의 유력 세력 중 하나였고 인위 종씨를 대표하는 인물이었다.

7) 종무직宗茂直

종하무宗賀茂의 아들로 이후 기사에서는 대마주對馬州 상총수上總守라는 관직을 자칭한 것으로 나타난다. 세종 대에 60여 차례 사람을 보내어 조선과 통교하였다. 『해동제국기』에는 대마도 사수포沙須浦 조에 종무수宗茂秀의 친동생으로 이름만 보인다.

종하무는 종종향宗宗香의 아들로 종씨 일족이면서 천조만 내부의 인위仁位, 니이를 거점으로 하였고, 인위 종씨 혹은 인위중촌씨仁位中村氏라고 불렸다. 종씨의 본가는 소이씨少貳氏, 小二氏의 가신으로 주로 북부 구주에서 활약하였고, 인위 종씨가 대마도 지배를 위임받았다.

그런데 남북조 내란기의 혼란을 틈타 구주탐제九州探題 금천료준今川了俊의 알선으로 인위 종씨의 종징무宗澄茂가 대마도주對馬守護가 되어 대마도의 실권을 장악하기에 이르렀다. 이후 그 아들 종뢰무宗賴茂가 대마도주가 되었으나, 종경무宗經茂의 손자인 종정무宗貞茂가 돌아와서 다시 대마도주의 자리를 차지하였다(처음에는 佐賀에 근거지를 두었고, 후에 國府현재의 嚴原으로 옮겼다).

8) 종언칠정수宗彦七貞秀

종정국宗貞國의 장자로 언칠이라는 이름은 종성국宗盛國, 종정국宗貞國에 이어서 종정수가 습명하였다. 종정국이 언칠을 처음 사용한 것은 문종 1년(1451) 6월 10일이고, 종정국이 대마도 태수로 나타나는 것은 1458년이다. 종정국이 언칠을 사용한 마지막 사례는 세조 12년(1466) 5월 18

일이고, 종언칠정수가 처음 나타나는 것은 성종 10년(1479) 3월 22일이다. 따라서 언칠이라는 통명이 습명되는 것은 대마도 태수가 되는 시점이 아니라 후계자가 정해진 시점으로 생각된다.

종정수는 1468년(예종 즉위년) 9월 29일부터 『조선왕조실록』에 보이며, 주로 도주인 종정국과 함께 사람을 보낸 경우가 많다. 또한 쌀 15석, 황두 15석을 주었는데, 이는 대마도주(조미糙米 50석, 황두黃豆 50석) 다음 가는 양이다. 이에 대해서 출운수 종정수는 쌀과 콩을 지급받지 못하였다(성종 3-7-17).

9) 종언구랑정수宗彦九郞貞秀

종무직宗茂直의 아들로 종무수宗茂秀의 양자가 되었다. 세종 7년(1461)부터 성종 14년(1483)까지 43회에 걸쳐 통교하였는데, 주로 대마주 평조신 종언구랑정수宗彦九郞貞秀, 대마주 출우수出羽守 종정수, 대마주 종출우수정수宗出羽守貞秀로 자칭하였다. 그는 성종 12년(1481)에 대마도 대관으로 왜구를 참수하고 생포하여 보낸 공으로 가선동지중추부사嘉善同知中樞府事에 제수되었으며, 1460년에 도서를 받고 세견선 5척을 정약하였다.

다만 종정수라는 이름은 종정국의 아들로 평조신 종정수가 보인다. 종무직의 아들 종정수는 통명通名을 언구랑彦九郞으로 쓰고 무가관위는 출우수를 쓰고 있으나, 종정국의 아들 종정수는 언칠彦七이라는 통명을 썼다.[13] 종정국에 이어서 나타나는 종정수나 종언칠정수는 종정국의 아들인 종정수이다.

13 통명과 무가관위는 세습되는 것이므로 종정국(宗貞國)이 살아 있는 동안 사용할 수 없었던 것으로 생각된다.

10) 종만무宗滿茂

종하무의 아들이고 종성가의 아버지이다. 대마도 인위 군주仁位郡主이며 대마주對馬州의 유종唯宗 신농수信濃守 만무滿茂(태종 16-5-8-4), 대마주對馬州의 유종신농수만무惟宗信濃守滿茂, 대마도 인위군주 종만무對馬島仁位郡主宗滿茂(세종 1-2-29-3) 등으로 나타난다. 유종唯宗・惟宗, 코레무네은 종씨의 본래 성이다. 종씨는 종정국의 시대에 소이씨少貳氏와 결별한 이후 유종이라는 성 대신에 평平이라는 성과 종宗이라는 명자名字를 쓰게 되었다. 종정국 자신도 1469년까지 유종을 사용하였다. 인위의 청현사淸玄寺에 국주유종조신정국國主唯宗朝臣貞國과 단월 유종조신신농수성가唯宗朝臣信農守盛家라는 명문이 새겨진 범종이 있다. 한편 평이라는 성을 사용한 예는 1449

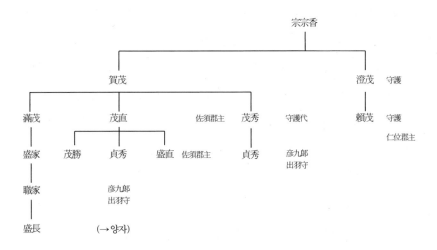

〈표 2〉 인위 종씨의 계보

년에 헌납한 고려대장경에 평조신종형부소보정성平朝臣宗刑部少輔貞盛 · 평조신종언륙성직平朝臣宗彦六盛職이 보인다. 이처럼 평平과 유종唯宗이라는 성을 혼용하는 시기를 거쳐 평조신平朝臣 종씨宗氏를 칭하게 되었다.

신농수信農守는 신농국信濃國의 장관 즉 국수國守라는 의미다. 신농은 '시나노'라고 읽으며 현재의 나가노현 지역이다.

11) 종성국宗盛國/종언칠宗彦七

종정무宗貞茂의 아들이자 종정성宗貞盛의 아우이다. 『조선왕조실록』에서는 종언칠宗彦七/종성국宗盛國 혹은 종언칠성국宗彦七盛國 등으로 나타난다. 종정성宗貞盛이 죽자 아들인 종성직宗成職이 도주직을 계승하였고, 종성직이 죽고 후사가 없었으므로, 1467년(세조 13)에 종성국의 아들인 종정국宗貞國이 도주가 되었다.

그는 1444년까지 조선에 사자를 파견하였고, 1445년에도 종정성의 사자로 종언칠宗彦七이라는 이름이 보인다. 다만 이 해의 종언칠이 종성국인지는 분명하지 않다. 그런데 1446년에 종언칠의 아들 종정국宗貞國에게 쌀과 콩 15석을 내렸다는 기사가 보인다.[14] 종정국이 쌀과 콩을 받게 된 것은 종언칠성국이 죽고 그 지위를 아들인 종정국이 계승한 결과로 생각된다.

1448년 5월 13일에 종정국이 "아비 성국盛國 때는 해마다 쌀 50~60석 혹은 80석을 주셨는데, 지금은 15석만 주시니 그 전의 예에 의하여 달라"

---

14 "丁酉, 賜對馬島倭宗彦七子貞國米豆十五石, 宗盛世子熊虎丸米豆十石, 從其請也."(세종 28-8-2-1)

고 한 것에서 종성국이 죽었음을 확인할 수 있다. 그런데 1451년(문종 1) 6월 10일조에서 대마도의 종언칠정국宗彦七貞國이 사람을 보내왔다는 기사가 보인다.

종정국은 조선과 통교할 수 있는 지위를 계승하였을 뿐만 아니라 언칠이라는 아버지의 통칭까지도 습명하였다. 종정국은 1468년에 종성직宗成職의 뒤를 이어 대마도주가 되었고, 이 해 9월 29일에 대마주 태수 종정국과 (아들) 종정수宗貞秀가 조선에 사자를 보냈다.

1479년(성종 10)에는 종언칠정수宗彦七貞秀가 보인다. 이후 종정국은 언칠이라는 통칭을 사용하지 않았고, 오로지 종정수만이 사용하고 있다. 1494년(성종 25) 5월 1일까지 종언칠정수가 보인다. 그런데 1496년(연산군 2)이 되면 종언칠성순宗彦七盛順이 보인다. 그도 역시 대마도주의 아들이라고 하였다(중종 10-12-4-6). 종언칠정수는 종정국의 장자이고[15] 종익성(宗杙盛, 宗材盛이 옳다)은 셋째 아들이라고 하였고, 다시 종언칠성순이 종재성의 아들이라고 하였다. 그렇다면 언칠은 대마도주의 아들이나 후계자에 해당하는 사람이 습명하는 것으로 생각해 볼 수 있다. 다만 장자인 종언칠정수가 병약하여 대마도주직을 계승하지 못하고 셋째 아들로 넘어가면서 종성정宗盛貞, 후의 宗材盛은 언칠이라는 습명을 사용할 시간이 없었고, 그 아들인 종성순宗盛順, 宗義盛이 바로 언칠을 습명한 것으로 생각할 수 있다. 이미 1425년(세종 7) 1월 9일 이래로 종성국이 언칠을

---

15 종언칠정수(宗彦七貞秀)이다. 정국(貞國)의 장자이며 그와 동거하고 있고, 1464년에 내조하였다. 서장에는 대마주평조신정수(對馬州平朝臣貞秀)라고 하고, 세견선은 7척, 세사미두는 15석이다. 이에 대하여 사수포(沙愁浦)의 종언구랑정수(宗彦九郎貞秀)는 종성직의 종제이며, 쾌로군수 종무수가 후사로 세웠다. 1460년에 견사내조하였고, 서장에는 대마주평조신종언구랑정수(對馬州平朝臣宗彦九郎貞秀)라고 한다. 도서를 받았고, 세견선은 1척이다.

사용한 이래 종성순宗盛順까지 언칠이라는 통칭이 계속 사용되었다.

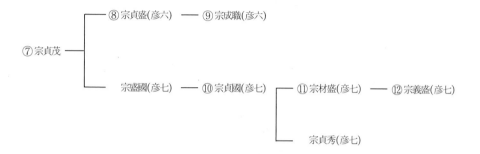

<표 3> 대마도 宗氏의 彦六 彦七의 襲名. 숫자는 宗氏 當主의 代數

12) 조전좌위문태랑早田左衛門太郎

조전좌위문태랑[16]은 대마도 왜구의 우두머리였다. 그는 『조선왕조실록』에서 적중만호賊中萬戶, 왜상倭商 등으로도 나타나지만 실질적으로 천조만淺藻灣 내부의 두지포豆地浦에 거점을 둔 왜구 집단의 우두머리였다. 좌위문대랑, 사문다라沙文多羅 등 다양한 한자 표기로 보인다.

태종 14년(1414) 윤9월에 대마도 두지포 만호 조전이 토물을 바쳤다는 기사를 시작으로 세종 11년(1429)까지 통교하였다. 특히 대마도주 종정무

---

16   조전좌위문대랑(早田左衛門大郎)을 나가온(羅可溫)과 동일인물로 보는 견해가 있다. 田中健夫, 『中世海外交涉史の硏究』, 東京大出版會, 1959.

가 죽은 1418년부터 대마도의 실권자로서 통교회수가 증가하여 세종 10년 (1428)까지 대마도주보다 빈번하게 통교하였다. 그러나 종정성이 실권을 회복하면서 통교 회수는 감소하기 시작하였으나, 그 아들과 손자까지도 조선과의 통교를 지속하였다.

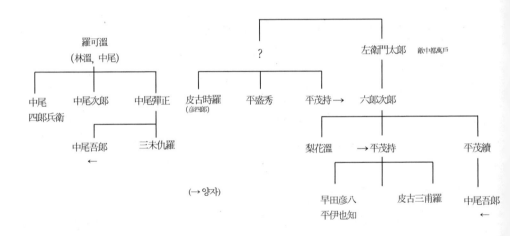

〈표 4〉 早田氏 및 中尾氏의 계보

13) 육랑차랑六郎次郎

육랑차랑은 대마도 적중만호이자 왜구의 우두머리인 조전좌위문태랑과 묘유妙由 사이에서 태어났다. 세종 11년에 좌위문대랑의 아들 야이지也伊知가 도서를 요청하였는데, 이 야이지도 육랑차랑일 가능성이 크다(세종 11-9-17-3). 그는 아버지의 도만호 직을 이어받았고, 세종 10년(1428)부터 26년(1444)까지 43회에 걸쳐 조선과 통교하였다. 세종 12년에는 고성포와 구라량 등지를 다니면서 장사하기를 청하고 토산물을 바쳤다. 그는 조선뿐만 아니라 유구국에도 상선을 보내어 교역을 하였다. 그래서 유구국 사신과 함께 조선에 들어오기도 하였다(세종 13-11-9-1, 세종 13-12-6-2). 또한 유구국과의 관계를 통하여 유구국의 배 만드는 기술자를 주선하여 조선에 보내겠다고 하였다(세종 15-7-22-4). 세종 18년(1436)에는 대마도 도만호都萬戶로 보인다(세종 18-6-28-1). 그러나 세종 20년에는 만호 조전육랑차랑早田六郎次郎, 세종 21년에는 대마도 왜적 만호 육랑차랑이라고 하여 관직 기록에 일관성이 없다(세종 20-9-18-2, 세종 21-2-4-2). 세종 21년에는 직접 중국으로 노략질하러 갔다고 한다. 이때 종정성이 조선을 침범하지 말라고 하였고, 육랑차랑도 조선으로부터 후한 은덕을 입었으므로 그런 일이 없을 것이라고 하늘에 맹서하였다(세종 21-3-15-2). 이 기록을 통하여 대마도 주인 종씨가 왜구의 우두머리인 조전씨에 대하여 지배력을 행사하고 있음을 알 수 있다.

그가 마지막으로 사람을 파견한 것은 세종 26년(1444)으로, 왜인들이 고기잡이를 핑계삼아 배를 가지고 조선을 침구하려고 한다는 사실을 전하였다(세종 26-6-18-1). 다음해에는 이미 육랑차랑이 고인이 되었으며,

대신 그 아들 이화온伊花溫이 등장한다(세종 27-7-11-2).

육랑차랑에 대해서 한문종은『조전문서早田文書』에 보이는 성창宗盛昌일 가능성을 제기하였다. 종정성이 1445년에 성창을 하내수河內守에 임명한 사실을 보여주는 문서가 있기 때문이다.[17] 그러나 1445년은 육랑차랑이 죽은 해이므로, 하내수라는 지위는 사후에 인정된 셈이다. 또한『조전문서』에 아버지로 보이는 가하수加賀守 성행盛幸이 좌위문태랑에 해당하는 셈인데, 조선 사료에서는 그가 가하수 등의 무가관위를 칭한 사례가 확인되지 않는다.

두지포를 거점으로 하는 조전씨와 훈라곶을 거점으로 하는 중미씨는 왜구의 우두머리이다. 그런데 조전씨 계통에도 중미오랑과 같이 중미라는 씨명을 쓰는 것으로 보아, 두 가문은 일족으로 생각된다.

14) 나가온羅可溫/임온林溫

나가온은 대마도 왜구의 우두머리 중 한 명이며 조선에서 임온이라는 이름을 주었다.[18] 그에게는 중미탄정中尾彈正 중미사랑병위中尾四郎兵衛 중미차랑中尾次郎의 세 아들이 있었다(세종 26-5-18-3). 나가온은 중미中尾를 조선의 한자음으로 나타낸 것이고, 따라서 그 자식들도 중미로 칭한 것으로 생각된다.

나가온은 태조 6년(1397)에 지울주사 이은을 납치하여 대마도로 끌고

---

17 한문종,「조선전기 대마 조전씨의 대조선통교」,『한일관계사연구』12, 한일관계사학회, 2000, 70쪽.

18 조전좌위문대랑(早田左衛門大郎)과 동일인물로 보는 견해가 있다. 田中健夫,『中世海外交渉史の研究』, 東京大出版會, 1959.

간 왜구의 우두머리이다(태조 6-1-28-3). 그 후 나가온은 만호, 아들로 나타나는 도시로는 사정, 곤시라와 망사문은 부사정에 제수되었다(태조 6-2-10-1). 이에 나가온은 병선 24척을 거느리고 항복하기를 청하였다(태조 6-4-1-2). 이후 밀양부에서 경상도 관찰사를 만나고 서울로 올라갔다(태조 6-4-6-3). 4월 24일에 나가온은 서울에 도착하였고(태조 6-4-24-1), 4월 26일에 근정전의 조회에 참여하였다(태조 6-4-26-1). 다음날 나가온은 선략장군에 제수되었고, 부하 도시라 등 8인에게는 영사정과 부사정의 직위를 주었다(태조 6-4-27-1). 7년에 나가온을 임온으로 개명하고 선략장군행낭장으로 삼았다(태조 7-2-17-2). 태종 6년에는 전라도 안부도에서 왜적의 배 한 척을 잡았는데 이때 왜인 만호 임온이 활약하였다(태종 6-3-24-4). 11년에 임온이 대마도로 돌아가기를 청하므로 저포와 마포를 주어 위로하였다(태종 11-3-25-1). 13년에 임온이 사람을 보내왔는데, 그는 원래 조선에 투화하여 장군직을 받았으나, 뒤에 대마도로 들어가 왜의 만호가 되었다고 하였다(태종 13-8-8-2). 15년에 임온이 친아들을 보내어 예물을 바쳤고(태종 15-9-29-2), 그 후에도 사인을 보내왔다(태종 16-1-13-2, 태종 17-5-8-3). 세종 22년에 부산포의 왜인들이 임온의 아들 이라而羅를 보내왔다고 거짓으로 보고하자, 이예가 이를 확인하고 돌려보냈다(세종 22-2-20-1). 임온의 아들 이라는 차랑次郎의 조선식 표기이므로 중미차랑中尾次郎으로 생각된다.

15) 중미탄정中尾彈正

나가온羅可溫의 아들로 조선으로부터 호군護軍에 제수되었고, 세종 26

년(1444)부터 세조 3년(1457)까지 11차례에 걸쳐『조선왕조실록』에 이름이 보인다. 아들인 삼미구라三未仇羅도 2차례에 걸쳐 조선에 내조하였고, 양자인 중미오랑中尾吾郞은 성종 1년(1470)부터 성종 21년(1490)까지 8차례에 걸쳐『조선왕조실록』에 이름이 보인다. 중미오랑은 양아버지인 중미탄정과 마찬가지로 호군에 제수되었다.

중미오랑은 평무속平茂續의 아들인데, 중미탄정의 양자가 되었다. 두지포에 근거한 조전씨와 훈라곶에 근거한 중미씨가 일족임을 짐작케 하는 사례이다.

3. 구주九州의 정세와 통교자

고려와 몽골 연합군의 정벌로 북구주의 중심 지역인 하카타博多(현재의 복강시)가 소실되었다(1274). 재침에 대비하여 하카타 연안부에 방어용 석담을 세웠는데 이를 원구방루元寇防壘라고 부른다. 이 석담 때문에 하카타를 석성石城이라고도 부르게 되었다. 1293년에 실정막부가 현재의 쿠시다신사櫛田神社 근처에 진서탐제鎭西探題를 설치하고 고대 이래의 대재부大宰府 대신 구주 통치의 중심으로 삼았다. 그러나 고대국가의 관사인 대재부와는 달리, 진서탐제는 자신의 무력과 노력으로 구주에 대한 지배력을 확보할 수밖에 없었다.

겸창시대鎌倉時代 말기부터 전국 주요 사사寺社의 조영비를 획득하기 위하여 하카타 상인들은 막부의 허가를 얻어 종종 원과 교역하였다. 이

때 왕래한 무역선을 사사영조료당선寺社營造料唐船이라고 하였다.

1333년에 후제호천황後醍醐天皇이 막부에 맞서 군사를 일으키자 국지무시菊池武時가 진서탐제인 북조영시北條英時을 공격하여 다시 하카타를 불태웠다. 소이정경少貳貞經과 대우정종大友貞宗이 국지무시를 일단 몰아냈지만, 족리존씨足利尊氏가 경도京都의 육파라탐제六波羅探題를 함락시켰다는 사실을 전해들은 소이정경·대우정종 및 도진종구島津宗久 등은 진서탐제를 멸하였다. 1336년에는 족리존씨가 구주로 내려오자 소이뢰상少貳賴尚·도진정구島津貞久·대우씨태大友氏泰 등과 함께 다다량빈多多良濱의 전투에서 국지씨를 격파하였다.

족리의만足利義滿이 장군이 된 후인 1371년에 금천정세今川貞世, 今川了俊이 구주탐제에 임명되었으며, 회량친왕懷良親王 등 남조세력의 토벌과 어가인御家人의 수호 피관화에 힘썼다. 금천정세는 또한 대마도·일기도·송포·오도열도五島列島를 본거지로 한 왜구들이 붙잡아서 하카타에 팔아버린 고려인 포로들을 고려 본국으로 귀국시켰다. 또한 명의 왜구 토벌 요청을 받아들여 대내씨와 함께 왜구를 토벌하였고, 실정막부의 명에 대한 무역(勘合貿易)이 성사되도록 노력하였으나, 참언으로 실각하였다.

금천료준의 다음으로 구주탐제가 된 삽천만뢰澁川滿賴, 源道鎭은 기해동정 때 하카타 상인 종금宗金으로 하여금 막부에 연락하도록 하였고, 역시 하카타 상인인 평방길구平方吉久(진종경陳宗敬의 아들)과 묘락사妙樂寺 주지인 무애양예無涯亮倪를 조선에 파견하였고, 그에 대한 회례사로 파견된 송희경宋希璟을 맞이하여 직접 접대하였다.

족리의지足利義持는 사무역을 행하는 대내의홍을 토벌한 후 안예安藝

출신의 하카타 상인 비부肥富, 小泉의 건의를 받아들여 1401년에 조아祖阿를 정사로 하고 비부肥富를 부사로 하여 명나라에 첫 번째 견명선遣明船를 파견하였다.

이 무렵 하카타 상인은 조선 및 명과의 무역뿐만 아니라, 유구를 경유하여 동남아시아와도 무역하고 있었다. 그중에서도 도안이라는 상인은 유구국왕의 대리인으로 무역을 행하였다. 명에 사들인 생사는 일본에서는 20배의 가격이 되었고, 일본의 구리는 명에서 4~5배의 가격이 되었다고 한다. 또한 동전을 수입하고, 유황 및 일본도를 수출하여, 하카타의 상인들은 엄청난 부를 축적하였다.

삽천만뢰가 구주탐제를 사임한 후, 대우씨大友氏는 1429년 조선에 사신을 보내어 하카타를 지배하고 있다고 주장하였고, 종금 등의 상인들은 대우씨의 보호 하에 무역을 행하였다. 당시의 하카타는 항구가 있는 북동부의 식빈息濱(오키노하마)에 6,000호, 성복사聖福寺 · 승천사承天寺 주변의 남서 내륙부의 박다빈博多濱, 하카타하마에 4,000호가 있었고, 식빈은 대우씨가, 박다빈은 소이씨가 통치하였다. 그러나 1478년에 이르러, 대내정홍大內政弘이 소이씨를 하카타로부터 몰아내고, 축전筑前 및 풍전豊前까지 세력을 확장함으로써, 하카타는 대내씨와 대우씨의 지배 지역으로 양분되었다.

북구주 지역을 거점으로 두고 조선과 가장 빈번하게 통교한 것이 삽천씨 일문이다. 삽천씨는 실정막부室町幕府의 장군가將軍家인 족리씨足利氏 일족으로 실정시대에 구주의 비전肥前과 풍전豊前, 뇌호내해瀨戶內海의 비전備前 · 비중備中 · 안예安藝, 섭진攝津 등의 수호守護에 임명되었으며, 구주탐제九州探題를 세습하였다.

겸창막부鎌倉幕府의 유력 어가인御家人이었던 족리태씨足利泰氏에게는 아들로 가씨家氏·겸씨兼氏·뢰씨賴氏가 있었는데, 장자인 가씨家氏는 육오국陸奧國 사파군斯波郡을 소령所領으로 하여 새로운 가문을 세웠고, 그 자손은 실정막부室町幕府의 유력 수호대명守護大名인 사파씨斯波氏가 되었다. 차자인 겸씨는 상야국上野國 삽천향澁川鄕을 소령으로 하여 새롭게 원성源姓 삽천씨澁川氏를 일으켰다(이름을 의현義顯으로 고쳤다).

이 의현의 후손으로 삽천만뢰澁川滿賴와 삽천만행澁川滿行이 있고, 만뢰 쪽은 어일가御一家 삽천씨, 만행 쪽은 구주탐제 삽천씨로 이어진다.

삽천만뢰는 구주의 남조南朝 세력을 평정한 금천료준今川了俊의 후임으로 구주탐제에 임명되어 무난히 그 직무를 수행하였으나, 그 아들 삽천의준 때 소이만정少貳滿貞과 싸워 패한 이후 삽천씨는 쇠퇴하였다. 이 무렵 북부 구주에서는 삽천씨를 대신하여 구주 막부령幕府領 대관代官이었던 대내씨大內氏가 소이씨少貳氏(대마도 종씨宗氏의 주군가主君家)를 몰아내고 세력을 확장하였다. 삽천의준은 축후筑後로 은퇴한 후, 그 아들 의경義鏡은 구주탐제직을 물려받지 못하고 경도로 돌아갔다. 이후 의경 계통은 장군가의 일족(御一家)로서 대우받게 되었다.

한편 삽천만행의 아들인 삽천만직澁川滿直은 종제從弟인 삽천의준으로부터 구주탐제직을 계승하였고, 이후 만직 계통이 구주탐제직 및 비전肥前 수호직을 세습하게 되었다. 만직은 소이씨와의 전투에서 전사하였고, 만직 이후에는 삽천교직澁川敎直·삽천윤번澁川尹繁이 탐제직을 이어받았고, 소이씨와 오랜 기간 싸움을 계속하였다. 이 과정에서 북구주의 삽천씨 세력은 약화되었고, 뒤에 대내씨大內氏의 세력이 커지자 구주탐제는 유명무실하게 되어, 비전肥前 동부 지역의 지방세력에 머물게 되었다.

1) 삽천만뢰澁川滿賴(1372~1446)/원도진源道鎭

삽천만뢰는 아명은 장수왕환長壽王丸이며, 남북조南北朝 말·실정室町 초기의 구주탐제九州探題를 지냈다. 관위는 좌근위장감左近衛將監·우병위좌右兵衛佐이었다. 금천료준今川了俊의 뒤를 이어 1396년 구주탐제九州探題로 부임하였다. 비전肥前을 비롯하여 축전筑前, 풍전豊前, 비후肥後 등을 관할하였다. 조선에 사절을 보내 『대장경』을 구하는 등 활발하게 통교하였다. 스스로를 구주도독九州都督, 진서절도사鎭西節度使 등으로 칭하고 조선국왕으로부터 무역의 허락을 인정하는 도서를 수여받아 수도서인受圖書人이 되었다. 1406년에 출가해서 도진道鎭이라는 법호法號를 사용하기 시작하였고, 1419년에 구주탐제의 자리를 아들인 삽천의준澁川義俊에게 물려주었다. 그는 비전국肥前國을 구주탐제의 분국分國으로 정하여 삽천씨가 구주에서 전국시대 전기까지 존속할 수 있는 기반을 마련하였고, 이후 축전국에서 비전으로 본거지를 옮겨 비전국 양부군養父郡 능부綾部에 수호관守護館을 건설하였다.

2) 삽천의준澁川義俊

삽천만뢰澁川滿賴의 아들로 1419년에 구주탐제직을 이어받았다(1400~1434). 무가관위는 좌근장감左近將監이다. 1423년에 소이만정少貳滿貞이 박다博多를 공격하자 패하여 비전국肥前國 산포성山浦城으로 피신하였다. 이후 구주탐제의 영향력을 쇠퇴하기 시작하였다. 1425년 의준은 소이만정을 공격하였으나 패하고, 1428년에 삽천만직澁川滿直에게 구주탐제를 물려주고, 자신은 축후국^{筑後國} 주견성^{酒見城}에 은거하였다.

3) 소이만정^{少貳滿貞}/등원만정^{藤原滿貞}

실정시대^{室町時代}의 무장1394~1433)으로 북구주 박다^{博多} 지역을 중심
으로 활동하였다. 소이정뢰^{少貳貞賴}의 아들로 1404년 아버지의 죽음으
로 소이씨 가독을 계승하였다. 소이정뢰는 1396년에 구주탐제^{九州探題}
가 된 삽천만뢰^{澁川滿賴, 源道鎭}과 여러 차례에 걸쳐 싸웠다. 1419년 삽천
만뢰가 구주탐제직을 아들인 삽천의준^{澁川義俊}에게 물려주었다. 이후
소이만정은 1423년에 박다^{博多}에서 삽천의준과 싸워 물리쳤다. 1425년
에도 의준의 반격을 물리쳤지만, 북구주의 평정을 위해서 내려온 대내
성견^{大內盛見}에게 패하여 박다 지역에서 물러나지 않을 수 없었다. 대내
성견은 1428년에 새로이 구주탐제가 된 삽천만직^{澁川滿直}을 도와 구주
에서 세력을 확대하고자 하였다. 1431년에 소이만정은, 축전국^{筑前國}의
영유권을 두고 대내성견과 대적한 대우지직^{大友持直}을 도와 대내성견을
물리쳤다. 1433년에 소이만정을 추토^{追討}하기 위해서 구주에 내려온 대
내지세^{大內持世}와 싸웠으나 축전의 추월성^{秋月城}에서 전사하였고, 아들
소이자사^{少貳資嗣}도 비전국^{肥前國} 여하장^{與賀庄} 전투에서 전사하였다.

4) 종금^{宗金}

현재의 구주^{九州} 복강^{福岡, 후쿠오카}를 근거지로 하여 활동한 승려 겸 상

인이다. 일본 사료인『교언경기教言卿記』에 보이는 원복사圓福寺 승려 종금宗金과 동일 인물로 추정하는 견해가 있다. 1420년을 경계로 그 이전은 주로 승려 신분이었고, 그 이후에는 상왜商倭 및 석성관사石城管事로 활동하였다. 그는 1425년에 조선으로부터 도서圖書를 받았는데, 수도서인의 이른 사례이다. 이는 구주탐제 권위의 동요와 조선 통교 상의 지위 하락과 관계 있는 것으로 보인다. 또한 그는 실정시대室町時代에 대우씨大友氏의 소령인 박다博多 식빈息濱의 대관代官으로 생각된다.

1419년 기해동정이 있었던 해 구주탐제 삽천씨는 종금을 경도로 파견하여 조선이 대마도를 공격한 사실을 실정막부에 보고하였다(『노송당 일본행록』). 종금은 장군 족리의지足利義持의 측근인 진외랑陳外郎, 宗壽에게 알렸고, 진외랑이 의지에게 보고하였다. 이때 이미 종금은 기내畿內와 박다를 왕래하는 무역선 상인廻船商人이었던 것으로 생각된다. 1420년 송희경이 기해동정의 이유를 설명할 목적으로 파견되었을 때, 종금은 박다부터 송희경을 접대하였고, 경도로 갈 때 함께 동행하였다.

송희경 일행을 두텁게 접대한 종금은 그해 11월에 구주탐제와 함께 사람을 보내어 토산물을 바쳤다. 이후 1450년까지 31회에 걸쳐 사자를 파견하였다.[19]

5) 평만경平滿景

평만경平萬景이라고도 표기하며, 박다博多 석성石城 지역의 통교자이

---

19 佐伯弘次,「室町期の博多商人宗金と東アジア」,『史淵』136, 九州大學 人文科學研究員, 1999, pp.101~120.

다. 축주筑州 석성부관사石城府管事(세종 1-6-1-4), 서해로西海路 민부소보民部少輔(세종 2-5-19-4), 축주부筑州府 석성현사石城縣使 민부소보民部少輔(세종 3-7-5-2), 원도진관하源道鎭管下(세종 5-9-28-2) 등으로 보인다. 구주탐제를 지낸 삽천만뢰澁川滿賴, 源道鎭의 이름 만滿을 습명襲名한 인물로 생각된다.

평만경이 조선과 직접 통교하게 된 것은 기해동정을 단행하기 직전이다. 1419년 6월 1일에 사람을 보내어 토물을 바치고 만경이라는 인장을 요구하였고, 조선이 이를 받아들여 수도서인이 되었다. 또한 기해동정이 대마도만을 정벌한 일이라는 것을 설명하기 위하여 파견된 송희경을 삽천만뢰와 삽천의준의 사자로서 융숭하게 대접하였고 또한 송희경의 호송을 담당하였다. 평만경은 피로인 송환에도 적극적으로 협조하여, 북구주 지역에서 삽천만뢰에 다음가는 교역상의 지위를 획득하였다. 삽천씨 무역의 실질적인 담당자는 평만경 및 종금과 같은 무역상들이었다.[20]

20　田中健夫, 『中世海外交涉史の硏究』(1959), 東京大出版會, 2002, pp.40~42.

4. 본주本州의 통교자

본주의 대표적인 통교자는 대내씨 일족이었다. 대내씨는 실정시대室町時代에 주방국周防國을 거점으로 활동한 무사가문이다. 원래의 씨명本姓은 다다량씨多多良氏이다. 일본의 무사들은 흔히 원평등귤源平藤橘 및 그밖의 중앙 귀족의 후예라고 자처하는데, 특이하게 대내씨는 백제 성왕의 3번째 아들인 임성태자琳聖太子의 후손이라고 자칭하였다. 임성태자가 주방국의 다다량多多良의 해변에 도착하였기 때문에 다다량씨라고 하였고, 후에 대내촌大內村에 거주하게 되면서 대내大內를 명자名字로 삼게 되었다고 한다. 그러나 임성태자에 대한 기록은 달리 보이지 않으며, 대내씨가 임성태자의 후손이라고 주장한 것은 14세기 이후의 일이다. 다만 815년에 편찬된『신찬성씨록新撰姓氏錄』에 가야 계통의 도래인으로 다다량공多多良公이 보이고, 다다량은 다다라多多羅 즉 현재 부산 다대포 일대를 지칭하는 용어로 생각된다. 그러나 다다량공씨와 대내씨의 본성인 다다량씨와의 관련성을 분명하지 않다. 대내씨가 주방국에서 주방권개周防權介의 지위를 세습하는 재청관인在廳官人 출신이라는 점 이외에는 자세히 알 수 없다.

1152년(仁平 2)에 발급된 재청하문在廳下文에 다다량씨 3명의 서명이 보인다. 이 무렵에 이미 다다량씨가 재청관인으로 상당한 세력을 가지고 있었던 것으로 생각된다. 헤이안시대 말기의 다다량성방多多良盛房은 주방周防에서 가장 유력한 인물이었고, 주방개周防介(周防國 國司 중 차관을 뜻함)에 임명되었다. 이때부터 대내개大內介라고 자칭하였고, 이후 대내씨의 당주當主가 이를 세습하였다. 겸창시대에 들어서 대내씨 일족은 주방국의 국아 재청을 완전히 지배하게 되었고, 실질적인 주방의 지배자가 되었다. 그래서 겸창막부鎌倉幕府의 어가인御家人이 되었고, 육파라탐제평정중六波羅探題評定衆에 임명되었다.

건무친정建武親政 때 주방수호周防守護에 임명되었고, 남북조시대에 들어서도 주방수호의 지위를 유지하였다. 1350년에 대내홍행大內弘幸은 아들 대내홍세大內弘世와 함께 가독家督 상속 문제로 다투던 조카 취두홍직鷲頭弘直을 종속시켰고, 1358년에는 장문국長門國 수호인 후동씨厚東氏를 구주를 몰아내고 주방국과 장문국을 지배하게 되었다.

대내홍세는 장군 족리의전足利義詮을 알현하였고, 본거지를 산구山口, 야마구찌로 옮겼다. 홍세의 뒤를 이은 대내의홍大內義弘은 구주탐제 금천정세今川貞世, 了俊를 따라 구주 지역 평정에 나섰고, 1391년(명덕 2)에는 산명씨山名氏가 일으킨 명덕의 난에서도 활약하였다. 그 결과가 화천和泉(현재의 대판부大阪府 남부)·기이紀伊(현재의 화가산현和歌山縣), 주방周防·장문長門·석견石見, 풍전豊前(구주의 동부) 6개국의 수호대명守護大名이 되었다. 조선과도 활발하게 교류하였다. 그러나 대내의홍의 세력을 위험하게 여긴 실정막부 3대 장군 족리의만足利義滿과 대립하게 되었고, 1399년에서 계界에서 거병하였으나 싸움에 져서 죽고 말았다(응영應永의 난).

대내의홍이 죽은 후 영국의 절반 이상을 족리의만에게 빼앗겼고, 주방과 장문의 수호직은 의홍의 동생인 대내홍무大內弘茂가 갖게 되었다. 그러나 의홍의 또 다른 동생인 대내성견大內盛見이 홍무를 죽이고 실권을 장악하자, 막부도 성견이 가독직을 계승하는 것을 승인하였다.

1379년 고려의 요청을 받은 대내의홍大內義弘은 왜구의 토벌에 협조하였다. 그러나 구주탐제九州探題 금천료준今川了俊이 대내씨 등 각 지역의 무사들이 조선과 직접 통교하는 것을 규제하였기 때문에, 대내씨가 조선과 통교를 시작한 것은 금천료준이 퇴진한 1395년 이후의 일이다. 조선은 왜구의 금압을 요구하였고, 대내씨는 대장경 등을 청구하였다. 실정막부도 대내씨를 조선과의 창구로 간주하여 조선과의 직접 통교를 묵인하였다.

그러나 북구주에서 대내씨와 소이씨의 대립이 격화되고, 막부 장군 족리의교足利義敎의 외교 일원화 정책과 대내씨 등에 대한 규제 강화로, 1423년 대내성견大內盛見 때 사자가 파견된 후 1440년 대까지 조선과의 통교가 중단되었다. 1440년에 대내지세大內持世가 소이씨와 종씨를 공격하려는 의도로 조선과 접촉하였으며, 1443년에 대내교홍大內敎弘은 조선의 요청으로 직접 통교를 재개하였다. 1453년에는 조선이 대내씨에게 통신부通信符를 주어 대내씨 사자에 대한 특권을 부여하는 한편, 위사를 단속하는 역할을 맡겼다. 당시 대내씨는 교홍과 교행이 가독 계승을 둘러싸고 대립하고 있었고, 교행도 박다博多 상인 및 종씨宗氏와 손잡고 조선과 빈번하게 통교하였다.

그런데 교홍이 갑자기 죽고 정홍政弘이 뒤를 이었으나 응인應仁의 난으로 정홍이 경도로 떠나자, 대내씨의 위사僞使가 급증하였다. 1479년에 파견된 정홍의 사자는 과거 10여 년간 파견된 사자가 모두 위사라고 하였으나, 그중에는 교행이 파견한 정사도 포함되어 있었을 것이다. 이후 대내씨는 2～4년에 한번씩 사자를 파견하였고, 족리장군을 상징하는 아부牙符를 입수하여 일본국왕사日本國王使도 파견하였다. 16세기에는 대마도 종씨가 조선과의 통교를 독점하려고 하였으나, 적간관赤間關

(현재의 하관^{下關})과 박다^{博多}를 장악한 대내씨를 독자적인 통교를 계속하였다. 소이씨가 몰락한 후에는 대내씨와 종씨가 협력하였으며, 종씨가 대내씨의 허락을 얻어 대내씨의 위사를 파견한 예도 있었다. 대내씨가 멸망한 후에는 종씨가 대내씨와 종씨의 멸망을 숨기고, 대내씨의 위사를 파견하여 통교의 독점을 강화하였다.

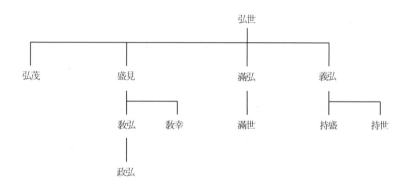

〈표 5〉 대내씨 계보

1) 대내성견^{大內盛見}(1377~1431)

대내성견은 대내다다량도웅^{大內多多良道雄}으로도 보이며, 아명은 육랑^{六郞}이고, 법명이 도웅^{道雄}이다. 대내홍세^{大內弘世}의 아들로 1396년 구주탐제^{九州探題} 삽천만뢰^{澁川滿賴, 源道眞}에 대하여 소이정뢰^{少貳貞賴}와 국지무조^{菊池武朝}가 반란을 일으키자 형제들과 함께 출진하였다. 1401년 동생 홍무^{弘茂}의 가독 계승 다툼에서 승리하였고, 주방 장문 풍전국의 수호를 겸하였다. 1406년에 출가하여, 계명을 덕웅^{德雄}이라고 하였다. 1425년 구주탐제 삽천의준澁川義俊이 소이만정少貳滿貞·국지겸조菊池兼朝에게 패하자 구주로 내려가 반란을 평정하고 새로운 구주탐제 삽천만직澁川滿直을 원조하였다. 축전국筑前國의 영유를 둘러싸고 소이만정·대우지직大友持直과 다투다가 1431년 축전국 이토군怡土郡에서 전사하였다. 그가 죽자 조카인 대내지세大內持世가 대내씨大內氏의 가독家督을 계승하였다.

2) 대내지세大內持世

대내씨大內氏 제 10대 당주 대내의홍大內義弘의 아들이며 대내씨 제 12대 당주이다(1394~1441). 아명은 구랑九郎이며, 무가관위는 형부소보刑部少輔, 수리대부修理大夫, 대내개大內介였으며, 관위로는 정5위상, 종4위하, 종4위상에 이르렀다. 원복元服 때 실정막부 제 4대 장군 족리의지足利義持로부터 지持라는 편휘偏諱를 받았고, 세는 대내홍세大內弘世의 세를 사용한 것이다.

1431년 숙부인 제 11대 당주 대내성견大內盛見이 대우씨大友氏 및 소이씨少貳氏와 싸우다가 축전筑前에서 패사한 후, 동생인 대내지성大內持盛과 가독직을 두고 다툼을 벌렸다. 1433년 3월에 실정막부가 대우지직大友持直가 소이만정少貳滿貞을 추토하라는 명령을 내리자 대내지세는 구주로 내려가 소이만정과 소이자사少貳資嗣, 그리고 대우지직에게 승리를 거두었다. 1434년에 소이가뢰少貳嘉賴와 대우지직이 다시 군사를 일으키자 1435년에 다시 북구주를 평정하고, 소이씨를 멸망 직전에 이르게 하였다.

한편 대내지세는 조선과 협력하여 대마도를 공격하여 소이씨와 그 가

신인 종씨를 멸망시키려는 계획을 세운 것으로 전한다. 세종 26년 5월과 6월 사이의 기록에 의하면, 대내씨의 가신인 노라가도로盧羅加都老(노나가 도노, 풍전국 야중씨野仲氏로 추정된다)가 조선의 사신에게 조선과 협공하여 대마도를 조선에 돌려주려고 하였는데 지세가 갑자기 죽는 바람에 대내 씨 당주직을 이어받은 대내교홍大內敎弘은 그 계획을 알지 못한다는 이야 기를 듣게 되었다(세종 26-4-30-1). 조선은 이 이야기를 듣고 놀라 대내지세 에게 그러한 계획을 권유한 것으로 의심을 받은 표사온表思溫이라는 향화 왜인向化倭人을 유배형에 처하였다(세종 26-6-7-2, 세종 26-6-20-2). 그러나 표 사온이 유배에 처해졌다가 그 다음해(1445) 8월에 다시 옥중에서 장을 맞 다가 죽었다. 이때 표사온의 죄는 왜인과 사통하여 금·은·진주를 매매 한 일, 대마도에 부모의 병간호를 위하여 돌아갔다가 제때 복귀하지 않은 등의 일이었다(세종 26-6-9-1, 세종 26-6-25-1, 세종 27-4-7-2, 세종 27-8-5-1).

3) 석견국石見國 주포씨周布氏

주포씨가 있었던 석견국石見國, 이와미노쿠니은 우리나라 동해에 면한 곳 으로 현재의 도근현島根縣, 시마네켄 중에서 출운시出雲市를 제외한 지역이 다. 서쪽에서부터 해안부의 익전시益田市·빈전시濱田市·대전시大田市와 내륙 산간부로 구성된다.

조선과 통교한 주포씨의 거점인 주포周布, 스후는 현재의 빈전시에 해 당하며, 빈전시의 서쪽에 주포라는 지명이 남아 있다.

주포씨는 무사가문 익전씨益田氏에서 갈라져 나온 가문으로로 익전겸

〈표 6〉 세종 대 주포씨(周布氏)의 통교

시기	통교자	사인	진상품	출전
세종 7-12-28-2	石見州長濱因幡守		環刀 丹木 朱紅 盤 胡椒	『세종실록』
세종 8-11-28-2	石見州周布因幡刺史藤觀心	書記景雅	朱椀 漉漆桶 蠟燭	『세종실록』
세종 10-8-26-5	石見州藤觀心		土物	『세종실록』
세종 12-9-24-2	石見州藤觀心		土物	『세종실록』
세종 14-12-11-5	石見州藤觀心		土物	『세종실록』
세종 19-2-1-2	石見州藤觀心		土物	『세종실록』
세종 20-1-26-1	倭人藤觀心	柏和尙	土物	『세종실록』
세종 20-6-26-1	石見州周布兼貞	道山	土物	『세종실록』
세종 20-7-15-3	周布兼貞	次郎左衛門	土物	『세종실록』
세종 20-9-8-5	石見州周布兼貞	三郎兵衛	土物	『세종실록』
세종 21-1-1-1	石見州周布兼貞	僧道山	土物	『세종실록』
세종 21-4-10-1	藤觀心子兼貞	所預	土物	『세종실록』
세종 21-4-10-1	周布兼貞	延沙	土物	『세종실록』
세종 21-5-1-2	周布兼貞	汝每仇羅	土物	『세종실록』
세종 21-11-8-1	石見州布兼	波古仇老	土物	『세종실록』
세종 28-8-2-2	石見州周布和兼		土物	『세종실록』
세종 29-5-28-1	石見州周布因幡刺史藤兼貞		土物	『세종실록』
세종 29	石見州因幡州藤原周布和兼	圖書·歲遣船 약정		『해동제국기』

계益田兼系의 아들 겸정兼定을 시조로 한다. 1228년부터 주포겸정은 주포향
周布鄕·조거향鳥居鄕·장야장長野莊·대가장大家莊의 일부의 지두地頭가 되
었으며, 그중 주포향은 주포씨의 본관지로 대대로 적자가 상전相傳하였다.
거성은 주포천周布川의 북안에 위치한 연성鳶城이었다.

전국시대에 주포씨는 장문長門의 대내씨大內氏를 따르게 되었고, 대내씨

가 멸망한 이후에는 모리씨^{毛利氏}의 지배하에 들어가게 되었다.

4) 등관심^{藤觀心}/주포겸중^{周布兼仲}

주포겸중으로 주포겸정^{周布兼貞}의 아버지이다(세종 21-4-10-1). 『세종실록』에는 석견주^{石見州} 주포^{周布} 인번자사^{因幡刺史} 등관심으로 처음 나타난다(세종 8-11-28-2). 주포씨는 등원조신^{藤原朝臣}에서 비롯된 것으로 전하므로 이를 줄여 등^藤으로 표현한 것이고, 관심은 겸중의 법명이다. 1425년 역을 피해 도망간 사람들을 수포^{搜捕}하기 위하여 울릉도에 갔던 무릉도처안무사^{茂陵島處按撫使} 김인우^{金麟雨}가 돌아오는 길에 강한 바람으로 일본에 표류하게 되었는데, 이들 일행을 송환해 준 것이 장빈^{長濱} 인번수^{因幡守} 순도로^{順都老}라는 인물이었다. 이를 계기로 조선과 통교하게 되었는데, 이후 실제로 조선과 통교하고 있는 인물이 등관심(주포겸중)이므로 장빈 인번수가 곧 인번자사로 칭하는 등관심임을 알 수 있다.[21] 세종 10년에도 사람을 보내어 토산물을 바치므로 정포 104필을 회사하였고(세종 10-8-26-5), 세종 12년에도 정포 74필을 회사하였다(세종 12-9-24-2). 그 후에도 세종 14년(세종 14-12-11-5, 정포 30필), 세종 19년(세종 19-2-1-2), 세종 20년(세종 20-1-26-1)에도 조선에 사람을 보내어 토산물을 바쳤다. 세종 20년 6월부터 등관심 대신 그 아들인 주포겸정이 사람을 보내기 시작하였다(세종 20-6-26-1).

---

21 關周一, 『中世日本海域史の硏究』, 吉川弘文館, 2002, pp.153~157.

5) 주포겸정周布兼貞

주포겸정은 주포겸중周布兼仲, 藤觀心의 아들이고 주포화겸周布和兼의 아버지이다. 표에서 알 수 있는 것처럼, 주포씨의 조선 통교는 등관심 때 시작되어 주포겸정을 거쳐 주포화겸으로 이어지고 있음을 알 수 있다.

다만 주포겸정에 대해서는 가공의 인물로 보는 견해도 있다. 주포씨는 1433년에서 1436년, 1440년에서 1445년에 통교한 기록이 보이지 않는데, 이는 구주 지역의 병란의 영향으로 보인다. 한편 1438년과 1439년에 통교기사가 집중되어 있다. 이에 대해서는 한 차례의 통교기사가 여러 차례로 나누어 기록되었을 가능성과 위사僞使일 가능성이 제기되어 있다.[22]

그러나 『해동제국기』「일본국기」 석견주 조에 "주포화겸이 주포겸정의 아들이며, 정묘년(1447)에 직접 와서 도서圖書를 받았다. 도서에는 석견주石見州 인번수因幡守 등원藤原 주포화겸周布和兼이라고 하였고, 해 마다 배 1척을 보내기로 하였다"고 되어 있다.[23] 이후 주포씨는 2년에 한 번 꼴로 통교하였으며 통교자의 명의는 일관되게 주포화겸으로 되어 있다. 이처럼 통교자가 죽은 후 도서를 새로 발급받지 않고 계속 사용하는 사례가 1470년 이후 많이 나타난다.

주포씨의 통교는 1502년에 마지막으로 보이는데, 『연산군일기』나 『중종실록』은 일본 관계 기사가 대단히 소략한 편이므로, 실제로는 1510년의 삼포왜란 때까지 이어졌을 가능성이 있다.[24]

---

22 위의 책, p.166.
23 『해동제국기』「일본국기」 "山陰道 石見州. 郡六. 水田四千九百十八町. 和兼. 周布兼貞之子. 丁卯年. 親來受國書. 書稱石見州因幡守藤原周布和兼. 約歲遣一船. (…下略…)"

6) 길견창청吉見昌淸/원창청源昌淸

길견창청은 길견원창청吉見源昌淸으로도 보인다. 길견씨吉見氏이고, 길견씨는 구주탐제九州探題 삽천씨澁川氏의 피관被官이다. 원창청은 비전肥前 수호대守護代를 지냈다. 즉 그는 구주탐제의 비전수호肥前守護라는 직책을 대신하여 수행하는 부하였던 것이다. 그러므로 자신의 지위를 다소 과장하여 비전태수肥前太守·비주태수肥州太守를 자칭한 것이다. 그런데 원창청에 대하여 능주태수能州太守·웅주자사熊州刺史라고 기록한 예가 있다. 실록에는 일본의 관직명으로 능주能州와 웅주熊州는 오직 원창청과 관련되어 사용되었고, 다른 용례가 없다. 따라서 능주와 웅주는 모두 비주肥州의 오기라고 할 수 있다.

또한 세종 1년 10월 14일에 비전주肥前州의 사문沙門 길견창吉見昌이 보이고, 같은 달 29일에 비전주 불제자佛弟子 길견창청이 보인다. 이 두 기사는 서로 연결되어 있는 내용이므로 길견창과 길견창청은 동일인물이다. 그렇다면 길견창은 길견창청 즉 원창청의 오기이다.

---

24 長節子,「松浦黨硏究と朝鮮史料」,『松浦黨硏究』7, 松浦黨硏究連合會, 1984, p. 25.

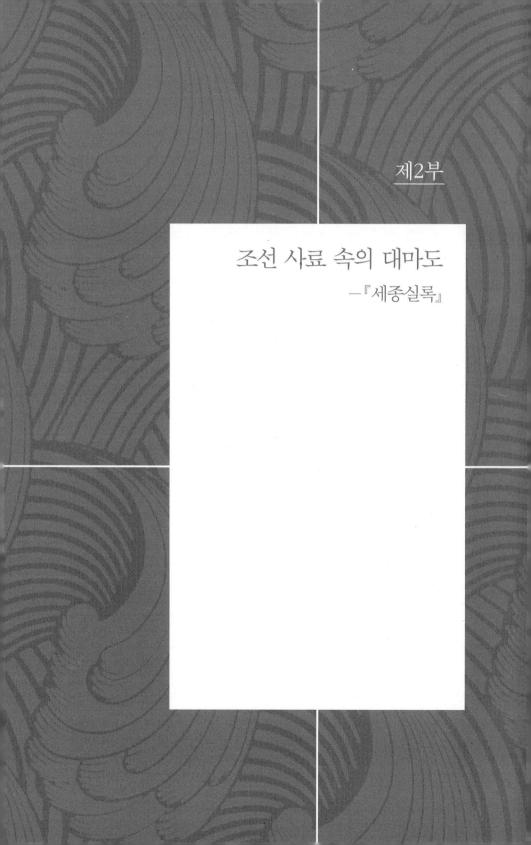

제2부

조선 사료 속의 대마도

―『세종실록』

즉위년

(1418 戊戌/일본 응영(應永) 25年)

8月 14日(辛卯) 3번째 기사

유구 국왕의 아들 하통련이 사람을 보내어 단목·백반 등을 바치다

琉球國王二男賀通連遣人致書于左右議政, 獻丹木五百斤·白磻
五百斤·金襴一段·段子一段·靑磁器十事·深黃五十斤·川芎五十
斤·藿香五十斤·靑磁花甁一口·沈香五斤. 回賜九升白紵布二十
匹·黑麻布三十匹·白紬布二十匹·七升緜布四十匹·六升綿布百
十一匹·五升緜布二百匹. 令禮曹判書答書曰, 使至辱書, 從審動履
嘉裕. 所獻禮物, 謹已啓納. 涉險修睦, 敢不爲喜? 仍將土宜, 就付回
使, 不腆爲愧.

유구^{琉球}[1] 국왕[2]의 둘째 아들 하통련^{賀通連}[3]이 사람을 파견하여 좌·우

---

1   유구국(琉球國)은 동중국해의 남동쪽에 위치한 왕국으로 1429년에 중산국이 유구 열도를 통
일하였다. 1609년 일본 구주 남단의 사쓰마(薩摩)가 유구국을 신속시켰으며, 1879년에 일본에
병합되었으며, 현재의 오키나와현이다.
2   유구국 중산왕(中山王)이며 당시 중산왕은 상사소(尙思紹)이다.
3   하통련은 중산왕의 세자 상파지(尙巴志)를 뜻하는 것으로 생각된다. 하통련은 인명이 아니고

의정에게 편지를 보내고, 단목丹木[4] 5백 근斤,[5] 백반白礬[6] 5백 근, 금란金
襴[7] 1단段, 단자段子[8] 1단段, 청자기青磁器 열 가지事,[9] 심황深黃[10] 50근, 천
궁川芎[11] 50근, 곽향藿香[12] 50근, 청자화병青磁花瓶 하나, 침향沈香[13] 5근을
바치므로, 우리나라에서는 회답으로 구승[14] 백저포[15]九升白紵布 20필匹,

지명이며, 하통련우진(賀通連寓鎭)은 상파지가 하통련에 임시로 진주(進駐)하고 있다는 뜻이
다. 『해동제국기』 유구국지도에서는 승련성(勝連城)이 위치한 곳에 하통련이 표시되어 있다.
『명실록(明實錄)』에도 영락 13·15·21년에 상파지가 진공(進貢)한 내용이 보인다. 『해동제
국기』 「유구국」에 영락 16년 무술에 다시 견사하였는데, 유구국 중산왕의 둘째 아들 하통련
우진이라고 칭하였다고 하였다.

4 소방목(蘇枋木)·적목(赤木)·홍자(紅紫)라고도 한다. 목재의 부위에 따라 한약재와 염료로
사용한다. 열대 지역의 나무이며 조선에서는 나지 않아서 세종 대에는 9년간 7만 근을 수입하
기도 하였다.

5 무게의 단위로 근(觔)이라고도 표기하며 당대(唐代)에 1근은 600g이었고, 이후 크게 변화하지
않았다.

6 광물성의 명반석(明礬石, Alumen)을 가공 처리하여 결정체로 만든 약재이다. 거담 작용이 있
어서 가래가 인후를 막고 마비 증상을 일으키는 인후염에 효험을 얻고, 중풍에 담궐(痰厥)로
사지를 못 쓰고 기운이 패색된 것을 풀어 주며, 중풍 초기 증상에 말을 못하고 정신이 혼몽하
여 사람을 알아보지 못할 때 풍담(風痰)을 치료한다. 폐결핵으로 열이 심하면서 기침과 가래
를 배출하는 증상에 쓰이고 가슴이 답답하면서 번조와 갈증을 일으킬 때도 효력을 보인다.

7 견직물의 한 종류로 일본에서 쓰는 명칭이다. 무늬를 나타내는 위사(緯絲)에 금실을 사용하
였으므로, 중국에서는 직금(織金)이라고 하였다.

8 견직물의 총칭이다. 다만 명대(明代)에는 평견(平絹) 이외의 견직물을 뜻하였다. 명 말부터
는 단자(緞子)라고 하였다.

9 물건을 헤아리는 단위로, 건(件)·개(個)와 같다.

10 생강과에 속하는 다년생 초본 식물로 열대아시아가 원산이며, 우리나라를 비롯하여 일본·
인도·중국·인도네시아 등에 분포한다. 조선시대에는 전주부 임실현(任實縣)에서 생산되는
것이 질이 좋았다고 한다. 심황은 황색이나 반홍색 염색에 사용하거나 또는 약용으로 사용된
다. 특히 소화불량, 위염, 간염, 황달 등에 효험이 있다고 한다. 울금(鬱金), 걸금(乞金), 을금
(乙金), 황제족(皇帝足)이라고도 한다.

11 미나리과의 다년초로 중국 원산의 약욕식물이다. 근경(根莖)은 생약으로 두통, 강장, 진정제
로 쓰이며, 여러 약재의 원료가 된다.

12 쌍떡잎식물 통화식물목 꿀풀과의 여러해살이풀의 지상부를 말린 약재이다. 전국의 산에서
자라며 추위와 건조에도 강하여 재배하고 있고 방애잎, 중개풀, 방아풀이라 하여 어린잎을 추
어탕 등 고기비린내 제거용으로 사용한다. 비위에 습이 정체되어 복부창만, 식욕부진, 메스꺼
움, 구토, 설사 등을 치료하며 소화장애를 동반한 감기, 여름철 식체로 인한 구토, 설사, 구취,
옴이나 버짐 등에 효과가 있다고 한다.

13 팥꽃나무과의 아키라리아 속의 10여 종의 상록교목에 채취하는 수지를 말한다. 고급 향의 원
료이다. 주산지는 인도·말레이시아·중국 남부 등이다.

14 날실 80올을 한 승(升, 새)이라고 한다. 모시나 무명은 보통 일곱 새(七升)에서 보름 새(十五升

흑마포黑麻布[16] 30필, 백주포[17]白紬布 20필, 칠승 면포[18]七升綿布 40필, 6승 면포 1백 11필, 5승 면포 2백 필을 주고, 예조 판서로 하여금 답서를 하게 하니, 그 글에는

"사신이 이르러 보내 주신 글을 받아 보아 존체가 평안하시고 다복하심을 살펴 알게 되었으며, 보내신 예물은 삼가 이미 국왕께 아뢰어 바치었습니다. 험난한 바닷길을 건너와 국교를 두텁고 화목하게 하시니, 어찌 기뻐하지 않을 수 있겠습니까. 그러므로 돌아가는 사신 편에 우리 토산물土宜[19]을 부쳐 보내는데, 변변치 못하여 부끄럽습니다"
라고 하였다.

8月 14日(辛卯) 4번째 기사
왜인 사정 표사귀가 동철장(銅鐵匠)을 데리고 오다
倭人司正表沙貴率其國銅鐵匠來.

왜인倭人 사정司正[20] 표사귀表沙貴[21]가 그 나라의 동철장銅鐵匠[22]을 데리고 왔다.

가 있는데 새의 수가 많을 수록 천이 촘촘하고 곱다.
15 저포(苧布)라고도 하며 모시를 말한다.
16 검은 빛깔의 삼베를 말한다. 흑세마포(黑細麻布)는 명나라 황제들이 진보(珍寶)로 여겨 조선 방물 중 중요한 것이었다.
17 면주(綿紬)·명주(明紬)·주(紬)·주포(紬布)라고도 하며 무늬가 없는 평직 비단을 말한다.
18 면(綿)은 원래 비단을 뜻하는 한자이지만, 여기서는 조선이 회사품으로 지급한 목면을 말한다.
19 그 땅에 적합한 산물 즉 해당 지역에서 나는 물품인 토산물을 뜻한다.
20 조선시대 오위(五衛)에 속한 정7품 무관직을 말한다.
21 『조선왕조실록』 중에서 여기에만 보인다. 조선에 귀화한 왜인이다.
22 동철(銅鐵)은 구리를 뜻한다. 구리로 여러 가지 기물을 만드는 기술자로 생각된다.

8月 14日(辛卯) 8번째 기사

대마도 경차관 이예가 무쇠로 화통 완구를 만들어 볼 것을 아뢰다

對馬島敬差官李藝啓, "火㷁碗口唯以銅鐵鑄造, 而銅鐵我國所不産, 因此火㷁碗口未易鑄造. 臣至對馬島, 於賊倭處, 得中國所鑄水鐵火㷁 碗口以來. 請以水鐵鑄火㷁碗口, 分置諸州鎭." 命軍器監試之.

대마도 경차관敬差官23 이예李藝24가 계啓하기를,

"화통 완구火㷁碗口는 오직 구리銅鐵로 주조하는 것이지만, 구리가 우리 나라에서 나지 아니하므로 화통 완구를 만들기가 쉽지 않았습니다. 신臣 이 대마도에 갔을 때 왜적의 거처에서 중국에서 무쇠水鐵로 주조한 화통 완구를 얻어 가지고 왔사오니, 청컨대, 무쇠로 화통 완구를 주조하여 각 주州와 진鎭에 나누어 두고 군기감軍器監에 명하여 시험케 하소서" 라고 하였다.

8月 19日(丙申) 6번째 기사

왜변이 뜸하여 거제와 남해로 들어간 백성들을 목책을 설치하여 보호하게 하다

慶尙道水軍都節制使啓, "巨濟·南海二島, 倭賊往來之地, 近年以 來, 賊變寢息. 因此, 人民避役于二島, 南海二百餘戶·巨濟三百六十

---

23 경차관은 원래 조선이 지방에 파견한 관인으로 왕명에 따라 특별한 임무를 수행하며 지방관의 업무까지 관여하였다. 또한 직단권을 가지고 수령의 능력을 살펴 탄핵하거나 치죄하는 일을 담당 하였다. 그런데 조선 전기에는 대마도에도 태종 18년(1418)부터 9차례에 걸쳐 경차관을 파견하였 는데, 주로 외교적인 현안을 해결할 목적을 가지고 있었다. 한문종, 「조선 전기의 대마도 경차관」, 『전북사학』 15, 전북사학회, 1992.

24 조선 태종·세종 대에 대일 외교에서 활약한 인물이다(1373~1445). 43년간 외교관으로 활동 하면서 40여 차례에 걸쳐 일본을 왕래하였고, 유구국을 다녀오기도 하였다. 1443년 계해약조 체결의 주역이기도 하다. 1부 「중요인물」 '이예' 참조.

餘戶, 萬一有變, 則必爲所掠. 若不禁二島居民, 則當置守城軍, 以嚴守
禦, 南海東面赤梁·西面露梁·巨濟西面見乃梁, 竝宜置兵船. 自水營
乃而浦至巨濟, 水路五十餘里, 倘有賊變, 未易赴援. 前者移永登萬戶
于玆山島, 請復還永登浦, 以安民業."

上令議政府·六曹議之. 僉曰, "二島所居婦人·小兒·家財刷出, 止
留丁壯耕農事, 已受敎行移, 不必更論. 玆山萬戶則復還永登甚當." 兵
曹議曰, "二島之地, 膏腴可耕, 宜置木柵, 以庇農民." 上從之, 仍命待豐
年設木柵.

경상도 수군도절제사水軍都節制使[25]가 아뢰기를,

"거제巨濟와 남해南海 두 섬은 왜적이 지나다니는 곳이었는데, 근년 왜
적의 변이 좀 가라앉았으므로 인민들이 역役을 피하여 두 섬으로 들어
가니, 남해에는 2백여 호戶가 되고, 거제에는 360여 호가 되었으나, 만
일 변이 일어나면 이들은 반드시 노략질을 당할 것입니다. 만약 두 섬
에 사람이 사는 것을 금할 수 없다면, 마땅히 수성군守城軍을 두어 엄하
게 수어守禦하여야 할 것이고, 남해의 동쪽 적량赤梁[26] 및 서쪽 노량露梁[27]

---

25 수군도절제사(水軍都節制使)는 조선 전기의 종2품 수군 지휘관을 가리킨다. 태조 때부터 세
   종 11년까지만 보인다.
26 적량(赤梁)은 현재 경상남도 남해군 창선면 홍선로 일대이다. 현재 '해비치'라는 마을이 있고,
   해가 붉게 비치기 때문에 적량이라고 불리게 되었다고 한다.
   『세종실록지리지』「경상도」조에는 적량이 진주에 있는데 지금은 가을곶에 있고 병선이 13
   척, 군사가 720명이라고 하였고, 「경상도」「진주목」조에는 적량이 진주의 서쪽 창선도에 있는
   거리가 80리이고 수군 만호가 수어한다고 하였다.
   한편 『신증동국여지승람』「남해현」조에 가을곶포가 현의 북쪽 30리에 있는데, 염전이라고
   하였다. 현재의 남해도 북동쪽에 일시적으로 적량의 수군을 가을곶으로 옮겼던 것으로 생각
   된다. 세종 21년(1439)에 적량의 병선을 지도포(池島浦)로 옮겼다(세종 21-1-16-3).
   지명의 고증에는 『세종실록지리지』(단종 2, 1454), 『신찬팔도지리지』(세종 14, 1432), 『경상
   도지리지』(세종 7, 1425) 등을 확인할 필요가 있다.
27 노량(露梁)은 현재 경상남도 남해군 설천면 노량리이다. 이곳과 하동군 금남면 노량리 사이
   가 노량해협으로 수심이 깊고 조류가 빠르다. 그러나 『조선왕조실록』에서는 노량 지역에 설

과 거제의 서쪽 견내량見乃梁[28]에는 마땅히 모두 병선兵船을 두어야 할 것입니다.[29] 수영水營 내이포乃而浦[30]로부터 거제에 이르는 수로水路는 50여 리나 되오니, 만일에 왜적의 변이 있을 때에 와서 구원하기 쉽지 않을 것입니다. 근자에 영등포[31] 만호永登浦萬戸가 자산도玆山島[32]로 옮겨 갔는데, 청컨대 이제 다시 영등포로 돌아오게 하여 백성들의 생업을 편안하게 하여 주시옵소서"

하므로, 임금이 의정부와 육조로 하여금 의논하게 하니, 모두 말하기를,

"두 섬에 사는 여자와 어린아이와 가재家財는 모두 찾아 나오게 하고, 장정들만 그대로 그곳에 머물러 농사를 짓도록 하는 일은 이미 전교를 받아 공문을 보냈으니 다시 의논할 필요가 없고, 자산도 만호를 영등포

치된 수군진을 뜻한다. 『세종실록지리지』에 의하면 노량은 진주(晉州)에 있었는데 지금은 평산포(平山浦)에 있고 병선이 8척, 군사 568명이라고 하였다. 여기서도 노량은 지명이 아니라 노량에 있던 수군진이라는 뜻임을 알 수 있다.

28 견내량(見乃梁)은 현재 경상남도 거제시 사등면 덕호리와 통영시 용남면 장평리 사이의 좁은 해협이다. 최소 폭이 180m이고, 임진왜란 때 한산대첩의 현장이기도 하고. 현재는 거제대교와 신거제대교가 놓여 있다. 그러나 『조선왕조실록』에서는 견내량 지역에 설치된 수군진을 뜻한다. 세종 즉위년에는 아직 거제도에 백성이 정식으로 거주하지 않았기 때문에, 견내량 수군진은 현재의 통영 쪽에 있었을 것이다. 『세종실록지리지』에 견내량은 고성(固城)에 있었는데 지금은 거제 옥포에 있으며 병선 20척, 군사 940명이라고 하였다.

29 1407년(태종 7)에 적량 만호가 혁파되었다(태종 7-7-27-2). 이때 와서 다시 적량에 병선을 두도록 하였다. 1423년(세종 5)에 남해도의 평산포와 창선도의 적량에 병선이 정박하여 지키고 있으므로 백성들이 창선도에 들어가 농사짓는 일을 허락하였다(세종 5-2-25-3).

30 현재 경상남도 진해시 웅천동 일대이다. 내이포(乃而浦)는 제포(薺浦)라고도 표기하며 우리말의 '냉이'를 뜻하는 한자 '제(薺)'와 '포(浦)'가 합쳐진 말이다. 조선 전기에 제포왜관이 있던 곳이기도 하다. 내이포는 문종 대까지 보이다가 이후는 주로 제포라는 명칭을 사용하였다. 성종 대 일시적으로 내이포가 나타나는데, 이는 『해동제국기』가 편찬되면서 일시적으로 영향을 준 것으로 생각된다(이근우, 「『海東諸國紀』의 지리정보와 李藝」, 『한일관계사연구』 51, 한일관계사학회, 2015). 『세종실록 지리지』에 따르면, 경상도 우도수군도안무처치사가 원래 내이포에 있다가 1419년에 대모도를 쳐부순 다음 거제도의 오아포로 옮겼다고 하였다.

31 현재 경상남도 거제시 장목면 구영리이다. 인조 1년(1623)에 지금의 영등으로 수군진이 옮겨가면서 구영등, 구영으로 불리게 되었다. 거제도의 북단에 위치하여 진해, 웅천, 가덕도와 가깝다. 구영등성을 비롯하여 주변에 영등왜성, 송진포왜성, 장문포왜성, 구율포성 등 성곽 유적이 많다.

32 『조선왕조실록』 중에서 여기에만 보인다.

로 다시 돌아오게 하는 것은 매우 마땅하옵니다"

하고, 병조에서 의논하여 말하기를,

"두 섬의 땅이 기름져 농사지을 만하오니, 마땅히 목책木柵을 설치하여
농민을 보호하도록 하옵소서"

하니, 임금이, 풍년을 기다려 목책을 설치하라고 명령하였다.

8月 21日(戊戌) 5번째 기사
예조에서 일본 방·장·풍 삼주자사에게 보내는 답서

禮曹啓, "本曹判書答日本國防·長·豐三州刺史大內多多良道雄書
曰, '使至惠書, 從審體履康勝. 所獻禮物, 謹已啓聞收納. 兼諭, 『藏
經』曩因貴國諸鎭求索殆盡, 安有吝惜之理也? 惟照悉. 所索之物, 俱在
別幅, 兼致土宜, 以表謝忱.'" 從之.

예조에서 아뢰기를,

"본조 판서가 일본국 방·장·풍防·長·豐33 삼주자사三州刺史34 대내다
다량도웅大內多多良道雄35에게 답서答書를 보내기를, '사신이 와서 편지惠
書를 받고 몸이 아주 편안함을 알았으며, 바친 예물은 삼가 이미 주상께
아뢰어 바쳤습니다. 그리고 이에 겸하여 이르는 바는, 『장경藏經』은 일

---

33 방장풍(防長豊)은 일본의 고대 이래의 지역 명칭인 주방국(周防國), 장문국(長門國, 일본열도
    본주 서단), 풍전국(豊前國, 九州)을 뜻한다.
34 자사(刺史)는 당의 지방관직이었으며, 고려에서도 절도사 아래 자사를 두었다. 일본에서 자
    사는 일정한 영역을 지배하는 무사인 수호대명(守護大名)을 가리키며 태수(太守)라고도 하였
    다. 수호대명은 군사 경찰 사법권을 비롯하여 세금 및 토지에 대한 지배권도 가지고 있었다.
    조선이 이해하기 쉽도록 자사나 태수를 자칭한 것이다.
35 대내성견(大內盛見)은 대내홍세(大內弘世)의 아들로 축전국(筑前國) 영유를 두고 소이만정(少
    貳滿貞)·대우지직(大友持直)과 다투다가 1431년 축전국(筑前國) 이토군(怡土郡)에서 전사하였
    다. 그가 죽자 조카인 대내지세가 대내씨(大內氏) 가독의 지위를 계승하였다. 1부 「중요인물」
    '대내성견' 참조.

찌기 귀국 여러 진鎭에서 요구하여 거의 다 없어졌으니, 어찌 인색하게 아껴서 그럴 리야 있겠습니까? 잘 헤아리기 바랍니다. 요구한 물건은 별폭別幅에 있으며, 겸하여 우리나라 토산물을 보내어 정성을 표합니다' 라고 할까 합니다"

하니, 이에 따랐다.

8月 21日(戊戌) 7번째 기사
일본 서해도 일향주 태수와 대마주 조율 산성수가 토산물을 바치다

日本國西海道日向州太守藤元久, 對馬州篠栗山城守宗伏遣人來獻土 物, 並計直回賜.

일본국 서해도西海道[36] 일향주日向州[37] 태수太守 등원구藤元久[38]와 대마 주對馬州 조율篠栗[39] 산성수山城守[40] 종요宗伏[41]가 사람을 보내어 토산물을

---

36 일본 구주(九州) 지역을 지칭하는 용어이다. 일본 고대에 전국을 칠도(七道)로 나누어, 구주를 서해도(西海道), 사국(四國)을 남해도(南海道)라고 불렀다.

37 일향국(日向國)으로 현재의 구주(九州) 궁기현(宮崎縣) 일대이다.

38 세종 2년 12월 9일 계묘 2번째 기사에는 일향주(日向州) 자사(刺史) 등원구(藤元久)로 보인다. 이름이 비슷한 등희구(藤熙久)가 세종 18년 7월 16일 기유조부터 연산군 10년 3월 16일 정축조까지 70차례에 걸쳐 보이고, 그는 주로 살주(薩州) 이집원(伊集院) 우진(寓鎭) 우주태수(隅州太守)라는 직함을 사용하였다. 등원구와 등희구는 일족으로 원래 이집원씨(伊集院氏)이며 살마국(薩摩國) 수호(守護) 도진씨(島津氏)의 가신이었다. 이외에도 등이구(藤伊久)와 등원뢰구(藤原賴久), 등원귀구(藤原貴久), 등원지구(藤原持久), 등원성구(藤原盛久) 등이 보이는데, 세종 대의 이들 사전은 대마도에 의한 위사(僞使)일 가능성이 크다. 세종 즉위년 10월 14일 경인조와 10월 29일 을사조에 각각 일향주(日向州) 태수(太守) 도진원구(島津元久)도 보인다. 직함이 동일하므로 도진원구와 등원구는 동일인물이 가능성이 크지만, 도진원구는 이미 이 시기에 사망하였다.

39 소율(篠栗, 사사구리)는 복강현(福岡縣) 조옥군(糟屋郡)의 소율정(篠栗町)으로 복강시(福岡市) 시내에서 동쪽으로 12km 정도 떨어져 있다. 당시 종씨(宗氏) 일족은 대마도를 지배하는 한편 소이씨(少貳氏) 휘하의 무장으로 구주(九州)에서 전투에 참가하고 있었다. 구주에서 활동하는 종씨의 거점으로 생각된다.

40 산성수(山城守)는 실제 관직을 뜻하는 것이 아니라 무사의 지위를 나타내는 무가관위(武家官位)이다.

바치므로, 그 값을 계산하여 회사回賜하였다.

8月 21日(戊戌) 8번째 기사
경상도관찰사가 유구국 사신이 풍랑을 만났음을 보고하다

慶尙道觀察使報, "琉球國遣使來聘, 其使人遭風船敗, 漂失禮物, 溺
死者七十餘人, 存者亦多病傷. 來泊閑山島." 上命賜衣服, 廚傳上送.

경상도 관찰사가 보고하기를,

"유구국琉球國이 사신을 보내어 내빙하였는데, 그 사신이 풍랑을 만나
배가 부서지고 예물을 잃어 버렸으며 물에 빠져 죽은 자가 70여 인입니
다. 살아남은 자들도 또한 많은 사람이 병들고 다쳤는데, 한산도閑山島
에 와서 머물고 있습니다"

하였다. 임금이 명하여 의복을 주고 주전廚傳[42]하여 서울로 올려보내
고 하였다.

---

41 조율산성수(篠栗山城守) 종준(宗俊)이 보이고, 여러 차례 종준으로 나타나므로 종준이 옳은
것으로 생각된다(세종 1-3-1-7). 세종 즉위년 10월 17일 5번째 기사, 세종 1년 1월 6일 8번째 기
사 등에 종준(宗俊)으로 보이며 세종 1년 3월 4일 10번째 기사에서는 종정무(宗貞茂)의 아들이
라고 하였다. 도도웅환(都都熊丸, 宗貞盛)·웅수(熊壽)와 함께 종정무의 아들인 것으로 생각
되지만, 세 사람의 관계는 분명하지 않다. 대마주 대관(代官, 세종 1-1-6-8)·조율 산성수로 보
였다가, 세종 2년에는 관직에서 쫓겨났다고 하였다(세종 2-11-3-3).
『일본행록』 1420년 2월 28일 「상예조문(上禮曹文)」에도 "도도웅와와 종준 등은 작년에 구주
에 돌아가서 아직 돌아오지 않았으므로, 그 사정을 모른다[惟都都熊瓦·宗俊等, 歲前入歸九
州, 尙未還云, 未知其故也]"는 기록이 보인다. 이로 미루어 종준이 당시 축전주(筑前州) 수호대
관(守護代官)으로 북구주의 소율(篠栗)에 머무르고 있었던 것으로 생각된다.
42 주(廚)는 음식점인 주포(廚鋪)이고, 전(傳)은 역마(驛馬)를 내주는 역전(驛傳)이다.

8月 25日(壬寅) 4번째 기사

일본 대마주 수호 도도웅환이 예물을 바치고 범종과 『반야경』을 청구하다

日本國對馬州守護都都熊瓦遣人獻禮物, 以其父貞茂遺意, 求梵鍾及『般若經』.

일본국 대마주對馬州 수호守護 도도웅환都都熊丸[43]이 사람을 보내 와서 예물을 바치고, 그의 아버지 정무貞茂의 유언遺意이라고 하며 범종梵鍾과 『반야경般若經』을 청구하였다.

9月 2日(己酉) 8번째 기사

일본 대마주 수호대 영이 토산물을 바치고 부의 보내 준 것에 감사하다

日本國對馬州守護代榮遣人獻土宜, 致書于禮曹曰, 前者遣敬差官李藝, 以貞茂死致賻祭, 都都熊瓦感極不已. 判書答書曰, 向遣李藝, 致賻物薄, 今乃示以遙謝之意, 深用爲愧. 不腆土宜, 具在別幅.

일본국 대마주對馬州 수호대守護代[44] 영榮[45]이 사람을 보내어 토산물을 바치고, 예조에 글을 보내어 말하기를, "앞서 경차관敬差官[46] 이예李藝[47]

---

43 대마도 수호 종정무(宗貞茂, ?~1418)의 아들로 종정성(宗貞盛)이다. 실록 원문의 도도웅와(都都熊瓦)는 도도웅환(都都熊丸)의 잘못이다. 언륙(彦六), 혹은 종우마(宗右馬)라고도 불렸다. 종정무는 1408년 축전수호대직(筑前守護代職)을 종정징(宗貞澄)에 물려 주고 자신은 대마도에 들어와 대마도지배에 전념하였다. 이에 대해서 종정성(宗貞盛) 등 일족은 구주의 전투에 자주 참여하였다. 1부 「중요인물」, '종정성' 참조.

44 수호대(守護代)는 수호대명(守護大名)의 대관(代官)이라는 뜻으로 종정무(宗貞茂) 때부터 대마도 수호(守護)의 지위를 갖게 되었다. 이때 대마도 수호는 종정무(宗貞茂)의 아들이 도도웅환(都都熊丸, 宗貞盛)이었으므로, 이 기사를 대마도 수호대 영(守護代 榮)으로 읽으면 영(榮)은 그를 보좌하는 지위에 있었던 사람으로 생각된다. 이에 상응하는 사람으로 태종 13년에 대마도 관령(管領) 원영(源榮)이 보인다(태종 13-8-30-6).

45 조선 예조에 보낸 글의 내용에서, 도도웅환 즉 종정성의 본명을 사용하였으므로, 종정성 본인 혹은 종정성의 직계 존속이라고 생각할 수 있다.

46 조선시대 지방에 파견되어 특수 임무를 수행한 중앙 관리이다. 조선 태조 때 명나라의 흠차관(欽差官)에 상응하는 외방 사신이다. 주로 당상참하관(堂下參上官)이 구전(口傳)으로 임명

를 보내어 종정무[48]의 죽음에 부의賻儀와 치제致祭를 하여 주셨음을 도도웅환都都熊瓦[49]은 감격하여 마지 않습니다"

라고 하니, 판서判書는 답서하여 이르기를,

"전에 이예를 보내어 부의를 전하게 하였으나 물건이 변변치 않았는데, 이제 멀리서 감사하는 뜻을 보이니 매우 부끄럽습니다. 많지 않은 물품은 별지別幅에 적었습니다"

라고 하였다.

9月 9日(丙辰) 5번째 기사
왜적이 제주의 미곡선을 약탈하다
倭賊掠濟州漕船.
왜적이 제주의 조운선漕船을 약탈하였다.

9月 18日(乙丑) 3번째 기사
일기 만호 도영이 단목 백반 등을 바치고 미곡을 요구하다
一歧萬戶道永遣人獻丹木一百斤, 白磻三十斤, 胡椒二十斤, 訶子二

되었으며, 수행한 기능이나 파견 지역에 따라 다양한 명칭으로 불렸다. 각기 특정한 임무와 역할을 띠고 있었으나, 때로는 업무를 수행하는 과정에서 수령의 직무에 크게 관여하기도 하였다. 조선의 지방이 아니지만 대마도에 사신을 보낼 때 경차관을 보낸 사례가 적지 않다. 『조선왕조실록사전』, 한국학중앙연구원. 이하 출전만 표기.

47 조선 태종·세종 대에 대일 외교에서 활약한 인물이다(1373~1445). 43년간 외교관으로 활동하면서 40여 차례에 걸쳐 일본을 왕래하였고, 유구국을 다녀오기도 하였다. 1443년 계해약조 체결의 주역이기도 하다. 1부 「중요인물」 '이예' 참조.

48 종정성의 아버지이다. 1부 「중요인물」 '종정무' 참조.

49 원문의 도도웅와(都都熊瓦)는 도도웅환(都都熊丸, 宗貞盛)의 잘못이다. 1부 「중요인물」 '종정성' 참조.

즉위년(1418 戊戌/일본 응영(應永) 25年) 85

十二斤, 良薑三十斤, 丁香十五斤, 仍求米穀.

일기一岐 만호萬戶 도영道永[50]이 사람을 보내어 단목丹木[51] 1백 근, 백반白礬 30근, 호초胡椒 20근, 가자訶子[52] 22근, 양강良薑[53] 30근, 정향丁香 15근을 바치고 인하여 미곡米穀을 요구하였다.

9月 20日(丁卯) 2번째 기사

명나라 절강 사람 진종 등이 왜산에서 도망쳐오므로 요동으로 보내다

大明 浙江人陳宗等男婦六人, 自倭山逃來, 遣判司譯院事張洪守, 送于遼東.

명나라 절강浙江 사람 진종陳宗[54] 등 남녀 6명이 왜산倭山[55]으로부터 도망하여 오므로 판사역원사判司譯院事 장홍수張洪守를 시켜 요동遼東으로 보내 주었다.

---

50 일기도 만호 혹은 상만호·부만호 명의로 조선에 사자를 보냈다. 범종을 요청하거나(태종 14-7-23-3), 토산물을 바치고 포로를 송환하거나(태종 15-5-25-3), 양식을 요청하기도 하였다(태종 16-3-2-2). 세종대에 들어서 1년에는 즉위를 하례하였고(세종 1-7-4-4), 아들 궁내대랑(宮內大郞)과 함께 물품을 진상하기도 하였다(세종 3-8-6-3). 세종 4년까지 사자를 파견하였다(세종 4-3-8-7; 세종 4-7-23-1).

51 소방목(蘇枋木)·적목(赤木)·홍자(紅紫)라고도 하며, 한다. 목재의 부위에 따라 한약재와 염료로 사용한다. 열대 지역의 나무이며 조선에서는 나지 않아서 세종 대에는 9년간 7만 근을 수입하기도 하였다.

52 가리륵(訶梨勒) 또는 가려륵(訶黎勒)이라고 하는 나무의 열매를 말한다. 길이 3cm, 지름 1.5~2cm의 치자 모양의 핵과로서 5~6개의 모가 져 있다. 3~10월에 황갈색으로 익는다. 과즙은 탄닌을 많이 함유하고 있어서 노란색의 염료를 추출하여 광목을 검게 염색하거나 가죽을 무두질하는 데 쓴다. 약용으로 쓰기도 하며, 인도 북부와 미얀마가 원산지이다.

53 생강의 한 종류이며, 중국의 광동과 광서 지역에서 나는 다년생 약초로, 고량강이라고도 한다.

54 『조선왕조실록』에서 여기에만 보인다.

55 일본 열도를 가리키는 용어로 세종 즉위년부터 선조 27년까지 14차례 보이는데, 12차례가 세종대의 용법이다. 특히 대마도·일기도 등을 가리킬 때 사용한 것으로 보인다.

9月 25日(壬申) 4번째 기사
경상도관찰사가 왜인의 방비를 위하여 울산진 병마사를 다시 둘 것을 요청하다

慶尚道觀察使啓, "蔚山僻在海隅, 人物稀少, 且與鹽浦近, 倭人常時往來, 無不詗知. 左道都節制使置營於此, 內廂軍士不過一百名, 爲大將所居而聲實不稱, 實生倭賊輕侮之心. 請復置蔚山鎭兵馬使, 以左道都節制使兼慶州府尹. 無已則罷左道內廂, 令右道節制使兼管." 命政府, 六曹同議以聞.

경상도 관찰사가 아뢰기를,

"울산蔚山은 바닷가 한 모퉁이에 궁벽하게 자리잡고 있어, 인물이 드물고 또한 염포鹽浦에 가까워, 왜인倭人들이 상시로 왕래하면서 염탐하여 모르는 것이 없습니다. 좌도 도절제사左道都節制使가 이곳에 영문軍營을 두었으나, 내상內廂[56]의 군사가 1백 명에 지나지 못하여, 병마사大將가 있는 곳인데 명칭과 실상이 부합되지 않아, 실로 왜적들로 하여금 업신여기고 모욕하는 마음이 생기게 하고 있습니다. 바라건대 울산진 병마사蔚山鎭兵馬使를 다시 두고, 좌도 도절제사로 경주 부윤慶州府尹을 겸하게 하소서. 그럴 수 없다면, 좌도의 내상內廂을 폐지하고, 우도 절제사로 하여금 겸하여 관리하도록 하소서"

하니, 의정부와 육조로 하여금 함께 의논하여 아뢰라고 하였다.

---

56 각 도의 병마도절제사의 군영을 말한다. 태종 15년에 영을 설치하였다가 세종 8년에 다시 진을 두었다.

경기도 좌·우변에 속한 수군의 좌·우령으로 나누어 교대로 방어하게 하다

京畿觀察使據左右道水軍節制使啓, "左右邊屬前萬戶金世甫等稱訴, '我等本在全羅道沿海諸郡, 庚寅以後, 倭賊始興, 國家分遣我等作兵船, 俾令與州郡兵禦倭. 庚申鎭浦之賊, 癸亥長浦之賊, 蹀血力戰, 挫其銳鋒, 沿海人民, 始復安業. 其後賊益陸梁, 喬桐, 江華爲其所占. 國家以藩籬未固, 京都可畏, 徙我等喬桐, 江華, 稱爲左右邊, 每一人給口分田一結五十卜, 以爲生産之資, 去年只給代田五十卜, 而餘皆公收. 水上艱苦, 長番戍禦, 生理無門, 請還其田. 若以爲不可, 則依他水軍例, 分左右領, 俾得相遞休息.'" 上王命分爲左右領戍禦.

경기도 관찰사가 좌·우도 수군 절제사左右道水軍節制使 정문呈文에 의거하여 좌우변左右邊에 속해 있는 전 만호萬戶 김세보金世甫 등의 호소를 보고하기를,

"우리들은 본시 전라도 바닷가 여러 고을에 있었사온데, 경인년[57] 이후로 왜적이 일어나기 시작하매 나라에서 우리들을 나누어 파견하여, 병선兵船을 만들어 가지고 주군州郡의 군사들과 함께 왜적을 막도록 하였습니다. 그리하여 경신년에 진포鎭浦의 적[58]과 계해년의 장포長浦의 적[59]을 맞아 피를 밟고 힘껏 싸워, 그 왜적의 예봉銳鋒을 꺾었으므로, 연해의 백성들이 비로소 다시 생업을 편안히 할 수 있었습니다. 그러나 그 뒤로 적은 더욱 성하게 날뛰어 교동喬桐과 강화江華가 그들에게 점거되었습니다. 나라에서는 번리藩籬가 견고하지 못하면 경도京都가 위태롭다고 하

---

57 1350년으로 고려 말 왜구의 침략이 규모가 커지고 빈번해진 시점이다.
58 1380년 최무선이 화약무기로 왜구의 선박 500척을 불태운 진포대첩을 말한다.
59 1383년 정지(鄭地)가 남해도 관음포에서 왜구의 선박 17척을 불태운 관음포 해전을 말한다.

여, 우리들을 교동과 강화로 이동시켜 좌우변左右邊이라 일컬어, 한 사람마다 구분전口分田 1결結 50검卜을 주어 생계의 밑천으로 삼게 하였는데, 지난해에는 다만 대전代田 50검만을 주고, 그 나머지는 모두 관에서 거두어 들였습니다. 물위에서 고생을 겪어 가며 교대 없이長番 방비를 하노라니, 살아나갈 길이 없사오니, 청하옵건대 그 전지田地를 도로 주십시오. 만일 그러실 수가 없으면, 다른 수군水軍의 예에 따라 좌左·우령右領으로 나누어 서로 교대로 휴식할 수 있도록 하여 주시옵소서"

하니, 상왕이 명하여 좌·우령으로 나누어 방어하게 하였다.

9月 28日(乙亥) 4번째 기사
경상도 관찰사가 흉년 대책을 아뢰다

慶尙道觀察使申商啓, "道內禾穀, 因風水之災, 竝皆不稔, 而沿海州郡尤甚, 諸浦水軍請糧于官者甚多, 然其他調度浩繁, 未易支給. 請於左右領, 又分左右領, 分爲四番, 俾令治其産業, 有聲息, 則徵附近州郡兵, 亦足以應敵. 若倭人常時聚會如富山, 乃而等浦, 水軍則請臨時量給半朔糧. 鄕校生徒棄其産業, 在校讀書, 實所不堪, 請分番放學, 各司奴婢米麴之貢, 今因飢饉, 誠難充納, 宜代以布帛. 鰥寡孤獨無告之徒, 寄食他家, 生理無門, 宜以州郡陳豆, 分給各里, 俾令造醬, 以爲明年賑濟之資. 州郡所納楮貨, 外方所無, 皆交易於京中商賈, 宜除今年所納楮貨." 上皆從之, 因命造醬及減楮貨事, 竝於失農諸道行移.

경상도 관찰사 신상申商이 아뢰기를,

"도내의 벼농사가 풍수해로 말미암아 모두 다 여물지 않았으며, 바닷가에 있는 고을들은 더욱 심하여, 여러 포구浦口의 수군들로서 관에 양식을 청하는 자가 매우 많사오나, 그러나 도내道內에 다른 여러 가지 용도가 아주 많아서 다 지급하기가 쉽지 않습니다. 청컨대 좌우령左右領을 또 좌우령으로 나누어 4번番으로 조직하여, 교대로 자기네들의 생업에 종사할 수 있도록 하여 주고, 만일 급한 소식이 있으면, 가까운 고을의 군사를 징발하여 족히 적에 대응할 수 있습니다.

왜인이 늘 모여드는 부산포富山浦[60]나 내이포乃而浦[61] 등지의 수군水軍에게는 청컨대 반달치의 양식을 임시로 지급하여 주소서. 향교의 생도들은 그들의 생업을 버리고 향교에서 글만 읽고 있을 수 없으므로, 청컨대 이들의 번番을 나누어 방학放學하게 하며, 각 관사에 노비가 곡식을 바치는 것은 지금 기근으로 말미암아 참으로 수를 채워 바치기 어렵사오니, 마땅히 피륙布帛으로 대납하게 하소서. 호소할 곳이 없는 궁민으로 남의 집에 붙어 얻어 먹고 스스로 살아 나갈 길이 없는 사람들에게는 마땅히 주·군州郡의 묵은 콩陳豆을 각 고을에 나누어 주어, 그들로 하여금 장醬을 담게 하여, 명년의 구휼救恤의 자료로 삼으소서. 주·군에서 바치는 저화楮貨는 외방에는 없는 것으로 모두 서울에 와서 장사치와 교역交易하던 것이오니, 마땅히 금년에 바쳐야 할 저화는 면제하여 주소서"

하니, 임금이 모두 그대로 따르고, 장醬을 담그는 일과 저화를 감면하는

---

60 부산을 가리킨다. 조선 전기의 왜관은 현재의 부산광역시 동구 부산진시장 및 자성대 인근에 있었던 것으로 생각된다.

61 현재 경상남도 진해시 웅천동 일대이다. 내이포(乃而浦)는 제포(薺浦)라고도 표기하며 우리 말의 '냉이'를 뜻하는 한자 '제(薺)'와 '포(浦)'가 합쳐진 말이다. 조선 전기에 제포왜관이 있었던 곳이기도 하다. 내이포는 문종 대까지 보이다가 이후는 주로 제포라는 명칭을 사용하였다. 성종 대 일시적으로 내이포가 나타나는데, 이는 『해동제국기』가 편찬되면서 일시적으로 영향을 준 것으로 생각된다. 이근우, 「『海東諸國紀』의 지리정보와 李藝」, 『한일관계사연구』 51, 한일관계사학회, 2015.

일은, 모두 흉년든 다른 도에도 다 같이 그렇게 하도록 통첩行移하라고
명하였다.

10月 8日(甲申) 3번째 기사
종정성이 방물을 바치다

宗貞盛遣人獻土物.

종정성宗貞盛**62**이 사람을 보내어 방물을 바쳤다.

10月 13日(己丑) 4번째 기사
일본 구주 총수와 서해로 미작 태수가 방물을 바치다

日本國九州總守・西海路美作太守皆遣人獻土宜.

일본국 구주 총수九州總守**63**와 서해로西海路 미작**64**태수美作太守**65**가 다

사람을 보내어 방물을 바쳤다.

---

62 대마도주 종정무(宗貞茂)의 아들 도도웅환(都都熊丸, 1385~1452)이다. 1418년 아버지가 죽
　　자 대마도 수호직을 이어받았다. 1419년에 기해동정(己亥東征)을 겪었다. 1441년 대마도인들
　　이 조선의 고초도 해상에서 고기를 잡을 수 있는 고초도 금약을 맺었고, 1443년에 계해약조를
　　맺었다. 주군가(主君家)인 소이씨(少貳氏)의 세력이 약화되자 조선과의 교역권을 장악함으로
　　써 대마도를 효율적으로 지배하고자 하였으며, 마찬가지로 조선과의 교역에 관심을 가진 대
　　내씨(大內氏)와 대립하였다. 1부 「중요인물」, '종정성' 참조.
63 구주탐제(九州探題)를 뜻하는 것으로 보이며 당시 구주탐제는 삽천만뢰(澁川滿賴, 재임 1396
　　~1419)였다. 1부 「중요인물」 참조.
64 미작국(美作國)으로 현재의 강산현(岡山縣) 동북부의 내륙 지역이다. 이 시기의 미작국 수호
　　(守護)는 적송의칙(赤松義則, 재임 1392~1427)이다. 따라서 이 기사의 미작태수는 실직이 아
　　니라 무가관위(武家官位)이다. 한편 미작태수 정존(淨存)이 토산물을 바치고 도서(圖書)를 청
　　하므로 지급하였다는 내용이 보인다(세종 즉-11-29-9). 그밖에도 미작주(美作州) 전사(前司)
　　입도상가(入道尙嘉), 미작(美作) 태수(太守) 평상가(平常嘉)(세종 5-9-16-2), 소조천(小早川)
　　미작수 지평(持平)이 보인다(세조 9-7-5-2).
65 미작태수(美作太守, 美作守)라는 무가관위를 가지고 이 시기에 구주 지역에서 활동한 인물로
　　는 안예국(安藝國) 소전(沼田)을 영지로 하는 소조천칙평(小早川則平) 입도상가(入道常嘉, 美
　　作守)가 있다.

10月 14日(庚寅) 4번째 기사

일본 일향주 태수가 표를 올려 신(臣)이라 칭하고 방물을 바치다

日本國日向州太守源氏島津元久上表稱臣, 獻土宜. 肥前州沙門吉見昌亦遣人獻土宜, 求苧麻布及虎皮.

일본국 일향주⁶⁶ 태수^{日向州太守} 원씨^{源氏} 도진원구^{島津元九}⁶⁷가 임금께 표^表를 올려 신이라 칭하고 방물을 바쳤다. 비전주^{肥前州}의 중^{沙門} 길견창^{吉見昌}⁶⁸도 사람을 보내어 방물을 바치고, 모시와 삼베 및 호피^{虎皮}를 요구하였다.

10月 17日(癸巳) 5번째 기사

대마도 종준이 사람을 보내어 조회하다

對馬島宗俊遣人來朝.

대마도 종준^{宗俊}⁶⁹이 사람을 보내어 와서 조회하였다.

---

66 일향국(日向國)으로 현재의 구주(九州) 궁기현(宮崎縣) 일대이다.
67 도진씨(島津氏) 7대 당주(當主, 1363~1411)이며 대우(大隅) 일향(日向) 살마(薩摩)의 수호 (守護)로서 구주 남부 지역의 대표적인 수호대명(守護大名)이었다. 영국(領國) 내의 국인(國 人)의 피관화(被官化)를 꾀하여 내부의 지배력을 강화하는 한편, 조선 명 유구와의 무역에도 힘썼다. 그러나 이미 도진원구는 사망한 시기이므로, 위사(僞使)로 생각된다.
68 길견창청(吉見昌淸)이 옳다(세종 즉-10-29-1). 비전태수(肥前太守, 肥州太守) 원창청(源昌淸) 으로도 나오며 세종 8년 12월 29일까지 나타난다. 길견씨(吉見氏)는 구주탐제(九州探題) 삽천 씨(澁川氏)의 피관(被官, 家臣)으로 비전국(肥前國) 수호대(守護代)를 지내기도 하였다. 창청 (昌淸)은 길견씨태(吉見氏泰)의 동족이며 그의 아들일 가능성이 크다. 조선에 대해서는 비전 태수(肥前太守), 비주태수(肥州太守) 좌장군(左將軍) 등을 자칭하였다.
69 종정무(宗貞茂)의 아들이라고 하였으므로 도도웅환(都都熊丸, 宗貞盛)의 동생으로 생각된 다. 세종 즉위년 10월 17일 5번째 기사에 종요(宗伏)로 보인다.

10月 29日(乙巳) 1번째 기사

일본 비전주 중·일향주 태수·관서도 축전주 석성 관부가 칼·향 등을 바치다

本國肥前州沙彌吉見昌淸遣人獻劍六把, 求布及虎皮等物, 賜苧麻
布各五匹·虎皮五領. 日向州太守源氏島津元久遣人獻香十斤·黑木百
斤·川芎十斤·鉛五十斤·桂心·丹木各百斤·漆壺瓶一對·丁子香
四箇, 賜紬布五匹·綿布百七十五匹. 關西道筑前州石城官府平滿景
遣人獻香三十斤·藤五百本·胡椒·丁香·檳榔各二斤·紫檀百本,
賜綿布百五十匹.

일본국 비전주^{肥前州}의 불제자^{佛弟子} 길견창청^{吉見昌淸}[70]이 사람을 보
내어 칼 6자루를 바치고 베^布와 호피 등의 물건을 요구하므로, 모시와
삼베 각각 5필과 호피 5장을 하사하였다. 일향주^{日向州} 태수 원씨^{源氏} 도
진원구^{島津元久}[71]가 사람을 보내어 향 10근, 흑목^{黑木} 1백 근, 천궁^{川芎} 10
근, 납^鉛 50근, 계심^{桂心}과 단목^{丹木}[72] 각 1백 근, 심호병^{深壺瓶} 한 쌍, 정자
향^{丁子香} 4개를 바치니, 명주 5필, 무명 1백 75필을 하사하였다. 관서도^關
^{西道} 축전주^{筑前州} 석성 관부^{石城官府}[73] 평만경^{平滿景}[74]이 사람을 보내어,

---

70 원창청은 길견원창청(吉見源昌淸)으로도 보이므로, 길견씨(吉見氏)이고, 길견씨는 구주탐제
(九州探題) 삽천씨(澁川氏)의 피관(被官)이다. 원창청은 비전국(肥前國) 수호대(守護代)를 지
내기도 하였다. 원창청은 길견씨태(吉見氏泰)와 동족이며 그의 아들일 가능성이 크다. 조선에
대해서는 비전태수(肥前太守)·비주태수(肥州太守) 좌장군(左將軍) 등을 자칭하였다. 1부
「중요인물」 '길견창청' 참조.

71 도진씨(島津氏) 7대 당주(當主, 1363~1411)이며 대우(大隅) 일향(日向) 살마(薩摩)의 수호
(守護)로서 구주 남부 지역의 대표적인 수호대명(守護大名)이었다. 영국(領國) 내의 국인(國
人)의 피관화(被官化)를 꾀하여 내부의 지배력을 강화하는 한편, 조선 명 유구와의 무역에도
힘썼다. 그러나 이미 도진원구는 사망한 시기이므로, 위사(僞使)로 생각된다.

72 소방목(蘇枋木)·적목(赤木)·홍자(紅紫)라고도 한다. 목재의 부위에 따라 한약재와 염료로
사용한다. 열대 지역의 나무이며 조선에서는 나지 않아서 세종 대에는 9년간 7만 근을 수입하
기도 하였다.

73 석성(石城)은 복강(福岡, 博多)의 옛 지명이다. 여몽 연합군의 재침을 막기 위해서 해안에 석
담을 쌓았는데, 그 때문에 붙은 이름이다. 현재도 복강시(福岡市)에 석성정(石城町)이 있다.
석성 지역은 대우씨(大友氏)의 관할로 식빈(息濱)이라고도 하였다. 그러나 석성 지역의 통교

향 30근, 등藤 5백 본, 호초 · 정향丁香 · 빈랑檳榔 각 2근, 자단紫檀 1백 본을 바치므로, 무명 1백 50필을 하사하였다.

10月 30日(丙午) 7번째 기사
일본 관서로 구주 도원수 원도진이 방물을 바치다

日本關西路九州都元帥右武衛源道鎭遣使來獻土物.

일본 관서로關西路[75] 구주도원수九州都元帥[76] 우무위右武衛[77] 원도진源道鎭[78]이 사자를 보내어 방물을 바쳤다.

11月 11日(丁巳) 8번째 기사
종정성의 요구로 바닷가에 사는 왜인 중 돌아가길 원하는 자를 돌려보내다

宗貞盛請發還倭人居海邊者, 上從李原議, 除欲還者外, 皆不發還.

종정성宗貞盛[79]이 왜인倭人으로서 바닷가에 사는 자를 돌려보내기를

자인 평만경이 원도진 관하로도 등장하기 때문에 의문이 남는다.
74　1부「중요인물」'평만경' 참조.
75　구주(九州) 지역 전체를 뜻하는 서해도(西海道)의 별칭이다.
76　구주탐제(九州探題)라는 일본의 관직을 조선 측에서 이해하기 쉽도록 표현한 것이다.
77　원도진(源道鎭, 澁川滿賴)의 무가관위인 우병위좌(右兵衛佐)를 뜻하며, 우병위부(右兵衛府)의 차관이라는 의미이다.
78　삽천만뢰(澁川滿賴, 1372~1446)이다. 아명은 장수왕환(長壽王丸)이며, 남북조(南北朝) 말 · 실정(室町) 초기의 구주탐제(九州探題)를 지냈다. 관위는 좌근위장감(左近衛將監), 우병위좌(右兵衛佐)이었다. 금천료준(今川了俊)의 뒤를 이어 1396년 구주탐제로 부임하였다. 분국 비전(肥前)을 시작으로 축전(筑前), 풍전(豊前), 비후(肥後) 등을 통치했다. 조선에 사절을 보내 대장경을 구하는 등 통교, 무역을 활발하게 행하였으며, 스스로를 구주도독(九州都督), 진서절도사(鎭西節度使) 등으로 칭하고 조선국왕으로부터 무역의 허락을 인정하는 도서를 수여받아 수도서인(受圖書人)이 되었다. 출가해서 도진(道鎭)이라는 법호(法號)를 받았다. 1부「중요인물」'삽천만뢰/원도진' 참조.
79　대마도주 종정무(宗貞茂)의 아들 도도웅환(都都熊丸, 1385~1452)이다. 1418년 아버지가 죽자 대마도 수호직을 이어받았다. 1419년에 기해동정을 겪었다. 1441년 대마도인들이 조선의 고초도 해상에서 고기를 잡을 수 있는 고초도 금약을 맺었고, 1443년에 계해약조를 맺었다. 주

청하니, 임금이 이원李原의 의논을 따라 돌아가고자 하는 자를 제외하고는 모두 돌려보내지 아니하였다.

11月 15日(辛酉) 11번째 기사
대마도 좌위문대랑이 수정 등을 바치고 중국에서 주는 동전을 받지 않았음을 보고하다

對馬島左衛門大郎遣人獻水晶纓子, 仍報, "今年六月, 中原遣使者, 贈銅錢八萬貫, 我國王却之不受."

대마도의 좌위문대랑左衛門大郎[80]이 사람을 보내어 수정水晶으로 만든 갓끈纓子을 바치고 보고하기를,

"금년 6월에 중원中原[81]에서 사자를 보내어, 동전銅錢 8만 관貫을 주었으나, 우리 국왕이 이를 물리치고 받지 않았습니다"[82]
라고 하였다.

군가(主君家)인 소이씨(少貳氏)의 세력이 약화되자 조선과의 교역권을 장악함으로써 대마도를 효율적으로 지배하고자 하였으며, 마찬가지로 조선과의 교역에 관심을 가진 대내씨(大內氏)와 대립하였다. 1부 「중요인물」 '종정성' 참조.

80 대마도 왜구의 우두머리인 조전좌위문태랑(早田左衛門太郎)이다. 조전좌위문대랑과 동일인물로 보는 견해가 있다(田中健夫, 앞의 책) 그는 『조선왕조실록』에서 적중만호(賊中萬戶), 왜상(倭商) 등으로도 나타나지만 실질적으로 천조만(淺藻灣) 내부의 두지포(豆地浦)와 선월(船越)에 거점을 둔 왜구 집단의 우두머리였다. 1부 「중요인물」 '조전좌위문태랑' 참조.

81 명나라를 말한다.

82 족리의지(足利義持)는 1411년에 명의 사신을 받아들이지 않았고, 1419년에도 병고(兵庫)에서 돌아가게 하였다.

11月 16日(壬戌) 1번째 기사
동지 망궐례를 행하고 신하들의 조하를 받고 수강궁에 문안하다

日南至, 上以冕服率群臣, 行望闕禮. 以遠遊冠·絳紗袍, 御仁政殿,
受群臣朝賀. 諸道皆獻方物, 島倭五十餘人亦與賀班. 禮畢, 率群臣朝
壽康宮, 上王命除禮, 只行四拜.

동지冬至에 임금이 면류관을 쓰고 곤룡포를 입고 많은 신하를 거느리
고 망궐례望闕禮를 행하고, 원유관遠遊冠을 쓰고 강사포絳紗袍를 입고 인
정전에 나아가서 많은 신하의 조하를 받았다. 여러 도에서 모두 방물方
物을 바쳤는데, 도왜島倭[83] 50여 인도 또한 하례賀禮하는 반열에 참여하
였다. 예를 마치고, (임금이) 많은 신하를 거느리고 수강궁에 문안하니,
상왕이 식례式禮를 덜어 버리고 다만 사배四拜하라고 명하였다.

11月 21日(丁卯) 5번째 기사
일본에서 도망온 중국인 13명을 위로하고 요동으로 호송하다

漢人彭善才等男婦十三人, 自日本逃來, 上厚慰之, 遣僉知司譯院事
趙忠佐, 解送遼東.

중국 사람 팽선재彭善才[84] 등 남자와 부인 13인이 일본으로부터 도망
하여 왔으므로, 임금께서 이들을 후하게 위로하고, 첨지사역원사僉知司
譯院事 조충좌趙忠佐를 보내어 (이들을) 요동遼東으로 호송하였다.

---

83 대마도에 거주하는 왜인이라는 뜻이다.
84 『조선왕조실록』 중에서 여기에만 보인다.

11月 29日(乙亥) 9번째 기사

일본 서해로 미작 태수 등이 토산물을 바치다

日本國西海路美作太守淨存遣人獻土物, 仍請賜圖書, 命禮曹造圖
書賜之, 又賜紬布十匹·緜布百三十三匹. 九州摠管右武衛將軍管下
濃州太守板倉平宗壽遣人獻土物, 請苧麻布, 賜紬布七匹·綿布三百
六十匹·苧麻布各十匹. 對馬州左衛門大郎遣人賀卽位, 獻土物, 賜紬布
十匹·綿布百匹. 關西路九州都元帥右武衛源道鎭遣人獻土物, 賜苧麻布
十五匹·麻布二十匹·紬布十匹·緜布百五十匹.

일본국日本國 서해로西海路[85] 미작 태수美作太守[86] 정존淨存[87]이 사람을
보내어 토산물을 바치고, 도서圖書[88]를 주기를 청하므로, 예조에 명하여
도서를 만들어 주게 하고, 또 주포紬布 10필과 면포緜布 133필을 주었다.
구주 총관九州摠管 우무위 장군右武衛將軍[89] 관하管下 농주 태수濃州太守 판창

85　서해로(西海路)는 일본 고대의 행정구역인 칠도(七道) 중 서해도(西海道) 즉 구주를 말한다.
86　713년에 설치된 일본 고대의 행정구역으로 바다와 접하지 않는 내륙에 위치한다. 현재의 강
　　산현(岡山縣) 동북부 일대이다.
87　일본 실정시대(室町時代) 전기의 무사인 소조천칙평(小早川則平, 1373～1433)이다. 안예국
　　(安藝國) 소전장(沼田莊) 등을 영지로 지배하였다. 막부의 명령으로 정세가 불안정한 북구 구
　　주에 여러 차례 원정에 나섰으며, 1432년에는 구주탐제의 교체를 막부에 건의하기도 하였다.
　　영지는 처음에 적자인 지평(持平)이 계승하였으나, 지평의 불효로 다시 동생인 희평(熙平)이
　　맡게 되었다. 『해동제국기』에서는 안예주(安藝州) 소조천(小早川) 미작수(美作守) 지평이 보
　　이고 그 아버지인 상하(常賀, 常嘉가 옳다)는 국왕인 족리장군(足利將軍)을 근시(近侍)한다고
　　하였다. 지평의 아버지인 상가(常嘉)가 곧 칙평(則平)이다.
　　칙평이 구주 상사(上使) 및 구주 순무사(巡撫使, 세종 9-1-19-7; 세종 10-3-1-2; 세종 10-8-26-5)
　　로 자칭한 것은 1414년부터 막부의 명령으로 여러 차례 북부 구주 지역에 파견되어 구주탐제
　　를 돕고 있었기 때문이다.
88　조선시대 대마도주나 일본 각지의 호족 및 통교자들에게 조선 국왕이 지급한 구리도장이다.
　　예조에서 제작하였으나, 관인(官印)이라기보다는 사인(私印)에 가깝다. 조선 전기부터 왜인
　　의 통교를 보장하는 한편 도서를 갖지 않은 왜인을 제한하는 통제책으로 사용되었다. 도서는
　　조선에 오는 왜인이 지참한 서계(書契) 등의 문서에 찍어 정당한 통교자가 파견된 사람이라는
　　증거로 삼았다. 크기는 일정하지 않으나, 1520년에 발급된 것은 인면의 가로·세로가 4.5cm,
　　높이 5.5cm이고 무게는 353g 정도이다.
89　원도진(源道鎭, 澁川滿賴)의 무가관위인 우병위좌(右兵衛佐)를 뜻하며, 우병위부(右兵衛府)

평종수板倉平宗壽[90]가 사람을 보내어 토산물을 바치고, 저포苧布와 마포麻布를 청하므로, 주포 7필과 면포 3백 60필과 저苧·마포麻布 각 10필을 주었다. 대마주對馬州의 좌위문대랑左衛門大郞[91]이 사람을 보내어 즉위를 하례賀禮하고 토산물을 바치므로, 주포 10필과 면포 100필을 주었다. 관서로關西路[92] 구주 도원수九州都元帥[93] 우무위右武衛[94] 원도진源道鎭[95]이 사람을 보내어 토산물을 바치므로, 저마포 15필, 마포 20필, 주포 10필, 면포 150필을 주었다.

의 차관이라는 의미이다.

90 판창씨는 구주탐제(九州探題)의 지위를 세습하고 있는 삽천씨(澁川氏)의 중신(重臣) 중 하나이다. 원래 판창씨는 삽천씨에서 갈려져 나온 지족(支族)이다. 태종 15년부터 세종 3년까지 가끔 조선과 교류하였다. 판창씨로는 판창만가(板倉滿家)가 역시 조선에 사람을 보냈다. 종수(宗壽)와 만가(滿家)의 관계는 분명하지 않다. 한편 일본 고문서 중에 판창종수(板倉宗壽)가 보인다. 1409년(應永 16)에 비후국(肥後國) 평등왕원(平等王院)에 가옥과 전지를 기진하였다. 이때 종수(宗壽)를 선문(禪門)·사미(沙彌)라고 하였으므로, 법명(法名)으로 생각된다. 1410년에는 구주탐제 삽천만뢰(澁川滿賴)의 명에 따라 축전국(筑前國) 포전향(蒲田鄕)의 종상대궁사(宗像大宮司) 몫의 토지를 종상대궁사 씨현(氏顯)의 대관(代官)에게 양도하도록 하였다.

91 대마도 두지포(頭地浦, 土寄, 쯔찌요리)에 거점을 둔 왜구의 우두머리로 조전좌위문태랑(早田左衛門太郞)이다. 1부 「중요인물」 참조.

92 일본 고대 광역지방 행정구획인 서해도(西海道)를 뜻한다. 서해도는 구주 지역을 가리킨다.

93 구주탐제(九州探題)를 뜻한다. 탐제는 겸창막부(鎌倉幕府)와 실정막부(室町幕府)시대에 정무(政務)에 대한 재가·결정권을 행사할 수 있는 지위를 뜻하였다. 겸창막부는 구주 지역을 관할하는 진서탐제(鎭西探題)를 두어 행정 소송 군사 등을 관장하도록 하였고, 실정막부는 진서관령(鎭西管領)·구주탐제를 두었다. 사파씨경(斯波氏經) 삽천의행(澁川義行) 금천정세(今川貞世, 今川了俊) 등이 차례로 임명되어 남조(南朝) 세력의 토벌, 어가인(御家人)의 수호(守護) 피관화(被官化) 등에 힘썼다. 1395년에 금천료준이 해임된 이후 삽천만뢰(澁川滿賴)가 취임하였고, 이후 삽천씨(澁川氏)가 세습하였다. 그러나 삽천씨가 소이씨(少貳氏)와의 싸움으로 쇠퇴하였고, 1534년에 대내씨(大內氏)에게 패하고, 1545년에 구주탐제의 지배 영역이었던 축전국(筑前國) 질빈(姪濱)을 대내씨가 접수하면서 사실상 소멸하였다.

94 일본 고대의 중앙 군사제도인 병위부(兵衛府)를 무위(武衛)라고도 불렀다. 병위부는 좌우로 나누어져 있고 우병위부(右兵衛府)를 우무위(右武衛)라고도 하였다. 삽천만뢰(澁川滿賴)는 우병위좌(右兵衛佐)라는 관위를 가지고 있었기 때문에 우무위장군이라고 한 것이다.

95 전 구주탐제(九州探題) 삽천만뢰(澁川滿賴)이고 원의준(源義俊, 澁川義俊)의 아버지이다. 1부 「중요인물」, '원도진' 참조.

12月 1日(丙子) 2번째 기사

일본 종정성에게 사사로이 글을 보낸 경상도 관찰사와 좌도 만호를 용서하다

慶尙道觀察使申商·左道萬戶金從善私通書于宗貞盛, 責還被虜人口, 上王以經赦, 宥其罪.

경상도 관찰사 신상申商과 좌도 만호左道萬戶[96] 김종선金從善이 사사로이 종정성宗貞盛[97]에게 글을 보내어 사로잡혀간 사람들을 돌려보내라고 요구하였는데, 상왕이 사면을 내렸으므로, 그들의 죄를 용서하였다.

12月 6日(辛巳) 5번째 기사

일본 대마도 종정성이 방물을 바치다

日本對馬島宗貞盛遣人獻方物.

일본 대마도의 종정성宗貞盛[98]이 사람을 보내어 방물方物을 바쳤다.

12月 20日(乙未) 3번째 기사

왜산에서 도망온 중국인 둘을 요동으로 돌려보내다

漢人 兪興, 梁泰自倭山逃來, 遣司譯院注簿仇敬夫, 押解于遼東.

---

96 경상좌도 도만호(都萬戶)로 생각된다. 공민왕 때 고려 수군이 재건되면서 각 도 수군의 최고 지휘관으로, 만호, 천호, 영선두목인 등을 통솔하였다. 『세종실록』「지리지」에 의하면 충청도, 전라도, 경상도를 좌·우도로 나누어 각각 도만호를 두었다. 세조 때 진관체제가 만들어지면 수군의 주진(主鎭)에 수군절도사를 두면서 폐지된 것으로 보인다.

97 대마도주 종정무(宗貞茂)의 아들 도도웅환(都都熊丸, 1385~1452)이다. 1418년 아버지가 죽자 대마도 수호직을 이어받았다. 1419년에 기해동정을 겪었다. 1441년 대마도인들이 조선의 고초도 해상에서 고기를 잡을 수 있는 고초도 금약을 맺었고, 1443년에 계해약조를 맺었다. 주군가(主君家)인 소이씨(少貳氏)의 세력이 약화되자 조선과의 교역권을 장악함으로써 대마도를 효율적으로 지배하고자 하였으며, 마찬가지로 조선과의 교역에 관심을 가진 대내씨(大內氏)와 대립하였다. 1부 「중요인물」 '종정성' 참조.

98 위의 주 참조.

중국 사람 유흥兪興과 양태梁泰가 왜산倭山으로부터 도망하여 오니, 사역원 주부司譯院注簿 구경부仇敬夫[99]로 하여금 인솔하여 요동遼東으로 돌려보냈다.

12月 20日(乙未) 6번째 기사
무략이 있는 사람을 연해 지방의 수령으로 뽑아 왜구에 방비하게 하다
命選有武略者, 充沿海守令, 以備倭寇
무략武略이 있는 사람을 뽑아서 연해沿海 지방의 수령守令에 충원充員하여 왜구를 방비하도록 명하였다.

12月 27日(壬寅) 6번째 기사
대마도 왜인이 중국 여자를 바치고자 하였으나 중국으로 돌려보내다
禮曹啓, "對馬島倭有溫率漢女出來, 稱欲獻于殿下, 何以區處?" 上命解送中國.
예조에서 아뢰기를,
"대마도의 왜인 유온有溫[100]이 중국 여자를 거느리고 나와서 전하에게 바치고자 한다고 하옵는데, 어떻게 처리하오리까"
하니, 임금이
"중국으로 돌려보내라"
고 명하였다.

---

99 세종 대에 명과의 외교분야에서 활약한 인물로 사역원 주부, 판관, 첨지사역원사를 지냈으며, 진하사進賀使의 통사 등을 역임하였다.
100 『조선왕조실록』 중에서 여기에만 보인다.

중국인을 데리고 오는 왜인의 처리 문제에 대하여 의논하다

禮曹又啓, "今後島倭率漢人出來者, 令州郡防禁, 令不得上來." 上命
政府議之, 朴訔·李原曰, "曩者倭人率漢女出來, 遣人潛奪, 解送中國
者, 專以事大之誠也. 今不許上來, 勒令還歸, 則異於曩者之事, 不如奪
之解送." 上從之. 旣而, 上親啓于上王曰, "不可使怒而生變." 令禮曹判
書諭之曰, "汝以此女獻上, 必厚對汝, 然本國事大至誠, 且其女欲還鄕
閭, 情可憐憫. 以故欲解送上國, 汝其知之."

예조에서 또 아뢰기를,

"이제부터 도왜島倭가 중국 사람을 거느리고 나오면 주州·군郡으로
하여금 막아서 서울로 올라오지 못하게 하소서"

하였다. 임금이 정부에 명하여, 이를 의논하게 하니, 박은과 이원이 아
뢰기를,

"지난번에 왜인이 중국 여자를 거느리고 나왔을 때, 사람을 보내어 몰
래 빼앗아 중국으로 호송한 것은 오로지 대국大國을 섬기는 정성이었습
니다. 이제 서울로 올라오는 것을 허락하지 않고 강제로 돌려보내게 한
다면, 지난번의 일과는 다르게 되오니, 이를 빼앗아 중국으로 호송하는
것이 낫겠습니다"

하니, 임금이 이에 따랐다. 조금 후에 임금이 친히 상왕에게 아뢰니, (상
왕이) 이르기를

"그들이 노하여 변고를 일으키게 해서는 좋지 않다"

고 하였다. 이에 예조 판서로 하여금 그들을 개유開諭하기를,

"네가 이 여자를 임금에게 바치면 반드시 너를 후하게 대접할 것이나,

그러나 우리나라가 지성으로 대국을 섬기는 터이고, 더욱이 그 여자가 고향에 돌아가자고 하니, 정상情狀이 불쌍하다. 그러므로 상국上國으로 호송하고자 하니, 그런 줄 아시오"
라고 하였다.

12月 29日(甲辰) 6번째 기사
일본 축전주 태수가 소목 백반 등을 바치다

日本國筑前州太守藏親家遣人獻蘇木二百斤·白礬一百斤·硫黃三百斤·肉桂十斤·胡椒五斤·沈香二斤·深黃五十斤·白蠟二十斤·良香十斤·緇梅木百斤, 上賜黑細麻布二十匹·綿布一百二十匹.

일본국日本國 축전주 태수筑前州太守 장친가藏親家[101]가 사람을 보내어 소목蘇木[102] 2백 근斤, 백반白礬[103] 1백 근, 유황硫黃 3백 근, 육계肉桂[104] 10근, 호초胡椒 5근, 침향沈香[105] 2근, 심황深黃[106] 50근, 백랍白蠟 20근, 양향

---

101 일본 살주(薩州) 시래(市來) 우진(寅鎭) 장친가(藏親家) (태종 10-7-19-4), 일본국 축전주태수(筑前州太守) 장친가(藏親家)(세종 즉-12-29-6) 등으로 보인다. 같은 사람이 축전주 태수와 살주 시래를 연고지로 주장하고 있으므로, 어느 한 쪽은 사실이 아닐 것이다. 시래는 현재의 녹아도현(鹿兒島縣) 일치시(日置市) 이집원정(伊集院町)에 속한 지명이다.

102 소방목(蘇枋木)·적목(赤木)·홍자(紅紫)라고도 하며, 목재의 부위에 따라 한약재와 염료로 사용한다. 열대 지역의 나무이며 조선에서는 나지 않아서 세종 대에는 9년간 7만 근을 수입하기도 하였다.

103 화산암 중의 명반석을 가공하여 만든 약재를 말한다. 매염제, 수렴제 등 다양하게 사용한다.

104 녹나무과의 줄기껍질로서 향료 및 한약재로 사용한다. 『동의보감』에서는 콩팥(腎)을 잘 보하므로 오장이나 하초에 생긴 병을 치료하는 약으로 쓴다고 하였다.

105 서향과에 속하는 상록성 교목인 침향과 백목향의 목재부분으로 기가 위로 치밀어 오르는 것을 내리고 중초(中焦)를 따뜻하게 하며 신장을 따뜻하게 하고 기를 끌어 들이는 효능이 있다.

106 생강과에 속하는 다년생 초본 식물로 열대아시아가 원산이며, 우리나라를 비롯하여 일본·인도·중국·인도네시아 등에 분포한다. 조선시대에는 전주부 임실현(任實縣)에서 생산되는 것이 질이 좋았다고 한다. 울금은 황색이나 반홍색 염색에 사용하거나 또는 약용으로 사용하는데, 특히 소화불량, 위염, 간염, 황달 등에 효험이 있다고 한다. 울금(鬱金), 걸금(乞金), 을금(乙金), 황제족(皇帝足)이라고도 한다.

良香 10근, 치매목緇梅木[107] 1백 근을 바치니, 임금이 흑색 세마포細麻布 20 필과 면포縣布 1백 20필을 내려 주었다.

12月 30日(乙巳) 5번째 기사
왜산에서 도망쳐 온 중국인 5인을 요동으로 호송하다

被虜漢人 李阿謹等五人, 自倭山逃來, 遣人解送遼東.

사로잡혀 갔던 중국 사람 이아근李阿謹[108] 등 5인이 왜산倭山으로부터 도망해 오니, 사람을 보내어 요동遼東으로 돌려보냈다.[109]

---

107 분량이나 단위로 보아 나무는 아니고 약재인 것으로 생각된다. 치(緇)와 동일한 뜻인 오(烏)를 써서 오매(烏梅)가 있는데, 이는 매실을 말린 것으로 약재에 쓴다. 그러나 치매목이 오매와 같은 것인지는 알 수 없다.
108 『조선왕조실록』 중에서 여기에만 보인다.
109 원문의 해송(解送)은 다른 나라 사람을 본국으로 돌려보낸다는 뜻이다.

세종 1년
(1419 己亥/일본 응영(應永) 26年)

1月 1日(丙午) 2번째 기사
인정전에서 군신 및 승도 회회 왜인의 조하를 받다

上以冕服率群臣, 遙賀帝正, 以遠遊冠, 絳紗袍, 御仁政殿, 受群臣朝
賀, 僧徒·回回·倭人亦與賀.

임금은 면복冕服[1] 차림으로 여러 신하를 거느리고 멀리 황제에게 정
조 하례를 드린 다음, 원유관遠遊冠[2]을 쓰고 강사포絳紗袍[3]를 입고, 인정
전에서 여러 신하의 하례를 받았는데, 승도僧徒·회회回回·왜인倭人들
도 함께 조하하였다.

---

1 왕이 종묘와 사직에 제사 지낼 때와 정조(正朝)·동지(冬至)·수책(受冊)·납비(納妃) 등의 행
   사 시에 착용하던 대례복(大禮服)으로, 면류관(冕旒冠)과 곤복(衮服)을 말한다.
2 임금이 조하(朝賀)나 종묘(宗廟) 등 공식적인 행사에 나갈 때 쓰던 관이다. 검은 비단으로 만
   든 것으로 양(梁)이 아홉이고, 그 앞뒤에 아홉 개의 옥색의 옥(玉)을 붙이고, 금잠(金簪)·주뉴
   (朱紐)를 갖추었다.
3 왕이 착용한 붉은색의 조복(朝服)을 말하며, 주로 삭망(朔望)·조강(朝講)·조하(朝賀) 등의
   행사가 있을 때 입는다. 강(絳)은 진홍색 비단을 말한다.

1月 3日(戊申) 3번째 기사

일본 대마도 만호가 토산물을 바치다

日本國對馬島萬戶左衛門大郞遣人來獻土物.

일본국 대마도 만호^{萬戶}**4** 좌위문대랑^{左衛門大郞}**5**이 사람을 보내어 토산물을 바쳤다.

1月 6日(辛亥) 7번째 기사

대마주 도만호 등이 토산물을 바치다

對馬州都萬戶表阿時等來獻土物.

대마주 도만호^{對馬州都萬戶} 표아시^{表阿時}**6** 등이 와서 토산물을 바쳤다.

1月 6日(辛亥) 8번째 기사

대마주 대관 종준이 항복해 온 왜인을 돌려주기를 청하다

對馬州代官宗俊請還曾來降倭三十餘, 上命從降倭自願遣還.

---

4 조선시대 각도의 진(鎭)에 딸린 종4품 무관직이다. 원래는 몽고의 병제를 모방한 고려의 군직이었다. 이처럼 만호는 원래 조선인에게 내려지는 관직이었으나 왜인에게 벼슬로 내려 왜구를 기미(羈縻)하는 데 이용되었다.
5 대마도 두지포(頭地浦, 土寄, 쯔찌요리)에 거점을 둔 왜구의 우두머리로 조전좌위문태랑(早田左衛門太郞)이다. 1부 「중요인물」 '좌위문태랑' 참조.
6 여기에만 보인다. 같은 시기에 보이는 표아시라(表阿時羅)와 이름이 비슷하지만, 도만호라는 관직을 받은 대마도인은 왜구의 우두머리였던 좌위문대랑(左衛門大郞)과 화전포(和田浦)의 수조승(守助丞) 두 사람이 보이는데, 표아시라의 행적과 일치하지 않는 면이 있다.
  비슷한 이름을 가진 인물로는 태조 때의 표시라가 있다. 태조 4년 1월 3일에 항복해 오므로, 경상도에 살도록 하였다가 후에 어머니를 근친(勤親)하기 위하여 본국으로 돌려 보냈다. 조선에서 갑사(甲士)로서 시위(侍衛)하였다. 태종 5년 6월 6일에 임온과 함께 어머니를 보기 위하여 본토로 돌아갔다가, 다시 돌아온 것으로 보이며, 태종 11년 7월 15일에 갑사 표시라로 하여금 고향으로 돌아가 근친토록 하였다. 세종 5년 4월 16일에 표시라가 타고온 배가 부산포에 정박하였다는 기사가 보이며, 세종 11년 10월 15일에 표시라가 죽자 그 아들 천명(天命)으로 하여금 시위를 허락하도록 요청한 기사가 보인다.

대마주 대관對馬州代官 종준宗俊[7]이 이전에 항복해 온 왜인 30여 명을 돌려 달라고 하니, 임금은 항복해 온 왜인들이 원하는 대로 돌려보내 주라고 명하였다.

1月 13日(戊午) 4번째 기사
왜적에게 사로잡혀 도망해 온 중국인 김득관이 왜적이 전선을 만들고 있다고 알리다

慶尙道觀察使報, "倭賊所擄逃回漢人 金得觀等二名到晋陽言, '倭賊造戰艦, 要於三月, 作耗中國沿海之地.'" 上王命驛召得觀等.

경상도 관찰사가 보고하기를,

"왜적倭賊에게 사로잡혔다가 도망해 온 중국인 김득관金得觀 등 2명이 진양晋陽에 도착하여 말하기를, '왜적이 전선을 만들고 있으니, 필경 3월경에는 중국 연해 지방을 어지럽힐 것입니다'라고 합니다"

하였다. 상왕은 역驛에 김득관 등을 불러들이도록 명하였다.

1月 14日(己未) 3번째 기사
상왕이 왜적의 침입을 우려하여 양녕대군을 양근으로 옮기게 하다

上王命大臣曰, "曾欲移讓寧於江華, 今反思之, 若於江華則倭寇可慮. 且大妃之疾甚危, 常欲相見. 儻有故而路遠不及見, 爲恨不少." 命置楊根.

상왕이 대신에게 명하기를,

---

7 대마도주 종정무의 아들이다. 세종 즉위년 10월 17일 5번째 기사에서는 '宗伏'로 보인다. 소이씨(少貳氏)의 휘하로 북구주에서 활동하였다(세종 1-1-6-8; 세종 1-3-4-10).

"진작부터 양녕讓寧을 강화江華로 옮기려고 했는데, 지금 다시 생각하니, 만약 강화로 옮기게 되면 왜구가 염려된다. 또 대비의 병세가 매우 위중한데 항상 보고 싶어 한다. 만약 갑자기 연고가 생겨 길이 멀어 미처 보지 못하게 된다면, 적지 않은 한이 될 것이니, 양근楊根[8]에 두도록 하라"고 하였다.

1月 15日(庚申) 4번째 기사
중국인의 김득관 호송과 왜적 침입 가능성을 명에 알리는 문제를 논의하다

禮曹判書許稠啓, "金得觀供狀已到, 宜先報遼東, 轉奏預防. 若不先報, 令得觀入奏, 而倭寇或先作耗, 則似爲不可." 上然之. 朴信曰, "得觀若還, 則朝廷必知我國與倭島地近交通, 不如留之." 上王召左議政朴訔議之, 訔曰, "先報供狀不可, 留得觀亦不可. 當以急傳, 遣得觀入奏." 從之.

예조 판서 허조가 아뢰기를,

"김득관의 진술장供狀이 이미 도착하였으니, 먼저 요동에 알리고 미리 방비하게 하는 것이 마땅한 줄 아옵니다. 만약 먼저 알리지 않고 김득관으로 하여금 들어가서 아뢰게 하려다가, 혹시 왜구가 먼저 난리를 일으킨다면, 안 될 것 같습니다"

하니, 임금은 그렇게 여겼다. 박신은 아뢰기를,

---

8 군(郡)의 이름이다. 지금의 경기도 양평군(楊平郡) 양평읍에 양근이라는 지명이 남아 있다. 본래 고구려의 양근군(楊根郡), 일명 恒陽郡)이었는데, 신라 경덕왕(景德王) 때 빈양현(濱陽縣)으로 개칭하였다가, 고려 초에 다시 양근으로 고쳐 광주(廣州)에 예속시켰고, 고종(高宗) 때에 영화(永化)로 고쳤으며, 원종(元宗) 10년(1269)에 익화(益和)로 고쳤고, 공민왕(恭愍王) 5년(1356)에 양근군으로 환원하였다. 융희(隆熙) 2년(1908)에 지평현(砥平縣)과 합하여 양평군이 되었다.

"득관이 돌아가면, (중국) 조정에서 반드시 우리나라가 왜국倭島과 땅이 가까와서 서로 통하는 줄로 알 것이니, 억류해 두는 편이 낫습니다"

하므로, 상왕은 좌의정 박은을 불러 의논하니, 박은은 아뢰기를,

"먼저 진술장을 보내는 것도 옳지 않고, 득관을 억류하는 것도 옳지 않습니다. 마땅히 급히 역마로 득관을 보내어 들어가 아뢰게 해야 합니다"

하므로, 이에 따랐다.

1月 21日(丙寅) 3번째 기사
상왕의 명의 사신에게 왜도가 가까이 있어서 침략하기도 하고 양식을 요구하기도 한다고 말하다

上王欲邀使臣於壽康宮, 劉泉曰, "承命事完, 不可奉節而復往, 亦不可舍節而他之. 老王如欲見我, 直當來所館." 上王幸太平館慰宴, 韓確辭以疾. 上王語使臣曰, "倭島近於國境, 如在淮安望沙門島, 或來侵掠, 或乞糧買賣." (…下略…)

상왕은 사신을 수강궁에 초청하고자 하니, 유천劉泉이 말하기를,

"명령을 받은 일이 끝났는데, 절節을 받들고 다시 갈 수도 없고, 또한 절을 놓아두고 다른 곳에 갈 수도 없는 일입니다. 노왕께서 만약 나를 보시려면, 바로 제 처소로 오시는 것이 좋겠습니다"

라고 하였다. 상왕이 태평관에 나아가 위로연을 베풀었는데 한확은 병을 칭하고 사양하였다. 상왕은 사신에게 말하기를,

"왜국이 국경에 근접하여, 마치 회안淮安[9]에서 사문도沙門島[10]를 바라

---

9 중국 강소성(江蘇省) 중북부에 있는 지역으로 장강의 북쪽 삼각주에 위치하여 강남과 강북을 연결하는 요충지였다. 인가가 많고 물자가 풍부한 곳으로 유형수들이 갇혀 있는 사문도와 대

보는 것과 같다. 그러므로 혹은 와서 침략도 하고, 혹은 와서 물건을 팔아 식량을 사 가기도 한다"
하였다. (…하략…)

1月 24日(己巳) 3번째 기사
왜의 포로가 되었던 김득관과 팽아근 등을 요동으로 돌려보내다

遺司譯院注簿趙翁, 押金得觀馳赴遼東. 又有漢人彭亞瑾等一十六名, 自倭島節次逃回, 遺司譯院判官吳義, 押解遼東.

사역원 주부司譯院注簿 조흡趙翁을 보내어 김득관을 거느리고 요동遼東으로 달려가게 하였다. 또 중국인 팽아근彭亞瑾[11] 등 16명이 왜국 군막으로부터 도망해 오므로, 사역원 판관司譯院判官 오의吳義를 보내어 요동으로 돌려 보냈다.

2月 12日(丁亥) 5번째 기사
왜의 포로가 되었다가 도망쳐온 가삼 등 남녀 6명을 요동으로 돌려보내다

就差進獻使通事全義, 管押被倭擄掠逃回漢人賈三等男婦共六名, 解送遼東.

진헌사 통사進獻使通事에 취임한 전의全義가 왜인에게 사로잡혀 갔다가 도망해 온 중국인 가삼賈三[12] 등 남녀 모두 6명을 호송하여 요동으로

비된다.

10 중국 산동반도 북쪽에 위치한 묘도열도(廟島列島)에 속한 섬이다. 송대에 죄수를 유배보내는 섬으로 쓰였고, 죄수의 수가 늘고 관리가 어려워지자 채주(寨主)라고 불리는 관리자가 많은 죄수들을 죽이는 일이 생기기도 하였다. 그래서 송대에는 공포의 대명사로 쓰였다.

11 『조선왕조실록』 중에서 여기에만 보인다.

돌려 보냈다.

2月 15日(庚寅) 6번째 기사
대마도 종우마가 우리나라 사람 1명을 돌려주고 토산물을 바치면서 양곡을 요청하다

對馬島倭宗祐馬還我被擄人一名, 獻土宜, 仍請糧, 給米二十斛.

대마도 왜인 종우마宗右馬[13]가 사로잡혀 간 우리나라 사람 1명을 돌려 보냄과 동시에 토산물을 바치고 따라서 양곡을 요청하므로, 쌀 20가마 를 주게 하였다.

2月 25日(庚子) 5번째 기사
대마도 종정무의 아들이 잡혀간 우리나라 사람 2명을 돌려보내 주다

對馬島宗貞茂子都都熊瓦刷還我國被擄人二名, 上命禮曹, 考例厚 待, 賜緜布紬布各十匹.

대마도 종정무宗貞茂[14]의 아들 도도웅환都都熊丸[15]이 사로잡혀 간 우리

---

12 『조선왕조실록』 중에서 여기에만 보인다.

13 종우마는 종우마조(宗右馬助) 혹은 종우마윤(宗右馬允)의 잘못 혹은 생략된 표기이다. '우마 료(右馬寮)의 차관인 우마윤(右馬允)이라는 무가관위를 가진 종씨'라는 뜻이다. 따라서 원문 의 祐馬는 右馬의 잘못이다. 태종 13년(1413) 11월 24일 5번째 기사에서 종정무(宗貞茂)의 아 우 종우마다무세(宗右馬多茂世)로, 태종 15년(1415) 11월 24일 4번째 기사에서 종우마태무세 (宗右馬兌茂世)로 등장한다. 여기서 '우마다(右馬多)' 또는 '우마태(右馬兌)'는 '우마윤(右馬允)' 이라는 관직이름 중 '윤(允)'의 오자로 실록 자체의 오류이다(允 → 兌 → 多). 또한 태종 16년 (1416) 5월 1일 2번째 기사에서는 그가 '근강수(近江守) 종무세(宗茂世)'로 보인다.

14 대마도주 종정성의 아버지이다. 1부「중요인물」, '종정무' 참조.

15 태종 16년(1416) 5월 1일 2번째 기사를 보면 종정무(宗貞茂)의 아들 도도웅와(都都熊瓦)가 곧 종정성(宗貞盛)임을 알 수 있다. 원문의 도도웅와는 종정성의 아명인 '도도웅환(都都熊丸)'의 오 자이다. 1부「중요인물」, '종정성' 참조.

나라 사람 두 명을 돌려보내니, 임금은 예조에 명하여, 전례를 참고하여 후대하게 하고 면포綿布·주포紬布 각각 10필씩을 주었다.

2月 29日(甲辰) 3번째 기사
대마도 인위 군주 종만무가 양곡을 꾸어 달라 청하다

對馬島二位郡 主宗滿茂遣人告糴於慶尙道水軍節制使, 遣以白磻 六十八斤, 啓給米二十斛.

대마도 인위 군주仁位郡主[16] 종만무宗滿茂[17]가 사람을 보내어 경상도 수군 절제사[18]에게 양곡을 꾸어 달라면서 백반白磻[19] 68근을 바쳤다는 장계를 올렸기로, 백미 20석을 주게 하였다.

3月 1日(乙巳) 5번째 기사
대마도 수호 도도웅환이 토산물을 바치다

對馬島守護都都熊瓦遣人來獻土物, 給米四十斛.

대마도 수호守護 도도웅환都都熊丸[20]이 사람을 보내어 토산물을 바치므로, 백미 40가마를 주었다.

---

16 대마도 한 가운데 위치한 인위군(仁位郡, 현 豊玉町)의 장관이라는 뜻이다. 대마도 종씨 중에서 인위를 거점하는 하는 집단을 인위 종씨(仁位宗氏)라고 한다. 원문의 二位郡은 仁位郡의 오기이거나 이 표기이다.
17 유종신농수만무(唯宗信濃守滿茂)로도 보인다(태종 16-5-8-4). 종씨의 원래 성이 유종씨(唯宗氏)였다. 종하무(宗賀武)의 아들이다. 1부 「중요인물」 '종만무' 참조.
18 조선시대 수군을 통솔하던 정3품 무관의 벼슬이다.
19 화산암 중의 명반석을 가공 처리한 결정체로 만든 약재로 매염제, 수렴제 등으로 쓰인다. 원문의 磻은 보통 礬으로 쓴다.
20 종정성(宗貞盛)의 아명이다. 도도웅환(都都熊丸)이 옳다. 1부 「중요인물」 '종정성' 참조.

3月 1日(乙巳) 6번째 기사
대마도 해부병 도만호가 양곡 빌기를 청하다

對馬島海副邢都萬戶正欣遣人來獻土物, 仍告糴, 給米二十斛.

대마도 해부병海副邢[21] 도만호都萬戶 정흔正欣[22]이 사람을 보내어 토산물을 바치고, 따라서 양곡을 빌려 달라고 하므로, 백미 20가마를 주었다.

3月 1日(乙巳) 7번째 기사
대마도 조율 산성수 종준이 토산물을 바치다

對馬島篠栗山城守宗俊遣人來獻土物, 給紬布十匹·麻布八匹·緜布四十二匹.

대마도 소율篠栗[23] 산성수山城守[24] 종준宗俊[25]이 사람을 보내어 토산물을 바치므로, 주포 10필, 마포 8필, 면포 42필을 주었다.

3月 4日(戊申) 10번째 기사
대마도 종정무의 아들 종준의 요청으로 왜인 23명을 돌려보내다

對馬島宗貞茂子宗俊遣人請還倭望古羅等二十三人, 命慶尙道觀察使刷還之.

대마도 종정무宗貞茂[26]의 아들 종준宗俊이 사람을 보내어, 왜인 망고라

---

21 여기에만 보인다. 지명으로 생각된다.
22 여기에만 보인다. 출가한 무사의 법명으로 생각된다.
23 소율(篠栗, 사사구리)는 복강현(福岡縣)의 북부에 위치하는데, 후쿠오카시(福岡市)에서 동쪽으로 약 12㎞ 지점에 있다. 당시 대마도 종씨(宗氏)는 구주(九州)에도 영지를 가지고 있었고, 소율도 그중 하나라고 볼 수 있다.
24 종준이 자칭하는 무가관위이다. 산성수(山城守)는 산성국(山城國)의 장관을 뜻하는 무가관위이며 실제 관직은 아니다.
25 종정무(宗貞武)의 아들이며 종정성(宗貞盛)의 아우로 생각된다.

望古羅[27] 등 23명을 돌려보내 달라고 청하므로, 경상도 관찰사에게 명하여 모두 돌려보내게 하였다.

4月 4日(戊寅) 5번째 기사
일본국 비주 태수·장주 태수·대마도 화전포 도만호가 토산물을 바치다
日本國肥州太守吉見源昌淸遣使來獻土物, 仍請重創佛宇之資. 長州太守大藏禪種·對馬島和田浦都萬戶守助丞各遣使來獻土物, 賜源昌淸·守助丞各米三十斛, 大藏禪種米二十斛.

일본국 비주 태수肥州太守 길견원창청吉見源昌淸[28]이 사신을 보내어 토산물을 바치며 절을 중창重創할 자본을 청하였다. 장주태수長州太守[29] 대장선종大藏禪種,[30] 대마도 화전포和田浦[31] 도만호都萬戶 수조승守助丞[32]이 각각

---

26 대마도주로 종정성(宗貞盛, 都都熊丸)과 종준(宗俊)의 아버지이다. 1부 「중요인물」 '종정무' 참조.

27 진오랑(眞五郞, 마고로)과 같은 일본 인명의 음을 옮긴 것이다. 이후 세종 11년(1429) 12월 3일 5번째 기사에서는 박서생이 유구에 돌아온 망고라를 만난 사실이 보이고, 세종 24년(1442) 8월 1일 4번째 기사에서는 망고라가 토산물을 바쳤다고 하였다. 예종 1년 3월 13일 4번째 기사에서는 망고라가 제포에 와서 머물렀다고 하였다. 예종대의 망고라는 세종대의 망고라와 다른 인물로 생각된다.

28 세종 즉위년 10월 14일 5번째 기사·10월 29일 1번째 기사에 보이는 길견창(吉見昌) 및 길견창청(吉見昌淸)과 동일인물로 보인다. 태종 대에는 비주(肥州) 태수(太守) 원창청(源昌淸)으로도 보인다. 길견씨는 구주탐제(九州探題) 삽천씨(澁川氏)의 피관(被官)이며 원창청은 비전(肥前) 수호대(守護代)를 지냈다. 즉 그는 구주탐제의 비전수호(肥前守護)라는 직책을 대신하여 수행하던 부하였던 것이다. 그러므로 자신의 지위를 다소 과장하여 비전태수(肥前太守)·비주태수(肥州太守)를 자칭한 것이다. 그런데 원창청에 대하여 능주태수(能州太守)·웅주자사(熊州刺史)라고 기록한 예가 있다. 실록에는 일본의 관직명으로 능주와 웅주는 오직 원창청과 관련되어 사용되었고, 다른 용례가 없다. 따라서 능주와 웅주는 모두 비주(肥州)의 오기라고 할 수 있다. 이는 글자가 유사한 데서 생긴 오류로 생각된다.

29 장문국(長門國)의 국수(國守)라는 뜻으로 대장선종의 무가관위이다.

30 태종 16년(1416) 4월 29일 2번째 기사 선종(禪種)이 보인다. 대장씨(大藏氏)는 원래 판상씨(坂上氏)와 마찬가지로 후한(後漢) 영제(靈帝)의 후손으로 전하며, 고대 말기에 대재부(大宰府) 관인으로 구주에 세력을 갖게 되었다. 그래서 축전국(筑前國) 지역의 유력 씨족이었으며, 원전(原田)·석전(席田)·안수(鞍手)·추월(秋月)·저상(砥上) 등 많은 씨족으로 분화되었다고

사신을 보내어 토산물을 바치므로, 원창청과 수조승에게 각각 쌀 30가마를, 대장선종에게 쌀 20가마를 주었다.

4月 13日(戊寅) 5번째 기사
제기를 왜국 상인의 동 납 철을 사들여 만들도록 하다

視事. 上曰, "典祀請鑄祭器, 何如?" 禮曹判書許稠對曰, "瓷器易破, 遠輸甚難, 不如銅器之牢緻. 宜買商倭銅鑞鐵鑄之." 上曰, "然." (…下略…)

정사를 보았다. 임금이 말하기를,

"전사典祀가 제기祭器를 주조하자고 하는데 어떠냐"

한다. 풍후국(豊後國) 일전군(日田郡)을 거점으로 하는 일전씨(日田氏)와 일향국(日向國) 고과변주(高鍋藩主) 추월씨(秋月氏)가 모두 대장씨에서 비롯되었다고 한다. 대장씨는 종(種)이라는 글자를 통자(通字)로 사용하였는데, 선종이 누구인지 정확히 알 수 없다. 세종 5년에는 축전주 태수 등원만정(藤源滿貞, 少貳滿貞)의 막하인 비주자사(備州刺史) 지상(砥上) 대장씨 종(大藏氏種)이 보인다. 지상(토가미) 역시 대장씨에 분화된 씨명으로 보인다. 따라서 이 시기에 대장씨는 소이씨의 휘하에 있었던 것으로 생각된다.

31 화전포는 대마도 중앙의 천조만 북안에 위치하고 있다. 현 지명은 도요타마마치(豊玉町)로 카미아가타군(上縣郡)에 속해 있다.『해동제국기』에 완다로포(完多老浦)로 쓰여 있으며 와다노우라, 와다우라 등으로 읽는 듯하다.『조선왕조실록』에는 태종에서 세종에 이르기까지 화전포 만호(和田浦萬戶)가 네 차례 보인다.
울산 관아의 아전이었던 이예가 포로가 된 지울산군사(知蔚山郡事) 이은(李殷)과 전판사(前判事) 위충(魏种)을 구하기 위하여 따라갔다가 화전포에 약 한 달 동안 억류되었다. (세종 27-2-23-2) 당시 화전포는 대마도 지배 세력이었던 인위 종씨(仁位宗氏)의 거점이었다. 천조만 깊숙하게 자리 잡고 있던 그들의 거점인 인위(仁位)의 입구였다. 처음 잡혀간 곳이 천조만의 입구이자 남안에 위치한 두지포(豆地浦)였으므로 이예는 왜구의 본거지 중 두 곳을 보게 된 것이다. 이후 1400년에는 8세에 왜구에 납치당한 어머니를 찾아 대마도와 일기도(一岐島) 등 그들의 본거지 곳곳을 수색했다고 한다. 이 때에 얻은 정보력 덕택에 기해동정에서 왜구의 소굴인 두지포와 인위 종씨의 거점인 인위군, 선월(船越), 훈내곶(訓乃串) 세 곳을 조선군의 공격 목표로 정할 수 있었다.

32 태종 17년(1417) 윤5월 14일 2번째 기사에도 보인다. 수조고(守助羔, 태종 16-10-27-4)라고도 표기되어 있다. 고(羔)는 승(丞)의 잘못으로 생각된다. 화전포(和田浦) 만호(萬戶) 혹은 도만호(都萬戶)라고 하였으므로 인위 종씨의 유력한 인물로 생각되는데, 자세히 알 수 없다.

고 하였다. 예조 판서 허조가 아뢰기를,

"자기는 부서지기 쉬워서 먼 데서 운반해 오기가 매우 곤란하오니,
견고한 동기銅器만 못합니다. 왜국 상인의 동銅·납·철을 사들여 주조
하게 하소서"

하니, 임금이

"그렇다"

고 하였다. (…하략…)

5月 4日(戊申) 6번째 기사
충청도에서 결성에 왜선이 나타났다고 보고하였다

忠清道都節制使報倭船現于結城之境.

충청도 도절제사가 보고하기를,

"왜선倭船이 결성結城[33] 지경에 나타났다"

하였다.

5月 7日(辛亥) 1번째 기사
충청도 비인현에 왜적 50여 척이 침입하다

忠清道觀察使鄭津飛報, "本月初五日曉, 倭賊五十餘艘, 突至庇仁
縣之都豆音串, 圍我兵船焚之, 烟霧曚暗, 未辨彼我." 上王卽命徵集當
道侍衛·別牌·下番甲士·守護軍與當下領船軍, 嚴加備禦. 以總制成

---

33 충청남도 홍성 지역의 옛 지명이다. 본래 백제의 결기현(結己縣)이었는데, 757년(경덕왕 16)
결성군(潔城郡)으로 고쳤다. 1172년(명종 2) 결성(結城)으로 고치고 감무(監務)를 두었으며,
1413년(태종 13)에 현감을 두었다.

達生爲京畿・黃海・忠淸道水軍都處置使, 上護軍李恪京畿水軍僉節制使, 李思儉黃海道水軍僉節制使, 前總制王麟忠淸道水軍都節制使, 又以海州牧使朴齡兼黃海道兵馬都節制使. 朴賁啓曰, "國家待倭人極厚, 而今乃侵我邊鄙, 無信如此. 平道全厚蒙聖恩, 官至上護軍, 宜遣道全以助戰. 今若不用其力, 將焉用哉? 殺之可也." 乃命以道全爲忠淸道助戰兵馬使, 率其伴倭十六人以往. 道全, 本日本國人也.

충청 관찰사 정진鄭津이 비보飛報하기를,

"이달 초 5일 새벽에 왜적의 배 50여 척[34]이 돌연 비인현庇仁縣 도두음곶都豆音串에 이르러, 우리 병선을 에워싸고 불사르니 연기가 자욱하게 끼어 서로를 분별하지 못할 지경이었습니다"

하였다. 상왕이 곧 명하기를,

"그 도道 시위 별패侍衛別牌와 하번 갑사下番甲士와 수호군守護軍을 징집하여, 당하번當下 영선군領船軍과 같이 엄하게 방비해야 할 것이다. 총제 성달생은 경기・황해・충청 수군 도처치사都處置使[35]에, 상호군上護軍 이각李恪은 경기 수군 첨절제사에, 이사검李思儉은 황해도 수군 첨절제사[36]에, 전 총제 왕인王麟은 충청도 수군 도절제사에 명하고, 또 해주 목사 박

---

34 다른 기록들을 대조해 보면, 32척이었음을 알 수 있다. 1부 「기해동정」 참조.

35 수군절도사 이전에 사용한 관직명이다. 도처치사 혹은 처치사라고도 하였으며, 아래에 진무 및 도만호와 만호가 있었다. 한편 수군절도사는 수군(水軍)을 통제하기 위하여 둔 정3품 당상관(堂上官)이다. 1466년(세조 12)에 기왕의 수군도안무처치사(水軍都按撫處置使)를 개칭한 것으로, 예하의 진(鎭)・포(浦)・보(堡)를 지휘 감독하였다. 교동(喬桐)・보령(保寧)・동래(東萊)・거제도(巨濟島)・순천(順天)・남해(南海)・옹진(甕津) 등은 유명한 절도사의 수영(水營)이었다. 『경국대전』에 적혀 있는 인원은 경상・전라・함경도에 각3명, 경기・충청・평안도에 각2명, 황해・강원도에 각1명씩이었다.
　1명일 경우에는 모두 그 도(道)의 관찰사가 겸임하였으며, 2명일 경우에 1명은 관찰사가 겸임, 나머지 1명은 평안도에서는 그 도의 병마절도사가 겸임하였으나, 기타 도에서는 별도로 무관이 임명되었다. 이홍직, 『국사대사전』, 학원출판공사, 1999.

36 이사검은 조전 절제사로도 보인다(세종 1-5-13-3).

영朴齡은 황해도 수군 절제사를 겸하게 하라"

하였다. 박은이 아뢰기를,

"국가에서 왜인을 대접하기를 극히 후하게 하였는데, 이제 우리 변방을 침략하니, 신의가 없음이 이와 같습니다. 평도전平道全[37]은 성은聖恩을 후히 입고 벼슬이 상호군에 이르렀으니, 마땅히 도전을 보내어서 싸움을 돕게 할 것입니다. 이제 만일 그 힘을 이용하지 아니하면 장차 어디에 쓰겠습니까? 죽여도 괜찮습니다"

하였다. 곧 명하여 도전을 충청도 조전 병마사助戰兵馬使[38]로 삼고, 그 휘하의 왜인 16명을 거느리고 가게 하였다. 도전은 원래 일본 사람이다.

5月 7日(辛亥) 2번째 기사
왜구가 도두음곶과 비인현성을 공격하다

駕駐高陽縣之街屯院前. 鄭津又報, "倭賊之入都豆音串也, 萬戶金成吉醉酒不備, 賊三十二艘奪我兵船七艘焚之, 我軍死者太半. 成吉與其子倫拒戰, 成吉被槍, 墮水而泅免. 倫射賊殪三人, 顧見其父已墮水, 以爲死. 乃曰, '父已墮水而死, 吾何獨戰而死於賊手乎?' 遂墮水而死. 賊乘勝下陸, 庇仁縣監宋虎生率兵逆戰, 以兵少退保縣城, 賊圍城

---

37 대마도 도주 종정무(宗貞茂)의 부하였으며, 대마도와 조선이 서로 사신을 보내 왕래할 때 조선을 여러 차례 방문했다. 조선과의 인연이 깊어지자 조선에서 살기를 원해 가족과 식솔을 거느리고 태종 7년인 1407년 7월에 조선으로 귀화하였다. 조선의 조정에서는 특별히 사재감(司宰監) 소감(少監)이라는 벼슬을 내렸으며 당시 종4품관에 해당하는 관직이었다.
    1부 「중요인물」 '평도전' 참조.
38 조전 절제사와 마찬가지로 왜구의 침입에 대응하기 위하여 현지에 파견된 무관이다. 절제사가 도(道) 단위에 파견되고 병마사는 도보다 하위 지역 단위에 파견되었으나, 병마사도 도 단위로 파견되는 경우가 있어서 상하 관계가 보이지 않았다. 조선 초기에 병마사는 수군까지도 관할하였다.

數重. 自辰至午相戰, 城幾陷, 賊摽掠城外民家雞犬殆盡. 知舒川郡事
金閏‧藍浦鎭兵馬使吳益生率兵相繼而至, 與戰各斬一級, 虎生亦出
中箭, 力戰擒一人, 賊解圍而去."

　　兩上聞之大驚. 朴訔啓曰, "忠淸道兵馬都節制使金侚旅臂塞而無
才, 然倉猝之際, 不可易帥, 姑令擇遣可任者助戰, 事定然後代之爲便."
於是, 以僉摠制李中至爲忠淸道助戰兵馬都節制使. 上命元肅, 語中至曰,
行將陞授, 卿勿以不得帶金行爲慊. 又以上護軍趙菑爲忠淸道體覆
使. 成達生‧李中至‧趙菑‧李恪‧平道全等受命卽行.

　　왕의 행차가 고양현高陽縣 가둔원街屯院 앞에 머물렀다. 정진이 또 보
고하기를,

　　"왜적이 도두음곶都豆音串**39**에 들어왔을 때에 만호 김성길金成吉**40**이 술
에 취하여, 방비를 하지 아니하여, 적선 32척이 우리 병선 7척을 탈취하여
불사르고, 우리 군사가 죽은 사람이 태반이었습니다. 성길이 그 아들 김
윤金倫과 같이 항거하며 싸우다가, 성길이 창에 찔려 물에 떨어졌으나, 헤
엄쳐서 겨우 살았습니다. 윤은 적을 쏘아 세 사람을 죽이었으나, 그 아비
가 이미 물에 빠진 것을 보고 죽었다고 여겼습니다. '아비가 이미 물에 떨
어져 죽었으니, 내가 어찌 혼자 싸우다가 적의 손에 죽으리오' 하고, 드디

---

39 현재의 충청남도 서천군 서면 도둔리 일대이다. 조선 전기에는 도두음곶수가 설치되어 충청
　　우도 첨절제사가 지켰다. 세종 원년에 왜구가 도두음곶을 공격하였고, 이 사건은 기해동정의
　　한 원인이 되었다.
40 당시 충청좌도 도만호로 도두음곶의 수군 지휘관이었다. 전라도 지역에 왜선이 출몰하였다
　　는 통보를 받았지만, 정작 왜구가 쳐들어왔을 때 그는 전날 마신 술에 아직 취해 있었다. 갑작
　　스런 공격에 허둥지둥 활을 들고 적과 맞섰으나, 왜구의 창에 찔려 바다에 빠졌다. 그는 헤엄
　　쳐 살아나왔으나, 아들 김성륜은 아버지가 죽은 줄 알았다. 화살로 왜구를 3명이나 쏘아 죽이
　　고, "아비가 이미 물에 빠져 죽었는데, 내가 어떻게 혼자 싸우다가 적의 손에 죽겠느냐"며, 물
　　에 뛰어들어 자결하였다. 김성길도 5월 10일에 참형에 처해졌다.

어 물에 떨어져 죽었습니다. 적이 이긴 기세를 타고 육지에 오르니, 비인 현감 송호생이 군사를 거느리고 맞아 싸웠으나, 군사가 적으므로, 물러 가서 현縣의 성城을 지키자, 적은 성을 여러 겹으로 에워쌌습니다. 아침 진시辰時로부터 낮 오시午時까지 싸웠더니, 성은 거의 함락하게 되었고, 적은 성 밖에 있는 민가의 닭과 개를 노략하여 거의 다 없어지게 되었습니다. 지서천군사知舒川郡事 김윤金閏과 남포진藍浦鎭 병마사 오익생吳益生이 군사를 거느리고 잇달아 이르러서 함께 싸워, 각각 일급一級씩을 베어 죽이고, 호생은 또 성 밖에 나와서, 살에 맞으면서 힘껏 싸워 한 사람을 사로 잡았더니, 적이 포위하였던 것을 풀고 돌아갔습니다"

하였다.

양상兩上이 이것을 듣고 크게 놀랐다. 박은이 아뢰기를,

"충청도 병마 도절제사 김상려金尙旅는 팔이 병신이고 또 재주는 없으나, 창졸 간에 장수를 바꾸는 것이 불가하니, 우선 적임자를 가려 보내어 싸움을 돕게 하고, 일이 정돈되거든, 다른 사람으로 대신하는 것이 좋겠습니다"

하였다. 이에 첨총제僉摠制 이중지李中至로 충청도 조전 병마 도절제사를 삼았다. 임금이 원숙에게 명하여 중지에게 말하기를,

"장차 승차陞差해 줄 것이니, 경은 금대를 띠고 행하지 못함을 불만스럽게 생각지 말라"

하고, 또 상호군 조치趙菑를 충청도 체복사體覆使를 삼았다. 성달생成達生·이중지·조치·이각·평도전[41]은 명을 받고 곧 출발하였다.

---

[41] 대마도 왜인으로 조선에 귀화한 사람이다. 1부 「중요인물」 '평도전' 참조.

5月 9日(癸丑) 3번째 기사
제주목사 우박이 왜인과 더불어 물건을 매매한 일이 있으므로 파직시킬
것을 상소하다

司諫鄭守弘等上疏, 略曰,

"朴礎曾犯贓污之罪, 名在刑籍, 今拜兵曹參議, 以行出納之任. 禹
博嘗爲水軍節制使, 與商倭買賣, 以行市井之事, 不當爲濟州牧使, 請
皆罷之."

上曰, "非吾所得擅也." 不允.

사간 정수홍 등이 상소하였는데, 요약하면,

"박초朴礎는 일찍이 뇌물을 받는 더러운 죄를 범하여, 이름이 형적刑籍
에 있는데, 이제 병조 참의를 제수하여, 왕명 출납의 임무를 행하게 하
였습니다. 우박禹博[42]은 일찍이 수군 절제사가 되었을 때[43] 장사하는 왜
인과 더불어 물건을 매매하여 시정의 일을 행하였으니, 제주 목사에 임
용함은 부당한 것이니, 다 면하시기를 청합니다"

하였다. 임금이 말하기를,

"내가 마음대로 할 바가 아니다"

하고, 윤허하지 아니하였다.

---

42 조선 전기의 문신. 의주목사(義州牧使)·병조참의(兵曹參議)·정주목사(定州牧使)·수군도
    절제사(水軍都節制使)·순승부 윤(順承府尹)·제주목사(濟州牧使) 등을 역임하였다. 수군절
    제사 시절에 장사하는 왜인과 더불어 물건을 매매한 일로 뒤에 사간원에서 소(疏)를 올리기도
    하였다. 1419년 이종무(李從茂)가 삼군도체찰사(三軍都體察使)가 되어 대마도를 정벌할 때, 중
    군절제사(中軍節制使)로서 대마도 정벌에 나섰다. 1420년에는 경상우도 병마도절제사가, 1422
    년에는 중군총제(中軍摠制)가 되었다.
43 1418년(태종 18)에 경상도 수군 도절제사로 우박이 보인다(태종 18-2-16-1).

5月 10日(甲寅) 7번째 기사

왜적을 방비하지 못한 충청좌도 도만호 김성길이 참형을 당하다

忠淸道左道都萬戸金成吉伏誅. 初, 全羅道監司以倭賊過境馳諭, 成吉
知而不備, 乃至於敗, 體覆使誅之. 後海州牧使朴齡擒一倭以獻, 兵曹
訊之, 曰, "吾係對馬島人. 島中飢饉, 以船數十艘, 欲掠浙江等處, 只緣
乏糧, 侵突庇仁, 遂至海州, 窺欲行劫. 吾因汲水, 獨乘小船上岸, 忽被
官兵所擒. 魁首則都豆音串打劫時, 中萬戸矢而斃." 成吉初雖不備, 及
至遇賊, 父子力戰而俱死, 人頗哀之.

충청좌도 도만호^{左道都萬戸} 김성길^{金成吉}44이 참형을 당하였다. 처음에
전라도 감사가 왜적이 경내를 지나간다 하여 급히 알렸으나, 성길은 알
고도 방비하지 아니하다가 패하기에 이르렀으니, 체복사^{體覆使}45가 벤
것이었다. 후에 해주 목사 박영이 한 왜인을 사로잡아 바치거늘, 병조
가 신문하니, 말하기를,

"나는 대마도에 사는 사람으로 섬사람들이 다 굶게 되어, 배 수십 척
을 가지고 절강^{浙江} 등지에서 노략질하려고 하였으나, 단지 양식이 떨
어져서 우선 비인^{庇仁}을 털고, 다음에 해주에 와서 도적질할 것을 엿보
았습니다. 물을 길려고 혼자 조그만 배에 타고 상륙하였다가, 졸지에
관병^{官兵}에게 사로잡혔습니다. 저희들 괴수는 도두음곶46을 칠 때, 만호

---

44 비인현 왜구 침입 때 도두음곶의 도만호였다. 왜구 침입에 제대로 대응하지 못하였다고 하여
　　참형에 처해진 것이다(세종 1-1-13-4).

45 임금의 명령을 받고 지방에 가서 벼슬아치들의 군무(軍務)에 관한 범죄 사실을 조사하는 임
　　시 벼슬 또는 그 벼슬아치이다. 특히 왜구가 침입한 지역에 파견되어 민정을 살피는 한편 전투
　　를 독려하거나 직접 전투를 지휘하기도 하였다. 또한 패전한 무장이나 지방관을 직접 단죄할
　　수 있는 권한을 가지고 있었다.

46 현재의 충청남도 서천군 서면 도둔리 일대이다. 조선 전기에는 도두음곶수가 설치되어 충청
　　우도 첨절제사가 지켰다. 세종 원년에 왜구가 도두음곶을 공격하였고, 이 사건은 기해동정의
　　한 원인이 되었다. 도둔곶(都屯串), 마량곶(馬梁串)이라고 불렀다.

의 화살에 맞아 죽었습니다"

하였다. 성길이 처음에 비록 방비하지는 않았으나, 적을 만나서는, 부자가 서로 힘껏 싸우다가 함께 죽으니, 사람들이 매우 슬퍼하였다.

5月 10일(甲寅) 8번째 기사

왜로부터 도망해 온 이서립 등을 요동으로 보내다

解送自倭逃回漢人 李西立等二名于遼東.

왜로부터 도망하여 돌아온 한인漢人 이서립李西立[47] 등 두 사람을 요동으로 돌려보냈다.

5月 12日(丙辰) 4번째 기사

황해도 해주에 왜적 7척이 침입하다

黃海道監司權湛飛報, "倭賊七艘寇海州."

황해도 감사 권담이 급히 보고하기를,

"왜적 7척이 해주에서 도적질합니다"[48]

고 하였다.

---

47 여기에만 보인다.

48 세종 1년 5월 5일에 도두음곶을 공격한 왜구들이 북상하여 해주 지역에 이른 것이다.

5月 13日(丁巳) 3번째 기사

황해도 감사가 왜선과의 대치 상황을 보고하니 김효성·장우량 등을 더
파견하다

黃海道監司飛報, "本月十一日, 助戰節制使李思儉與萬戶李德生,
以兵船五艘, 候賊于海州之延平串, 賊船三十八艘乘霧暗突至圍之,
逼脅求糧, 語思儉等曰, '我等非爲朝鮮來, 本欲向中國, 因絶糧而至此,
若給我糧, 我當退去矣. 前日都豆音串之戰, 非我也. 汝國人先下手, 故
我不得已而應之爾.' 思儉遣吏, 遺以米五斛, 酒十瓶, 賊拘吏又索糧, 思
儉遣鎭撫二人船軍一人, 遺以米四十斛, 賊還吏及鎭撫, 又拘船軍, 與
思儉等相持. 成達生以京畿兵船逆風難進爲辭, 乃乘傳疾馳, 欲以黃
海兵船赴之, 至則其船本少, 而已爲思儉等所騎, 達生叵奈何?"

兩上甚憂之, 卽命大護軍金孝誠爲京畿·黃海道助戰兵馬使, 前禮
賓少尹張友良 黃海道敬差官, 因令孝誠率別軍藥匠二十人, 友良率三
十人, 卽日發行. 趣駕還宮. 又以李之實爲黃海道助戰兵馬都節制使,
金萬壽 平安道兵馬都節制使. 時, 萬壽得罪在平安道 定州, 遣知印往
諭之. 召見朴訔·李原及趙末生·李明德于內, 密議乘虛殄殲對馬, 退
邀賊還之策, 夜分乃罷.

황해도 감사가 급보하기를,

"본월 11일에 조전 절제사助戰節制使[49] 이사검이 만호 이덕생과 함께 병
선 5척으로써 적을 해주의 연평곶延平串에서 엿보고 있을 때, 적선 38척
이 짙은 안개 속으로 갑자기 와서, 우리의 배를 에워싸고 협박하여 양식

---

49 절제사는 공양왕 원년에 지방에 파견한 임시 무관직이었던 원수(元帥)를 개칭한 것이다. 유
사시에 백성들을 동원할 수 있는 권한을 가지고 있었다. 조전 절제사는 조선 초기에 왜구에 침
입에 대비하기 위하여 병사를 양성하기 위하여 설치하였다.

을 구하며, 사검 등에게 말하기를, '우리들은 조선을 목적하고 온 것이 아니라, 본래 중국을 향하여 가려고 하였으나, 마침 양식이 떨어졌으므로 여기에 왔으니, 만일 우리에게 양식을 주면 우리는 곧 물러가겠다. 전일에 도두음곶[50]에서 싸움한 것은 우리가 먼저 친 것이 아니다. 그대의 나라 사람들이 먼저 공격하므로 부득이 응하였을 뿐이라' 하니, 사검이 이에 사람을 보내어, 쌀 5섬과 술 10병을 주었더니, 적은 보낸 사람을 붙잡고 양식을 더 요구하니, 사검이 진무鎭撫[51] 2인과 선군船軍 1인을 보내어 쌀 40섬을 주었으나, 적은 이속吏屬과 진무는 보내면서, 또 선군船軍을 잡아두고 사검과 서로 대치하고 있었습니다. 성달생이 경기京畿 병선이 역풍逆風으로 인하여 앞으로 나아가기 어렵다고 말하고, 이에 역마를 빨리 달려 황해도의 병선을 타고 가려 했으나, 가서 본즉, 그 배는 매우 적은데다가 이미 사검 등이 타고 있어서, 달생은 어찌 할 수 없었습니다" 하였다.

상왕과 임금이 심히 근심하여, 곧 대호군大護軍 김효성金孝誠은 경기·황해도 조전 병마사[52]에, 전 예빈 소윤禮賓少尹 장우량張友良을 황해도 경차관敬差官으로 각각 명하고, 인하여 효성은 별군 약장別軍藥匠 20인, 우량은 30인을 거느리고 그날로 떠나가게 하고, 임금은 수레를 몰아 환궁하

---

50 현재의 충청남도 서천군 서면 도둔리 일대이다. 조선 전기에는 도두음곶수가 설치되어 충청우도 첨절제사가 지켰다. 세종 원년에 왜구가 도두음곶을 공격하였고, 이 사건은 기해동정의 한 원인이 되었다.

51 조선 초기에는 중앙군의 군령을 맡은 삼군진무소(三軍鎭撫所)나 오위진무소(五衛鎭撫所)의 도진무(都鎭撫)가 있었듯이, 왕명을 받들어 외방에서 군사를 지휘하는 장수인 병마도절제사, 수군도안무처치사(水軍都安撫處置使)의 밑에도 도진무를 두었다.
    1466년(세조 12)의 관제 개혁에서 병마도절제사도진무는 병마우후, 수군도안무처치사도진무는 수군우후로 각각 개칭되었다. 이로부터 도원수·원수 등으로 출정하는 장수 밑에서 군령을 담당하는 직책의 호칭 역시 도진무에서 우후로 바뀌게 되었다.

52 왜구의 침입을 막기 위하여 현지에 파견한 임시 무관직이다.

여, 또 이지실을 황해도 조전 병마 도절제사에, 김만수를 평안도 병마 도절제사로 삼았다. 그때에 만수가 죄로 인하여, 평안도 정주에 와 있었으므로, 지인知印을 보내어 유시諭示하였다. 박은·이원 및 조말생·이명덕을 대궐로 불러, 허술한 틈을 타서 대마도를 섬멸한 뒤에 물러나서 돌아오는 적을 요격할 계책을 밀의하고, 밤 늦게야 파하였다.[53]

5月 14日(戊午) 1번째 기사
전함을 폐지하는 문제를 논의하다

視事. 上曰, "各道各浦, 雖有兵船, 其數不多, 防禦虛疎, 或致不虞之變, 未能應敵, 以致邊患, 今欲罷戰艦爲陸守." 判府事李從茂, 贊成事鄭易等對曰, "我國濱海, 戰艦不可無也. 若無戰艦, 則何以自安?" 李之剛對曰, "高麗之季, 倭賊侵擾, 至于京畿, 及置戰艦, 而後國家奠安, 民人按堵." 上曰, "李思儉·李德生等以兵船五艘, 見圍於賊, 給所載米四十五斛, 是非良策也. 然不給, 則必見害, 不得已而應之者也." 僉曰, "以五艘兵船, 見圍於三十八艘之賊, 戰則必敗, 故給米緩之, 以待援兵也." 上曰, "賊若知兵船之群聚, 則當其未至之時, 必先急攻矣. 此實可慮也."

정사를 보았다. 임금이 말하기를,

"각도와 각 포구에 비록 병선은 있으나, 그 수가 많지 않고 방어가 허술하여, 혹 뜻밖의 변을 당하면 적에 대항하지 못하고, 도리어 변환邊患을 일으키게 될까 하여, 이제 전함戰艦을 두는 것을 폐지하고 육지만을

---

53 도두음곶·비인·해주 등을 노략질하고 명의 해안을 약탈하러 간 대마도 왜구들을 돌아올 때 해상에서 기다렸다가 공격할 계획을 논의한 것이다.

지키고자 한다"

하였다. 판부사 이종무와 찬성사 정역鄭易들이 답하기를,

"우리나라는 바다에 접해 있으니, 전함이 없어서는 안 될 것입니다. 만약 전함이 없으면, 어찌 편안히 지낼 수 있겠습니까"

하였다. 이지강李之剛이 아뢰기를,

"고려 말년에 왜적이 침노하여 경기까지 이르렀으나, 전함을 둔 후에야 국가가 편안하였고, 백성이 안도하였나이다"

하였다. 임금이 말하기를,

"이사검과 이덕생 등이 병선 5척으로 적에게 포위당하고, 싣고 있던 쌀 45석을 주었으나, 이것은 좋은 계책이 아니다. 그러나 주지 않으면 반드시 해를 입게 되니, 부득이 준 것이다"

하였다. 여러 사람이 말하기를,

"5척의 병선으로 38척을 가진 적에게 포위당하였으니, 싸우면 패할 것이므로, 쌀을 주어 일단 안심하게 한 뒤에 원병을 기다린 것입니다"

하였다. 임금이 말하기를,

"적이 만일 병선이 많이 모일 것을 알면, 병선이 오기 전에 반드시 먼저 급히 쳐 올 것이다. 이것이 실로 염려되는 바이다"

하였다.

5月 14日(戊午) 4번째 기사
상왕과 임금이 대신들을 불러 대마도 치는 문제를 의논하다

兩上命召柳廷顯·朴訔·李原·許稠等, 議乘虛征對馬便否, 僉曰,
"不可乘虛, 當待賊還而攻之." 趙末生獨曰, "可乘虛擊之." 上王曰, "今
日之議, 異於前日之策. 若不掃除, 而每被侵擾, 則可異於漢之見辱於
凶奴乎? 不如乘虛伐之. 取其妻孥, 退師巨濟, 待賊還邀擊之, 奪其船而
焚之, 爲商販而來者及留船者, 竝皆拘留. 苟有逆命者, 則剪除之, 其九
州倭人, 毋令拘留驚動." 且曰, "不可示弱也. 後日之患, 庸有極乎?" 卽
命以長川君李從茂爲三軍都體察使, 將中軍, 以禹博·李叔畝·黃象
爲中軍節制使, 柳濕左軍都節制使, 朴礎·朴實左軍節制使, 李之實右
軍都節制使, 金乙和·李順蒙右軍節制使, 將慶尙·全羅·忠淸三道兵
船二百艘, 下番甲士·別牌·侍衛牌及守城軍·營屬才人·禾尺·閑良·
人民·鄕吏·日守·兩班中, 有能騎船者及騎船軍丁等, 以邀倭寇還歸
之路, 約以六月初八日, 各道兵船, 竝集見乃梁以待.

양상兩上이 유정현·박은·이원·허조許稠들을 불러, 허술한 틈을 타
서 대마도를 정벌할지 여부를 의논하였는데, 모두 아뢰기를,

"허술한 틈을 타는 것은 불가하고, 마땅히 적이 돌아오는 것을 기다
려서 치는 것이 좋습니다"

하였다. 유독 조말생만이,

"허술한 틈을 타서 쳐야 합니다"

하였다. 상왕이 말하기를,

"금일의 의논이 전일에 계책한 것과 다르니, 만일 물리치지 못하고
항상 침노만 받는다면, 한漢나라가 흉노에게 욕을 당한 것과 무엇이 다

르겠는가. 그러므로 허술한 틈을 타서 쳐부수는 것이 좋겠다. 그래서 그들의 처자식을 잡아 오고, 우리 군사는 거제도에 물러 있다가 적이 돌아오기를 기다려서 요격하여, 그 배를 빼앗아 불사르고, 장사하러 온 자와 배에 머물러 있는 자는 모두 구류拘留하라. 만일 명을 어기는 자가 있으면 베어버리고, 구주九州에서 온 왜인만은 구류하여 경동驚動하는 일이 없게 하라"고 하였다. 또한 "우리가 약한 것을 보여서는 안 된다. 후일의 근심이 다함이 없을 것이기 때문이다"

하였다.

곧 장천군長川君 이종무를 삼군 도체찰사三軍都體察使로 명하여, 중군中軍을 거느리게 하고, 우박·이숙묘·황상을 중군 절제사로, 유습柳濕을 좌군 도절제사로, 박초·박실을 좌군 절제사로, 이지실을 우군 도절제사로, 김을화金乙和·이순몽李順蒙을 우군 절제사로 삼아, 경상·전라·충청의 3도 병선 2백 척을 거느리게 하고, 하번 갑사下番甲士·별패別牌·시위패侍衛牌 및 수성군·영속營屬 재인才人과 화척禾尺·한량 인민閑良人民·향리鄕吏·일수日守·양반 중에서 배를 탈 줄 아는 자와 기선군정騎船軍丁으로서 거느려, 왜구의 돌아오는 길목을 요격케 하고, 6월 초8일까지 각 도의 병선들은 모두 견내량見乃梁[54]에 모여서 기다리도록 하였다.

---

54 경상도 고성현에 위치한 조선 수군진으로 수군 만호를 두었다. 원래는 경상남도 거제시 사등면 덕호리와 통영시 용남면 장평리 사이의 해협을 가리키는 말이었다. 『세종실록지리지』에서는 "견내량이 고성에 있었는데, 지금은 거제 옥포에 있으며, 병선 20척, 군사 940명"이라고 하였다. 또한 "우도 수군 도안무처치사(右道水軍都安撫處置使)는 거제(巨濟) 오아포(吾兒浦)에 있다. '병선 28척, 군사 2천 6백 1명이다. 예전에는 제포(薺浦)에 있었는데, 금상(今上, 세종) 원년 기해에 대마도를 쳐서 파하고 처치사를 이곳으로 옮기도록 명하였다. 또 가배량(加背梁)·견내량(見乃梁) 등지의 만호로 하여금 옥포(玉浦)로 옮겨 지키게 하였으니, 이른바 그 목구멍을 틀어막은 것이었다"라고 하였다. 즉 견내량에 있던 수군진이 기해동정 이후 『세종실록』이 편찬되는 시기 사이에는 거제도 옥포로 이동하였음을 알 수 있다.

5月 14日(戊午) 5번째 기사

조치를 황해도 체복사로 삼아 왜구에 제대로 대응하지 못한 자를 살피도록
하다

又命以戶曹參議曺致爲黃海道體覆使, 察諸將緩事失機者.

또 명하기를, 호조 참의 조치曺致를 황해도 체복사로 삼고, 제장諸將들
중에서 일을 태만하게 하였다가 제대로 대응하지 못한 자를 살피라고
하였다.[55]

5月 15日(己未) 2번째 기사

병조에서 각 관에 안치한 왜인의 관리에 대하여 아뢰다

兵曹啓, "各官安置倭人擅自出入者, 卽囚以聞, 如有凌辱守令橫悖
者, 便行大懲." 上王從之

병조에서 아뢰기를,

"각 관이 안치한 왜인으로서 마음대로 출입하는 자는 가두고 이를 보
고하게 하고, 만일 수령을 능욕하거나 횡패橫悖하는 자가 있으면, 곧 크
게 징계하도록 하소서"

하였다. 상왕이 이에 따랐다.[56]

---

55 충청도 비인현을 노략질한 왜구들이 계속 북상하여 황해도 연안으로 올라갔기 때문에 황해
    도 여러 장수들이 왜구에 신속하게 대응하는지를 파악하기 위하여 조치를 체복사로 파견한
    것이다.
56 대마도 정벌을 앞두고 조선군의 동향이 누설되지 않도록 하기 위한 조치로 보인다.

5月 15日(己未) 3번째 기사
귀화한 왜인의 관리에 대해 선지하다

宣旨, "諸島倭賊因飢饉, 每年乞糧, 隨卽給與, 又許販賣邊邑. 其所
以爲生, 悉是我國之恩, 而曾不是顧, 連見侵掠邊氓, 亦置之不問. 今乃
起軍, 侵我忠淸道都豆音串, 殺我人民, 焚我兵船, 又寇我黃海道海州
之境. 其在前投化我國倭人等, 卽是我國之民也. 並皆簽集, 分配各浦
兵船, 復其本戶, 籍名以聞, 如有功效者, 必重賞之."

선지하기를,

"여러 섬의 왜적들이 기근으로 매년 양식을 구걸하면 곧 급여하기도
하였고, 또 우리의 변읍邊邑에서 장사할 것도 허락하였다. 그들이 살게
된 것은 모두 우리나라의 은덕인데, 이것은 조금도 생각하지 않고, 연
이어 변민들을 침략하여도 내버려두고 따지지 않았다. 그런데 이제 군
사를 일으켜, 우리 충청도 도두음곶[57]을 침략하여, 우리 인민들을 죽이
고 병선을 불살랐으며, 또 우리 황해도 해주 지경에 와서 도적질하였다.
전에 이미 우리나라에 와서 귀화한 왜인들은 곧 우리나라의 백성이라.
그 이름을 따로 밝혀 등록하게 하고, 각 포구의 병선에 분배하되, 집마
다 세금을 면제하고, 그 이름을 적어서 알릴 것이며, 이 중에 공이 있는
자는 반드시 상을 후히 줄 것이다"
라고 하였다.

---

57 현재의 충청남도 서천군 서면 도둔리 일대이다. 조선 전기에는 도두음곶수가 설치되어 충청
우도 첨절제사가 지켰다. 세종 원년에 왜구가 도두음곶을 공격하였고, 이 사건은 기해동정의
한 원인이 되었다.

5月 16日(庚申) 3번째 기사
방비에 나갔던 왜인 다섯 사람에게 삼베옷 한 벌씩을 주다

賜赴防倭人五名麻衣各一襲.

방비에 나갔던 왜인 다섯 사람에게 삼베옷麻衣 한 벌씩을 각각 주었다.

5月 16日(庚申) 5번째 기사
박초와 우박에게 충청·전라도의 병선과 군졸을 정비하고 점검하여 (대마도) 정벌에 나가게 하다

朴礎·禹博先行, 命整點忠淸·全羅道兵船·軍卒·器械, 赴征.

박초와 우박이 먼저 출발하니, 충청·전라도의 병선·군졸·장비를 점검하고 갖추어 정벌에 나서도록 명하였다.

5月 16日(庚申) 6번째 기사
(대마도 정벌에 나서는) 삼군 도체찰사 등에게 구전관과 반당 인원을 더해 주다

兵曹啓, "三軍都體察使·都節制使·節制使各給口傳官十五人, 三軍兵馬使·知兵馬事·兵馬使·副使三品, 各給伴黨三人, 四品各給二人." 從之.

병조에서 아뢰기를,

"삼군 도체찰사와 도절제사·절제사에는 각각 구전관口傳官 15인, 삼군 병마사·지병마사·병마사·부사 3품에는 반당伴黨 3인을 주고, 4품에는 각각 2인을 주게 하소서"
하니, 이에 따랐다.

5月 18日(壬戌) 2번째 기사
왜선에서 도망온 중국인 송사불을 요동으로 돌려보냈다

被虜漢人 宋舍佛自倭船逃回, 遣譯者金希福, 押解遼東.

사로잡힌 중국인 송사불宋舍佛이 왜선에서 도망하여 돌아왔으므로, 역자譯者 김희복金希福을 시켜 요동으로 돌려보냈다.

5月 18日(壬戌) 3번째 기사
대마도 정벌에 나서는 장군들에게 군호 등을 더하고, 비인현 전투에서 공을
세운 오익생·김윤·송호생의 관직을 올려주다

加李從茂崇祿大夫長川君, 以宋居信爲資憲大夫礪山君, 柳濕中軍
都總制, 禹博右軍總制, 金乙和右軍同知總制, 李春生左軍同知總制,
安望之恭安府尹, 成揜仁壽府尹, 柳暲吏曹參議, 鄭招禮曹參議, 沈寶
工曹參議, 李叔畝 黃海道都觀察使, 鄭乙賢 濟州道都安撫使, 李仲培
判水原都護府事. 又以吳益生爲上護軍, 金閏大護軍, 宋虎生軍器副
正, 賞其功也.

이종무에게 숭록대부崇祿大夫 장천군長川君을 더하고, 송거신宋居信은
자헌대부資憲大夫 여산군礪山君, 유습은 중군도총제中軍都摠制, 우박은 우
군총제右軍摠制, 김을화는 우군동지총제右軍同知摠制, 이춘생은 좌군동지
총제, 안망지安望之는 공안부윤恭安府尹, 성엄成揜은 인수부윤, 유장柳暲은
이조참의, 정초鄭招는 예조참의, 심보沈寶는 공조참의, 이숙묘는 황해도
관찰사, 정을현鄭乙賢은 제주도 도안무사, 이중배李仲培는 판수원 도호부
사判水原都護府事로 삼았다. 또 오익생吳益生은 상호군上護軍, 김윤金閏은 대
호군大護軍, 송호생宋虎生은 군기 부정軍器副正을 삼으니, 그 공에 상을 준

것이었다.

5月 18日(壬戌) 4번째 기사
상왕과 두모포에 거둥하여 장수 이종무 등을 전송하고 격려하다

上朝壽康宮, 上王及上幸豆毛浦白沙汀, 餞李從茂等八將. 上王親賜酒諸將·其軍官命, 宦官崔閑行酒, 賜諸將弓矢. 上王語朴成陽曰, "卿爲廣州, 行事有違, 然以小事宥之, 苟有大事, 則何敢饒之?" 又語從茂等諸將曰, "用命, 賞于祖, 不用命, 戮于社, 自古賞罰如此. 我國雖乏金銀, 其田民爵賞, 行之不難. 諸將告諸軍士, 各盡心力." 兩上遂如樂天亭, 日暮還宮.

임금이 수강궁에 문안드리고, 상왕과 임금이 두모포豆毛浦[58] 백사장에 거둥하여 이종무 등 여덟 장수를 전송하였다. 상왕이 친히 여러 장수와 군관에게 술을 줄 때, 환관 최한崔閑에게 명하여, 술을 따르게 하고, 여러 장수에게 활과 화살을 주었다. 상왕이 박성양에게 말하기를,

"경이 광주 목사가 되어 행사에 어긋남이 있었으나, 작은 일이기에 용서하거니와, 만일에 큰 일이 있으면, 어찌 감히 용서하겠는가"

라고 하고, 또 종무 등 여러 장수에게 말하기를,

"명하는 대로 다하면, 조상에게까지 상을 줄 것이고, 명하는 대로 반드시 못하면 사社에서 죽일 것이니, 예로부터 상벌이 이와 같다. 우리나라가 비록 금과 은은 적으나 농민에게 벼슬과 상을 주는 것은 어렵지 않다.

---

58 현재의 서울특별시 성동구 옥수동 동호대교 북단에 있었던 포구이다. 동쪽에서 흘러온 한강 본류와 북쪽에서 흘러온 중랑천이 합류되는 지점이므로, 두물개 두뭇개로 불리다가 한자로 두모포로 표기되었다.

여러 장수들은 군사들에게 알려서, 각기 마음과 힘을 다하게 하라"
고 하였다. 양상이 드디어 낙천정[59]에 갔다가 날이 저물어 환궁하였다.

5月 18日(壬戌) 6번째 기사
비인현을 구원하지 않은 충청도 조절제사 김상려를 국문하게 하다

忠淸道體覆使趙菑啓都節制使金尙旅不救庇仁之罪, 上王命下義禁府
拿來鞫之.

충청도 체복사 조치^{趙菑}가 도절제사 김상려^{金尙旅}가 비인^{庇仁}을 구원
하지 아니한 죄를 아뢰니, 상왕이 의금부에 내려 국문하게 하도록 명하
였다.[60]

5月 19日(癸亥) 7번째 기사
(대마도 정벌에 나서는) 도체찰사·도절제사·절제사에게 술과 활 등을 주다

命承政院, 令各道監司供給都體察使·都節制使·節制使酒與燒酒,
又給都體察使以下至于軍官弓箭·帽·雨具.

승정원에 명하여, 각도의 감사로 하여금 도체찰사·도절제사·절제
사에게 술과 소주를 공급하게 하고, 또 도체찰사 이하 군관에게 이르기
까지 활·화살^箭·벙거지^帽·비옷^{雨具}들을 주게 하였다.

---

59 현재의 서울특별시 광진구 자양동에 있었던 정자 이름이다.
60 세종 1년 5월 5일에 왜구가 도두음곶과 비인현을 약탈했을 때 김상려가 도우러 가지 않았기
    때문이다.

5月 19日(癸亥) 8번째 기사

도두음곶에서 빠져 죽은 군인의 집을 과역을 면제하고 쌀과 콩을 지급하다

上命戶曹, 都豆音串溺死軍人三十七名, 六典復其戶, 量給米豆, 以資喪葬.

임금이 호조에 명하여, 도두음곶[61]에서 빠져 죽은 군인 37명에게 『육전六典』에 의하여 집마다 복호復戶[62]하고, 쌀과 콩을 나누어 주어 상장喪葬에 쓰게 하였다.

5月 20日(甲子) 3번째 기사

유정현을 삼도 도통사로, 최윤덕을 삼군 도절제사 등으로 삼다

上王以領議政柳廷顯爲三道都統使, 參贊崔閏德爲三軍都節制使, 舍人吳先敬, 軍資正郭存中爲都統使從事官, 司直丁艮 · 金允壽爲都節制使鎭撫.

상왕이 영의정 유정현을 삼도 도통사로, 참찬 최윤덕을 삼군 도절제사三軍 都節制使로, 사인舍人 오선경과 군자정軍資正 곽존중을 도통사都統使 종사관從事官으로, 사직司直 정간丁艮과 김윤수金允壽를 도절제사 진무鎭撫[63]로 삼았다.

---

61 현재의 충청남도 서천군 서면 도둔리 일대이다. 조선 전기에는 도두음곶수가 설치되어 충청우도 첨절제사가 지켰다. 세종 원년에 왜구가 도두음곶을 공격하였고, 이 사건은 기해동정의 한 원인이 되었다.

62 조세를 면제하는 것이다.

63 조선 초기에는 중앙군의 군령을 맡은 삼군진무소(三軍鎭撫所)나 오위진무소(五衛鎭撫所)의 도진무(都鎭撫)가 있었듯이, 왕명을 받들어 외방에서 군사를 지휘하는 장수인 병마도절제사, 수군도안무처치사(水軍都安撫處置使)의 밑에도 도진무를 두었다.

1466년(세조 12)의 관제 개혁에서 병마도절제사도진무는 병마우후, 수군도안무처치사도진무는 수군우후로 각각 개칭되었다. 이로부터 도원수 · 원수 등으로 출정하는 장수 밑에서 군령을 담당하는 직책의 호칭 역시 도진무에서 우후로 바뀌게 되었다

5月 20日(甲子) 5번째 기사

대마도 종준이 보낸 사신들이 돌아가고자 하니, 왜구 침입에 대해 책망하다

對馬島宗峻使送倭人等告還本島, 上命饋之, 因令知申事元肅語之曰, "我國與宗貞茂和好久矣, 故凡有所欲, 罔不從之. 今乃放賊, 來侵邊鄙, 燒破兵船, 殺人甚衆, 是何故耶?" 對曰, "對馬州人心不一, 故或有如此者. 貞茂生時, 向殿下誠意極厚, 今其子嗣位, 誠意過於貞茂, 謂朝鮮如兄弟, 期於永世. 今聞賊人來侵, 多有慙愧." 肅曰, "汝往本島, 告於守護, 推首謀作賊者, 置之於法, 刷送其妻子, 又刷還被虜人." 對曰, "當速歸以告." 上王尋命右倭八人, 分置咸吉道.

대마도의 종준宗峻[64]이 사신으로 보낸 왜인들이 본도에 돌아갈 것을 고하니, 임금이 대접하게 하고, 지신사 원숙으로 하여금 말하기를,

"우리나라가 종정무宗貞茂[65]와 화친한 지 오래므로, 무엇이나 원하는 대로 따르지 아니한 것이 없었다. 이제 와서 도적을 시켜 우리의 변방을 침노하고 병선까지 불사르며, 살인한 것도 심히 많으니, 무슨 까닭이냐"

하였다. 대답하기를,

"대마도의 인심이 똑같지 않으므로 이와 같은 자도 있습니다. 정무貞茂의 생시에 전하께 성의가 극히 후하였고, 이제 그 아들이 자리를 이었는데 성의가 정무보다도 더하여 말하기를, '조선은 형제와 같아서, 이 뜻을 오래도록 지키려고 한다' 하였습니다. 이제 적인賊人이 많이 침노한다 하니, 크게 부끄러운 일입니다"

하였다. 숙이 이르기를,

---

64 대마도주 종정무의 아들 종준(宗俊)이다. 세종 즉위년 8월 21일 7번째 기사에 종요(宗伇)로 보인다. 준(埈)은 준(俊)의 잘못으로 보인다.

65 대마도주 종정성의 아버지이다. 1부 「중요인물」 '종정무 참조.

"너의 본도에 가서 수호守護에게 고하되, 도적질하기를 주모한 자를 찾아서 법으로 다스리게 할 것이며, 그 처자를 다 보내고, 또 사로잡힌 우리나라 사람들을 모두 돌려 보내라"

하였다. 대답하기를,

"속히 돌아가서 고하리다"

하였다. 상왕이 곧 명하기를,

"위의 왜인 8인을 함길도로 보내어 나누어 두게 하라"

하였다.

5月 21日(乙丑) 2번째 기사

(대마도 정벌에 나서는) 도절제사 최윤덕에게 상왕이 활과 화살을 주어 보내다

都節制使崔閏德發行, 上王賜弓矢以遣之.

도절제사 최윤덕이 떠날 때, 상왕이 활과 화살을 주어 보냈다.

5月 23日(丁卯) 3번째 기사

윤득홍·평도전 등이 백령도에서 왜구를 협공하여 공을 세우다

朴齡·成達生等飛報, "尹得洪·平道全等期與處置使會於白翎島, 將挾攻之, 月十八日未時, 得洪以兵船二艘, 先到白翎島, 遇賊船二艘與戰, 道全以兵船二艘, 繼至挾攻 申時, 獲倭一船, 乃賊魁所騎船也. 賊凡六十餘人, 得洪斬十三級擒八人, 道全斬三級擒十八人, 其餘皆溺死, 餘船隱見雲涯, 向南而去."

兩上嘉其功, 遣鎭撫金汝礪, 奉宣醞以慰得洪, 道全於所在, 各賜衣一襲, 令錄力戰人姓名以聞. 船軍死者二人, 上命致賻, 復其家, 令所在官埋葬立標.

박영朴齡·성달생들이 급히 보고하기를,

"윤득홍·평도전[66]이 처치사處置使[67]와 더불어 백령도白翎島에 이 달 18일 미시未時까지 모이어 협공할 것을 기약하여, 득홍이 병선 2척으로 먼저 백령도에 이르렀다가, 적선 2척을 만나서 싸우니, 도전도 병선 2척을 거느리고 달려와서 협공하였습니다. 때는 신시申時였는데 왜놈이 탄 배 1척을 잡으니, 이는 곧 적의 괴수가 탔던 배였습니다. 적은 대개 60여 인이 있었는데, 득홍이 13급을 베고 8인을 사로잡았으며, 도전은 3급을 베고 18인을 사로잡으니, 나머지는 빠져 죽었고, 남은 배는 구름이 낀 수평선에 보일 듯 말듯 남으로 향하여 달아났습니다"[68]

하였다. 두 임금이 그 공을 가상히 여겨, 진무[69] 김여려金汝礪를 보내어, 하사하시는 술을 받들어 득홍과 도전을 그 있는 곳에 가서 위로하게 하였으며, 각각 옷 한 벌씩을 하사하고 힘써 싸운 사람의 성명을 기록하여 올리게 하였다. 선군 중에 죽은 두 사람에게는 임금이 명하여 부의을

---

66 대마도에서 귀화한 왜인이다. 1부 「중요인물」 '평도전' 참조
67 수군절도사 이전에 사용한 관직명이다. 도안무처치사, 도처치사라고도 하며, 아래에 만호 등이 있었다.
68 비인현 도두음곶을 공격하고 황해도 쪽으로 북상한 왜구의 선단은 요동반도에 있는 금주위를 공격하였다. 남쪽으로 향한 것은 자신들의 행선지를 숨기기 위한 위장행동으로 보인다.
69 조선 초기에는 중앙군의 군령을 맡은 삼군진무소(三軍鎭撫所)나 오위진무소(五衛鎭撫所)의 도진무(都鎭撫)가 있었듯이, 왕명을 받들어 외방에서 군사를 지휘하는 장수인 병마도절제사, 수군도안무처치사(水軍都安撫處置使)의 밑에도 도진무를 두었다.
1466년(세조 12)의 관제 개혁에서 병마도 절제사 도진무는 병마우후, 수군도 안무처치사 도진무는 수군우후로 각각 개칭되었다. 이로부터 도원수·원수 등으로 출정하는 장수 밑에서 군령을 담당하는 직책의 호칭 역시 도진무에서 우후로 바뀌게 되었다.

보내고 복호復戶하게 하였으며, 소재지 수령관으로 하여금 매장하고 표목標木을 세우게 하였다.

5月 23日(丁卯) 5번째 기사
사로잡은 왜인의 처리에 대해 선지하다

宣旨, "擒倭二十六人內, 姑留識事情者三人, 餘皆斬於所在, 如有唐人, 勿幷殺之."

선지하기를,

"사로잡힌 왜인 26인 중에서 사정을 아는 자 3인만은 남겨두고, 나머지는 다 그 자리에서 베게 하되, 만일 중국인이 섞여 있으면, 함께 죽이지는 말라"

고 하였다.

5月 23日(丁卯) 6번째 기사
일본 구주의 사자를 조말생과 허조에게 대접하게 하다

命趙末生·許稠, 饋日本國九州使送人正祐等四人于諸君所, 諭以各送從人于船泊處, 語國家討對馬島之意, 使不驚動. 乃各出從者摠五人, 上賜衣送之, 使判官崔歧押行.

조말생과 허조에게 명하여, 일본국 구주九州에서 사자使者로 보내 온 정우正祐[70] 등 네 사람을 제군諸君의 처소에서 대접하게 하고, 따라온 사

---

70 세종1년5월에 구주탐제의 사신으로 파견되었다가 조선에 머물면서 유람하기를 원하므로 세종이 이를 허락하였다. 세종2년에 본국을 돌아간 정우는 세종30년에 다시 일본 국왕사로 파견되어 왔다. 이때 정우는 자신이 젊을 때 세종이 베푼 은혜에 감사의 뜻을 표했으나, 세종은 정우

람들은 배가 머물러 있는 곳으로 보내라고 이르고, 우리나라에서 대마
도를 토벌할 뜻을 말하되, 너무 놀라게 하지는 말라고 하였다. 그 자리
에서 각각 따라온 사람을 다 세어보니, 5인이므로, 임금이 옷을 주어 판
관 최기崔岐로 하여금 압행押行하게 하였다.

5月 24日(戊辰) 3번째 기사
평도전과 윤득홍이 포로와 병기를 바치니 상왕이 하사품을 내리다

平道全率伴人十七名及尹得洪伴人朴英忠, 馳驛入京, 詣壽康宮獻
俘及兵器衣甲. 上王命厚饋酒食, 仍賜道全鞍馬, 英忠弓矢. 上又賜道
全米豆四十石, 平八郎衣一領及米豆十石, 其餘伴人各米豆十石, 英
忠衣一領. 八郎, 道全弟, 其十六人皆倭之從道全在京中者. 道全與得
洪追賊, 得洪功居多. 得洪以道全向化人, 不與爭功, 道全自言己功居
多, 故賞之特厚.

평도전[71]이 그의 반인伴人 17명과 윤득홍의 반인 박영충朴英忠을 거느
리고, 역마를 달려 서울에 들어와 수강궁에 나아가 포로와 병기·의갑衣
甲을 바쳤다. 상왕이 명하여, 술과 음식을 후하게 베풀고 도전에게는 안
장 갖춘 말을, 영충에게는 활과 화살을 하사하였다.

임금이 또 도전에게 쌀과 콩 40석을, 평팔랑平八郎에게 옷 1벌과 쌀과
콩 10석을 주고, 그 나머지 따라온 사람들에게도 각각 쌀과 콩 10석, 영

가 가져온 국서를 보고 의문을 가졌다. 국서에는 흥덕전 진향에 관련된 내용이 없고 강화(講和)
와 대장경 청구에 관한 것이었기 때문이다. 또한 일본 국왕이 보낸 배가 1척이었는데 3척이 온
것도 문제가 되었다. 伊藤幸司, 「日朝關係における僞使の時代」, 『日韓歷史共同硏究委員會の報
告書』, 日韓文化交流基金, 2002~2005; 세종 1-6-1-2·세종 1-6-1-4·세종 28-9-9-2 참조.
71 대마도에서 조선에 귀화한 왜인이다. 1부 「중요인물」 '평도전' 참조.

충에게는 옷 한 벌을 주었다. 팔랑은 도전의 아우이고, 16인들은 왜인으로 도전을 따라서 서울에 머무르고 있던 자들이다. 도전이 득홍과 더불어 적을 추격하였으나, 득홍의 공이 도전보다 훨씬 많았다. 득홍은 도전이 원래 귀화한 사람이므로, 서로 공을 다투지 않았는데 도전은 스스로 자기의 공이 많다고 하므로, 특별히 후하게 상을 준 것이다.

5月 24日(戊辰) 3번째 기사
병조에서 왜구 간첩 방비를 위해 점검을 철저히 할 것을 아뢰다

兵曹啓, "今倭寇方盛, 恐有間諜. 乞令守要害之地, 檢考行人, 其無文憑者, 隨卽捕之." 上王從之.

병조에서 아뢰기를,

"이제 왜구가 바야흐로 성하여 간첩이 있을까 두렵습니다. 요해지要害地를 지켜 행인들을 점검하고 문빙文憑이 없는 자는 그 자리에서 곧 체포하게 하소서"

하니, 상왕이 이에 따랐다.

5月 25日(己巳) 1번째 기사
(대마도 정벌에 나서는) 삼군도통사 유정현에게 선지를 내리다

三軍都統使柳廷顯發行, 上王親授宣旨·鈇鉞以遣之. 宣旨曰, 蓋聞, 分閫之行, 君乃跪而推轂, 敵王所愾, 臣如手之捍頭. 昔周宣興六月之師, 夏禹有三苗之役, 群后·方叔所以利用侵伐, 而不容已者也. 蕞爾倭奴, 竊據海島, 蜂屯蟻雜, 包藏禍心, 凌蔑上國. 爰自庚寅, 肆行暴虐, 侵掠我邊鄙, 虜劉我士民. 孤兒寡妻, 起怨傷和, 志士仁人, 腐心切齒, 爲日久矣. 自我太祖開國以來, 革面稱臣, 納款求好, 予亦羈縻, 來則豐禮以勞之, 往則備物以厚之. 凡厥需索, 無不稱副, 冀咸囿於不殺之仁也. 今乃忘恩背德, 潛入邊徼, 焚燒船隻, 殺掠軍士, 討罪之擧, 豈得已哉? 惟卿夙稟忠義, 素著仁威, 畜儒者之志節, 兼大將之方略, 歷揚中外, 蔚有聲績, 予甚嘉之, 授之節鉞, 以殲海寇. 維是五道水陸大小軍民官, 都體察使以下, 卿皆都統, 以賞罰用命不用命. 於戲! 古人有言曰, "負恩干紀者, 鬼得而誅, 犯順窮凶者, 天奪其魄." 卿其除殘去暴, 尊主庇民, 以致丈人之吉.

上王及上幸漢江亭北餞之. 上王賜鞍馬弓矢, 上賜衣笠及靴.

삼군 도통사 유정현이 출발하여 가므로, 상왕이 친히 선지와 부월鈇鉞을 주어 보냈다. 선지하기를,

"무릇 듣건대 '군무軍務를 띠고 적진敵陣에 나갈 때, 임금이 꿇어앉아 수레바퀴를 밀어 주며, 왕이 분개하는 바를 대적할 때, 신하는 손으로 (자기의) 머리를 보호하는 것과 같이 한다' 하였고, 옛적에 주 선왕周宣王은 6월에 군사를 일으켰으며, 하우씨夏禹氏는 삼묘三苗의 역役이 있었으니, 군후群后와 방숙方叔은 (그렇기에) 침벌侵伐하는 것을 이용하지 아니할 수 없었다. 조그마한 왜인이 몰래 해도에 있으면서 벌처럼 무리짓고, 개미처럼 우글거리며, 화심禍心을 속에 품고 상국上國을 능멸하였다. 이에 지나간 경인년부터 포악한 일을 마음대로 행하며, 우리나라를 (국경이나 해안을 제멋대로) 침략하여 우리 사민士民들을 죽였으니, 고아과처孤兒寡妻들의 원망으로 화기가 상하고, 지사志士와 어진 사람들은 마음을 썩히고 이를 갈던 세월이 이미 오래 되었다. 우리 태조께서 개국하신 이래로 (너희들이) 겉으

로는 신하臣인 체하고 정성껏 화친하기를 구하는지라, 나도 또한 모르는 중에 끌려서 놈들이 올 때에는 예를 갖추어서 위로하기도 하였고, 갈 때에는 물건이 있는 대로 주어 두터이 대접하였다. 대개 그들이 필요하다고 청하는 것은 일일이 그 뜻대로 응하지 아니한 것이 없었음은, 오로지 생각건대 죽이지 않으려 하는 어진 마음에 감복하여 줄 것을 바란 것이다. 이제 도리어 은혜를 잊고 덕을 배반하여, 가만히 변방에 들어와서 배를 불사르고 군사를 죽여 없애니, 토죄討罪의 거사를 어찌 그만둘 수가 있겠는가. 경은 일찍부터 충의로운 천성을 받았으며, 본디 어질고 위엄스러운 풍모가 훌륭하고, 유자儒者의 지절志節을 쌓았으며, 대장의 방략方略까지도 겸하여, 중외中外에 여러 번 알려졌을 뿐 아니라, 명성과 공적이 크게 드러나니, 내가 심히 가상히 여겨서 경에게 절월節鉞을 주어, 바다의 도적들을 섬멸코자 한다. 5도의 수륙 대소 군민관軍民官과 도체찰사 이하를 경이 다 통솔하되, 상과 벌로써 명을 받드는 자와 받지 아니하는 자에 쓰라. 아, 고인이 말하기를, '은혜를 저버리거나 기강을 어지럽게 하는 자는 귀신도 이를 벨 것이며, 순한 것을 어기거나 흉한 일을 끝까지 하는 자는 하늘도 그 넋魄을 빼앗는다' 하였으니, 경은 그 잔악하고 포악한 것을 제거하고 쫓아내어, 임금을 높이고 백성들을 보호하여 덕이 높은 사람의 길함丈人之吉을 이르게 하라"

하였다. 상왕과 임금이 한강정漢江亭 북쪽에 거둥하여 전송하고, 상왕은 안장 갖춘 말과 활과 화살을 주고, 임금은 옷과 전립戰笠 및 군화를 주었다.

5月 25日(己巳) 2번째 기사
(비인현을 구원하지 않은) 김상려의 사형을 용서하되 산군으로 방어하게
하다

金尙旅貸死削職, 命從忠淸道都節制使散軍防禦. 凡將帥有罪者, 不錄
軍籍, 除名赴防, 謂之散軍防禦.

김상려의 사형[72]을 용서하여 삭직削職하고, 명하여 충청도 도절제사
휘하에서 산군散軍으로 방어하는 일을 보게 하였다. 대개 장수로서 죄 있
는 자를 군적軍籍에서 빼고 방어에 붙이는 것을 산군 방어라고 하였다.

5月 26日(庚午) 9번째 기사
병조에서 왜적 침입에 대비하여 봉화하는 방법에 대해 아뢰다

兵曹啓, "前日各道烽火, 令無事則一擧, 有事則再擧. 乞自今倭賊在
海中則再擧, 近境則三擧, 兵船與戰則四擧, 下陸則五擧. 如陸地賊變,
在境外則再擧, 近境則三擧, 犯境則四擧, 與戰則五擧, 晝則代以烟氣.
其不用心觀望, 烽火干及所在官司, 依律科罪." 上王從之. 【烽火干, 擧
烽火者. 國俗以身良役賤者, 或稱干或稱尺.】

병조에서 아뢰기를,

"전일 각도의 봉화烽火는 무사하면 1곳을 피우고 일이 있으면 2곳을 피
우게 하였으나, 지금부터는 왜적이 바다에 나타나면 (봉화를) 2곳을 피워
올리고, 육지에 가까이 오면 3곳을 피우며, 병선과 서로 싸울 때는 4곳을
피우고, 하륙下陸하게 되면 5곳을 피우게 하십시오. 만일 육지에서 적변

---

72 충청도 병마도절제사이던 김상려가 5월 5일에 왜구가 도두음곶과 비인현을 공격하였을 때,
구원하지 않은 죄를 물은 것이다(세종 1-5-18-6).

賊變이 (일어날 때) 지경 밖에 있으면 2곳을 피워 올리고, 지경에서 가까운 곳에 있으면 3곳을 피우고, 지경을 범하였으면 4곳을 피우고, 맞붙어 싸우게 되면 5곳을 피우게 할 것이며, 낮에는 연기로 대신하십시오. 정신 차려서 지켜보고 있지 아니한 봉화간烽火干이나 그곳에 있던 관사官司는 법에 의하여 벌을 주게 하소서"

하니, 상왕이 이에 따랐다. 【봉화간은 봉화를 올리는 자이니, 국속國俗에 신량역천身良役賤을 썼다. 간干 혹은 척尺이라고 칭하였다.】

5月 27日(辛未) 3번째 기사
왜구 목베는 것을 직접 참관하지 않은 유후 한옹을 파면시키다

上王命義禁府, 拿留後韓雍以來. 初, 尹得洪等所擒賊倭到留後司, 奉宣旨盡斬之. 雍不親監刑, 致有一人被斬不死, 至是見捕, 故拿雍及委差百戶以來鞫之. 旣而釋之, 只罷其職.

상왕이 의금부에 명하여 유후留後 한옹韓雍을 잡아오게 하였다. 처음에 윤득홍 등이 잡아 온 왜인이 유후사에 이르렀는데, (유후사에서) 선지를 받들어서 다 목을 베었다. 한옹이 그 자리에서 형을 집행하는 것을 친히 보지 아니한 까닭에, 그중의 한 놈이 목베인 채 죽지는 아니하였다가 이제 와서 잡혔으므로, 옹과 일을 맡았던 백호百戶까지 잡아다가 국문하였다. 얼마 아니 되어 곧 놓아주고, 다만 그 관직만 파면하였다.

5月 29日(癸酉) 2번째 기사

일본 구주 절도사의 사신으로 온 중 정우가 머물러 있고자 하다

日本國 九州節度使使送僧正祐慕義欲留, 上許從所願, 厚待之.

일본국 구주 절도사가 사신으로 보내온 중僧 정우正祐[73]가 의義를 사모하여 머물러 있고자 하므로, 임금이 이를 허락하여, 그가 원하는 대로 좇고 후히 대접하였다.

5月 29日(癸酉) 7번째 기사

도체찰사에게 명하여 먼저 대마도 수호에게 글을 보내게 하였다

命都體察使, 先遣人致書于對馬島守護曰, 慕義輸誠者, 至子孫而當厚, 背恩入寇者, 執妻孥而竝戮, 此天理之所宜, 而王者之大法也. 對馬島與我國, 一水相望, 在我撫育之內. 乘前朝衰亂之季, 歲自庚寅, 乃侵我邊境, 虜劉軍民, 焚其室屋, 蕩其財産, 沿海之地, 死傷相藉, 蓋有年矣. 我太祖康獻大王龍飛應運, 撫綏相信, 尙亦不悛, 歲丙子, 入寇東萊, 搶奪兵船, 殺戮軍士. 及我聖德神功上王之卽位也, 歲丙戌, 奪漕運於全羅, 歲戊子, 燒兵船於忠淸, 殺其萬戶, 再入濟州, 殺傷亦衆. 然以我殿下包荒含垢之量, 不欲與校, 來則優禮以接, 往則備物以厚, 賑其飢饉, 通其關市, 凡厥需索, 無不稱副, 我何負於彼哉? 今又率船三十二隻, 窺覘虛實, 潛入庇仁之浦, 燒焚船隻, 殺掠軍士幾三百餘. 浮于黃海, 以至平安, 將犯上國之境, 忘恩背義, 悖亂天常甚矣. 是以, 守邊將士雖已

---

[73] 세종 1년 5월에 구주탐제의 사신으로 파견되었다가 조선에 머물면서 유람하기를 원하므로 세종이 이를 허락하였다. 세종 2년에 본국을 돌아간 정우는 세종 30년에 다시 일본 국왕사로 파견되어 왔다.

捕逐, 斃萬戶僧小吾金於都豆音串, 斬萬戶僧饒伊於白翎島. 獲仇羅
等六十餘人, 轉致闕下, 我殿下赫然不貸, 命臣往征其罪, 若曰, "守護先
父, 乃心王室, 輸誠效順, 予甚嘉之, 今其已矣. 予思其人而不可得, 則
愛其子卽如其人焉. 其往討也, 愼勿殺守護親眷及前日效順歸附者與
今望風投降者, 但執入寇者之妻孥枝黨以還." 嗚呼! 我聖德神功上王
殿下之至仁大義, 敻越古今, 動天地而感鬼神者也. 守護其體我殿下
之旨, 賊黨之在島者, 推刷發遣, 無有遺者, 以繼先父之輸誠, 以篤永世
之和好, 豈非一島之福也耶? 如其不然, 悔不可追. 惟守護其與島中之
人, 知大義者圖之.

도체찰사에게 명하여, 먼저 사람을 보내어 글을 대마도 수호守護에게
전하도록 하였는데, 그 글에 이르기를,

"의義를 사모하고 정성을 다한 자는 자손에게까지 마땅히 후하게 하려
니와, 은혜를 배반하고 들어와 도적질한 자는 처와 자식까지도 아울러
죽일 것이니, 이것은 천리天理의 당연한 바요, 왕자王者의 대법大法이다.
대마도는 우리나라와 더불어 같은 바다를 서로 바라보며 우리의 품안撫
育에 있었다. 고려가 쇠란하였을 때에 (그 틈을 타서) 경인년[74]으로부터
우리의 변경을 침략하였고, 군민을 죽였으며, 가옥을 불사르고 재산을
휩쓸어갔다. 연해 지방에서는 사상자가 깔려 있는 지가 여러 해이다.
우리 태조강헌대왕이 용비龍飛하시어서 운運을 맞아서 (너희들을) 도와
편하게 하여 서로 믿고 지내고자 하였으나, 오히려 또한 고치지도 아니
하고, 병자년[75]에는 동래東萊에 들어와서 도적질하고, 병선을 빼앗고,

74 1350년이다. 이해부터 왜구가 빈번하게 출몰하였고 그 규모도 커졌다.
75 태조 5년 1396년이다. 왜선 120척이 경상도에 쳐들어와 병선 16척을 탈취해 가고, 동래 기장

군사를 살육하였다. 우리의 성덕신공聖德神功 하신 상왕이 즉위하신 후 병술년[76]에는 조운선漕運船을 전라도에서 빼앗아 갔고, 무자년에는 병선을 충청도에서 불사르고 그 만호까지 죽였으며, 다시 제주에 들어와서는 살상한 사람이 또한 많았다. 그러나 우리 전하께서는 거친 것荒과 때 묻은 것을 포용하시는 도량이시므로, 너희들과 교계較計하고자 하지도 않으시고 오면 예를 두터이 하여 대접하시었으며, 갈 때에도 물건을 갖추어서 후히 하셨으며 굶주림을 도와주기도 하였고, 장사할 시장을 터주기도 하여, 너희들이 하자는 대로 하여 주지 아니한 것이 없었으니, 우리가 너희들에게 무엇을 저버린 일이 있었던가. 지금 또 배 32척을 거느리고 와서 우리의 틈을 살피며, 비인포庇仁浦에 잠입하여 배를 불사르고 군사를 죽인 것이 거의 3백이 넘는다. 황해를 거쳐서 평안도에 이르러 장차 명나라 지경을 침범하려 하니, 은혜를 잊고 의를 배반하며, 천도를 어지럽게 함이 심한 것이다. 그래서 변방을 지키는 장사가 비록 잡으려고 쫓아갔으나, 만호萬戶 중승中僧 소오금小吾金을 도두음곶都豆音串[77]에서 죽였고, 만호 중 요이饒伊를 백령도에서 목을 베었다. 구라仇羅 등 60여 인을 붙잡아서 궐하에 끌고 오니, 우리 전하가 불같이 성내면서 용서하지 않았고, 신에게 명하여 가서 그 죄를 묻게 하시며 이르기를, '수호守護[78]의 선부先父[79]는 (조선) 왕실을 마음껏 섬겨서 정성을 모으고 순

　　동평성을 함락시켰다(태조 5-8-9-3).
76 태종 6년 1406년이다. 조운선 14척과 쌀 4,900석을 약탈하였다(태종 6-4-8-3).
77 현재의 충청남도 서천군 서면 도둔리 일대이다. 조선 전기에는 도두음곶수가 설치되어 충청우도 첨절제사가 지켰다. 세종 원년에 왜구가 도두음곶을 공격하였고, 이 사건은 기해동정의 한 원인이 되었다.
78 대마도 수호대명(守護大名)이라는 뜻으로 대마도주를 가리킨다.
79 종정성(宗貞盛)의 아버지인 종정무(宗貞茂)이다.

종함을 본받았으니, 내 이를 심히 아름답게 여기었더니, 이제는 다 그만이로다. 내가 그 사람을 생각하여도 얻지 못하였으나 그 자식 사랑하기를 그 아비와 같이 여기고 있다. 그러므로 그들을 토죄할 적에도 수호의 친속들과 전일에 이미 순순히 항복하여 온 자와 지금 우리의 풍화風化를 사모하여 투항投降한 자들만은 죽이지 말고, 다만 입구入寇한 자의 처자식과 남은 무리만을 잡아 오라'고 하셨다. 아아, 우리의 성덕 신공하신 상왕 전하의 지인대의至仁大義는 멀리 고금에 뛰어나 천지를 움직이고 귀신을 감동케 하신다. 수호는 우리 전하의 뜻을 받들어서 적당賊黨으로서 섬에 있는 자들은 모조리 쓸어서 보내되, 한 놈도 남기지 않는다면, 선부先父가 정성을 다하여 바치던 뜻을 이을 수 있고 길이길이 화호함을 두터이 할 수 있으니 어찌 너의 섬의 복이 아니겠는가. 만일 그렇지 못하면 (후에) 뉘우쳐도 미치지 못할 것이다. 수호는 삼가 도중島中의 사람으로서 대의를 알 만한 자들과 잘 생각하라"

고 하였다.

6月 1日(甲戌) 2번째 기사

왜인 포로 4인을 베고 중 정우에게 말과 의복을 주다

命義禁府斬倭俘四人. 賜僧正祐鞍馬·衣服, 蓋願遊覽山川勝處故也. 祐稍能詩善書, 寓居興天寺, 終日端坐, 頗有出塵之想.

의금부에 명하여 왜인 포로 4인을 베었다. 중 정우正祐[80]에게 안장 갖

---

80   세종 1년 5월에 구주탐제의 사신으로 파견되었다가 조선에 머물면서 유람하기를 원하므로
     세종이 이를 허락하였다. 세종 2년에 본국을 돌아간 정우는 세종 30년에 다시 일본 국왕사로
     파견되어 왔다.

춘 말과 의복을 주니, 대개 산천승지山川勝地에 유람하고자 했기 때문이다. 정우는 시詩도 좀 알고 글씨도 쓸 줄 알며, 홍천사興天寺에 우거寓居하여 종일토록 단좌端坐하니, 자못 세속을 벗어난 생각이 있었다.

6月 1日(甲戌) 3번째 기사
최윤덕이 내이포에 이르러 군사를 정비하고 왜인을 처치하다

崔閏德至乃而浦, 嚴兵捕刷倭人之到浦者, 分置深遠各官, 誅其頑凶不可制者平望古等二十一人, 倭人不敢動. 望古, 道全之子也.

최윤덕崔閏德이 내이포乃而浦[81]에 이르러 군사를 엄하게 정비하고, 왜인으로 포에 온 자는 다 잡아다가 (해안에서) 멀리 떨어진 각 관사에 분치하고, 완악하고 흉한 자로서 어찌할 수 없는 평망고平望古[82]와 같은 21인의 목을 베니 왜인이 감히 동하지 못하였다. 망고는 평도전平道全[83]의 아들이다.

6月 1日(甲戌) 4번째 기사
도장을 요구한 일본 서해로 축전주 평만경에게 답하다

日本西海路筑前州石城府管事平萬京 遣人來獻土物, 仍求萬景印

---

81 현재 경상남도 진해시 웅천동 일대이다. 내이포(乃而浦)는 제포(薺浦)라고도 표기하며 우리 말의 '냉이'를 뜻하는 한자 '제(薺)'와 '포(浦)'가 합쳐진 말이다. 조선 전기에 제포왜관이 있었던 곳이기도 하다. 내이포는 문종대까지 보이다가 이후는 주로 제포라는 명칭을 사용하였다. 성종 대 일시적으로 내이포가 나타나는데, 이는『해동제국기』가 편찬되면서 일시적으로 영향을 준 것으로 생각된다. 이근우, 「『해동제국기』의 지리정보와 이예」, 『한일관계사연구』 51, 한일관계사학회, 2015.
82 평도전의 아들로 기해동정에 앞서 내이포의 왜인을 단속하기 위하여 파견된 최윤덕에게 죽임을 당하였다. 1부 「중요인물」, '평도전' 참조.
83 대마도에서 조선에 귀화한 왜인이다. 1부 「중요인물」, '평도전' 참조.

子, 以爲通好之驗. 命禮曹報書曰, 貴名印子, 已令雕造, 謹付回使. 正祐願留我國, 尋師學道, 上命住興天寺, 仍給鞍馬・僕從, 所以重足下之輸誠也. 近日對馬島賊徒背恩構釁, 寇我邊境, 殺掠人物, 自稱日本賊人, 以累貴國之名, 罪莫大焉. 足下爲國好謀, 將上項賊黨, 嚴加誅責, 以懲後來, 仍刷被虜人口, 發還完聚, 益堅兩國之好, 豈不幸哉? 仍賜虎豹皮各二領・雜彩花席十張・紬布十匹・緜布五十匹.

일본 서해로西海路[84] 축전주筑前州 석성부石城府[85] 관사管事 평만경平萬景[86]이 사람을 보내어 토산물을 바치고, 아울러 만경萬景의 도장印子을 요구하여 통호通好의 증거로 삼으려고 하였다. 예조에 명하여 답서하기를,

"귀명貴名의 도장은 이미 새겨서 돌아가는 사신에게 부쳤습니다. 정우正祐[87]는 우리나라에 머물면서 스승을 찾아 도道를 배우기를 원하므로, 임금이 명하여 흥천사[88]에 머물게 하고, 인하여 안장 갖춘 말과 복종僕從을 준 것은 족하足下의 정성스러움을 중하게 여기는 까닭입니다. 근일에 대마도의 적도들이 은혜를 저버리고 틈을 만들어 우리의 변경에 와서 도적질하고, 사람을 죽이고 물건을 빼앗아 가며 일본의 적인賊人이라 자칭하여 귀국의 이름을 더럽히니, 죄가 이보다 더 클 수 없습니다. 족하는

---

84 구주를 지칭한다.
85 축전주(筑前州) 석성부(石城府)는 현재의 후쿠오카 현의 북서부 지역이다.
86 박다(博多) 석성(石城) 지역의 통교자이다. 기해동정이 대마도만을 정벌한 일이라는 것을 설명하기 위하여 파견된 송희경을 삽천만뢰(澁川滿賴)와 삽천의준(澁川義俊)의 사자로서 융숭하게 대접하였고 또한 송희경의 호송을 담당하였다. 평만경은 피로인 송환에도 적극적으로 협조하여, 북구주 지역에서 삽천만뢰에 다음 가는 교역상의 지위를 획득하였다. 삽천씨 무역의 실질적인 담당자는 평만경 및 종금과 같은 무역상들이었다. 1부 「중요인물」 '평만경' 참고.
87 세종 1년 5월에 구주탐제의 사신으로 파견되었다가 조선에 머물면서 유람하기를 원하므로 세종이 이를 허락하였다. 세종 2년에 본국을 돌아간 정우는 세종 30년에 다시 일본 국왕사로 파견되어 왔다.
88 태종이 신덕왕후의 능인 정릉(定陵)의 원찰로 창건한 절이다.

나라를 위하는 좋은 꾀로 위에 말한 적당들에게 엄하게 처벌하여 뒷날을 징계하고, 아울러 사로잡힌 사람은 모조리 돌려보내어 한 곳에 모여서 살게 하여, (이로 인하여) 더욱 양국의 우호友好를 굳게 한다면 어찌 다행한 일이 아니겠습니까?"

하였다. 호랑이와 표범 그리고 가죽 각 2장, 문채 놓은 꽃자리 10장, 명주 10필, 무명 50필을 주었다.

6月 2日(乙亥) 2번째 기사
대마도 정벌과 왜적 토벌에 공을 세운 이천·윤득홍 등에게 무관직을 제수하다

以曺洽爲左軍都摠制, 李春生左軍摠制, 李蕆左軍同知摠制, 尹得洪左軍僉摠制. 蕆時以僉節制使, 從征對馬島, 得洪以捕倭有功擢拜.

조흡曺洽을 좌군 도총제에, 이춘생李春生을 좌군 총제에, 이천李蕆을 좌군 동지총제에, 윤득홍을 좌군 첨총제로 삼았다. 천은 이때 첨절제사로 대마도 정벌에 종군하였고, 득홍은 왜인을 잡는 데 공[89]이 있었으므로 발탁되었다.

6月 2日(乙亥) 6번째 기사
왜적에게 잘 응전하지 못한 황언·김수지 등을 심문하게 하다

宣旨, "高灣梁萬戶黃彦以所領兵船十餘艘, 見賊不追, 忠淸道都節制使道都鎭撫金粹, 知經歷金理恭稽緩應變, 其令義禁府訊之."

선지宣旨하기를,

---

89 세종 1년(1419) 5월 23일 3번째 기사 참고.

"고만량^{高灣梁}90 만호^{萬戶} 황언^{黃彦}이 거느린 병선 10여 척을 가지고 도적을 보고도 추격하지 않고, 충청도 도절제사 도도진무^{道都鎭撫}91 김수지^{金粹知}와 경력^{經歷} 김이공^{金理恭}이 변란에 대응하는데 너무 더디고 늦었으니 의금부로 하여금 심문케 하라"

하였다.

6月 2日(乙亥) 7번째 기사
사로잡은 왜적 가운데 중국인 호감청 등을 요동으로 돌려보냈다

尹得洪所捕倭賊內, 有漢人胡鑑淸等二名, 遣通事史周卿, 押解遼東.

윤득홍이 잡은 왜적 가운데 중국인 호감청^{胡鑑淸} 등 2명이 있어서 통사^{通事} 사주경^{史周卿}을 시켜 요동으로 돌려보냈다.

6月 2日(乙亥) 7번째 기사
병조에서 대마도 정벌로 허술해진 각 포구의 방어책에 대해 건의하다

兵曹啓, "今以諸道兵船, 往征對馬島, 因此各浦防禦虛疎. 令留防兵船, 分運屯泊要害之處, 陸地亦令下番甲士・別牌・侍衛牌・鎭屬及才人・禾尺・日守・兩班, 可爲防禦者, 分四番赴防." 上王從之.

병조에서 아뢰기를,

---

90 충청도 보령 서쪽 송도포(松島浦)에 설치된 수군진을 말한다. 병선 10척, 선군 661명이 소속되어 있었다(『세종실록지리지』). 현재 충청남도 보령시 주교면 송학리이며, 원래 섬이었으나 현재는 다리로 연결되어 있다.

91 조선 초기에는 중앙군의 군령을 맡은 삼군진무소(三軍鎭撫所)나 오위진무소(五衛鎭撫所)의 도진무(都鎭撫)가 있었듯이, 왕명을 받들어 외방에서 군사를 지휘하는 장수인 병마도절제사, 수군도안무처치사(水軍都安撫處置使)의 밑에도 도진무를 두었다.
원문에는 道都鎭撫로 되어 있으나, 道는 충청도의 도라는 뜻으로 보이므로 생략하였다.

"이제 여러 도道에 있는 병선으로 대마도에 가서 정벌하므로 각 포구의 방어가 허술합니다. 방어하기 위하여 남아 있는 병선에 명령하여 요새지에 나누어 보내어 머물러 둔을 치게 하고, 육지 또한 하번 갑사下番甲士·별패別牌·시위패侍衛牌·진속鎭屬 및 재인才人·화척禾尺·일수日守·양반兩班 중에 방어할 만한 자들로 네 번番으로 나누어 교대로 방어에 나가게 하소서"라고 하니, 상왕이 이에 따랐다.

6月 2日(乙亥) 10번째 기사
일본 서해로의 원도진이 조회가던 배가 약탈당했음과 수비할 것을 알려 오다

日本 西海路 九州摠管右武衛源道鎭遣人來報, "近者, 南蠻船朝貴國, 被賊搶奪, 可令海邊以備不虞." 仍獻土物. 命禮曹判書答書曰, "諭以南蠻船被賊, 俾令守備, 允孚交隣之道, 深以爲感. 本國與貴國交好有年, 不圖近日對馬賊徒背恩生釁, 侵我邊境, 燒毀軍船, 殺掠人物, 自速天禍. 閣下苟能明正其罪, 以懲後來, 刷還被虜人口, 以永兩國之好, 豈不美哉!" 仍賜虎豹皮各三領, 雜彩花席十五張, 緜紬麻布各十匹, 綿布八十匹.

일본 서해로西海路 구주 총관九州摠管 우무위右武衛[92] 원도진源道鎭[93]이 사람을 보내어 와서 알리기를,

"근자에, 남만선南蠻船[94]이 귀국에 조회하러 가다가 도적에게 약탈을

---

92 원도진(源道鎭, 澁川滿賴)의 무가관위인 우병위좌(右兵衛佐)를 뜻하며, 우병위부(右兵衛府)의 차관이라는 의미이다.

93 전 구주탐제(九州探題) 삽천만뢰(澁川滿賴)이고 원의준(源義俊, 澁川義俊)의 아버지이다. 1부 「중요인물」, '원도진' 참조.

94 유구국보다 남쪽에 있는 동남아시아 지역의 배를 뜻하는 것으로 생각된다. 16세기부터는 포르투갈·스페인·네덜란드 등의 선박도 포함하게 된다.

당했으니, 해변에 명하여 불의의 변고를 방비하게 해야 할 것입니다"
하고 토산물을 바쳤다. 예조 판서에게 명하여 답서答書하여 말하기를,

"남만선이 도적질 당함을 알려주고 수비할 것을 일러주니, 진정으로
이웃 나라를 교제하는 도리를 키우는 것이니 깊이 감동하였습니다. 본
국이 귀국과 사이좋게 지낸 지 여러 해인데, 뜻밖에 근일에 와서 대마도
의 도적 무리가 은혜를 배반하고 틈을 타서 우리 변경을 침노하여 병선
을 불살라 부수고, 사람을 상해하고 재물을 노략하여 하늘의 재앙을 스
스로 재촉하였습니다. 각하가 진정으로 밝게 그 죄를 바로잡아 앞날을
징계하고, 포로가 된 사람들을 모두 돌려보내어 양국의 호의를 영원하
게 할 수 있다면 어찌 아름답지 않겠습니까"
하고, 이에 호랑이와 표범 가죽 각 3장, 잡채화석雜彩花席 15장, 면주마포
縣紬麻布 각 10필, 면포 80필을 하사하였다.

6月 3日(丙子) 3번째 기사
항왜 평도전이 왜구 토벌에 진력하지 않았으므로 평양에 안치하다
　先是, 平道全潛通于對馬島曰, "朝鮮近來待汝等漸薄, 若更侵掠邊
郡以恐動之, 則必將待之如初矣." 及尹得洪逐倭於白翎島, 道全自以
日本人, 不肯盡力, 得洪先與賊戰, 賊已敗矣, 道全不得已助之. 且見所
知倭僧, 請得洪勿殺, 處置使成達生責之, 道全先來闕下, 以爲己功. 至
是, 得洪乃以實啓, 宣旨, "道全幷妻孥等十四名, 安置平壤, 其伴人等,
分置咸吉道各官." 上命道全妻孥自備生業間, 量給米鹽, 且與空閑家
舍, 俾遂其生.

전번에 평도전[95]이 대마도에 암통暗通하여 말하기를,

"조선이 근래에 너희들을 점점 박대하니, 만약에 다시 변군邊郡을 침략하여 놀라게 하면, 앞으로는 반드시 대접함이 처음과 같으리라"

고 하였다. 그 후 윤득홍이 백령도에서 왜인을 쫓을 때, 도전은 자신이 일본인이라 진력하려고 하지 않았다. 득홍이 먼저 적과 싸워 왜적이 이미 패하게 되자, 도전이 마지못하여 조력하였다. 또 도전이 (왜적 중에) 자기가 아는 왜승倭僧을 보고, 득홍에게 죽이지 말라고 청하였고, 처치사 성달생이 이를 문책하니, 도전이 먼저 궐하에 와서 자기 공이라 자칭하였다. 이 때에 이르러 득홍이 사실을 아뢰니, 선지宣旨하기를,

"도전과 그 처자들 14명을 평양에 두고, 따라온 자들은 함길도 각 관가에 나누어 두게 하라"

고 하였다. 임금이 명하여 도전의 처자들에게 생업을 갖추어 살게 하고, 간혹 쌀과 소금을 주고 또한 비어 있는 집을 주어, 그 생을 마칠 수 있도록 하였다.[96]

6月 3日(丙子) 5번째 기사

(일본 승려) 정우가 시를 지어 바치니 음식을 대접하다

正祐賦詩一篇, 詣闕謝恩, 命宦官饋之.

(일본 승려) 정우正祐[97]가 시詩 한 편을 지어 가지고 대궐에 나아가 은혜

---

95 대마도 도주 종정무(宗貞茂)의 부하로 조선에 파견되었으며, 태종 7년인 1407년 7월에 조선으로 귀화하였다. 조선의 조정에서는 특별히 사재감(司宰監) 소감(少監)이라는 벼슬을 내렸으며 당시 종4품관에 해당하는 관직이었다(태종 7-3-16-1; 태종 7-7-15-4; 태종 9-11-29-3). 1부「중요인물」'평도전' 참조.

96 성달생은 이 때 경기·황해·충청 수군 도처지사였다(세종 1-5-7-1).

97 세종 1년 5월에 구주탐제의 사신으로 파견되었다가 조선에 머물면서 유람하기를 원하므로

를 감사드리니, 환관에게 명하여 음식을 대접하였다.

6月 3日(丙子) 6번째 기사
이종무의 아들인 사헌 감찰 이승평이 (대마도) 종군을 자청하다

司憲監察李昇平, 從茂之子也. 上書乞隨其父從軍自効, 命給傳以送.

사헌 감찰司憲監察 이승평李昇平은 이종무李從茂의 아들이다. 글을 올려 그 아버지를 따라 (대마도에) 종군從軍하여 스스로 나라에 공을 세우기를 원하거늘, 명하여 역마를 주어 보냈다.

6月 4日(丁丑) 7번째 기사
유정현이 포로로 잡은 경상·충청·강원 각 포구에 있던 왜인의 수를 보고하다

柳廷顯啓, "慶尙道各浦到泊倭人及販賣倭人, 水路則以兵船, 陸地則以馬步兵圍之, 除九州節度使使送外, 悉捕之, 分置各官. 本道三百五十五名, 忠淸道二百三名, 江原道三十三名, 摠五百九十一名. 捕刷時被殺及海邊諸島搜捕時投水自死者, 一百三十六名, 被虜漢人六名."

유정현이 아뢰기를,

"경상도 각포各浦에 와서 머물고 있는 왜인과 장사하는 왜인을, 수로

세종이 이를 허락하였다. 세종 2년에 본국을 돌아간 정우는 세종 30년에 다시 일본 국왕사로 파견되어 왔다. 이때 정우는 자신이 젊을 때 세종이 베푼 은혜에 감사의 뜻을 표했으나, 세종은 정우가 가져온 국서를 보고 의문을 가졌다. 국서에는 휘덕전 진향에 관련된 내용이 없고 강화(講和)와 대장경 청구에 관한 것이었기 때문이다. 또한 일본 국왕이 보낸 배가 1척이었는데 3척이 온 것도 문제가 되었다. 伊藤幸司, 「日朝關係における僞使の時代」, 『日韓歷史共同硏究委員會の報告書』, 日韓文化交流基金, 2002~2005.

水路에서는 병선으로, 육지에서는 기병騎兵과 보병으로 에워싸고, 구주절도사가 사신으로 보낸 자 이외에는 모두 잡아서 각 관청에 분치하였습니다. 본도에 355명, 충청도에 203명, 강원도에 33명으로 모두 591명입니다. 포로로 잡을 때에 죽은 자와 해변의 여러 섬에서 수색하여 잡을 때에, 물에 몸을 던져 자살한 자가 135명이요, 포로가 된 중국인이 6명입니다"

라고 하였다.

6月 5日(戊寅) 1번째 기사
왜구가 침략하므로 무관으로 연해의 수령을 삼았다

(…前略…) 以倭寇侵掠, 沿海守令, 並以武士代之. (…下略…)

(…전략…) 왜구가 침략하므로 연해沿海의 수령을 모두 무관으로 대신하였다. (…하략…)

6月 6日(己卯) 2번째 기사
두 임금이 평도전의 아들 평망고를 죽인 일을 말하다

上詣壽康宮謁大妃, 遂詣樂天亭設酌. 侍衛軍士至于僕隷皆賜酒. 朴訔等侍宴, 以次進爵. 兩上問平望古拒命被殺之狀曰, "其父道全, 爲人穎悟, 而望古惡逆如此, 宜生擒問罪, 諸將何遽殺之, 反被傷人"

임금이 수강궁에 나아가 대비를 뵈옵고, 드디어 낙천정에 나아가 주연을 베풀었다. 시위 군사로부터 복예僕隷에 이르기까지 모두 술을 하사하였다. 박은 등이 차례로 잔을 올렸다. 두 임금이 평망고平望古[98]가

명을 거역하고 죽임을 당한 상황을 물어 말하기를,

"그 아비 평도전平道全[99]은 사람됨이 슬기로우나, 망고는 악하기가 이와 같으니, 마땅히 사로잡아 죄를 물을 것이어늘, 제장들이 어찌하여 그처럼 급하게 죽여서 도리어 사람만 상하게 하였다"

라고 하였다.

6月 6日(己卯) 2번째 기사
구주 절도사가 대마도 정벌에 의혹을 갖지 않도록 삼도 도통사에게 교지를 내리다

下宣旨於三軍都統使, 其略曰, "九州節度使不知國家征對馬島本意, 必致疑惑. 我國兵船發行後, 遣還九州使船, 諭以不干九州之意."

교지教旨를 삼군 도통사에 내렸는데, 그 대략을 말하면,

"구주 절도사九州節度使가 우리나라의 대마도 정벌의 본의를 알지 못하고 반드시 의혹을 가질 것이다. 우리나라 병선이 떠난 뒤에 구주 사신의 배를 돌려 보내어, 구주에 간여하지 아니한다는 뜻을 알리라"

는 내용이었다.

6月 7日(庚辰) 4번째 기사
이종무가 김훈·노이도 (대마도) 종군을 자청함을 아뢰다

李從茂啓, "金訓願從軍自效, 盧異有武才, 乞竝率赴征." 上王從之.

---

98 평도전의 아들로 기해동정 직전 내이포의 왜인을 단속하기 위하여 파견되었던 최윤덕에게 죽임을 당했다. 1부 「중요인물」 '평도전' 참조.

99 대마도에서 조선에 귀화한 왜인이다. 1부 「중요인물」 '평도전' 참조.

이종무가 아뢰기를,

"김훈金訓이 종군하여 스스로 공효功効 세우기를 원하고, 노이盧異도 또한 무재武才가 있으니, 함께 거느리고 정벌에 나가고자 합니다"

하니, 상왕이 이에 따랐다.

6月 8日(辛巳) 5번째 기사
(왜구를 제대로 진압하지 못한) 성달생·이사검 등을 사마로 상경하게 하다

宣旨, "成達生·李思儉·李德生 並令私馬上京." 凡奉使者有罪, 奪駟騎, 令以私馬赴京, 謂之私馬上京.

선지하기를 "성달생·이사검李思儉·이덕생李德生 등을 모두 사마私馬로 서울에 올라오게 하라"고 하였다. 무릇 나라의 사명을 받든 자가 죄가 있을 때는 역마를 빼앗고 자기 말을 타고 서울로 가게 하는데, 이것을 사마상경私馬上京이라 이른다.

6月 9日(壬午) 5번째 기사
상왕이 대마도를 정벌할 것에 대해 중외에 교유하다

上王教中外曰, 窮兵黷武, 固聖賢之所戒, 討罪興師, 非帝王之獲已. 昔成湯舍稽事而征有夏, 宣王以六月而伐玁狁. 其事雖有大小之殊, 然其皆爲討罪之擧則一而已矣. 對馬爲島, 本是我國之地, 但以阻僻隘陋, 聽爲倭奴所據. 乃懷狗盜鼠竊之計, 歲自庚寅, 始肆跳梁於邊徼, 虔劉軍民, 俘虜父兄, 火其室屋, 孤兒寡婦, 哭望海島, 無歲無之. 志士·仁人扼腕歎息, 思食其肉而寢其皮, 蓋有年矣. 惟我太祖康獻大王龍飛應運, 威德光被, 撫綏相信. 然其凶狠貪婪之習, 囂然未已, 歲丙子, 攘奪東萊兵船二十餘隻, 殺害軍士. 予承大統, 卽位以後, 歲丙戌於全羅道, 歲戊子於忠淸道, 或奪漕運, 或燒兵船, 至殺萬戶, 其暴極矣. 再入濟州, 殺傷亦衆. 蓋其好人怒獸, 包藏姦狡之念, 神人所共憤也.

予尙包荒含垢, 不與之校, 賑其飢饉, 通其商賈, 凡厥需索, 無不稱副, 期于竝生. 不意今又窺覘虛實, 潛入庇仁之浦, 殺掠人民, 幾三百餘, 燒焚船隻, 戕害將士, 浮于黃海, 以至平安, 擾亂吾赤子, 將犯上國之境. 其忘恩背義, 悖亂天常, 豈不甚哉? 以予好生之心, 苟有一夫之失所, 猶恐獲戾于上下, 矧今倭寇肆行貪毒, 賊殺群黎, 自速天禍, 尙且容忍, 不克往征, 猶爲國有人乎? 今當農月, 命將出師, 以正其罪, 蓋亦不得已焉爾矣. 於戲! 欲掃姦兇, 拯生靈於水火, 斯陳利害, 諭予志于臣民.

상왕이 중외中外에 교유하기를,

"병력을 기울여서 무(의 덕)를 손상시키는 것은 참으로 성현이 경계한 것이요, 죄 있는 이를 치려고 군사를 일으키는 것은 제왕으로서 부득이한 일이라. 옛적에 성탕成湯이 농사일을 제쳐 놓고 하夏나라를 정벌하고, 주周나라 선왕宣王이 6월에 험윤玁狁을 토벌했으니, 그 일에 있어 비록 대소의 차이는 있으나, 모두가 죄를 토벌하는 조치로는 한 가지이다. 대마도는 본래 우리나라 땅인데, 다만 궁벽하게 막혀 있고, 또 좁고 누추하므로, 왜놈이 점거하게 두었더니, 개같이 도적질하고, 쥐같이 훔치려는 계책을 가지고 경인년[100]으로부터 변경에서 날뛰기 시작하여 마음대로 군민을 살해하고, 부형을 잡아 가고 그 집에 불을 지르니, 고아

---

100 1350년이다. 이 해부터 왜구의 침입이 빈번해지고 규모도 커졌다.

와 과부가 바다를 바라보고 우는 일이 해마다 없는 때가 없었다. 뜻 있는 선비와 어진 사람들이 주먹을 쥐고 탄식하며, 그 고기를 씹고 그 가죽 위에서 잠잘 것을 생각함이 여러 해이다.

생각하건대 우리 태조강헌대왕이 용처럼 날아 천운에 응하니 위덕이 널리 퍼지고 빛나고 어루만지고 편안하게 해 주시는 덕을 입어 그렇지 않으리라 믿었다. 그러나 그 음흉하고 탐욕 많은 버릇이 더욱 방자하여 그치지 않고, 병자년에는 동래^{東萊} 병선 20여 척을 노략질하고 군사를 살해하였다.[101] 내가 대통을 이어 즉위한 이후, 병술년에는 전라도에,[102] 무자년에는 충청도에 들어와서,[103] 혹은 조운하는 물품을 빼앗고, 혹은 병선을 불사르며 만호를 죽이기까지 하니, 그 포학함이 심하도다. 다시 제주에 들어와 살상함이 많았으니, 대개 사람을 좋아하는 성낸 짐승처럼 간교^{奸狡}한 생각을 숨겨 가지고 있는 것은 신과 사람이 한 가지로 분개하는 바이다. 그러나 내가 도리어 널리 포용하여 더러움을 참고 더불어 따지지 않았다. 그 배고픈 것도 구제하였고, 그 통상을 허락하기도 하였으며, 온갖 구함과 찾는 것을 수응^{酬應}하여 주지 아니한 것이 없고, 다 같이 살기를 기약했다. 그런데 뜻밖에 이제 또 우리나라의 허실을 엿보아 비인포^{庇仁浦}에 몰래 들어와서 인민을 죽이고 노략

---

101 태조 5년(1396) 8월 9일에 왜적의 배 120척이 경상도에 입구(入寇)하여 병선(兵船) 16척을 탈취해 가고, 수군 만호(水軍萬戶) 이춘수(李春壽)를 죽였으며, 동래(東萊)·기장(機張)·동평성(東平城)을 함락하였다.

102 태종 5년(1405)에 여러 차례에 걸쳐 왜구들이 전라도를 침입하였다. 대표적으로 6년 6월 30일에 왜선(倭船) 14척이 추자도(楸子島)에 정박하였는데, 전라도 수군 첨절제사(全羅道水軍僉節制使) 구성미(具成美)가 이들과 싸워서 물리쳤다. 구성미도 유시(流矢)에 맞았다.

103 태종 8년(1408)에는 여러 차례에 걸쳐 왜구들이 충청도를 침입하였다. 대표적으로 8년 3월 6일에 왜선(倭船) 23척이 충청도 수영(水營)을 노략질하니, 수군 첨절제사(水軍僉節制使) 현인귀(玄仁貴)가 이와 더불어 싸우다가 화살에 맞아 죽었다. 적이 조선 병선 2척을 빼앗아 갔다.

한 것이 거의 3백이 넘고, 배를 불사르며 우리 장사將士를 해치고, 황해에 떠서 평안도까지 이르러 우리 백성들을 소란하게 하며, 장차 명나라 지경까지 범하고자 하였다. 그 은혜를 잊고 의리를 배반하며, 하늘의 떳떳한 도리를 어지럽게 함이 너무 심하지 아니한가. 내가 삶을 좋아하는 마음으로, 한 사람이라도 살 곳을 잃어버리는 것을 오히려 하늘과 땅에 죄를 얻은 것같이 두려워하는데, 하물며 이제 왜구가 탐독貪毒한 행동을 제멋대로 하여, 뭇 백성을 학살하여 천벌을 스스로 재촉하여도 오히려 용납하고 참아서 토벌하지 못한다면, 어찌 나라에 사람이 있다 하랴. 이제 한창 농사짓는 달을 당하여 장수를 보내 출병하여, 그 죄를 바로잡으려 하는 것은 부득이한 일이다. 아아, 간흉한 무리를 쓸어 버리고 생령을 수화水火에서 건지고자 하여, 이에 이해利害를 말하여 나의 뜻을 일반 신민들에게 널리 알리노라"

하였다.

6月 13日(丙戌) 3번째 기사
시산 2품 이상에게 왜인의 처분 가부를 의논하게 하다

先是, 命時散二品以上, 議區處分置倭人可否, 洪汝方等以爲, "婦女外皆殺之." 閔汝翼等以爲, "壯實者皆殺之." 卞季良等以爲, "只誅不順者." 獻議不一, 而欲殺壯實者爲多. 上王以爲, "此屬雖係對馬島, 然不干於作賊, 宜令男二十歲以下及諸能巧藝者, 悉皆分賜朝臣, 其餘分給各官, 以爲奴婢, 有不順者, 許令所在官處置. 若受者不恤, 則移給之." 趙末生曰, "此賊得罪中朝, 作耗我國, 死有餘辜, 宜盡殺之." 朴訔·

李原等曰, "殿下仁聖, 特活此屬, 雖違衆議, 豈不美哉?"

　이전에 시산時散 2품 이상에게 명하여, 나누어 둔 왜인의 처분 가부可否를 의논하게 하였는데, 홍여방 등은 말하기를,

　"부녀자 이외는 다 죽이소서"

하고, 민여익 등은 말하기를,

　"건장한 자는 다 죽이소서"

하고, 변계량 등은 말하기를,

　"다만 불순한 자만을 베소서"

하였다. 의논이 한결같지 않으나, 건장한 자를 죽이자고 하는 자가 많았다. 상왕이 말하기를,

　"이들이 비록 대마도에 속해 있으나, 그러나 도적질하는 데는 참여하지 않았으니, 마땅히 남자 20세 이하 및 여러 가지 교묘한 재주가 있는 자는 다 나누어 조정 신하들에게 주고, 그 나머지는 나누어 각 관가에 주어서 노비를 삼고, 불순한 자가 있거든 소속된 관사로 하여금 처치하게 하되, 만약 받은 관원이 애휼하지 아니하거든 옮겨 주라"

고 하였다. 조말생이 말하기를,

　"이들이 중국 조정에 죄를 짓고 우리나라에도 손해를 끼쳤으니 죽여도 죄가 남음이 있으니, 모두 죽여버리는 것이 마땅합니다"

라고 하였다. 박은·이원 등이 말하기를,

　"전하가 어질고 성스러워 특별히 이들을 살리니, 비록 중론에 어긋나나, 어찌 아름다운 덕이 아니겠습니까"

라고 하였다.

6月 14日(丁亥) 4번째 기사

평도전을 따르고자 한 왜 통사 박귀를 딴 마음이 있다하여 국문하게 하다

上王以倭通事朴貴不顧父母, 欲隨平道全, 必有異心, 命下義禁府鞫之. 杖貴八十, 幷其父母同産, 沒爲官奴.

상왕이 왜 통사倭通事 박귀朴貴가 부모도 돌아보지 않고 평도전平道全[104]을 따르고자 하니, 반드시 다른 마음이 있다 하여 의금부에 명하여, 국문鞫問하였다. 박귀를 장형 80대에 처하고, 그 부모와 형제들을 모두 몰수하여 관노로 삼았다.

6月 17日(庚寅) 4번째 기사

삼군 도체찰사 이종무가 거제도에서 바다로 나갔다가 바람 때문에 다시 돌아오다

三軍都體察使李從茂率九節制使, 發巨濟島, 至海中風逆, 還泊巨濟. 兵船, 京畿十艘, 忠淸道三十二艘, 全羅道五十九艘, 慶尙道一百二十六艘, 摠二百二十七艘. 自京赴征諸將以下官軍及從人, 幷六百六十九, 甲士·別牌·侍衛·營鎭屬及自募强勇雜色軍·元騎船軍, 幷一萬六千六百十六, 摠一萬七千二百八十五, 齎六十五日糧以行.

삼군 도체찰사三軍都體察使 이종무가 절제사 9명을 거느리고 거제도를 떠나 바다 가운데로 나갔다가, 역풍을 만나 다시 거제도에 돌아와 정박하였다. 병선 수효가 경기도 10척, 충청도 32척, 전라도 50척, 경상도 126척, 총계 227척이었다. 서울로부터 출정 나간 모든 장수 이하 관군 및 따르는

---

[104] 대마도에서 조선에 귀화한 왜인이다. 1부 「중요인물」 '평도전' 참조.

사람이 669명이고, 갑사·별패·시위·영진속營鎭屬과 자기가 지원한 건
강한 잡색군雜色軍과 원기선군元騎船軍을 병합하여, 16,616명이니, 총수가
17,285명이므로, 65일 양식을 준비하여 나아갔다.

6月 19日(壬辰) 7번째 기사
이종무가 다시 대마도로 향해 진군하다

是日巳時, 李從茂自巨濟南面周原防浦發船, 復向對馬島.

이날 사시巳時에 이종무가 거제도 남쪽에 있는 주원방포周原防浦[105]에
서 출발해서 다시 대마도로 향하였다.

6月 20日(癸巳) 4번째 기사
대마도에 도착하여 성과를 올렸으나 이에 앞서 상왕이 행군이 늦음을 문책한 교지를 내리다

午時, 我師十餘艘先至對馬島, 賊望之以爲本島人得利而還, 持酒肉
以待之. 大軍繼至, 泊豆知浦, 賊皆喪魄遁逃, 唯五十餘人拒戰而潰, 悉
棄糧儲什物, 走入險阻, 不與敵. 先遣投化倭池文, 以書諭都都熊瓦, 不
報. 我師分道搜捕, 奪賊船大小百二十九艘, 擇可用者二十艘, 餘悉焚
之. 又焚賊戶千九百三十九. 前後斬首百十四, 擒生口二十一. 芟除田
上禾穀, 獲被虜中國男婦百三十一名. 諸將問所獲漢人, 知島中飢甚

---

105 현재 경상남도 통영시 한산면 추봉리(추봉도), 혹은 고성면 광도면 황리, 거류면 당동리 등으
로 비정되고 있다. 그러나 거제도 남쪽이라고 하였고, 사시(巳時)에 출발하여 오시(午時)에 대
마도의 천조만(淺藻灣) 입구에 닿았다고 하였으므로 추봉도의 추원마을이 가장 가능성이 높
다. 거제도의 서쪽에 위치하여 바깥에서는 탐지하기 어렵고 거제도의 남단을 돌면 바로 대마
도로 향할 수 있는 곳이다.

且倉卒, 雖富者不過持糧一二斗而走. 以爲久圍, 則必餓死, 遂置柵於訓乃串, 以遏賊往來之衝, 以示久留之意.

是日, 上王以赴征將士發船之報不來, 命刑曹參判洪汝方爲體覆使, 適柳廷顯報至云, 十七日庚寅已發船, 乃止. 尋聞諸將以風逆還巨濟, 命兵曹正郎權孟孫爲敬差官, 授宣旨遣之. 宣旨曰, "今月十一日甲申, 乃發船吉日, 而諸將不肯發船, 十二日乙酉, 乃發船到巨濟, 至十七日庚寅, 又不肯發船, 且諸將報云, '十七日發船, 以風逆還巨濟.' 此皆行軍大事, 卿何不分辨以啓乎? 右各日遲留事由及逆風眞僞, 其速分辨以啓, 且宜督諸將發船."

오시午時에 우리 군사 10여 척이 먼저 대마도에 도착하니, 섬에 있던 도적이 바라보고서 섬사람이 이익을 얻어 가지고 돌아온다고 생각하여, 술과 고기를 가지고 기다렸다. 대군이 뒤이어 두지포豆知浦[106]에 정박하니, 모두 넋을 잃고 도망하고, 다만 50여 인이 막으며 싸우다가 흩어졌고, 모두 양식과 물건을 버리고, 험하고 막힌 곳에 숨어서 대적하지 않았다. 먼저 귀화한 왜인 지문池文[107]을 보내어 편지로 도도웅환[108]에게 깨우쳤으나 대답하지 않았다. 이에 우리 군사가 길을 나누어 수색하여, 크고 작은 적선 129척을 빼앗아, 그중에 사용할 만한 것으로 20척을 고르고, 나머지는 모두 불살라 버렸다. 또 도적의 가옥 1,939호를 불질렀으며, 전후에 머리 벤 것이 114명이요, 사로잡은 사람이 21명이었다. 밭에 있는 벼 곡식을 베어버렸고, 포로가 된 중국인 남녀가 합하여

---

106 대마도 천조만(淺藻灣, 淺茅灣으로도 표기) 내부의 토기(土寄, 쓰찌요리)는 대마도 왜구의 소굴이었다.
107 태조 7년(1398) 2월 17일 2번째 기사; 세종 8년(1426) 2월 9일 6번째 기사 지문 참고.
108 도도웅환(都都熊丸, 宗貞盛)의 잘못이다. 1부 「중요인물」 '종정성' 참조.

131명이었다. 제장들이 포로가 된 중국인에게 물어서, 섬 중에 기근이 심하고, 또 창졸 간이라, 부자라도 겨우 양식 한두 말만 가지고 달아났다는 것을 알았다. 오랫동안 포위하면 반드시 굶어 죽을 것이라고 생각하여, 드디어 책柵을 훈내곶訓乃串[109]에 세워 놓고 적이 왕래하는 중요한 곳을 막으며, 오래 머무를 뜻을 보였다.

이 날에 상왕이 출정한 장수의 배로 떠났다는 보고가 오지 아니하므로, 형조 참판 홍여방에게 명하여 체복사體覆使를 삼으려 하였으나, 마침 유정현의 보고가 도착하여 17일 경인에 이미 발선하여 나갔다 하므로, 이에 그쳤다. 이어서 모든 장수가 역풍으로 인하여 거제도로 돌아왔다는 것을 듣고, 병조 정랑 권맹손權孟孫에게 명하여 경차관敬差官을 삼고 교지를 주어 보냈다. 선지하기를,

"금월 11일 갑신은 곧 발선하는 길일吉日이어늘, 제장이 배를 띄우려고 하지 않았고, 12일 을유에 배를 띄워 거제도에 도착하고, 17일 경인에 이르러 또 제장이 배를 띄우려고 하지 않았고, 또 제장이 보고하기를, '17일에 배가 떠났으나, 역풍으로 거제도로 돌아왔다' 하니, 이것은 다 행군하는 큰 일이어늘, 경이 어찌하여 분변하여 장계하지 않았는가. 위에 적은 그날의 더디게 된 사유와 역풍의 진위眞僞를 속히 분변하여 장계할 것이며, 또 제장을 독촉[110]하여 발선하게 하라"

---

109 선월(船越)이라고도 하며, 낮은 언덕으로 배를 끌어 반대편으로 넘길 수 있는 곳이다. 첫 번째 두지포(豆知浦)에서 성과를 올린 원정군은 그 과정 중 중국인 포로에게 긴요한 정보를 얻게 되어, 훈내곶(訓乃串) 또는 훈라관(訓羅串)에 목책을 설치하고 장기전의 뜻을 내비쳤다. 훈내곶은 육로를 통해 대마도 남쪽 섬과 북쪽 섬을 잇는 좁은 길목에 위치한 교통의 요충지였다. 이곳에 목책을 설치함으로써 왜구들이 다른 곳의 왜구들과 상호연락을 취하거나 인력과 물자를 자유롭게 이동시키지 못하도록 하였다.

110 태종이 재촉을 한 것에는 두 가지 이유가 있다. 첫째, 세종 1년(1419) 6월 29일 기사를 통해서 7월은 태풍이 잦으므로 태풍이 오기 전에 원정을 끝내야 할 필요가 있었고, 둘째는 세종 1년

고 하였다.

6月 21日(甲午) 3번째 기사
성달생·이사검 등을 사무에 태만했다 하여 국문하게 하다

上王命兵曹, 鞠成達生·李思儉·李德生等稽緩之由, 遂下義禁府
獄. 仍敎義禁府曰, "平道全於思儉, 德生等, 均是偏將, 非元帥也. 思儉
等憑藉道全, 不肯趁時發船, 又擅給賊糧. 曹致以體覆使, 托以思儉等,
當與道全憑問, 乃不定罪以啓. 達生以三道水軍都處置使, 憚於乘船,
擅便下陸, 自喬桐至館梁 阿郎浦, 乘傳而行, 有乖委任之意. 並皆鞠問
以啓."

상왕이 병조에 명하여, 성달생·이사검李思儉·이덕생李德生 등이 지체
한 이유를 국문鞠問하고 의금부 옥에 내려보냈다. 이윽고 의금부에 교지
를 내리기를,

"평도전平道全[111]은 사검과 덕생 등에게는 다 같은 편장偏將이요 원수元
帥는 아닌데, 사검 등이 도전을 빙자하여 때에 맞추어 발선하려 하지 않
았고, 또 제 마음대로 도적에게 양식을 주었다. 조치曹致는 체복사로서
사검 등이 의당 도전과 함께 빙문憑問한 것이라고 여겨 이내 죄를 정하지
않고 장계하였고, 달생은 3도 수군 도처치사都處置使[112]로서 배타기를 꺼
려, 마음대로 육지에 내려 교동喬桐에서 관량館梁 아랑포阿郎浦에 이르러

(1419) 6월 25일 기사를 보면, 대마도 원정을 끝내고 나서, 요동을 향해 북상했다가 귀환하는
왜구를 해상에서 요격하고자 했던 작전을 위해서이다. 왜구들이 귀환하기 전에 대마도를 점
령한 후 군사 정벌을 신속히 끝내야 하므로 시간적으로 쫓기는 상황이었다고 볼 수 있다.
111 대마도에서 조선에 귀화한 왜인이다. 1부「중요인물」'평도전' 참조.
112 각 도에 있는 수군처치사들을 통괄하는 관직이다.

역마를 타고 이동하니, 위임 맡은 본의에 어그러졌는지라, 모두 국문해서 아뢰라"

하였다.

6月 23日(丙申) 3번째 기사
성달생을 연산으로 귀양보내다

義禁府具成達生等罪以啓, 宣旨配成達生于連山, 曹致于竹山, 從自願也. 李思儉·李德生皆收職牒, 充黃海道水軍.

의금부가 성달생 등의 죄상을 갖추어서 아뢰니, 교지를 내려 성달생은 연산連山으로, 조치는 죽산竹山으로 귀양보내니, 자원에 따른 것이었다. 이사검과 이덕생은 모두 그 직첩을 거두고 황해도 수군에 충원하였다.

6月 25日(戊戌) 3번째 기사
예조가 명을 침략하고 돌아가는 왜구를 맞아 치도록 아뢰었다

兵曹啓, "今對馬島 倭賊還本島時, 必備柴水而歸. 請令慶尙·忠淸·全羅海道助戰節制使, 各率兵船, 分泊要害之地以邀之." 上王從之, 以前都節制使權蔓, 同知摠制李葳, 並爲慶尙海道助戰節制使, 同知摠制朴礎爲全羅海道助戰節制使, 工曹判書李之實爲忠淸海道助戰節制使.

병조에서 아뢰기를,

"이제 대마도 왜적이 본도로 돌아갈 때 반드시 땔나무와 식수를 준비해 갈 것이니, 경상·충청·전라 해도海道의 조전 절제사助戰節制使[113]로

---

[113] 조선 초기, 왜구의 침입에 대비하여 둔병(屯兵)·조병(調兵) 등을 목적으로 각도에 파견하였

하여금 각각 병선을 거느리고 요해지要害地에 나누어 머무르면서, 오는 자를 맞아서 치게 하소서"

하니, 상왕이 이를 좇아 전번에 도절제사로 있던 권만權蔓과 동지총제 이천李蕆을 모두 경상 해도 조전 절제사로 삼고, 동지총제 박초朴礎를 전라 해도 조전 절제사로 삼고, 공조 판서 이지실李之實을 충청 해도 조전 절제사로 삼았다.

6月 27日(庚子) 3번째 기사
귀화한 왜인 피고 등이 풍랑에도 전복되지 않도록 배에 꼬리를 달 것을 아뢰다

投化倭 皮古沙古等上言, "今觀兵船體制, 一船只着一尾, 故一遇風浪, 輒至傾覆. 倭船則於平時懸一尾, 遇風浪則又於兩房各懸一尾, 故無傾覆之患. 乞依倭船例作尾." 從之.

귀화한 왜인 피고사고皮古沙古 등이 아뢰기를,

"이제 병선 체제兵船體制를 보니, 배 1척에 다만 꼬리 하나를 달았으므로, 한번 풍랑을 만나면, 곧 기울어져 뒤짚히는데, 왜선은 평시에는 꼬리 하나를 달고, 풍랑을 만나면 또 양쪽에 꼬리를 달아서 뒤집어질 걱정이 없습니다. 왜선처럼 꼬리를 만들게 하소서"

하니, 이에 따랐다.

던 무관직이다.

유정현의 종사관이 대마도 승전을 고하다. 이에 앞서 상왕이 선지를 내리다

柳廷顯從事官趙義昫自對馬島來告捷, 三品以上詣壽康宮賀. 上王
遣訓鍊官崔歧, 奉宣旨二道如軍中, 諭都體察使李從茂. 其一曰, 自古
興師討賊, 志在問罪, 不用多殺. 裴度受憲宗之命而伐蔡, 曹彬承太祖
之命而下蜀, 載在史冊, 昭然可觀. 惟卿體予至懷, 務令投降, 悉致于我.
且倭奴之心, 姦詐不測, 乘勝不備, 或致誤事, 亦所當慮. 又念七月之間,
例多暴風, 卿其量宜, 毋久留海上.

其二曰, 春生秋殺, 天之道也. 王者體天之道, 愛育萬民, 其有寇賊姦
宄, 敗常亂紀者, 則誅討之擧, 有不獲已, 而欽恤之意, 未嘗不行乎其間.
近者, 對馬島倭奴背恩負義, 潛入我境, 殺掠軍士者, 則隨獲誅斬, 以正
大典. 其前日慕義, 曾居我境者及今興利來投者, 仍令分置諸州, 給之
衣糧, 以遂其生. 對馬爲島, 土地磽薄, 不堪稼穡, 生理實艱, 予甚憫焉.
苟或卷土來降, 則居處衣食, 俾遂其欲. 卿其諭予至意於都都熊瓦及
大小倭人. 都都熊瓦, 卽宗貞盛也. 時師敗之書未到, 故降是旨.

유정현의 종사관 조의구趙義昫가 대마도에서 돌아와 승전을 고하니,[114]
3품 이상이 수강궁에 나아가 하례하였다. 상왕이 훈련관 최기崔岐를 보내
어, 선지宣旨 2통을 받들고 군중軍中에 가서, 도체찰사 이종무에게 유시하
였다. 그 첫째로 이르기를,

"예로부터 군사를 일으켜 도적을 치는 뜻이, 죄를 묻는 데 있고, 많이
죽이는 데 있는 것은 아니니라. 배도裴度는 헌종憲宗의 명을 받아 채蔡나

---

114 승전을 고했다는 것은 대마도에서 철군하겠다는 의도를 내포한 것이다. 그런데 세종 1년(1419)
　　6월 29일 기사를 보면, 이종무가 철군하기 전 니로군(尼老郡)에서 다시 한 번 전투를 벌였음을
　　알 수 있다.

라를 치고, 조빈曹彬은 태조의 명을 이어 촉나라를 정복한 것이 사기에 실려 있어, 환하게 볼 수 있는지라. 오직 경은 나의 지극한 생각을 본받아 힘써 투항하는 대로 모두 나에게 오게 하라. 또한 왜놈의 마음이 간사함을 헤아릴 수가 없으니, 이긴 뒤라도 방비가 없다가, 혹 일을 그르칠까 함이 또한 염려되는 것이다. 또한 생각하니, 7월 사이에는 으레 폭풍이 많으니, 경은 그 점을 잘 생각하여, 오래 해상에 머물지 말라"

하였다. 그 둘째로 이르기를,

"봄에 나게 하고 가을에 죽이는 것은 하늘의 도이다. 왕자는 하늘의 도를 본받아 만민을 사랑하여 기르는지라, 그 도적과 간사한 무리로 패상 난기敗常亂紀 하는 자는 베고 토벌을 하는 것은 마지못하여 하는 일이지만 삼가며 불쌍히 여기는 뜻도 언제나 행하지 않은 적이 없었다. 근자에 대마도 왜적이 은혜를 배반하고 의를 저버리고 몰래 우리의 땅 경계로 들어와 군사를 죽이거나 잡아가면, 잡는 대로 베어서 큰 법을 바르게 하였다. 전일에 의리를 사모하여 전부터 우리나라의 경계에 살던 자와 이제 이익을 찾아 온 자는 모두 여러 고을에 나누어 배치하고 옷과 식량을 주어서 그들의 생활이 되게 하였다. 대마도는 토지가 척박해서 심고 거두는 데 적당하지 않아서, 생계가 실로 어려우니, 내 심히 민망히 여기는 것이다. 만약 그 땅의 사람들이 전부 와서 항복한다면, 거처와 의식을 요구하는 대로 할 것이니, 경은 나의 지극한 뜻을 도도웅환115과 대소 왜인들에게 깨우쳐 알려 줄 것이다"

라고 하였다. 도도웅환은 곧 종정성宗貞盛116이니, 이때에 패하였다는

---

115 원문의 도도웅와(都都熊瓦)는 도도웅환(都都熊丸, 宗貞盛)의 잘못이다. 1부 「중요인물」 '종정성' 참조.

보고가 아직 오지 않았으므로, 이러한 교지를 내린 것이었다.

6月 29日(壬寅) 3번째 기사
니로군의 접전에서 박실이 많은 군사를 잃었으나 마침내 적이 물러나 수호
를 빌다

李從茂等住船豆知浦, 日遣褊將, 下陸搜捕, 復火其戶六十八, 焚其
船十五艘, 斬賊九級, 獲漢人男婦十五名·本國人八名. 賊, 日夜思所
以拒我師者, 己亥, 從茂進至尼老郡, 令三軍分道下陸, 欲與一戰, 督左
右軍先下. 左軍節制使朴實與賊相遇, 據險設伏以待之. 實率軍士, 登
高欲戰, 伏發突前, 我師敗績, 褊將朴弘信·朴茂陽·金該·金熹等戰
死, 實收兵還上船, 賊追擊之. 我師戰死及墜崖死者百數十人. 右軍節
制使李順蒙·兵馬使金孝誠等亦遇賊力戰拒之, 賊乃退, 中軍竟不下
陸. 都都熊瓦恐我師久留, 奉書乞退師修好, 且曰, "七月之間, 恒有風
變, 不宜久留."

이종무 등이 배를 두지포豆知浦[117]에 머무르게 하고 날마다 편장褊將
을 보내어 육지에 내려 수색하고 잡게 하여 다시 그 가옥 68호와 배 15
척을 불사르고, 도적 9급級을 베고, 중국인 남녀 15명과 본국인 8명을 찾
았다. 적이 밤낮으로 우리 군사 막기를 생각하므로, 기해(26일)에 종무

---

116 대마도주 종정무(宗貞茂)의 아들 도도웅환(都都熊瓦, 1385~1452)이다. 1418년 아버지가 죽
자 대마도 수호직을 이어받았다. 1419년에 기해동정을 겪었다. 1441년 대마도인들이 조선의
고초도 해상에서 고기를 잡을 수 있는 고초도 금약을 맺었고, 1443년에 계해약조를 맺었다. 주
군가(主君家)인 소이씨(少貳氏)의 세력이 약화되자 조선과의 교역권을 장악함으로써 대마도
를 효율적으로 지배하고자 하였으며, 마찬가지로 조선과의 교역에 관심을 가진 대내씨(大內
氏)와 대립하였다. 1부 「중요인물」, '종정성' 참조.
117 대마도 왜구의 소굴인 천조만(淺藻灣) 내부의 토기(土寄, 쯔찌요리)이다.

가 전진하여 니로군尼老郡[118]에 이르러, 3군에 명령하여 길을 나누어 육지에 내려, 한 번 싸우고자 좌우 군사들을 독려하여 먼저 하륙케 하였다. 좌군 절제사 박실朴實이 적과 서로 만났는데 적이 험한 곳에 의거하여 매복하고 기다렸다. 실이 군사를 거느리고 높은 곳에 올라 싸우려 할 그 순간에, 졸지에 복병이 일어나 앞으로 돌격해 와서, 우리 군사가 패전하여, 편장 박홍신朴弘信・박무양朴茂陽・김해金諧・김희金熹들이 전사하였으므로, 실이 군사를 거두어 다시 배에 오르니, 적이 추격하여 왔다. 우리 군사 중에 전사하거나 언덕에서 떨어져 죽은 자가 백 수십 인이나 되었다. 우군 절제사 이순몽李順蒙과 병마사 김효성金孝誠들이 또한 적을 만나 힘껏 싸워 막으니, 적이 그제야 물러갔고, 중군은 마침내 육지에 내리지 아니하였다. 도도웅환[119]은 우리 군사가 오래 머물까 두려워서 글을 받들고 군사를 물려 수호修好하기를 빌면서 말하기를,

"7월 사이에는 항상 풍파의 변이 있으니, 오래 머무름은 옳지 않습니다"
라고 하였다.

6月 30日(癸卯) 2번째 기사
상왕이 선온으로 여러 장수를 위로하게 하다
上王命上護軍吳益生, 齎宣醞往慶尙道勞諸將.

---

[118] 현재의 풍옥군(豊玉郡) 지역으로 천조만(淺藻灣)의 북쪽으로 깊숙이 들어간 곳이다. 이른바 인위(仁位) 종씨(宗氏)의 거점이다. 전투 장소는 강포(糠浦, 누카우라)란 지역으로 능선과 계곡이 반복되는 지형이다. 비록 조선은 이 전투에서 패배는 했지만 전체적인 면에서 대마도 원정을 성공한 것으로 본다. 반면에 일본 측은 조선군의 원정이 실패하였으며, 적지않은 타격을 입고 퇴각한 것으로 이해하였다.

[119] 원문의 도도웅와(都都熊瓦)는 도도웅환(都都熊丸, 宗貞盛)의 잘못이다. 1부 「중요인물」・'종정성' 참조.

상왕이 상호군 오익생吳益生에게 선온宣醞을 가지고 경상도에 가서 여러 장수를 위로하게 하였다.

7月 3日(丙午) 2번째 기사
이종무 등이 수군을 이끌고 돌아와 거제도에 머물다
李從茂等引舟師, 還泊巨濟島.
이종무 등이 수군舟師을 이끌고 돌아와 거제도에 머물렀다.

7月 4日(丁未) 4번째 기사
일기주 상만호가 글을 올려 즉위를 하례하다
一岐州上萬戶道永奉書賀卽位.
일기주 상만호一岐州上萬戶 도영道永120이 글을 올려 즉위함을 하례하였다.

7月 4日(丁未) 7번째 기사
왜구가 황해도에서 충청도까지 이르러, 전라도 공물선 9척을 노략질해 가다
倭寇自黃海道轉至忠淸道, 賊船二艘入安興梁, 掠全羅道貢船九艘, 向對馬島去. 水軍都萬戶李枚不敢救.
왜구가 황해도에서 다시 충청도에 이르러 적의 배 2척이 안흥량安興梁121에 들어와 전라도의 공선貢船 9척을 노략하고 대마도로 향하여 갔

---

120 구주 일기도의 만호 및 상만호로 보인다. 세종 즉위년 9월 18일 3번째 기사 '도영(道永)' 참조.
121 현재 충청남도 태안군 근흥면 정죽리에 있는 해협으로 배가 난파되는 일이 많아 난행량(難行梁)이라고도 한다. 고려·조선시대에 조세로 징수한 미곡·면포 등을 해상으로 운송하는 해로

으나, 수군 도만호 이매李枚는 감히 구원하지 못하였다.

7월 5日(戊申) 5번째 기사

황해도 감사가 3일에 중국에서 돌아오던 왜구가 소청도에 나타났음을 급보

하다

黃海道監司飛報, "倭寇之還自中國者, 約數十艘, 今月初三日, 出沒

於小靑島海洋." 上王乃遣鎭撫李養性, 諭柳廷顯申嚴備禦, 又令沿海

要路, 各備兵船二十艘以待變.

황해도 감사가 급보하기를,

"중국으로부터 돌아오는 왜구 약 수십 척이 이달 초3일에 소청도小靑

島122 해양海洋에 출몰하였습니다"

라고 하니, 상왕이 곧 진무123 이양성李養性을 보내어 유정현에게 방비

를 엄하게 하라고 명하고, 또한 연해 요로要路에는 각각 병선 20척씩을

준비하여 변變에 대비하도록 하였다.

중에서 가장 험난한 곳으로 유명하였다.

122 현재 인천광역시 옹진군 대청면 소청리에 해당하는 섬이다. 백령도에서 남쪽으로 17km 정도
떨어져 있으며 옹진반도로부터 서쪽으로 약 40㎞, 대청도에서 남동쪽으로 4.5㎞ 지점에 있다.

123 조선 초기에는 중앙군의 군령을 맡은 삼군진무소(三軍鎭撫所)나 오위진무소(五衛鎭撫所)의
도진무(都鎭撫)가 있었듯이, 왕명을 받들어 외방에서 군사를 지휘하는 장수인 병마도절제사,
수군도안무처치사(水軍都安撫處置使)의 밑에도 도진무를 두었다.

1466년(세조 12)의 관제 개혁에서 병마도절제사도진무는 병마우후, 수군도안무처치사도진
무는 수군우후로 각각 개칭되었다. 이로부터 도원수·원수 등으로 출정하는 장수 밑에서 군
령을 담당하는 직책의 호칭 역시 도진무에서 우후로 바뀌게 되었다.

7月 6日(己酉) 3번째 기사

박은과 허조가 왜인을 서울·경상·전라도에 두는 것이 옳지 않음을 아뢰다

朴訔及許稠啓, "島倭非我族類, 不宜多置京中及慶尙·全羅道, 乞
分置深僻處." 上曰, "然. 當啓于父王."

박은과 허조가 아뢰기를,

"섬에서 온 왜인은 우리 족속이 아니므로, 서울과 경상, 전라도에 많이
두는 것은 마땅하지 않으니, 빌건대 나누어 깊고 궁벽한 곳에 두소서"

라고 하고 청하니, 임금이 말하기를,

"그렇다. 마땅히 상왕父王께 아뢰리라"고 하였다.

7月 6日(己酉) 5번째 기사

이종무가 보낸 진무 송유인이 전함의 귀환 상황을 보고하다

夜, 李從茂所遣鎭撫宋宥仁來啓, "師還巨濟, 戰艦無有覆沒者." 上王
卽引見, 親問事狀, 賜廐馬一匹, 上亦賜衣一襲.

이종무가 보내 온 진무鎭撫[124] 송유인宋宥仁이 밤에 와서 아뢰기를,

"군사가 거제로 돌아왔는데, 전함戰艦이 뒤집히거나 가라앉은 것은
없습니다"

라고 하니, 상왕은 곧 불러 보고 친히 상황을 묻고는 마굿간의 말 1필을
주고, 임금은 또한 옷 1벌을 주었다.

---

124 조선 초기에는 중앙군의 군령을 맡은 삼군진무소(三軍鎭撫所)나 오위진무소(五衛鎭撫所)의
도진무(都鎭撫)가 있었듯이, 왕명을 받들어 외방에서 군사를 지휘하는 장수인 병마도절제사,
수군도안무처치사(水軍都安撫處置使)의 밑에도 도진무를 두었다.
　1466년(세조 12)의 관제 개혁에서 병마도절제사도진무는 병마우후, 수군도안무처치사도진
무는 수군우후로 각각 개칭되었다. 이로부터 도원수·원수 등으로 출정하는 장수 밑에서 군
령을 담당하는 직책의 호칭 역시 도진무에서 우후로 바뀌게 되었다.

7月 6日(己酉) 6번째 기사

박은이 중국에서 돌아오는 대마도 왜적을 이종무 등이 맞아 섬멸케 할 것을 청하다

左議政朴訔啓上王曰, "今賊倭入寇上國, 回還本道,[125] 此其時也. 宜令李從茂等復至對馬島, 待賊回島迎擊, 破之必矣. 此誠殄滅之機, 不可失也." 上王以爲然.

좌의정 박은이 상왕에게 아뢰기를,

"이제 적왜賊倭가 중국에 들어가 도적질하고 본도로 돌아올 것인데[126] 지금이 그 때입니다. 마땅히 이종무 등으로 다시 대마도에 나가 적이 섬에 돌아오기를 기다렸다가 맞아서 치게 되면, 적을 틀림없이 파할 수 있을 것입니다. 진실로 진멸殄滅시킬 기회를 잃지 마소서"

라고 하니, 상왕이 그렇게 여겼다.

7月 7日(庚戌) 2번째 기사

정역·권홍·이종무 등을 승진시키고, 다시 병선을 거느리고 대마도 왜적을 치게 하다

以鄭易判漢城府事, 權弘爲永嘉君, 李從茂議政府贊成事, 李順蒙左軍摠制, 朴成陽右軍同知摠制, 東征諸節制使皆陞其座目, 賜戰亡兵馬副使以上米豆各八石, 軍官人各五石, 軍丁人各三石. 上王遣同知摠制李春生如東征軍中, 奉宣醞慰諸將, 諭柳廷顯曰, "自中國回來賊船三十餘艘, 今月初三日到黃海道小靑島, 初四日到安興梁, 掠我船九艘, 還

125 島의 오자로 생각된다.
126 1419년 5월 4일 비인현 도두음곶을 기습한 왜선 32척은 명의 금주위 망해과 전투에서 큰 피해를 입고 대마도로 돌아가고 있는 시기였다.

向對馬島. 其以禹博·權蔓爲中軍節制使, 朴實·朴礎爲左軍節制使, 李順蒙·李葳爲右軍節制使, 各將兵船二十艘, 都體察使統領, 復往對爲島, 勿下陸與戰, 按兵浮海以待變. 又以朴成陽爲中軍節制使, 柳濕爲左軍節制使, 黃象爲右軍節制使, 各將兵船二十五艘, 分泊登山·窟頭等要害處, 以邀賊歸路, 追逐挾攻, 期至對馬島." 仍賜從茂以下十將甲及衣一襲.

정역鄭易으로 판한성부사로 삼고, 권홍權弘으로 영가군永嘉君을 삼고, 이종무로 의정부 찬성사, 이순몽으로 좌군 총제, 박성양朴成陽으로 우군 동지총제右軍同知摠制를 삼아, 동정東征한 여러 절제사는 모두 좌목座目을 올리고, 싸우다가 죽은 병마부사 이상은 쌀과 콩 각각 8석, 군관軍官은 사람마다 각각 5석, 군정軍丁은 사람마다 3석을 주었다. 상왕이 동지총제 이춘생李春生을 보내어 동정군중東征軍中에 나가 하사한 술로 제장들을 위로하고, 유정현에게 일러 말하기를,

"중국으로부터 돌아온 적선 30여 척이 이달 초사흘에 황해도 소청도[127]에 이르고, 초나흘에는 안흥량安興梁[128]에 와서 우리 배 9척을 노략하고 도로 대마도로 향하였다. 우박禹博과 권만權蔓으로 중군 절제사를 삼고, 박실과 박초로 좌군 절제사, 이순몽과 이천으로 우군 절제사를 삼아, 각각 병선 20척을 거느리게 할 것이니, 도체찰사가 다 거느리고 다시 대마도로 가되, 육지에 내려 싸우지는 말고, 군사를 거느리고 바다에 떠서 변을 기다릴 것이다. 또 박성양으로는 중군 절제사를, 유습으로는 좌군 절제사

---

127 백령도 대청도와 함께 옹진반도 서쪽에 있는 섬이다.
128 현재 충청남도 태안군 근흥면 정죽리에 있는 해협으로 배가 난파되는 일이 많아 난행량(難行梁)이라고도 한다. 고려·조선시대에 조세로 징수한 미곡·면포 등을 해상으로 운송하는 해로 중에서 가장 험난한 곳으로 유명하였다.

를, 황상으로는 우군 절제사를 삼아, 각각 병선 25척을 거느리고 나누어 등산登山 · 굴두窟頭[129]와 같은 요해처要害處에 머무르게 하고, 적의 돌아오는 길을 기다려, 쫓으며 협공하여 반드시 대마도까지 이르게 하라"
하고, 곧 종무 이하 10명의 장수에게 갑옷과 옷 한 벌을 주었다.

7月 9日(壬子) 5번째 기사
이원이 막 돌아온 수군을 돌려 다시 대마도 치는 것이 득책이 아님을 아뢰다
右議政李原啓上王曰, "今征對馬島舟師回泊于岸, 又命復至對馬島迎擊之策, 可謂得矣. 然士卒銳氣旣衰, 舟揖機械又弊, 加以天漸風高, 遠涉不測之險, 倘有不虞, 悔不可追. 更待風和, 整軍復征, 未爲晩也." 上王深以爲然, 議諸朴訔, 訔堅執前策, 以爲不可失機. 上王復問於訔曰, "昔周公告諭頑民, 至再至三, 以聖人之德, 尚且如此, 今蕞爾小島, 背恩干誅, 予以文告之辭開諭, 猶不悛心, 擧兵復加, 何損於德?" 訔亦執不可.

우의정 이원이 상왕에게 아뢰기를,

"지금 대마도를 치러 갔던 수군이 돌아와서 해안에 머물러 있는데, 또 명하여 대마도에 다시 가서 맞아 치라는 계책을 득책得策이라 할 수 있습니다. 그러나 군사들의 예기銳氣가 이미 쇠하고 선박과 장비가 또한 파손되었고, 더구나 날씨가 점점 바람이 높으니, 멀리 헤아리기 어려운 험지를 건너가다가 혹 생각 치 않은 변이 있으면, 뉘우쳐도 따를 수 없을 것입니다. 바람이 평온해지기를 기다려 군사를 정제整齊하여, 다시 쳐도 늦지

---

129 의미를 정확히 알 수 없다.

않습니다"

라고 하였다. 상왕이 깊이 그렇게 여겨 박은에게 의논했는데, 은이 먼저 정한 계책을 고집하고 이 시기를 놓치는 것이 불가하다 하였다. 상왕이 다시 은에게 묻기를,

"옛적에 주공周公이 완고한 백성에게 일러서 깨우치기를 여러 번 했다. 성인의 덕으로도 오히려 이와 같이 했으니, 조그마한 작은 섬이 은혜를 저버리고 죽을죄를 범한지라, 내가 깨우치는 말로 알아듣도록 타일러 보고, 그래도 오히려 마음을 고치지 아니하면, 군사를 동원하여 다시 치는 것이 덕에 무슨 해가 될 것인가"

라고 하였으나, 은이 또한 불가하다고 고집하였다.

7月 10日(癸丑) 4번째 기사
유정현이 대마도에서 180명이 전사하였다고 아뢰다
柳廷顯更啓, "對馬島戰亡者, 百八十人."

유정현이 다시 아뢰기를,

"대마도에서 전사한 자가 180명입니다"

라고 하였다.

7月 12日(乙卯) 3번째 기사
천추사 통사 김청이 명이 왜적을 토벌한 상황을 아뢰다
(…前略…) 聽又啓, "倭賊寇金州衛, 都督劉江設伏以誘之, 水陸夾攻, 生擒百十餘人, 斬七百餘級, 奪賊船十餘艘. 以車五兩載首級, 五十兩載俘, 悉送于京, 聽於路上目見而來." 上王乃遣知印李好信, 宣旨於柳廷顯, 罷再征對馬之擧, 令諸將於全羅·慶尙道要害處, 嚴備以待, 賊過追捕.

(…전략…) (천추사 통사 김청이) 또 아뢰기를,

"왜적이 금주위金州衛[130]를 범해서 도적질하니, 도독都督 유강劉江[131]이 복병伏兵으로 유인하고 수륙으로 협공하여, 사로잡은 것이 110여 명이요, 목 벤 것이 7백여 급級이고, 빼앗은 적선 10여 척이었습니다. 수레 5량輛에 수급首級을 싣고, 50량에는 포로를 실어서 다 북경에 보내었는데, 이런 광경을 청이 노상에서 직접 보고 왔나이다"

라고 하였다. 상왕이 이에 지인知印 이호신李好信을 보내어 유정현에게 선지하기를, 대마도를 다시 토벌하는 것을 중지하게 하고, 장수들로 하여금 전라·경상도의 요해처에 보내어, 엄하게 방비하고 기다렸다가 적이 통과하는 것을 추격하여 잡게 하라고 하였다.

7月 15日(戊午) 6번째 기사

구량량에 정박해 있던 대마도 토벌 병선들이 바람에 부서지고 없어지다

東征諸將會于仇良梁. 是日, 將發船向對馬島, 適李好信以辰時至軍中宣旨, 停復征之行. 是夕, 仇良梁東風隨雨暴作, 壞兵船七艘, 一艘全船覆水, 溺死者七人, 又八艘飄風, 不知所之.

동정東征하는 여러 장수들이 구량량仇良梁[132]에 모였다. 이날 배로 떠

---

130 명나라 때 요동반도에 설치한 군영의 이름이다.
131 명나라 요동 총병관(總兵官)으로 요동반도 남단의 금주 망해와(望海窩)에서 왜구를 격퇴하였다.
132 일반적으로 현재의 경상남도 통영시 사량면(사량도)로 보고 있으나, 현재의 사천시 대방동

나서 대마도로 향해 가려고 할 때, 마침 이호신이 진시^{辰時}에 군중^{軍中}에 이르러 선지하여, 다시 정벌하는 행군을 중지하라고 하였다. 이날 밤에 구량량에 동풍^{東風}이 비와 함께 급하게 불어 병선 7척이 파괴되고, 1척은 배 전체가 뒤집혀서 빠져 죽은 자가 7명이나 되고, 또 8척은 바람에 떠밀려 간 곳을 모르게 되었다.

7月 16日(己未) 3번째 기사
왜적을 잡지 못한 충청도 수군 도절제사 왕린을 개인 말로 상경하게 하다

上王以忠淸道水軍都節制使王麟領軍行獵, 不及捕倭, 命以私馬上京.

상왕이 충청도 수군 도절제사 왕린^{王麟}을 시켜서 군사를 거느리고 도적을 사냥하게 하였으나, 왜적을 잡지 못하므로, 사마^{私馬}로써 상경하도록 명하였다.[133]

의 각산(角山) 남쪽에 위치한 현재의 삼천포 항 주변일 가능성이 크다. 고성『세종실록지리지』「경상도」조에서 구량량(仇良梁)이 진주에 있다고 하고 작은 글씨로 지금은 고성(固城) 사포(蛇浦)에 정박한다. 병선은 16척이고 군사는 748인이라고 하였다. 또한 「고성현」조에서는 사량(蛇梁)은 현의 남쪽에 있는데, 수로로 70리이라고 하고, 작은 글씨로 '구량량 만호의 병선이 이곳으로 옮겨 정박한다. 구량량은 원래 진주 임내의 각산향(角山鄕)에 있다'고 하였다. 여기에 보이는 구량량이 구라량과 같은 지명이다.
　한편 1425년(세종 7)에 성립된 『신찬팔도지리지』「경상도」조의 기초 자료가 된 『경상도지리지』에도 진주의 구량량 만호가 고성의 박도(樸島) 사량에 정박한다고 하였다. 이 박도는 사량도(蛇梁島)이다. 진주의 구량량 만호가 사량도로 이전한 것은 세종 7년 이전임을 알 수 있다. 그러나 당시 진주 관내의 각산향 아래 구량량도 그 이름을 그대로 가지고 있었다. 대마도인들이 구라량에서 흥판(興販)을 허용해 줄 것을 요구하였으므로, 사량도라는 좁은 섬보다는 진주 사천 등과 육지로 연결되어 있는 삼천포 쪽이 더 유력한 후보지라고 할 수 있다. 長節子, 「松浦黨硏究と朝鮮史料」, 『松浦黨硏究』 7, 松浦黨硏究連合會, 1984, pp.152~159.
133 관인이 공적인 업무로 이동할 경우에는 역마를 쓸 수 있지만, 자기의 직무를 제대로 수행하지 못하였을 때는 본인이 직접 말을 마련하여 이동해야만 했다.

7月 17日(庚申) 2번째 기사

김만수를 경상도 병마 도절제사, 권만을 수군 도절제사로 삼다

上王以前都摠制金萬壽爲慶尙道兵馬都節制使, 權蔓爲慶尙道水軍都節制使.

상왕이 전 도총제 김만수金萬壽를 경상도 병마 도절제사로, 권만權蔓을 경상도 수군 도절제사로 삼았다.

7月 17日(庚申) 3번째 기사

(대마도) 동정에서 먼저 돌아와 동정군의 비리를 말한 정온을 의금부에 하옥하다

下前甲山郡事張蘊于義禁府, 命三省及兵曹參議張允和雜治. 蘊東征, 先還京宣言, "將帥上功不以實, 且當戰, 中軍不下船." 上王聞之, 命下獄鞫問.

전 갑산 군사甲山郡事 장온張蘊을 의금부 옥에 내려 삼성三省과 병조 참의 장윤화張允和에게 명하여, 서로 의논하여 다스리게 하였다. 온이 동정東征할 때에 먼저 서울로 돌아와 선언하기를,

"장수의 공적을 보고하는데 실상으로써 하지 않고, 또 싸움에 당하여서는 중군中軍이 배에서 내리지 않았다"

하였다. 상왕이 듣고, 옥에 내려 국문하라고 명하였다.

상왕이 대마도 수호 도도웅환에게 교화에 응할 것을 교유하다

上王命兵曹判書趙末生, 致書于對馬島守護都都熊瓦曰, "本曹啓奉
宣旨, 若曰‘天之生斯民也, 氣以成形, 理亦賦焉, 而作善則降之百祥, 作
不善則降之百殃. 古昔帝王奉若天道, 敎民稼穡, 樹藝五穀, 以養其形.
因其固有之義理而開道之, 以淑其心, 若有强梗不率, 殺越人于貨, 愍
不畏死者, 小則刑戮, 大則征伐, 堯·舜·三王, 君人之道, 如是而已. 對
馬爲島, 隷於慶尙道之雞林, 本是我國之地, 載在文籍, 昭然可考. 第以
其地甚小, 又在海中, 阻於往來, 民不居焉. 於是, 倭奴之黜於其國而無
所歸者, 咸來投集, 以爲窟穴, 或時竊發, 刦掠平民, 攘奪錢穀, 因肆賊殺
孤寡人妻子, 焚蕩人室廬, 窮凶極惡, 積有年紀. 惟我太祖康獻大王以
至仁神武, 應天革命, 肇造家邦, 市肆不易, 而大業以定, 此雖湯·武之
盛, 何以加哉? 國勢大張, 兵力堀阜, 穿徹海岳, 騰擲天地, 隆隆殷殷, 凡
有血氣者, 莫不慴伏. 于斯時也, 命一褊將, 殄殲對馬之小醜, 有如泰山
之壓鳥卵, 賁·育之搏嬰兒. 我太祖乃敷文德, 載戢武威, 示以恩信懷
綏之道. 予紹大統, 莅國以來, 克承先志, 益申撫恤, 雖或間有草竊不恭
之事, 尙念都都熊瓦之父宗貞茂慕義輸誠, 犯而不較, 每接信使, 館焉
以留, 仍命禮曹厚加勞慰. 又念其生理之艱, 許通興利商船, 慶尙道之
米粟, 運于馬島者, 歲率數萬餘石, 庶幾養其形體, 以免飢餓, 充其良心,
恥爲草竊, 並生於天地之間也. 予之用心, 蓋亦勤矣, 不意近者, 忘恩背
義, 自作禍胎, 以取覆亡. 然其平日投化及以興利通信而來者與今望
風而降者, 並皆不殺, 分置諸州, 仍給衣食, 以遂其生. 又命邊將率領兵
船, 進圍其島, 以待卷土而降, 今其島人, 尙且執迷不悟, 予甚憫焉. 島

中之人, 計不下數千, 思其生理, 良用惻然. 島中之地, 類皆石山, 未有肥衍之土, 稼穡樹藝, 無所施功, 將欲乘隙竊發, 盜人財穀, 蓋其平昔所作罪惡, 固已貫盈, 幽則天地山川之神, 默降殃禍, 明則良馬大船・利兵精卒, 水陸之備甚嚴, 焉往而不遭誅戮之患哉? 只有捕魚採藿買賣一事, 乃爲生理所資, 而今已背恩負義, 自絶之矣, 非予先有絶之之心也. 失此三者, 不免飢餓, 坐待死亡而已. 於此爲計, 其亦難矣.

若能飜然悔悟, 卷土來降, 則其都都熊瓦錫之好爵, 頒以厚祿, 其代官等, 如平道全例, 其餘群小, 亦皆優給衣糧, 處之沃饒之地, 咸獲耕稼之利, 齒於吾民, 一視同仁, 俾皆知盜賊之可恥・義理之可悅, 此其自新之路, 生理之所在也. 計不出此, 則卷土率衆, 歸于本國, 其亦可矣. 若乃不歸本國, 不降于我, 尙懷草竊之計, 仍留于島, 則當大備兵船, 厚載糧餉, 環島而攻之, 歷時旣久, 必將自斃.

又若精選勇士十萬餘人, 面面入攻, 則囊中之物, 進退無據, 其必孩稚婦女, 靡有孑遺, 而陸爲烏鳶之食, 水充魚鼈之腹也無疑矣. 嗚呼! 豈不深可憐也哉? 此其禍福所在, 彰彰明甚, 非茫昧不可究詰之事也. 古人有言曰,「禍福無不自己求之者.」又曰,「十室之邑, 必有忠信.」今對馬一島之人, 亦皆有降衷秉彝之性矣. 豈無知時識勢通曉義理者哉? 兵曹其移文對馬島, 諭予至懷, 開其自新之路, 俾免滅亡之禍, 以副予仁愛生民之志.' 敬此, 今將宣旨事宜, 備云前去, 惟足下其思之."

遣投化倭藤賢等五人, 齎往對馬島.

상왕이 병조 판서 조말생에게 명하여, 대마도 수호 도도웅환[134]에게

---

134 원문의 도도웅와(都都熊瓦)는 도도웅환(都都熊丸, 宗貞盛)의 잘못이다. 1부 「중요인물」 '종정성' 참조.

글을 보내어 말하기를,

"본조가 아뢰어 선지宣旨를 받드니, 거기에 이르기를, '하늘이 이 백성을 내실 때에 기氣로 형체를 이룩하고, 이理 또한 품부하여 주었으니, 착한 일을 하면 백 가지 상서를 내리고, 불선한 일을 하면, 백 가지 재앙을 내린다. 옛적 제왕이 천도天道를 받들어 백성에게 곡식을 심고 거두는 것을 가르쳐 오곡을 심고 가꾸어 그 몸을 길렀다. 그 고유한 의리를 좇아 깨쳐서 인도하여, 그 마음을 착하게 하는 것이니, 만일 완강하게 버티어 굽히지 않고 사람을 죽이고 재물을 빼앗으며 민망하게도 죽는 것을 두려워하지 않는 자는, 작으면 형벌에 처하거나 죽이고, 크면 정벌하여 없앴으니, 요堯·순舜과 삼왕이 임금 노릇하는 법이 이와 같을 뿐이다. 대마도라는 섬은 경상도의 계림鷄林에 예속했으니, 본디 우리나라 땅이란 것이 문적에 실려 있어, 분명히 상고할 수가 있다. 다만 그 땅이 심히 작고, 또 바다 가운데 있어서, 왕래가 막혀 백성이 살지 않았을 뿐이다. 이에 왜인으로서 그 나라에서 쫓겨나서 갈 곳이 없는 자들이 다 와서, 함께 모여 살아 굴혈을 삼은 것이며, 때로는 도적질로 나서서 평민을 위협하고 노략질하여, 전곡錢穀을 약탈하고, 마음대로 고아와 과부, 사람들의 처자를 학살하며, 사람이 사는 집을 불사르니, 흉악무도함이 여러 해가 되었다. 우리 태조 강헌대왕太祖康獻大王께서는 지극히 어질고 신무神武하시므로, 하늘 뜻에 응하여 혁명을 일으켜, 새로이 나라를 세우시니 저자와 전포도 동요하는 일 없이 대업이 정하여졌으니, 이것이 비록 탕임금과 무왕의 성덕이라 할지라도, 어찌 여기에서 더하겠는가.

국세가 크게 확장되고 병력이 뛰어나게 충실하니, 산과 바다를 뚫어서 통하게 할 수도 있고, 천지를 뒤흔들게 할 수도 있으니, 높고도 높으며 성하고도 성함이여, 대저 혈기 있는 자 두려워서 굴복하지 않는 자가 없었다. 이때를 당하여, 한 편장偏將에게 명하여, 대마도의 작은 추한 놈들을 섬멸하게 하니, 마치 태산이 새 알을 누르는 것과도 같고, 맹분孟賁·하육夏育같은 용사가 어린아이를 움켜잡는 것과도 같다. 그러나 우리 태조께서는 도리어 문덕을 펴고, 무위武威를 거두시고, 은혜와 신의와 사랑과 편안케 하는 도리를 보이시니, 내가 대통을 이어 나라에 임한 이래로 능히 선왕의 뜻을 이어서, 더욱 백성을 측은한 마음으로 사랑하고, 비록 조그마한 공손하지 못한 일이 간혹 있어도, 오히려 도도웅환의 아비 종정무宗貞茂135의 의를 사모하고 정성을 다한 것을 생각해서, 범하여도 교계較計하지 않았으며, 통신하는 사신을 접할 때마다 사관使館을 정하여 머물게 하고, 예조에 명하여 후하게 위로하게 하였다. 또 그 생활의 어려움을 생각하여, 이利를 꾀하는 상선商船의 교통도 허락하였으며, 경상도의 미곡을 대마도로 운수한 것이 해마다 대개 수만 석이 넘었으니, 그것으로 그 몸을 길러 주림을 면하고 그 양심을 확충하여, 도적질하는 것을 부끄럽게 여기고 천지 사이에 삶을 같이 하기를 바란 것이다. 나도 또한 부지런히 마음을 썼는데, 뜻밖에도 요사이 와서 배은망덕하고 스스로 화근을 지으며, 망함을 스스로 취하고 있다. 그러나 그 평일에 귀화한 자와 이利를 얻으려고 (무역하거나) 통신 관계로 온 자와, 또 이제 우리의 교화를 바라고 항복한 자는 아울러 다 죽이지 아니하고, 여러 고을에 나누어 두고서 먹을 것 입을 것을 주어서 그 생활을

---

135 대마도주 종정성(도도웅환)의 아버지이다. 1부 「중요인물」 '종정무' 참조.

하게 하였다. 또 변방 장수에게 명하여, 병선을 영솔하고 나아가서 그 섬을 포위하고 모두 휩쓸어와 항복하기를 기다렸더니, 지금까지도 그 섬사람들은 오히려 이럴까 저럴까 하며 깨닫지 못하고 있으니, 내 심히 민망히 여긴다. 섬 가운데 사람들은 수천이 넘는데, 그 생활을 생각하면, 참으로 측은하다. 섬 가운데 땅이 거의 다 돌산이고 비옥한 토지는 없어서 농사하여 곡식과 나무를 가꾸어서 거두는 것으로 공功을 시험할 곳이 없으므로, 장차 틈만 있으면, 남몰래 도적질하거나, 남의 재물과 곡식을 훔치려 하는 것이 대개 그 평시에 저지른 죄악이며, 그 죄악이 벌써부터 가득 차 있는지라, 어두운 곳에서는 천지와 산천의 신이 묵묵히 앙화를 내리고, 밝은 곳에서는 날랜 말과 큰 배며, 날카로운 병기와 날쌘 군사로써 수륙의 방비가 심히 엄하니, 어디 가서 주륙誅戮의 환난을 만나지 아니할 것인가. 다만 고기 잡고, 미역 따고 하여 매매하는 일이 곧 생활의 바탕이 되는 바인데, 이제 와서는 이미 배은하고 의를 버리는 이는 스스로 끊는 것이며, 내가 먼저 끊을 마음이 있었던 것은 아니다. 이 세 가지를 잃은 자는 기아를 면치 못할 것이며, 앉아서 죽기를 기다릴 뿐이다. 이에 대하여 계책을 세우기도 또한 어려운 일이다.

만약 능히 번연翻然히 깨닫고 다 휩쓸어 와서 항복하면, 도도웅환136은 좋은 벼슬을 줄 것이며, 두터운 녹도 나누어 줄 것이요, 나머지 대관들은 평도전平道全137의 예와 같이 할 것이며, 그 나머지 여러 군소群小들도 또한 다 옷과 양식을 넉넉히 주어서, 비옥한 땅에 살게 하고, 다 같이

---

136 원문의 도도웅와(都都熊瓦)는 도도웅환(都都熊丸, 宗貞盛)의 잘못이다. 1부 「중요인물」 '종정성' 참조.
137 대마도에서 조선에 귀화한 왜인이다. 1부 「중요인물」 '평도전' 참조.

갈고 심는 일을 얻게 하여, 우리 백성과 꼭 같이 보고 같이 사랑하여 도적이 되는 것이 부끄러운 것임과 의리를 지키는 것이 기쁜 일임을 다 알게 할 것이니, 이것이 스스로 새롭게 하는 길이며, 생활하여 갈 도리가 있게 되는 것이라, 이 계책으로 나가지 아니한다면, 차라리 무리를 다 휩쓸어서 이끌고 본국에 돌아가는 것도 그 또한 옳을 일이다. 만일 본국에 돌아가지도 아니하고 우리에게 항복도 아니하고, 여전히 도적질할 마음만 품고 섬에 머물러 있으면, 마땅히 병선을 크게 갖추어 군량을 많이 싣고 섬을 에워싸고 쳐서 오랜 시일이 지나게 되면, 반드시 장차 스스로 다 죽고 말 것이다. 또 만일 용사 10여만 명을 뽑아서 여러 방향에서 들어가 치면, 주머니 속에 든 물건과 같이 오도 가도 못하여, 반드시 어린이와 부녀자까지도 하나도 남지 않을 뿐만 아니라, 육지에서는 까마귀와 소리개의 밥이 되고, 물에서는 물고기와 자라의 배를 채우게 될 것이 분명하다. 아, 어찌 깊이 불쌍히 여길 바 아니겠는가, 이것은 화복의 소재가 분명하고 밝은 일이어서, 망매茫昧하여 분명치 못하거나 궁구하여도 끝까지 모를 일이 아니다. 옛 사람의 말에,「화와 복은 자기 스스로가 구하지 않는 것이 없다」하였고, 또 말하기를,「열 집만이 사는 고을에도 반드시 충신忠信한 사람은 있다」하였으니, 이제 대마도 한 섬 사람에도 역시 다 하늘에서 내린 윤리와 도덕의 성품이 있을 것이다. 어찌 시세時勢를 알고 의리에 통하여 깨닫는 사람이 없겠는가. 병조는 글書을 대마도에 보내어, 나의 지극한 생각을 알려서, 그 자신自新할 길을 열어 멸망의 화를 면하게 하고, 나의 생민生民을 사랑하는 뜻에 맞도록 하라' 하셨다.

이제 선지宣旨로써 일의 마땅함을 자세히 알게 하노니, 오직 족하足下

는 잘 생각하라" 하고, 귀화한 왜인 등현藤賢[138] 등 5인에게 이 글을 가지고 대마도로 가게 하였다.[139]

7月 18日(辛酉) 6번째 기사
대마도를 귀화한 왜인을 이용해 먼저 교유하기로 하고 유정현 등을 서울로 부르다

召三軍都統使柳廷顯等諸將還京, 宣旨若曰, 對馬島倭奴所居, 地甚堉薄, 生理難艱, 因生作賊之計. 今遣向來投化居京藤賢等五名, 前往島中, 俾之招安率來. 儻倭奴不顧撫育之心, 不肯順從, 拘留藤賢等不還, 則九十月之間, 將更擧問罪, 其令各道, 整點兵船以待其赴征. 三軍都體察使以下諸將及軍官, 竝令還京, 諸道兵船, 各還本處, 更嚴防禦, 卿及都節制使崔潤德亦宜卽日起程回還.

삼군 도통사三軍都統使 유정현 등 여러 장수를 불러 서울로 돌아오게 하고 선지하기를,

"대마도는 왜노가 사는 곳인데 땅이 매우 척박하여, 생리生理가 가난한 탓으로 도적질할 꾀를 내는 것이다. 이제 전부터 귀화하여 서울에 와서 살고 있는 등현藤賢[140] 등 5명을 시켜 먼저 섬으로 가서 그들을 불러 안심시켜 거느리고 오게 하라. 혹 왜노가 덕으로 길러 주려는 마음을 돌아보지 아니하고 순종하기를 좋아하지 아니하여, 등현 등을 구류하고

---

138 태조 때 귀화한 왜인인 현준(賢準)을 등현(藤賢)으로 개명하였고 태종 때 그에게 물품을 하사하고 왜적을 방비하게 하였다. 태조 17년(1398) 2월 17일 2번째 기사·태종 6년 2월 7일 3번째 기사 '등현' 참조.
139 대마도가 조선에 속한 땅이라는 논거로 이용되는 자료다. 조선의 이와 같은 주장에 대해서 대마도 측에서는 그러한 사실을 보여주는 자료가 없다고 하였다.
140 세종 1년 7월 17일 5번째 기사 '등현' 참조.

돌려보내지 않으면, 9~10월 사이에 장차 다시 군사를 일으켜 문죄問罪
할 것이니, 각 도로 하여금 병선을 정제·점검하여, 정벌에 대비하라. 삼
군 도체찰사 이하 여러 장수와 군관은 다 같이 서울로 오게 하고, 여러
도의 병선은 각각 본처本處에 돌아가 다시 방어를 엄하게 할 것이고, 경卿
과 도절제사 최윤덕도 당일로 출발하여 돌아오라"
고 하였다.

7月 20日(癸亥) 3번째 기사
(대마도에) 출정했다가 전사한 선군들에게 미두를 내리고 복호하다
赴征病死船軍二十一名各米豆四石, 復其戶.
출정했다가 병사病死한 선군 21명에게 각각 미두米豆 4석을 주고 복호
復戶하였다.

7月 21日(甲子) 3번째 기사
(대마도) 동정에서 얻은 한인 130여 명을 요동으로 돌려 보내다
上命今東征所獲漢人凡百三十餘名, 依被虜逃回人例, 給衣笠鞋布,
解送遼東.
임금이 명하기를, 이제 동정東征해서 찾은 한인漢人 모두 1백 30여 명
에게는 포로되었다가 도망하여 돌아온 사람의 예에 의하여, 옷과 갓·
신·포목을 주어서 요동으로 돌려 보내라고 하였다.

7月 22日(乙丑) 5번째 기사

왜구 방어에 진력하지 않은 이매와 안권의 사형을 감하여 삭직 충군시키다

宣旨, "忠淸道右道水軍都萬戶李枚免死削職充軍, 高巒梁海領萬戶
安權免死削職, 散軍防禦." 枚以萬戶, 領海船八艘, 泊鋤勤伊, 距安興
梁五六里, 聞賊船二艘寇掠安興梁, 畏怯不卽進兵追捕, 權, 全羅道貢
船九艘過高巒北上, 不肯率領兵船護送, 以致爲賊所奪, 及賊掠安興
而南下, 又不應期追捕. 律皆應斬, 上王特從末減.

선지하기를 충청우도 수군 도만호 이매李枚의 사형을 면제하고, 삭직
하여 충군削職充軍하게 하였으며, 고만량高巒梁[141] 해령海領[142] 만호萬戶 안
권安權은 사형을 면제하고 삭직시켜 산군散軍으로 방어케 하였다. 매枚는
만호로서 배8척을 영솔하고 서근이鋤勤伊[143]에 정박하였는데, 안홍량[144]
과의 거리가 5~6리이었고, 적선 두 척이 안홍량에 와서 도적질하며 노
략질한다는 것을 듣고도, 겁이 나서 곧 군사를 내어 쫓아가 잡지 않았으
며, 권은 전라도 공선貢船[145] 9척이 고만高巒[146]을 지나 북으로 올라가는

---

141 보령현 송도포에 있었던 수군기지이다. 송도포는 현재의 충청남도 보령시 주교면 송학리이다.
142 조선 초기 수군(水軍 : 선군(船軍))에게 복무의 대가로 주던 관직. 조선시대 수군은 1년에 6개
월씩 근무해야 했고, 둔전(屯田)·해산물 채취·병선 수리·조운·축성·경외 대소 공역(京外
大小工役) 등의 잡역에 동원되는 등 그 역이 매우 과중하였으며, 역이 자손들에게 세습되었음.
이에 따라 고역인 수군의 역에서 도피하는 자들이 많이 발생하게 되자, 정부에서는 수군들에게
그 복무의 대가로 해령이라는 관직을 주어 역의 부담을 덜어주고자 하였음. 해령직은 처음에는
선군으로 40개월을 채운 자에게 주었으며, 다시 40개월이 지나면 1계급씩 올려주되, 종2품인
가선대부(嘉善大夫)에 이르면 더 올려줄 수 없도록 규정하였다.
143 안홍량에 가까운 정박지로는 신진도 일대가 유력하지만 정확한 위치는 알 수 없다.
144 충청남도 태안군 근흥면 정죽리에 있는 해협을 말한다. 난행량(難行梁)이라고도 하며, 조세
로 징수한 미곡·면포 등을 해상으로 운송하는 해로 중에서 가장 험난한 곳이었다. 그래서 선
박의 잦은 조난사고 때문에 고려 중엽부터 조선 후기까지 이곳의 통항이 큰 문제가 되었다. 난
파 방지책으로 굴포(掘浦) 해안에 창고를 설치하고자 고려 인종 때 개시하여 1412년(태종 12)
에 완성되었다.
  그러나 굴포의 선박출입이 어렵게 되자 육지에 창고를 설치하여 운송하자는 안건이 채택되
기도 하였다. 또한 굴포운하를 굴착하여 통항거리를 단축하려고 시도하기 하였다.

데, 병선을 영솔하여 호송하기를 꺼리다가 적에게 빼앗기고, 또 적이 안홍을 노략하고 남으로 내려가도 또 제때에 쫓아가 잡지 않았으니, 법대로 하면 사형에 해당하지만, 상왕이 특히 죄를 감하여 가볍게 하였다.

7月 22日(乙丑) 6번째 기사
박실이 대마도에서 패전할 때의 상황을 알고 있는 중국인을 돌려보내는 데 대한 의논

左議政朴訔啓, "左軍節制使朴實對馬島敗軍時所獲漢人宋官童等 十一名, 備知我師見敗之狀, 不可解送中國, 以見我國之弱." 右議政李原及卞季良·許稠等皆曰, "宜解送, 以全事大之禮." 上遣通事, 往見官童等于中路, 探問其所見.

좌의정 박은이 아뢰기를,

"좌군 절제사 박실이 대마도에서 패전할 때 찾아낸 한인漢人 송관동宋官童[147] 등 11명이 우리 군사가 패하게 된 상황을 자세히 알고 있으므로, 중국에 돌려보내서 우리나라의 약점을 보이는 것은 불가합니다"

하니, 우의정 이원과 변계량·허조 등은 다 이르기를,

"마땅히 풀어 보내어 사대事大의 예를 온전히 해야 합니다"

하니, 임금이 통사를 보내어, 관동 등을 가는 도중에 보고 그 소견을 탐문하였다.

---

145 각 지방에서 바치는 공물을 운반하는 선박을 말한다.
146 고만량을 뜻한다. 보령현 송도와 원산도 사이의 해협이다.
147 대마도 왜구들이 명나라 해안에서 붙잡아 대마도에 억류하였던 사람으로 기해동정 때 찾아서 데리고 돌아왔다.

7月 24日(丁卯) 2번째 기사

구량량에서 물에 빠져 죽은 군인에게 미두를 내리고 복호하다

命賜仇良梁溺死軍人各米豆六石, 復其戶.

구량량仇良梁[148]에서 물에 빠져 죽은 군인에게 각각 미두米豆 6석을 주고 복호復戶하라고 명하였다.[149]

7月 26日(己巳) 2번째 기사

임금이 홍수와 가뭄, (대마도) 동정을 이유로 토목 공사를 일체 중지하게 하다

王旨, "自去年來, 因水旱之災, 農事不實, 加以東征, 軍民俱困. 況對馬遺種, 如或執迷, 負險不服, 則秋冬之交, 更擧制征, 有不得已. 養民息兵, 正爲急務, 土木之役, 不宜興作. 前者, 外方各官, 請以農隙營造倉庫・官舍, 修築城池, 許之者多. 儻於今秋, 以旣得請, 不顧民弊, 一時俱作, 則誠非國計, 其土木之役, 一切停罷. 如有事係緊關, 誠不可闕, 則監司親審更啓, 待報施行."

임금이 선지하기를,

"작년부터 수한水旱의 재앙으로 인하여, 농사가 충실하지 못하였으며, 더구나 (대마도) 동정東征까지 하게 되어, 군민이 다 같이 곤궁하다. 하물며 대마對馬의 남은 무리들이 만일 어리석은 생각을 고집하고 험한

---

148 구라량(仇羅梁)이라고도 하며, 조선 전기의 수군진으로 경상도 진주(晋州)의 임내(任內)인 각산향(角山鄕)에 있었다. 각산향은 현재의 경상남도 사천시 각산 주변에 있었던 곳으로 생각된다. 구라량의 수군진은 이후 경상도 진주 구량량 만호진을 사량도(현 사량면 금평리)로 옮겨 사량만호진이라 칭했다(세종 1-7-15-6).
149 세종 1년 7월 15일에 대마도를 다시 정벌하기 위하여 구량량에 모여 있던 조선 수군이 풍랑으로 물에 빠져 죽었으므로, 이를 위로한 것이다.

것만 믿고 항복하지 아니하면, 가을과 겨울 사이에 다시 군사를 일으켜서 제압하고 치는 것도 부득이한 일이다. 백성을 기르고 군사를 쉬게 하는 것이 참으로 급선무가 되는 것이니, 토목 공사는 일으키지 않아야 할 것이다. 앞서 외방의 각 관이 농사하는 틈에 창고와 관사를 짓고, 성과 못을 수축하겠다고 청하기에 허락한 것이 많았다. 혹 이번 가을에 이미 허락된 것이라 해서 민폐를 돌아보지 않고 일시에 공사를 시작하면, 진실로 국가의 계책이 아니니, 토목의 역사는 일체로 중지하라. 만일 긴급한 것이 있어서 진실로 빼놓을 수 없는 것이 있으면 감사가 친히 심사한 후 다시 상주하여 회보를 기다려서 시행하라"

하였다.

7月 26日(己巳) 3번째 기사

구성미를 전라도, 박광연을 경상우도 수군 도절제사로 삼다

以具成美爲全羅道水軍都節制使, 朴光衍 慶尙道右道水軍都節制使.

구성미具成美를 전라도 수군 도절제사로 삼고, 박광연朴光衍을 경상도 우도 수군 도절제사로 삼았다.

7月 28日(辛未) 2번째 기사

유정현이 왜구 침입에 대비책을 조목별로 아뢰었으나 시행되지 못하다

柳廷顯上疏論事曰,

竊惟, 治不忘亂, 保國之長策, 應變制賊, 方今之急務. 臣自受命以來, 日夜思所以制禦之術, 僅以一二管見, 條列于後.

一, 對馬島 倭人等殘暴强狠, 睚眦必報, 今雖畏服, 其反覆難測, 諸道兵船, 勿令散泊, 每於要害之地, 各置二十艘, 無兵船要害之地, 則令陸軍屯守, 謹其烽燧, 嚴其守備, 以爲恒式.

一, 對馬島 倭人等生衽金革, 視死如歸, 不事農業, 寇竊爲生. 今雖殄殲幾盡, 黨類之居於他島者甚衆, 其乞降情僞, 又未可知. 彼若謀引黨類, 更肆侵掠, 則其禍必有慘於前日者, 誠不可忽也. 預於正二月, 整理兵船, 當水寒風逆, 賊船未發之前, 三月望時, 聲罪掃淸, 則兵得順時之利, 農無失時之弊.

一, 忠淸·全羅·慶尙等諸道兵船, 皆因年久, 不適於用. 當秋冬之交, 用下番船軍, 竝令改造, 其有板木完實, 不甚損毁者, 仍令補治.

一, 下三道因累年造船, 材木殆盡, 乞令平安道用下番船軍, 斫伐材木, 三登·陽德·成川等處則流下大同江, 香山等處則流下安州江, 泥城·江界等處則流下鴨綠江, 竝於九月內畢下, 各造船五十隻, 各浦氷合後, 除守船外, 合番赴役, 明年正月畢工, 二月回泊, 忠淸·全羅·慶尙諸道, 酌量分給, 以備不虞.

一, 慶尙各官, 大抵人稠地窄, 又因戊戌水旱之災, 流移於全羅之順天·樂安·光陽·求禮等處, 樂其地廣, 安集付籍, 皆有生生之望. 今必推刷還本, 則民有失所之嘆, 又令慶尙道另充逃軍之額, 則軍有闕立之弊. 除人吏·官奴·驛子等, 必當還本者及各色軍內自願還本者外, 一皆推訪, 許令時居屬籍, 竝充船軍, 俱於慶尙道 露梁·仇良梁等處赴防. 右兩梁元屬船軍, 移屬於加背梁·見乃梁等處, 自餘各梁船軍, 以次移屬訖, 將所餘慶尙道船軍, 以充各色軍, 流移全羅, 轉爲船軍者之額, 則民無轉輾之苦, 軍有整齊之實.

一, 比因倭寇寢息, 昇平日久, 沿海之濱, 民居稠密, 田野墾闢, 今倭賊突至, 則擄掠殺傷之禍, 深可畏也. 乞於海邊各里, 以附近各戶, 或三四十戶或二三十戶爲一屯, 於中央擇地之宜, 築一屯城, 令各容其里之衆, 高其城堵, 固其門鍵, 擇有智謀强力, 可以應變固守者, 定爲屯長, 令各備軍粧, 無事則出城耕耘, 寇至則淸野入城, 閉門固守. 如此則非徒免於虜掠·殺傷之禍, 寇不得深入, 農不至失時.

一, 兵船, 國家之重器. 造船之材, 非松木不中於用, 松木又非數十年所長可用. 比因各道累歲造船, 松木之適用者幾盡, 故禁伐松木, 已有著令. 無賴之徒, 或因田獵, 或因火田, 放火延燒, 致令枯槁, 或因開墾山田, 或因營構室屋, 不時斫伐, 成材日至於乏少, 稚松又不得盛茂, 將不數年間, 造船材木, 恐或不繼, 誠不可不慮也. 除繕工年納材木外, 各官新造公廨·民居, 禁用松木, 違者理罪. 於松木有處, 以附近居人有恒産者, 定爲山直, 免其徭役, 專委守護, 守令無時考察, 都觀察使以春秋兩節, 差人審覈, 如有枯槁斫伐, 則山直及守令等重論戒後. 每當殿最之時, 考其枯槁, 斫伐, 盛長之數, 以憑黜陟. 又令各浦萬戶, 每當無事之時, 附近閑曠之地, 監督船軍, 多栽松木, 以備後用.

上王令兵曹·政府擬議以聞, 事竟不行.

유정현이 상소하여, 일을 의논하기를,

"그윽이 생각하건대, 평화로운 때에도 난을 잊지 않는 것은, 나라를 보전하는 좋은 방책이요, 변에 응하여 적을 제압하는 것은 지금의 급무입니다. 신이 명을 받은 이래로 밤낮으로 제어하는 법을 생각하고, 겨우 한두 가지의 좁은 소견을 아래에 조목별로 나열하겠습니다.

1. 대마도 왜인들이 잔폭하고, 강하고 사나우며, 조그마한 원한까지

도 반드시 갚으니, 지금은 두려워 굴복은 하지만, 그 배반하고 뒤짚는 것을 헤아리기 어려우니, 각도의 병선은 흩어져 있지 않게 하고, 요해지마다 각각 20척을 두게 할 것이며, 병선이 없는 요해지에는 육군을 주둔시켜 지키고, 봉화를 삼가고, 수비를 엄하게 함으로써 항식恒式을 삼을 것입니다.

2. 대마도 왜인들이 살아서는 병기와 갑옷을 갖추고 죽는 것을 조금도 두려워하지 아니하며, 농업은 일삼지 않고 도적질하는 것으로 생업을 삼습니다. 지금은 비록 섬멸해서 거의 다 없어졌다 해도, 그 도당으로서 다른 섬에 사는 자가 심히 많으니, 항복하기를 비는 것이 참인지 거짓인지도 알 수가 없습니다. 저것들이 만일 다른 섬의 무리를 이끌고 와서 다시 침략한다면, 그 화는 반드시 전일보다 더 참혹할 것이니, 진실로 소홀히 못할 일입니다. 미리 정월이나 2월에 병선을 정리하여, 물이 차고 바람이 모질어 적선이 아직 행동하기 전인 3월에 때를 보아 죄를 성토하고 소탕하면, 군사는 때를 좇는 이로움을 얻을 것이며, 농사는 때를 잃는 폐단이 없을 것입니다.

3. 충청 · 전라 · 경상 등 여러 도의 병선이 다 오래 된 것이므로, 쓰는데 적당치 못하니, 가을과 겨울 사이에 하번下番한 선군을 써서 모두 개조하게 하고, 그 판목板木이 완전하고 실해서 파괴되지 아니한 것이 있으면, 다시 수리하게 할 것입니다.

4. 하삼도下三道에서 여러 해를 두고 배를 만들었기 때문에 재목이 거의 다 없어졌으니, 원하건대 평안도로 하여금 하번 선군을 시켜서 재목을 베어 내게 하여 삼등三登 · 양덕陽德 · 성천成川 등처에서는 대동강으로 떠내려 보내고, 향산香山 등지에서는 안주강安州江으로 내려 보내고, 이

성泥城·강계江界 등처에서는 압록강으로 내려 보내어, 모두 9월 내에 다 운반하여, 각각 배 50척을 만들어서, 각 포구에 얼음이 언 뒤에 배를 지 키는 외에는 번을 합하여, 역사에 나아가 명년 정월에 공사를 마치고, 2 월에 충청·전라·경상 제도에 돌려서 정박케 하되, (배의 척수를) 헤아려 서 나누어 주어, 예측할 수 없는 변에 대비해야 할 것입니다.

5. 경상도의 각 관에는 대개 사람은 많고 땅은 좁으며, 또 무술년 수 한水旱의 재앙으로 인하여, 전라의 순천·낙안樂安·광양光陽·구례求禮 등처에 흘러들어 가서, 거기에 땅이 넓은 것을 좋아하여, 안심하고 모 여 살며, 호적까지 붙여 넣었으니, 다 삶을 살 수 있는 희망을 갖게 되었 습니다. 이제 반드시 모두 본고장으로 돌려보낸다면, 백성이 살 곳을 잃고 탄식하게 될 것이요 또 경상도로 하여금 따로 도망한 군사의 자리 까지 채우게 하면, 군사가 궐립闕立하는 폐단이 있을 것이니, 이속吏屬· 관노官奴·역자驛子 등으로 반드시 본직에 돌아와야 할 자와 각색군各色 軍 중에서 자원하여 본직에 돌아오려는 자를 제외하고는, 한결같이 다 추심하여, 지금 사는 곳의 원적原籍에 소속함을 허락하고, 아울러 선군 에 보충하여 함께 경상도의 노량露梁150과 구량량仇良梁151 등처에서 방 비에 나서야 할 것입니다. 위의 두 량에 원래 속해 있던 선군은 옮겨서 가배량加背梁152과 견내량見乃梁153 등처에 소속시키고, 그 나머지의 각

---

150 조선시대 경상도 진주목 곤남군(昆南郡) 노량에 둔 수군진을 말한다. 원래는 현재 경상남도 하동군 금남면과 남해군 설천면 사이의 해협을 말한다.
151 구라량(仇羅梁)이라고도 하며, 조선 전기의 수군진으로 경상도 진주(晉州)의 임내(任內)인 각산향(角山鄕)에 있었다. 각산향은 현재의 경상남도 사천시 각산 주변에 있었던 곳으로 생각 된다. 구라량의 수군진은 이후 경상도 진주 구량량 만호진을 사량도(현 사량면 금평리)로 옮 겨 사량만호진이라 칭했다. 세종 1년 7월 15일 6번째 기사 주석 구량량 참조.
152 경상도 고성현 남쪽 17리에 있던 수군진이다. 기해동정 때 거제도 옥포로 옮겨 주둔하게 하 였다. 현재는 경상남도 통영시 도산면에 속하는 지역으로 생각된다. 1604년에는 거제도 서남

포구의 선군은 차례로 옮겨서 배속하기를 마치거든, 남은 경상도의 선군으로는 각색군各色軍[154]으로서 전라도에 옮겨 가서 다시 선군船軍이 된 사람의 액수만큼 보충하면, 백성은 전전하는 괴로움을 면할 수 있고, 군사는 정제할 수 있는 실효가 있을 것입니다.

6. 요사이 왜구의 침범이 끊이고 승평昇平한 지가 오래므로, 바닷가의 백성의 수효가 많아지고 전야도 개간되었는데, 이제 왜적이 돌연히 범해 오면, 노략질하고 살상하는 화가 몹시 두렵습니다. 원하건대 해변의 각 마을에서는 부근의 각호各戶로써 30∼40호나 20∼30호로 한 둔屯[155]을 삼고, 중앙에는 마땅한 곳을 가려 한 둔성屯城을 쌓아서, 각각 그 마을의 사람들을 수용하고, 그 성의 담을 높이며, 그 문의 자물쇠를 든든히 하고, 지모智謀가 있고 기력이 강해서, 변을 당해도 굳게 지킬 만한 자를 골라서 둔장屯長으로 삼고, 각기 군사의 장비를 갖추게 하여, 일이 없을 때 성밖에 나가 농사짓고, 왜구가 이르면, 청야淸野하고 성으로 들어가 문을 닫고 굳게 지킬 것이니, 이와 같이 하면, 다만 노략, 살상의 화를 면할 뿐 아니라, 왜구가 깊이 들어오지 못하고, 농사가 때를 잃지 않을 것

쪽의 오아포로 옮겼고, 이 때문에 거제도에 가배리라는 이름이 생겼다. 長節子, 「松浦黨研究と朝鮮史料」, 『松浦黨研究』 7, 松浦黨研究連合會, 1984, pp.159∼167.

153 경상도 고성현에 위치한 조선 수군진으로 수군 만호를 두었다. 원래는 경상남도 거제시 사등면 덕호리와 통영시 용남면 장평리 사이의 해협을 가리키는 말이었다. 『세종실록지리지』에서는 견내량이 고성에 있는데, 지금은 거제 옥포에 있으며, 병선 20척, 군사 940명이라고 하였다. 또한 우도 수군 도안무처치사(右道水軍都安撫處置使)는 거제(巨濟) 오아포(吾兒浦)에 있었다. 즉 견내량에 있던 수군진이 기해동정 이후 『세종실록』이 편찬되는 시기 사이에는 거제도 옥포로 이동하였음을 알 수 있다.

154 훈련도감에 편성된 정규 병력 중 하나로, 각색군(各色軍)에는 별무사(別武士)·한려(漢旅)·국출신(局出身)·무예별감(武藝別監)·마병(馬兵)·포수(砲手)·살수(殺手) 등이 소속되어 있었다.

155 원래 둔전과 둔답을 뜻한다. 과전법(科田法)의 실시에 따라 각 지방의 주둔병의 군량의 자급을 위하여 반급(頒給)하는 밭과 논을 말하지만, 여기에서는 둔전을 경작하는 호로 구성된 단위를 말한다.

입니다.

7. 병선은 국가의 중한 기물이며, 배 만드는 재목은 소나무가 아니면, 쓰는 데 적당치 아니하고, 소나무는 또 수십 년 큰 것이 아니면 쓸 수가 없는데, 근래 각도에서 여러 해 동안 배를 만든 까닭에 쓰기에 적합한 소나무는 거의 다 없어졌으므로, 소나무를 베는 것을 금하는 것이 이미 법령에 정해 있습니다. 무뢰한 무리가 혹은 사냥으로 혹은 화전火田으로 말미암아, 불을 놓아 태우거나 말라 죽게 하며, 혹은 산전을 개간하거나, 혹은 집을 짓거나 해서, 아무 때나 나무를 베어 큰 재목이 날로 없어져 가는 데 이르렀고 어린 솔은 무성하지 못하게 되어, 장차 수년이 못되어 배 만들 재목이 계속되지 못할까 진실로 염려 아니할 수 없습니다. 영선하는 공사에 해마다 바쳐야 할 재목을 제외한 외에는, 각 관에서는 새로 짓는 관청이나 백성이 거주할 집에 소나무를 쓰는 것을 금하여, 어기는 자는 죄로 다스릴 것입니다. 소나무가 있는 곳에는 부근 주민으로서 항산恒産이 있는 자를 산지기로 정하여, 요역을 면제하여, 오로지 수호만을 위임하고, 수령이 수시로 고찰하고 도관찰사가 봄과 가을 두 차례로 사람을 보내어 살펴 조사해서, 만일 말라 죽거나 벤 것이 있을 때에는 산지기와 수령 등을 중하게 논죄하여, 뒷사람을 경계하게 하고, 해마다 근무 성적을 고사할 때마다 그 말라 죽은 것이나, 벤 것이나, 성장한 수를 상고하여 출척黜陟의 근거로 삼습니다. 또 각 포 만호로 하여금 매양 무사한 때를 당하여, 부근에 있는 비어 있는 땅에 선군을 감독하여, 많이 소나무를 심어서 뒤에 쓸 것을 예비하게 하소서"

하니, 상왕이 병조와 정부로 하여금 의논하여 올리라고 하였으나, 일이 마침내 시행되지 못하였다.

7月 28日(辛未) 3번째 기사

병조에서 9·10월에 대마도를 섬멸하기 위해 각도의 병선을 수리하게 하다

兵曹啓, "九十月間, 將大興師, 更殲對馬島, 督令各道整理兵船." 上
王從之.

병조에서 아뢰기를,

"9~10월 사이에 장차 크게 군사를 일으켜, 다시 대마도를 섬멸한다
하니, 각도에 독려하여 각 병선을 정리하게 하소서"
라고 하니, 상왕이 이에 따랐다.

7月 28日(辛未) 4번째 기사

유정현이 왜적의 중국 침범 상황을 아뢰다

柳廷顯報, "我國扶餘人尹含等三人, 自倭船逃還言, '初, 賊以船三十
餘艘, 侵中國之境見敗, 生還者十餘艘耳. 每船所乘, 不過三四十人, 亦
絶糧飢餓僅還.'"

유정현이 보고하기를,

"우리나라 부여 사람 윤함尹含 등 세 사람이 왜선으로부터 도망하여
돌아와 말하기를, '처음에 도적이 배 30여 척으로 중국의 지경을 침범하
다가 패하고 남아 돌아온 수가 10여 척이고, 배마다 살아남은 자가 불과
30~40명인데, 또 양식이 떨어져서 굶주리다가 겨우 돌아왔다'고 하였
습니다"
하였다.

8月 1日(癸酉) 2번째 기사
경상도와 전라도에서 돌아온 유정현과 최윤덕 등에게 주연을 베풀어 위로하다

柳廷顯還自慶尙道, 上王遣知兵曹事李敃, 上遣同副代言柳穎, 迎慰于漢江. 崔閏德自全羅道適以是日至, 上王及上引見, 置酒勞之, 命宦官饋從事官郭存中·吳先敬·趙義珣等.

유정현이 경상도로부터 돌아오므로, 상왕이 지병조사知兵曹事 이욱李敃을 보내고, 임금이 동부대언同副代言 유영柳穎을 보내어 한강 가에서 영접하여 위로하게 하였다. 최윤덕崔閏德이 전라도에서 마침 이날로 돌아왔으므로, 상왕과 임금이 인견하여 주연을 베풀어 위로하고, 환관에게 명하여 종사관從事官 곽존중郭存中·오선경吳先敬·조의구趙義珣들도 대접하게 하였다.

8月 2日(甲戌) 3번째 기사
충청도 감사 정진이 대마도 정벌 나간 염한의 공납 탕감에 대해 장계하다

忠淸道監司鄭津啓, "各郡鹽干等因赴東征, 未得煮鹽, 請除鹽貢之半." 上曰, "何必除半? 全除今年之貢可也." 參贊卞季良啓曰, "全除則國用不敷, 宜收其半." 大司憲申商啓曰, "慶尙·全羅兩道及忠淸道下面諸處所煮鹽, 本不爲國用, 而於所在換布貨, 輸於濟用監, 但以京畿·黃海道及忠淸道上面所煮鹽爲國用. 且鹽貢, 計丁而收之." 上曰, "然則特除赴征人等貢鹽可也."

충청도 감사 정진鄭津이 아뢰기를,

"각 고을의 염간鹽干156들이 대마도 정벌에 나갔으므로, 소금을 굽지

못하였으니, 소금의 공납을 반감하여 주십시오"

하니, 임금이 말하기를,

"어찌 꼭 반만 감하자 하느냐. 금년 것은 전액을 감하여도 좋을 것이다"

라고 하였다. 참찬 변계량이 아뢰기를,

"전액을 감하면, 국가의 수요에 모자랄 것이니, 마땅히 그 반액을 거두어 들여야 합니다"

라고 하였다. 대사헌 신상申商이 아뢰기를,

"경상·전라 양도와 충청도 아랫녘에서 구운 소금은 본래 나라에서 쓰는 것이 아니고, 각 소산지에서 포목과 물화物貨로 바꾸어서 제용감濟用監으로 올려 왔고, 다만 경기·황해도와 충청도 윗녘에서 구운 소금만이 국용에 사용되었습니다. 또 소금의 공납은 인수人數에 따라서 거두어 들였던 것입니다"

라고 하였다.

"그러면 특별히 정벌에 출정하였던 사람들이 바칠 소금만을 면제시키는 것이 옳을 것이다"

라고 하였다.

8月 3日(乙亥) 3번째 기사
온수와 연산에 중도 부처했던 김남수와 성달생을 서울로 돌아오게 하다

宣旨, "召溫水付處金南秀, 連山付處成達生還京."

선지하기를, 온수溫水에 부처하였던 김남수金南秀와 연산連山에 부처하였던 성달생成達生을 서울로 돌아오게 하였다.[157]

---

156 조선시대 연해 지역에서 직접 소금 굽는 일을 담당한 신량역천(身良役賤)이다.
157 세종 1년 5월 18일에 백령도에 나타난 왜구의 토벌과 관련하여 평도전의 행동에 대하여 윤득

8月 3日(乙亥) 4번째 기사

노비로 하사한 왜인 중 부자간은 서로 만나는 것을 허가하다

兵曹啓, "京中公私處賜給倭奴婢等, 欲父子相見者, 許告其主, 往來相見." 上王從之.

병조에서 아뢰기를,

"서울에서 관청이나 개인에게 노비로 하사하였던 왜인 노비들이 부자 사이에 서로 보고 싶어 하는 자는 그 상전에게 고하고, 서로 만나 보는 것을 허가하였으면 합니다"

하니, 상왕이 그대로 따랐다.

8月 4日(丙子) 1번째 기사

이종무·우박 등이 돌아오니 낙천정에 거둥하여 주연을 베풀고 위로하다

李從茂·禹博·朴成陽及徐省材·尙陽·李澄石等還, 上王遣兵曹參議張允和, 上遣右副代言崔士康, 迎慰于江邊. 上王與上幸樂天亭以待之, 從茂等入見, 置酒以勞之, 隨駕宗親·大臣侍宴. 上王曰, "今日之計, 莫若加造兵船, 故已令咸吉·平安·江原等道各加造船. 又念江原道嶺東諸處, 必多松木, 欲命造船, 回泊慶尙道, 何如?" 左右皆曰, "可." 日暮, 兩上還宮.

이종무·우박禹博·박성양朴成陽과 서성재徐省材·상양尙陽·이징석李澄石들이 돌아오니, 상왕이 병조 참의 장윤화張允和를 보내고, 임금이 우부대

홍과 성달생 등이 의문을 제기한 사건과 관련이 있는 것으로 생각된다(세종 1-6-3-3). 성달생은 배를 타기를 꺼려하여 역마를 타고 다닌 것이 문제가 되었다(세종 1-6-21-3). 직무 태만으로 의금부에서 국문을 받은 성달생은 연산으로 귀양을 가게 되었다(세종 1-6-23-3).

언右副代言 최사강崔士康을 보내어 한강 가에서 영접하여 위로하게 하였다. 상왕이 임금과 함께 낙천정樂天亭에 거둥하여 그들을 기다리니, 종무 등이 들어와서 뵈므로, 주연을 베풀어 위로하실 때, 거둥에 배행하였던 종친과 대신들도 연회에 참례하였다. 상왕이 말하기를,

"오늘날의 계획으로는 병선을 더 만드는 것보다 나은 일이 없으므로, 이미 함길·평안·강원도 등에 명하여 각각 병선을 더 만들게 하였다. 또 생각하면 강원도 영동의 여러 곳에는 소나무가 많을 것이니, 배를 만들게 하여, 경상도로 보내는 것이 어떠하겠는가"

라고 하니, 좌우에서 모두

"좋습니다"

하였다. 날이 저물어서야 두 임금이 대궐로 돌아갔다.

8月 4日(丙子) 2번째 기사
(대마도 정벌에 나섰던) 박초·유습도 돌아와 복명하다
朴礎, 柳濕亦至復命.
박초朴礎·유습柳濕도 돌아와서 복명하였다.

8月 5日(丁丑) 3번째 기사
송관동이 대마도에서 본 바를 아뢰니, 그 처리를 의논하다
通事崔雲·宣存義就見宋官童等十二人于中路, 問其所見聞, 官童等曰, "對馬爲島, 長可三百餘里, 廣可六十餘里. 今戰死者, 倭人二十餘名, 朝鮮人百餘名也." 雲等還, 具以啓. 上王問雲等曰, "官童等其并解遼東乎? 其特留之乎?" 雲等對曰, "以中國之兵征達達, 而被殺尙過其半, 百餘人之死, 何足恥哉?" 上王曰, "吾意本如是也." 乃命解赴遼東.

통사通事 최운崔雲과 선존의宣存義가 송관동宋官童[158] 등 12명을 중로에 나가 보고, 그 보고 들은 것을 물으니, 관동이 대답하기를,

"대마도란 곳은 길이는 한 3백 리가 되겠고, 너비는 60여 리 되겠는데, 이번 싸움에 전사한 것이, 왜인이 20여 명이고 조선 사람이 백여 명이라" 하니, 최운 등이 돌아와서 그대로 아뢰었다. 상왕이 운 등에게 묻기를,

"관동들을 모두 요동으로 보내야 할까, 혹은 특별히 붙들어 둘까" 하니, 운 등이 아뢰기를,

"중국의 군병으로도 달단韃靼[159]을 치다가 죽은 사람이 반이나 넘는데, 백여 명이 죽은 것이 무엇이 부끄럽겠습니까" 하니, 상왕이 이르기를,

"내 뜻이 본래 그러하였다" 하고, 곧 명하여 요동으로 보내게 하였다.

8월 7日(己卯) 7번째 기사
대마도 정벌 때 포로로 잡은 요동 등지의 남녀 142명을 요동으로 돌려보내다
遣上護軍崔雲, 以東征所獲遼東·浙江·廣東等處男婦共一百四十二名, 赴遼東.

상호군上護軍 최운崔雲을 보내어, 대마도 정벌 때 포로로 잡은 요동·

158 세종 1년(1419) 7월 22일 6번째 기사 '송관동' 참고.
159 타타르. 몽고 또는 몽고족을 뜻한다. 최운은 명의 영락제가 50만 대군을 이끌고 타타르를 친정(親征)한 사건을 예로 든 것이다.

절강·광동 등 여러 곳의 남녀 142명을 압송하여 요동으로 보냈다.

8月 10日(壬午) 2번째 기사
상왕과 임금이 선양정에서 주연을 베풀어 동정했던 유정현·이종무 등을
위로하다

上王與上御善養亭置酒, 勞東征諸將柳廷顯·李從茂·崔閏德·李
之實·李順蒙·禹博·朴成陽·朴礎·李蕆等. 其從事官及兵馬使四
品以上亦侍宴. 諸將以次進爵迭舞, 李原及崔閏德各陳禦賊之策. 柳
廷顯進曰, "願殿下, 日思創業之艱難·守成之不易." 上王曰, "卿言甚
是. 主上其審聽之." 賜廷顯·從茂廐馬各一匹·鞍子各一面, 閏德等七
人廐馬各一匹. 兵馬使以下軍官·軍士赴征有功者, 命行賞有差. 是
日, 柳濕以疾未赴, 朴實·黃象時未還, 故不與.

상왕이 임금과 함께 선양정善養亭에 나아가 주연을 베풀고 동정東征하
였던 유정현·이종무·최윤덕·이지실·이순몽·우박·박성양·박초·
이천 등 여러 장수들을 위로하였다. 종사관과 병마사로서 4품 이상도 역
시 연회에 참석하였다. 여러 장수들이 차례로 잔을 올리고 번갈아 춤을
추는데, 이원과 최윤덕이 각기 적군을 방어하는 계책을 진술하고, 유정
현이 나와서 아뢰기를,

"원하옵건대 전하께서 날마다 창업의 어려움과 수성守成의 쉽지 않음
을 생각해야 하실 것입니다"
하니, 상왕이 말하기를,

"경의 말이 매우 옳으니, 주상은 잘 들어 두라"

하고, 정현과 종무에게 각각 말 한 필과 안장 한 벌씩을 하사하고, 윤덕
등 일곱 사람에게는 각각 말 한 필씩을 하사하고, 병마사 이하 군관과 군
사는 토벌에 나가서 공이 있는 자에게는 차등대로 상을 내리게 하였다.
이날에 유습은 병으로 인하여 나오지 못하고, 박실朴實과 황상黃象은 아직
돌아오지 못하였기 때문에 참여하지 아니하였다.

8月 10日(壬午) 3번째 기사
병조에서 (대마도) 동정에 참여한 군관과 군인을 상주는 등수의 차례를 정해 아뢰다

兵曹啓, "東征三軍僉節制使·兵馬使以下軍官·軍人等功賞等第, 接戰
斬首者, 生擒者爲一等, 超三級賞職, 鄕吏則本曹奉宣旨, 給功牌, 至子
孫免役, 驛子·鹽干·官奴則給功牌, 許屬補充軍, 從自願充軍. 搜捕斬
首及生擒者爲二等, 超二級賞職, 鄕吏·驛子·鹽干·官奴等則免其身
役. 從征効力者爲三等, 超一級賞職, 其中槍射殺者爲首賞職·鄕吏·
驛子·鹽干·官奴限二年除役." 上王從之.

병조에서 아뢰기를,

"동정한 삼군三軍의 첨절제사와 병마사 이하의 군관과 군인들의 전공
을 상주는 등수의 차례는, 접전하여 목을 베었거나 포로를 잡은 자는 1
등으로 하여 세 계급을 뛰어 승직시키고, 지방의 아전이면, 본조本曹에
서 왕명에 따라서 공패功牌를 주어서 자손에 이르기까지 부역을 면제하
고, 역인驛人이나, 소금 굽는 염간이나, 관노이면, 보충군에 속하는 것을
허락하고, 자원하여 군인이 되어서 목을 베었거나 포로를 잡은 자는 2등

으로 하여 두 계급을 뛰어서 승직시키고, 지방 아전이나, 역인이나, 염간
이나, 관노들이면, 그 자신에 한하여 신역身役을 면제하고, 토벌에 종군
하여 공력을 바친 자는 3등으로 하여 한 계급 뛰어서 승직시키고, 지방
아전이나, 역인이나, 염한이나, 관노이면, 2년 동안 신역을 면제하소서"
하니, 상왕이 이에 따랐다.

8月 10日(壬午) 4번째 기사
병조에서 패전하여 사졸을 많이 죽게 한 박실의 죄를 청했으나 허락치 않다
兵曹啓, "朴實爲左軍帥, 與賊戰敗, 多殺士卒, 請治其罪." 不允.

병조에서 아뢰기를,
"박실[160]이 좌군 장수가 되어서, 적군과 싸워 패전하여 사졸을 많이
죽였으니, 그 죄를 규명하소서"
하였으나, 허락하지 아니하였다.

8月 10日(壬午) 5번째 기사
우박·박초·이천을 삼남의 병마도절제사로 삼아 병선을 만들어 동정에 대

---

160 박실은 좌군 절제사로 임명되어 대마도 정벌에 참전했다. 1차 정벌 이후 니로군(尼老郡) 전투
때 패배했다는 이유로 병조에서는 그의 죄를 물을 것을 청했으나 받아들여지지 않았다. 그의
진술에 의한다면, 니로군 전투에서의 패배에 대한 책임은 박실 자신에게만 있는 것이 아니라
총 지휘관인 이종무와 좌군 절제사 박초, 좌군 도절제사 유습 등 지휘관 대부분에게 있는 것이
었다. 태종은 이미 상을 주었던 이들을 모두 처벌하는 것은 부끄러운 일이라고 여겼고, 정치적
으로도 부담이 되는 것이었다. 또 '뒷날의 일', 즉 2차 대마도 정벌을 준비하고 있던 상황에 지
휘체제를 모두 흔들 수는 없는 노릇이었다. 이러한 이유들로 박실은 석방되었다. 패전에 대한
책임 문제는 이후에도 계속해서 거론되었고, 특히 총 지휘관이었던 이종무에게 계속해서 화
살이 돌아가게 된다(세종 1-5-14-4; 세종 1-6-29-3; 세종 1-7-7-2; 세종 1-8-13-9; 세종 1-8-14-5; 세
종 1-8-16-3 참조).

비하게 하다

上王以禹博爲慶尙道, 朴礎爲全羅道, 李蕆忠淸道兵馬都節制使, 各與本道水軍都節制使, 同議造辦兵船, 以備征東.

상왕이 우박을 경상도, 박초를 전라도, 이천을 충청도 병마도절제사[161]로 삼아서 각기 그 본도의 수군도절제사[162]와 같이 의논하고, 병선을 건조하여 동정東征하는 데 대비하게 하였다.

8月 11日(癸未) 4번째 기사

길주 목사 조비형이 안치되어 있던 왜인이 관리를 살해했음을 보고하다

吉州牧使曺備衡報, "本州安置倭 楊古老刺殺記官金河生, 日守金自溫, 又欲殺牧使·判官, 方上樓, 千戶金皦以硯石擊殺之."

"본 고을에 안치되어 있는 왜인 양고로楊古老[163]가 기관記官[164] 김하생金河生과 일수日守[165] 김자온金自溫을 찔러 죽이고, 또 목사와 판관을 죽이려고 다락으로 올라오는 것을 천호千戶 김교金皦가 벼룻돌硯石로 때려서 죽였습니다"

라고 하였다.

---

161 조선 초기 각 지방의 병마를 지휘하던 종2품의 무관 벼슬. 세조 12년(1466)에 병마절도사로 고쳤다.

162 조선시대 수군의 최고 관직이다. 태조 때에 설치하였으며, 세종 2년(1420)에 수군도안무처치사로 고치고, 세조 12년(1466)에 다시 수군절도사로 고쳤다.

163 대마도 정벌을 위하여 왜인들을 각지에 안치하였는데, 양고로도 그들 중 한 명으로 생각된다. 세종 1년 8월 13일에 함께 길주에 안치된 왜인들과 참형에 처하도록 하였다.

164 지방 관아의 하급 관리를 말한다.

165 조선시대 지방의 서반아전으로 대개 양인 신분이었다. 지방의 각 관아나 역에서 잡무에 종사하던 자로 일수양반(日守兩班)이라고도 하였다. 이들은 관일수(官日守)와 역일수(驛日守)로 구분되었는데 각 관과 역의 대소에 따라 그 정액이 고정되어 있었다.

경기좌도 수군첨절제사 이각이 병선을 더 만들고 수군을 증원할 것 등을
상서하다

京畿左道水軍僉節制使李恪上書條陳時事, 一, 加造兵船, 誠今日之
急務也. 賊船以百數, 而各浦兵船, 多不過五六艘, 不可不慮也. 今旣造
船於平安·黃海道, 宜令京畿·忠淸·全羅·慶尙道加造兵船, 分置左
右領, 有警則一領常守邊圉, 一領密守要衝之地. 如京畿之德積, 黃海
之白翎, 平安之木彌, 忠淸之烟島, 全羅之猬島, 慶尙之巨濟等諸島, 或
値採薪汲水之寇, 出其不意, 乘機突擊, 則倭寇竄伏而不敢近矣.

一, 今留後司雖計程作牌, 其脫於軍籍者, 十常八九, 開城·松林二
縣亦然. 今旣加造兵船, 則增其軍額, 不可不急, 宜遣朝官, 盡刷閑民,
以充船軍.

一, 江華·喬桐左右邊所屬官軍, 本是全羅勁卒. 自庚申之歲, 徙居
于此, 式至于今, 不唯族類日繁, 其雇工閑民之避役者, 如萃淵藪. 每
正軍一名, 奉足二丁之外, 閑役者不啻十數. 宜遣朝官, 盡刷錄籍, 以
昔之付籍者爲左領, 加見者爲右領, 諸島水軍, 竝依此例. 如有緩急,
合領應變, 則不特軍額之加多, 便習舟楫, 莫此若也.

一, 江華在海之中, 儻有賊變, 如鳥在籠, 況以其田全屬軍資, 畜積
甚多, 而爲賊所伺. 有邑有倉, 而無城可守, 固失備邊之策矣. 今宜擇
地築城, 以固邊圉.

一, 造船之材, 必須松木, 其可不預養而致用乎? 國家雖立禁伐之
令, 未有培養之方. 請申嚴禁伐禁火之令, 又於沿海閑曠之地, 使之
栽植, 監司每當殿最, 憑考黜陟, 以備他日之用. 上王從之.

경기좌도 수군첨절제사[166] 이각李恪이 글을 올리어 조목을 들어서 시사를 진술하였다.

1. 병선을 더 짓는 것이 오늘 시급한 일입니다. 적의 병선은 백을 헤아리는데, 각 포구의 병선이 많다 하여도, 5～6척에 지나지 못하니, 우려하지 않을 수 없습니다. 이제 이미 평안도와 황해도에서 배를 짓게 하였으니, 경기·충청·전라·경상도에서도 병선을 더 지어서 좌우령左右領으로 나누어 두었다가, 경보가 있으면, 한 영領은 항상 해변 둘레를 지키고, 한 영은 요충지인 경기도의 덕적도德積島,[167] 황해도의 백령도白翎島,[168] 평안도의 목미도木彌島,[169] 충청도의 연도烟島,[170] 전라도의 위도

---

166 조선시대 각 도 수군에 두었던 종3품 외관직(外官職) 무관으로 약칭하여 첨수사(僉水使)·첨사(僉使)라고도 한다. 도만호(都萬戸)를 1430년(세종 12) 수군첨절제사로 고치고, 각 도 수군절도사(水軍節度使) 휘하의 큰 진(鎭)을 통할하게 하였다.

167 인천광역시 옹진군 덕적면(德積面)에 속하는 섬이다. 명칭 유래를 보면 덕적도라는 이름은 '큰 물섬'이라는 우리말에서 유래한 것으로, 물이 깊은 바다에 있는 섬이라는 뜻이다. '큰물섬' 이 한자화되면서 덕물도(德勿島)가 되었고, 다시 덕적도(德積島)로 바뀌었다고 한다. 지금도 이곳 주민들은 '큰물이' 혹은 '덕물도'라고 부른다.
　신라와 당나라 소정방의 연합군이 백제를 침략하려고 660년 93만 명의 대군을 이끌고 서해상을 따라서 백제로 건너왔다. 당시 신라 태자 김법민이 군선 100척을 이끌고 덕적도에서 소정방을 맞이했던 기록이 있다. 소정방의 당나라 군대는 4개월 동안 덕적도에 13만 명을 주둔 시키며 군수품 보급기지로 활용했다. 덕적도 바로 건너편 소야도에는 당나라 군대의 진지로 추정되는 유적들이 아직도 남아 있다.
　고려 말부터 왜구 때문에 임진왜란 때 덕적도에는 사람이 살지 않았다.

168 현재 인천광역시 옹진군 백령면에 속하는 섬으로, 삼국시대에 백령도를 곡도(鵠島)라고 하였으며 신라 진성여왕 때 당나라로 가던 사신이 풍랑을 만나 곡도에서 10여 일을 머물렀다고 한다. 후삼국시대에는 당나라로 통하는 중요한 해상교통의 요지였기에 백령도를 차지하기 위한 치열한 해전이 벌어지기도 하였다. 고려 태조 때 명장이었던 유금필 장군이 무고를 당해 곡도로 유배를 당했다. 조선 세종 때 편찬된 『고려사』에 의하면 고려는 곡도를 백령(白翎)으로 개명하고 진을 설치하였다고 기록하고 있다. 한편 『세종실록지리지』 「강령현」조에는 "금상(今上, 세종) 10년 무신에 영강(永康)·백령(白翎)을 병합하여 강령현(康翎縣)으로 하고, 해주(海州) 의 곶내(串內)와 우현(牛峴) 이남의 땅을 떼어 예속시켜 현치(縣治)를 사천(蛇川)에 옮기고 진 (鎭)을 두어, 첨절제사(僉節制使)로 판현사(判縣事)를 삼았다"라고 하였다. 역시 세종 대에 황해도의 백령도·초도·기린도 등을 목장으로 정하여 말을 기르도록 하였다(세종 3-3-2-6).

169 『세종실록지리지』에 의하면 평안도 의주목 선천군에 속한 섬으로 목마장이 있고, 국마(國馬) 271필을 놓아기른다고 하였다. 한자 표기는 목미도(木彌島)와 목미도(牧美島) 두 가지가 보인다. 또한 신미도(身彌島)라고도 하였는데, 몸 신(身)이라는 뜻과 가까운 한자로 다시 나무 목

猬島,¹⁷¹ 경상도의 거제도¹⁷² 같은 여러 섬을 비밀히 지키다가, 혹시 땔나무를 채취하거나 물을 긷는 적군을 만나게 되면, 생각지 못하고 있을 때 기회를 타서 돌격하면, 왜구가 도망가고 굴복하여, 감히 근접하지 못할 것입니다.

2. 지금 유후사에서 비록 요량하여 패를 만들지만, 그 군적에서 벗어나는 자가 십중팔구는 됩니다. 개성과 송림松林 두 고을만 보더라도, 역시 그러합니다. 이제 병선을 더 만들게 되었으니, 군인 수를 늘이는 것도 아주 급하니 마땅히 조관朝官을 보내시어, 한가한 백성을 다 찾아내어, 수군에 보충하게 하여야 할 것입니다.

3. 강화江華·교동喬桐 좌우 변에 소속된 관군은 본시 전라도의 훈련

(木)을 사용한 것으로 보인다.

인조 때는 서북 변경의 명장이었던 임경업(林慶業)이 이곳에서 장차 나라를 침범할지 모를 오랑캐를 물리치기 위하여 무술을 연마하던 곳이기도 하다. 산 남향 중턱에 정자와 사당이 있어 임경업의 충절을 전하고 있다. 근해는 유명한 조기어장으로 위도·연평도와 함께 우리나라 3대 조기 어장의 하나이다. 그 밖에 새우·삼치 등의 어획량도 많고, 성어기에는 흥청한 파시(波市)가 열려 유명하다.

170 현재 전라북도 군산시 옥도면에 속한 섬이다. 부근 해역은 멸치·삼치·새우 등 각종 어족의 회유(回游)가 많아 어로활동이 활발하며 전복과 해삼 양식도 행해지고 있다. 한때 전국에서 어선들이 모여들 정도로 번성하여 연도 파시를 형성하였으나 현재는 거의 볼 수 없다. 『호서지도』 「비인현지도」에도 연도(煙島)가 보이고, 『순조실록』에도 비인현 마량진(馬梁津) 갈곶(葛串) 밑에 이양선(異樣船)이 두 척 나타났는데, 이 배들이 연도 밖 넓은 바다로 나갔다는 기록이 있다(순조 16-7-19-2).

171 현재 전라북도 부안군 위도면을 이루는 섬이다. 『세종실록지리지』에 전라도 전주부 부안현의 어량소(魚梁所)가 있는 곳이자 유일한 해도(海島)로 나타난다.

172 현재 경상남도 거제시의 중심을 이루는 섬이다. 『세종실록지리지』에 의하면 신라 문무왕이 처음으로 상군(裳郡)을 설치하였고, 경덕왕이 거제군(巨濟郡)으로 고쳤으며, 고려 현종 무오년에 현령관(縣令官)을 두었는데, 원종(元宗) 12년, 왜적으로 인하여 땅을 잃고 거창(居昌) 가조현(加祚縣)에 교거(僑居)하였다. 본조 태종 갑오년에 거창에 합하여 이름을 제창현(濟昌縣)으로 하였다가, 을미년에 다시 쪼개어 거창현(居昌縣)을 만들고, 금상(今上, 세종) 4년에 다시 구도(舊島)로 돌아가게 하여, 4품 이상을 지현사(知縣事)로 충당하였다고 하였다. 고려 말 이래로 섬을 비워두었다가, 세종 1년부터 병사를 보내어 지키게 하였고, 4년에 이르러 백성들이 들어가 살기 시작하였음을 알 수 있다. 그렇다면 기해동정 당시에는 거제도에는 공식적으로 백성들이 살지 않았던 셈이다. 고려가 멸망하고 고려 왕씨들을 이곳에 안치해 두었다가 나중에 모두 바다에 빠트려 죽인 일이 있었다.

받은 용병입니다. 경신년부터 이곳으로 옮겨 왔는데, 이제 와서는, 그들의 식구가 날로 늘어났을 뿐만 아니라, 고용된 인부와 일 없는 백성들이 병역을 도피하여 깊은 늪淵에 고기 모이듯, 모여 들어서 숲에 새 모이듯 하여서, 정식 군인 한 사람 앞에 봉족奉足 두 사람 외에도 당치 않은 명목으로 딸려 있는 자가 여남은 됩니다. 조관을 보내어 모두 추려내어 군적에 올리시어, 전부터 군적에 있던 자는 좌령左領으로 하고, 새로 등록된 자는 우령右領에 올리게 하시되, 여러 섬의 수군들도 모두 이 예에 의거하여 처리할 것입니다. 만일에 사정이 있으면 좌우령을 합쳐서 사변에 대응할 것이니, 군인 수를 늘일 수 있을 뿐 아니라 배에 익숙하도록 훈련하는 데에도 이보다 요긴한 것이 없습니다.

4. 강화라는 곳은 바다 가운데 있으므로, 만약에 적변이라도 생긴다면, 마치 새가 조롱 속에 있는 것 같은데, 하물며 그 토지의 세납을 모두 군자에 충당하게 하였으므로, 군비의 축적이 매우 많아서, 적군이 엿보는 바가 되었습니다. 고을도 있고 창고도 있으나, 지킬 성이 없으니, 진실로 변방을 방비하는 방책을 잃었습니다. 이제 마땅히 땅을 선택하여 성을 쌓아서, 변방의 수어를 굳게 하여야 합니다.

5. 배를 만드는 재목은 반드시 소나무라야 하는데 그것을 미리 기르지 아니하고서 소용에 공급할 수 있겠습니까. 국가에서 비록 벌채를 금지하는 법령을 세우기는 하였으나, 심어서 기르는 방법은 아직 없습니다. 이제 벌채와 불조심을 하라는 법령을 엄하게 포고하시고, 또 연해沿海의 황폐한 땅에 소나무를 심고 기르게 하시되, 감사가 각 고을 수령을 전최殿最[173]할 때에, 그것도 조사하여, 등수를 올리고 내리는 데에 반영하여, 훗날의 소용에 대비해야 합니다.

상왕이 이에 따랐다.

8月 12日(甲申) 4번째 기사
대소 관원들의 왜인 종을 입궐이나 거둥 시위할 때에는 인솔하지 못하게
하다

兵曹啓, "大小人員受賜倭奴, 闕內及行幸侍衛, 毋得率行." 上王從之.

병조에서 아뢰기를,

"대소 관원들이 하사 받은 왜인 종을, 대궐 안에 들어갈 때나, 거둥하
실 때에 시위侍衛할 적에는 인솔하고 가지 못하게 하소서"[174]

하니, 상왕이 이에 따랐다.

8月 13日(乙酉) 7번째 기사
병조에서 양고로와 같은 배로 왔던 왜인들을 경계시킬 것을 건의하다

兵曹啓, "咸吉道 吉州定屬倭奴 楊古老等, 皆前日賊黨也. 特加寬貸,
不卽誅戮, 今不顧聖恩, 敢肆暴橫, 罪不容赦. 請初與古老同舟出來分
置各官者, 竝令刷出大懲, 回示戒後." 上王從之.

병조에서 아뢰기를,

"함길도 길주에 소속되어 있는, 왜인 노예 양고로 등은 모두가 전날
의 적의 무리였으나, 특별히 관대하게 처분하여, 즉시로 목베어 죽이지
아니하였었는데, 지금까지도 성은을 생각지 아니하고, 함부로 횡포한
행동을 하오니, 그 죄가 용서할 수 없습니다. 처음에 고로와 같은 배로

---

173 관인의 고과를 평정하여 전과 최를 매기는 것을 말한다. 즉 고과평정에 반영한다는 뜻이다.
174 대마도 정벌에 앞서 내통과 소란을 막기 위하여 조선에 있던 왜인들을 관인들의 노비로 삼았다.

실어다가, 각 고을에 나누어 배치하였던 자는 모두 다 추려내게 하여서 크게 징계하고, 돌려 보여서回示 후일을 경계하게 하소서"
하니, 상왕이 이에 따랐다.

8月 13日(乙酉) 9번째 기사
(대마도에서 패전한) 박실이 경상도에서 돌아오다

朴實至自慶尙道.

박실이 경상도에서 돌아왔다.

8月 14日(丙戌) 5번째 기사
군율을 어겨 패전했다 하여 박실을 의금부에 하옥하고 치죄하다

上王以朴實失律敗軍, 命下義禁府, 令三省雜治.

상왕이, 박실이 군율을 어겨 (대마도에서) 패전하였다 하여, 의금부에 하옥하게 하고, 삼성三省을 시켜서 같이 치죄治罪하게 하였다.

8月 16日(戊子) 3번째 기사
의금부에서 박실의 패전 원인이 이종무 등에게도 있음을 아뢰니 무난히 처리하게 하다

義禁府提調卞季良等詣壽康宮啓, "昨承命, 鞫朴實敗軍之罪, 實供稱, '李從茂初令三軍三節制使皆下陸而戰, 後變令三軍節制使各一下陸. 實執籌乃下, 賊强我弱, 再報請救, 從茂不聽, 柳濕・朴礎等亦不下救, 故見敗.' 臣等謂非特朴實之罪, 從茂・濕・礎皆亦有罪, 請竝鞫之."

上王曰, "朴實敗軍之罪, 固所知也. 若以法論, 則廷顯爲都統使, 不卽收實請罪, 是亦有罪. 今罪張蘊以誣告, 而賞諸將, 又下廷顯, 從茂於獄, 無乃有愧於國人乎? 況東征勝多敗少乎? 後日之事, 亦不可不慮也. 若爲大擧之計, 亦宜用權, 然吾豈以此終不治其罪乎? 今實當以功臣之子免之."

의금부 제조 변계량 등이 수강궁에 가서 아뢰기를,

"어제 명령을 듣고 박실의 패군한 죄를 국문하오니, 실이 공술하기를, '이종무가 처음에는 삼군 삼절제사에게 명령하여, 다 육지에 내려서 싸우라고 하더니, 뒤에 명령을 변경하여, 삼군 절제사 중 한 사람만이 육지에 내리라고 하여서, 실이 제비를 뽑게 되어서 내렸던 바, 적은 강하고 우리는 약하여서, 두 번이나 보고하여 구원하기를 청하였으나, 종무가 들어 주지 아니하고, 유습과 박초 등도 역시 내려와 구원하지 아니하였으므로, 패전하게 되었다' 하오니, 신들의 생각에는 단지 박실의 죄가 아니라, 종무와 습과 초도 다 유죄하오니, 모두 국문함이 옳은가 합니다" 하였다. 상왕이 말하기를,

"박실의 패군한 죄는 모두 다 아는 바이다. 만약 법대로 논한다면, 유정현이 도통사가 되어서 즉시로 실을 구속하고 벌을 줄 것을 청하지 아니하였으니, 그것은 역시 죄되는 일이다. 이제 장온을 무고죄로 벌주고, 여러 장수들을 상주었다가, 또 다시 정현과 종무를 옥에 하옥한다면, 나라 사람들에게 부끄러움이 있지 않겠는가. 하물며 동정할 때에는 승리가 많았고 패전은 적지 않았는가. 뒷날의 일도 역시 생각하지 않을 수 없는 것이니, 만약 큰 일을 꾀하려면, 또한 권도權道를 써야 할 것이나, 내 어찌 그런 일로 하여, 끝까지 그 죄를 치죄하지 않을 수야 있겠는

가. 이제 실은 공신의 자식이니, 죄를 면해주라"

하였다.

8月 18日(庚寅) 3번째 기사

上王命釋朴實.

상왕이 박실의 석방을 명령하였다.

8月 22日(甲午) 5번째 기사

우정언 이견기가 이종무 등도 치죄할 것을 수강궁에 청하려 하니 허락치
않다

司諫院右正言李堅基進啓曰, "如朴實所供, 則李從茂爲上將, 不能
令軍, 至使諸將探籌下陸, 柳濕·朴礎與實同爲左軍將, 不肯赴戰, 宜
置於法. 上王曾下敎, '軍國重事, 予親聽斷.' 臣等乞詣壽康宮請之." 上
曰, "前代征倭, 不過討一隅而還. 今從茂等獲漢人百四十餘名, 燒賊家
千餘戶, 燒賊船二百餘艘, 殺虜賊人百餘名, 功非不多也. 諫院之心, 其
以謂無功乎?" 元肅私謂堅基曰, "事亦未畢, 若謂此人無功, 則於國家
大體如何? 可思之." 堅基曰, "從茂等雖有功, 皆臣子職分所當爲, 何足
論乎? 從茂爲上將, 不能令軍, 多致傷人, 不可謂無罪也. 請將從茂·
濕·礎等與朴實憑問, 則罪必有所歸矣. 然後明正其罪, 以懲後人, 臣
等之願也." 上不允.

사간원 우정언 이견기李堅基가 나아와서 아뢰기를,

"박실의 공술과 같다고 하면, 이종무가 상장군이 되어서 군령을 실행

하지 못하고, 여러 장수로 제비를 뽑아 육지에 내리게까지 하였고, 유습이나 박초도 실과 같이 좌군의 장수이면서, 나아가 싸우려 하지 않았으니, 마땅히 법으로 치죄하여야 할 것입니다. 상왕이 일찍이 하교하시기를, '군軍·국國의 중대한 일은 내가 듣고 결단하겠다' 하였사오니, 신들이 수강궁에 나아가 청하겠습니다"

하였다. 임금이 말하기를,

"전대에 왜적을 정벌하였어도 한 모퉁이나 치다가 돌아오는 데 지나지 않았었는데, 이번 종무 등은 중국인 140여 명을 찾고, 왜적의 집 천여 호와 왜적의 배 2백여 척을 불태우고, 왜적을 죽인 것이 백여 명이나 되니, 공이 적지 않다. 그런데 간원諫院들의 마음에는 공이 없다고 생각하는가"

하였다. 원숙이 가만히 견기에게 이르기를,

"일이 아직도 끝나지 않기도 하였고, 그 사람의 공이 아주 없다고 한다면, 국가의 체모는 어찌 될 것인가. 좀 생각할 일이다"

라고 하였다. 견기가 말하기를,

"종무 등이 비록 공이 있다고 하지만, 모두가 다 신하와 자식된 직분에 당연히 하여야 할 일인데, 무엇이 대단하다고 할 수 있겠습니까? 종무가 상장군이 되어서 군을 통솔하지 못하고, 많은 부상자를 내는 데 이르렀으니, 죄가 없다고 할 수 없습니다. 종무·습·초 등과 박실을 대질시켜 묻게 되면, 죄상이 귀착되는 데가 있을 것입니다. 그런 연후에, 그 죄를 밝히고 처분하시어 뒷사람을 경계하게 하시는 것이 신들의 바라는 바입니다"

하였으나, 임금이 허락하지 아니하였다.

8月 25日(丁酉) 3번째 기사

이종무를 군으로 봉하고, 정역·이중지·정경에게 관직을 제수하다

以鄭易爲議政府贊成, 李從茂長川君, 李中至中軍同知摠制, 鄭耕全
羅道水軍都節制使.

정역鄭易을 의정부 찬성[175]에, 이종무를 장천군長川君[176]에, 이중지李中
至를 중군동지총제中軍同知摠制에, 정경鄭耕을 전라도 수군도절제사에 임
명하였다.

8月 25日(丁酉) 6번째 기사

대마도에서 중국인 5명이 도망해 오니 요동으로 압송하다

被擄漢人杜隆等五名, 自對馬島逃回, 遣通事押解遼東.

포로로 붙들렸던 한인漢人 두륭杜隆[177] 등 5명이 대마도에서 도망하여
돌아왔으므로, 통사通事를 보내어 요동으로 압송해 가게 하였다.

---

175 의정부에 속한 종1품 버슬이다. 태종 초 의정부의 차관인 종1품 의정부 찬성사의 약칭 또는
의정부의 차관인 좌·우찬성의 통칭이다. 이상(貳相) 또는 이재(二宰)라고도 한다.
　의정부의 차관으로 1415년(태종 15) 전년의 육조직계제(六曹直啓制) 실시와 관련된 의정
부 기능의 약화에 수반된 관제 개혁으로 의정부 찬성사를 계승, 개칭한 동판의정부사(同判議
政府事)주01가 좌참찬(종1품, 정원 1)과 우참찬(정2품, 정원 1)으로 세분화되었을 때, 좌참찬
이 계승, 개칭되면서 성립되었다.
　1437년(세종 19) 10월 전년 7월 의정부서사제(議政府署事制)가 부활되면서 의정부 기능이 강
화되고 인원이 2인으로 증원되고 좌우로 세분되어 좌·우찬성으로 계승되면서 소멸되었다.
하위의 참찬과 함께 의정을 보필하면서 의정부사와 대소 국정의 논의에 참여하였다.
176 앞서 신하들이 이종무의 치죄를 청했음에도 이종무는 공신으로 인정되어 장천군(長川君)에
봉군(封君)되었다. 봉군은 조선시대에 적자를 대군(大君)으로, 임금의 서자, 왕비의 아버지, 2
품 이상의 종친·공신 및 공신의 상속자 등을 군으로 봉하던 일이다.
177 일본(대마도)으로부터 도망쳐 온 한인(漢人) 포로들에게는 일반적으로 저포·마포 등의 옷을
하사하기도 하며 중국으로 돌려보냈다. 그러나 세종 1년 8월 5일 3번째 기사에 보이는 송관동
(宋官童)과 같이 중국으로 돌려보낼지를 논의한 경우도 있었다. 송관동 등은 이종무가 대마도
를 정벌할 때 포로로 잡혀 있던 것을 구출하였는데, 그들이 조선이 대마도에서 적잖은 피해를
입은 것을 알고 있었기 때문이다.

8月 27日(己亥) 7번째 기사

병조에서 지방에 나누어 준 왜인 노비의 왕래를 금지하도록 아뢰다

兵曹啓, "京外分給倭奴婢等擅自往來相見, 深爲未便. 自今若有如前往來者, 各其主告官, 大懲鑑後." 上王從之.

병조에서 아뢰기를,

"서울 이외의 지방으로 나누어 준 왜인 노비들이 제 마음대로 오고 가서 서로 만나보고 하는 것이 매우 좋지 않습니다. 지금으로부터는 전과 같이 오고가는 자는, 각자 그 주인이 관청에 고발하여 엄하게 벌주어서 후인의 경계가 되게 하소서"

하니, 상왕이 이에 따랐다.

9月 1日(癸卯) 6번째 기사

사헌부 장령 정연 등이 이종무 등의 처벌을 청했으나 허락하지 않다

司憲掌令鄭淵·正言李堅基等詣闕請李從茂等罪, 不允.

사헌부 장령掌令 정연鄭淵과 정언 이견기李堅基 등이 대궐에 들어가서 이종무 등을 벌주자고 청하였으나 허락하지 아니하였다.

9月 4日(丙午) 3번째 기사

사헌부 장령 정연이 김훈과 노이를 데리고 출정한 이종무의 처벌을 청하다

司憲掌令鄭淵啓, "李從茂以功臣, 不待宣旨, 擅率不忠之人金訓·盧異赴征, 請治其罪." 上曰, "將啓于上王."

사헌부 장령 정연이 아뢰기를,

"이종무가 공신으로서 허락하시는 명령을 기다리지 아니하고 마음 대로 불충한 자인 김훈金訓[178]과 노이盧異[179]를 데리고 출정하였으니, 그 죄상을 다스려야 합니다"

하니, 임금이

"곧 상왕께 아뢰겠다"

하였다.

9月 4日(丙午) 9번째 기사
좌정언 하결이 이종무의 잘못을 아뢰다

司諫院左正言河潔詣闕啓曰, "金訓·盧異曾犯不忠之罪, 上雖命率行, 爲人臣者所不敢率行者也. 今李從茂招訓·異, 旣置船中, 然後以聞, 又不待命而行, 有乖人臣之義. 然從茂今爲使臣館伴, 臣等姑先問從事官徐省, 事狀已成, 將以啓于壽康宮." 上曰, "予已知矣."

사간원 좌정언 하결河潔이 대궐에 들어가서 아뢰기를,

"김훈과 노이는 일찍이 불충한 죄를 범한 자이므로, 임금이 비록 거느리고 가라고 분부하셔도 신하된 자가 감히 거느리고 갈 수 없는 것입니다. 이제 이종무는 훈과 이를 불러서 선중船中에 오르게 한 연후에 보고하고, 또 명령을 기다리지 아니하고 떠났으니, 신하의 의리에 어그러짐이 있습니다. 이종무는 지금 사신을 대접하는 관반館伴[180]이 되었사오니, 신 등이 우선 먼저 종사관 서성徐省을 심문하여 서류가 다 된 뒤에

178 태종 16년(1416) 1월 30일 5번째 기사·태종 17년(1417) 4월 25일 2번째 기사 '김훈' 참고.
179 태종 4년(1404) 4월 27일 4번째 기사·태종 4년(1404) 5월 12일 3번째 기사·태종 6년(1406) 5월 24일 1번째 기사·태종 6년(1406) 7월 19일 4번째 기사 '노이' 참고.
180 외국 사신의 영접·접대 임무를 관장하는 영접도감(迎接都監)의 주무관(主務官)인 임시 관직.

그것을 가지고 수강궁에 가서 아뢰게 하소서"

하였다. 임금이

"내가 이미 모두 다 아는 일이다"

라고 하였다.

9月 4日(丙午) 13번째 기사

병조에서 왜인 노비의 도주를 막기 위해 선박을 등록시킬 것을 청하다

兵曹啓, "外方分置公私倭奴婢等, 慮或偸乘小船逃去. 宜令各浦萬
戶·千戶, 竝籍公私船, 以時察其往來." 上王從之.

병조에서 아뢰기를,

"외방에 분치分置 해 둔 관청과 사가私家의 왜인 노비들이 혹시라도 작
은 배를 훔쳐 타고 도망갈 염려가 있습니다. 각 포구의 만호나 천호에
게 명하여 공사公私의 선박들을 등록시키고, 때때로 그 왕래하는 것을
살피게 하소서"

하니, 상왕이 이에 따랐다.

9月 4日(丙午) 14번째 기사

경기도 광주·여주와 대마도에서 노획한 무기를 무기 없는 고을에 보급하다

兵曹啓, "京畿 廣州·驪興等官藏在兵器及對馬島所獲兵器, 請分給
無軍器防禦各官." 上王從之.

병조에서 아뢰기를,

"경기도 광주와 여흥 등의 고을에 저장해 둔 무기와, 대마도에서 노

획한 무기를 군기와 방어 시설이 없는 각 고을에 보급하여 주게 하소서"
하니, 상왕이 이에 따랐다.

9月 6日(戊申) 7번째 기사
황제가 우리가 미리 알려 주어 왜적을 소탕했다며 선군 3명을 돌려보내다

謝恩使曺洽・副使李興發回自京師. 帝命還我都屯串被擄船軍李元生
等三名. 元生等言, "賊寇中國之境, 爲都督劉江所敗, 斬首一千五百級, 生
擒一百三名. 賊之守船者謂所俘我國人曰, '汝國潛通我入寇之事, 使
我見敗.' 遂刺殺四十餘人. 吾等三見逃入中國, 皇帝賜衣糧命還." 初,
千秋使成揜赴京時, 就報遼東以賊變, 劉江得預備之, 故賊敗沒.

사은사 조흡曺洽과 부사 이흥발李興發이 북경에서 돌아왔는데, 황제가
도둔곶都屯串181에서 붙들려 갔던 선군船軍 이원생李元生 등 세 사람을 함
께 돌려보내게 하였다. 원생 등이 말하기를,

"왜적이 중국 땅을 침노하다가 도독都督 유강劉江에게 패하여 1,500명이
목을 잘리고 생포된 자만도 103명이나 되었습니다. 배를 지키던 왜적이
우리들 붙들려 간 사람들에게 말하기를, '너희 나라에서 우리가 침략하러
간다는 것을 가만히 일러 주어서 우리들이 패전하게 되었다' 하고, 40여
명이나 찔러 죽이는데, 우리들 세 사람은 도망하여 중국으로 갔더니, 황제
가 의복과 식량을 주시며 돌아오게 하였습니다"

고 하였다. 전에 천추사千秋使 성엄成揜이 경사京師에 갈 때에 요동에 가서
왜적의 사변이 있을 것을 일러주었으므로, 유강劉江이 미리 대비하여 왜적

---

181 도두음곶(都豆音串)을 말한다. 충청남도 서천군 서면 도둔리에 위치한 곳으로 서쪽으로 돌
출된 곳이다. 서해를 항행할 때 교통의 요지이며, 해적이나 왜구의 침입이 잦은 곳이었다.

이 패망하였던 것이다.[182]

9月 7日(己酉) 2번째 기사
황제가 돌려보낸 선군들의 명년 조세와 부역을 면제해주다
上王命李元生等三名, 限明年復戶.

상왕이 이원생 등 세 사람에게 명년 한 해 동안 조세와 부역을 면제하게 하였다.

9月 8日(庚戌) 6번째 기사
경상우도 도절제사가 왜적이 9~10월에 침략하려 한다고 보고하다
慶尙道右道都節制使報, "今被擄唐人自對馬島逃來言, 倭賊議以九十月間侵掠朝鮮之境. 請徵聚右道各浦左右領船軍, 分乘無軍兵船, 以備不虞." 從之.

경상도 우도 도절제사가 보고하기를,

"포로가 되었던 중국 사람이 대마도에서 도망 와서 하는 말이, 왜적이 9~10월 간에 조선을 침략하자고 의논하더라 합니다. 우도 각 포구의 좌우령左右領[183] 선군船軍들을 징집하여 선군이 없는 병선에 분승시켜 비상사태에 대비하게 하소서"

하므로, 이에 따랐다.

---

182 명의 금주위에 속한 망해과에서 유강(劉江)이 침입해 온 왜구에게 대승을 거두었다.
183 고려 말에서 조선 초에 걸쳐 순군만호부(巡軍萬戶府, 뒤의 의금부)에 소속되어 있던 부대인 도부외(都府外)가 조선 건국 후 문무관제를 새로이 정할 때 좌령(左領)과 우령(右領)의 2영으로 편성되었다.

9月 11日(癸丑) 9번째 기사

분치해 두었던 일기주 왜적들도 노비로 만들다

柳廷顯啓, "前日分置一岐州 倭, 依對馬島 倭例, 使爲奴婢." 上王命
屬深遠各官爲奴婢.

유정현이 아뢰기를,

"전날에 분치分置하였던 일기주一岐州의 왜적들도 대마도 왜적의 예에
의거하여 노비로 삼게 하소서"

하니, 상왕이 깊고 먼 고을에 속하게 하여 노비로 삼으라고 명하였다.

9月 20日(壬戌) 4번째 기사

대마도 수호가 신서를 보내어 항복하기를 빌다

藤賢·邊尙等還自對馬島. 守護宗都都熊瓦遣都伊端都老, 通書于
禮曹判書乞降, 請賜印信, 仍獻土物.

등현藤賢[184]·변상邊尙[185] 등이 대마도로부터 돌아왔다. 대마도의 수
호 종도도웅환宗都都熊丸[186]이 도이단도로都伊端都老[187]를 보내어 예조 판

---

[184] 대마도에서 귀화한 왜인이다. 태조 7년(1398) 2월 17일 2번째 기사·태종 6년 2월 7일 3번째
기사·세종 1년(1419) 7월 17일 5번째 기사·세종 1년 7월 18일 6번째 기사·세종 1년(1419) 10
월 3일 5번째 기사의 '등현' 참고.

[185] 대마도에서 귀화한 왜인이다. 등칠(藤七)·등현(藤賢)·김원진(金源珍)과 함께 술을 먹고 다
투다가 거제도에 처치사를 설치하게 된 것이 김원진의 계책이라고 한 것이 문제가 되어 처벌
을 받았다(세종 13-10-1-6, 세종 14-3-8-2). 원래 거제도에는 백성이 살지 않았는데, 세종 2년에
처치사를 두어 수군을 주둔시켰고, 세종 4년부터 백성들이 거제도에 들어가 살게 되었다. 아
마도 대마도 왜인들이 그때까지 거제도를 왜구의 활동 등에 이용하고 있었는데, 김원진이 그
러한 사실을 알고 있었기 때문에 조선 당국에 거제도에 수군을 주둔시키도록 건의한 것으로
보인다.

[186] 원문의 도도웅와(都都熊瓦)는 도도웅환(都都熊丸, 宗貞盛)의 잘못이다. 1부「중요인물」'종
정성' 참조.

[187] 도이단도로(都伊端都老)는 일본어의 풍전전(豊田殿, 토요타도노)라는 호칭을 한자로 음사한
것으로 보인다. 대마도에서는 '요'가 '이'에 가깝게 발음하였다. 등현(藤賢)과 함께 조선으로 온

서에게 신서信書를 내어 항복하기를 빌었고, 인신印信 내리기를 청원했
으며, 토물土物을 헌납하였다.

9月 21日(癸亥) 2번째 기사
대마도의 항복을 받는 문제와 왜관을 짓는 문제를 의논하다

上曰, "對馬島今雖窮甚乞降, 心實譎詐. 若卷土來降則可矣, 如其不
來, 何足信乎?" 李原曰, "雖卷土來降, 置處亦難." 上曰, "不滿數萬, 處
之何難?" 原曰, "窮甚, 面許交好耳, 必不卷土投降矣." 上曰, "然." 許稠
曰, "初, 日本使臣尙少, 比年以來獻一刀者, 亦稱使臣, 自要買賣, 所齎
財貨, 絡繹道路, 驛吏受弊不小. 往往到禮曹, 有論功怒叱者, 國家一年
所賜, 多至萬有餘石. 今若許其交通, 則當作倭館於都外, 毋令入城. 其
齎都都熊瓦及宗俊等書契而來者, 待之以禮, 其買賣財貨, 令自轉運.
他如藤次郎等使人不許接待, 以嚴相交之始." 上曰, "若交通則如卿言
可也."

임금이 말하기를,

"대마도는 지금 비록 심히 궁하여 항복하기를 빌기는 하나, 속 마음
은 실상 거짓일 것이오. 만약에 온 섬이 통틀어서 항복해 온다면 괜찮
지만 만약에 그들이 오지 않는다면, 어찌 족히 믿을 수 있겠소"

하니, 이원이 아뢰기를,

"비록 온 섬이 통틀어서 항복해 온다 하더라도, 그것을 처치하는 것
역시 어렵습니다"

도이단도로는 20여일 만에 조선의 답신을 가지고 대마도로 돌아가게 된다. 세종 1년(1419) 10
월 13일 2번째 기사·세종 1년 10월 18일 3번째 기사 등의 '도이단도로 참고.

하였다. 임금이 말하기를,

"수 만에 지나지 않는데, 그 정도를 처치하는 것이 무엇이 어렵겠소"

하니, 원原이 아뢰기를,

"심히 궁하니, 겉으로는 우호적인 교제를 허락하는 것일 뿐이고, 반드시 온 섬이 통틀어서 투항해 오지는 않을 것입니다"

하였다. 임금이 말하기를,

"그렇소"

하였다. 허조許稠가 아뢰기를,

"처음에는 일본의 사신이 그래도 적더니, 근년에 와서는 칼 한 자루를 바치는 자까지도 사신이라 칭하고서, 자기가 나서서 물건을 매매하려 하고, 그들이 가지고 온 재화가 길에 연달아 있어, 역리들이 폐해를 입는 일이 적지 않습니다. 때때로 예조에까지 와서 공을 따지고 성내어 소리치는 자까지 있으며, 국가에서 일 년 동안에 이들에게 내리는 (양곡이) 1만여 석이라는 많은 양에 달합니다. 지금 만약에 그들의 내왕을 허락한다면, 마땅히 도성 밖에다 왜관倭館을 짓고 도성 안에 들어오게 하지 말 것입니다. 도도웅환都都熊丸[188] 및 종준宗俊[189] 등의 문서를 가지고 온 자들은 예로써 접대하여 주고, 그들이 매매하는 재화는 자기가 운반해 다니게 하십시오. 그 밖에 등차랑藤次郎[190] 등이 부리는 사람은 접대

---

188 원문의 도도웅와(都都熊瓦)는 도도웅환(都都熊丸, 宗貞盛)의 잘못이다. 1부 「중요인물」 '종정성' 참조.

189 종정무의 아들이고, 종정성의 아우이다. 1부 「중요인물」 '종준' 참조.

190 등차랑(藤次郎)은 선장(船匠), 즉 배를 만드는 목수로 대마도 정벌 때 좌위문삼랑(左衛門三郎)과 함께 조선에 포로로 잡혔다. 나중에 그들이 대마도 호족이라는 사실이 밝혀지자 태종이 음식, 의복은 물론 노비와 집, 심지어 양가집 딸까지 주며 대우해 주었다. 태종 17년(1417) 윤5월 19일 2번째 기사·세종 4년(1422) 12월 20일 4번째 기사·세종 2년(1420) 11월 1일 2번째 기사·세종 3년(1421) 7월 20일 2번째 기사·세종 24년(1442) 12월 26일 3번째 기사 등의 '등차랑

를 불허하여, 내왕의 개시를 엄격하게 하여야 할 것입니다"

하였다. 임금이 말하기를,

"만약에 내왕을 하게 되면, 경卿의 말과 같이 하는 것이 좋겠소"

하였다.

9月 24日(丙寅) 4번째 기사
이순몽이 대마도 출정의 논공행상이 불공평함을 아뢰다

李順蒙啓, "對馬島赴征時, 右軍竝不下陸, 唯臣率軍士下據高峯, 力戰却敵. 且自二十日至二十五日, 搜捕倭賊, 焚其家戶. 其時論有功軍士等第, 卽報右道節制使, 節制使不報兵曹. 且於錄功時, 只錄斬首五人, 其餘勝敵有功者竝皆不錄, 非徒行賞不公, 將無以勸後."

이순몽李順蒙[191]이 아뢰기를,

"대마도에 출정하였을 때, 우군右軍은 전연 상륙하지 않았고, 오직 신만이 군사를 거느리고 내려가 높은 산봉우리를 거점으로 하여, 힘을 내어 싸워 적을 물리쳤습니다. 또 20일부터 25일까지 왜적을 수색하여 잡았고, 그들의 집을 불살랐습니다. 그때 공을 세운 군사들의 등급을 매겨서, 즉시로 우도 절제사右道節制使에게 보고하였는데, 절제사는 그것을 병조에 보고하지 않았습니다. 또 공을 기록할 때에도 단지 (왜적의)

참고.

191 기해동정과 관련하여 이순몽의 이름이 거론되는 기사에서는 그가 아주 용맹한 장수로, 당시 왜인들이 매우 두려워했던 존재였다고 묘사되어 있다. 그래서 세종은 이순몽을 나라에 없어서는 안 될 인물로 여겼고, 뇌물을 주고받는 등의 부정부패를 저지른 순몽을 '미미한 죄'를 지은 대장(大將)이라는 이유로 용서해주었다. 세종 1년(1419) 6월 29일 3번째 기사·세종 1년(1419) 9월 25일 3번째 기사·세종 23년(1441) 6월 9일 3번째 기사·세종 26년(1444) 6월 10일 2번째 기사 '이순몽' 참고.

목을 벤 다섯 사람만을 기록하고, 그 나머지의 왜적을 쳐 이겨 공을 세운 자들은 모두 다 기록하지 않았으니, 논공행상이 불공평할 뿐 아니라, 장차 뒤에 올 사람들에게도 권면할 길이 없습니다"
하였다.

9月 25日(丁卯) 5번째 기사
윤곤 등에게 관직을 제수하고 대마도를 정벌한 2백여 명에게 상직을 주다

以尹坤爲吏曹判書, 朴子靑判右軍都摠制府事, 孟思誠判漢城府事, 洪敷左軍都摠制, 成達生·金貴寶·朴光衍並中軍摠制, 李順蒙左軍摠制, 安純戶曹參判, 柳暗恭安府尹, 李之剛平安道都觀察使, 李恪慶尙道右道兵馬都節制使. 又論東征之功, 受賞職者二百餘人.

윤곤尹坤을 이조 판서에, 박자청朴子靑을 판우군도총제부사判右軍都摠制府事에, 맹사성孟思誠을 판한성부사判漢城府事에, 홍부洪敷를 좌군 도총제左軍都摠制에, 성달생成達生·김귀보金貴寶·박광연朴光衍을 다 중군 총제中軍摠制에, 이순몽을 좌군 총제左軍摠制에, 안순安純을 호조 참판에, 유장柳暗을 공안부 윤恭安府尹에, 이지강李之剛을 평안도 관찰사에, 이각李恪을 경상우도 병마 도절제사에 각각 임명하였다. 또 동정東征한 공을 논했는데, 상직을 받은 자가 2백여 명이었다.

9月 25日(丁卯) 5번째 기사
병조에서 왜적 방어를 위한 각도의 군기·병선의 점검에 대해 아뢰다

兵曹啓, "曾降宣旨, 令每年秋, 遣官各道, 點檢軍器衣甲兵船. 今倭

賊防禦緊急, 請移文各道, 令諸色軍丁修補軍器衣甲, 乃於十一月晦
時, 分遣敬差官點考, 如有轉借承點者, 幷物主依律論罪, 船軍則今方
修補兵船, 待事畢後, 別遣官點考." 從之.

병조에서 아뢰기를,

"일찍이 매년 가을, 관원을 각도에 보내어 군기軍器·의갑衣甲·병선을
점검하게 하라는 선지를 내리셨습니다. 지금 왜적 방어가 긴급하오니,
각도에 공문을 보내어 각색諸色의 군정들로 하여금 군기와 의갑을 보수
하게 하고 나서, 11월 회시晦時를 기해서 경차관을 보내어 점검하게 하
고, 만약에 전차승점轉借承點192한 자가 있으면, 물주까지 함께 법률대로
죄를 따지도록 하고, 선군은 지금 병선을 수리하고 있으니, 일이 끝난 후
에 가서 따로 관원을 보내서 점검하도록 하기 바랍니다"

하니, 이에 따랐다.

10월 1일(壬申) 3번째 기사
예조에서 억류해 둔 왜인 등에게 두꺼운 내의를 지급할 것을 건의하다

禮曹啓, "今來日本國九州田平殿所送原珍等五人及留船格倭三十
六名, 請給禦寒襦衣." 從之.

예조에서 아뢰기를,

"지금 온 일본국 구주九州의 전평전田平殿193이 보낸 원진源珍194 등 5인

---

192 다른 사람이 가진 것을 빌려서 돌려가며 점검을 받는 기만행위를 말한다.
193 지좌(志佐)·좌지(佐志)와 같이 송포(松浦) 반도의 지명이다. '전평전(田平殿)'은 전평(田平)이
   라는 지역의 우두머리라는 뜻이고, 태종 때의 그 지위에 있던 사람의 이름이 원원규(源圓珪), 세종
   때는 원성(源省)이었다. 세종 2년 8월 2일 기사에 의하면 비전주(肥前州) 전평(田平) 우진(寓鎭)
   준주목(駿州牧) 원성(源省)이 토산물을 바쳤다고 하였다. 따라서 준주태수(駿州太守)·목(牧)으
   로 자처하는 사람들이 원래는 송포 지역의 전평 혹은 일기도(一岐島)에 거점을 둔 세력임을 알

과 배에 머물러 있는 격왜格倭¹⁹⁵ 36명에게 어한유의禦寒襦衣¹⁹⁶를 지급해
주도록 하십시오"

하니, 이에 따랐다.

10月 3日(甲戌) 4번째 기사
경상우도 병마절제사가 추수를 위해 주둔 병사들을 잠시 놓아 보낼 것을
건의하다

慶尙道右道兵馬節制使啓, "對馬島已遣人納款, 且今秋耕拾栗爲
緊. 其屯守陸地軍人等, 姑令放送, 有變則徵聚防禦." 上王從之.

경상우도 병마절제사가 아뢰기를,

"대마도에서 이미 사람을 보내 납관納款¹⁹⁷해 왔고, 또 지금은 가을갈
이와 밤 줍는 일이 급합니다. 육지에 주둔하여 수비하는 군인들은 잠시
놓아 보냈다가,¹⁹⁸ 변고가 생기면 불러 모아서 방어토록 하소서"

하니, 상왕이 이에 따랐다.

수 있다. 태종 4년(1404) 7월 17일 2번째 기사 · 태종 3년(1403) 10월 30일 2번째 기사 '원원규' 참고.
세종 11년(1429) 12월 3일 5번째 기사 · 세종 20년(1438) 9월 18일 2번째 기사 '전평전' 참고.

194 세종 6년(1424) 5월 20일 4번째 기사 '원진(源珍)' 참고. 이 조에서는 원진(原珍)으로 되어 있으
나 원진(源珍)의 잘못으로 생각된다.

195 『조선왕조실록』 번역 주에는 격왜(格倭)를 '명령을 거스른 왜인'이라 하였다. 그러나 추위를
막기 위해 입는 내의를 명령을 거스른 왜인에게 내어준다는 것도 어색하고, 기사 전체를 보면
격왜(格倭)는 구주에서 온 사절단과 관련된 왜인이다. 그러므로 격왜는 '격군(格軍)'으로 근무
하는 왜인'이라고 보는 것이 옳다.

196 추위를 막기 위해 입는 내의를 말한다.

197 온 정성을 다 바쳐 성심(誠心)으로 복종한다는 뜻이다. 세종 1년(1419) 9월 20일 4번째 기사에
서 도도웅환(都都熊丸)이 도이단도로(都伊端都老, 豊田殿)를 통해 예조 판서에게 신서(信書)
를 내어 항복하기를 빌었다는 내용을 말한다.

198 대마도 정벌 때 조선시대 수군에는 정식으로 관직을 받은 이 외에도 앞서 살펴본 염간(鹽干)
과 같이 일반 백성들도 동원되었다. 같은 맥락에서 농번기에는 수군들을 일손으로 쓰기도 했
음을 알 수 있는 기사이며, 이 때 수군들은 바로 다음날 다시 본포로 돌아가게 된다. 세종 1년
(1419) 10월 4일 7번째 기사 참고.

10月 3日(甲戌) 5번째 기사

병조에서 2차 대마도 정벌을 피해 유망하는 군정들을 징계할 것을 아뢰다

兵曹啓, "對馬島倭奴不顧國家撫育之恩, 殺掠邊民, 罪不容誅, 命將
征討, 恐有餘孽鼠竊邊鄙, 令修戰艦, 以備再擧. 乃遣投化倭藤賢等于
對馬島, 具陳利害, 賊等遣人, 隨賢奉書送款. 今聞, 諸道軍丁等要避再
擧, 續續流亡, 不爲恒産之計. 今雖再擧, 亦是爲民耳, 宜當盡心敵愾.
況今餘賊送款, 而無識之民, 不畏邦憲, 謀欲逃避, 不可不懲. 請令忠
淸·全羅·慶尙等道監司, 捕致京師, 大懲鑑後." 上王從之.

병조에서 아뢰기를,

"대마도의 왜노가 나라에서 무육撫育해 주는 은혜를 생각지 않고 변
경의 백성들을 살략殺掠하여, 그 죄가 죽여도 남음이 있으므로, 장수에
게 명해서 원정 토벌케 하였고, 그 잔당들이 변경을 귀찮게 할까 두려워
하여, 전함을 수리하여 재차 토벌할 때를 대비케 하였습니다. 투항 귀
화한 왜인 등현藤賢[199] 등을 대마도로 보내서 이해를 갖추어 일러주게
하였더니, (대마도의) 적賊들이 사람을 보내 등현을 따라와 글을 바쳐 성
심으로 복종하겠다는 뜻을 전해 왔습니다. 지금 듣자옵건대, 제도諸道
의 군정軍丁들이 재차 토벌하는 것을 피하려고 속속 유망하고 항산恒
産[200]을 지킬 계획을 하지 않습니다. 만약에 재차 토벌한다 하더라도,
그것 역시 백성들을 위한 일이니, 의당 마음을 다해서 적개심을 발동해
야 할 일입니다. 하물며 지금 나머지 왜적들이 성심으로 복종할 뜻을

---

199 대마도에서 귀화한 왜인으로 원래 이름은 현준(賢准)이다. 기해동정 교섭 과정에서 태종의
　　국서를 도도웅환에게 전달하는 등 교섭을 위하여 활동하였다.
200 살아갈 수 있는 일정한 재산이나 생업이다. 일반 백성들은 항산이 있어야 항심이 있다고 여
　　겨, 왜인들도 노략질을 하지 않게 하려면 항산을 확보해 줄 필요가 있다고 여겼다.

전해 왔는데, 무식한 백성들이 나라의 법을 두려워하지 않고 도피하려고 꾀하니, 이들을 징계하지 않을 수 없습니다. 이제 충청·전라·경상 등 도의 감사監司를 시켜 서울로 잡아 올려 대대적으로 징계하여, 뒤의 본보기를 보여 주도록 하소서"

하니, 상왕이 이에 따랐다.

10月 4日(乙亥) 7번째 기사
경상우도 수군 절제사가 추수를 위해 본포를 떠나 있는 군사들을 돌아오게 할 것을 아뢰다

慶尙道右道水軍都節制使啓, "前日奉宣旨, 聚各浦兵船, 各以二十艘, 分守要害之處. 今當禾穀成熟之時, 各離本浦, 聚於三四息之地, 賊若以輕船突入侵掠, 則必未及捕. 乞令各還本浦, 以便備禦." 從之.

경상우도 수군 절제사가 아뢰기를,

"전일 선지를 받들어 각 포의 병선을 모아 각각 20척씩으로 요해지를 갈라서 수비케 하였습니다. 지금 곡식이 익을 때를 맞이하여 각각 본포本浦를 떠나 3~4식息[201]이나 되는 곳에 모여 있으며, 왜적이 만약에 경선輕船을 가지고 돌입해서 침입 약탈해 온다면, 반드시 잡지 못하게 될 것입니다. 각각 본포로 돌아와서 방어 대비에 편리하도록 하여 주소서"

하니, 이에 따랐다.

---

[201] 1식은 30리를 말한다.

상왕이 유정현 등과 대마도를 설유하는 방책을 의논하다

朝壽康宮. 上王召柳廷顯·朴訔·李原·許稠·申商等, 議招諭對馬之策, 僉云, "當諭之云, '汝島之人, 初以作賊爲事, 侵掠我疆. 其後宗貞茂遣人乞降, 我不忍絶之, 從其所欲, 蓋有年矣. 今又作賊生釁, 命遣兵船, 捕其妻孥, 汝等拒命, 各因地險戰, 兩不利. 若再遣兵船, 或千餘艘, 或五六百艘, 出入攻之, 自致飢困以死, 可立待也. 今汝來乞交好, 然前此非不交好, 而構釁如此, 豈可信哉? 其必如宗俊等親來投化, 乃許其降, 大者爲官, 小者爲民, 聽其所願, 使安生業. 汝往曉諭島人, 其速來報. 待十一月不報, 吾亦以爲永不來投矣.' 以此爲辭, 令兵曹·禮曹同諭遣之." 上王然之.

수강궁에서 조회하였다. 상왕이 유정현·박은·이원·허조·신상申商들을 불러, 대마도를 설유說諭하는 방책을 의논하니, 다들 말하기를,

"마땅히 이렇게 설유해야 합니다. '너희 섬사람들은 처음에는 도적질하는 것을 일삼아 우리 땅을 침범하여 노략질을 하였다. 그 후 종정무宗貞茂[202]가 사람을 보내 항복하겠다고 빌기에, 우리는 차마 그를 끊어버릴 수 없어, 그가 하고자 하는 대로 따른 지가 여러 해 되었다. 지금 또 도적질을 하여, 사단을 일으켰기에, 병선을 보내 그 처자들을 잡아 오게 명했더니, 너희들은 명령에 항거하여, 제각기 험한 곳을 이용하여 싸웠는데, 양쪽이 다 불리했다. 만약에 다시 병선을 1,000척 내지 5,6백척을 보내 드나들며 공격하면 스스로 굶주림과 곤란을 초래하여 죽게 됨을 면치 못할 것이다. 지금 네가 와서 수호修好하기를 빈다마는, 앞서

---

202 대마도주로 종정성(도도웅환)의 아버지이다. 1부 「중요인물」 '종정무' 참조.

도 수호하지 않은 것이 아니었으나, 그같이 흔단釁端을 일으키니, 어찌 믿을 수 있겠느냐. 반드시 종준宗俊203 등이 친히 와서 투화한다면,204 그 때에는 너희들이 항복하는 것을 허락해 주고, 신분이 높은 자는 벼슬을 살게 하고, 작은 자는 백성이나 되게 하여, 너희들의 원하는 바를 들어 주어 생업에 안정하게 하여 줄 것이다. 너는 돌아가서 도민島民들이 깨닫도록 일러주고 속히 와서 보고하라. 11월까지 기다려도 보고해 오지 않는다면, 우리도 영영 투항해 오지 않는 것으로 생각하겠다'고 말해서, 병조와 예조가 함께 설유하여 보내도록 할 것입니다"

하니, 상왕은 그 방법이 옳다고 하였다.

10月 11日(壬午) 1번째 기사

충청도 병마 절제사가 보충된 선군의 실태와 앞으로의 보충에 대해 건의하다

忠淸道兵馬節制使啓, "曾奉宣旨, 對馬島赴征還來逃亡甲士·別牌·侍衛牌·鎭屬軍官人等, 并充船軍, 待後日再征, 成功自贖. 今道內別牌元數七百名內, 甲士試才者三十二名, 以逃亡, 充船軍者二百八十六名, 共三百十八名, 更無閑良者, 可以充補. 乞於元定船軍內, 擇其富實, 才能者, 充定." 從之.

충청도 병마 절제사가 아뢰기를,

"전에 선지를 받들어 대마도에 원정갔다 도망쳐 돌아온 갑사甲士·별

203 대마도주 종정무의 아들이다. 세종 즉위년 8월 21일 7번째 기사 '종요' 주석 참조.
204 조선은 수차례 기회를 주었음에도 계속해서 침략을 하는 왜구들에게 더 이상은 믿을 수 없다며, 종정무(宗貞茂)의 아들인 종준(宗俊) 정도는 와서 항복을 해야 인정해주겠다고 한다. 그러면서 11월이라는 기한까지 붙이면서 대마도를 압박했다. 세종 1년(1419) 3월 4일 10번째 기사 '종준' 참조.

패別牌 · 시위패侍衛牌 · 진속 군관鎭屬軍官들은 다 선군에 충당하였다가 후일 다시 원정할 때를 기다려 공을 이뤄 스스로 죄를 속하도록 하였습니다. 지금 도내의 별패의 원래 수는 7백 명인데, 그 안에 갑사로 시재試才한 자는 32명, 도망하였던 까닭으로 선군에 충당된 자가 286명, 합계 318명이고, 그 밖에는 한량으로서 보충할 만한(좋은) 자가 없습니다. 원래 정하였던 선군 안에서 부유하고 재능이 있는 자를 골라서 정수를 채우도록 하여 주시기를 바랍니다"

하니, 이에 따랐다.

10月 12日 (癸未) 1번째 기사
왜에서 도망쳐 온 중국인 증아숙 등을 요동으로 돌려보내다

被虜漢人 曾亞椒等五人, 自倭逃回, 遣譯者全義, 解赴遼東.

포로로 잡혔던 한인漢人 증아숙曾亞椒[205] 등 5인이 왜로부터 도망쳐 오므로, 역자 전의全義를 파견하여 요동으로 돌려보냈다.

10月 13日 (甲申) 2번째 기사
조말생이 허조와 함께 도이단도로에게 항복을 설유하다

命趙末生, 就禮曹與許稠, 說與都伊端都老以招來之意如前所議, 都伊端都老對曰, "當以宣旨事意, 回說都都熊瓦. 然島內人未必盡爲賊, 今下旨以爲盡是作賊, 心實痛悶."

조말생에게 명하여 예조에 가서 허조와 함께 도이단도로都伊端都老[206]에

205 여기에만 보인다.

게 전에 의논한 바와 같이, 항복해 오라는 뜻을 설유하게 하였다. 도이단도 로가 대답하여 말하기를,

"틀림없이 선지에 보인 뜻을 가지고 돌아가서 도도웅환都都熊丸[207]에 게 말하겠습니다. 그러하오나 도내對馬島內의 사람들이 반드시 다르다. 도적이 아니온데, 지금 내리신 선지는 다 도적질을 했다고 하셨으니, 마음 속이 정말 아프고 답답합니다"

하였다.

10月 17日(戊子) 3번째 기사
대마도 적중 도만호가 대마도 토벌 때 자신들이 협력했음을 말하다

對馬島賊中都萬戶左衛門大郎通書于禮曹曰, "貴國見討本島時, 敬畏 王命, 不敢發一箭, 且說宗俊, 委護官軍, 使之汲水, 其時將帥悉皆知之. 乞 還前日所送船及格人."

대마도의 적중賊中 도만호都萬戶[208] 좌위문대랑左衛門大郎[209]이 예조에 글 을 보내 와 말하기를,

"귀국에서 본도를 토벌할 때 왕명을 경외하여, 감히 화살 하나도 쏘 지 않았고, 또 종준宗俊[210]에게 말하여, 관군을 잘 보호하여 그들로 하여

---

206 도이단도로(都伊端都老)는 일본어의 풍전전(豊田殿, 토요타도노)라는 호칭을 한자로 음사한 것으로 보인다. 대마도에서는 '요'가 '이'에 가깝게 발음하였다. 등현(藤賢)과 함께 조선으로 온 도이단도로는 20여일 만에 조선의 답신을 가지고 대마도로 돌아가게 된다.
207 원문의 도도웅와(都都熊瓦)는 도도웅환(都都熊丸, 宗貞盛)의 잘못이다. 1부 「중요인물」 '종 정성' 참조.
208 왜구들 속에 있는 도만호라는 뜻이다.
209 대마도 두지포(頭地浦, 土寄, 쯔찌요리)에 거점을 둔 왜구의 우두머리로 조전좌위문태랑(早 田左衛門太郞)이다. 1부 「중요인물」 '좌위문태랑' 참조.
210 대마도주 종정무의 아들이다. 세종 즉위년 8월 21일 7번째 기사 '종준' 주석 참조.

금 물을 길어 가게 하였으니, 그 때의 장수들은 이 일을 다 알 것입니다. 전일에 보낸 배와 간 사람들을 돌려보내 주시기 바랍니다"
라고 하였다.

10月 18日(己丑) 3번째 기사
도도웅환이 보낸 서신에 답한 예조 판서 허조의 편지

都都熊瓦使人都伊端都老詣闕拜辭命. 禮曹判書許稠答其書曰, "使至得書, 備詳辭意. 將所諭發還本島人及賜與印信等事, 謹以啓聞. 兵曹判書臣趙末生敬奉宣旨, 若曰, '降衷秉彝, 有生所同得, 好善惡惡, 人心所同然. 五方之人, 其言語習尙, 雖或不同, 降衷秉彝之性, 好善惡惡之心則未始有異也. 今對馬島人等投集小島, 以爲窟穴, 肆爲盜賊, 屢被死亡, 無所忌憚者, 非天之降才異殊也. 特以小島, 類皆石山, 土性磽薄, 不宜稼穡, 阻於海中, 懋遷魚鹽, 勢難常繼, 率以海菜草根爲食, 未免爲飢餓所迫, 喪其良心而至此耳, 予甚憫焉. 都都熊瓦之父宗貞茂, 爲人深沈有智, 慕義輸誠, 凡有所需, 靡不申請. 嘗請珍島·南海等島, 欲與其衆遷居, 其爲子孫萬世慮, 豈淺淺哉? 予甚嘉之, 方欲聽其所請, 而貞茂捐世, 嗚呼悲夫! 都都態瓦若能體予仁愛之心, 念父慮後之計, 曉諭其衆, 卷土來降, 則當錫以大爵, 授以印信, 頒以厚祿, 錫之田宅, 俾世享富貴之樂. 其代官人等, 皆以次授爵頒祿, 待以厚禮, 自餘群小, 亦皆隨所願, 欲處之沃饒之地, 各給爲農之備, 使獲耕稼之利, 以免飢饉. 充其良心, 皆知善之當爲, 惡之當去, 一洗舊染之汚, 變爲禮義之俗, 共享福利於無窮, 顧不偉歟? 然農事不可緩也. 若委心聽順, 欲爲農桑, 則須當十二月, 先遣島中管事者以來, 聽予指揮. 其農糧磁器與穀種等事, 預爲之備, 至時方無欠缺. 若違此時, 則後不可强爲之說. 所請向來分置倭人等, 竝令諸道, 官給衣糧, 以遂其生, 待汝衆來降之日, 卽令完聚, 俾無離散之憂. 其父子兄弟, 若有欲速見之者, 則先來管事者, 將帶出來, 庶爲便益. 嗚呼! 敷文德以懷綏四方者, 自古帝王之本心也, 奮威武以殄殲不率者, 豈所欲哉? 不獲已也. 下令禮曹, 書付回使, 諭予至懷, 使開自新之路, 永遂生生之望, 以副予一視同仁之意. 敬此.' 今將宣旨事意, 備書回去, 細在還使耳聞. 足下其思之, 與島中識時勢, 知義理者共圖之, 一島幸甚."

도도웅환都都熊丸[211]이 보낸 사람 도이단도로都伊端都老[212]가 대궐에 나아가 사명을 받들었다. 예조 판서 허조가 그 서신에 답하여 말하기를,

"사자使者가 와 서신을 받아 사연을 자세히 알았노라. 말하여 온 바 본도인本島人을 돌려보내는 것과 인신印信을 내리는 것들의 일을 삼가 아뢰어 바쳤노라. 병조 판서 신조말생이 삼가 선지를 받들었더니 이르기를, '바른 덕과 진실된 마음으로 천성을 지키는 것은 생명이 있는 인간이면 다 같이 지니고 있는 바이요, 선을 좋아하고 악을 미워함은 사람의 마음이 다 같이 옳다고 여기는 바이다. 오방五方의 사람들은, 그들의 언어와 풍습이 혹 다를지라도, 바른 덕과 진실된 마음으로 천성을 지키는 성품

---

211 원문의 도도웅와(都都熊瓦)는 도도웅환(都都熊丸, 宗貞盛)의 잘못이다. 1부 「중요인물」 '종정성' 참조.

212 풍전전(豊田殿, 토요타도노)의 음가를 한자로 옮긴 것으로 생각된다. '端'은 '타'라는 음가와 더불어 뒤에 오는 소리가 탁음인 것을 나타낸다. 즉 다음에 오는 한자 '都'의 음가가 '토'가 아니라 '도'임을 지시하는 것이다. '요'를 '이(伊)'로 나타낸 것은 당시에 대마도에서 '요'를 '이'에 가깝게 발음했기 때문인 것으로 생각된다. 도도웅환의 가신으로 기해동정의 사후처리 과정에서 대마도 측 인물로 활약하였다.

과, 선을 좋아하고 악을 미워하는 마음은 다름이 없노라. 이제 대마도 사람들이 작은 섬에 모여들어 굴혈窟穴을 만들고 마구 도적질을 하여, 자주 죽음을 당하고도 꺼리는 바가 없는 것은, 하늘이 내려 준 재성才性이 그렇게 달라서 그런 것이 아니다. 다만 작은 섬이 대개 다 돌산이므로, 토질이 척박해서 농사에 적합하지 않고, 바다 가운데 박혀 있어 물고기와 미역의 교역에 힘쓰나, 형세가 늘 잇기 어렵고, 바다 나물과 풀뿌리를 먹고 사니, 굶주림을 면하지 못해 핍박하여 그 양심을 잃어 이 지경에 이르렀을 뿐이니, 나는 이것을 심히 불쌍하게 여기노라. 도도웅환의 아비 종정무宗貞茂[213]의 사람됨은 사려가 깊고 침착하며 지혜가 있어, 정의를 사모하여 성의를 다하였고, 무릇 필요한 것이 있으면 신청해 오지 않은 적이 없노라. 일찍이 진도와 남해 등의 섬을 청하여, 그의 무리들과 함께 옮겨 와 살기를 원했으니, 그가 자손 만대를 위해 염려함이 어찌 얕다 하겠느뇨. 나는 이를 매우 가상히 여겨, 막 그의 청하는 바를 들어 주려고 하였던 차에, 정무貞茂가 세상을 버렸으니, 아아, 슬프도다.

도도웅환이 만약에 내 인애스러운 마음을 깨닫고 아비의 후세를 염려한 계획을 생각하여, 그 무리들을 타일러 깨닫게 하여, 그 땅에 사는 사람들을 모두 거느리고 항복해 온다면, 틀림없이 큰 작위를 내리고, 인신을 주고, 후한 녹을 나누어 주고, 전택을 내려 대대로 부귀의 즐거움을 누리게 하여 줄 것이다. 그 대관인代官人 등은 다 등급에 따라 작을 주고 녹을 갈라 주어 후한 예로써 대해 줄 것이며, 그 나머지 군소배群小輩들도 다 소원에 따라 비옥한 땅에다 배치해 주고 하나하나에 농사짓

---

213 대마도주 종정성(도도웅환)의 아버지이다. 1부 「중요인물」 '종정무' 참조.

는 차비를 차려 주어, 농경의 이득을 얻게 하여, 굶주림을 면하게 하여 주리라. 양심을 충실하게 하여 선은 마땅히 행해야 하고, 악은 마땅히 없애야 함을 알아서, 전에 물들은 더러움을 싹 씻어버리고 예의의 습속으로 변하여, 무궁토록 함께 복리를 누리게 된다면, 훌륭하지 아니하냐. 그러나 농사일은 미룰 수 없노라. 만약에 마음을 돌려 순종하고 농상農桑을 영위하기를 원한다면, 모름지기 12월에 가서 먼저 섬 중의 일 관리하는 자를 보내 와서, 내 지휘를 받도록 할지니라. 농량農糧·농기구·곡식 씨앗 등에 관한 일들을 미리 준비하여 두어야, 철이 되어서 부족한 일이 없게 될 것이니라. 만약에 이 때를 어기면, 후에 무리하게 둘러댈 수 없느니라. 요청해 온, 전에 분치分置하였던 왜인 등은 다 각도에 영을 내려 의류와 양곡을 관급해 주어서 살 수 있게 하여 주고, 너희 무리들이 와서 항복하는 날 곧 완전히 모이게 하여, 이산離散하는 걱정이 없게 하여 주겠노라. 부자 형제로 만약에 빨리 만나기를 원하는 자가 있다면, 먼저 오는 일을 관리하는 자가 데리고 나오면 편리하리라. 아아, 문덕文德을 펴서 사방을 편안케 하는 것은 옛날부터 제왕의 본심이로다. 위무威武를 떨쳐서 순종치 않는 자를 죽여 없앰이야 어찌 원하는 바이랴. 부득이해서이니라. 예조에 영을 내려 돌아가는 사자使者에게 글을 부쳐, 나의 지극한 마음을 알리게 하여, 스스로 새롭게 사는 길을 열게 하여 주어, 길이 삶을 살아갈 수 있는 희망을 이루게 하여, 나의 일시동인一視同仁하는 뜻에 맞게 하노라. 이로써 줄이노라' 하였다. 이제 선지의 뜻을 갖추어 써서 돌려 보내노라. 자세한 것은 돌아가는 사자가 귀로 직접 들었노라. 족하足下는 잘 생각하여, 섬 중의 시세를 알고 의리를 아는 자들과 함께 의논해서 처리하면 온 섬이 다행하리라"

고 하였다.

10月 25日(丙申) 1번째 기사
(대마도) 동정으로 인민이 피폐해졌으므로, 명년 철의 공납을 면제토록 하다

視事. 上曰, "今年因東征, 人民困瘁, 免明年貢鐵."

정사를 보았다. 임금이 말하기를,

"근년에는 동정東征[214] 때문에 인민들이 고달파졌으니, 명년의 철鐵의
공납을 면제하라"

하였다.

10月 26日(丁酉) 3번째 기사
수강궁에서 대신들과 대마도 재정벌에 대하여 논의하다

上朝壽康宮設酌, 柳廷顯·朴訔·李原·卞季良·許稠·趙末生·
申商等入侍. 上王密語廷顯等曰, "前日征對馬島時, 甲士五六人被賊
所擒未還. 今都都熊瓦使人還時, 諭之發還乎?" 末生曰, "未也." 上王卽
命遣鎭撫洪師錫, 追及諭之. 上王又曰, "予聞, 下道之民憚於再征, 流
移者頗多. 且對馬爲島, 險阻隔海, 未易征討, 今幸都都熊瓦乞降. 造船
鍊士, 將爲再征之擧, 彼豈不聞乎? 賊旣聞此聲, 而佯若再征以動之, 不
亦可乎?" 廷顯對曰, "上敎甚當." 朴訔·李原等曰, "臣以爲, 當移文各道
曰, '今倭人誠心來降, 姑停再征之擧. 苟作耗如前, 則必當再擧, 其各預
備以待.'" 上王曰, "然." 卽命移文.

---

214 대마도를 정벌한 기해동정을 뜻한다.

임금이 수강궁에 문안하고 술자리를 차리고, 유정현·박은·이원·변계량·허조·조말생·신상申商들이 입시入侍하였다. 상왕이 정현 등에게 은밀히 이르기를,

"전일 대마도를 정벌했을 때, 갑사 5,6인이 왜적에게 사로잡혀 돌아오지 못했소. 이제 도도웅환都都熊丸[215]의 사자가 돌아갈 때, 그들을 돌려보내라고 일러 보냈소?"

하니, 조말생이 아뢰기를,

"일러 보내지 않았습니다"

하므로, 상왕이 곧 진무[216] 홍사석洪師錫을 보내, 그를 따라가서 일러주라고 명하였다. 상왕이 또 말하기를,

"내가 듣건대, 하도下道의 백성들이 다시 출정하는 것을 꺼려 유이流移하는 자가 무척 많다고 하오. 그런데 대마도는 섬이 험조險阻하고 바다를 사이에 두고 있어 출정 토벌하기가 쉽지 않은데 지금 다행히 도도웅환이 항복을 빌어 왔소. 배를 만들고 군사를 훈련하여, 다시 정벌하러 가리라는 소문을 그가 어찌 듣지 않았겠소. 왜적이 이미 이 소문을 들었으니, 거짓으로 다시 정벌하는 것 같이 하여서, 그들을 동요시킨다면, 또한 좋지 않겠소?"

하니, 정현이 대답하여 아뢰기를,

---

215 원문의 도도웅와(都都熊瓦)는 도도웅환(都都熊丸, 宗貞盛)의 잘못이다. 1부「중요인물」, '종정성' 참조.

216 조선 초기에는 중앙군의 군령을 맡은 삼군진무소(三軍鎭撫所)나 오위진무소(五衛鎭撫所)의 도진무(都鎭撫)가 있었듯이, 왕명을 받들어 외방에서 군사를 지휘하는 장수인 병마도절제사, 수군도안무처치사(水軍都安撫處置使)의 밑에도 도진무를 두었다.
1466년(세조 12)의 관제 개혁에서 병마도절제사도진무는 병마우후, 수군도안무처치사도진무는 수군우후로 각각 개칭되었다. 이로부터 도원수·원수 등으로 출정하는 장수 밑에서 군령을 담당하는 직책의 호칭 역시 도진무에서 우후로 바뀌게 되었다.

"상왕의 말씀이 지당합니다"

하였다. 박은과 이원들이 아뢰기를,

"신 등의 생각으로는 마땅히 각도에, '지금 왜인이 성심으로 항복해

왔으므로, 잠시 재차 정벌하는 일을 정지한다. 만약에 앞서 같이 나쁜

짓을 한다면, 반드시 다시 정벌해야 할 것이니, 각각 준비하고 기다리

라'고 이문移文해야 할 것으로 압니다"

하므로, 상왕이 말하기를,

"옳다"

하고, 곧 이문하도록 명하였다.

10月 27日(戊戌) 1번째 기사

임금이 왜인의 접대를 위해 관사 짓는 것이 급함을 말하다

視事. 上曰, "倭人接待, 自今更始, 禮曹宜與議政府擬議施行. 其築

館城外之事, 爲今急務." 金漸曰, "天氣始寒, 不可興作土木之役."

정사를 보았다. 임금이 말하기를,

"왜인의 접대가 지금부터 다시 시작되었으니, 예조에서는 의정부와

의논하여서 시행하여야 하오. 성 밖에 관사館舍217를 짓는 일이 지금의

급한 일이오"

하니, 김점이 아뢰기를,

"날씨가 추워지기 시작했으니, 토목의 일을 일으켜서는 안 됩니다"

---

217 이 기사는 대마도 정벌 이후 다시 왜관을 건립할 것을 논의하는 내용이며, 1423년에는 내이포
(乃而浦)와 부산포(富山浦) 두 곳에 선군(船軍)으로 하여금 관사(館舍)와 창고를 더 짓게 하기
도 했다(세종 5-10-25-3).

하였다.

불충한 죄를 범한 김훈을 추천했던 이종무·이적·서성을 하옥시키다

下李從茂·李迹·徐省于義禁府, 命三省雜治之. 金訓乃迹姊夫, 雖
由文科出身, 性好武事, 能射猛獸, 自負有文武才. 所爲多不謹. 又好女
色. 愛水原官妓碧團團, 密携至京. 仁德宮宮人小梅香, 碧團團之叔母
也. 訓夤緣得潛謁仁德宮, 仁德宮賜訓以弓矢及所御衣. 迹父前大提
學行素畏謹, 頗知其狀, 恐爲家禍, 使迹告于朝. 按驗當死, 上王貸死杖
流之, 後遇赦還鄕. 及東征, 迹言於從茂曰, "金訓武才過人, 公若使從
軍自効, 庶免前日之罪." 從茂許之. 及至慶尙道, 啓請以訓及盧異從軍,
不待報率行. 至是, 臺諫劾啓, "訓曾犯不忠之罪, 從茂不顧逆順, 使之
從軍. 迹初以父言告訓之罪, 今乃背父之言, 反薦於從茂, 以希後日起
發之漸. 省爲從事官, 不能規正. 乞竝治其罪." 上王從之. 迹辭引李順
蒙·林尙陽, 皆薦訓從軍者也. 遂幷下二人于義禁府, 順蒙得自辨明,
尋釋之.

이종무·이적·서성을 의금부에 하옥하고, 삼성三省에 명하여 함께
그 죄를 다스리게 하였다. 김훈金訓은 이적의 누이의 남편으로서, 비록
문과로 출신出身하였으나, 본성이 무예를 좋아하여, 능히 사나운 짐승
을 쏘아 잡으므로, 문·무에 재주가 있다고 자부하였다. 그러나 하는 짓
은 삼가지 않는 일이 많고, 또 여색을 좋아하였다. 수원 관기 벽단단碧團
團을 사랑하여, 가만히 서울에 데리고 왔는데, 인덕궁仁德宮 궁인 소매향

小梅香은 벽단단의 숙모이다. 훈이 그 인연으로 남모르게 인덕궁을 만나
보고, 인덕궁은 훈에게 활과 화살 및 입던 옷을 주었다. 이적의 아버지
전 대제학 이행李行은 본디 (세상을) 두려워하고 조심하던 사람이라, 자
못 그 정상을 알고 집안에 화가 될까봐 두려워하여, 적을 시켜 조정에
고발하였다. 안험按驗하여 사형을 당하게 되었으나, 상왕이 사형을 용
서하고, 장형杖刑과 유형流刑에 처하였는데, 뒤에 사면을 입어 고향에 돌
아왔다. 동정東征이 있게 되자, 적이 종무에게 말하기를,

"김훈은 무예가 보통 사람보다 뛰어나니, 공公이 만약 그를 종군시켜
공을 세우게 하면, 지난날의 죄를 면할 수 있을 것입니다"

하니, 종무는 그것을 허락하였다. 경상도에 이르러서 장계를 올려 훈과
노이盧異를 종군하도록 청하고, 회보回報를 기다리지 않고 거느리고 갔
던 것이다. 이 때에 와서 대간이 탄핵하여 아뢰기를,

"훈은 일찍이 불충한 죄를 범하였는데, 종무가 역逆과 순順을 돌보지
않고 종군하게 하였습니다. 적은 처음에는 아비의 말로 훈의 죄를 고발
하였다가, 지금에는 아비의 말을 저버리고 도리어 종무에게 추천하여
뒷날의 출세할 기회를 바랐었습니다. 성省은 (종무의) 종사관으로서, (그
런 일을) 바르게 하지 못하였습니다. 모두 죄를 다스리기를 청합니다"

하므로, 상왕이 이에 따랐다. 적의 초사招辭에 이순몽李順蒙 · 임상양林尙
陽을 모두 훈을 종군하도록 추천한 자들이라고 하였다. 드디어 두 사람
도 의금부에 하옥하였는데, 순몽은 스스로 변명할 수 있어서 얼마 뒤에
풀려났다.

11月 14日(甲寅) 1번째 기사
김훈·노이의 가산을 적몰하여 관노로 만들고, 이종무·서성은 자원 부처하다

司憲府大司憲申商等上疏曰, 竊惟, 人臣之罪莫大於不忠. 安有爲臣不忠, 而苟容於天地之間乎? 曩者, 金訓爲沃溝鎭兵馬使, 擅自上京, 密使仁德殿, 使其妓妾具進豐呈, 頻受賜物, 是懷二心也, 其父丁憂在永同, 過行不見, 是忘其親也. 爲臣子而背君忘親, 罪不容誅. 當時臺諫, 刑曹請置於法, 上王殿下以好生之德, 特垂寬典, 只令杖流. 甫及翼年, 又令外方從便, 俾終餘年, 罪甚重而罰甚輕, 爲臣子者莫不痛憤. 今訓又不念聖上保全之恩, 乃與李迹·林尙陽輩通同相應, 潛圖薦拔, 又令其子屬於李從茂, 率行上京, 私結權貴, 再干邦憲, 是乃自速天誅也. 伏望殿下, 一依永樂十四年十一月十一日特降敎旨內, 將不忠金訓及黨不忠李從茂·李迹·林尙陽·徐省等, 依律施行, 以戒後來, 宗社幸甚.

上朝壽康宮, 引見元肅曰, "義禁府啓從茂等罪, 皆論以謀反. 雖不分首從, 原其情, 豈無差等? 且此律, 似不正合於罪設, 與三議政擬議以聞." 肅出議三議政, 皆曰, "從茂之罪, 只在黨於不忠爾. 今不論金訓·盧異不忠之罪, 而先論從茂等, 臣等以爲未便. 雖不置訓·異於法, 沒爲官奴, 然後可副臣民之望." 肅以聞于上. 上入啓于上王, 出語肅曰, "金訓可勿論, 從茂·徐省自願付處, 李迹·林尙陽廢爲庶人, 遠方付處, 永不敍用. 其告諸議政." 仍下司憲府疏及義禁府啓本. 朴訔·李原曰, "須先罪金訓." 柳廷顯曰, "若不先論金訓, 則臣不敢奉敎." 朴訔曰, "從茂·徐省之罪, 稍有差等, 未可一槪施行. 徐省特未能禁從茂耳." 卞季良·許遲等曰, "省以識理之人, 從事幕下, 知而不禁, 罪不下於從

茂." 肅具啓, 上曰, "非以徐省·從茂罪同也. 從茂之罪, 本重於徐省, 特
以功臣之故, 降同徐省耳. 若先罪金訓之請, 則是矣." 乃入啓于上王,
上王不允. 三議政再請, 上王命籍金訓家産, 沒爲官奴. 義禁府提調等
啓, "盧異之罪, 無異於房文仲, 請置於法." 上王亦不允. 再請, 乃命籍
家産, 沒爲官奴.

　　사헌부 대사헌 신상 등이 상소하기를,

　　"그윽이 생각하건대, 신하의 죄는 불충보다 더 큰 것이 없습니다. 어
찌 신하가 되어 불충하고서 하늘과 땅 사이에 용납되겠습니까. 전자에
김훈이 옥구진沃溝鎭[218] 병마사兵馬使가 되었을 때에, 마음대로 서울에
올라와서 비밀히 인덕전으로 하여금 그 기생 첩과 함께 풍정연豊呈宴에
나아가게 하여, 자주 하사하는 물품을 받았으니, 이것은 두 마음二心을
품은 것입니다. 그 아비가 상을 당하여, 영동永同에 있었건마는, 지나가
면서 보지도 않았으니, 이것은 그 어버이親를 잊은 것입니다. 신하와 자
식이 되어서 임금을 배반하고 어버이를 잊었으니, 그 죄는 주륙하여도
용납될 수 없는 것입니다. 당시에 대간과 형조에서 법대로 처치하기를
청하였으나, 상왕 전하께서 생명을 아끼시는 덕으로써 특히 너그러운
법을 적용하여, 다만 곤장을 쳐서 귀양보냈습니다. 겨우 1년도 못되어
다음 해에, 또 외방에서 편한대로 거주하게 하여 여생을 마치게 하였으
니, 죄는 매우 무거운데, 벌은 매우 가벼워서 신하와 자식된 자로서 통

---

218 조선 전기 전라북도 서북부 지역을 방어하기 위해 군산 지역(옥구현)에 설치한 육군진이다.
　　개국 직후인 1397년(태조 6), 조선 정부는 효과적인 지역 방어를 위해 기존의 도절제사가 관할
　　하는 군사 단위의 도를 폐지하고, 각 도(道)에 종3품 첨절제사(僉節制使)가 관할하는 2개~4
　　개의 진(鎭)을 설치하였다. 전라도에는 옥구(현 군산), 목포, 조양, 흥덕에 진을 설치하였다
　　(『한국향토문화전자대전』). 한편 조선 초기에는 옥구진에 수영도 있었던 것으로 전한다(태종
　　8-12-24-1).

분痛慎하게 여기지 않는 자 없었습니다. 이제 훈이 또 성상聖上께서 목숨을 보전하게 한 은혜를 생각지 아니하고 이적·임상양들과 더불어 서로 통하고 응하여 가만히 선발薦拔되기를 도모하였고, 또 그의 자식을 이종무에게 부탁하여 서울에 데리고 가서 권세 있고 귀한 사람과 결탁하게 하여, 재차 나랏법을 범하였으니, 이것은 스스로 천주天誅를 재촉한 것입니다. 바라옵건대 전하께서는 오로지 영락永樂 14년 11월 11일에 특히 내리신 교지 내용에 의거하여, 불충한 김훈과 불충에 편당한 이종무·이적·임상양·서성들을 율대로 형을 시행하여 장래를 징계하는 것이 종사에 크게 다행일까 합니다"

하였다. 임금이 수강궁에 문안하고, 원숙을 인견引見하여 말하기를,

"의금부에서 종무 등의 죄를 계하되, 모두 모반謀叛으로 논하였다. 수범首犯과 종범從犯을 분간하지 않았으나, 그 실정을 구명하면 어찌 차등이 없겠느냐. 또 이 율은 (그들의) 죄에 합당하지 않은 듯하니, 세 의정議政과 더불어 의논하여 알리라"

고 하였다. 숙醹이 나가서 세 의정에게 의논하니, 모두 말하기를,

"종무의 죄는 다만 불충에 편당하였을 뿐입니다. 이제 김훈과 노이의 불충한 죄는 논란하지 아니하고 먼저 종무들을 논의함은, 신들은 온당하지 못하다고 생각합니다. 훈과 이를 비록 법대로 처치하지 않더라도, 그 재산을 적몰하여 관노官奴로라도 만든 뒤에라야 신하와 백성들의 바람에 부응副應할 것입니다"

하였다. 숙이 이 뜻을 임금에게 보고하니, 임금이 상왕께 들어가 아뢰고 나와서 숙에게 말하기를,

"김훈은 논란하지 말고, 종무와 서성은 자원하는 지방에 부처付處하

고, 이적과 임상양은 신분을 폐하여 서인으로 만들고, 먼 지방에 부처하여, 영구히 서용하지 아니할 것이다. 이 뜻을 여러 의정에게 알리라" 하고, 이어 사헌부의 소장疏章과 의금부의 계본을 각하하였다. 박은과 이원은,

"모름지기 김훈을 먼저 죄 주어야 합니다"

하고, 유정현은,

"만약에 김훈을 먼저 논죄하지 아니하면, 신은 감히 하교를 거행하지 못하겠습니다"

하였다. 박은은,

"종무와 서성의 죄는 약간 차등이 있으니, 일률적으로 시행할 수 없습니다. 서성은 다만 종무의 잘못을 금하지 못한 것뿐입니다"

하였는데, 변계량과 허지들은,

"성省은 사리를 아는 사람으로서 막하幕下에 종사하면서 잘못을 알고도 금하지 않았으니, 그 죄가 종무보다 못하지 않습니다"

하였다. 숙이 그 말을 다 아뢰니, 임금이 말하기를,

"서성과 종무의 죄가 같다는 것이 아니다. 종무의 죄는 본래 서성보다 중하나, 특히 공신인 까닭에 형을 낮추어서 서성과 같게 한 것이다. 김훈의 죄를 먼저 다스리라는 청은 옳다"

하고, 이내 들어가서 상왕에게 아뢰었으나, 상왕이 윤허하지 아니하였다. 3의정이 다시 청하니, 상왕이 김훈의 가산을 적몰하고 관노로 만들도록 명하였다. 의금부 제조提調 등이 아뢰기를,

"노이의 죄는 방문중房文仲과 다름이 없으니, 법대로 처치하기를 청합니다"

하니, 상왕이 또 윤허하지 않았으나, 다시 청하니, 가산을 적몰하고 관
노로 만들도록 명하였다.

11月 15日(乙卯) 4번째 기사
추자도에서 상선을 습격했던 왜적을 제주 도안무사 정을현 등이 잡다

濟州商船一艘來到楸子島, 爲倭賊所圍, 下船登山, 賊搜捕凡五日,
擄七人. 濟州都按撫使鄭乙賢, 判官河澹望有火氣, 募軍一百三名, 以
三板船十七艘遣尋之, 至楸子島, 賊船三艘方發還. 我船分三道追及
賊船二艘挾攻之, 賊多投海而死. 斬賊三級, 獲我被擄大靜人三名以
還. 賊船一艘, 以日暮未及追捕. 上王命陞乙賢嘉靖大夫, 授澹工曹正
郞, 論賞募軍有差. 遣承文院校理高得宗, 就賜宣醞, 表裏.

제주의 상선 1척이 추자도楸子島[219]에 왔다가 왜적에게 포위되어 배
에서 내려 산으로 올라갔는데, 적이 5일 동안이나 수색하여 7인을 사로
잡아 갔다. 제주 도안무사都按撫使 정을현鄭乙賢과 판관 하담河澹이 불기
운이 있는 것을 바라보고 군사 103명을 뽑아 삼판선三板船[220] 17척을 보
내어 수색하게 하였는데, 추자도에 이르니, 적선 3척이 막 떠나려고 하
는지라, 우리 배가 세 길로 나누어 적선 2척을 뒤쫓아 가서 양쪽으로 협
공하니, 왜적이 많이 바다에 뛰어 들어가 죽었다. 적 3급을 베고, 적에
게 잡혔던 대정현大靜縣 사람 3명을 구출하여 돌아왔다. 적선 1척은 날
이 저물어서 뒤쫓아가서 잡지 못하였다. 상왕이 을현乙賢을 가정대부嘉

---

219 제주도와 본토 사이에 위치한 추자군도를 말한다. 육지의 목포 해남 강진과 제주도를 연결하
는 데 주요한 역할을 하며, 서해와 남해가 교차하는 지역으로 어종이 풍부하다.
220 큰 배에 싣고 다니는 작은 배를 뜻하며, 각선(脚船)이라고도 한다. 항구 안에서 사람이나 물
건을 나르는 데도 사용하였다.

靖大夫에 승급시키고, 담灠을 공조 정랑工曹正郎에 임명하고, 모군募軍들에게도 차등 있게 상을 주었다. 승문원 교리承文院校理 고득종高得宗[221]을 보내어 선온宣醞과 옷의 겉감과 안찝을 하사하였다.

11월 17日(丁巳) 2번째 기사

사간원에서 김훈·노이·이종무 등을 율에 의거하여 처단하기를 청하다

司諫院上疏請金訓·盧異·李從茂·李迹·林尙陽·徐省等依律科罪, 且言, "李順蒙交結金訓, 知金山郡事金履素受訓書, 綢繆傳報, 皆黨不忠, 宜置於法." 上曰, "順蒙之罪, 豈同於從茂乎? 訓旣得赴征, 安可不相與語? 其受訓馬, 乃其馬之價也. 若其平昔之交, 不足論也. 履素之罪, 憲府方移文鞫之, 待報施行." 義禁府提調柳廷顯等啓, "李從茂當鞫問之際, 憤然曰, '老僕死而不來可也.' 其辭色怨懟, 請更鞫之." 上曰, "將以啓于上王."

사간원에서 상소하여, 김훈·노이·이종무·이적·임상양·서성들을 율에 의거하여 처단할 것을 청하고, 또 아뢰기를,

---

221 조선 전기에 활동한 문신이다(1388~1452). 본관은 제주(濟州). 자는 자부(子傅), 호는 영곡(靈谷). 고순원(高順元)의 증손으로, 할아버지는 고신걸(高臣傑)이며, 아버지는 상장군 고봉지(高鳳智)이다. 1413년(태종 13) 효행으로 천거받아 음직으로 직장(直長)이 되고, 이듬해 친시문과에 을과로 급제하였다. 대호군(大護軍)·예빈시판관(禮賓寺判官) 등을 거쳐, 1427년(세종 9) 문과중시에 을과로 급제하였다. 1437년 첨지중추원사가 되고 이듬해 호조참의로서 종마진공사(種馬進貢使)가 되어 명나라에 다녀왔다. 1439년 통신사가 되어 부사 윤인보(尹仁甫), 서장관 김몽례(金夢禮)와 함께 일본에 가서 장군 족리의교(足利義敎)와 대내지세(大內持世)의 서계(書契)를 가지고 돌아왔다.

동지중추원사(同知中樞院事)·한성부판윤 등을 역임하고, 1448년 도전운사(都轉運使)가 되어 충청도와 전라도의 쌀을 평안도로 운반하는 임무를 수행하였다. 문장과 서예에 뛰어났으며, 효성이 지극하여 사후에 정문(旌門)이 세워졌다. 저술이나 작품이 전하는 것은 없고, 다만 『신증동국여지승람(新增東國輿地勝覽)』에 몇 편의 시가 전한다. 시호는 문충(文忠)이다. 세종의 각별한 총애를 받았으며, 대마도인에게 고초도 어업권을 허락해 주도록 노력하였다.

"이순몽은 김훈과 교결交結하고, 지금산군사知金山郡事 김이소金履素는 훈의 편지를 받아 정보를 주밀하게 전하여, 모두 불충에 편당하였으니, 법으로 처벌해야 마땅합니다"

하니, 임금이 말하기를,

"순몽의 죄가 어찌 종무와 같은가. 훈이 이미 동정東征에 나갔으니, 어찌 서로 말하지 않을 수 있겠는가. 훈의 말馬을 받았는데 그 말 값은, 평소의 친교로 보면 논할 것이 못된다. 이소의 죄는 사헌부에서 방금 문서를 보내서 국문하고 있으니, 회보를 기다려서 처결하라"

하니, 의금부 제조 유정현 등이 아뢰기를,

"이종무가 국문을 당할 때에 벌컥하면서 '늙은 놈이 죽고 돌아오지 않는 것이 옳았다'라고 하였습니다. 그 언사와 안색에 원망하는 빛을 나타내었으니, 다시 국문하기를 청합니다"

하니, 임금이 말하기를,

"장차 상왕에게 아뢰겠노라"

고 하였다.

11月 18日(戊午) 2번째 기사

유정현과 대사헌 신상 등이 이종무와 이순몽의 죄를 청했으나 윤허치 않다

柳廷顯等又請李從茂等罪, 不允. 大司憲申商等上疏以爲, 李從茂
有憤怨之辭, 李順蒙黨於不忠, 請置於法. 不允.

유정현 등이 또 이종무 등의 죄를 청하였으나, 윤허하지 아니하였다. 대사헌 신상 등이 상소하여, 이종무는 분하게 여기고 원망하는 말이 있

었으며, 이순몽은 불충에 편당하였으므로, 법대로 처단할 것을 청하였으나, 윤허하지 아니하였다.

11月 20日(庚申) 4번째 기사
일본국 왕사 양예 등이 강인발 등을 거느리고 부산포에 도착하다

慶尙道觀察使報, "日本國王使臣禪和子亮倪等及九州摠兵官使人等五行次, 率都豆音串被擄前司正姜仁發·對馬島赴征時被擒甲士金定命等四人, 今到富山浦."

경상도 관찰사가 일본국왕사日本國王使 중禪和子[222] 양예亮倪[223] 등과 구주 총병관九州摠兵官 사인使人[224] 등 다섯 행차가, 도두음곶都豆音串[225]에서 사로잡혔던 전 사정司正 강인발姜仁發과 대마도를 정벌하러 갔을 때에 사로잡혔던 갑사 김정명金定命 등 4인을 거느리고[226] 부산포富山浦에 도착하였음을 보고하였다.[227]

---

222 원문은 선화자(禪和子) 양예(亮倪)라고 되어 있다. 여기에서 선(禪)은 선종(禪宗)을 뜻하고, '화자(和子)'는 '화상(和尙)' 즉 선승이라는 뜻으로 수행을 많이 한 승려 또는 승려를 높이는 말이다.
223 박다(博多) 묘락사(妙樂寺)의 승려이다. 임제종(臨濟宗) 대응파(大應派)의 무방 종응(無方宗應)의 법사(法嗣)이다. 기해동정 이후 조선의 의중을 살피기 위하여 실정막부가 정사로 파견하였다. 당시 일본 승려들은 한문을 구사할 수 있었기 때문에 외교 분야에서 활약한 사례가 많다.
224 평방길구(平方吉久)로 원에서 망명하여 일본의 외교 분야·의료 분야에서 활약한 진외랑(陳外郞)의 손자이다.
225 현재의 충청남도 서천군 서면 도둔리 일대이다. 조선 전기에는 도두음곶수가 설치되어 충청우도 첨절제사가 지켰다. 세종 원년에 왜구가 도두음곶을 공격하였고, 이 사건은 기해동정의 한 원인이 되었다.
226 세종 1년(1419) 10월 26일 3번째 기사에서 태종이 돌아가는 도도웅환의 사신에게 특별히 요구한 일이다.
227 조선 조정은 11월 20일 부산포에 도착한 왕사(王使) 양예(亮倪) 일행을 23일에 대호군(大護軍) 이승직(李繩直)으로 하여금 경상도에서 맞게 하였다. 이들의 목적은 세종의 즉위를 축하하기 위함이었다. 국왕의 사신인 만큼 조선에서도 한층 신경을 써서 그들을 대접했다. 세종 2년(1420) 1월 6일 1번째 기사·세종 2년 1월 22일 3번째 기사·세종 2년 윤1월 6일 1번째 기사 '양예' 참고.

11月 22日(壬戌) 2번째 기사

유정현·신상 등이 상왕에게 이종무의 사형을 청했으나 윤허하지 않다

朝壽康宮. 兩上御內殿設酌, 命柳廷顯·朴訔·李原·趙涓·許稠·
趙末生·申商·田興·許遲·元肅等入侍. 申商·許遲·田興等就上前
啓曰, "李從茂憤怨之迹已著, 乞置於法." 廷顯等亦同辭以請, 上王曰,
"憤怨之言, 愚直所致, 豈有他心哉?" 廷顯等力請再三, 竟不允.

수강궁에 문안하였다. 두 임금이 내전에 술자리를 베풀고, 유정현·
박은·이원·조연趙涓·허조·조말생·신상·전흥田興·허지·원숙들을
입시하게 하였다. 신상·허지·전흥들이 임금 앞에 나아가 아뢰기를,

"이종무가 분하게 여기고 원망하는 형적이 이미 나타났으니, 사형에
처하기를 바랍니다"

하니, 유정현 등도 또한 같은 말로 청하였으나, 상왕이 말하기를,

"분하게 여기고 원망하는 말을 한 것은 우직한 때문이다. 어찌 딴 마
음이 있으리오"

하니, 정현 등이 두 번 세 번 힘껏 청하였으나, 마침내 윤허하지 아니하
였다.

11月 23日(癸亥) 3번째 기사

대호군 이승직을 경상도에 보내어 일본 국왕 사신을 맞아 위로하다

遣大護軍李繩直于慶尙道, 齎宣醞迎慰日本國王使臣.

대호군大護軍 이승직李繩直을 경상도에 보내어 선온을 가지고 가서 일
본 국왕의 사신을 맞아 위로하게 하였다.

11月 24日(甲子) 2번째 기사
태을성 초례 재계날임에도 불구하고 정사를 보다. 대사헌 등이 이종무 김이소의 죄를 청하다

臺諫詣闕請曰, "從茂罪之首而罰輕, 於國家萬世之典何? 李順蒙受金訓馬, 豈得無罪?" 尹淮對以今日太乙醮禮齋也, 不敢以聞. 臺諫退. 時, 政府, 六曹以啓事詣闕, 將退, 上曰, "醮禮爲一身也, 敢不聽國家之政?" 遂御便殿視事. 大司憲申商·左司諫兪顯進曰, "從茂黨於不忠, 其罪匪輕. 順蒙受金訓馬, 爲將而受人財賄, 罪亦不小. 金履素受金訓書, 以報體察使, 其通同用情可知." 上曰, "履素自首曰, '曾不知訓受罪之狀.'" 商等曰, "履素與訓皆儒生也. 訓之所犯, 人皆知之, 履素言不知罪名, 是亦姦也. 順蒙與訓互相贈與, 非惟黨於不忠, 爲將而受賂, 有累士風. 況從茂爲之首乎?" 朴訔曰, "上以功臣, 赦從茂. 以功臣黨不忠, 臣心不願與同朝也. 請置於法." 金漸曰, "從茂之罪不可赦也." 上曰, "從茂旣流于外足矣. 履素雖不得無罪, 若曰黨不忠, 則非其罪也."

대간이 궁궐에 나아와서 청하기를,

"종무는 죄의 우두머리인데 벌이 경하니, 국가 만대의 법에 어떻게 되는 것입니까. 이순몽은 김훈의 말馬을 받았으니, 죄가 어찌 없을 수 있습니까"

하니, 윤회가 오늘은 태을성太乙星 초례醮禮의 재계齋戒 날이므로, 감히 아뢰지 못한다고 말하여, 대간이 물러갔다. 그때 의정부와 육조에서도 아뢰어야 할 일이 있어 궁궐에 나왔다가 물러가려고 하였는데, 임금이 말하기를,

"초례는 (나의) 한 몸을 위한 것인데, 감히 국가의 정사를 듣지 않으리오"

하고, 드디어 편전에서 정사를 보았다. 대사헌 신상과 대사간 유현兪顯이 나아가 아뢰기를,

"종무는 불충에 편당하였으니, 그 죄가 가볍지 아니하고, 순몽은 김훈의 말을 받았는데, 장수로서 남의 뇌물을 받았으니, 죄가 또한 작지 아니합니다. 김이소는 김훈의 편지를 받아 체찰사體察使에게 보고하였으니, 한통속이 되어 사사로운 마음을 가졌음을 알 수 있습니다"

하였다. 임금이 말하기를,

"이소가 자수自首하면서, '일찍이 훈이 죄 받은 줄을 알지 못했다'고 말하였다"

고 하였다. 신상 등이 아뢰기를,

"이소와 훈은 모두 유생儒生입니다. 훈이 죄를 범한 것을 남들은 다 아는데, 이소가 그 죄명을 몰랐다 하니, 이것도 또한 간사합니다. 순몽도 훈과 서로 (물건을) 주고받고 하였으니, 다만 불충에 편당하였을 뿐만 아니라, 장수로서 뇌물을 받았으니, 선비의 풍기를 더럽혔습니다. 하물며 종무는 그 일의 주범입니다"

하였다. 박은은 아뢰기를,

"주상께서 공신이란 이유로 종무를 용서하였으나, 공신으로서 불충에 편당하였으니, 신의 마음은 (그와) 함께 조정에 있기를 원하지 않습니다. 청컨대 법대로 처치하기를 바랍니다"

하고, 김점은 아뢰기를,

"종무의 죄는 용서할 수 없습니다"

하였다. 임금이 말하기를,

"종무는 이미 외방에 유배하였으니, 그것으로 족한 것이요, 이소는 비록 죄가 없다고 할 수 없으나, 불충에 편당한 죄에 해당되지 않는다"

하였다.

11月 25日(乙丑) 5번째 기사
일본 우무위 원공 원신과 농주 태수가 세등 등을 진상하다

日本國右武衛原公元臣濃州太守平宗壽遣人進細藤八十餘箇·石
硫黃千六十斤·環刀二柄, 回賜紬布四十匹·緜布百七十匹.

일본국 우무위右武衛[228] 원공原公[229] 원신元臣[230] 농주 태수濃州太守 평종
수平宗壽[231]가 사람을 보내어 세등細藤[232] 80여 개와 석류황石硫黃[233] 1천
60근, 환도環刀 2자루를 진상하므로, 명주 40필과 면포 1백 70필을 회사
回賜하였다.

11月 30日(庚午) 2번째 기사
신상이 이종무를 사형시킬 것을 청했으나 상왕이 윤허하지 않다

申商極陳李從茂等罪, 請置於法, 上王不允.

---

228 원도진(源道鎭, 澁川滿賴)의 무가관위인 우병위좌(右兵衛佐)를 뜻하며, 우병위부(右兵衛府)
의 차관이라는 의미이다.
229 원공(原公)은 당시 우무위(右武衛)였던 원도진(源道鎭)을 가리키는 것으로 추측되고, '原'은
'源'의 오기로 보인다.
230 원신(元臣)을 으뜸가는 신하, 또는 가장 측근의 신하 정도로 해석한다면 농주태수 평종수의
신분을 설명하는 내용으로 이해할 수 있다.
231 판창씨는 구주탐제(九州探題)의 지위를 세습하고 있는 삽천씨(澁川氏)의 중신(重臣) 중 하나
이다. 원래 판창씨는 삽천씨에서 갈려져 나온 支族이다. 태종 15년부터 세종 3년까지 가끔 조
선과 교류하였다. 판창씨로는 판창만가(板倉滿家)가 역시 조선에 사람을 보냈다. 종수(宗壽)
와 만가(滿家)의 관계는 분명하지 않다. 한편 일본 고문서 중에 판창종수(板倉宗壽)가 보인다.
1409년(應永 16)에 비후국(肥後國) 평등왕원(平等王院)에 가옥과 전지를 기진하였다. 이때 종
수(宗壽)를 선문(禪門)·사미(沙彌)라고 하였으므로, 법명(法名)으로 생각된다. 1410년에는
구주탐제 삽천만뢰(澁川滿賴)의 명에 따라 축전국(筑前國) 포전향(蒲田鄉)의 종상대궁사(宗
像大宮司) 몫의 토지를 종상대궁사 씨현(氏顯)의 대관(代官)에게 양도하도록 하였다. 두 기사
들의 원문 "日本國右武衛原公元臣濃州太守平宗壽…"으로 보아, '원공 원신(原公元臣)과 농주
태수(濃州太守) 평종수(平宗壽)'로 해석하는 것보다, '우무위 원공의 원신인 농주 태수 평종수'
라고 해석하는 것이 자연스럽다.
232 가는 등나무이다. 바구니와 같은 물품을 짜는 데 사용하였다.
233 유황을 돌처럼 굳힌 것이다.

신상이 이종무의 죄상을 극력으로 논란하고 사형에 처하기를 청하였으나, 상왕이 윤허하지 아니하였다.

12月 1日(辛未) 2번째 기사
낙천정에서 삼판선 건조와 일본에 보낼 회례사 문제를 의논하다

上王與上幸東郊, 觀放鷹, 遂幸樂天亭置酒, 柳廷顯·朴訔·李原等入侍. 上王曰, "欲造三板船, 試於楊花渡, 然後令各道多造, 載於戰艦, 見賊遠不可及, 放三板船追之, 以留賊船, 兵曹其知之." 柳廷顯曰, "儻有賊變, 沿海之民必被擄掠, 宜令邊民淸野入保. 又在前船軍皆有實, 今因擇爲侍衛別牌, 漸就無實, 所當慮也." 上王曰, "已令沿海之民聚保矣, 須於明春, 使築城堡. 船軍之弊則吾亦悉知, 當更議之." 上王又曰, "今日本國王遣使, 必爲賀主上卽位也. 其回禮使, 亦預議之." 柳廷顯曰, "昔朴敦之·崔云嗣·李養中等皆爲使, 必能詩善寫者乃可." 朴訔曰, "鄭安止曾坐失對, 削職在外, 爲人訥直善寫, 可以爲使." 上王曰, "安止之罪, 果以對問不實, 只收職牒." 上曰, "平問不直對, 刑問乃以實對." 上王曰, "安止之罪, 非特此也, 以媚諸閔氏故也. 予於閔氏兒子滿堂, 非不知吾言之爲誤, 然不言則吾乃不直. 驪興伯則無過人也, 諸閔之爲人, 平生睚眦不忘, 故疾其歸媚之人."

상왕이 임금과 동교東郊에 거둥하여 매사냥을 보고, 낙천정에 가서 술자리를 벌였는데, 유정현·박은·이원들이 입시하였다. 상왕이 말하기를,

"삼판선三板船[234]을 건조建造하여 양화도楊花渡[235]에서 시험한 뒤에 각

---

[234] 각선(脚船)이라고도 하며, 큰 배에 싣고 다니는 작은 배로, 항구 안에서 사람이나 물건을 나르는 데 사용되기도 하였다.

도에서 많이 건조하게 하여 전함에 적재하였다가 적이 멀어서 뒤쫓기 어려울 때에는 삼판선을 놓아 뒤쫓게 하여 적선을 멈추게 할까 하니, 병조에서도 그렇게 알아라"

하니, 유정현이 아뢰기를,

"만약에 적변賊變이 있으면, 바닷가 백성은 반드시 노략당할 터이니, 변경 백성에게 들을 말끔히 비우고淸野 보루堡壘에 들어가게 함이 마땅합니다. 또 전일에는 선군船軍이 모두 충실하였는데, 지금 그중에서 (좋은 자를) 가려서 시위 별패侍衛別牌를 삼으므로, 점점 실속이 없게 되니, 염려되는 바입니다"

하였다. 상왕이 말하기를,

"이미 바닷가 백성은 보루에 모이게 하였고, 명년 봄에는 성을 쌓게 할 것이다. 선군의 폐단은 나도 또한 자세히 아는 바이니, 다시 논의하겠다"

하였다. 상왕이 또 말하기를,

"지금 일본국 왕이 사신을 보낸 것은 반드시 주상의 즉위를 축하하기 위함이다. 회례사回禮使도 또한 미리 논의하여야 한다"

하였다. 유정현이 아뢰기를,

"전에 박돈지朴敦之·최운사崔云嗣·이양중李養中들은 모두 사신이 되었

---

235 양화도(楊花渡)라고도 하였는데, 조선시대 삼진(三鎭)의 하나였던 양화진(楊花鎭)이 위치하였던 곳이기도 하다.
　서울에서 양천(陽川)을 지나 강화로 가는 조선시대 주요 간선 도로상에 위치하였던 교통의 요지였으며, 삼남 지방에서 한강을 통하여 운송되어 오는 곡식을 저장하던 오강 중의 하나로 농산물의 재분배 기능을 담당하던 중요 지역이었다. 또한 서울의 천연 방어선을 이루는 한강의 중요 지역으로, 진대를 마련하고 진장(鎭將)을 두어 수비하게 하여 군사상 중요 기능을 담당하고 있었다. 처음에는 도승(渡丞)이 배치되었으나 뒤에는 별장(別將)으로 바뀌었으며, 호조의 점검청(點檢廳)이 있었다. 나루터의 관할은 어영청에서 하였으며, 양화진에 속한 선박은 모두 10척이었다.

던 사람인데, 반드시 시에 능하고 글씨를 잘 쓰는 사람이어야 됩니다"

하고, 박은이 아뢰기를,

"정안지鄭安止가 일찍이 대답을 잘못한 죄로 삭직되어 지방에 있는데, 사람됨이 말이 느리고 정직하며 글씨를 잘 쓰니, 사신이 될 만합니다"

하니, 상왕이 말하기를,

"안지의 죄는 과연 물음에 대하여 사실대로 대답하지 않았으므로, 다만 직첩만 거둔 것이다"

하였다. 임금이 말하기를,

"보통으로 물을 때에는 바로 대답하지 아니하다가, 고문을 하며 물었을 때에 사실대로 대답하였습니다"

하니, 상왕이 말하기를,

"안지의 죄는 단지 이것뿐만 아니라, 여러 민 씨에게 아첨한 때문이다. 내가 민 씨에게서의 자식들이 많은데, 내 말이 잘못인 것을 모르는 바는 아니나, 그러나 말을 아니하면, 내가 옳지 못한 것이다. 여흥백驪興伯은 허물이 없는 사람이나, 여러 민 씨는 사람됨이 눈 한 번 흘긴 것도 평생에 잊지 않는 사람이다. 그러므로 그들에게 붙어서 아첨하는 사람을 미워한 것이다"

하였다.

12月 2日(壬申) 7번째 기사
대간에서 소를 올려 김훈·이종무·김이소 등의 죄를 논란하다

臺諫各上疏, 論金訓·盧異·李從茂·林尙陽·徐省·李順蒙·金履素等罪, 請置於法, 命收從茂職牒, 罷履素職.

대간에서 각각 소를 올려 김훈·노이·이종무·임상양·서성·이순몽·김이소 등의 죄를 논란하고 사형에 처하기를 청하므로, 종무는 직첩을 환수하고, 이소는 파직하도록 명하였다.

12月 12日(壬午) 6번째 기사
영광군의 김언용이 대마도 정벌 나가 생사를 모르는 아비를 찾기를 청하다

全羅道都觀察使報, "靈光郡住知甲山郡事金該子彦容所志內, '父該東征時, 爲左軍節制使朴實都鎭撫, 尼老郡接戰, 左軍敗績, 父與私伴人韓約力戰, 身中二箭, 隱伏葛叢下, 約望見而來, 至今未知存沒. 乞與韓約往對馬島尋訪.'" 從之.

전라도 도관찰사가 보고하기를,

"영광군靈光郡에 거주하는 지갑산군사知甲山郡事 김해金該의 아들 김언용金彦容의 소지所志에, '아비 (김)해가 동정東征[236]할 때에 좌군 절제사左軍節制使 박실朴實이 도진무都鎭撫[237]가 되어 니로군尼老郡[238] 접전에서 좌군이 패전할 때, 아비는 사사로 부리는 반인伴人 한약韓約과 함께 힘껏 싸우다가 몸에 화살 두 개를 맞고 칡넝쿨 밑에 숨어 엎드린 것을 약이 바

---

236 1419년(기해)에 대마도를 정벌한 기해동정을 뜻한다.

237 조선 초기에는 중앙군의 군령을 맡은 삼군진무소(三軍鎭撫所)나 오위진무소(五衛鎭撫所)의 도진무(都鎭撫)가 있었듯이, 왕명을 받들어 외방에서 군사를 지휘하는 장수인 병마도절제사, 수군도안무처치사(水軍都安撫處置使)의 밑에도 도진무를 두었다.

　1466년(세조 12)의 관제 개혁에서 병마도절제사도진무는 병마우후, 수군도안무처치사도진무는 수군우후로 각각 개칭되었다. 이로부터 도원수·원수 등으로 출정하는 장수 밑에서 군령을 담당하는 직책의 호칭 역시 도진무에서 우후로 바뀌게 되었다.

238 니로군(尼老郡)은 '니노군'으로 읽으며, 인위군(仁位郡, 니이노군) 즉 인위 종씨의 거점을 뜻한다. 『세종실록』 원문의 '軍'은 '郡'의 오기이다.

라보고 왔다 하는데, 지금까지 생사를 알지 못합니다. 한약과 함께 대마도에 가서 (아비를) 찾아보기를 원합니다'"

하므로 이에 따랐다.

12月 14日(甲申) 3번째 기사

일본국 왕의 사신이 서울에 들어오다

日本國王使臣入京, 遣內贍判事金時遇, 齎宣醞迎慰于漢江. 禮曹啓, "今來日本國王使臣禮待, 視諸島使人加一等."

일본국 왕의 사신이 서울에 들어왔다. 내섬 판사內贍判事 김시우金時遇에게 선온宣醞을 주어 한강에 나가서 맞이하게 하였다. 예조에서 아뢰기를,

"이번에 온 일본국 왕의 사신에 대한 예대禮待는 여러 섬島의 사신보다 한 등급을 높이소서"

하였다.

12月 16日(丙戌) 3번째 기사

병조에서 선군의 질을 높여줄 것을 건의하다

兵曹啓, "船軍寄命水上, 艱勞倍他, 有武藝富實者, 皆願爲侍衛別牌, 而船軍率皆庸劣無才者. 若遇倭賊, 不惟不能追捕, 反爲所害, 誠可爲慮. 乞沿海各官侍衛別牌內, 揀擇有武才恒産者, 換其不實船軍, 以嚴禦侮."

병조에서 아뢰기를,

"선군船軍은 물 위에서 생명을 걸고 고생하는 것이 다른 것보다 곱절

이므로, 무예가 있고 부유한 자는 모두 자원하여 시위 별패待衛別牌가 되니 선군은 모두 용렬庸劣하고 재주 없는 자뿐입니다. 만약 왜적을 만나면 추격하여 잡지 못할 뿐만 아니라, 도리어 (왜적에게) 해침을 당하는 바될 것이니 진실로 염려스럽습니다. 연해沿海 각관各官의 시위 별패 중에서 무재武才와 항산恒産이 있는 자를 뽑아서 실속없는 선군과 바꾸어 외적 방어를 엄하게 하소서"

하였다.

12月 16日(丙戌) 5번째 기사
각도의 갑사와 별패도 군기와 갑옷을 사사로 장만하게 하다

全羅道都節制使啓, "道內諸色軍丁, 並皆私備軍器·衣甲, 而甲士及別牌獨不私備, 若上番則受諸軍器監矣. 下番留鄉時, 苟有邊警, 則赤身赴敵必矣. 前日東征對馬島時, 諸色軍士, 並皆私齎軍裝, 獨甲士·別牌等, 取之船軍, 實爲未便. 乞令甲士·別牌私備軍裝, 每於下番時, 嚴加點檢, 以備不虞." 上王從之, 乃命諸道, 亦依此施行.

전라도 도절제사가 아뢰기를,

"도내의 제색 군정諸色軍丁은 군기軍器와 옷·갑옷을 모두 사사로 장만하는데, 홀로 갑사甲士와 별패別牌는 사사로 준비하지 않고 상번上番 할 때 군기감에서 받습니다. 하번下番하여 시골에 있을 때 국경에 경보警報가 있으면 맨손으로 전장에 나갈 것이 뻔합니다. 전일에 동으로 대마도를 정벌할 때에도 제색 군사는 모두 사사로 군장軍裝을 준비하였는데, 유독 갑사와 별패 등은 선군의 것을 빼앗아 갔으니 실로 미편합니다.

갑사와 별패도 사사로 군장을 준비하게 하고 하번할 때마다 엄하게 점검하여 뜻밖에 일어나는 변고에 대비하도록 하소서"

하니, 상왕이 이에 따르고, 이어 다른 도에서도 이 예例에 따라 시행하도록 명하였다.

12月 17日(丁亥) 2번째 기사
정이대장군이라 자칭하는 일본국 원의지가 사신을 보내 서계를 올리다

日本國源義持使臣亮倪詣闕, 進書契·獻土宜, 命饋于客廳. 其書契曰, 吾邦與貴朝, 於隔海之國最近, 然而鯨波多險, 不時嗣音, 非懈也. 今遣釋氏亮倪, 問訊起居, 兼求釋典七千軸. 若蒙允許, 則使此邦之人永結勝緣, 其爲利也不亦博哉? 伏乞恕而容之, 不腆土宜, 具列于季幅. 義持父道義, 帝嘗封爲王, 義持不用命, 自稱征夷大將軍, 而國人則謂之御所, 故其書只曰日本國源義持, 無王字.

일본국 원의지源義持[239]의 사신 양예亮倪[240]가 대궐에 들어와 서계書契[241]를 올리고 토산물을 바치니, 객청客廳에서 접대하게 하였다. 그 서

---

239 족리의지(足利義持, 아시카가 요시모치)이다. 무로마치 막부 4대 장군으로, 부친은 3대 장군 족리의만(足利義滿, 源道義)이다. 원도의는 명으로부터 '일본국왕원도의(日本國王源道義)'라는 칭호를 얻고 중국 황제에게 신종(臣從)하는 외신(外臣)으로 인식되었다. 그러나 원의지(源義持)는 이러한 명과의 책봉관계에 대해 부정적이어서, 장군이 된 이후 사실상 명과의 책봉관계를 단절했었다. 영락제는 1417년 책봉관계의 부활을 요구했지만, 원의지는 명 사자를 만나는 것조차 거부했다. 1419년의 기해동정을 영락제의 지시를 받은 조선군의 침략으로 간주하여 명과의 단절을 단행하고자 하는 의지를 더욱 굳히게 되었다. 그는 조선에 코끼리 등의 동물을 바쳤다(태종 11-2-22-2). 그 외 밖에 태종 11년(1411) 1월 26일 3번째 기사·세종 10년(1428) 8월 26일 5번째 기사 '원의지' 참고.
240 박다(博多) 묘락사(妙樂寺)의 승려이다. 임제종(臨濟宗) 대응파(大應派)의 무방 종응(無方宗應)의 법사(法嗣)이다. 기해동정 이후 조선의 의중을 살피기 위하여 실정막부가 정사로 파견하였다. 당시 일본 승려들은 한문을 구사할 수 있었기 때문에 외교 분야에서 활약한 사례가 많다.
241 조선시대 전기에 조선과 대마도 및 일본 각지의 통교자와 주고받은 공식 외교문서를 말한다.

계에 이르기를,

"우리나라와 귀국은 바다를 사이에 둔 가장 가까운 나라이나, 큰 물결이 험한 데가 많아서 때때로 소식을 잇지 못하니, (이것은) 게으른 것이 아닙니다. 이제 중 양예를 보내서 기거起居를 문안하고 겸해서 석전釋典242 7천 축을 구하오니, 만약 윤허하시어 이 나라 사람으로 하여금 길이 좋은 인연을 맺게 하시면, 그 이익이 또한 넓지 않겠습니까. 이것을 용납하시기를 엎드려 빌며 변변치 못한 토산물을 서계 끝에 열기하였습니다"

하였다. 일찍이 (명나라) 황제가 의지243의 아비 도의道義244를 왕으로 봉하였으나, 의지는 명을 받들지 아니하고, 스스로 정이 대장군征夷大將軍이라 일컫고, 그 나라 사람들이 어소御所라고 하는 까닭에, 그 서계에 일본국 원의지라고만 하고 왕이라는 글자를 쓰지 아니하였다.

조선 후기에는 통신사 파견을 제외하면 대마도와 통교하였으므로 서계는 대마도와 주고받게 되었다. 대마도주나 막부 관리에게 보내는 서계는 대개 국서의 양식과 같았는데, 그 길이는 2척 4촌, 너비는 5촌 5푼이고, 매첩 4행씩이었다. 대상 인원은 처음에는 집정(執政, 老中) 4인, 봉행(奉行) 6인에게만 보냈는데, 1682년 집정 1인, 집사(家老) 3인, 서경윤(西京尹)·근시(近侍) 각각 1인으로 바뀌었다. 그리고 1719년에 다시 바뀌어 집정과 근시·서경윤 각각 1인에게만 서계를 보냈다. 격식은 국서와 거의 같고 상대의 직위에 따라 보냈다. 집정에게는 예조참판, 대마도주에게는 예조참의, 만송원(萬松院)·이정암(以酊庵)·호행장로(護行長老)에게는 예조좌랑의 이름으로 작성하였다. 서계와 함께 항상 상대의 직위에 따른 선물 목록(別幅)이 첨부되었으며, 일본 측에 대한 회답국서와 회답서계의 양식도 정해져 있었다.

242 불교(佛教, 釋教)의 경전 즉 불경을 뜻한다.
243 실정막부 장군 족리의지(足利義持)이다.
244 실정막부 장군 족리의만(足利義滿)이다.

세종 2년
(1420 庚子/일본 응영(應永) 27年)

1月 5日(甲辰) 2번째 기사

일본국 경도·구주 등에서 사람을 보내어 토산물을 바치다

日本國京都小早河常賀·九州摠管源道鎭·濃州守平宗壽等遣人

來獻土宜.

일본국 경도京都 소조하상하小早河常賀[1]와 구주 총관九州摠管[2] 원도진源道

鎭[3]과 농주수濃州守 평종수平宗壽[4] 등이 사람을 보내어 토산물을 바쳤다.

---

1   소조하(小早河)는 소조천(小早川, 코바야카와)이라고도 표기한다. 상하(常賀)는 작주자사(作
    州刺史) 소조천상하(小早川常賀)로도 보인다(세종 12-1-24-4). 『해동제국기』「일본국기」에는
    1440년(세종 22)부터 내조하게 된 안예주(安藝州) 소조천(小早川) 미작수(美作守) 지평(持平)이
    상하(常賀)의 아들이라고 하였다. 이를 통해서 소조천상하의 근거지가 안예주임을 알 수 있다.
2   구주탐제를 뜻한다.
3   삽천만뢰(澁川滿賴)이다.
4   평종수(平宗壽)는 1415년(태종 15)부터 사람을 보내어 토물을 바쳤으며(태종 15-7-29), 1416년
    에는 도서를 요청하였다(태종 16-3-9). 1418년(세종 즉위년)에는 구주총관 우무위장군 관하의
    판창평종수(板倉平宗壽)로 보인다. 판창씨는 구주탐제(九州探題)의 지위를 세습하고 있는 삽
    천씨(澁川氏)의 중신(重臣) 중 하나이다. 원래 판창씨는 삽천씨에서 갈려져 나온 支族이다. 태
    종 15년부터 세종 3년까지 가끔 조선과 교류하였다. 판창씨로는 판창만가(板倉滿家)가 역시 조
    선에 사람을 보냈다. 종수(宗壽)와 만가(滿家)의 관계는 분명하지 않다. 한편 일본 고문서 중에
    판창종수(板倉宗壽)가 보인다. 1409년(應永 16)에 비후국(肥後國) 평등왕원(平等王院)에 가옥

1月 6日(乙巳) 1번째 기사

일본국 사신 양예를 맞이하여 『대장경』 1부를 주고, 화친을 다지다

上御仁政殿, 受群臣朝如常儀, 始奏樂. 日本國使臣亮倪率其屬, 亦
隨班行禮, 序亮倪等于西班從三品之列. 禮畢, 命通事尹仁甫, 引亮倪
升殿, 上語曰, "風水險路, 艱苦來矣." 亮倪俯伏對曰, "上德難以名言."
上曰, "汝等所求何事?" 亮倪曰, "『大藏經』而已." 上曰, "『大藏』, 我國所
稀有也, 然當賜一部矣." 亮倪俯伏扣頭曰, "我國厚蒙上恩, 不可勝言."
上又問曰, "汝等有所欲言, 則言之." 亮倪對曰, "未可言語盡也, 謹賦詩
著志." 出諸懷中以進, 詩曰, "廣拓山川歸禹貢, 高懸日月揭堯天. 聖朝
何以酬皇化? 端拱三呼萬萬年." 上乃諭以兩國通好, 永堅毋渝之意, 且
告以去年征討對馬島之故. 亮倪等出, 命饋于客廳.

임금이 인정전에 나아가 군신의 조하를 평상시와 같이 받았는데, 비
로소 풍악을 썼다. 일본국 사신 양예亮倪[5]가 그 부하를 거느리고 반열을
따라 예를 행하게 하였는데, 양예 등을 서반西班 종3품의 반열에 서게 하
다. 예가 끝나매 통사通事 윤인보尹仁甫[6]를 명하여 양예를 인도하여 전상
殿上에 오르게 하고 임금이 말하기를,

과 전지를 기진하였다. 이때 종수를 선문(禪門)·사미(沙彌)라고 하였으므로, 법명(法名)으로
생각된다. 1410년에는 구주탐제 삽천만뢰(澁川滿賴)의 명에 따라 축전국(筑前國) 포전향(蒲田
鄕)의 종상대궁사(宗像大宮司) 몫의 토지를 종상대궁사 씨현(氏顯)의 대관(代官)에게 양도하
도록 하였다.

5 무애양예(無涯亮倪)이며 박다(博多) 묘락사(妙樂寺)의 승려였다. 장군 족리의지(足利義持)의
사신으로 파견되어 『대장경』을 요청하였으나, 실제로는 기해동정의 목적 파악과 사후 저치를
위한 것으로 생각된다.

6 1414년(태종 14) 왜관통사(倭官通事)로 처음 보이고, 기해동정 이후 최초로 조선 회례사의 통사
로 일본에 건너갔다. 그의 보고는 이후 조선의 대일정책에 큰 영향을 끼쳤다. 1424년 왜통사(倭通
事)·군(護軍) 등을 역임하였고, 세종 21년과 25년에도 각각 통신사의 부사가 되어 일본에 다녀왔
다. 1450년(문종 즉위년) 상호군으로, 대마도 상인들이 많이 오는 것을 엄하게 경계하도록 상소하
였다. 1455년(세조 1) 상호군으로 좌익원종공신(佐翼原從功臣) 3등에 책록되었다.

"풍수風水가 험한 길에 수고롭게 왔소"

하니, 양예가 엎드려 대답하기를,

"임금의 덕택을 말로써 다하기 어렵습니다"

하였다. 임금이 말하기를,

"너희들이 바라는 것이 무엇인가"

하니, 양예가 대답하기를,

"『대장경大藏經』뿐이올시다"

라고 하였다. 임금이 말하기를,

"『대장경』은 우리나라에서도 희귀하다. 그러나 1부部는 주겠다"

하니, 양예가 엎드려 머리를 조아리며 아뢰기를,

"우리나라에서 받은 임금의 은혜는 이루 말할 수 없습니다"

라고 하였다. 임금이 또 묻기를,

"너희들이 하고 싶은 말이 있으면 말하라"

하니, 양예가 대답하기를,

"말로서는 다 할 수 없으므로 삼가 시를 지어 뜻을 보이겠습니다"

하고, 품속에서 시를 꺼내어 올리니, 그 시에,

"넓게 개척한 산천은 우공禹貢에 돌아가고, 높이 뜬 일월日月은 요천堯天
에 걸리도다. 무엇으로서 성조聖朝의 황화皇化에 감사할는지. 다 읍하지
못하고 세 번 만만세를 부른다"

라고 하였다. 임금이 이에 두 나라가 화친하여 영구히 변함없을 뜻으로
타이르고, 또 지난해에 대마도를 친 연유를 말하였다. 양예 등이 물러나
가거늘, 명하여 객청客廳에서 음식을 대접하게 하였다.

1月 9日(戊申) 1번째 기사
재능 없는 수군을 시위군으로 환속시키는 것에 대해 의논하다

上王問曰, "慶尙·全羅道船軍, 擇無才者, 換屬侍衛軍如何?" 朴訔·卞季良曰, "須先實侍衛軍, 然後當慮船軍, 不可換定也." 柳廷顯曰, "倭寇可慮, 兩道船軍, 皆當以實換定, 以備不虞."

상왕이 묻기를,

"경상도와 전라도의 수군 중에 재능이 없는 자를 가리어 시위군侍衛軍으로 환속換屬시키는 것이 어떠하겠느냐"

하였다. 박은朴訔과 변계량이 아뢰기를,

"모름지기 먼저 시위군을 충실하게 한 연후에 선군을 고려할 것이니, 바꾸어 정할 것이 못됩니다"

하고, 유정현은 아뢰기를,

"왜구가 염려되오니 양도道의 수군을 다 충실한 군사로써 바꾸어 정하여 뜻밖의 일에 대비해야 할 것입니다"

하였다.

1月 21日(庚申) 3번째 기사
효자·절부·의부·순손의 실적을 찾아 아뢰게 하다

上初卽位, 下敎中外, 求孝子·節婦·義夫·順孫所在, 以實迹聞, 凡數百人. (…中略…) 善山船軍趙乙生妻藥加伊, 歲丙子, 夫爲倭所擄, 未知存沒, 不食酒肉·葷菜, 父母欲嫁, 涕泣不從. 隔八年, 其夫還來同居, 以全婦道. (…中略…) 井邑散員陳慶妻劉氏, 年三十夫死倭亂, 至今守節, 事姑克孝. (…中略…) 海美前別將林雨, 歲丙辰·丁巳年間,倭賊突至圍之, 適其父病臥, 獨力却賊, 負父走山, 遂得俱脫. (…中略…) 安陰散員沈腆, 歲戊辰, 倭賊突入, 執其父結項而去, 持銀帶銀塊赴賊中, 買父而來. 善山學生田益修, 歲丁巳, 父死於戰. 事祖如父, 及沒, 廬墓三年. (…中略…) 晋州前郎將姜用珍, 倭賊入寇, 牧使朴自安與戰而敗, 馬困幾爲賊所獲, 進其所乘馬 遂得免. (…下略…)

임금이 처음 즉위하여 중외에 교서를 내리어, 효자·절부節婦·의부義夫·순손順孫이 있는 곳을 찾아 실적實迹으로 아뢰라고 했더니, 무릇 수백인이 되었다. (…중략…) 선산善山의 선군船軍 조을생趙乙生의 처 약가이藥加伊는 병자년[7]에 지아비가 왜적의 포로가 되어 생사를 알지 못하매, 주육과 냄새나는 나물을 먹지 않았고, 부모가 개가시키려 하니, 눈물을 흘리면서 좇지 않았다. 8년이나 되어 그 지아비가 돌아오매 함께 살아 아내의 도리를 다하였다. (…중략…) 정읍井邑의 산원散員 진경陳慶의 처 유劉씨는 나이 30세에 지아비가 왜란에 죽었는데, 지금까지 절개를 지키고 시어머니를 섬겨 효도를 다하였다. (…중략…) 해미海美의 전별장 임우林雨는 병진년·정사년[8] 사이에 왜적이 갑자기 와서 에워쌌는데, 마침 그 아버지가 병으로 누워 있어 혼자서 적을 물리치고 아버지를 업고 산으로 달아나 난을 면하였다. (…중략…) 안음安陰의 산원散員 심전沈腆은 무진년[9]에, 왜적이 갑자기 들어와 그 아버지를 잡아 목을 매어 가거늘, 은대銀帶와 은괴銀塊를 가지고 적중에 들어가서 아버지와 바꾸어 왔다. 선산善山의 학생 전익수田益修는 정사년[10]에, 아버지가 전쟁에

---

7 1396년(태조 5)이다.
8 1376년(고려 우왕 2)과 1377년(우왕 3)이다.
9 1388년(고려 우왕 14)이다.
10 1377년(고려 우왕 3)이다.

서 죽으매, 조부 섬기기를 아버지와 같이 하고, 조부가 죽은 후에는 3년 간 묘에 여막을 짓고 지켰다. (…중략…) 진주晉州의 전前 낭장郎將 강용진姜用珍은 왜적의 침입을 당하여, 목사 박자안朴自安과 더불어 싸웠으나, 패하여 거의 적에게 잡히었을 때, 그가 탄 말을 목사에게 주어 겨우 면함을 얻었다. (…하략…)[11]

1月 22日(辛酉) 3번째 기사
양예 등이 까치·흰 비둘기와 오리를 청하니 이를 하사하다
亮倪等請鵲及白鳩鴨, 命捕白鳩鴨各二雙, 鵲五雙賜之.
양예亮倪[12] 등이 까치鵲와 흰 비둘기白鳩와 오리鴨를 청하거늘, 명하여 흰 비둘기와 오리 각각 두 쌍과 까치 다섯 쌍을 잡아 하사하였다.

1月 23日(壬戌) 4번째 기사
김자지·유현 등이 이종무와 김훈 등의 불충한 죄상을 고하다
刑曹判書許遲·大司憲金自知·左司諫兪顯等上疏曰, 李從茂·金陽俊等不忠之罪, 情狀已著, 近日臺諫累次上請, 未蒙兪允, 大小臣僚罔不缺望. 竊惟, 臣等之於二人, 旣無私憤, 又無公怨, 而敢請不已者, 非惟一國臣民不共戴天, 亦惟天地, 宗社之所共誅, 殿下不得而赦也. 自古不忠之人, 必先絶其黨與, 然後爲惡者孤矣. 金訓不忠, 人所共知, 從茂謀欲薦拔, 引以赴敵, 又受其子, 敢與來京, 及問其由, 怨咨憤怒, 敢發怨上之言,

---

11 이 기사를 통해서 왜구의 침입으로 많은 피해를 입었음을 알 수 있다.
12 실정막부의 장군 족리의지(足利義持)가 보낸 사신이다.

其不忠明矣. (…下略…)

형조 판서 허지·대사헌 김자지·좌사간 유현 등이 상소하기를,

"이종무와 김양준 등의 불충한 죄상이 이미 현저하여, 근일 대간이 여러 번 글을 올려 죄주기를 청하여도 윤허를 얻지 못하니, 대소 신하들이 다 희망을 잃었습니다. 그윽이 생각하건대, 신 등은 이 두 사람에게 아무 사감이 없고, 또 공적인 원망도 없는데, 감히 청하여 마지 않음은 오직 일국 신민의 불공대천의 인물일 뿐 아니라, 천지와 종사宗社에서 함께 베어 죽일 바이니, 전하가 용서하지 못할 것입니다. 예로부터 불충한 사람은 반드시 그 당여黨與를 없앤 후에야 악한 자가 외로워지는 법입니다. 김훈金訓의 불충은 사람이 다 아는 바인데, 종무가 천거하여 끌고 적에게 나아갔고, 또 그 아들을 받아 감히 데리고 서울로 왔는데, 그 연유를 물은 즉, 망하고 탄식하며 분노하여 감히 주상을 원망하는 말을 했으니, 그 불충이 명백합니다. (…하략…)

1月 25日(甲子) 4번째 기사
대마도 종준이 사람을 보내어 토산물을 바치다
對馬島宗俊遣人來獻土物.
대마도 종준宗俊[13]이 사람을 보내어 토산물을 바쳤다.

---

13 대마도주 종정무의 아들이다. 세종 즉위년 8월 21일 7번째 기사 '종요' 주석 참조.

閏1月 6日(乙亥) 1번째 기사
본국으로 돌아갈 (일본국왕사) 양예와 정우를 위로하다

御仁政殿受朝. 亮倪及正祐等將還本國, 亦在朝列. 行禮如儀訖, 引
亮倪·正祐升殿勞慰. 亮倪等出, 命宦官饋之. 祐自述行錄以進, 救文
士贐行詩, 命文臣製贈.

인정전에서 조회를 받았다. 양예[14]와 정우正祐[15] 등이 장차 본국으로
돌아가고자 하여, 또한 조회 반열에 있었다. 의식대로 예를 행하였다.
예가 끝나매, 임금이 양예와 정우를 전상에 오르게 하여 위로하였다.
양예 등이 나가자, 환관에게 명하여 음식을 대접하였다. 정우는 스스로
행록行錄을 지어 바치면서, 문사文士가 전송하는 시詩를 지어 주기를 청
하거늘, 문신에게 명하여 지어 주게 하였다.

閏1월 10日(己卯) 6번째 기사
예조에서 대마도의 도도웅환이 귀속하기를 청한다고 아뢰다

禮曹啓, "對馬島都都熊瓦使人時應界都來傳熊瓦言曰, '對馬島土
地瘠薄, 生理實難. 乞遣島人, 戍于加羅山等島, 以爲外護, 貴國使人民
入島, 安心耕墾, 收其田稅, 分給於我以爲用. 予畏族人窺奪守護之位,
未得出去, 若將我島依貴國境內州郡之例, 定爲州名, 賜以印信, 則當
効臣節, 惟命是從. 都豆音串入侵賊船三十隻內, 戰亡十六隻, 餘十四

14 박다(博多) 묘락사(妙樂寺)의 승려이다. 임제종(臨濟宗) 대응파(大應派)의 무방 종응(無方宗應)
의 법사(法嗣)이다. 기해동정 이후 조선의 의중을 살피기 위하여 실정막부가 정사로 파견하였다.
당시 일본 승려들은 한문을 구사할 수 있었기 때문에 외교 분야에서 활약한 사례가 많다.
15 세종 1년 5월에 구주탐제의 사신으로 파견되었다가 조선에 머물면서 유람하기를 원하므로 세
종이 이를 허락하였다. 세종 2년에 본국을 돌아간 정우는 세종 30년에 다시 일본 국왕사로 파견
되어 왔다.

隻還來, 七隻乃一岐州人, 已還本州, 七隻則我島人也. 其船主則戰亡, 但有格人等還來, 今已推捉各船作頭人各一, 并其妻子囚繫, 收取家財及船以待命, 乞速送官人區處.'"

예조에서 아뢰기를,

"대마도의 도도웅환都都熊丸[16]의 부하 시응계도時應界都[17]가 와서 웅환熊丸의 말을 전달하기를, '대마도는 토지가 척박하고 생활이 곤란합니다. 바라옵건대, 섬사람들을 가라산加羅山[18] 등 섬에 보내어 주둔하게 하여, 밖에서 귀국貴國을 호위하며, 백성은 섬에 들어가서 안심하고 농업에 종사하게 하고, 그 땅에서 세금을 받아서 우리에게 나누어 주어 쓰게 하옵소서. 나는 일가 사람들이 수호守護의 지위를 빼앗으려고 엿보는 것이 두려워, 나갈 수가 없사오니, 만일 우리 섬으로 하여금 귀국 영토 안의 주·군州郡의 예에 의하여, 주州의 명칭을 정하여 주고, 인신印信을 주신다면 마땅히 신하의 도리를 지키어 오로지 시키시는 대로 따르겠습니다. 도두음곶都豆音串[19]에 침입한 해적의 배 30척 중에서 싸우다가 없어진 것이 16척이고 나머지 14척은 돌아왔으며 7척은 곧 일기주一岐州의 사람인데, 벌써 그 본주로 돌아갔고, 7척은 곧 우리 섬의 사람인데, 그 배 임자는 전쟁에서 죽고, 다만 격인格人들만 돌아왔으므로, 이제 이미 각 배의 두목되는 자 한 사람씩을 잡아들여 그 처자까지 잡아 가두

---

16 원문의 도도웅와(都都熊瓦)는 도도웅환(都都熊丸, 宗貞盛)의 잘못이다. 1부 「중요인물」 '종정성' 참조.
17 여기에만 보인다.
18 거제도에 있는 산 이름이다. 거제의 최남단 해변에 위치한 가라산은 거제에서 제일 높은 산으로 그 높이는 585m이다.
19 현재의 충청남도 서천군 서면 도둔리 일대이다. 조선 전기에는 도두음곶수가 설치되어 충청 우도 첨절제사가 지켰다. 세종 원년에 왜구가 도두음곶을 공격하였고, 이 사건은 기해동정의 한 원인이 되었다.

고, 그들의 집안 재산과 배를 몰수하고 명령을 기다리고 있사오니, 빨리 관원을 보내어 처리하시기를 바랍니다'라고 하였습니다"
하였다.

閏1月 14日(癸未) 7번째 기사
대마도의 도도웅환이 사람을 보내어 토산물을 바치다
對馬島都都熊瓦使人來獻土宜.
대마도의 도도웅환[20]이 사람을 보내어 토산물을 바쳤다.

閏1月 15日(甲申) 6번째 기사
일본에서 사절을 보낸 데 대한 답례로 송희경을 보내다

遣仁寧府少尹宋希璟, 報聘于日本, 其書曰, "奉復日本國王殿下. 專使書問, 副以惠貺, 從審動履淸勝, 感慰交深. 敝邦與貴國, 世修隣好, 其義甚篤. 但爲風濤阻梗, 嗣音不能以時, 果如所示. 諭及釋典, 我朝本不多有, 然敢不依請? 側聞, 我國人民, 曾爲風濤所漂, 托處貴國雲州安木者, 多至七十餘戶, 或被寇賊刧掠, 轉傳鬻賣, 散在諸島者, 蓋亦甚衆. 如得推刷發還, 則濟物之仁・交隣之義, 庶乎兩全, 不甚偉歟? 今遣臣僉知承文院事宋希璟, 齎『藏經』全部, 且以不腆土宜, 聊表謝忱, 惟領納. 春寒, 更冀爲國保重." 別幅, 『大藏經』全部・鞍子一面諸緣具・麻布・苧布・縣紬各一十匹・松子五百斤・人蔘・五味子各五十觔・蜂

20 원문의 도도웅와(都都熊瓦)는 도도웅환(都都熊丸, 宗貞盛)의 잘못이다. 1부 「중요인물」 '종정성' 참조.

蜜十五斗·豹皮五領·雜彩花席一十張·滿花方席一十張·斜皮一十張.

일본에서 사절을 보낸 데 대한 답례로 인녕부 소윤仁寧府少尹 송희경宋希璟[21]을 보냈는데, 그 서한에 이르기를,

"받들어 일본 국왕 전하에게 회답합니다. 일부러 사절을 보내어 글월로 문안하고 선물까지 주셔서, 족하의 건강하심을 알았사오니, 감사하며 위로되는 마음 아울러 깊습니다. 우리나라와 귀국은 대대로 이웃 간의 친선을 닦아서, 그 정리가 매우 두터웠습니다. 다만 풍파가 가로막혀 때때로 소식을 전하지 못함은 과연 말씀하신 바와 같습니다. 말씀하신 불경은 우리나라에도 본시 많이 있지 못한 것이오나, 어찌 청을 듣지 않을 수 있겠습니까. 전하는 말을 들은 즉, 우리나라 백성이 일찍 풍랑에 표류되어 귀국의 운주雲州[22] 안목安木[23]에 머물러 사는 자가 많아서 70여 호에 이르며,[24] 더러는 도둑에게 약탈을 당하여 이리저리 팔려 다니어, 여러 섬에 흩어져 있는 수효가 매우 많다고 합니다. 만일 조사하여 찾아서 돌려보내신다면, 사람을 구제하는 사랑과 이웃나라와 친선하는 의리에 두 가지가 거의 다 완전한 터이니, 매우 훌륭한 일이 아니겠습니까. 이제 신하인 첨지승문원사僉知承文院事 송희경을 보내어『대

---

21 1420년(세종 2)에는 회례사(回禮使)에 뽑혀 실정막부가 있는 경도(京都)에 파견되어, 기해동정의 목적을 전달하였다. 마침 실정막부는 명과 단교한 직후였기 때문에 송희경 일행을 냉대하였다. 9개월에 걸친 사행기록인『노송당 일본행록』에 자세한 과정이 주로 시문의 형태로 기록되어 있으며, 현존하는 최고의 일본 여행기이다. 1부「중요인물」'송희경' 참조.

22 출운국(出雲國)을 뜻한다. 현재의 도근현(島根縣) 지역이다.

23 현재의 도근현(島根縣) 안래시(安來市)이다. 안목(安木)은 일본어로 '야스기'라고 읽으며, 안래(安來) 역시 '야스기'로 읽는다. 도근현의 가장 동쪽에 위치하고 중해(中海)라고 불리는 만 안에 위치하고 있다.

24 1350년부터 본격화된 왜구에게 붙잡혀 간 사람과 표류민들이 중심이 된 조선인 촌락이 있었을 가능성이 제기되고 있다. 關周一,『中世日本海域史の研究』, 吉川弘文館, 2002, p.160.

장경大藏經』전부를 가져가며, 또한 변변치 않은 토산물로 사례하는 뜻을 표시하오니, 받아 주시기를 바랍니다. 봄 날씨 쌀쌀 하온데 나라를 위하여 건강하심을 다시금 바랍니다."

하였다. 별폭別幅에는『대장경』전부, 말안장 한 벌과 베·모시·명주 각 10필, 잣松子 5백 근, 인삼·오미자五味子 각 50근, 꿀 15말, 표범의 가죽 5벌, 잡채 화문석雜彩花紋席 10장, 만화방석滿花方席 10장, 담비가죽斜皮 10장이라 하였다.

閏1月 23日(壬辰) 2번째 기사
허조에게 명하여 도도웅환의 서한에 답서하게 하다

命禮曹判書許稠, 答都都熊瓦書曰, "人至得書, 備審足下誠心悔悟, 願爲臣僕, 刷送人口, 進獻禮物, 詳已敷啓, 皆蒙兪允, 實爲一島之福. 所請諸州分置之人, 已曾優給衣糧, 使之各安生業, 島中乏食, 回還必飢. 且對馬島隷於慶尙道, 凡有啓稟之事, 必須呈報本道觀察使, 傳報施行, 毋得直呈本曹. 兼請印篆竝賜物, 就付回价. 近來, 足下所管代官·萬戶各自遣人, 奉書來款, 其誠雖至, 甚乖體統. 自今須得足下所親署書契以來, 方許禮接." 其印文曰, 宗氏都都熊瓦.

예조 판서 허조에게 명하여 도도웅환[25]의 서한에 답서하게 하니, 그 글에 이르기를,

"사람이 와서 편지를 받아 보고 귀하가 진심으로 뉘우치고 깨달아서, 신하가 되기를 원하는 뜻을 자세히 알았으며, 돌려보낸 인구人口와 바

---

25 원문의 도도웅와(都都熊瓦)는 도도웅환(都都熊丸, 宗貞盛)의 잘못이다. 1부「중요인물」'종정성' 참조.

친 예물은 이미 자세히 위에 아뢰어 모두 윤허하심을 받았으니, 실로 온 섬의 복이라고 생각합니다. 귀하가 요청한 바 여러 고을에 나누어 배치한 사람들에게는 이미 의복과 식량을 넉넉히 주어서, 각기 그 생업에 안심하고 종사하게 하였는데, 섬 안에는 먹을 것이 부족하니, 돌아간다면 반드시 굶주릴 것입니다. 또한 대마도는 경상도에 속해 있으니, 모든 보고나 또는 문의할 일이 있으면, 반드시 본도의 관찰사에게 보고를 하여, 그를 통하여 보고하게 하고, 직접 본조에 올리지 말도록 할 것입니다. 겸하여 청한 인장의 전자篆字와 하사하는 물품을 돌아가는 사절에게 부쳐 보냅니다. 근래에 귀하의 관할 지역에 있는 대관代官과 만호萬戶가 각기 제 마음대로 사람을 보내어 글을 바치고 성의를 표시하니, 그 정성은 비록 지극하나, 체통에 어그러지는 일입니다. 지금부터는 반드시 귀하가 친히 서명한 문서를 받아 가지고 와야만 비로소 예의로 접견함을 허락하겠습니다"

하였다. 그 인장의 글자는 '종씨 도도웅환宗氏都都熊丸'이라 하였다.

閏1月 27日(丙申) 5번째 기사
경상도 내의 개간한 토지에 약탈을 대비하여 목책과 토성을 쌓게 하다

慶尙道觀察使啓, "道內巨濟·南海·昌善三島墾田凡一千一百三十餘結, 附近各官人民, 多潛入耕稼, 如遇賊變, 被掠可畏. 乞今後禁民入耕."
上王下政府, 六曹與曾經慶尙道監司·水陸節制使備知形勢者議之. 遂命三島中田多處, 作木柵, 或築土城, 聽民持兵器入耕, 晝則候望應變, 夜則入城固守, 又令附近各梁兵船守護, 其田少處, 禁民入耕.

경상도 관찰사가 아뢰기를,

"도내의 거제巨濟·남해南海·창선昌善의 3개 섬에 개간한 토지가 모두 1천 1백 30여 결인데, 부근에 있는 각 고을 인민들이 몰래 들어가서 농사를 짓는 사람이 많사오니, 만일 도둑의 변을 만나게 되면 약탈을 당할까 염려되옵니다. 금후에는 들어가서 농사를 짓지 못하게 하옵소서"

하니, 상왕이 의정부에 내려 육조와 전임 경상도 감사와 및 수륙 절제사로서, 그곳 사정을 잘 아는 사람들과 이를 상의하게 하였다. 드디어 3개 섬 가운데에서 전지田地가 많은 곳에다 목책木柵을 만들거나, 혹은 토성을 쌓고, 백성이 무기를 가지고 들어가서 농사를 짓게 하며, 낮에는 망을 보아서 변고에 대응하고, 밤에는 성에 들어가서 굳게 지키며, 또 부근 포구의 병선으로 하여금 그들을 수호하게 하고, 전지가 적은 곳에는 들어가서 농사 짓는 것을 금지하게 하였다.

閏1月 28日(丁酉) 2번째 기사
일본 구주 총관 평종수가 토산물을 바치다
日本九州摠管平宗秀遣人來獻土宜.
일본 구주 총관九州摠管 평종수平宗秀[26]가 사람을 보내어 토산물을 바쳤다.

---

26 세종 즉위년 11월 29일에 구주총관(九州摠管) 우무위장군(右武衛將軍) 관하(管下) 농주태수(濃州太守) 판창평종수(板倉平宗壽)가 보인다. 평종수(平宗壽)가 원래 판창씨(板倉氏)였음을 알 수 있다. 판창씨로는 판창만가(板倉滿家)가 역시 조선에 사람을 보냈다. 종수(宗壽)와 만가(滿家)의 관계는 분명하지 않다. 판창씨는 구주탐제(九州探題)의 지위를 세습하고 있는 삽천씨(澁川氏)의 중신 중 한 집안이다. 이때를 시작으로 세종 3년까지 지속적으로 조선과의 관계를 유지하였다.

2月 25日(癸亥) 3번째 기사
원도진과 원창청이 사람을 보내와 특산물을 바치니 옷감을 하사하다

日本國九州前都元帥源道鎭·肥州太守源昌淸各遣人來獻土宜.
回賜道鎭縣布五百匹, 昌淸縣布三百五十匹.

일본국 구주九州의 전 도원수都元帥 원도진源道鎭[27]과 비주 태수肥州太守
원창청源昌淸[28]이 각각 사람을 보내어 와서 특산물을 바치니, 도진에게
무명 5백 필과 창청에게 무명 3백 50필을 주어 보냈다.

4月 28日(丙寅) 4번째 기사
왜관의 금법과 임금의 명령을 허위 조작한 죄로 이안우를 영해군에 귀양
보내다

配戶曹參判李安愚于寧海郡, 贖杖一百. 初, 賈人販於倭館者, 多不
遵約束, 乃設法禁之, 違禁者沒其貨物. 被沒者訴於安愚曰, "違禁之物,
止於銖兩耳." 安愚以啓曰, "愚民可哀." 上曰, "愚民雖可哀, 然還給之,
亦無以戒後." 安愚稱親禀王旨, 悉還之. 至是事覺, 上問之, 不以實對,
乃下義禁府, 同三省委官訊之, 當詐傳論斬, 上貸其死.

호조 참판 이안우李安愚를 영해군寧海郡에 귀양 보내고 형장 일 백은
속贖하게 하였다. 처음에 장사꾼들이 왜관倭館[29]에서 물건을 매매하는
자들이 흔히 약속을 지키지 아니하므로, 법을 마련하여 금지하되, 금법

---

27 전 구주탐제 삽천만뢰(澁川滿賴)이고 원의준(源義俊, 澁川義俊)의 아버지이다. 1부「중요인
    물」'원도진' 참조.
28 원창청은 길견원창청(吉見源昌淸)으로도 보이므로, 길견씨(吉見氏)이고, 길견씨는 구주탐제
    삽천씨(澁川氏)의 피관(被官)이다. 1부「중요인물」'길견창청' 참조.
29 왜인들이 거주하면서 교역하던 장소를 말한다. 조선 전기에는 부산포·내이포·염포 3곳에
    있었다. 조선 후기에는 부산포 1곳으로 제한하였고, 조선 말의 왜관은 부산시 초량에 있었다.

을 어기는 자는 그 물건을 몰수하였다. 이제 몰수당한 자가 안우安愚에게 호소하기를,

"금법을 어긴 것이 몇 푼이 되지 않습니다"

하였다. 안우가 임금에게 아뢰기를,

"어리석은 백성이 불쌍합니다"

하였다. 임금이

"어리석은 백성들이 불쌍하기는 하지마는, 그렇다고 하여 도로 내어 준다면 뒷사람을 경계할 수 없을 것이다"

하였는데, 안우가 임금의 뜻을 여쭈었다 말하고, 그 물건들을 다 돌려 주게 하였다. 이제 와서 그 일이 발각되어, 임금이 사실을 물은즉, 사실대로 대답하지 아니하므로 의금부에 내려 가두고, 삼성三省의 위관委官들과 심문하여 임금의 명령을 허위 조작한 죄로 참형에 처하기로 논죄 하였으나, 임금이 그 죽이는 것은 용서하였다.

5月 11日(戊寅) 4번째 기사
왜인 삼미다라가 배와 삼미삼보라 등을 돌려달라고 하다

許稠啓, "倭三未多羅使人請還年前被奪船及分置倭三未三甫羅等." 上曰, "卿可親啓于上王, 取旨施行."

허조가 아뢰기를,

"왜인 삼미다라三未多羅[30]가 사람을 보내어, 연전에 빼앗아 온 배와 나

---

[30] 조전좌위문대랑(早田左衛門大郎)이다. 대마도 두지포(豆知浦)와 선월(船越)을 거점으로 하는 왜구의 우두머리로, 조선에서 만호(萬戶)에 임명하였다. 『일본행록』에는 삼미다라(三味多羅)라고 한 인물도 모두 동일인으로 보인다. 『세종실록』 원년 10월 15일에 '대마도적중도만호 좌위문대랑(對馬島賊中都萬戶 左衛門大郎)', 3년 9월 1일에 '대마도만호 좌위문대랑(對馬島萬

누어 배치한 왜인 삼미삼보라三未三甫羅[31] 등을 돌려 달라고 청합니다"
하였다. 임금이

"경이 몸소 상왕께 아뢰어 교지를 받아 시행하라"
하였다.

5月 16日(癸未) 1번째 기사
상왕의 탄신일이므로 임금이 내전에서 하례하는 예식을 행하다

癸未 (…中略…) 上王問許稠以三未多羅所請之事, 稠啓, "請還三未三
甫羅及被奪船一隻." 上王曰, "此輩非對馬之賊, 實是九州之人, 從其請可
也." 朴訔曰, "眞僞難辨, 不可輕聽其請." (…下略…)

계미 (…중략…) 상왕이 허조에게 삼미다라三未多羅[32]가 청하였다는
일이 무엇인가 물으니, 조가 아뢰기를

"삼미삼보라三未三甫羅[33]와 빼앗아 온 배 한 척을 도로 돌려 달라는 것
입니다"

戶 左衛門大郞', 3년 10월 22일에 '대마도도만호 좌위문대랑(對馬島都萬戶 左衛門大郞)' 등과
같이 두지포의 도만호는 일본명 좌위문대랑(左衛門大郞)이었고, 조선 자료에서는 다양한 방식
으로 음차하였다.

31 기해동정 때 붙잡혀 온 왜인으로 조전좌위문대랑과 일족일 가능성이 있다. 조전좌위문대랑의
    아들인 육랑차랑(六郞次郞) 및 여매시라(汝每時羅)와 함께 명을 노략질하려고 한 사례가 있기
    때문이다(세종 21-2-4-2). 이후 삼미삼보라 송환에 대한 논의 과정을 거쳐서(세종 2-5-16-1, 세종
    2-11-1-2), 세종 3년에는 삼미삼보라와 등차랑에게 집과 양식 노비를 지급하였다(세종
    3-7-20-2). 그런데 세종 5년에는 삼미삼보라와 등차랑이 대마도에서 사람을 보내 토물을 바친
    것으로 보아 세종 3년 이후에 대마도로 돌아간 것으로 보인다(세종 5-6-3-2). 세종 8년에 좌위문
    대랑이 삼미삼보라를 보내어 거제도에 농토를 지을 수 있도록 해 줄 것과 경상 좌우도의 각 항
    구에서 마음대로 무역할 수 있도록 해 줄 것을 요구하였다(세종 8-1-18-3). 『조선왕조실록』에는
    여러 명의 삼미삼보라가 보이는데, 이는 좌위문삼랑(左衛門三郞)이라는 흔한 이름이기 때문일
    것이다.
32 조전좌위문대랑(左衛門大郞)이다. 1부 「중요인물」 '조전좌위문대랑' 참조.
33 기해동정 때 붙잡혀 온 왜인으로 조전좌위문대랑과 일족일 가능성이 있다.

하였다. 상왕이 이르기를,

"그것들은 본시 대마도의 왜적이 아니요, 실상 구주九州의 사람들이
니, 그 청을 들어주는 것이 가할 것이다"

하였다. 박은이 말하기를,

"참인지 거짓인지를 분별하기 어려우니, 가볍게 그 청을 들어줄 수
없습니다"

하였다. (…하략…)

5月 19日(丙戌) 4번째 기사
일본국 원도진이 편지와 토산물을 바치고 도림 등을 돌려달라고 청하다

日本國西海道九州前摠管源道鎭遣人奉書, 送還被虜我人二口, 兼
獻土宜, 仍請還其部人道林等十名. 九州都督源義俊·西海路民部少
輔平滿景·預州太守多多良滿世及佐文多羅等亦遣人獻方物, 請還道林
等. 上王命, "道林等若實爲九州之人, 則送還可也."

일본국 서해도西海道 구주九州 전총관[34] 원도진源道鎭[35]이 사람을 보내
어 편지를 가지고 와서, 우리나라 사람으로 잡혀갔던 두 사람을 돌려보
내고, 겸하여 토산물을 헌상하고, 인하여 그 부部의 사람 도림道林[36] 등 열
사람을 돌려보내 주기를 청하였다. 또 구주 도독九州都督 원의준源義俊[37]

---

34 전구주탐제(前九州探題)라는 뜻이다. 구주탐제부는 실정막부의 지방관청으로 축전(筑前) 박
　　다(博多)에 설치되었으며, 구주 지역의 무사를 통괄하는 역할을 맡았다.

35 삽천만뢰(澁川滿賴)이다. 그는 1396년(應永 3)부터 1419년까지 구주탐제를 지냈다. 삽천씨
　　(澁川氏)는 실정막부의 장군가인 족리씨(足利氏)와 일족이며, 만뢰(滿賴)는 1406년에 출가하
　　여 도진(道鎭)이라는 승려명을 사용하였다.

36 승려의 이름으로 생각된다. 기해동정 때 대마도에서 붙잡혀 온 사람의 한 명이다. 세종 2년 8
　　월 2일에 방환이 결정되어 일본으로 돌아간 것으로 생각된다.

37 삽천만뢰(澁川滿賴, 源道鎭)의 아들로 구주탐제직을 계승하였다. 1부 「중요인물」 '삽천의준

과 서해로西海路 민부소보民部少輔[38] 평만경平滿景[39]과 예주 태수預州太守[40] 다다량만세多多良滿世[41]와 좌문다라佐文多羅[42] 등도 역시 토산물을 보내며 도림 등을 돌려보내 달라는 것을 청하였다. 상왕이 명하기를,

"도림 등이 만약 참으로 구주의 사람이라면 돌려보내 주는 것도 가할 것이다"

하였다.

5월 23일(庚寅) 1번째 기사
대마도 도도웅환의 어미가 사람을 보내어 토산물을 바쳤다

對馬島都都熊瓦母遣人來獻土宜.

대마도 도도웅환都都熊丸[43]의 어미가 사람을 보내어 토산물을 바쳤다.

참조.
38 일본 고대 율령제에서 민부의 차관을 지칭하는 용어이다.
39 평만경(平萬景)이라고도 표기하며, 박다(博多) 석성(石城) 지역의 통교자이다. 축주(筑州) 석성부관사(石城府管事, 세종 1-6-1-4), 서해로(西海路) 민부소보(民部少輔, 세종 2-5-19-4), 축주부(筑州府) 석성현사(石城縣使) 민부소보(民部少輔, 세종 3-7-5-2), 원도진관하(源道鎭管下, 세종 5-9-28-2) 등으로 보인다. 당시 구주탐제가 삽천만뢰(澁川滿賴, 源道鎭)이었으므로, 그의 이름 만(滿)을 습명(襲名)한 인물로 생각된다. 1부 「중요인물」 '평만경' 참조.
40 예주(豫州)는 이예국(伊豫國)을 뜻한다. 예주 태수를 자칭한 인물을 다다량만세뿐이다.
41 대내홍세(大內弘世)의 손자이고, 대내만홍(大內滿弘)의 아들이다. 대내홍세의 아들은 의홍(義弘)·만홍(滿弘)·성견(盛見)·홍무(弘茂)가 있었다. 1부 「대내씨 계보」 참조
42 좌문다라는 좌위문대랑(左衛門大郎)의 다른 표기인 것으로 보인다. 좌문다라는 표기는 세종실록 2년 5월 19일 4번째 기사에만 나타나지만, 대마도의 좌위문대랑이라는 표기는 세종실록에 총 61번 나타난다.
43 원문의 도도웅와(都都熊瓦)는 도도웅환(都都熊丸, 宗貞盛)의 잘못이다. 1부 「중요인물」 '종정성' 참조.

5月 29日(丙申) 2번째 기사

대내다다량이 사람을 보내어 토산물을 바치다

日本豫州太守大內多多良遣人來獻土宜.

일본 예주豫州[44] 태수太守 대내다다량大內多多良[45]이 사람을 보내어 와서 토산물을 진상하였다.

7月 5日(庚申) 2번째 기사

일본인 삼주 태수와 대마도 좌위문태랑이 토산물을 바치다

日本國防·長·豐三州太守多多良道雄遣人獻土宜, 自中宮東宮至左右政丞, 皆有獻物. 對馬島 左衛門大郎亦遣人獻土宜.

일본국 방·장·풍防·長·豐 삼주 태수三州太守 다다량도웅多多良道雄이 사람을 보내어 방물을 바쳤는데, 중궁中宮·동궁東宮으로부터 좌우 정승左右政丞에 이르기까지 모두 드리는 물건이 있었다. 대마도 좌위문대랑左衛門大郎[46]도 또한 사람을 보내어 토산물을 바쳤다.

7月 6日(壬申) 3번째 기사

예조 판서 허조가 일본 구주 전 총관 원도진에게 답서를 보내다

禮曹判書許稠答日本九州前摠管源道鎭書曰, "承書, 知委任賢嗣, 優游怡養, 仍承發還俘虜二名, 申以漸次盡還之意, 寧不知感? 年前致書, 所

---

44 이예국(伊豫國)을 뜻한다. 일본 사국(四國) 북서부에 있다.

45 대내만세(大內滿世)이다. 대내홍세(大內弘世)의 손자이고, 대내만홍(大內滿弘)의 아들이다. 대내홍세의 아들은 의홍(義弘)·만홍(滿弘)·성견(盛見)·홍무(弘茂)가 있었다. 1부 「대내씨 계보」 참조.

46 대마도 두지포(頭地浦, 土寄, 쯔찌요리)에 거점을 둔 왜구의 우두머리로 조전좌위문태랑(早田左衛門太郎)이다. 1부 「중요인물」 '좌위문태랑' 참조.

管各州頭目私自遣人, 甚無體統, 必得足下書信而來, 方許禮對, 蓋重摠管公之權也. 惟照, 與賢嗣善圖, 以立體統." 又答九州都督源義俊書曰, "得書知動止叶吉爲慰. 所獻禮物, 謹已啓納. 嚴君輸誠本朝, 爲日久矣. 今足下善承父志, 諭以永堅舊好, 爲子之道・修聘之義, 可謂備矣. 玆將土宜, 就付回价, 以謝厚意. 本曹於去歲之冬, 致書嚴君, 九州境內諸州太守, 私自遣人, 似無體統, 如有遣人行禮者, 必受摠管公書信以來, 方許禮對. 今後有欲行禮者, 公宜照依前書施行, 以嚴體統. 今六月日, 有賊船七隻到本國楸子等島藏泊, 刼掠商船, 有傷足下信義, 足下所深恥也. 宜將行刼人, 明正其罪, 虜去人物, 悉刷送來, 以昭足下之信意." 參議答平滿景書曰, "本曹於去歲之冬, 致書源公, 九州境內, 皆是摠管摩下, 私自遣人, 有違體統, 必受源公書契以來, 方許禮接. 足下擅自遣人, 義不可受, 想其書尙未施行, 姑許禮對."

예조 판서 허조가 일본 구주 전총관 원도진[47]에게 답서答書하여 이르기를,

"글월을 받아, 현명한 아들에게 위임하고 우유優游히 수양함을 알았고, 아울러 포로 2명을 돌려보내며 거듭 점차 다 돌려보낼 뜻으로서 말하시니, 어찌 감격하지 않으리오. 연전에서 서신을 보내, 관할하는 각 두목이 사사로이 스스로 사람을 보내는 것은 심히 체통이 없으니, 반드시 족하足下의 서신을 가지고 와야 비로소 예를 갖추어 대하기를 허락하였으니, 이는 대개 총관공摠管公의 권리를 중히 함이라. 바라건대, 밝히 현사賢嗣와 더불어 선처하여 체통을 세우십시오"

---

47 전 구주탐제(九州探題) 삽천만뢰(澁川滿賴)이고 원의준(源義俊, 澁川義俊)의 아버지이다. 1부 「중요인물」 '원도진' 참조.

하였다.

또 구주 도독九州都督 원의준源義俊[48]에게 보내는 답서에 말하기를,

"글월을 받아 귀체가 평안하시다 하니 위로되오며, 진상한 예물은 삼가 이미 아뢰고 바쳤습니다. 엄군嚴君[49]이 본조에 정성을 바친 지 날이 오래 되었습니다. 이제 족하가 아버지의 뜻을 잘 이어, 옛날의 우호를 길이 굳게 하겠다고 말하니, 아들된 도리와 교빙交聘하는 의리를 갖추었다고 하겠습니다. 이에 토산물을 돌아가는 사신 편에 부쳐 보내어 두터운 뜻을 사례합니다. 본조本曹가 지난해 겨울에 엄군에게 글월을 보내어, 구주 경내 여러 주의 태수가 사사로이 각자 사람을 보냄은 체통이 없는 것 같으므로, 만일에 사람을 보내어 예를 행하려는 이가 있으면, 반드시 총관공의 서신을 받아 가지고 와야만 (비로소) 예로써 대할 것이라고 하였습니다. 금후에 행례하고자 하는 이가 있거든, 공이 마땅히 전번 서신에 비추어 시행하여 체통을 엄하게 하시오. 금년 6월에 도적 배 7척이 본국 추자도楸子島 등 섬에 숨어 정박하여 상선商船을 겁탈하였으니, 이는 족하의 신의를 상함이니, 족하가 깊이 부끄러워할 바입니다. 마땅히 겁탈을 행한 사람들의 죄를 엄정하게 다스리고, 그 때 잡아간 사람들을 다 찾아서 돌려보내어 족하의 신의를 밝히십시오"

하였다.

참의參議가 평만경平滿景[50]에게 보낸 답서에서 말하기를,

---

48 삽천만뢰(澁川滿賴, 源道鎭)의 아들로 구주탐제직을 계승하였다. 1부 「중요인물」 '삽천의준' 참조.
49 삽천의준의 아버지 삽천만뢰를 높인 말이다.
50 평만경(平萬景)이라고도 표기하며, 박다(博多) 석성(石城) 지역의 통교자이다. 축주(筑州) 석성부관사(石城府管事, 세종 1-6-1-4), 서해로(西海路) 민부소보(民部少輔, 세종 2-5-19-4), 축주부(筑州府) 석성현사(石城縣使) 민부소보(民部少輔, 세종 3-7-5-2), 원도진관하(源道鎭管下, 세

"본조가 지난해 겨울에 원공源公에게 글월을 보내어, 구주 경내는 다 총관의 휘하이니, 사사로이 사람을 보내는 것은 체통에 어긋나는 것인 즉, 반드시 원공의 서신을 받아 가지고 와야 비로소 예로 응접함을 허락하겠다고 하였습니다. 이제 족하가 마음대로 스스로 사람을 보내었으니, 의리로 말하면, 응당 받지 아니할 것이나, 생각하건대 전번 편지가 아직 실시되기 전인가 하여, 일단 예를 차려 대접합니다"

하였다.

8月 2日(戊戌) 5번째 기사
일본 서해도 비전주 전평 우진 준주목 원성이 토산물을 바치다

日本西海道肥前州田平寓鎭駿州牧源省遣人獻土宜, 請還被留倭人, 上議於政府, 不允.

일본 서해도 비전주肥前州 전평田平 우진寓鎭[51] 준주목駿州牧[52] 원성源省[53]이 사람을 보내어 토산물土産物을 바치고 억류 중에 있는 왜인을 돌려보내 주기를 청하였으나, 임금이 정부政府에 의논하여 윤허하지 아니하였다.

종5-9-28-2) 등으로 보인다. 당시 구주탐제가 삽천만뢰(澁川滿賴, 源道鎭)이었으므로, 그의 이름 만(滿)을 습명(襲名)한 인물로 생각된다. 1부 「중요인물」 '평만경' 참조.

51 전평(田平, 타비라)는 북구주의 서쪽 끝에 위치한 지역으로 평호(平戶, 히라도)와 마주본다. 우진(隅鎭)은 그 지역에 거주하며 지배한다는 뜻으로 생각된다.

52 준하국(駿河國)의 장관이라는 뜻으로 무가관위(武家官位)이다.

53 『조선왕조실록』 중 이 기사에서 처음 나타난다. 이후 빈번하게 조선과 통교하였다. 북구주 서단의 전평(田平)을 근거로 한 세력의 우두머리로 준주태수(駿州太守, 駿河國의 國守)를 자칭하였다. 따라서 준주태수(駿州太守)·목(牧)으로 자처하는 사람들이 원래는 송포(松浦) 지역의 전평 혹은 일기도(一岐島)에 거점을 둔 세력임을 알 수 있다.

8月 2日(戊戌) 6번째 기사

예조 판서가 예주 태수 다다량에게 보낸 서신을 보내다

禮曹判書答豫州太守多多良書曰, 諭及道林等九人, 多漏波音等七
人, 已檢究, 就付回使發還, 其餘二人, 如得現推, 就後還送, 惟照.

예조 판서가 예주 태수豫州太守[54] 다다량多多良[55]에게 답하는 서한에
말하기를,

"말하는 도림道林[56] 등 아홉 사람 가운데 다루파음多漏波音[57] 등 일곱
명은 이미 조사가 끝났으니, 돌아가는 사신편에 돌려보낼 것이고, 그
나머지 두 사람은 만일 확실한 조사만 끝나면 뒤에 돌려보낼 것이니, 그
렇게 아시라"

하였다.

8月 9日(乙巳) 3번째 기사

일본 전 서해도 구주 도원수가 사신을 보내어 토산물을 바치다

日本前西海道九州都元帥遣使獻土宜.

일본 서해도 전 구주 도원수九州都元帥[58]가 사신을 보내어 토산물을 바
쳤다.

---

54 이예국(伊豫國)의 장관이라는 뜻으로, 대내만세(大內滿世)의 무가관위이다.
55 대내만세(大內滿世)이다. 그는 세종 2년에 사자를 파견하였고, 이때 그 사자가 돌아가게 되
    자, 예조에서 답서를 보낸 것이다.
56 기해동정 때 대마도에서 붙잡혀 온 사람 중의 한 명으로 생각된다. 세종 2년 5월 19일에 원도
    진·원의준·대내만세·평만경·좌위문대랑 등이 모두 도림의 송환을 요청하였다. 이때 방환
    이 결정되어 일본으로 돌아간 것으로 생각된다.
57 여기에만 보인다.
58 원도진(源道鎭, 澁川滿賴)이다. 1부 「중요인물」 '원도진' 참조.

9月 19日(甲申) 2번째 기사

전라도 수군 도절제사 변이의 공로를 치하하다

全羅道水軍都節制使邊頤捕倭一隻斬九級. 上王遣其子次熹, 就賜
宣醞表裏.

전라도 수군 도절제사[59] 변이邊頤가 왜선 한 척을 잡고 9급級을 베었
으므로, 상왕이 그의 아들 차희次熹를 보내어 선온宣醞과 안팎 옷감을 하
사하였다.

10月 2日(丁酉) 3번째 기사

동평현 백성 이송이 왜인을 가장하여 일본에 가려다 발각되어 참형당하다

東平縣民李松詐稱倭人, 謀往日本, 事覺伏誅.

동평현東平縣[60] 백성 이송李松이 왜인倭人을 가장하여 일본에 가려 하였
다가, 일이 발각되어 참형에 처해졌다.

10月 4日(己亥) 2번째 기사

허조가 왜장 구사진에게 상줄 것을 건의하다

許稠啓曰, "倭賊將犯中國, 到全羅道海南縣, 欲寇我境, 倭將仇乍鎭
禁之. 仇乍鎭曾娶我國女, 生一子, 仰慕本朝, 其心可嘉. 請給其妻衣

---

59 조선시대 수군의 가장 높은 관직이다. 태조 때부터 사용하였는데, 세종 2년(1420)에 수군도
안무처치사로 고치고, 세조 12년(1466)에 다시 수군절도사로 고쳤다.
60 경상도 동래부에 속한 현 이름이다. 동평현은 태종 1405년 동래현에 소속되었다가, 1409년
양산의 속현이 되었고, 1410년 다시 동래현의 속현이 되었다. 여말 선초 왜구의 침략 과정에서
군사적 요새지로 부각되어 세종 1428년에는 동래현에 두었던 진(鎭)을 일시 동평현에 옮긴 적
도 있었다고 한다. 이후 명종 1547년 동래현이 동래부로 승격되자 동평현은 동평면으로 개칭
되어 동래부에 속하게 되었다.

糧." 上曰, "宜更審問給之."

허조가 아뢰기를,

"왜적이 중국을 침범하려고 전라도 해남현海南縣61에 와서 우리 국경에 도적질하려는 것을 왜장 구사진仇乍鎭62이 금지하였습니다. 구사진은 일찍이 우리나라 여자에게 장가들어 아들까지 하나 낳고 우리 조정을 우러러 사모하니, 그 마음이 가상하옵니다. 청컨대, 그 처에게 의복과 양식을 주소서"

하니, 임금이 말하기를,

"다시 잘 알아보고 주도록 하라"

하였다.

10月 8日(癸卯) 2번째 기사
일본국 회례사 통사 윤인보가 먼저 와서 보고하다

日本國回禮使通事尹仁甫先來復命啓曰, "臣等初到其國, 待之甚薄, 不許入國都, 館于深修菴, 距國都三十里而近, 常以兵圍守, 不令與國人通. 繼有僧惠珙者來問曰, '聞大明將伐日本, 信否?' 答曰, '不知也.' 珙曰, '朝鮮與大明同心. 何故不知? 先是, 大明使宦者勑曰, "若不臣服, 與朝鮮討之." 旣而, 使者畏害而逃, 故疑而問之.' 又國王在寶幢寺, 呼見臣等, 其王髡頂, 披伽梨服, 執事者皆僧也. 從者不過十餘人. 旣見, 移館臣等于松月菴, 支待稍厚. 僧惠珙·周頌來謂曰, '國書以永樂記

61 현재의 해남군이다. 해진군(海珍郡) 근처. 전라도 진도군(珍島郡)을 해남현(海南縣)에 합쳐서 해진군이라 일컬었다고도 한다.
62 여기에만 보인다.

年, 故御所惡之, 不接見於京都也. 何不用我應永年號乎? 御所者, 國人
指其王也. 國無府庫, 只令富人支待. 又有人密言, '其王居無體面, 不欲
示之, 故不令入都也.' 其御所, 每歷諸寺修齋, 以此爲事, 命令只行於近
都地面而已. 土地皆瓜分於强宗, 每事依違而已. 九州節度使父子誠
心迎待, 筑前州守藤滿員・一岐島主皆有怨言, 小二殿亦曰, '去年朝鮮
來攻我對馬島, 我欲請兵船二三百, 攻破朝鮮沿海數邑, 然後快於心
矣.' 對馬島都都熊瓦弟熊壽亦曰, '吾欲拘汝等, 以當島人之被留者, 然
與本國通好, 不敢耳. 其被留人須速刷還.'"

일본국 회례사回禮使[63] 통사通事[64] 윤인보尹仁甫[65]가 먼저 돌아와서 복
명하여 아뢰기를,

"신 등이 처음 그 나라에 도착하니, 대우가 매우 박하며, 그 국도國都[66]
에 들어오지 못하게 하고 심수암深修庵[67]에 숙소를 정해 주니, 국도와 거

---

63 조선시대에 교린 관계에 있는 나라와 내왕한 사신이다.

64 통역을 담당하는 관인을 말한다.

65 1414년(태종 14) 왜관통사(倭官通事)로 처음 보이고, 기해동정 이후 최초로 조선 회례사의 통
사로 일본에 건너갔다. 그의 보고는 이후 조선의 대일정책에 큰 영향을 끼쳤다. 1424년 왜통
사(倭通事)・호군(護軍) 등을 역임하였고, 세종 21년과 25년에도 각각 통신사의 부사가 되어
일본에 다녀왔다. 1450년(문종 즉위) 상호군으로, 대마도 상인들이 많이 오는 것을 엄하게 경
계하도록 상소하였다. 1455년(세조 1) 상호군으로 좌익원종공신(佐翼原從功臣) 3등에 책록되
었다.

66 실정막부의 소재지이자, 천황과 장군이 있었던 현재의 일본 경도(京都)를 말한다.

67 『일본행록』에 의하면 세종 2년 4월 21일에 경도에 도착하여 먼저 명나라 사람 위천(魏天)의
집에서 말을 내렸는데, 진외랑(陳外郞)이라는 인물이 족리의지(足利義持)의 명을 전하기를
불경과 예물을 등지사(等持寺)에 두고, 심수암에서 머물라고 하였다. 심수암은 도성의 북쪽
10리 혹은 30리에 떨어져 있으며 승려는 없고 무사들이 바깥을 경비하였다고 한다. 송희경은
심수암을 유굴(幽堀)이라고 표현한 것으로 보아 별다른 시설이 없는 작은 암자같은 곳으로 생
각된다. 이곳에서 3일 동안 머물고 있는 동안, 실정막부 측은 송희경에게 국서(國書)의 연호를
명의 영락(永樂)에서 일본의 연호인 응영(應永)으로 고쳐쓸 것을 요구하였다.
　송희경 일행이 심수암에 거의 감금되다시피 한 것은 당시 명과 일본의 관계가 원만하지 않았
기 때문이다. 실정막부 3대 장군인 족리의만(足利義滿)은 명으로부터 일본 국왕으로 책봉을
받았으나, 그 뒤를 이은 족리의지는 책봉을 받으려 하지 않았다. 이에 명은 여러 차례 사신을
보내 책봉을 받을 것을 요구하였고, 1419년에 이르러 명과의 관계가 크게 악화되었다. 공교롭

리가 가까운 30리쯤 되는데, 항상 병정을 시켜 지키게 하여, 그 나라 사람들과 통하지 못하게 하였습니다. 중僧 혜공惠珙[68]이란 자가 와서 묻기를 '들으니 명나라가 장차 일본을 치려 한다 하니, 진정 그러한가' 하므로 대답하기를, '모르겠다' 하였더니, 혜공이 또 말하기를, '조선이 명나라와 마음을 같이 한다는데 어찌하여 모르는가. 앞서 명나라가 환관宦子[69]을 일본에 보내 조칙詔勅을 내렸는데, 만약 신하로서 섬기지 않으면 조선과 같이 일본을 토벌하리라고 하였고, 얼마 뒤에 그 사신이 화를 당할까 두려워하여 도망쳐 돌아간 일이 있으므로 의심이 나서 묻는 것이라' 하였습니다. 또 그 국왕이 보당사寶幢寺[70]에서 신 등을 불러 보는데, 그 국왕은 머리를 깎고 가리복伽梨服[71]을 입었으며, 일을 맡은 사람들도 다 중僧이고, 시종하는 자가 열 사람에 불과하더이다. 인견하고 나서는 신 등의 숙소를 송월암松月菴[72]에 옮겨 주고 대우가 조금 낫더이다. 중

게도 이 해에 조선이 대마도를 정벌하였기 때문에, 실정막부는 조선과 명이 합세하여 일본을 공격한 것으로 여겼기 때문에, 송희경 일행을 크게 경계한 것이다.

68 당시 일본 경도(京都) 등지사(等地寺)의 주지였다. 송희경이 회례사로 파견되었을 때 족리의지(足利義持)의 명령으로 송희경을 만났다. 혜공(1373~1429)은 임제종(臨濟宗)의 승려로 절해중진(絶海中津)의 법사(法嗣)이고, 1423년에 상국사(相國寺) 29대 주지가 되었다. 족리의지가 출가할 때 의지가 출가의 스승이 되었다. 1429년에 입적하였고 도호(道號)는 원박(元璞)이다. 일본 사료에서는 혜공(慧珙)이라고 하였다.

69 『일본행록』에 따르면 명의 환관 여연(呂淵)이다. 1418년에 병고(兵庫)에 이르러 왜구 금압을 요구하였으며 족리의지(足利義持)가 상락(上洛)을 허락하지 않아서 1419년에 귀국하였다. 이보다 앞서 1411년에 환관 왕진(王進)이 역시 같은 목적으로 일본에 파견되었다.

70 송희경의 『노송당 일본행록』에 의하면, 대찰(大刹)로 거처하는 중이 거의 2백 명이나 되었다고 한다. 흥성선사(興聖禪寺)라고도 하며 경도시(京都市) 차아(嵯峨) 북굴정(北堀町)에 있던 임제종 사원이다. 실정막부 3대 장군 족리의만(足利義滿)이 1379년에 조영하기 시작하였고, 1386년에 경도십찰(京都十刹)이 되었다. 산호는 각웅산(覺雄山)이며, 1467년에 시작된 응인(應仁)의 난으로 소실되어 현재는 개산당(開山堂)인 녹왕원(鹿王院)만 남아 있다.

71 승려들이 입는 가사를 말한다. 족리의지(足利義持)가 혜공(慧珙, 惠珙)을 스승으로 하여 출가한 후 승려의 복장을 하고 있었던 것으로 보인다.

72 실정시대(室町時代) 경도(京都) 동복사(東福寺) 경내에 있었던 암자이다. 1417년에 청암정철(淸巖正徹)이 율자암(栗棘菴) 뒤에 송월(松月)이라는 암자를 세워 기거하였다고 한다. 응인(應仁)의 난 이후에 정철은 동복사 경내로 옮겨 거처하였으며, 능등수호(能登守護) 전산씨(畠

혜공과 주송周頌[73]이 와서 말하기를, '국서國書에 영락永樂이라는 연호를 썼기에, 우리 어소御所[74]가 그것을 싫어하여 경도京都에서 사신을 접견하지 아니한 것입니다. 어찌해서 우리日本의 응영應永[75] 연호年號를 쓰지 않았습니다' 하더이다. 어소御所라 하는 것은 그 나라 사람들이 임금을 가리켜 말한 것입니다. 그 나라에는 부고府庫가 없고, 외국 사신이 오면 오직 부인富人으로 하여금 접대하도록 하였습니다. 또 어떤 사람이 비밀히 말하기를, '국왕이 거하는 곳이 체면을 갖추지 못하여 다른 사람에게 보이기 싫어서 국도國都에 들어오지 못하게 하는 것이라'고도 하더이다. 국왕御所[76]이라는 자는 매양 여러 절간寺으로 다니면서 재齋를 올리는 것으로 일을 삼고 있으므로, 그 명령이 가까운 국도 부근에나 통할 뿐이라고 하더이다. 토지는 다 강성한 종족宗族들에게 조금씩 나누어져 있어, 무슨 일이든지 왕의 뜻대로 안 되어 갈 뿐이라 하더이다. 구주 절도사九州節度使[77] 부자父子는 성심으로 우리를 대우하였고, 축전주수筑前州守 등만원藤滿員[78]과 일기 도주一岐島主는 다 원망하는 말을 하였고, 소

山氏)를 단월(檀越)로 맞이하였다.

73 실정시대 경도(京都) 상국사(相國寺)의 28대 주지이다. 원용주송(元容周頌)이라고 한다. 춘옥묘파(春屋妙葩)의 법사(法嗣)이며, 응영(應永) 연간에 명에서 온 사신을 설득하여 돌려보내는 등의 공적을 올렸다.

74 일본 천황 등 신분이 높은 사람이 거처하는 곳을 어소(御所)라고 한다. 천황 이외에도 황족(皇族)·대신(大臣)·막부장군(幕府將軍) 및 그 직계 또는 방계의 혈족 자체를 지칭하는 경우에도 사용하였다. 특히 무가정권이 성립된 이후에는 퇴임한 장군을 높여서 어소라고 하였다.

75 응영(應永)은 실정시대의 연호로 1394~1427년 사이를 말한다. 이 시대의 천황은 후소송천황(後小松天皇)·칭광천황(稱光天皇), 장군은 족리의만(足利義滿)·족리의지(足利義持)·족리의량(足利義量)이었다. 일본 연호 기간 중에서 소화(昭和)·명치(明治)에 이어서 3번째로 길다(35년).

76 천황, 황족, 장군 등 존귀한 사람이 사는 곳을 어소(御所)라고 한다.

77 구주탐제(九州探題)를 뜻한다. 원래 서해도(西海道) 전체를 관할하도록 임명되었으나, 북구주를 둘러싼 무사들의 격렬한 대립 속에서 그 세력이 약화되어 비전주(肥前州) 일부를 다스리게 되었다.

78 등만정(藤滿貞)이 옳으며 소이만정(少貳滿貞)이다.

이전小二殿[79]은 또 말하기를, '작년에 조선이 우리 대마도를 쳐들어 왔으니, 우리가 병선兵船 2~3백 척을 청하여 조선 해안 몇 고을을 쳐 부셔야 우리 마음이 통쾌하겠다' 하였습니다. 대마도 도도웅환都都熊丸[80]의 아우 도도웅수都都熊守[81]는 또 말하기를, '내가 너희들을 가두어서 우리 대마도 사람으로서 너희 나라에 붙잡혀 가 있는 것과 같이 할 것이나, 본국과 더불어 통호通好하고 있기에 감히 그렇게 못한다. 그 붙잡혀 가 있는 사람들을 빨리 돌려보내게 하라'고 하더이다"

하였다.

10月 16日(辛亥) 4번째 기사
사간원이 김방·박초의 치죄에 관한 상소문을 올리다

司諫院上疏請曰, "向者, 知古阜郡事金倣受全羅道都節制使鎭撫之牒, 未赴營而遭父喪, 纔過百日至今年正月, 擅脫喪服, 赴營行公, 殊無人子之心. 移文監司, 以問其故, 答以, '節制使朴礎使之脫服, 因以赴營.' 將其辭因問於朴礎, 礎答以, '己亥八月, 以將再征對馬, 授臣當職. 時金倣知古阜郡事, 以本道都鎭撫受牒解任, 尋丁父憂. 然鎭撫重任, 不可輕改, 故百日後, 依六典起復, 申報兵曹受決.' 爲辭.

臣等竊觀, 親喪固所自盡, 其有關係要務者, 奪情起復. 宿衛軍官, 百日除喪, 已有著令. 如有不待終制, 自除衰服者, 亦有常典. 若金倣者, 本非禦敵出衆之才, 又無奪情起復之命. 豈可以鎭撫而擅自除喪

---

79 소이만정(少貳滿貞)을 말한다. 대마도 종씨(宗氏)의 주군가(主君家)로 기해동정에 대하여 강한 반감을 가지고 있었다.
80 대마도주 도도웅환(都都熊丸, 宗貞盛)의 잘못이다. 1부 「중요인물」 '종정성' 참조.
81 대마도주 도도웅환(都都熊丸, 宗貞盛)의 아우이다.

乎? 若曰六典內軍官百日行喪, 則金倣曾以守令, 遂任鎭撫, 本非軍士
也. 若曰東征之時, 則年前十月, 已停再擧之事, 不可謂臨陣攻討之時
也. 雖出征之日, 固當取旨, 然後起復. 倣本非軍士, 又非征討之日, 聽
從朴礎之言, 擅除衰服, 恬不爲愧, 其不知有父明矣. 忠臣出於孝子之
門, 若倣者可謂之孝乎? 且朴礎若以金倣爲制敵禦侮之才, 則亦當申
聞取旨, 然後使之除喪. 今乃先使除喪, 然後移文兵曹, 罪亦不小矣.
伏望將金倣·朴礎下攸司, 明正其罪, 以勵風俗."

사간원司諫院에서 소疏를 올려 청하기를,

"앞서 지고부군사知古阜郡事 김방金倣이 전라도 도절제사 진무都節制使鎭
撫[82]의 직첩을 받고 부임하기 전에 부상父喪을 당하였는데, 겨우 백 일을
지난 금년 정월에 이르러 제 마음대로 상복을 벗고 진영鎭營에 부임하여
공무를 행하고 있으니, 자식된 마음이 전혀 없는 자라 하겠습니다. 감사
監司에게 이문移文하여 그 이유를 물으니, 답하기를, '절제사節制使 박초朴
礎가 지시하여 상복을 벗고 진영鎭營에 부임하게 하였다' 하기에, 그 말에
의하여 박초에게 물으니, 초가 답하기를, '기해년 8월에 장차 대마도를
두 번째로 정벌하려고 신臣에게 이 직책을 주었는데, 그때 김방金倣이 지
고부군사知古阜郡事였는데 본도 도진무本道都鎭撫의 직첩을 받고 해임되었
고 곧 부상父喪을 당하였습니다. 진무鎭撫는 중한 소임이니 가벼이 고쳐
서 임명할 수 없으므로, 백 일 후에 『육전六典』의 기복起復하는 예例에 의

---

82 조선 초기에는 중앙군의 군령을 맡은 삼군진무소(三軍鎭撫所)나 오위진무소(五衛鎭撫所)의
도진무(都鎭撫)가 있었듯이, 왕명을 받들어 외방에서 군사를 지휘하는 장수인 병마도절제사,
수군도안무처치사(水軍都安撫處置使)의 밑에도 도진무를 두었다.
1466년(세조 12)의 관제 개혁에서 병마도절제사도진무는 병마우후, 수군도안무처치사도진
무는 수군우후로 각각 개칭되었다. 이로부터 도원수·원수 등으로 출정하는 장수 밑에서 군
령을 담당하는 직책의 호칭 역시 도진무에서 우후로 바뀌게 되었다.

하여, 병조兵曹에 보고하여 결정을 받은 것이라'고 말하였습니다.

　신 등이 그윽이 생각하오니, 친상親喪은 사람마다 극진히 하여야 할 것
이나, 그중에도 중요한 직무에 관계가 있는 자만은 인정을 누르고서 상
복을 벗는 것입니다. 숙위 군관宿衛軍官같은 경우 백 일 만에 상복을 벗는
것이 법령에 나타나 있으나, 만약 상제를 다 마치지 아니하고 제 마음대
로 최복衰服을 벗는 경우도 또한 상전常典에 있습니다. 이 김방과 같은 자
는 본래 적을 막는 데 출중한 재주도 없고, 또 상복을 벗으라는 명령도 없
었습니다. 어찌 진무鎭撫라 하여 제 마음대로 상제를 벗을 수 있겠습니
까. 또 이것이 『육전』에 있는 군관軍官들의 백 일만 복상하고 상복을 벗
는 것과 같다 하나, 김방은 일찍이 수령으로서 진무에 임명되었으니, 본
래 군사가 아닌 것입니다. 만약 동정東征[83]할 때라고 한다면, 그것은 이
미 전년 10월에 다시 정벌하는 일을 정지하였으니, 직접 진중에 들어가
적을 쳐부실 때라고도 할 수 없습니다. 또 비록 정토征討하는 날이라 할
지라도 당연히 교지를 받은 후에 기복을 해야 될 것입니다. 김방은 본디
군사도 아니고, 또 지금은 정토征討할 때도 아닌데, 박초의 말만 듣고 제
마음대로 상복을 벗고 태연히 부끄러움을 모르고 있으니, 그는 아비가
있음을 모르고 있는 것이 분명합니다. 충신은 효자의 가문에서 난다 하
는데, 김방과 같은 자를 효자라 하겠습니까. 또 박초가 만일 김방이 적의
침략을 막고 적을 제어할 재주가 있다 하더라도 당연히 상신上申하여 교
지를 받은 후에 상복을 벗게 해야 될 것입니다. 이제 상복을 먼저 벗긴 후
에 병조에 이문移文하였다 하니, 그 죄 또한 적지 않습니다. 엎드려 바라

---

83 기해동정을 뜻한다.

건대, 김방과 박초를 유사收司에 내리시어 그 죄를 밝게 바로잡아 풍속을 격려하소서"

하였다.

10月 17日(壬子) 2번째 기사
송희경을 선공감 정에 임명하여 일본에 사신으로 다녀온 공로를 포상하였다

(…前略…) 又以宋布景爲繕工監正, 以償日本奉使之勞.

(…전략…) 또 송희경宋布景[84]은 선공감 정繕工監正을 삼아 일본에 봉사奉使한 공로를 포상하였다.

10月 21日(丙辰) 2번째 기사
상왕이 대마도 정벌을 계획하다

上王曰, "日本國王責我國用永樂年號, 不足數也. 小二殿欲侵我邊邑, 熊壽又言, '今後不令興利船出去.' 其絶交之意已著. 吾欲遣水軍都節制使, 大備兵船, 聚于巨濟等處要害之地, 使對馬島倭不得耕田·捕魚·煮鹽, 則必與小二殿請降, 如其不降, 則令諸將, 更迭入攻可也. 明日, 召三議政·卞三宰·許判書."

상왕이 말하기를,

"일본국 왕이 우리나라에서 영락永樂 연호年號를 쓰는 것을 책망하고

---

84 1420년(세종 2)에는 회례사(回禮使)에 뽑혀 실정막부가 있는 경도(京都)에 파견되어, 기해동정의 목적을 전달하였다. 마침 실정막부는 명과 단교한 직후였기 때문에 송희경 일행을 냉대하였다. 9개월에 걸친 사행기록인 『노송당 일본행록』에 자세한 과정이 주로 시문의 형태로 기록되어 있으며, 현존하는 최고의 일본 여행기이다. 1부 「중요인물」 '송희경' 참조.

있으나, 그것은 따질 필요도 없다. 소이전小二殿[85]이 우리 변방을 침략하려 하고, 도도웅수熊壽[86]가 또 말하기를, '금후에는 흥리선興利船을 나가지 못하게 하리라' 하니, 그들의 절교할 뜻이 이미 드러났다. 나는 수군도절제사水軍都節制使를 보내어 크게 병선을 준비하여 거제巨濟 등지의 요해要害한 곳에 모아 두고, 대마도의 왜인들이 와서 농사짓기와 고기잡이와 소금 굽는 일들을 못하도록 한다면, 반드시 그들이 소이전과 같이 항복하기를 청할 것이고, 만약 항복을 아니 하면 여러 장수를 시켜 번갈아 가면서 들어가 공격함이 옳을 것이다. 내일 삼의정三議政과 변삼재卜三宰[87]와 허 판서許判書[88]를 부르라"

하였다.

10月 22日(丁巳) 1번째 기사
상왕이 대마도 정벌을 유정현 등과 의논하다

上王及上召問廷顯等, 朴訔·李原對曰, "日本國王之言, 不足數也. 小二殿及熊壽之言可憎, 宜遣諸將, 嚴備以待, 如不來降, 入攻亦可. 今對馬島使者及興利人等, 竝令拘留, 令九州使者及拘留倭內, 擇微弱者遣歸, 傳朝廷飭兵待變之意爲便." 柳廷顯·卜季良·許稠曰, "遣將備邊則宜矣, 拘留來使則我先作釁, 似爲不可." 議訖置酒, 孝寧大君補·漢平君趙涓·摠制洪敷·李皎亦入侍. 酒闌, 稠進啓曰, "有所懷而

85 일본 구주(九州) 지방의 북부에 세력을 둔 호족. 구주의 전란에서 패하여 대마도에 피신해 있었다. 원래 등원씨(藤原氏)에서 나온 일파로서 조상이 태재부 소이(太宰府少貳)의 벼슬을 지냈으므로 소이씨가 되었다.
86 대마도주 도도웅환(都都熊丸, 宗貞盛)의 아우이다.
87 변계량(卞季良)를 뜻한다.
88 평안도 순찰사(平安道巡察使)로 나가 있던 전 예조판서 허조(許稠)를 말한다.

不言, 是不直也. 父子完聚, 人情之所同, 各官安置倭人, 宜令置還本土, 得遂父子之願, 必無倭變." 上王曰, "卿之此言, 非爲一己, 爲國家慮也. 卿昔辟人揮淚, 極言所懷, 今又如此, 卿不如是, 誰稱爲許判書? 此吾所以稱之也." 諸臣皆出, 訔·原侍, 上王曰, "明朝與卿等, 選可爲水軍節制使." 訔曰, "簡在上心, 臣等何敢選擇?" 訔因請免相, 上王曰, "吾因主上, 已知卿意, 毋得更請." 因命曰, "各盡其心, 善輔主上."

상왕과 임금이 유정현 등을 불러서 물으니, 박은과 이원[89]이 대답하기를,

"일본 국왕의 말은 족히 따질 것도 없으나, 소이전과 도도웅수[90]의 말은 가증스러우니 마땅히 여러 장수를 보내어 엄중히 방비하여 기다려 보고, 만약 곧 와서 항복하지 아니하면 들어가 치는 것이 가할 것입니다. 지금 대마도 사자使者와 흥리인興利人[91] 등을 다 구류하여 두게 하고, 구주九州에서 온 사자와 이미 구류된 왜인 중에 미약한 자를 가려서 돌아가게 하여, 우리 조정에서 병력을 준비하여 사변을 대비하고 있는 뜻을 가서 전하도록 하는 편이 좋을 것입니다"
하였다. 유정현·변계량·허조는 말하기를,

"장수를 보내어 방비하는 것은 마땅한 일이나, 저쪽에서 온 사신을 구류한다면, 우리가 먼저 분쟁의 발단을 만드는 것이니 불가한 듯합니다"
하였다. 의논이 끝난 뒤에 주연을 베풀었는데, 효령대군 이보李補와 한

---

89 고려 말, 조선 초의 문신. 조선 개국 후 3번 대각에 들어가 공명정대하게 처리했고, 정종 때 좌부승지에 올랐다. 제2차 왕자의 난 때 방원을 도와 좌명공신이 되고, 철성군에 봉해졌다. 세종 즉위 후 우의정, 좌의정에 올랐다.
90 대마도주인 도도웅환(都都熊丸, 宗貞盛)의 동생이다.
91 일본에서 물품의 교역을 통해서 이익을 꾀하고자 조선에 오는 사람들을 가리켰다.

평군漢平君 조연趙涓과 총제摠制 홍부洪敷[92]와 이교李皎[93]가 같이 입시入侍하였다. 술자리를 마치고 허조가 아뢰기를,

"마음에 품은 바가 있으면서 말하지 않으면, 이는 정직하지 못한 것이라 하겠습니다. 부자가 한 곳에 모여서 사는 것은 인정이 다 같을 것이니, 각관各官에 안치해 둔 왜인倭人들을 다 본국에 돌아가게 하여, 저희들 부자간이 만나려는 소원을 이루어 주면, 반드시 왜변倭變이 없으리라고 생각합니다"

하니, 상왕이 말하기를,

"경卿의 이 말은 제 한 몸을 위한 것이 아니고, 나라를 위하여 염려하는 말이다. 경이 지난날에도 다른 사람을 물리치고 눈물을 흘리면서 소회所懷를 극진히 말하더니, 오늘 또 그렇게 하니, 경이 이같이 아니하면, 누가 허 판서라 이르겠는가. 이것이 내가 경을 칭찬하는 바이다"

하였다. 여러 신하들은 다 나가고 박은과 이원이 모시고 있었더니, 상왕이 말하기를,

"내일 아침에 다시 경들과 같이 수군 절제사에 임명할 만 한자를 가려야 하겠다"

하니, 박은이 아뢰기를,

"가리는 것은 상왕 전하 마음에 있을 것이지 신 등이 어찌 감히 선택하겠습니까"

---

92 1408년(태종 8) 안주도절도사(安州道節度使)를 거쳐 1409년(태종 9) 경기우도첨절제사(京畿右道僉節制使), 1412년(태종 12) 우이번절제사(右二番節制使), 1414년(태종 14) 총제(摠制), 1419년(세종 1) 장군절제사(掌軍節制使), 1419년(세종 1) 좌군도총제(左軍都摠制), 1421년(세종 3) 우군도총제를 역임하였다.

93 조선 전기의 무신. 종실 존친(尊親)으로서 태종과 세종의 아낌을 받았고, 30여 년 동안 여러 군직을 역임하면서 개국 초의 국기(國基)와 왕권을 다지는 데 크게 기여하였다.

하였다. 박은이 또 자기는 정승 자리를 물러나기를 청하니, 상왕이 말하기를,

"내가 주상^{主上}으로 인하여 경의 뜻을 알았으나, 다시는 그러한 청은 하지 말라"

하였다. 아울러 명하기를,

"각기 마음을 다하여 주상을 잘 도우라"

하였다.

10月 23日(戊午) 1번째 기사
상왕이 구류한 왜적 사신을 돌려보낼지를 의논하게 하다

上王命宦官嚴永守傳旨曰, "拘留之事, 自古有之. 高皇帝亦留本國使臣, 對馬賊倭之使, 留之何害? 卿等更議以啓." 季良等皆曰, "可." 上出御寢殿, 召元肅曰, "日本國王責用永樂年號之言, 甚爲無禮, 聞之不可不言. 今九州客人傳諭國王, 又爲書錄小二殿及熊壽等侮慢不恭之事, 諭九州節度使如何? 其議諸大臣以聞." 廷顯等皆曰, "上敎允當." 上還自豐壤.

상왕이 환관 엄영수^{嚴永守}를 명하여 전지^{傳旨}하기를,

"옛날부터 (외국인을) 구류하는 것은 있는 일이다. 고황제^{高皇帝}[94]도 본국 사신^{本國使臣}을 구류한 일이 있으니, 대마도 왜적의 사신^{使臣}을 구류하는 것이 무엇이 해될 것인가. 경들은 다시 의논하여 아뢰라"

하니, 변계량 등이 모두 옳다고 말하였다. 임금이 침전^{寢殿}에 나아가서

---

94 명태조 주원장을 가리키는 용어이다.

원숙[95]을 불러 말하기를,

"일본 국왕이 영락 연호를 쓰는 것을 책하는 것은 심히 무례한 말이니, 듣고는 말을 아니할 수 없다. 이제 구주 객인九州客人으로 하여금 그 국왕에게 전유傳諭하게 하고, 또 소이전小二殿[96]과 도도웅수熊壽[97] 등의 오만하고 불공한 사실을 구주 절도사九州節度使[98]에게 유시諭示하는 것이 어떠하겠는가. 이것을 여러 대신들과 의논하여 올리라"

하니, 유정현[99] 등이 모두 말하기를,

"성상의 하교가 지당합니다"

하였다. 임금이 풍양에서 돌아왔다.

10月 25日(庚申) 1번째 기사
일본 회례사 송희경이 일본 국왕의 서한을 가지고 복명하다

日本回禮使宋希景等來復命, 上引見勞之. 日本國王書曰, 使臣之來, 謹領珍翰幷所需釋典, 無勝感戴之至. 兼拜別幅色色珍異之賜, 隣好

---

95 본관은 원주(原州). 증조는 응양군상호군(鷹揚軍上護軍) 충갑(沖甲)이고, 할아버지는 대기(大器)이며, 아버지는 도(道)이다. 1401년(태종 1) 증광문과에 동진사로 급제하여 사관(史官)이 되고, 좌우대언(左右代言)을 거쳐 1418년 집현전 직제학(直提學)을 지냈다.

96 대마도 종씨(宗氏)의 주군가인 소이씨(少貳氏)를 말한다. 이때 소이씨(少貳氏)의 당주(當主)는 소이만정(少貳滿貞, 당주(當主) 재직 : 1404~1433)이었다. 그는 1404년 가독(家督)을 계승한 후 구주탐제(九州探題) 삽천만뢰(澁川滿賴)와 싸웠으며, 1423년에는 새롭게 구주탐제가 된 삽천의준(澁川義俊)과 싸워 물리쳤다. 그러나 1425년 삽천의준과 대내성견의 공격으로 박다(博多)를 포기하였다. 1431년에 대우씨(大友氏)와 함께 대내성견(大內盛見)을 공격하여 승리하였다. 1433년에 대내성견의 뒤를 이은 대내지세(大內持世)의 공격을 받아 축전(筑前) 추월성(秋月城)에서 전사하였다.

97 대마도주 도도웅환(都都熊丸, 宗貞盛)의 아우이다.

98 구주탐제(九州探題) 삽천의준(澁川義俊)을 말한다.

99 고려 말·조선 초의 문신. 공양왕 때 좌대언이 되었으나, 유배되었다가 조선이 건국되자 풀려나왔다. 1416년 좌의정을 거쳐 영의정에 올랐다. 세종 때에 중외구임법을 시행하여 좋은 성과를 올렸다. 1419년(세종 1) 대마도정벌 때 삼군도통사로 활약하였다.

之厚, 喜慰可量哉? 所諭及雲州僑居之輩, 使人驗問之, 皆已沒故, 無復存者. 其子若孫之産吾者, 誘之教歸, 亦皆不欲離此方. 其轉傳鬻賣散諸島者, 乃命諸州刺史以搜尋之, 待後便以發還之, 莫以爲慮焉. 銀扇百柄, 托于回船, 非以爲獻, 聊答來意耳.

일본 회례사回禮使 송희경宋希景**100** 등이 들어와 복명復命하니, 임금이 인견引見하고 위로하였다. 일본 국왕의 서한에 말하기를,

"사신이 와서 삼가 귀중한 서한과 아울러 기다리던『석전釋典』을 받으니, 지극히 감사한 마음을 이길 수 없습니다. 겸하여 별폭別幅으로 여러 가지 진기한 물건을 주시니, 이웃나라 사이의 후의에 대하여 기쁘고 위로됨이 측량할 수 없습니다. 유시諭示하신, 운주雲州**101**에 와서 사는 사람들은 사람을 시켜 탐문하여 보니, 다 이미 죽고, 살아 있는 자가 없습니다. 그 아들과 손자로서 우리나라에서 난 사람들을 잘 달래어 돌아가라 하여도 역시 이 지방에서 떠나기를 싫어합니다. 그중에 여러 차례로 몸이 팔려 여러 섬에 흩어져 있는 자는, 여러 고을의 자사刺史에 명하여 찾아 두었다가 뒷날 편한 때 다 돌려보내고자 하고 있으니, 염려하지 마시기 바랍니다. 은선銀扇 1백 자루를 돌아가는 배에 부쳐 보내니, 좋은 선물이라고 드리는 것이 아니고 보내 온 후의에 답할 뿐입니다"

하였다.

---

100 1420년(세종 2)에는 회례사(回禮使)에 뽑혀 실정막부가 있는 경도(京都)에 파견되어, 기해동정의 목적을 전달하였다. 마침 실정막부는 명과 단교한 직후였기 때문에 송희경 일행을 냉대하였다. 9개월에 걸친 사행기록인『노송당 일본행록』에 자세한 과정이 주로 시문의 형태로 기록되어 있으며, 현존하는 최고의 일본 여행기이다. 1부「중요인물」, '송희경' 참조.

101 일본 고대 행정구역인 출운국(出雲國)을 말한다. 안목(安木)에 조선인들이 많이 모여 살고 있다는 소문이 있었다.

10月 26日(辛酉) 2번째 기사
허조가 구류 대마도 왜인을 석방을 청하다

許稠啓, "對馬島倭不可拘留, 請皆發還." 上曰, "已知卿意." 諸臣出,
上以問元肅等, 對曰, "稠之所啓是矣. 彼若浮于雲涯, 侵掠諸道, 則民
不能安, 不若不拘之爲愈也."

허조가 아뢰기를,

"대마도 왜인들을 구류하는 것은 불가하오니, 다 돌려보내기를 청합니다"

하니, 임금이 말하기를,

"이미 경의 뜻은 알았노라"

하였다. 여러 신하들이 나간 뒤에 원숙 등에게 물으니, 대답하기를,

"허조가 아뢴 것이 옳습니다. 저들이 만약 구름 밖에서 떠돌다 와서 여러
지방에 침략한다면, 우리 백성들이 편히 살 수가 없을 것이니, 구류하지
아니하는 편이 더 좋을 것 같습니다"

하였다.

10月 26日(辛酉) 4번째 기사
상왕이 낙천정에 송희경 등을 만나 일본의 일을 묻다

上王幸樂天亭, 宋希景等上謁, 上王賜見, 問日本事變.

상왕이 낙천정樂天亭에 거둥하였다. 송희경宋希景 등이 와서 뵈오니,
상왕이 만나보고 일본의 사변事變을 물었다.

10月 26日(辛酉) 6번째 기사

일본국 구주 절도사 원도진이 토산물을 바치다

日本國九州節度使源道鎭遣人獻土宜, 賜緜布四百匹.

일본국 구주 절도사九州節度使[102] 원도진源道鎭[103]이 사람을 보내어 토산물을 바치므로, 면포緜布 4백 필을 주었다.

10月 27日(壬戌) 1번째 기사

거제에 병선을 모으는 일과 구류한 왜사를 돌려보낼지에 대해 의논하다

上將詣樂天亭, 肩輿已進, 召見許稠, 稠極陳巨濟島不宜聚泊兵船與不可拘留倭使之意, 仍請更遣使臣于日本詗之. 上遂詣樂天亭, 奉上王御別室, 餞禹博‧成達生‧黃象‧元胤‧朴礎‧洪尙直‧金漸, 兩上親執盃賜之. 朴訔‧李原‧趙涓‧趙末生‧許稠‧洪敷‧李明德‧元肅等亦入侍, 以次行酒. 將開宴也, 上王先召末生‧元肅命曰, "今見水軍節制使, 當講論制倭之策. 今因主上聞許稠之言, 巨濟島, 不宜聚泊兵船, 且請遣使日本者誤矣. 兵船聚泊, 非欲擊倭, 乃待其來降, 且備不虞, 何爲不可? 日本國王責用永樂年號, 而欲遣使結好, 非讀書識理者之言也. 其曰不可拘留倭使則宜矣, 其與大臣極論以啓. 若與倭使言, 則當歷擧往事及小二殿侮慢無禮‧熊壽絶交之言曰, '爾旣如此, 今遣諸將於各道, 大飭水軍, 如有作耗者, 則掩捕之, 或入攻對馬島, 使不得耕種, 如其誠心歸附, 何必如此乎?" 廷顯‧季良等對曰, "拘留倭使, 臣等亦以爲不可."

102 실정시대(室町時代) 구주 지역을 통괄하기 위하여 파견한 구주탐제(九州探題)를 가리킨다.
103 전 구주탐제(九州探題) 삽천만뢰(澁川滿賴)이고 원의준(源義俊, 澁川義俊)의 아버지이다. 1부 「중요인물」 '원도진' 참조.

朴訔·李原曰,"如欲速其降,不如留其使者之爲愈也." 訔等旣赴宴,上
王親問之,訔·原對之如前,上王曰,"不如放還之便也. 拘留則我先生
釁,不可." 季良曰,"原昌淸所使人, 今以無行狀, 留在海浦, 其上京與回
還, 宜從其願." 上王從之. (…下略…)

임금이 장차 낙천정에 나아가려고 견여肩輿가 이미 들어왔을 때에, 허
조許稠를 불러 보니, 허조가 거제도에 병선兵船을 모으는 것이 부당함과
왜사倭使를 구류함이 불가하였다는 뜻을 극진히 말하고, 다시 일본에 사
신을 보내어 정탐하기를 청하였다. 임금이 곧 낙천정에 나아가 상왕을
모시고 별실別室에 들어가, 우박禹博과 성달생·황상·원윤·박초·홍상
직洪尙直·김점金漸 등을 전송하였는데, 두 임금이 친히 잔을 잡아 술을 주
었다. 또 박은·이원·조연趙涓·조말생·허조·홍부洪敷·이명덕·원숙
등이 입시入侍하여, 차례로 술을 돌렸다. 잔치를 열려고 할 때 상왕이 말
생과 원숙을 먼저 불러서 명하기를,

"지금 수군 절제사를 보니 마땅히 왜적을 제어할 방책을 강구해야 하
겠다. 지금 주상主上으로부터 허조의 말을 들으니, 거제도에 병선을 모
으는 것이 불가하다 하고, 또 일본에 사신을 보내자고 청하나, 이것은
잘못 생각하는 것이다. 병선을 모으려는 것은 왜적을 치려는 것이 아니
고, 그들이 와서 항복하기를 기다리는 것이며, 또 불의의 변을 예비하려
는 것이니, 무엇이 불가한가. 일본 국왕이 영락 연호 쓰는 것을 책한다
면서도 사신을 보내어 우호友好를 맺자는 것은, 글을 읽고 의리를 아는
사람의 말이 아니다. 그중에 왜사倭使를 구류하는 것이 불가하였다는 의
견은 당연한 것이니, 대신들과 극진히 의논하여 아뢰라. 만약 왜사와 만
나서 말할 경우에는 마땅히 지나간 일과 소이전小二殿104의 오만 무례한

태도와 도도웅수熊壽105의 절교한다는 말을 역력히 들어서 말하되, '너희들이 먼저 이러하기에 지금 모든 장수를 각도에 보내어 크게 수군을 준비하여, 만일 폐단을 짓는 자가 있으면 곧 잡을 것이고, 혹은 대마도까지 쳐들어가 곧 농사를 못 짓게 할 것이나, 너희들이 성심으로 돌아와서 항복한다면 어찌 반드시 이렇게 하겠는가'라고 하라"

하였다. 유정현과 변계량 등이 대답하기를,

"왜사를 구류하는 것은 신들도 불가하다고 생각합니다"

하고, 박은·이원은 아뢰기를,

"만약 그들을 속히 항복하도록 하려면 그 사신을 구류하는 것보다 더 좋은 방법이 없습니다"

하였다. 박은 등이 이미 잔치에서 나가니, 상왕이 친히 그 일을 물으니, 박은·이원이 역시 앞에 올린 말과 같게 대답하였다. 상왕이 말하기를,

"왜사를 돌려보내는 것보다 더 나은 방법이 없다. 구류하여 두면 우리가 먼저 분쟁의 단서를 만드는 것이니 불가하다"

하였다. 계량이 아뢰기를,

"원창청源昌淸106이 보내온 사인使人이 입국 증명行狀이 없어서 지금 해포海浦에 머물고 있으나 서울에 올라오거나 돌아가거나 저들이 바라는 대

---

104 이때 소이씨(少貳氏)의 당주(當主)는 소이만정(少貳滿貞, 당주(當主) 재직 : 1404~1433)이었다. 그는 1404년 가독(家督)을 계승한 후 구주탐제(九州探題) 삽천만뢰(澁川滿賴)와 싸웠으며, 1423년에는 새롭게 구주탐제가 된 삽천의준(澁川義俊)과 싸워 물리쳤다. 그러나 1425년 삽천의준과 대내성견의 공격으로 박다(博多)를 포기하였다. 1431년에 대우씨(大友氏)와 함께 대내성견(大內盛見)을 공격하여 승리하였다. 1433년에 대내성견의 뒤를 이은 대내지세(大內持世)의 공격을 받아 축전(筑前) 추월성(秋月城)에서 전사하였다.

105 대마도주 도도웅환(都都熊丸, 宗貞盛)의 아우이다.

106 원창청은 길견원창청(吉見源昌淸)으로도 보이므로, 길견씨(吉見氏)이고, 길견씨는 구주탐제(九州探題) 삽천씨(澁川氏)의 피관(被官)이다. 원문의 '原'은 '源'의 잘못이다. 1부 「중요인물」 '길견창청' 참조.

로 따라 하는 것이 마땅합니다"

하니, 상왕이 이에 따랐다. (…하략…)

11月 1日(乙丑) 2번째 기사
대마도 왜인의 무례함을 다스릴 방법을 논하다

視事. 許稠啓曰, "對馬島使人何以處之?" 上曰, "父王言, '對馬島非惟
薄待宋希璟, 且言,「還我藤次郎·三未三甫羅, 則永永太平.」其言甚
爲無禮. 故復遣水軍節制使, 整飭水軍, 泊立巨濟島, 則島倭必有投降
之志矣. 如此則邊警絶矣.'" 卞季良曰, "上王已令臣等議此事, 臣與三
議政皆以爲, '彼雖無禮, 拘留其使, 似爲急迫.' 上王曰, '留其使人, 令水
軍分泊巨濟島以示威, 則彼必投降. 如此則策之上也.' 臣等俱從宣旨."
平陽府院君金承霆曰, "老臣以爲, 彼雖有悖逆之言, 東征之後, 不省己
惡, 發忿而然, 不足責也. 宜聽而不聞, 儼然自强, 彼若犯邊, 則以逸應
之, 豈有不勝之理? 且今倭使只二十餘名, 去留不足增損." 上曰, "卿言
然矣. 予已悉知." 許稠曰, "上王欲令水軍節制使分泊巨濟島, 留其使
人者, 以對馬島忘恩背德, 再犯我境爾. 若先諭日本, 則彼亦以對馬島
爲非而斥之, 勢必孤立矣. 彼雖與宋希璟出怨言, 然未的知其叛也. 彼
若無叛心, 則留其使者, 臣亦以爲急迫." 上曰, "對馬島倭無禮如此, 而
受其貢獻, 無乃不可乎? 予欲却其貢獻, 薄待其使, 厚待九州節度使使
者, 以別恩信." 朴訔曰, "上敎允當, 宜移館他處, 只給口糧, 令自炊爨以
食. 又進其使者, 嚴勅其島背恩忘德之由, 下去時, 不給馹騎, 厚待九州
使者, 使之相知." 上曰, "卿言然矣, 予將聞于上王." 諸臣旣出, 命朴訔·

許稠・元肅, 議開諭對馬島使者之辭以啓. 又召見趙末生・元肅曰, "卿
等聞父王開諭倭使之辭乎?" 末生等啓, "只聞聚兵船備邊之意與數其
侮慢無禮之罪之辭." 上曰, "若不使九州知之, 則彼必驚擾, 須諭九州
以此意." 詧等卽草其辭以進, 命末生齎啓于上王.

정사를 보았다. 허조가 아뢰기를,

"대마도의 사자를 어떻게 처리하리까"

하니, 임금이 말하기를,

"부왕父王께서 말씀하시기를, '대마도가 송희경宋希璟[107]을 박대하였
을 뿐 아니라, 또 그들의 말이, 우리가 등차랑藤次郎[108]과 삼미삼보라三未
三甫羅[109]를 돌려보내면 영구히 태평하게 될 것이라 하였으니, 그 말이
매우 무례하므로, 다시 수군 절제사를 보내어 수군을 정비하여 거제도
에 정박定舶하여 두면, 대마도 왜인들이 반드시 항복할 뜻이 있을 것이
니, 이렇게 하면 변방에 대한 근심이 없게 될 것이라고 하셨다"

---

107 1420년(세종 2)에는 회례사(回禮使)에 뽑혀 실정막부가 있는 경도(京都)에 파견되어, 기해동
정의 목적을 전달하였다. 마침 실정막부는 명과 단교한 직후였기 때문에 송희경 일행을 냉대하
였다. 9개월에 걸친 사행기록인 『노송당 일본행록』에 자세한 과정이 주로 시문의 형태로 기록
되어 있으며, 현존하는 최고의 일본 여행기이다. 1부 「중요인물」 '송희경' 참조.

108 등차랑(藤次郎)은 선장(船匠), 즉 배를 만드는 목수로 대마도 정벌 때 좌위문삼랑(左衛門三郎)
과 함께 조선에 포로로 잡혔다. 나중에 그들이 대마도 호족이라는 사실이 밝혀지자 태종이 음식,
의복은 물론 노비와 집, 심지어 양가집 딸까지 주며 대우해 주었다. 태종 17년(1417) 윤5월 19일
2번째 기사, 세종 4년(1422) 12월 20일 4번째 기사, 세종 2년(1420) 11월 1일 2번째 기사, 세종 3년
(1421) 7월 20일 2번째 기사, 세종 24년(1442) 12월 26일 3번째 기사 등의 '등차랑' 참고.

109 기해동정 때 붙잡혀 온 왜인으로 조전좌위문대랑과 일족일 가능성이 있다. 조전좌위문대랑의
아들인 육랑차랑(六郎次郎) 및 여매시라(汝每時羅)와 함께 명을 노략질하려고 한 사례가 있기
때문이다(세종 21-2-4-4). 이후 삼미삼보라 송환에 대한 논의 과정을 거쳐서(세종 2-5-16-1, 세종
2-11-1-2), 세종 3년에는 삼미삼보라와 등차랑에게 집과 양식 노비를 지급하였다(세종 3-7-20-2).
그런데 세종 5년에는 삼미삼보라와 등차랑이 대마도에서 사람을 보내 토물을 바친 것으로 보아
세종 3년 이후에 대마도로 돌아간 것으로 보인다(세종 5-6-3-2). 세종 8년에는 좌위문대랑이 삼미삼
보라를 보내어 거제도에 농토를 지을 수 있도록 해 줄 것과 경상 좌우도의 각 항구에서 마음대로
무역할 수 있도록 해 줄 것을 요구하였다(세종 8-1-18-3). 『조선왕조실록』에는 여러 명의 삼미삼보
라가 보이는데, 이는 좌위문삼랑(左衛門三郎)이라는 흔한 이름이기 때문일 것이다.

하였다. 변계량이 아뢰기를,

"상왕께서 이미 신 등에게 이 일을 의논하라 하시기에, 신 등이 삼의 정三議政과 같이 의논하니, 모두 말하기를, '저들이 비록 무례하나, 그 사신을 구류하는 것은 너무 급하고 절박한 일이라' 하였으나, 상왕께서 말씀하시기를, '그 사자를 구류해 두고 우리 수군을 시켜 거제도에 나누어 정박케 하여 위력을 보이면, 저들이 반드시 항복해 올 것이니, 이렇게 하는 것이 제일 좋은 책략이라'고 하시기에, 신 등이 다 선지宣旨에 따르려 하였습니다"

하였다. 평양 부원군平陽府院君 김승주金承霔는 아뢰기를,

"노신이 생각하기에 저들이 비록 패역悖逆한 말을 하였다 하여도 동정東征한 뒤부터 저희들의 악한 것은 반성하지 못하고 분이 나서 그런 것이니, 족히 책망할 것이 없습니다. 마땅히 듣고도 못 들은 체하고 엄연히 우리만 스스로 강하게 하고 있다가, 저들이 변방에 침범하거든 우리는 우세한 병력으로 대응하면 어찌 이기지 못할 리가 있겠습니까. 또 지금 있는 왜사倭使가 겨우 20여 명 뿐이니, 그들이 가거나 있거나 그다지 보탬이나 손해가 될 수 없습니다"

라고 하였다. 임금이 말하기를,

"경의 말대로 그러하였다. 내가 이미 다 알았노라"

하였다. 허조가 아뢰기를,

"상왕께서 수군 절제사를 명하여 거제도에 나누어 정박시키고 그 사자를 구류하고자 하시는 것은, 대마도가 은혜를 잊어버리고 덕을 배반하여 다시 우리 국경을 침범할까 그러시는 것이다. 만약 먼저 일본을 설유說諭하면 저들이 또 대마도를 그르다 하여 배척하게 되어, 대마도의 형

세가 고립될 것이다. 또 저들이 송희경에게 원망하는 말을 하였다 하더라도, 정말 그들이 배반하고 있는가는 아직 모르는 것이다. 만일 배반할 마음이 없다면 그 사자를 구류하는 것은 너무 급하고 절박한 일입니다"라고 하였다. 임금이 말하기를,

"대마도 왜인이 이다지 무례한데, 그 공헌貢獻한 물품을 받는 것이 불가하지 않겠는가. 나는 그 공물을 물리치고 그 사자를 박대하고, 한편으로 구주 절도사[110]의 사자만 후대하여 은혜와 신의를 차별하여 보이고자 한다"
하였다. 박은이 말하기를,

"상교上教가 지당하오니, 그 사자를 다른 곳으로 사관舍館을 옮겨서 식량만 주고 밥을 자신이 지어 먹도록 하소서. 또 그들을 불러 대마도의 배은망덕한 사유를 엄중히 계칙하여, 갈 때도 타고 갈 말을 주지 말고 구주사자九州使者만을 후대하여, 저들이 서로 그 이유를 알게 하소서"
하였다. 임금이 말하기를,

"경의 말이 옳다. 내가 장차 상왕께 아뢸 것이다"
하였다. 여러 신하들이 나간 뒤에, 박은·허조·원숙을 명하여 대마도 사자에게 개유開諭할 말을 의논해 아뢰라 하고, 또 조말생·원숙을 불러 보고 말하기를,

"경들이 부왕父王께서 왜사倭使에게 개유하려는 내용을 들었는가"
하니 말생 등이 아뢰기를,

"다만 병선을 모아 해변을 방비할 뜻과 또 대마도 왜인의 오만무례한 죄를 물으려는 말씀을 들었을 뿐입니다"

---

110 실정시대(室町時代) 구주 지역을 통괄하기 위하여 파견한 구주탐제(九州探題)를 가리킨다. 여기서는 전 구주탐제 원도진(源道鎭)이다.

하였다. 임금이 말하기를,

"만일 구주 절도사에게 알게 하지 아니하면, 그들이 반드시 놀라서 소란해질 것이니, 꼭 구주九州에 이런 뜻을 개유해 주라"

하니, 박은이 그 내용을 즉시 초草하여 올리자, 말생에게 명하여 그것을 상왕께 가지고 가서 아뢰도록 하였다.

11月 2日(丙寅) 1번째 기사
상왕이 왜사를 개유할 것에 대해 말하다

趙末生回自樂天亭啓曰, "上王覽開諭倭使之辭曰, '此吾意也. 宜兼諭前年乞降後, 革水軍都節制使, 今聞宋希璟之言, 復置其使, 使泊于全羅道, 有賊變, 則乘機追擊, 又使泊于慶尙道要害處, 臨機處變之意, 兵曹判書與禮曹判書同坐禮曹, 曲盡開諭, 其供給及駈騎, 竝依舊例.'"

조말생이 낙천정에서 돌아와서 아뢰기를,

"상왕께서 왜사倭使를 개유開諭할 내용을 보시고 말씀하시기를, '이것이 나의 뜻이라 하시고, 또 겸하여 유시하시기를, 전년에 그들이 항복할 것을 빌어 온 뒤에, 우리는 수군 도절제사를 혁파하였으나, 이제 송희경111의 말을 듣고 다시 절제사를 두어 전라도에 정박케 하여, 또 적변賊變이 있을 때에는 기회를 봐서 추격하도록 하고, 또 경상도에 중요한 곳마다 정박케 하여, 임기응변하는 뜻을 개유해 주라. 그리고 병조 판서와 예조 판서가 함께 예조禮曹에 앉아서 곡진히 이 뜻을 개유하고, 식량을

---

111 1420년(세종 2)에는 회례사(回禮使)에 뽑혀 실정막부가 있는 경도(京都)에 파견되어, 기해동정의 목적을 전달하였다. 마침 실정막부는 명과 단교한 직후였기 때문에 송희경 일행을 냉대하였다. 9개월에 걸친 사행기록인『노송당 일본행록』에 자세한 과정이 주로 시문의 형태로 기록되어 있으며, 현존하는 최고의 일본 여행기이다. 1부「중요인물」, '송희경' 참조.

공급하는 것과 타고 갈 말을 다 전례에 의하여 주라'고 하셨습니다"
라고 하였다.

11月 3日(丁卯) 3번째 기사
조말생과 허조가 구주 절도사의 사자를 위로하고, 대마도 사자들을 개유하다

趙末生·許稠同坐禮曹, 慰九州節度使使人, 且開諭對馬島使者曰,
"汝島土地堉薄, 不能耕農, 以盜竊爲生. 熊瓦之父貞茂及祖靈鑑, 欲禁
賊, 歸命聖朝以至誠, 遂平道全以宿衛, 朝廷憐其誠意, 凡有所求, 靡不
聽從. 去年汝島賊船, 潛入我境, 燒焚兵船, 殺掠人物, 又遣興利船, 窺
覘事變. 卽遣諸將, 誅討賊黨, 其興利倭, 分置諸郡, 更飭水軍, 刻期大
擧掃蕩巢穴. 熊瓦及祖母等悔過歸順, 乞通信好, 朝廷信之, 唯置陸地
防禦, 罷水軍節制使. 熊瓦不顧國家大恩, 回禮使宋希璟之還也, 憑小
二殿倨慢無禮, 弟熊壽亦不親接待, 使人傳說曰, '今後更不通信.' 其背
恩之意已著. 今復遣水軍節制使, 分泊全羅道, 又泊慶尙道要害處, 臨
機處置. 汝等若誠心悔過, 則將復解兵. 爾其歸見島主, 細說此意. 汝等
存亡, 在此一擧." 九州使者曰, "吾等之來也, 到對馬島, 知島倭之無禮
也. 島倭誠服則實收兵船乎? 吾將備達于節度使." 對馬島使者曰, "熊
瓦歸九州不還, 熊壽年少, 宗俊被黜, 無人主島事, 故回禮使之往還也,
無禮如此. 吾欲速還達於島主."

조말생과 허조가 함께 예조에 앉아 구주 절도사[112]의 사자를 위로하
고, 또 대마도의 사자를 개유하여 말하기를,

---

112 실정시대(室町時代) 구주 지역을 통괄하기 위하여 파견한 구주탐제(九州探題)를 가리킨다.
  여기서는 전 구주탐제 원도진(源道鎭)이다.

"너희 섬이 토지가 척박하여 농사를 못 짓고 도적질로 생업을 삼았다. 도도웅환都都熊丸[113]의 아비 정무貞茂[114]와 조부 영감靈鑑[115]이 도적을 금하고 우리 성조聖朝에 지성으로 명命을 바치고자 하여, 평도전平道全[116]을 보내 와서 조정을 숙위宿衛하도록 하므로, 그 성의를 어여삐 여겨서 무릇 청구한 바 있으면 들어주지 아니한 것이 없었다. 그런데 작년에 너의 섬의 적선賊船이 우리 경내에 가만히 들어와서 병선을 불태우고 사람을 살해하며 물건을 노략질하고, 또 흥리선興利船을 보내어 사변이 날 것을 엿보게 하였다. 즉시 여러 장수를 보내어 적당을 토벌하여 죽이고, 그중 흥리왜興利倭는 여러 고을에 나누어 두었으며, 다시 수군을 준비하여 기일을 정해서 크게 군사를 일으켜 적의 소혈巢穴을 소탕하려 하였다. 웅환熊丸[117]과 그 조모祖母가 허물을 뉘우쳐서 귀순하여 신호信好하기를 빌었으므로, 조정朝廷에서는 그 말을 믿고 육지의 방어만 남겨 두고 수군 절제사는 혁파하였다. 웅환이 국가의 큰 은혜를 돌아보지 아니하고 회례사回禮使 송희경[118]이 돌아올 때에, 소이전小二殿을 의지하여 오만무례하였고 제 아우 웅수熊壽[119]까지도 사신을 친절히 접대하지 아니하고 사람을 시

---

113 원문의 도도웅와(都都熊瓦)는 도도웅환(都都熊丸, 宗貞盛)의 잘못이다. 1부 「중요인물」 '종정성' 참조.
114 대마도 수호(守護) 종정무를 말한다.
115 대마도에서 조선에 귀화한 왜인이다. 1부 「중요인물」 '평도전' 참조.
116 그는 일본에서 귀화한 사람으로 1407년 궁중에 진상되는 고기, 소금 등을 관장하는 사재감(司宰監)의 원외사재소감이라는 벼슬(종4품)을 받았고 뒤에 정3품인 상호군이 되었다.
117 원문의 도도웅와(都都熊瓦)는 도도웅환(都都熊丸, 宗貞盛)의 잘못이다. 1부 「중요인물」 '종정성' 참조.
118 1420년(세종 2)에는 회례사(回禮使)에 뽑혀 실정막부가 있는 경도(京都)에 파견되어, 기해동정의 목적을 전달하였다. 마침 실정막부는 명과 단교한 직후였기 때문에 송희경 일행을 냉대하였다. 9개월에 걸친 사행기록인 『노송당 일본행록』에 자세한 과정이 주로 시문의 형태로 기록되어 있으며, 현존하는 최고의 일본 여행기이다. 1부 「중요인물」 '송희경' 참조.
119 대마도주 도도웅환(都都熊丸, 宗貞盛)의 아우 도도웅수이다.

켜서 말을 전하기를, '이 뒤에는 다시 통신을 아니하리라' 하였으니, 은혜를 저버린 뜻이 이미 드러났다. 이제 수군 절제사를 다시 보내 전라도 해변에 나누어 정박케 하고, 또 경상도의 중요한 곳에도 다 정박시켜 기회를 따라 처치하도록 하였다. 너희들이 만약 성심으로 회과하면 군사를 또 다시 해산할 수 있으니, 네가 돌아가 도주島主를 보고 자세히 이 뜻을 말하라. 너희들의 존망存亡은 이번 기회에 달려 있다"

하니, 구주 사자九州使者가 말하기를,

"우리가 올 때에 대마도에 도착하여 도왜島倭가 무례했던 것을 알았습니다마는, 지금이라도 도왜가 성심으로 항복한다면 참으로 병선을 거두게 되겠습니까. 그렇게 되면 내가 절도사에게 자세히 전달하리다"

라 하고, 또 대마도 사자는 말하기를,

"웅환은 구주에 가서 돌아오지 아니하였고, 웅수는 아직 나이 어리고, 종준宗俊[120]은 관직에서 쫓겨났으므로, 섬의 일을 주장할 사람이 없었습니다. 그러므로 회례사回禮使가 돌아올 때에 이와 같이 무례하게 되었으니, 내가 속히 돌아가서 도주島主에게 전달하고자 합니다"

하였다.

11月 11日(乙亥) 2번째 기사
구주 절도사 사자가 대궐에 나와 하직하다

九州節度使使者詣闕辭, 命厚慰之, 令禮曹判書許稠傳旨曰, "平滿景書及汝齋來書, 皆問大明欲征日本事. 我朝與大明邈遠, 何以知之?

---

120 대마도주 종정무의 아들이다. 조율산성수(篠栗山城守)라고 자칭하였다. 종씨의 일족으로 북부 구주에서 소이씨(少貳氏)의 가신으로 활약하였다.

歸語汝節度使."

구주 절도사九州節度使[121] 사자使者가 대궐에 나와서 하직하고 나가니, 잘 위로하여 주라고 명하고, 예조 판서 허조에게 명하여 전지傳旨하기를,

"평만경平滿景[122]의 글과 네가 가지고 온 글에 모두 '명나라에서 일본을 정벌하려 하는가'를 물어왔으나, 우리나라가 명나라와 멀리 떨어져 있으니 어떻게 알겠느냐. 돌아가서 너의 절도사節度使에게 이대로 말하라' 하였다.

11월 15日(己卯) 3번째 기사
예조 판서 허조와 병조 판서 조말생이 도도웅환의 사자를 회유하다

初, 都都熊瓦遣使進丹木四百斤, 胡椒百五十斤, 蓽發五十斤, 犀角一對, 國家却之, 且不禮其使, 至是乃還. 命禮曹判書許稠·兵曹判書趙末生, 會禮曹傳諭使者, 對曰, "都都熊瓦在小二殿膝下未能出, 宗俊見黜, 熊壽年少且貧, 無人主島事, 故回禮使之往還也, 慙愧不能出見. 然自其祖靈鑑仰事朝鮮如父母, 豈有他心?"

당초에 도도웅환都都熊丸[123]이 서신을 보내어 단목丹木[124] 4백 근, 호초胡椒 1백 50근, 필발蓽發 50근, 서각犀角[125] 1개를 보냈는데, 나라에서 받지

---

121 실정시대(室町時代) 구주 지역을 통괄하기 위하여 파견한 구주탐제(九州探題)를 가리킨다. 여기서는 원도진(源道鎭)이나 원의준(源義俊)이다.
122 관서도(關西道) 축전주(筑前州) 석성 관부(石城官府)를 뜻한다.
123 원문의 도도웅와(都都熊瓦)는 도도웅환(都都熊丸, 宗貞盛)의 잘못이다. 1부 「중요인물」 '종정성' 참조.
124 소방목(蘇枋木)·적목(赤木)·홍자(紅紫)라고도 한다. 목재의 부위에 따라 한약재와 염료로 사용한다. 열대 지역의 나무이며 조선에서는 나지 않아서 세종 대에는 9년간 7만 근을 수입하기도 하였다.
125 코뿔소의 뿔이다. 성질이 매우 차서 해열제나 해독제, 지혈제로 쓰인다. 우황청심원의 재료이기도 하다. 물소의 뿔(수우각(水牛角) 또는 색이 검어 오서각(烏犀角)이라 함)을 대용으로

않고 또 그 사신까지 예로 대접하지 아니하였는데 이 때에 이르러 (사신이) 돌아가게 되었다. 예조 판서 허조와 병조 판서 조말생을 시켜 예조禮曹에서 모여 사자使者에게 전유傳諭하였더니, 사자使者가 대답하기를,

"도도웅환이 소이전小二殿[126]의 휘하에 있어서 나오지 못하게 되어 있고, 종준宗俊[127]은 쫓겨난 것이고, 웅수熊壽는 나이 젊고 또 가난하게 지내므로 섬의 일을 주장하는 자가 없었기 때문에, 회례사回禮使가 왕래할 때에 부끄러이 여겨서 능히 나와 보지 못한 것입니다. 그 조부 영감靈鑑[128]으로부터 조선朝鮮을 섬기기를 부모와 같이 우러러 받들었으니, 어찌 딴마음이 있겠습니까"

하였다.

11月 15日(己卯) 3번째 기사
허조에게 명하여 구주 절도사의 글에 답하게 하다

命許稠答九州節度使書曰, "伻人問候, 仍將本國被虜人一名發還, 寧不知感? 來書稱賊徒嚴加禁呵, 奈何近日賊船橫行我國南海楸子島, 劫掠人民, 轉賣一岐島乎? 兼諭征伐事, 本國所未聞, 勿以爲疑. 如今兩國和好至矣, 獨有對馬一島不事耕農, 專以盜竊爲業. 曩都都熊瓦之祖靈鑑及其父貞茂相繼歸順. 又遣平道全來衛, 以表至誠, 我殿下嘉其

사용하기도 한다.
126 대마도 종씨(宗氏)의 주군가인 소이씨(少貳氏)를 말한다. 1부 「중요인물」 '소이만정' 참조.
127 대마도주 종정무의 아들이다. 세종 즉위년 8월 21일 7번째 기사 '종요' 주석 참조.
128 종정무(宗貞武)의 아버지이다. 본명은 알 수 없고, 영감은 법명으로 생각된다. 1398년에 종정무가 종뢰무(宗賴武)로부터 도주직을 회복한 이후, 아들을 대신하여 1398년부터 1405년경까지 대마도를 관할하는 책임을 맡았으나 1401년 종하무(宗賀茂)의 반란으로 일시 피난하기도 하였다.

忠誠, 凡有所求, 靡不聽許, 蓋有年矣. 都都熊瓦不思祖父歸順之意, 不顧殿下卵育之恩, 託以興販, 遣人窺覘. 往歲之夏, 潛放賊船, 侵犯邊境, 燒毀兵船, 殺掠人物. 國家將其興販之人, 分置諸州, 遣將誅討, 都都熊瓦尙且不革, 謀敵官軍. 於是更遣三軍, 掃盪巢穴, 朝議已決. 都都熊瓦及其祖母奉書遣人, 哀請歸附, 國家不逆其詐, 仍許通信往來, 遂罷水軍都節制使, 待之以誠. 不圖都都熊瓦不顧厚恩, 敢倚其主藤滿貞, 乃因往歲賊島問罪之師, 造言本國, 征討日本, 欲爲兩國之釁. 且於回禮使宋希璟之行, 敢行無禮, 其弟熊壽亦發狂悖之言. 嗚呼! 樂禍好亡, 有如是耶? 都都熊瓦今雖遣人貢獻, 背叛無禮之人, 不可禮待, 所獻土宜, 悉付來人遣還. 兵曹敬奉王旨, 勅令諸道水陸軍馬分守要害, 以觀賊徒向背, 臨機制治, 殄滅乃已. 若都都熊瓦悔過, 擧島歸順, 則容有解兵之理. 足下旣爲日本西海摠管使, 近島兇徒, 不受約束, 肆行盜竊, 使貴國之聲不美於天下, 豈非足下之所深恥耶? 逆亂之子, 海賊之魁, 足下必不容也. 宜加痛懲, 永以爲好幸甚. 今將土宜, 就付回价, 惟領納."

허조를 명하여 구주 절도사九州節度使[129]의 서간에 답하게 하였는데, 이르기를,

"사람을 보내어 문안하면서 본국 사람으로 포로된 한 사람까지 돌려보냈으니, 어찌 감사한 줄 모르겠습니까? 온 편지에 말하기를, 도적놈들을 엄중하게 금하도록 꾸짖었다 하였는데, 어찌하여 근일에 도적의 배가 횡행하여 우리나라 남해南海의 추자도楸子島에서 인민들을 겁탈하고 노략질하여 일기도一岐島에 팔아넘겼습니까? 겸하여 일러둘 것은 (명

---

129 실정시대(室町時代) 구주 지역을 통괄하기 위하여 파견한 구주탐제(九州探題)를 가리킨다. 여기서는 전 구주탐제 원도진(源道鎭) 가리킨다.

나라에서) 정벌한다는 일은 본국에서는 들어보지 못한 일이니 의심할 것이 없습니다. 이제 두 나라 사이에는 지극히 좋게 지내지만, 홀로 대마도 하나가 농사에도 힘쓰지 아니하고 오로지 도적질을 삼고 있습니다. 과거에 도도웅환[130]의 조부 영감靈鑑[131]과 그 아비 정무貞茂[132]가 서로 이어 귀순하였습니다. 또 평도전平道全[133]을 보내어 시위侍衛까지 하여 지극한 정성을 표하였으므로, 우리 전하께서는 그 충성을 가상히 여겨서 무릇 구하는 것이 있으면 들어주지 아니한 것이 없기를 여러 해 동안이었다. 도도웅환은 그 조부의 귀순한 진의를 생각하지 아니하고, 우리 전하의 키워준 은혜도 돌보지 않고, 무역을 청탁하고 사람을 보내어 염탐하였습니다. 지난 여름에도 몰래 도적 배를 보내서 변방을 침범하여, 병선을 불태우고, 사람을 죽이고, 물건을 빼앗았습니다. 그래서 우리나라에서 그 무역하는 사람을 잡아서 여러 고을에다 나누어 두고, 장수를 보내어 정벌하였으나, 도도웅환이 오히려 버릇을 고치지 아니하고 관군官軍에게 대적하려 하였습니다. 이에 다시 삼군을 보내어, 그들이 있는 소혈巢穴을 소탕하려고 조정의 의논이 결정되었습니다. 도도웅환과 그의 조모祖母가 서간을 받들어 사람을 보내고 귀순하겠다고 애걸하므로, 나라에서는 그들의 간사한 것을 알지 못하고 이내 통신 왕래할 것을 허락하고, 수군 도절제사水軍都節制使도 혁파하고 정성으로 대접하였습

---

130 원문의 도도웅와(都都熊瓦)는 도도웅환(都都熊丸, 宗貞盛)의 잘못이다. 1부 「중요인물」, '종정성' 참조.

131 종정무(宗貞武)의 아버지이다. 본명은 알 수 없고, 영감은 법명으로 생각된다. 1398년에 종정무가 종뢰무(宗賴武)로부터 도주직을 회복한 이후, 아들을 대신하여 1398년부터 1405년경까지 대마도를 관할하는 책임을 맡았으나 1401년 종하무(宗賀茂)의 반란으로 일시 피난하기도 하였다.

132 종정성(宗貞盛)의 아버지 종정무(宗貞茂)이다. 1부 「중요인물」, '종정무' 참조.

133 대마도에서 조선으로 귀화한 인물이다. 1부 「중요인물」, '평도전' 참조.

니다. 그런데 뜻밖에도 도도웅환이 두터운 은혜도 돌아보지 아니하고 감히 그 주인 등만정藤滿貞134에게 의지하고서, 지난해에 적도賊島에 그 죄를 문책하러 간 우리 군사를 빌미로 중간에서 조선이 일본을 정벌하려 한다는 말을 지어내어 두 나라 사이에 틈을 벌어지게 하려 하였습니다. 또 회례사回禮使 송희경宋希璟135이 갔을 때에, 감히 무례한 짓을 하였고, 그 아우 웅수熊壽136도 또한 광패狂悖한 말을 하였습니다. 아아, 어찌 이와 같이 앙화를 좋아하고 망하기를 즐겨한단 말입니까? 도도웅환이 이제 비록 사람을 보내어 공물을 헌납한다 하여도 배반하는 무례한 사람에게는 예로 대접할 수가 없어서, 바치러 온 그 토산물은 모두 가지고 왔던 사람에게 돌려보냈습니다. 병조에서는 임금의 교지를 받들어 여러 도에 있는 수륙 군마水陸軍馬를 요해要害 지역에 나누어 지키게 하고 도적 무리들의 향배向背를 보아 기회를 따라 제압하고 다스려서 다 죽여 없애라고 명하였습니다. 만일 도도웅환이 잘못을 뉘우치고 온 섬島을 가지고 귀순한다면, 그것을 용납하여 병력을 해산케 할 수도 있습니다. 족하足下가 이미 일본의 서해 총관西海摠管이 되었으니, 근도近島의 흉한 무리가 약속도 지키지 아니하고 방자히 도적질만 행하게 되어, 귀국으로 하여금 아름답지 못한 소리를 천하에 들리게 한다면, 어찌 족하의 깊은 부끄러움이 아니겠습니까? 난을 꾸민 자나 해적의 괴수는 족하도 반드시 용서하지 않을 것입니다. 마땅히 지극히 징계하여 영구히 좋게 지

---

134 등원만정(藤原滿貞)의 오기다. 소이만정(少貳滿貞)이다. 1부 「중요인물」, '소이만정' 참조.

135 1420년(세종 2)에는 회례사(回禮使)에 뽑혀 실정막부가 있는 경도(京都)에 파견되어, 기해동정의 목적을 전달하였다. 마침 실정막부는 명과 단교한 직후였기 때문에 송희경 일행을 냉대하였다. 9개월에 걸친 사행기록인 『노송당 일본행록』에 자세한 과정이 주로 시문의 형태로 기록되어 있으며, 현존하는 최고의 일본 여행기이다. 1부 「중요인물」, '송희경' 참조.

136 대마도주 종정성(宗貞盛, 都都熊丸)의 아우이다.

내게 되면 다행한 일이라 하겠습니다. 이제 토산물을 가지고 돌아가는
인편에 부치는 것이니 받아들이기를 바랍니다"
하였다.

11月 16日(庚辰) 2번째 기사
상왕이 광나루 들에서 매사냥을 구경하다

上王觀放鷹于廣津之野. 遣知兵曹事郭存中傳旨曰, "倭賊之謀難測,
咸吉道水軍備禦, 不可不嚴. 其水軍僉節制使, 宜選揀差遣." 又曰, "今以
尹得洪爲摠制者, 欲用其才也. 其以得洪爲京畿水軍都節制使."

상왕이 광나루廣津 들에서 매사냥을 구경하였다. 지병조사知兵曹事 곽
존중을 보내어 전지傳旨하기를,

"왜적의 꾀는 헤아리기 어려우니, 함길도 수군水軍의 방비를 엄하게
하지 아니할 수 없는 일이다. 거기 있는 수군 첨절제사水軍僉節制使를 잘
가려서 보내게 하라"

하고, 또 말하기를,

"지금 윤득홍尹得洪을 총제摠制로 삼으려는 것은 재주를 쓰려는 것이
다. 득홍을 경기 수군 도절제사로 삼으라"

하였다.

11月 17日(辛巳) 2번째 기사
상왕이 양화도에 거둥하여 전함을 관람하다

上王幸楊花渡, 觀戰艦. 先是, 諸道戰艦追倭船, 倭船快甚不能及. 上

王恨之, 命大護軍尹得民造快船三艘, 乃令投化倭乘倭船, 先發十餘
步, 令得民及大護軍崔海山·軍器副正李藝帥水軍, 各乘一船追之, 得
民船常過之, 輕捷勝於倭船. 賜水軍酒食·正布有差, 遂幸西離宮. 上
詣西離宮置酒, 孝寧大君 補及柳廷顯·朴訔·李原·趙末生·李明德·
元肅入侍. 日暮上還宮.

　　상왕이 양화도楊花渡에 거둥하여 전함戰艦을 관람하였다. 이에 앞서 여
러 도의 전함이 왜선倭船을 쫓아가다가, 왜선이 빨라서 미처 따라가지 못
하였다. 상왕이 한스럽게 여겨, 대호군大護軍 윤득민尹得民에게 명하여 빠
른 배 3척을 만들게 하고 귀화한 왜인을 시켜 왜선을 타고 10여 보 가량
먼저 떠나가게 한 후, 득민과 대호군 최해산崔海山과 군기 부정軍器副正 이
예李藝137를 시켜 수군을 거느리고 각기 배 1척씩 타고 쫓아가게 하였는
데, 득민의 배가 항상 앞질러 가볍고 빠르기가 왜선보다 나았다. 수군들
에게 주식酒食과 정포正布를 차등 있게 내려 주고, 드디어 서이궁西離宮에
거둥하였다. 임금이 서이궁에 나아가 술을 마련하였는데, 효령대군 이
보李補와 유정현·박은·이원·조말생·이명덕·원숙이 입시하였다. 날
이 저물어 임금이 환궁하였다.

11月 22日(丙戌) 2번째 기사
일기주 만호 다라고라가 토산물을 바치다
一岐州萬戶多羅古羅遣人來獻土宜, 仍發還本國被虜人九名. 賜紬

---

137 조선 태종·세종 대에 대일 외교에서 활약한 인물이다(1373~1445). 43년간 외교관으로 활동
하면서 40여 차례에 걸쳐 일본을 왕래하였고, 유구국을 다녀오기도 하였다. 1443년 계해약조
체결의 주역이기도 하다. 1부 「중요인물」 '이예' 참조.

布十匹・緜布百十匹.

일기주一岐州 만호萬戶 다라고라多羅古羅138가 사람을 보내어 토산물을 바치고, 겸하여 본국 사람으로서 포로 된 아홉 사람을 돌려보냈다. 명주 10필과 면포 1백 10필을 하사하였다.

11月 22日(丙戌) 4번째 기사
왜를 방어할 계책을 논의하다

上議禦倭之策, 許稠啓, "今歲凶歉, 姑厚待, 以待豐年而圖之." 上曰, "彼若歸附, 何必圖之? 但備不虞而已."

임금이 왜倭를 방어할 계책을 의논하는데, 허조가 아뢰기를,

"금년에는 흉년이 들었으니 아직 그들을 후대하여 주고, 풍년들기를 기다려 하소서"

하였다. 임금이 말하기를,

"저들이 만일 귀순한다면 도모할 것이 없고 다만 뜻밖에 일어날 일이나 방비할 뿐이다"

하였다.

11月 23日(丁亥) 2번째 기사
경상도 관찰사가 대마도 상선이 내이포에 도착하였다고 보고하다

慶尙道觀察使報, "對馬島商舶到乃而浦." 上王命禮曹諭商倭曰, "今以宋希璟所傳熊壽絶交之言觀之, 當拘留不遣, 然考汝等發船日期, 在

138 태랑오랑(太郎五郎)이라는 일본 인명의 음가를 한자로 옮긴 것이다. 여기에만 보인다.

熊壽語希璟之前, 故許令還島." 李原聞宣旨曰, "希璟之言不足盡信. 若熊壽絶交之言是, 則必不遣商舶. 今其來遲, 必有故焉, 宜使人問之."

경상도 관찰사가, "대마도 상선이 내이포乃而浦[139]에 도착하였다"고 보고하였다. 상왕이 예조에 명하여 왜상倭商에게 이르기를,

"이제 송희경宋希璟[140]이 전한 웅수熊壽[141]가 절교하겠다는 말을 보면 당연히 너희들을 구류하여 두고 돌려보내지 아니할 것이나, 너희들의 배가 떠난 날짜를 상고하면, 웅수가 희경에게 말하던 전이므로, 우선 섬으로 돌아가게 하는 것이다"

하였다. 이원李原이 선지宣旨를 듣고 말하기를,

"희경의 말은 다 믿을 수 없습니다. 만약 웅수의 절교絶交한다는 말이 옳다면, 반드시 상선을 보낼 이치가 없는 것입니다. 이제 그들이 더디게 온 것을 보면 반드시 어떤 까닭이 있는 것이니, 마땅히 사람을 시켜서 물어보아야 합니다"

하였다.

---

139 현재 경상남도 진해시 웅천동 일대이다. 내이포(乃而浦)는 제포(薺浦)라고도 표기하며 우리말의 '냉이'를 뜻하는 한자 '제(薺)'와 '포(浦)'가 합쳐진 말이다. 조선 전기에 제포왜관이 있었던 곳이기도 하다. 내이포는 문종대까지 보이다가 이후는 주로 제포라는 명칭을 사용하였다. 성종대 일시적으로 내이포가 나타나는데, 이는 『해동제국기』가 편찬되면서 일시적으로 영향을 준 것으로 생각된다.(이근우, 「『海東諸國紀』의 지리정보와 李藝」, 『한일관계사연구』 51, 한일관계사학회, 2015)

140 1420년(세종 2)에는 회례사(回禮使)에 뽑혀 실정막부가 있는 경도(京都)에 파견되어, 기해동정의 목적을 전달하였다. 마침 실정막부는 명과 단교한 직후였기 때문에 송희경 일행을 냉대하였다. 9개월에 걸친 사행기록인 『노송당 일본행록』에 자세한 과정이 주로 시문의 형태로 기록되어 있으며, 현존하는 최고의 일본 여행기이다. 1부 「중요인물」 '송희경' 참조.

141 대마도주인 도도웅환(都都熊丸, 宗貞盛)의 동생이다.

11月 25日(己丑) 3번째 기사

일본국 구주 총관 원의준이 공물과 토산물을 바치다

日本國九州摠管源義俊遣人獻硫黃二千斤·蘇木五百斤·銅二百
斤. 回賜麻布三十匹·緜布四百七十匹. 濃州太守平宗壽·筑州石城
管事民部少輔平滿景·石城商倭宗金等亦各遣人, 來獻土宜, 回賜有差.

일본국 구주 총관九州摠管 원의준源義俊**142**이 사람을 보내어 유황硫黃 2
천 근, 소목蘇木**143** 5백 근, 동銅 2백 근을 바쳤다. 회답으로 마포麻布 30필,
면포緜布 4백 70필을 주었다. 농주 태수濃州太守 평종수平宗壽**144**와 축주 석
성 관사筑州石城管事**145** 민부소보民部少輔 평만경平滿景**146**과 석성石城**147** 상
왜商倭**148** 종금宗金**149** 등이 또 각기 사람을 보내어 토산물을 바쳤다. 답례

---

142 삽천만뢰(澁川滿賴, 源道鎭)의 아들로 구주탐제직을 계승하였다. 1부 「중요인물」 '삽천의준'
　　참조.
143 소방목(蘇枋木)·적목(赤木)·홍자(紅紫)라고도 한다. 목재의 부위에 따라 한약재와 염료로
　　사용한다. 열대 지역의 나무이며 조선에서는 나지 않아서 세종 대에는 9년간 7만 근을 수입하
　　기도 하였다.
144 세종 즉위년 11월 29일에 구주총관(九州摠管) 우무위장군(右武衛將軍) 관하(管下) 농주태수
　　(濃州太守) 판창평종수(板倉平宗壽)가 보인다. 평종수(平宗壽)가 원래 판창씨(板倉氏)였음을
　　알 수 있다. 판창씨로는 판창만가(板倉滿家)가 역시 조선에 사람을 보냈다. 종수(宗壽)와 만가
　　(滿家)의 관계는 분명하지 않다. 판창씨는 구주탐제(九州探題)의 지위를 세습하고 있는 삽천
　　씨(澁川氏)의 중신 중 한 집안이다. 이때를 시작으로 세종 3년까지 지속적으로 조선과의 관계
　　를 유지하였다.
145 축주부(筑州府)는 축전국(筑前國)이고, 석성 관사(石城管事)는 석성 지역의 책임자라는 뜻이다.
146 평만경(平萬景)이라고도 표기하며, 박다(博多) 석성(石城) 지역의 통교자이다. 축주(筑州) 석
　　성부관사(石城府管事, 세종 1-6-1-4), 서해로(西海路) 민부소보(民部少輔, 세종 2-5-19-4), 축주
　　부(筑州府) 석성현사(石城縣使) 민부소보(民部少輔, 세종 3-7-5-2), 원도진관하(源道鎭管下, 세
　　종 5-9-28-2) 등으로 보인다. 당시 구주탐제가 삽천만뢰(澁川滿賴, 源道鎭)이었으므로, 그의 이
　　름 만(滿)을 습명(襲名)한 인물로 생각된다. 1부 「중요인물」 '평만경' 참조.
147 석성(石城)은 현재의 복강(福岡)의 박다(博多) 지역을 가리킨다. 여몽연합군의 재침에 대비하
　　여 해안가에 석담을 쌓았기 때문에 붙은 이름이다. 지금도 원구방루(元寇防壘)라는 석축이 남
　　아 있다. 냉천진(冷泉津)·상기(箱崎)라고도 하였다.
148 상업적 거래를 하는 왜인이라는 뜻으로 흥리왜인(興利倭人)이라고도 한다. 종금은 원래 승
　　려였고 후에는 주로 상인으로 활동하였다.
149 종금(?~1454)은 승려이면서 상인으로서 박다를 거점으로 활동하였다. 세종 7년에 조선으로
　　부터 도서(圖書)를 받았고 세종 21년까지 매년 사절을 보냈다. 또한 실정막부의 장군, 대우씨

로 물건을 차등 있게 하사하였다.

11月 26日(庚寅) 3번째 기사

상왕이 왜인의 공격에 대비하여 거제영의 경작을 명하다

上王命兵曹曰, "倭奴必不順服, 巨濟營田, 不可不耕. 其令觀察使 ·
右道水軍都按撫使同力備農器. 且前命諸道加造兵船, 今聞諸道飢饉,
其勿督促, 只令當領水軍造之."

상왕이 병조에 명하기를,

"왜노倭奴가 반드시 순하게 복종하지 아니할 터이니, 거제영巨濟營의
밭을 경작하지 아니할 수 없다. 관찰사와 우도 수군 안무사右道水軍安撫使
에게 명하여 협력해서 농기를 갖추도록 하라. 또 전에 여러 도에 명하
여 병선을 더 만들라 하였으나 이제 듣건대 여러 도에 기근이 있다 하
니, 독촉하지 말고 다만 수군을 거느리고 병선을 만들게 하라"

하였다.

11月 28日(壬辰) 2번째 기사

일본 비주 태수 원창청이 토산물을 바치다

日本肥州太守源昌淸遣人獻土宜, 回賜緜布百九十匹.

일본 비주 태수肥州太守 원창청源昌淸[150]이 사람을 보내어 토산물을 바

사파씨 등의 조선 무역을 중개하거나 대행하였다. 조선 사신이 일본으로 갈 때 호송하거나 실
정막부가 명나라에 사신을 파견하는 일에도 관여하였다. 아들로 종성춘(宗性春)이 있다. 1부
「중요인물」 '종금 참조.

150 원창청은 길견원창청(吉見源昌淸)으로도 보이므로, 길견씨(吉見氏)이고, 길견씨는 구주탐제
(九州探題) 삽천씨(澁川氏)의 피관(被官)이다. 1부 「중요인물」 '길견창청' 참조.

치니, 답으로 면포縣布 1백 90필을 주었다.

12月 2日(丙申) 2번째 기사
일본 방장풍삼주 도호 다다량만세가 공물을 바치다

日本防·長·豐三州都護大內殿家姪多多良滿世遣人獻劍四把·
硫黃三千五百斤·剪黃二斤·丹木三百斤·白磻一百斤, 回賜麻布四
十匹·縣布二百六十匹.

일본 방·장·풍 삼주 도호(防·長·豐三州都護)[151]이며, 대내전大內殿의
가질家姪인 다다량만세多多良滿世[152]가 사람을 보내어 칼 4자루와 유황硫
黃 3천 5백 근·전황剪黃[153] 2근·단목丹木[154] 3백 근·백반白磻[155] 1백 50
근을 바쳤다. 답으로 마포麻布 40필과 면포綿布 2백 60필을 주었다.

12月 8日(壬寅) 3번째 기사
일본국 구주 도원수 우무위 원도진이 토산물을 바치다

日本國九州都元帥右武衛源道鎭遣人獻土宜, 求『大藏經』及大鏞. 田
平殿源省亦因道鎭使人就獻土宜.

일본국 구주 도원수九州都元帥[156] 우무위右武衛[157] 원도진源道鎭[158]이 사

---

151 주방국(周防國) 장문국(長門國) 풍전국(豐前國)의 수호대명(守護大名)이라는 뜻이다.
152 대내홍세(大內弘世)의 손자이고, 대내만홍(大內滿弘)의 아들이다. 대내홍세의 아들은 의홍
　　(義弘)·만홍(滿弘)·성견(盛見)·홍무(弘茂)가 있었다. 1부「대내씨 계보」참조
153 여기에만 보인다.
154 소방목(蘇枋木)·적목(赤木)·홍자(紅紫)라고도 한다. 목재의 부위에 따라 한약재와 염료로
　　사용한다. 열대 지역의 나무이며 조선에서는 나지 않아서 세종 대에는 9년간 7만 근을 수입하
　　기도 하였다.
155 세종 즉위년 8월 14일 3번째 기사 '백반' 주석 참조.
156 구주탐제(九州探題)를 뜻한다.

람을 보내어 토산물을 바치고, 『대장경大藏經』과 큰 종을 구하였다. 전평
전田平殿159 원성源省160도 또 도진의 인편을 이용하여 토산물을 바쳤다.

12月 9日(癸卯) 2번째 기사
일본국 구주 총관 원의준 등이 토산물을 바치다
日本國九州摠管源義俊·日向州刺使藤元久等各遣人來獻土宜.

　일본국 구주 총관九州摠管161 원의준源義俊162과 일향주日向州 자사刺使163
등원구藤元久164 등이 각기 사람을 보내어 토산물을 바쳤다.

---

157 원도진(源道鎭, 澁川滿賴)의 무가관위인 우병위좌(右兵衛佐)를 뜻하며, 우병위부(右兵衛府)
　　의 차관이라는 의미이다.
158 전 구주탐제(九州探題) 삽천만뢰(澁川滿賴)이고 원의준(源義俊, 澁川義俊)의 아버지이다. 세
　　종 즉위년 10월 30일 병오조 '원도진' 및 1부 「중요인물」 참조.
159 일본 북구주 서단의 전평(田平, 타비라) 지역의 우두머리라는 뜻이다.
160 북구주 서단의 전평(田平)을 근거로 한 세력의 우두머리로 준주태수(駿州太守, 駿河國의 國
　　守)를 자칭하였다.
161 구주탐제(九州探題)를 뜻한다.
162 삽천만뢰(澁川滿賴, 源道鎭)의 아들로 구주탐제직을 계승하였다. 1부 「중요인물」 '삽천의준'
　　참조.
163 일본국 서해도(西海道) 일향주(日向州) 수호(守護)라는 뜻이다.
164 일향주 혹은 일향주 태수로 『조선왕조실록』에 보이는 인물은 도진(島津) 원원구(源元久)가 있다
　　(태종 15-12-30-2, 태종 18-1-24-1, 세종 즉위년-10-14-4 등). 도진원구(島津元久, 1363~1411)는
　　구주의 대우국(大隅國)·일향국(日向國)·살마국(薩摩國)의 수호대명(守護大名)이고 도진씨
　　(島津氏)의 제7대 당주(當主)이다. 아버지는 도진씨구(島津氏久)이고 어머니는 이집원충국(伊
　　集院忠國)의 딸이다. 다만 이때는 이미 도진원구가 죽은 이후이므로, 위사(僞使)일 가능성이 있다.

세종 3년

(1421 辛丑/일본 응영(應永) 28年)

1月 5日(戊辰) 4번째 기사

예조 판서가 일본 구주 총관의 글에 답하다

禮曹判書答日本九州摠管書曰, "披閱華緘, 從審體履康裕, 欣慰. 仍蒙專人來告本國使臣回還聲息, 深以爲喜. 所獻禮物, 謹啓收訖, 玆土宜黑細麻布三十匹·緜布三百七十匹, 就付回价. 不腆爲愧, 惟照領. 卽辰尙寒, 冀調保, 不宣."

又答九州都元帥書曰, "累承手翰, 獲諗體氣叶吉, 欣慰殊深. 所獻禮物, 俱已啓達收納. 諭及大鏞, 因年來貴國諸鎭求去殆盡, 未克塞請, 良用爲愧. 姑將土宜黑細麻布三十匹·緜布三百三十匹, 就付回价, 惟領納. 時寒, 希自愛, 只此."

參議答藤元九書, 回賜黑麻布三十匹·緜布百八十匹. 時, 日本諸島使者絡繹, 驛路疲弊, 其來往之路, 分爲二道.

예조 판서가 일본 구주九州 총관[1]의 글에 답하기를,

"귀한 글을 받아 펴 보고, 몸이 건강하고 편안함을 알게 되어 기쁘고 위로됩니다. 아울러 따로 사람을 보내어 본국 사신이 회환回還한다는 소식을 와서 알려주시니 매우 기쁩니다. 헌상한 예물은 삼가 아뢰고 거두어 두었으며, 이에 특산물인 검은 세마포 30필과 면포 3백 70필을 돌아가는 사신에 부쳐 보내니, 변변치 못하여 부끄럽기는 하나, 살피어 받기를 바랍니다. 때가 아직도 추우니 몸을 잘 보살펴 보중하기를 바라며 이만 그칩니다"

하였다. 또 구주 도원수[2]에게 회답하는 편지에는,

"여러 번 손수 쓴 편지를 받고 몸과 기운이 길함을 알게 되어 매우 기쁘고 위로됩니다. 헌상하여 온 예물은 이미 모두 아뢰어서 거두어 들였습니다. 말한 대용大鏞[3]은 연래年來로 귀국 여러 곳에서 구해 갔기 때문에 거의 없어졌으므로, 청하는 것을 들어주지 못하여 진실로 부끄럽습니다. 우선 특산물인 검은 세마포 30필과 면포 3백 30필을 돌아가는 사신 편에 부쳐 보내니 받으시고, 때가 아직도 추우니 자애自愛하기 바라고 이만 그칩니다"

하였다. 참의參議가 등원구藤元九[4]에게 회답하는 편지에는, 검은 마포 30 필과 면포 1백 80필을 답례로 하사한다고 하였다. 이때에 일본 여러 섬의 사절이 끊임없이 이어져 역로驛路가 피폐하였으므로, 그 오고 가는

---

1   구주탐제(九州探題) 삽천의준(澁川義俊)이다.
2   전 구주탐제(九州探題) 삽천만뢰(澁川滿賴, 源道鎭)을 뜻한다.
3   큰 종 즉 대종(大鐘)을 뜻한다.
4   일향주 혹은 일향주 태수로『조선왕조실록』에 보이는 인물은 도진(島津) 원원구(源元九)가 있다 (태종 15-12-30-2, 태종 18-1-24-1, 세종 즉위년-10-14-4 등). 도진원구(島津元久, 1363~1411)는 구주의 대우국(大隅國)·일향국(日向國)·살마국(薩摩國)의 수호대명(守護大名)이고 도진씨 (島津氏)의 제7대 당주(當主)이다. 아버지는 도진씨구(島津氏久)이고 어머니는 이집원충국(伊集院忠國)의 딸이다. 다만 이때는 이미 도진원구가 죽은 이후이므로, 위사일 가능성이 있다.

길을 나누어서 두 길로 하였다.

1月 7日(庚午) 2번째 기사
왜인의 포로였다가 도망친 한인을 요동으로 돌려보내다

前此有被虜漢人自倭逃來者, 上命給衣食而館之, 至是解送遼東.

이전에 포로가 되어서 붙들려 갔던 한인漢人으로 왜에서 도망온 자가
있으므로, 임금이 명하여 옷과 밥을 주어 묵게 하도록 하였는데, 이 때
에 와서 요동으로 돌려보냈다.

1月 10日(癸酉) 3번째 기사
홍주 사람 이성이 무고죄로 벌받다

洪州人李成言於懷安君子孟宗家奴曰, "州人李才密語其子乙生曰,
'吾率禾尺才人, 草竊洪州界, 則可以得志矣. 如不得志, 與三島倭合謀,
寇本國, 則可以屠城略地, 而前日懷安之亂, 斯爲下矣." 孟宗聞之, 告
牧使趙琬. 琬率李成, 騎馹赴京直啓, 上命義禁府鞫之. 成以誣告, 杖一
百, 流三千里.

홍주洪州 사람 이성李成이 회안군懷安君의 아들 이맹종李孟宗의 집종에
게 말하기를,

"고을 사람 이재李才가 가만히 그 아들 이을생李乙生에게 말하기를, '내가
화척禾尺과 재인才人을 데리고 홍주洪州 지경에서 도적질을 하면 뜻을 얻게
될 수 있을 것이요, 만약 뜻대로 되지 아니하면 삼도三島의 왜倭[5]와 합모合謀

---

5   대마도·일기도(壹岐島)·송포(松浦) 혹은 대마도·일기도와 구주 전체 섬으로 보는 견해가

하여 본국을 침략하면 성城을 함락시키고 땅을 노략질할 수 있을 것이니, 그렇다면 전날의 회안군의 난리는 저 아랫길이 될 것이다' 하였다"

하므로, 맹종이 이 말을 듣고 목사 조완趙琉에게 고하여, 조완이 이성을 데리고 역마를 타고 서울로 올라와서 바로 아뢰니, 임금이 의금부에 명하여 국문하고, 이성은 무고죄로 장 1백 대에 3천 리 유형流刑에 처하였다.

1月 13日(丙子) 5번째 기사
일본 통신사로 갔었던 송희경이 왜인 유와구라의 포상을 청하다

宋希璟啓, "今以通信往日本時, 覇家臺住倭惟臥仇羅者, 以指路隨行至國都. 臣等爲彼所拘, 內外不通, 惟臥仇羅探彼計謀, 一一來報, 不顧産業, 間關萬里, 乞加賞賜." 命給緜布六匹.

송희경宋希璟[6]이 아뢰기를,

"이번에 통신사로 일본에 갔을 때에, 패가대覇家臺[7]에 사는 왜인 유와구라惟臥仇羅[8]라는 자가 길을 인도하기 위해 수행하여 국도國都에 이르렀는데, 신 등이 저들에게 구속당하여 내외가 통하지 아니하였는데, 유와구라가 저들의 계략을 탐지하여 일일이 와서 보고해 주었고, 자신의 생업도 돌보지 아니하고 만리 길에 애썼사오니, 상을 내려주시기 바랍니다"

하니, 면포 6필을 하사하였다.

있다. 왜구의 근거지이다.

6 1420년(세종 2)에는 회례사(回禮使)에 뽑혀 실정막부가 있는 경도(京都)에 파견되어, 기해동정의 목적을 전달하였다. 마침 실정막부는 명과 단교한 직후였기 때문에 송희경 일행을 냉대하였다. 9개월에 걸친 사행기록인『노송당 일본행록』에 자세한 과정이 주로 시문의 형태로 기록되어 있으며, 현존하는 최고의 일본 여행기이다. 1부「중요인물」'송희경' 참조.

7 박다(博多, 하카타)의 다른 한자 표기이다. 현재의 복강현(福岡縣) 복강시(福岡市) 박다구(博多區) 일대이다.

8 여기에만 보인다.

1月 23日(丙戌) 4번째 기사

상왕이 대마도 상인 표온이로에게 국교 단절 여부를 알아 오라고 명하다

上王命禮曹, 諭對馬島商倭表溫而老曰, "通信使宋希璟之還也, 貞
盛弟熊壽言, '今後不與互市.' 以此觀之, 其欲絶交明矣. 故一應商倭,
竝令勿許接待. 厥後商船受熊壽文契而來者至五隻, 國家以希璟所啓,
或是傳聞之誤, 故許令買賣而歸. 今爾等之來也, 又無熊壽辨明之言,
然爾等不與熊壽同居, 容或不知. 今後商船之來也, 明知其事以來."

상왕이 예조에 명하여 대마도 상왜商倭 표온이로表溫而老에게 이르기를,

"통신사 송희경[9]이 돌아올 때 정성貞盛[10]의 아우 웅수熊壽[11]가 말하기
를, '지금 이후로는 서로 호시互市[12] 하지 아니하겠다' 하였다 하니, 이로
본다면, 국교를 끊으려고 함이 분명했다. 그러므로 우선 장사하는 왜인
을 모두 접대하기를 허락하지 아니하였다. 그 뒤에도 상선으로서 웅수
의 문계文契를 받아 가지고 온 배가 5척이나 되므로, 국가에서는 희경 아
뢴 바가 혹시나 잘못 전해들은 것이 아닌가 하는 이유로 매매하는 것은
허락하여 돌려보냈다. 이제 너희들이 왔음에도 웅수는 변명이 없지만
그러나 너희들은 웅수와 같이 사는 것이 아니므로 혹 알지 못하기도 할

---

9 1420년(세종 2)에는 회례사(回禮使)로 뽑혀 실정막부가 있는 경도(京都)에 파견되어, 기해동
정의 목적을 전달하였다. 마침 실정막부는 명과 단교한 직후였기 때문에 송희경 일행을 냉대
하였다. 9개월에 걸친 사행기록인『노송당 일본행록』에 자세한 과정이 주로 시문의 형태로 기
록되어 있으며, 현존하는 최고의 일본 여행기이다. 1부「중요인물」'송희경' 참조.

10 종정성(1385?~1452)은 종정무(宗貞茂)의 아들로, 종정무 사후 도주직을 이어받았으며, 종씨
(宗氏)의 9대 당주(當主)가 되었다. 세종 즉위년(1418) 8월부터 단종 즉위년(1452) 7월까지 총
300여 회에 걸쳐 통교하였다.
　주로 대마주 태수 혹은 대마도주를 자칭하였으며, 세종 10년(1428) 이전까지는 대마도수호
(對馬島守護) 도도웅환(都都熊丸)・대마도 종정성・대마도수호 종언륙(宗彦六), 종언륙정성
(宗彦六貞盛)・종우마언륙정성(宗右馬彦六貞盛) 등의 호칭을 사용하였다.

11 종정성의 동생으로 대마도와 조선사이 외교사절로 활약했다. 세종실록 2년부터 4년까지 총
12회 등장한다.

12 외국과의 교역, 혹은 물물 교역이 행해지는 무역장(貿易場)을 말한다.

것이다. 금후에 상선이 올 때에는 분명히 그 일을 알아 가지고 오라"
고 하였다.

2月 2日(乙未) 4번째 기사
경상도 우도 수군 도절제사가 화포 제작과 훈련에 관해 아뢰다

慶尙道右道水軍都節制使啓, "船上火炮, 年久無氣. 請改給新, 仍遣
放火慣熟人七八, 以年久不用火炮, 敎習士卒. 又抄道內曾經萬戶, 千
戶慣於船上者及閑良人, 並率赴巨濟島防禦." 上王從之.

경상도 우도 수군 도절제사가 아뢰기를,

"선상船上의 화포火炮가 해가 오래 되어, 힘이 없습니다. 고쳐서 새로
운 것으로 주게 하고, 아울러 화포를 쏘는데 능숙한 사람 7, 8명을 보내
어, 오래 묵어서 쓰지 못하는 화포로 사졸들을 교습시키게 하소서. 또
도내에 사는 일찍이 만호萬戶나 천호千戶를 지낸 자로 배 타는 데 익숙한
자와 한량閑良을 뽑아서 모두 거제도巨濟島로 보내어 방어에 참예하게
하소서"

하니, 상왕이 이에 따랐다.

2月 23日(丙辰) 5번째 기사
일본국 원의준 · 평종수 · 평만경 등이 방물을 헌상하다

日本國 源義俊 · 平宗壽 · 平滿景等皆遣人獻土宜

일본국 원의준源義俊[13] · 평종수平宗壽[14] · 평만경平滿景[15] 등이 모두 사

13 삽천만뢰(澁川滿賴, 源道鎭)의 아들로 구주탐제직을 계승하였다. 1부 「중요인물」, '삽천의준'

람을 보내어 방물을 헌상하였다.

2月 23日(丙辰) 5번째 기사

경상도 좌도 수군 도안무 처치사가 대마도 왜적의 경비를 엄히 할 것을
아뢰다

慶尙道左道水軍都按撫處置使啓, "對馬賊倭乍臣乍叛, 其心難測,
當嚴警備. 臣所管十二浦留泊兵船, 或三四隻, 或五六隻, 甚爲寡弱. 請
分水陸遠近要害, 聚諸浦兵船, 泊立應變." 上王從之.

경상도 좌도 수군 도안무 처치사[16]가 아뢰기를,

"대마도 왜적은 잠시 복속服屬하였다가는 잠시 후에 또 반역하니, 그
마음을 헤아리기 어려우므로, 마땅히 경비를 엄하게 해야 합니다. 신의
관할에 있는 12포구에 머물러 있는 병선이 3, 4척 혹은 5, 6척이어서 매
우 적고 약합니다. 수륙水陸의 멀고 가까운 요해처를 분간하여, 여러 포
구의 병선을 모아서 즉시로 변란에 대응하게 하소서"

하니, 상왕이 이에 따랐다.

참조.

14 세종 즉위년 11월 29일에 구주총관(九州摠管) 우무위장군(右武衛將軍) 관하(管下) 농주태수
(濃州太守) 판창평종수(板倉平宗壽)가 보인다. 평종수(平宗壽)가 원래 판창씨(板倉氏)였음을
알 수 있다. 판창씨로는 판창만가(板倉滿家)가 역시 조선에 사람을 보냈다. 종수(宗壽)와 만가
(滿家)의 관계는 분명하지 않다. 판창씨는 구주탐제(九州探題)의 지위를 세습하고 있는 삽천
씨(澁川氏)의 중신 중 한 집안이다. 이때를 시작으로 세종 3년까지 지속적으로 조선과의 관계
를 유지하였다. 원문의 평종수(平宗秀)는 평종수(平宗壽)의 오기이다.

15 평만경(平萬景)이라고도 표기하며, 박다(博多) 석성(石城) 지역의 통교자이다. 축주(筑州) 석
성부관사(石城府管事, 세종 1-6-1-4), 서해로(西海路) 민부소보(民部少輔, 세종 2-5-19-4), 축주
부(筑州府) 석성현사(石城縣使) 민부소보(民部少輔, 세종 3-7-5-2), 원도진관하(源道鎭管下, 세
종 5-9-28-2) 등으로 보인다. 당시 구주탐제가 삽천만뢰(澁川滿賴, 源道鎭)이었으므로, 그의 이
름 만(滿)을 습명(襲名)한 인물로 생각된다. 1부 「중요인물」 '평만경' 참조.

16 조선시대 수군의 최고 관직이다. 태종 때 수군도절제사라고 하였고, 세종 2년(1420) 수군 도
안무 처치사로 고쳤으며, 이후 세조 12년(1466) 다시 수군절제사로 고쳤다.

3月 14日(丙子) 6번째 기사
경상도 관찰사가 도망친 왜인의 노비에 대한 처벌법을 여쭈다

慶尙道觀察使啓, "前者兵曹奉宣旨, 分置倭人等, 若有雜亂出入, 不從國令者, 所在守令不待啓聞, 大懲鑑後. 若交易倭奴婢逃亡者, 未有定法, 何以區處?" 宣旨, "如有逃亡者, 嚴鞫以啓."

경상도 관찰사가 아뢰기를,

"앞서 병조에서 선지를 받들어, 나누어 배치한 왜인들로서, 만일 난잡하게 왔다 갔다 하며 나라의 명령을 따르지 않는 자가 있으면, 그곳의 수령이 나라에 보고할 것 없이 철저히 징계하여, 뒷사람에게 본을 보이라 하였습니다. 매매된 왜인의 노비로서 도망한 자에 대하여는 정해진 법이 아직 없으니, 어떻게 처리해야 되겠습니까"

하였다.

선지하기를,

"만일 도망한 자가 있을 때에는 엄중히 심문하여 보고하라."

하였다.

3月 14日(丙子) 7번째 기사
경상 좌도 수군 도안무 처치사가 나포한 일본 배에 대해 아뢰다

慶尙道左道水軍都按撫處置使啓, "東征所獲倭船三十四隻, 留泊黃山江, 年久朽敗. 請破取鐵釘, 用於新造兵船." 從之.

경상좌도 수군 도안무 처치사가 아뢰기를,

"일본을 정벌하였을 때[17]에 노획한 일본 배 34척을 황산강黃山江[18]에

---

17 1419년에 대마도를 정벌한 기해동정을 뜻한다.

매어 두고 있는데, 연수가 오래 되어 썩어 버렸습니다. 부수어 쇠와 못을 뽑아서 새로 만드는 병선에 사용하게 하소서"

하니, 이에 따랐다.

3月 22日(甲申) 1번째 기사
전라도 관찰사가 제주 백성이 쌓은 담 일부를 철거할 것을 아뢰다

全羅道觀察使據濟州按撫使呈啓, "濟州人民, 各於田頭築墻, 以防牛馬踏損, 若有賊變, 不便於用騎. 其防禦要害處, 請令破去, 以便馳騁." 上王從之.

전라도 관찰사가 제주 안무사의 보고에 의하여 아뢰기를,

"제주의 백성들이 모두 밭머리에 담을 쌓아서, 마소가 밟아 손해를 입히는 것을 막고 있는데, 만일 외적의 침입 사변이 있을 경우에는 말을 달릴 수 없습니다. 방어상 중요한 지역에는 이를 철거하여 말 달리는 데 편리하게 하소서"

하니, 상왕이 이에 따랐다.

4月 1日(癸巳) 2번째 기사
대마 도주 종정성 등이 사절을 보내어 조공하다

對馬島宗貞盛及都萬戶左衛門大郞等遣使來朝.

대마 도주 종정성宗貞盛[19]과 도만호都萬戶 좌위문대랑佐衛門大郞[20] 등이

---

18 태백산맥에서 발원하여 부산에서 바다로 들어가는 낙동강을 뜻한다.

19 대마도주 종정무(宗貞茂)의 아들 도도웅환(都都熊丸, 1385~1452)이다. 1418년 아버지가 죽자 대마도 수호직을 이어받았다. 1419년에 기해동정(己亥東征)을 겪었다. 1441년 대마도인들

사절을 보내 와서 조공하였다.

4月 5日(丁酉) 5번째 기사
나누어 준 왜인 노비의 보호에 대해 선지하다

宣旨, "今分賜倭奴婢, 務令完恤, 以安其心. 其中頑惡者, 或雜亂橫行, 或與其類私通者, 其主隨卽告官治罪."

선지宣旨하기를,

"나누어 준 왜인 노비는 힘써 잘 보살펴 그 마음을 편안하게 하라. 그 중에 흉악스러운 자가 혹 제멋대로 행동하거나, 그들끼리 개인적으로 통하는 자가 있을 때에는, 그 주인이 발견하는 대로 곧 관가에 고발하여 죄를 다스리게 하라"

하였다.

4月 6日(戊戌) 3번째 기사
대마도 종정성이 구리안을 보내어 예조 판서에게 글을 올리다

對馬島宗貞盛遣仇里安, 致書于禮曹判書曰, "孤之不德, 無以控馭, 遂使封內之民侵犯大國之邊鄙, 是天之所不赦, 雖就誅戮, 實是孤之願也, 秋毫豈介于懷? 其弊邑之人, 或銜使命, 或事販鬻, 而當時在大國邊境者凡三百餘人, 盡遭係累而收虜焉. 父母妻孥, 不勝恩愛戀慕之

이 조선의 고초도 해상에서 고기를 잡을 수 있는 고초도 금약을 맺었고, 1443년에 계해약조를 맺었다. 주군가(主君家)인 소이씨(少貳氏)의 세력이 약화되자 조선과의 교역권을 장악함으로써 대마도를 효율적으로 지배하고자 하였으며, 마찬가지로 조선과의 교역에 관심을 가진 대내씨(大內氏)와 대립하였다. 1부 「중요인물」, '종정성' 참조.

20 대마도 두지포(頭地浦, 土寄, 쯔찌요리)에 거점을 둔 왜구의 우두머리로 조전좌위문태랑(早田左衛門太郎)이다. 1부 「중요인물」, '좌위문태랑' 참조.

情, 日夜泣血, 毁其性者十有八九. 一民不得其所, 仁者憂之, 況三百餘口乎? 大國幸今上有明主, 下有良臣, 豈不爲此惻然哉?

孤也以古視之, 以堯爲父, 而有丹朱之不肖, 舜亦大聖, 而有瞽叟之頑·商均之愚. 然則性之善惡, 雖父子之間, 不相類. 故治人者, 於其身, 不於其親, 況於他人乎? 今彼誅戮之民與係累之人, 非有骨肉之親, 其施爲之不相關, 猶越人視秦人之肥瘠. 而大國混玉石於崑火, 遷赫怒於無辜, 仁主懷綏之道, 果如此耶? 倘以大國之賜, 一一還于舊業, 則莫大之事, 非獨孤之感其德, 先君貞茂之靈, 亦當結草也.

又得崔公今玆正月之書云, '對馬島隷於慶尙道.' 考之史籍, 訊之父老, 實無所據. 然而大王若修文德, 以篤恩惠, 則誰敢不歸? 昔紂之無道, 億兆之衆, 皆倒其戈, 周公之盛, 越裳氏重九譯而至. 不必仍其舊, 顧其德如何耳. 但希諸公, 推孤區區之忱, 達于天聰. 前之所賜篆字卑名, 今印寫以爲信符. 辰下嚴寒, 各乞爲國保重."

國家以書辭不恭, 不禮待其使, 却其所獻禮物.

대마도 종정성宗貞盛[21]이 구리안仇里安[22]을 보내어 예조 판서에게 글을 올리기를,

"나의 부덕不德한 소치로 백성을 제대로 단속하지 못하여, 마침내 경내 백성들이 대국의 변경을 침범하였으니, 이는 하늘이 용사容赦할 수

---

21 대마도주 종정무(宗貞茂)의 아들 도도웅환(都都熊丸, 1385~1452)이다. 1418년 아버지가 죽자 대마도 수호직을 이어받았다. 1419년에 기해동정(己亥東征)을 겪었다. 1441년 대마도인들이 조선의 고초도 해상에서 고기를 잡을 수 있는 고초도 금약을 맺었고, 1443년에 계해약조를 맺었다. 주군가(主君家)인 소이씨(少貳氏)의 세력이 약화되자 조선과의 교역권을 장악함으로써 대마도를 효율적으로 지배하고자 하였으며, 마찬가지로 조선과의 교역에 관심을 가진 대내씨(大內氏)와 대립하였다. 1부 「중요인물」 '종정성' 참조.

22 종정성(宗貞盛)의 수하로 기해동정 때 사후처리 과정에서 파견되었으며, 억류된 대마도인을 돌려보내줄 것을 요청하였다. 세종 3년 4월 7일 4번째 기사와 17일 4번째 기사에 보인다.

없는 바이라, 비록 죽음을 당한다 할지라도 실로 내가 원하던 바이니, 어찌 추호라도 마음에 거리끼겠습니까. 그러나 우리 고을 사람으로서, 혹은 사명을 띠고, 혹은 무역을 종사한 자들로, 당시 대국 경내에 있던 자 3백여 명이 있었는데, 모두 잡혀서 포로가 되었습니다. 그 부모와 처자들이 안타까워하고 그리워하는 정을 견디지 못하여, 밤낮으로 울며 정신을 잃은 자가 10에 8, 9에 달합니다. 백성 한 사람이 제대로 살지 못할지라도, 인자한 사람은 이를 걱정하는데, 하물며 3백여 명에 달하지 않습니까. 대국에는 다행히 지금 위로는 훌륭한 임금이 계시고, 아래에는 어진 신하가 있사오니, 어찌 이를 위하여 측은히 여기지 않겠습니까? 내가 옛 역사를 보니, 요堯[23]와 같은 어진 이가 아버지인데도 단주丹朱[24] 같은 못난 아들이 있었으며, 순舜[25]도 큰 성인이지만 고수瞽叟[26] 같은 모진 아버지와 상균商均[27] 같은 어리석은 아들이 있었습니다. 그러므로 성품의 선악은 아버지와 아들 사이라도 서로 닮지 않습니다. 그러므로 사람을 다스리는 자는, 당사자에 국한하고, 그 친족에까지 연루시키지 않는 것인데, 더구나 다른 사람이야 더욱 그렇지 않겠습니까. 지금

---

23 중국 전설상의 성천자(聖天子). 『사기』 등에 의하면 희화(羲和) 등에게 명하여 역법을 정하고, 효행으로 이름이 높았던 순을 등용하여 천하의 정치를 섭정하게 하였다고 한다.

24 요(堯)임금의 아들. 요임금이 전위(傳位)할 인물을 찾자 신하 방제(放齊)가 단주를 천거하였는데, 요임금은 단주가 충신한 말을 좋아하지 않고 다투기를 좋아한다는 이유로 전위하지 않았다는 사실이 전한다.

25 중국 고대의 성인 천자(聖人天子). 5제(帝)의 한 사람. 유가에 의하여 전설의 인물처럼 되었다. 아버지는 장님이며 의붓어머니의 학대가 심하였지만 부모에게 효도하고 형제에게 우애 있게 하는 일에 힘을 기울였다. 뒤에 요임금의 딸과 결혼하고 섭정의 자리에 올랐다가 요임금이 사망한 뒤 황제의 자리를 받았다고 전해지고 있다. 요황제와 함께 중국의 가장 어진 성인 황제로 알려져 있다.

26 눈 먼 장님이란 뜻으로 순의 부친. 이복동생을 총애하여 여러 계를 써서 순을 죽이려고 했다.

27 전설에 나오는 고대 사람. 순임금의 아들이다. 사람됨이 모자라 순임금이 우(禹)로 황위를 잇도록 했다. 우가 제위에 오르자 우(虞)에 봉했다.

형을 받고 죽음을 당한 자들과 억류를 당한 자들은 서로 골육의 친족도 아니며, 그들이 한 짓도 서로 관련이 없어, 월越나라 사람이 진秦나라 사람의 비대하고 수척한 것을 보는 것이나 마찬가지입니다. 그런데 대국에서는 옥과 돌을 구별하지 않고 곤륜산崑崙山[28] 불 속에 섞어 버리듯, 죄 없는 사람들에게까지 노여움을 옮겼으니, 어진 임금이 먼 곳의 사람을 품고 편안하게 도리가 과연 이러합니까. 만일 대국에서 은혜를 베풀어 일일이 옛 고장으로 돌아오게 하신다면, 더없이 큰 일이 될 것이니, 다만 내가 감사히 여길 뿐만 아니라, 죽은 아비 정무貞茂의 영혼도 지하에서 응당 은혜를 갚을 것입니다.

또한 최공崔公이 금년 정월에 보낸 서계書契[29]를 받자오니, '대마도가 경상도에 예속되었다' 했는데, 역사 서적을 조사하여 보고 노인들에게 물어보아도 사실 근거할 만한 것이 없습니다. 그러나 만일 대왕께서 훌륭한 덕을 닦고 두터운 은혜를 베푸신다면, 누가 감히 귀의하지 않겠습니까. 옛날 주紂[30]가 무도한 까닭에, 억조의 무리가 모두 창을 거꾸로 잡고 대항하였으며, 주공周公[31]이 정치를 잘한 까닭에, 월상씨越裳氏[32]가 아

---

28 곤륜(昆侖·崑崙)이라고도 쓴다. 하늘에 닿을 만큼 높고 보옥(寶玉)이 나는 명산으로 전해졌으나, 전국시대 이후 신선설(神仙說)이 유행함에 따라 신선경으로서의 성격이 두드러지게 되어, 산중에 불사(不死)의 물이 흐르고 선녀인 서왕모가 살고 있다는 신화들이 생겨났다.

29 조선 전기에 조선과 대마도 및 일본 각지의 통교자와 주고받은 공식 외교문서를 말한다. 후기에는 통신사 파견을 제외하면 주로 대마도와 주고받게 된다.

30 중국 고대 상(商) 왕조의 마지막 왕. 악덕천자(惡德天子)의 대표적 존재이다. 궁전과 정원을 호화롭게 장식하고 간사한 무리들을 가까이 하며 조세와 형벌을 가혹하게 하여, 민심과 제후들의 마음은 선정을 베풀어 융성하던 주(周)의 문왕(文王)에게로 쏠렸다. 문왕의 아들 무왕(武王)이 제후들과 군사를 일으켜 상 왕조를 멸망시켰다.

31 주(周) 왕조를 세운 문왕의 아들이며 중국 주나라의 정치가. 예악과 법도를 제정해 제도문물을 창시했다. 상족(商族)을 회유하기 위해 아들을 노(魯, 曲阜)나라에 봉건하는 등 주왕실의 일족과 공신들을 요지에 배치해 다스리게 하는, 주초(周初)의 대봉건제를 실시해 수비를 공고히 했다.

32 남만(南蠻)의 나라 이름이다. 주 성왕(周成王) 때에 월상씨가 구역(九譯)을 거쳐 중국에 가서 주공(周公)에게 백치(白雉)를 바쳐 왔으므로, 주공이 어째서 나에게 이것을 바치느냐고 묻자,

홉 번이나 통역을 거쳐서 이르렀습니다. 반드시 옛날을 그대로 따를 필요는 없지만, 그 덕을 돌아보면 어떠하겠습니까? 바라옵건대, 여러분들께서 나의 작고 용렬한 마음을 헤아려 임금님께 전달하여 주옵소서. 앞서 주신 전자篆字로 새긴 나의 이름을 지금 찍어서 신부信符로 삼습니다. 요즘 추위가 혹독하니 모두들 나라 위하여 건강에 유의하옵소서"

하였다. 나라에서는 글 내용이 공손하지 않다 하여, 사절을 예절대로 접대하지 아니하고, 그가 바친 예물도 거절하였다.

4月 7日(己亥) 3번째 기사
전 만호 안권이 고신을 제때 반납하지 않은 것과 관련해 안권 등을 벌주다

宣旨, "奪前萬戶安權, 其子用仁及義禁府都事崔珉告身, 從願配之. 都事李文幹, 以功臣之子, 但罷其職." 前此, 安權以萬戶, 不能禦倭, 當收告身. 權不以告身納官, 授其子用仁, 令納之, 用仁幸義禁府不卽收奪, 因循不納. 珉與文幹以義禁府掌務, 不詳檢收奪, 至是事覺, 皆得罪.

선지하기를, 전 만호萬戶 안권安權[33]과 그의 아들 용인龍仁 및 의금부 도사義禁府都事 최민崔珉의 고신告身을 빼앗고, 희망에 따라서 그들을 귀양보냈다. 도사 이문간李文幹은 공신의 아들이므로, 다만 그의 관직만 파면하였다. 이에 앞서 안권이 만호로서 왜적을 방어하지 못하였기 때문에 당연히 고신을 회수하게 하였는데, 권은 고신을 직접 관에 바치지

답하기를, "3년 동안 모진 비바람이 없고 바다에 파도도 거세지 않으므로, 중국에 성인이 있다고 여겨져서 왔습니다"라고 한 데서 온 말이다.

33 세종 1년에 고만량(高巒梁) 해령만호(海領萬戶)였는데 전라도 공선이 고만을 지나 북쪽으로 올라가는데, 병선으로 호위하지 않아서 공선이 왜구에게 노략질당했고, 왜구가 다시 남으로 내려갔으나 제때 쫓지 않은 죄로 사형을 면제하고 삭직시켜 산군으로 삼았다(세종 1-7-22-5).

아니하고, 그 아들 용인에게 주어서 갖다 바치라 하였더니, 용인은 의금부에서 곧 빼앗지 않는 것을 다행으로 여기어, 어물어물하고 바치지 아니하였다. 민과 문간은 의금부에서 그 사무를 담당한 자로서, 자세히 조사하여 빼앗아 들이지 않고 있다가, 이 때에 이르러 일이 발각되어 모두 죄를 받은 것이다.

4月 7日(己亥) 4번째 기사
예조에서 회례사와 서계 등에 대해 종정성의 사절인 구리안에게 말하다

禮曹語宗貞盛使人仇里安曰, "都都熊瓦何以不見回禮使乎?" 曰, "回禮使專是通信本國, 不干我島, 故不見. 且賊船之作耗邊邑, 本非島主所知, 干犯天誅, 理宜掃蕩. 其商船十三隻, 本無賊心, 竝被拘留, 若聖慈發還, 則當堅禁賊船, 永通交好. 且貞盛常言, '貞茂生時, 厚蒙聖恩, 身死之後, 遣使致賻, 聖恩罔極, 欲遣一二百人宿衛, 但以隔海異域, 不得如心.' 伏乞照恕." 禮曹問曰, "來書稱無罪三百餘人被留, 被留人數, 本不至三百. 且與賊船一時出來, 窺覘虛實, 豈得無罪? 國人爲賊所害者幾三百餘人, 被虜在汝島者亦幾三百, 此有何罪乎? 爾不顧此, 反出如此之言乎?" 仇里安曰, "島主年少不學, 請人作書, 其間豈無錯誤? 當以此意達於島主." 禮曹問曰, "來書有平道全係累之言, 道全從仕本朝, 官至上將. 自作罪咎, 故安置于外, 其妻子竝給口糧." 仇里安曰, "道全本以貞茂代官宿衛, 今以見黜, 故疑以本道之故得罪耳, 非有他也." 禮曹問, "前書云, '對馬島隷於慶尙道之語, 考之史籍, 訊之父老, 實無所據.' 本島之隷於慶尙, 古籍昭然. 且汝島使者辛戒道亦言本島本爲

大國牧馬之地. 故前此汝島凡事, 皆報慶尙道觀察使以聞, 以此也. 朝
廷非欲爭汝土地也." 仇里安曰, "本島之屬於慶尙道, 己之所不知, 戒
道豈能獨知乎? 必是妄言也. 假使本島雖屬於慶尙道, 若不撫綏, 必外
於聲敎. 本雖不屬, 若撫之以恩, 誰敢不服? 對馬島, 日本邊境, 攻對馬
島, 是攻本國也, 故小二殿以通好大國與否, 俱奏御所, 答以任意爲之,
故島主遣我來貢." 禮曹承宣旨而問也.

예조에서 종정성宗貞盛[34]의 사절인 구리안仇里安[35]에게 말하기를,

"도도웅환都都熊丸[36]은 어찌하여 회례사回禮使[37]를 만나지 않았느냐"
하니, 구리안仇里安이 답하기를,

"회례사는 오직 본국과 통신하는 것이요, 우리 섬과는 관계가 없기
때문에 보지 아니한 것입니다. 그리고 왜구의 배가 변경에서 해를 입힌
것은, 본시 도주島主의 아는 바가 아니나, 귀국에 대하여 죽을죄를 지었
으니, 당연히 소탕하여야 할 것입니다. 그러나 상선商船 13척은 본시 도
둑질할 마음을 가지지 아니하였는데 모두 억류를 당했으니, 만일 임금
의 인자仁慈한 마음으로 돌려보내시면, 마땅히 적선賊船을 엄중히 금지

---

34 대마도주 종정무(宗貞茂)의 아들 도도웅환(都都熊丸, 1385~1452)이다. 1418년 아버지가 죽
자 대마도 수호직을 이어받았다. 1419년에 기해동정을 겪었다. 1441년 대마도인들이 조선의
고초도 해상에서 고기를 잡을 수 있는 고초도 금약을 맺었고, 1443년에 계해약조를 맺었다. 주
군가(主君家)인 소이씨(少貳氏)의 세력이 약화되자 조선과의 교역권을 장악함으로써 대마도
를 효율적으로 지배하고자 하였으며, 마찬가지로 조선과의 교역에 관심을 가진 대내씨(大內
氏)와 대립하였다. 1부「중요인물」'종정성' 참조.

35 종정성(宗貞盛)의 수하로 기해동정 때 사후처리 과정에서 파견되었으며, 억류된 대마도인을
돌려보내 줄 것을 요청하였다(세종 3-4-7-4, 세종 3-4-17-4).

36 원문의 도도웅와(都都熊瓦)는 도도웅환(都都熊丸, 宗貞盛)의 잘못이다. 1부「중요인물」'종
정성' 참조.

37 외교 관계가 있는 나라에서 사신을 보낸 것에 대한 그 답례로 보내는 사신을 말한다. 주로 교린
관계에 있는 거란(契丹)이나 일본에 대한 회유책으로 그들이 필요한 물자를 후하게 하사하면,
이에 대해 사의(謝意)를 표하기 위하여 회례사를 파견하였다. 이때의 회례사는 송희경이었다.

하여 영원히 의좋게 왕래하게 할 것입니다. 또 정성貞盛이 늘 말하기를, '정무貞茂가 살아 있을 적에 임금의 은혜를 두텁게 입었고, 그가 죽은 뒤에도 사신을 보내어 부조를 하시와, 나라의 은혜가 망극하여 1, 2백 명을 보내어 왕궁에 숙위宿衛하고자 하오나, 다만 바다에 막혀 있는 먼 지역이므로 마음대로 되지 않는다 하니, 바라건대, 용서하여 주십시오" 하였다. 예조에서 묻기를,

"이번 서신에, 3백여 명이 죄 없이 구류되었다고 했으나, 구류된 사람의 수가 본시 3백 명에 이르지 않는다. 또 적선과 한꺼번에 와서 우리의 허실虛實을 탐지하였으니, 어찌 죄가 없다 할 수 있는가. 우리나라 사람으로 적에게 피해된 자가 3백여 명에 달하고, 포로가 되어 너희 섬에 있는 자가 또한 거의 3백 명이 되는데, 이들은 무슨 죄가 있단 말이냐. 너는 이런 것은 돌아보지 않고 도리어 이와 같은 말을 한단 말인가" 하니, 구리안이 말하기를,

"도주島主는 나이가 어리고 배우지 못해, 다른 사람에게 청하여 서계를 썼으니, 어찌 잘못된 것이 없을 수 있겠습니까. 마땅히 이런 뜻을 도주에게 전달하겠나이다" 하였다. 예조에서 묻기를,

"이번 서신에 평도전平道全[38] 구속에 대한 말이 있는데, 도전은 우리나라에서 벼슬하여, 관직이 상장上將[39]에 이르렀고, 스스로 죄를 지었기 때문에 지방에 안치安置한 것이며, 그 처자에게는 모두 식량을 지급하고 있다"

---

38 대마도에서 조선에 귀화한 왜인이다. 1부 「중요인물」, '평도전' 참조.
39 상호군(上護軍)을 뜻한다.

하니, 구리안이 말하기를,

"도전은 본시 정무의 대관代官으로 숙위宿衛하고 있었는데, 지금 쫓겨
났으니, 본도本道40의 관계로 죄를 얻은 것이 아닌가 하여 말한 것이며,
다른 뜻은 없나이다"

하였다. 예조에서 묻기를,

"전번에 서신에 이르기를, '대마도가 경상에 예속되었다는 말은 역사
문헌을 상고하나 노인들에게 물어보나 아무 근거가 없다' 했으나, 이 섬
이 경상도에 예속되었던 것은 옛 문헌에 분명하다. 또한 너희 섬의 사
절인 신계도辛戒道도 말하기를, 이 섬은 본시 대국에서 말을 기르던 땅
이라고 하였다. 그러므로 과거에 너희 섬에서 모든 일을 다 경상도 관
찰사에게 보고하여, 나라에 올린 것은 이 까닭이었다. 조정에서는 너희
영토를 다투려고 하는 것이 아니다"

하니, 구리안이 말하기를,

"본도가 경상도에 소속되었다 함은 저로서도 알 수 없는데, 계도가
어찌 저 혼자서 이것을 알 수 있겠습니까. 이것은 반드시 망녕된 말입
니다. 가령 본도가 비록 경상도에 소속되었다 할지라도, 만일 보호하고
위무하지 않으면 통치권聲教 밖으로 나갈 것이요, 본디 소속되어 있지
않더라도 만일 은혜로 보호하여 주신다면, 누가 감히 복종하지 않겠습
니까. 대마도는 일본의 변경이므로, 대마도를 공격하는 것은 곧 본국을
공격하는 것이므로 소이전小二殿41이 귀국大國과 교통할까 말까를 어소

---

40 원문의 본도(本道)는 본도(本島)의 잘못으로 생각된다.
41 일본 구주(九州) 북부에 세력을 둔 무사 가문으로 소이씨(少貳氏)이다. 이때 삽천씨·대내씨·
   국지씨 등과 전란을 거듭하면서 세력을 잃고 대마도에 쫓겨와 있기도 하였다. 원래 등원씨(藤原
   氏)에서 나온 일파로서 조상이 태재부 소이(太宰府少貳)의 벼슬을 지냈으므로 소이씨가 되었

御所에 아뢰었더니, 마음대로 하라고 답하므로, 도주가 나를 보내어 와서 조공한 것입니다"

하였다. 예조에서는 임금의 지시를 받들어서 물은 것이었다.

4月 16日(戊申) 3번째 기사
대마도의 좌위문대랑이 사람을 보내어 용뇌 등을 바치다

對馬島左衛門大郞遣人獻龍腦四兩·犀角二斤·蓽撥八十斤·肉荳蔲三十斤, 回賜緜布七十匹.

대마도의 좌위문대랑左衛門大郞[42]이 사람을 보내어, 용뇌龍腦[43] 4냥, 서각犀角[44] 2근, 필발蓽撥[45] 80근, 육두구肉荳蔲[46] 30근을 바치니, 면포 70필을 회사回賜하였다.

다. 전(殿)은 존칭이며, 그 거처를 가리키는 말로도 쓰였다. 소이전(少貳殿)으로 쓰는 것이 옳으나 조선시대에는 흔히 소이전(小二殿)으로 썼다.

42 대마도 두지포(頭地浦, 土寄, 쯔찌요리)에 거점을 둔 왜구의 우두머리로 조전좌위문태랑(早田左衛門太郞)이다. 1부 「중요인물」 '좌위문태랑' 참조.

43 용뇌향과(龍腦香科)에 속한 상록교목인 용뇌향수(龍腦香樹)의 수지(樹脂) 혹은 수간(樹幹)과 가지를 썰어 수증기로 증류하여 얻은 백색의 결정체이다. 막힌 것을 통하게 하고 정신을 맑게 하는 약재로 사용하였다.

44 코뿔소의 뿔이다. 성질이 매우 차서 해열제나 해독제, 지혈제로 쓰인다. 우황청심원의 재료이기도 하다. 물소의 뿔(수우각(水牛角) 또는 색이 검어 오서각(烏犀角)이라 함)을 대용으로 사용하기도 한다.

45 넝쿨 형태의 다년생 식물이다. 한방에서 이질 또는 설사에 효험이 있는 것으로 알려져 있다. 특히 필발을 우유에 섞어서 달여먹으면 이질에 특효가 있다고 한다. 필발(蓽發) 또는 필발(蓽撥)로도 쓴다.

46 육두구과의 상록 활엽 교목이다. 높이는 10~20m이며, 잎은 두껍다. 꽃잎이 없는 누런빛을 띤 흰색의 단성화가 피고 열매는 둥그런 모양으로 주황색으로 익어 늘어지고 한 개의 종자가 들어 있다. 종자는 예로부터 동양에서는 약용이었고 서양에서는 향미료로 쓰거나 화장품과 리큐어의 향료, 건위제, 미약 따위로 이용한다. 몰루카 제도가 원산지로 아시아 열대 지방에 분포한다.

4月 17日(己酉) 4번째 기사

상왕이 구리안에게 성심으로 귀의할 것을 회유하다

上王命禮曹, 謂仇里安曰, "汝書辭不恭, 不得啓達. 若能誠心歸順, 則待之如舊." 又命其所齎私貨, 許令貿易而還.

상왕이 예조에 명령하여 구리안[47]에게 이르기를,

"너의 서신 내용이 공손치 못하여 임금께 올릴 수 없다. 만일 성심으로 귀의하고 순종하면 옛날과 다름없이 대우할 것이라"

하였다. 또 그들이 사사로 가지고 온 물품은 무역을 해 가지고 돌아가는 것을 허락하였다.

6月 9日(庚子) 6번째 기사

형조가 왜관 출입 상인에게 법을 엄중히 적용할 것을 아뢰다

刑曹啓, "商賈之徒, 出入倭館, 汎濫貿易, 故立防禁之法, 收奪所持之物, 依律治罪. 然罪至笞五十, 而又從願徵贖, 由是重利慢法, 以至通同外人. 今後潛行貿易者, 依『大明律』, 紬絹絲綿, 私出外境貨賣者, 杖一百, 物貨船車並沒官, 其通同情迹著見者, 依盤詰姦細條痛懲." 從之.

형조에서 아뢰기를,

"장사아치商賈의 무리들이 왜관倭館에 드나들면서 함부로 무역貿易을 하므로, 방금防禁의 법을 마련하여, 그들이 가지고 있는 물건을 빼앗고 형률刑律에 의하여 죄를 다스리게 하였습니다. 그러나 그 죄가 태형笞刑 50도에 이를 뿐이고, 또 원하는 데 따라 속전贖錢으로 대신할 수 있으니,

---

47 종정성(宗貞盛)의 수하로 기해동정 때 사후처리 과정에서 파견되었으며, 억류된 대마도인을 돌려보내줄 것을 요청하였다(세종 3-4-7-4, 세종 3-4-17-4).

이로 인하여 (그들이) 이익을 중히 여기고 법을 대단히 여기지 아니하여, 외인外人과 내통하여 공모하기에까지 이릅니다. 금후부터는 몰래 가서 무역을 하는 자는 『대명률大明律』에 의하여 명주·비단·면포를 사사로 국경 밖으로 꺼내어 파는 자는 곤장 1백 대를 치고, 물건과 배船와 수레車 는 모두 관에 몰수하고,[48] 그 내통 공모한 정적情跡이 드러난 자는 간세姦 細를 추궁追窮 신문訊問하는 조목에 의하여 엄중히 징계하게 하소서"[49] 하니, 이에 따랐다.

6月 9日(庚子) 7번째 기사
황해도 관찰사가 원방패와 입방패를 섞어 만들 것을 건의하다

黃海道觀察使啓, "今奉旨, 令道內諸鎭造防牌, 然圓防牌, 不過驚駭 騎兵而已. 倭賊本不用騎, 請參造立防牌, 隨機應用." 從之.

황해도 관찰사가 아뢰기를,

"지금 교지를 받들어 도내 여러 진鎭으로 하여금 방패防牌를 만들게 하였으나, 원방패圓防牌[50]는 기병騎兵을 놀라게 하는데 불과할 뿐이오니, 왜적은 본디 기병은 사용하지 않으니, 입방패入防牌[51]를 섞어 만들어 상 황에 따라 응용應用하기를 청합니다"

하니, 이에 따랐다.

---

48 대명률(大明律) 관률(關律)에 속한 사출외경급위금하해(私出外境及違禁下海) 조항이다.
49 대명률 관률에 속한 반힐간세(盤詰姦細) 조항이다.
50 둥근 널빤지에 뒷면은 무명으로 바르고 앞면은 쇠가죽으로 싼 방패.
51 장방형 방패로 상하로 긴방패로 추정된다.

6月 10日(辛丑) 2번째 기사

일본국 구주 총관 원의준이 글과 공물을 보내 억류 왜인의 귀환을 요청하다

日本國九州摠管源義俊致書于禮曹判書, 獻硫黃一千五百斤·銅九百
九十斤·蘇木一千斤·明礬十斤·沈香三斤十四兩·芭豆十七斤八兩·
川芎十九斤九兩·胡椒十九斤九兩, 弔元敬王太后之喪, 且請還對馬島
被留倭人.

일본국 구주 총관九州摠管 원의준源義俊[52]이 예조 판서에게 글을 보내
고, 유황硫黃 1천 5백 근, 동銅 9백 90근, 소목蘇木[53] 1천 근, 명반明礬[54] 10
근, 침향沈香[55] 3근 14냥兩, 파두芭豆[56] 17근 8냥, 천궁川芎[57] 19근 9냥, 호
초胡椒[58] 19근 9냥을 바쳐 원경 왕태후[59]의 상사喪事를 조문弔問하고, 또

---

52 삽천만뢰(澁川滿賴, 源道鎭)의 아들로 구주탐제직을 계승하였다. 1부 「중요인물」 '삽천의준'
   참조.
53 소방목(蘇枋木)·적목(赤木)·홍자(紅紫)라고도 한다. 목재의 부위에 따라 한약재와 염료로
   사용한다. 열대 지역의 나무이며 조선에서는 나지 않아서 세종 대에는 9년간 7만 근을 수입하
   기도 하였다.
54 광물성의 명반석(明礬石, Alumen)을 가공 처리하여 결정체로 만든 약재이다. 거담작용이 있
   어서 가래가 인후를 막고 마비 증상을 일으키는 인후염에 효험을 얻고, 중풍에 담궐(痰厥)로
   사지를 못 쓰고 기운이 패색된 것을 풀어 주며, 중풍 초기 증상에 말을 못하고 정신이 혼몽하
   여 사람을 알아보지 못할 때 풍담(風痰)을 치료한다. 폐결핵으로 열이 심하면서 기침과 가래
   를 배출하는 증상에 쓰이고 가슴이 답답하면서 번조와 갈증을 일으킬 때도 효력을 보인다.
55 서향과에 속하는 상록성 교목인 침향과 백목향의 목재부분으로 기가 위로 치밀어 오르는 것
   을 내리고 중초(中焦)를 따뜻하게 하며 신장을 따뜻하게 하고 기를 끌어 들이는 효능이 있다.
56 파촉(巴蜀)를 의미한다. 파두는 파촉(巴蜀) 지방에서 생산되고 형태가 콩처럼 생겼기 때문에
   붙여진 이름이며 세밀하게 분류하여 작고 탱탱하며 색이 누런 것을 파(巴), 3개의 모서리가 있
   고 색이 검은 것을 두(豆), 작고 2개의 뾰족한 끝부분이 있는 것을 강자(剛子)라고 하였다. 말
   린 열매, 뿌리, 잎을 약재로 쓰는데 독성을 가지고 있으며 설사제 등으로 쓰였다. 현재에도 그
   약효가 큰 주목을 받고 있다.
57 산형과에 속하는 다년생 초본 식물이다. 중국산 식물로 우리나라에서 흔히 재배되고 있는데,
   높이는 30～60cm이고 곧추 자라며 꽃은 8월에 핀다. 어린순은 나물로 먹고 뿌리줄기는 건조
   시켜 약재로 이용한다. 성분은 방향성정유를 다량 함유하고 있어서 냄새가 좋다.
58 인도 남부가 원산지인 후추나무의 열매. 호초는 후추의 원래 한자이다. 후추나무는 후추과에
   속하는 상록덩굴 식물로 그 열매인 후추는 일찍부터 고기의 누린내를 없애주는 효과가 있었으므
   로 향신료로 이용하였음. 우리나라에는 고려시대 이인로가 지은 『파한집(破閑集)』에서 그 명칭
   이 처음 보인다.

대마도의 억류抑留 당한 왜인을 돌려보내기를 청하여 왔다.

6月 24日(乙卯) 5번째 기사
충청도 수군 도안무 처치사가 연해 지방과 산군의 백성을 포구에 전속할 것을 건의하다

忠淸道水軍都按撫處置使啓, "沿海之民習於舟楫, 與山郡之民不同. 初置諸浦水軍時, 或有山郡之民, 專屬一浦者, 若有賊變, 必不能行船. 請以沿海及山郡之民, 均分以屬諸浦." 從之.

충청도 수군 도안무 처치사水軍都安撫處置使[60]가 아뢰기를,

"연해沿海 지방의 백성은 배에 익숙하여, 산군山郡의 백성과는 같지 않습니다. 처음에 여러 포구浦口의 수군水軍을 설치할 때에, 혹 산군山郡의 백성만이 한 포구에 전속專屬한 경우가 있으니, 만약 적변賊變이 있으면, 반드시 능히 배를 부리지 못할 것입니다. 청컨대 연해 지방과 산군의 백성을 고루 나누어 여러 포구에 속하게 하소서"

하니, 이에 따랐다.[61]

7月 4日(甲子) 4번째 기사

예조 판서 허조가 왜인의 사절 서울 도착 보고문제에 대하여 아뢰다

先是, 日本諸道使者到海邊, 不待關報上京, 或有到漢江, 而後知之者. 命政府·禮曹議之, 禮曹判書許稠議曰, "在前倭船到海邊, 則觀察使報本曹, 待回報上京. 緣此久留海邊, 或至一二朔, 多費官糧. 故令報曹後不待回報上京, 而馳報者中路淹滯, 倭使或先到漢江. 臣欲具啓更張, 而適因東征, 倭使不通. 今旣通好, 請令觀察使馳報本曹, 待回報上送." 上命馳報後五六日發遣.

이보다 앞서 일본 여러 도道의 사자使者가 바닷가에 이르러, 공문 보고關報를 기다리지 않고 서울로 올라오고, 혹은 한강漢江에까지 도착한 뒤에야 정부에서 알게 되는 경우도 있었다. 정부와 예조에 명하여 이를 의논하게 하니, 예조 판서 허조가 논하기를,

"전에는 왜인의 배가 바닷가에 이르면, 관찰사가 본조本曹에 보고하여, 그 회보回報를 기다려 서울로 올라오게 하였습니다. 이로 인하여 바닷가에 혹은 1, 2월까지 오래도록 머물러 있어서, 관官의 양곡을 많이 허비하였습니다. 그래서 예조에 보고하고는 회보를 기다리지 않고 서울로 올라가게 하였더니, 급히 보고한 것이 중로에서 지체하게 되어, 왜사倭使가 혹은 먼저 한강에 이르기도 하였습니다. 신이 이것을 아뢰어 고치려 하였으나, 때마침 동정東征으로 인하여 얼마 동안 왜국의 사절이 서로 통하지 아니하였습니다. 지금 이미 우호友好를 통하였으니, 청컨대, 관찰사로 하여금 예조에 빨리 보고하여, 회보를 기다려 서울로 올려 보내도록 할 것입니다"

하니, 임금이 명하기를,

"빨리 보고한 후에 5, 6일을 기다려 보내도록 하라"

하였다.

7月 5日(乙丑) 2번째 기사
일본국의 축주부 석성현사 민부소보 평만경이 왕태후 상을 조문하다

日本國筑州府石城縣使民部小輔平滿景遣人獻硫黃二千斤‧銅一
百斤‧土黃十斤‧香木三斤‧扇二十柄, 仍弔元敬王太后之喪. 宗金亦
遣人獻土宜.

일본국의 축주부 석성 현사竺州府石城縣使 민부소보民部小輔 평만경平滿
景[62]이 사람을 보내어 유황硫黃 2천 근, 구리銅 1백 근, 토황土黃[63] 10근, 향
목香木 3근, 부채扇 20자루를 바치고, 인하여 원경 왕태후元敬王太后의 상
喪을 조문弔問하고, 종금宗金[64]이 또 사람을 보내어 토산물을 바쳤다.

7月 13日(癸酉) 3번째 기사
대마도 좌위문대랑이 편등을 공물로 바치니 호피와 자리를 보내다

對馬島左衛門大郞致書于慶尙右道水軍都安撫使, 贈鞭藤五十, 命政
府‧禮曹議之. 領議政柳廷顯等以爲, "不受則彼必怨怒, 宜受之, 以豹
皮‧綵布答之." 禮曹判書李之剛以爲, "人臣義無私交, 不宜受之." 乃

---

62 1부 「중요인물」 '평만경' 참조.
63 비석(砒石), 목별자인(木鼈子仁), 파두인(巴豆仁), 요사(硇砂)의 분말을 목별자유(木鼈子油)
    와 석뇌유(石腦油)로 뭉쳐서 기름을 발라 흙 속에 묻어두었다가 49일 만에 꺼내어 만드는 한약
    이다. 피부의 혹을 말리고 치질을 치료한다. 이시진, 『본초강목(本草綱目)』 「금석사(金石四)」
    「토황(土黃)」.
64 종금(?~1454)은 승려이면서 상인으로서 박다(博多)를 거점으로 활동하였다. 세종 7년에 조선으
    로부터 도서(圖書)를 받았고 세종 21년까지 매년 사절을 보냈다. 1부 「주요인물」 '종금' 참조

令都按撫使都鎭撫答書曰, 來書已達我使相, 且知厚意, 甚以爲喜. 然自古人臣, 義無私交, 所惠物件, 似難容受. 祗緣足下恭事本朝, 其誠彌篤, 玆用啓達收納. 仍將土宜虎皮二領·席十張, 就付回价, 惟照領.

대마도의 좌위문대랑左衛門大郞[65]이 경상우도 수군 도안무사에게 서신을 보내고 편등鞭藤[66] 50개를 보내어 왔으므로, 정부와 예조에 명하여 이를 의논하게 하니, 영의정 유정현[67] 등이 아뢰기를,

"이를 받지 않으면 저들이 반드시 원망하여 성낼 것이니, 마땅히 이를 받고 표피豹皮와 채포綵布[68]로써 회답할 것입니다"

하였다. 예조 판서 이지강李之剛[69]은 아뢰기를,

"신하人臣가 사사로이 교제하는 의리가 없으니, 마땅히 이를 받을 수 없습니다"

하였다. 이에 도안무사都安撫使[70] 도진무都鎭撫[71]에 명하여 답서答書하기를,

---

65 대마도 두지포(頭地浦, 土寄, 쯔찌요리)에 거점을 둔 왜구의 우두머리로 조전좌위문태랑(早田左衛門大郞)이다. 1부 「중요인물」, '좌위문태랑' 참조.
66 인도의 식물로 잎의 끝이 둥글게 말리는 특징을 가진 관목식물. 약재로 쓰이며 열을 내리고 해독작용을 한다.
67 본관은 문화(文化). 자는 여명(汝明), 호는 월정(月亭). 중찬(中贊) 경(璥)의 4대손이며, 아버지는 문화군(文化君) 구(丘)이다. 고려 말에 음보로 사헌규정(司憲糾正)을 거쳐 전라도 안렴사·장령(掌令)·지양근군사(知楊根郡事)·집의·좌대언 등을 역임하였다. 계속하여 요직을 거친 뒤 1416년에는 좌의정이 되었으며, 얼마 지나지 않아 영의정에 임명되었다. 1419년(세종 1) 대마도를 정벌할 때에는 삼군도통사에 임명되었고, 1424년에는 영돈녕부사 겸 판호조사(領敦寧府事兼判戶曹事)를 지낸 뒤 1426년에 다시 좌의정에 임명되었으나 신병을 이유로 사퇴하고, 이로부터 4일 만에 죽었다.
68 채색한 천을 말한다.
69 본관은 광주(廣州). 자는 중잠(仲潛). 1407년(태종 7) 문과 중시에 병과로 급제, 예문관직제학에 특별히 제수되었고 전토 40결을 하사받았다. 이어 판선공감사(判繕工監事)를 지내면서 창업 초기의 궁궐 수축에 힘썼으며, 외직으로 수원부사가 되어 민정을 직접 다스렸다. 1419년 세종이 즉위하자 하정사(賀正使)로 명나라에 다녀왔으며, 평안도도관찰사·이조판서를 역임하고 다시 호조참판이 되어 재정 체계를 바로 하는 데 힘썼다. 1420년(세종 2) 호조판서, 이어 예조판서·대사헌·의정부참찬을 지내고 1425년 중군도총제(中軍都摠制)가 되어 군권을 총지휘하다가 곧 신병으로 사임하였다. 후사가 없다. 시호는 문숙(文肅)이다.
70 고려·조선 초기, 임금의 명령을 받고 지방에 나가서 백성들을 안무(安撫)하는 임시 벼슬 또

"보내온 서신은 이미 우리 사상使相⁷²에게 보냈으며, 또 친절한 마음
은 알았으니 심히 기쁩니다. 그러나 예로부터 신하는 사사로이 교제하
는 의리가 없으니, 보내온 물건은 받기가 어려울 것 같습니다. 다만 족
하足下가 우리 조정을 공손히 섬겨, 그 정성이 더욱 돈독敦篤함으로 인하
여, 이에 위에 계달하여 수납收納하게 하였습니다. 인하여 토산물인 호
피虎皮 2벌領과 자리席 10장張을 돌아가는 사자使者에게 부쳐 보내니, 받
아 두기를 바랍니다"
하였다.

7월 20日(庚辰) 2번째 기사
배를 잘 만드는 왜인 등차랑·삼미삼보라에게 집 등을 하사하다

賜倭人藤次郎·三末三甫羅等家舍口糧及奴婢各二口. 次郎, 善造
舟楫者.

왜인 등차랑藤次郎⁷³·삼미삼보라三末三甫羅⁷⁴ 등에게 집과 양식과 노비

는 그 벼슬아치이다. 2품 이상의 대신(大臣)으로 임명되었는데, 3품 이하의 관원으로 임명하
면 안무사라고 이른다.

71 1409년(태종 9) 8월에 설치된 삼군진무소(三軍鎭撫所)의 장관이다. 조선 초기에는 중앙군의
군령을 맡은 삼군진무소(三軍鎭撫所)나 오위진무소(五衛鎭撫所)에 도진무(都鎭撫)가 있었다.
삼군진무소가 설치되면서, 도진무(都鎭撫)·상진무(上鎭撫)·부진무(副鎭撫) 각 1인 외에 진
무 27인이 소속되어 있었다. 이들은 병조의 낭관급으로 각종 군령을 수령, 전달하고 감독하는
임무를 담당하였다.
이들은 초기에는 승정원에서 직접 왕명을 수령하였으나 1418년 세종의 즉위와 함께 병조의
권한이 강화되면서 병조로부터 간접적으로 군령을 수령하게 되었고, 또 병조에서 직접 삼군
부(三軍府)에 군령을 전달하는 관례가 생기면서 그 기능이 크게 위축되었다.
1457년(세조 3) 삼군진무소가 오위진무소로 개편되고, 1466년 다시 오위도총부로 개편되면
서 그 명칭이 사라지게 되었다.

72 관찰사를 말한다. 여기서는 지휘 계통상 상위에 있는 경상도 관찰사이다.

73 등차랑(藤次郎)은 선장(船匠), 즉 배를 만드는 목수로 대마도 정벌 때 좌위문삼랑(左衛門三郎)
과 함께 조선에 포로로 잡혀왔다. 나중에 그들이 대마도 호족이라는 사실이 밝혀지자 태종이

각 2명씩을 내려 주었다. 차랑次郎은 배를 잘 만드는 사람이다.

7月 27日(丁亥) 5번째 기사
(체복사) 조치가 배와 병사를 잃어버린 박초와 김맹균 등을 국문하여 아뢰다

趙菑鞫朴礎·金孟鈞等以聞, 且曰, "礎以捕倭爲名, 率兵船入島漁獵, 以致船敗軍溺, 喪失兵器, 殊無委任之意. 請置於法." 宣旨, "萬戶金孟鈞等, 宜贖死罪, 然破船之日, 風變大甚, 禽鳥墜落, 樓閣崩毀, 非人力所及. 減等贖杖百. 礎待畢効更議."

조치가 박초와 김맹균金孟鈞 등을 국문하여 올리고, 또 아뢰기를,

"박초[75]는 왜적倭敵을 잡는다고 핑계하고는, 병선兵船을 거느리고 섬에 들어가서 고기잡이와 사냥을 하였다가, 배가 부서지고 군사가 물에 빠지고, 병기兵器를 잃게 하였으니, 전혀 책임을 맡긴 본의가 없으므로, 형刑에 처하기를 청합니다"

라고 하였다. 선지宣旨하기를,

"만호 김맹균 등은 마땅히 죽을 죄를 속贖할 것이다. 그러나 배가 부서지던 날에 폭풍의 변고가 너무 심하여, 날짐승이 떨어지고, 누각樓閣이 무너져 부서졌으니, 사람의 힘으로서는 어찌할 수 없었다. 형을 감하여 곤장 1백 대를 치게 하라. 박초는 죄상을 다 조사한 뒤에 다시 의논할 것이다"

라고 하였다.

8月 3日(癸巳) 5번째 기사
대마도 도만호 좌위문대랑이 물품을 바치다

對馬島都萬戶左衛門大郎遣人獻硫黃五百斤·犀角一對·丹木三百斤, 一岐州太守源重亦遣人獻硫黃一千四百斤·麒麟香八斤·蘇油五十斤·犀角一對.

대마도 도만호[76] 좌위문대랑左衛門大郎[77]이 사람을 보내어 유황硫黃 5백 근, 서각犀角[78] 한 쌍, 단목丹木[79] 3백 근을 바치고, 일기주[80] 태수 원중源重[81]

---

[76] 고려 후기 몽고의 영향을 받아 설치되었던 만호부(萬戶府)의 관직으로 조선 초기에도 설치되었다. 『세종실록지리지』에 의하면 충청도 전라도 경상도에 각각 2명씩 배치되었다. 세조 때 진관체제를 편성하면서 수군의 경우 주진에는 수군절도사, 거진에는 첨절제사, 제진에는 만호를 배치하였으나, 『경국대전』에는 나타나지 않으므로 그 사이에 폐지되었음을 알 수 있다. 대마도 왜인 및 여진인에게도 만호·도만호 등의 관직을 수여한 사례가 있다.
  대마도인으로 도만호라는 관직을 가진 인물로는 조전좌위문대랑(早田左衛門大郎, 세종 3-9-1-3), 육랑차랑(六郎次郎, 세종 18-6-28-1), 표아시(表阿時, 세종 1-1-6-7), 정흔(正欣, 세종 1-3-1-6), 인명인 지는 분명하지 않은 수조승(守助丞, 세종 1-4-4-5)이 있다.
[77] 대마도 두지포(頭地浦, 土寄, 쯔찌요리)에 거점을 둔 왜구의 우두머리로 조전좌위문태랑(早田左衛門太郎)이다. 1부 「중요인물」 '좌위문태랑' 참조.
[78] 코뿔소의 뿔이다. 성질이 매우 차서 해열제나 해독제, 지혈제로 쓰인다. 우황청심원의 재료이기도 하다. 물소의 뿔(수우각(水牛角) 또는 색이 검어 오서각(烏犀角)이라 함)을 대용으로 사용하기도 한다.

도 또한 사람을 보내어 유황 1천 4백 근, 기린향麒麟香82 8근, 소유蘇油82 50근,
서각83 한 쌍을 바쳤다.

8月 6日(丙申) 3번째 기사
일기주 만호 도영이 조공을 바치다

一岐州萬戶道永遣人獻丹木一百斤, 肉豆蔲二十斤, 貝箱一介, 麒麟
血十兩, 檳榔十五斤. 其子宮內大郎亦因使人獻書, 因獻土宜.

일기주一岐州 만호萬戶 도영道永84이 사람을 보내어, 단목丹木85 1백 근
과 육두구肉豆蔲 20근, 패상貝箱86 1개, 기린혈麒麟血87 10냥쭝, 빈랑檳榔 15
근을 바치고, 그 아들 궁내대랑宮內大郎88이 또한 사람을 보내어 편지와

---

79 속이 붉은 교목(喬木)의 일종으로 활을 만드는 데 쓰이고, 속의 붉은 부분은 목홍(木紅)이라
하는 염료의 재료이며, 혹은 한방의 통경제(通經劑)로 쓰였다.
80 구주와 대마도 사이의 섬으로 구주 송포 지역의 세력들이 분할하여 지배하였다.
81 하송포(下松浦) 지좌서 지좌(志佐)를 거점으로 하는 지좌씨(志佐氏) 일족의 우두머리이다. 무가관위
는 일기수(壹岐守)인데, 『조선왕조실록』에는 일기주 태수로 보인다. 세종 3년에 대마도 좌위
문대랑과 함께 사자를 파견한 이후(세종 3-8-3-5), 세종 6년까지 6차례에 걸쳐 조선에 사자를
파견하였다(세종 6-10-6-7). 아버지는 원조(源調)이고 아들은 원의(源義)이다.
82 우유로 만든 기름이나 소마나화에서 짠 향유(香油)를 말한다.
83 코뿔소의 뿔이다. 성질이 매우 차서 해열제나 해독제, 지혈제로 쓰인다. 우황청심원의 재료
이기도 하다. 물소의 뿔(수우각(水牛角) 또는 색이 검어 오서각(烏犀角)이라 함)을 대용으로
사용하기도 한다.
84 일기도(壹岐島) 만호 혹은 상만호·부만호 명의로 조선에 사자를 보냈다. 범종을 요청하거나
(태종 14-7-23-3), 토산물을 바치고 포로를 송환하거나(태종 15-5-25-3), 양식을 요청하기도 하
였다(태종 16-3-2-2).
85 소방목(蘇枋木)·적목(赤木)·홍자(紅紫)라고도 한다. 목재의 부위에 따라 한약재와 염료로
사용한다. 열대 지역의 나무이며 조선에서는 나지 않아서 세종 대에는 9년간 7만 근을 수입하
기도 하였다.
86 360개 대합 껍질을 둘로 나누어 짝을 맞추는 놀이를 위하여 껍질을 넣어 두는 상자를 말한다.
화려한 장식을 한 상자이다.
87 딴 이름은 기린갈(麒麟竭)·혈갈(血竭)이다. 종려과 식물인 기린갈나무의 진을 말린 것이다.
열매를 따서 시루에 넣고 쪄서 진이 나오게 하거나 짓찧어 천에 싸서 압착하여 진이 나오게 한
다음 졸여서 덩어리 모양으로 만든다. 줄기는 쪼개거나 작은 구멍을 뚫어 진이 흘러나오게 한
다. 맛은 달고 짜며 성질은 평하다. (한의학대사전 편찬위원회, 『한의학대사전』, 정담, 2010)

토산물을 바쳤다.

8月 8日(戊戌) 2번째 기사
예조에서 왜어 통역관 채용 및 운용에 관하여 아뢰다

禮曹啓, "倭學生徒雖勤於其業, 而未有錄用之法, 故皆不勉勵. 倭學
非徒語音, 其書字又與中國不同, 若不敦勉, 恐將廢絶. 請自今試其能
否, 以司譯院祿官一位, 輪次除授. 命生徒成才者, 禮曹移關吏曹, 隨宜
敍用."

예조에서 아뢰기를,

"왜학 생도倭學生徒들이 비록 그 학업에 성실하여도, 채용될 길이 없어
서, 모두 힘써 노력하지 않습니다. 왜학倭學의 어음語音과 글씨 쓰는 것도
중국글과 달라서, 만일 힘써 권장하지 아니하면 앞으로 폐절될 염려가 있
습니다. 지금부터 그들의 잘하고 못한 것을 시험하여, 사역원司譯院 녹관
祿官의 한 자리를 정하여 윤번으로 제수하게 하소서. 생도로서 자격을 갖
춘 자는 예조에서 이조에 공문을 내어 적당한 관직에 등용하게 하소서"
하였다.

---

88 일기주(一岐州) 만호(萬戶) 도영(道永)의 아들이다. 세종 24년에 대마도와 조전씨와 더불어
일기도의 강한 도적이라고 하고 쌀·콩 20석, 의복·갓·신을 내렸다(세종 24-12-11-2). 문종
즉위년에는 조카인 궁내수연(宮內守延)과 함께 세종의 빈전인 휘덕전에 진향하였다(문종 즉
-12-13-7, 문종 즉-12-15-7).

8月 15日(乙巳) 3번째 기사
일본 서해도 구주 전 총관 우무위 원도진이 원경 왕태후의 상을 조문하다

日本 西海道 九州前摠管右武衛源道鎭遣人弔元敬王太后之喪, 獻
硫黃一千斤, 赤銅二百斤, 蘇木二百斤, 胡椒二十斤, 白銅六十斤. 熊州
刺史源昌淸亦遣人弔喪, 獻土宜.

일본 서해도 구주九州 전 총관 우무위右武衛[89] 원도진源道鎭[90]이 사람을
보내어 원경 왕태후의 상喪을 조문하고, 유황硫黃 1천 근, 적동赤銅 2백 근,
소목蘇木[91] 2백 근, 호초胡椒 20근, 백동白銅 60근을 바쳤다. 웅주 자사熊州刺
史 원창청源昌淸[92]도 또한 사람을 보내어 조문하면서 그 산물을 바쳤다.

8月 16日(丙午) 2번째 기사
경상우도 수군 도안무사 성달생이 수군의 운용에 대하여 아뢰다

慶尙道右道水軍都按撫使成達生啓, "船軍寄命水上, 勞苦倍他. 守
令不體國家撫恤之意, 一切差役, 無不役使, 或於點送之際, 委之於吏,
不親監檢. 由是, 或雇人自代, 或有全不赴防者, 要蒙褒薦. 凡觀察使行
移之事, 無不謹愼, 以按撫使不預黜陟, 雖移文論罪, 竝不畏敬. 請錄其
罪, 每當殿最, 移文觀察使, 憑考施行." 命議政府, 諸曹議之, 皆以爲不

---

89 원도진(源道鎭, 澁川滿賴)의 무가관위인 우병위좌(右兵衛佐)를 뜻하며, 우병위부(右兵衛府)
의 차관이라는 의미이다.

90 전 구주탐제(九州探題) 삽천만뢰(澁川滿賴)이고 원의준(源義俊, 澁川義俊)의 아버지이다. 1
부 「중요인물」, '원도진' 참조.

91 소방목(蘇枋木)・적목(赤木)・홍자(紅紫)라고도 한다. 목재의 부위에 따라 한약재와 염료로
사용한다. 열대 지역의 나무이며 조선에서는 나지 않아서 세종 대에는 9년간 7만 근을 수입하
기도 하였다.

92 원창청은 길견원창청(吉見源昌淸)으로도 보이므로, 길견씨(吉見氏)이고, 길견씨는 구주탐제
(九州探題) 삽천씨(澁川氏)의 피관(被官)이다. 1부 「중요인물」, '길견창청' 참조.

可, 不允.

경상도 우도 수군 도안무사 성달생이 아뢰기를,

"선군船軍이 물 위에 목숨을 의탁하여, 그 노고가 다른 군사의 배가 됩니다. 수령들이 국가의 무휼하여 주는 뜻을 본받지 아니하고, 어떠한 일이든지 역사하여 쓰지 아니함이 없으나, 때로는 점고하여 돌려보낼 때에 아전에게만 맡겨 두고 직접 감독·점검하지 않습니다. 이로 말미암아 사람을 사서 대신하게 하는 자도 있고, 어떤 사람은 전혀 방소防所에 나가지 아니한 자도 있는데, 포상하고 천거해 줄 것만 생각합니다. 무릇 관찰사가 공문으로 지시하는 일에는 근신하지 아니함이 없으나, 안무사는 수령이 출척黜陟에 관계하지 않는다 하여, 비록 공문을 보내서 죄를 논한다 해도 전연 두려워하거나 공경하지 않습니다. 청하건대, 그들의 죄과를 기록하였다가 전최殿最할 때마다 관찰사에게 공문을 보내어 그것을 빙고하여 시행하도록 하소서"

하였다. 이것을 의정부와 여러 조曹에 의논하기를 명하니, 모두 불가하다 하여, 윤허하지 않았다.

8月 18日(戊申) 5번째 기사
예조 판서가 원의준의 글에 답하다

禮曹判書答源義俊書曰, 人至, 得審體履康裕, 爲慰. 向者本國回禮使, 修船護送, 爲感良深, 今又專人陳慰, 仍獻禮物, 殿下嘉其誠款·所諭八郎次郎·彌大郎, 卽令刷付回使, 兼致土宜緜布八百匹, 惟領納.

예조 판서가 원의준源義俊[93]의 글에 답하기를,

"사람이 와서, 몸이 편한 것을 알게 되어, 위로됩니다. 지난번에 본국의 회례사回禮使를 배를 내어 호송함은 깊이 감사하게 생각하는 바이며, 이제 또 따로 사람을 보내어 위문을 올리고 예물까지 바치니, 전하께서 그 정성에 대하여 가상하게 여기시는 바입니다. 말하는 팔랑차랑八郎次郎·미대랑彌大郎[94]은 바로 돌아가는 인편에 돌려보내고, 겸하여 본국 토산물로 면포綿布 8백 필을 보내니, 받아들이기를 바랍니다"

하였다.

8月 24日(甲寅) 2번째 기사
병조참판 이명덕이 수군의 세납 감량과 병기 준비를 청하다

兵曹參判李明德啓曰, "諸道水軍勞於貢賦之備, 不暇備器械, 倘遇賊倭, 則必不及應機. 伏望蠲減貢賦, 整槊器械, 以備不虞." 上曰, "予意亦如是. 各道水軍貢賦之數, 悉書以啓." 又曰, "頃者有司請加魚梁之稅, 予以謂, 非若田稅之比, 欲從之, 如何?" 左右皆對曰, "可." 摠制李順蒙啓曰, "臣近日爲節制使, 備知水軍勞苦. 其爲節制·萬戶·千戶者, 托貢賦而魚獵, 以營其私, 恬不爲愧. 公賦少而私用多, 軍民不勝其苦. 伏望殿下, 蠲減貢賦, 以養士卒." 上曰, "善."

병조 참판 이명덕이 아뢰기를,

"여러 도의 수군水軍들이 세납 바치는 준비하느라고 병기 준비에는 겨를이 없게 되니, 만약 적왜賊倭를 만나게 되면, 반드시 상황에 대응하

---

93 삽천만뢰(澁川滿賴, 源道鎭)의 아들로 구주탐제직을 계승하였다. 1부 「중요인물」 '삽천의준' 참조.
94 일본국 구주총관 원의준이 대마도인으로 조선에 억류되어 있는 왜인들을 돌려보내 줄 것을 청하였다(세종 3-6-10-2). 이에 따른 조치이다.

지 못할 것입니다. 엎드려 바라건대, 세납을 감면해 주고, 병기를 정리시켜 뜻밖에 일어나는 일을 방비하게 하소서"

하였다. 임금이 말하기를,

"나의 뜻도 그와 같다. 각 도의 수군이 세납 바치는 수효를 다 자세히 기록하여 아뢰라"

하였다. 또 말하기를,

"전번에 유사有司가 어장魚梁에 대한 세를 올리라고 청하였는데, 나의 뜻으로는 전토에 대한 세금과는 다르니, 이에 따르고자 하는데 어떠하냐"

하였다. 좌우에서 다 말하기를,

"괜찮습니다"

라고 하였다. 총제摠制 이순몽李順蒙이 아뢰기를,

"신이 최근에 절제사가 되어 수군水軍의 노고를 자세히 알고 있습니다. 대개 절제節制나 만호萬戶나 천호千戶된 자들이 세납稅納을 빙자하고 고기잡이를 시켜서, 자기의 사복만 채우고서, 뻔뻔스럽게 부끄러워하지 않습니다. 공부公賦로 들어가는 것은 적고, 사용私用은 많아서, 군인이나 백성들이 고통을 견디지 못합니다. 전하께서는 공부貢賦를 경감하여 주고, 사졸士卒들을 양육하시기를 바랍니다"

하니, 임금이 말하기를,

"좋은 말이다"

하였다.

8月 24日(甲寅) 3번째 기사

왜선이 배의 재목을 구하러 전라도 해변에 드나든다고 이순몽이 아뢰다

全羅道都觀察使啓, "倭船一二艘出沒海島." 上問其故於左右, 順蒙
對曰, "臣昔征對馬島後, 追倭船, 巡歷全羅海島, 松木茂盛, 而去陸地遼
邈. 故島倭每因造船而來, 不足慮也. 臣見對馬島無造船之材, 必於全
羅海島造船以歸. 臣之淺見以謂, 盡刊海邊松木, 以絶倭船之來可也."
上曰, "何必盡刊乎?" 順蒙又啓, "造船之時, 輸木之勞尤甚, 挽木出水,
或至百餘里, 農牛多斃. 臣以爲, 率兵船數十艘, 入海島守護而造之, 不
出一谷, 數日可造十餘艘." 上曰, "予將議諸政府·六曹."

전라도 관찰사가 아뢰기를,

"왜선倭船 한두 척이 해도海島에 출몰합니다"

라고 보고하였다. 임금이 그 까닭을 좌우에게 물으니, 이순몽李順蒙이

대답하기를,

"신이 옛날 대마도를 정벌한 후, 왜선을 추격하여 전라도의 섬을 두
루 다녀보니, 거기는 소나무가 무성하나, 육지와 거리가 아주 멸었습니
다. 그래서 도왜島倭들이 매양 배를 만들기 위하여 오는 것이니, 염려할
것은 없습니다. 신이 보기로는, 대마도에도 배 만들 만한 재목이 없으
므로, 반드시 전라全羅 해도海島에 와서 배를 만들어 가지고 돌아가는 것
입니다. 신의 얕은 생각으로는 해변에 있는 소나무를 모조리 벌채하여,
왜선이 오는 것을 끊어야 할 것입니다"

하니, 임금이 말하기를,

"어찌 반드시 다 벨 것이 있겠는가"

하였다. 순몽이 또 아뢰기를,

"배 만들 때에, 나무를 육지에 운반하는 수고가 아주 심하여, 나무를 끌어서 물 밖에 꺼내고 혹 백여 리나 가게 되니, 농우農牛들이 운반하다가 많이 죽게 됩니다. 신이 생각건대 병선 수십 척을 거느리고 해도에 들어가서, 재목을 수호하면서 한편으로 배를 만들면 한 산골짜기에서만 베어도 며칠 사이에 10여 척을 만들 것입니다"

하니, 임금이 말하기를,

"내가 장차 정부와 육조에 의논하게 하리라"

하였다.

8月 24日(甲寅) 8번째 기사
전라 관찰사가 왜선이 출몰하므로 내륙에서 습진하는 것을 중지하도록 청하다

全羅道觀察使啓, "倭船連續出沒海中, 其謀難測. 海邊郡縣別牌·侍衛牌等, 並以習陳, 聚於全州·羅州·光州·南原, 萬一突入, 實爲可慮. 請海邊諸色軍丁, 除習陣, 並赴本州, 以待賊變." 從之.

전라도 관찰사가 아뢰기를,

"왜선倭船이 계속하여 바다에 나타나니, 꾀하는 바를 헤아리기 어렵습니다. 해변에 있는 군郡·현縣의 별패鼈牌나 시위패侍衛牌 등은 모두 습진習陣하려고 전주全州나 나주羅州·광주光州·남원南原에 모여 있으니, 만일 그들이 갑자기 들어오게 되면 실로 염려되는 일입니다. 청컨대, 해변에 있는 여러 가지 명색으로 된 군정이 습진하는 것을 제외하고는 각기 제 고을로 나아가서, 적변을 대비하게 하소서"

하니, 이에 따랐다.

8月 27日(丁巳) 3번째 기사

남포진 절도사 김익생에게 상황을 살펴서 대책을 정하도록 하라고 당부하다

全州府尹權湛, 藍浦鎭節制使金益生拜辭, 上引見, 謂益生曰, "海寇鼠竊狗偸, 何足慮也? 然須備器械, 謹烽燧以待之. 信其浮言, 勞民動衆, 亦非吾所望也. 臨機決策, 悉在爾躬, 往愼之."

전주 부윤全州府尹 권담權湛, 남포진 절도사藍浦鎭節度使 김익생金益生이 하직을 고하니, 임금이 불러보고 익생에게 말하기를,

"왜구海寇는 쥐나 개 같은 도적들이니 염려할 것이 있겠는가? 그러나 병기를 준비하고 봉화를 갖추어 대비할 일이다. 떠도는 말을 믿어서 백성을 수고롭게 하고 군중을 경동시키는 것도 또한 내가 바라는 것이 아니다. 상황에 따라서 방책을 결정하는 것은 모두 너에게 달려 있으니, 가서 삼가하라"

하였다.

8月 27日(丁巳) 5번째 기사

예조 참의가 평만경의 글에 답하다

禮曹參議答平滿景書曰, "承書, 備認動止迪吉, 爲慰. 前年本國使臣回還時, 修船護送, 今又遣人, 奉書陳慰, 誠意可尙. 所獻禮物, 謹已啓納, 仍將土宜縣布三百匹, 就付回人." 又給宗金使者縣布五十匹.

예조 참의가 평만경平滿景의 글에 답하기를,

"글을 받고 몸 편히 있는 것을 알게 되니 위로가 됩니다. 지난해에 본국의 사신이 돌아올 때에 배를 내어 호송하여 주고, 이제 또 사람을 보내어 위문하니, 성의가 가상합니다. 바친 예물은 삼가 아뢰어 받아들였

고, 이에 토산물로 면포綿布 3백 필을 돌아가는 사람에게 부칩니다"
하였다. 또 종금宗金[95]이란 사자에게 면포 50필을 주었다.

8月 30日(庚申) 2번째 기사
판황주목사 정효문이 곡식을 세납하는 방식의 폐해에 대하여 상소하다

判黃州牧事鄭孝文上疏曰, (…中略…) 一, 自庚寅之歲, 海寇作耗,
邊民漂散. 近因戰艦之備, 海寇息而邊民奠枕. 然水軍勇者, 百無一二,
是可慮也. 己亥年東征之後, 對馬島倭日欲報怨, 固不可不備也. 善戰
者, 不以彼我之衆寡爲勝負, 故一艦之中, 有勇者四五人, 則可以禦衆.
願自今擇募强勇者, 每一船屬四五人, 以副司正, 遷至護軍, 而名之曰
船甲士, 比府兵甲士例, 每年終取才敍用. (…下略…)

판황주목사判黃州牧事 정효문鄭孝文이 상소하기를, (…중략…) 지나간
경인년[96]부터 해적들이 작란하기 시작하여, 변방 백성이 각지로 흩어
지게 되었습니다. 근래에 전함이 갖추어져 해적들도 가라앉게 되고, 변
방 백성들도 편히 잠자게 되었습니다. 수군으로서 용맹한 자가 백 명에
1, 2명도 없는 실정이니, 실로 염려되는 바입니다. 기해년 동정東征한 뒤
에 대마도 왜倭들이 날마다 원망하며 보복하려 한다 하니, 우리는 실로
대비하지 않을 수 없습니다. 싸움에 능한 자는 피차 인원수의 다과를
가지고 승부가 결정되는 것이 아니니, 우리 군함 한 척에 용감한 군사 4,
5명씩만 있으면, 가히 여러 사람을 막을 수가 있을 것입니다. 지금부터

• **95** 종금(?~1454)은 승려이면서 상인으로서 박다(博多)를 거점으로 활동하였다. 세종7년에 조선으
로부터 도서(圖書)를 받았고 세종 21년까지 매년 사절을 보냈다. 1부 「주요인물」 '종금' 참조.
96 1350년이다.

강건하고 용감한 자를 뽑아 군함 한 척에 4, 5명씩만 두고, 부사정副司正
으로 삼고 호군護軍까지 올라가도록 벼슬을 시키고, 그 이름을 선갑사船
甲士라고 하여, 부병갑사府兵甲士의 예에 견주어, 매년 연말에 취재서용
하소서. (…하략…)

9月 1日(辛酉) 2번째 기사
예조 판서가 일본국 우무위 원도진의 글에 답하다

禮曹判書答日本國右武衛源道鎭書曰, 得書, 備諳動靜康裕, 甚慰.
今者專人陳慰, 誠意懇至, 所獻禮物, 謹已啓納. 仍致土宜, 以授回人,
惟領納. 秋涼, 冀順保, 不一.

예조 판서가 일본국 우무위右武衛[97] 원도진源道鎭[98]에게 회답하는 서
간에 말하기를,

"글을 받아 범절이 편함을 알게 되니, 심히 위로됩니다. 이제 따로 사
람을 보내어 위문하여 주시니 정성이 간절합니다. 바친 예물은 삼가 이
미 아뢰어 수납하였습니다. 이에 토산물을 돌아가는 사람에게 부치니,
받아주십시오. 가을 기운이 서늘한데 편안하게 보전하십시오. 다른 말
은 하지 않겠습니다"
하였다.

---

97 원도진(源道鎭, 澁川滿賴)의 무가관위인 우병위좌(右兵衛佐)를 뜻하며, 우병위부(右兵衛府)
의 차관이라는 의미이다.
98 전 구주탐제(九州探題) 삽천만뢰(澁川滿賴)이고 원의준(源義俊, 澁川義俊)의 아버지이다. 1
부 「중요인물」 '원도진' 참조.

9月 1日(辛酉) 3번째 기사

(예조) 좌랑이 대마도 도만호 좌위문대랑과 일기주 상만호 도영의 글에
답하다

佐郎答對馬島都萬戶左衛門大郎書曰, "承書, 備認旨意. 雖然待人之
道, 誠則與之, 詐則絶之. 我朝厚恩, 君宜終始勿背, 毋或不誠, 以致後悔.
所獻禮物, 謹稟堂上啓納, 仍將土宜綿布一百六十匹, 就付回价.

又答一岐州上萬戶道永書曰, 得書, 知足下欲遣親男來朝, 其慕義
之誠, 良可嘉也. 所獻禮物及男宮內大郎所獻禮物, 謹稟堂上, 俱已啓
納. 玆將土宜緜布一百八十匹・宮內大郎付緜布五十匹, 以授回价.

(예조) 좌랑左郎이 대마도 도만호都萬戶 좌위문대랑左衛門大郎**99**에게 회
답하기를,

"글을 받고 뜻하는 바를 자세히 알았으나, 사람을 대접하는 도리가,
정성이 있으면 친하게 되고, 거짓이 있으면 끊어지는 것입니다. 우리나
라의 두터운 은혜를 한결같이 배반하지 말고, 혹시라도 정성을 다하지
않아 후회하기에 이르도록 하지 말 것입니다. 바친 예물은 삼가 당상堂
上**100**관에게 품稟하여 아뢰고 받아들였습니다. 이에 토산물로 면포綿布
1백 60필을 돌아가는 인편에 부칩니다"
하였다.

또 일기주 상만호一岐州上萬戶 도영道永의 글에 회답하기를,

"글을 받고 그대가 친아들을 보내어 문안하려는 것을 알았으니, 의義

---

99 대마도 두지포(頭地浦, 土寄, 쯔찌요리)에 거점을 둔 왜구의 우두머리로 조전좌위문태랑(早
田左衛門太郎)이다. 1부 「중요인물」 '좌위문태랑' 참조.

100 조선시대 조의(朝議)를 행할 때 당상(堂上)에 있는 교의(交椅)에 앉을 수 있는 관계(官階) 또는
그 관원.

를 흠모하는 정성은 진실로 아름다운 일입니다. 바쳐 온 예물과 아들 궁내대랑宮內大郎[101]이 바친 예물禮物은, 삼가 당상관에 품하여 모두 이미 아뢰어 받아들였습니다. 이에 지방 물산으로 면포 1백 50필과 궁내대랑에게 면포 50필을 돌아가는 인편에 주어 부칩니다"

하였다.

9月 6日(丙寅) 2번째 기사

김점과 김시우를 의주로 보내 사신을 맞게 하다

上遣知敦寧府事金漸, 率通事金時遇, 奉宣醞, 迎慰使臣于義州. 上諭時遇曰, "使臣若問上王時座所則答曰, '時御壽康宮.' 若問濟州馬匹數則答曰, '大馬種, 因倭亂已絶, 只有小馬.' 若問馬價則以前例, 量宜答之. 且金漸常時稍多言, 與使臣相話時, 戒漸愼言, 傳話時, 爾亦愼之."

임금이 지돈녕부사知敦寧府使[102] 김점金漸[103]에게 통사通事[104] 김시우金時遇[105]를 거느리고 선온宣醞을 받들고 의주義州에 가서 사신을 맞아 위로하라 하였다. 임금이 시우에게 유시諭示하기를,

"사신이 만일 상왕의 거처하시는 곳을 묻거든 대답하기를, 지금 '수

---

101 일기주(一岐州) 만호(萬戶) 도영(道永)의 아들이다. 세종 24년에 대마도와 조전씨(早田氏)와 더불어 일기도의 강한 도적이라고 하고 쌀·콩 20석, 의복·갓·신을 내렸다(세종 24-12-11-2). 문종 즉위년에는 조카인 궁내수연(宮內守延)과 함께 세종의 빈전인 휘덕전에 진향하였다(문종 즉-12-13-7, 문종 즉-12-15-7).

102 조선시대 돈령부(敦寧府)에 딸린 종2품 벼슬이다.

103 1369년(고려 공민왕 18)~1457년(세조 3). 본관은 청도(淸道). 조부는 무신(武臣) 원정공(元貞公) 김한귀(金漢貴)이며, 이성계가 개국 후 고려의 인재를 가려 뽑을 때 장군으로 천거되어 중용된 후 4대에 걸쳐 관로(官路)에 진출하였다. 벼슬은 형조판서(刑曹判書), 호조판서(戶曹判書), 평안도관찰사(平安道觀察使)를 거쳐 지돈녕부사(知敦寧府事)에게까지 이르렀다.

104 조선시대 사역원에 소속되어 통역의 임무를 담당한 역관이다.

105 역관으로서 인쇄와 역학(譯學) 발전에 기여를 했다.

강궁壽康宮¹⁰⁶에 계신다' 할 것이요, 만일 제주濟州의 말馬 마릿수를 묻거든 대답하기를, '큰 말 종자는 왜인의 난리¹⁰⁷로 인하여 이미 절종되고, 다만 작은 말 뿐이라' 할 것이며, 만일 말 값을 묻거든, 전례에 의하여 적당히 대답하도록 하라. 또 김점이 평소에 조금 말이 많았으니, 사신과 말할 때에 점漸에게 말에 삼가 하라고 하고, 통사通事 너도 말 전할 때에 또한 삼가라"

고 하였다.

9月 9日(己巳) 4번째 기사
일본 평만경이 조공을 바치다

日本平滿景遣人獻蘇木一千斤·蘇合香五斤·麒麟膠一斤, 一岐州太守源重亦遣人獻土宜.

일본 평만경¹⁰⁸이 사람을 보내어 소목蘇木¹⁰⁹ 1천 근, 소합향蘇合香¹¹⁰ 5근, 기린교麒麟膠¹¹¹ 1근을 바치고, 일기주 태수一岐州太守 원중源重¹¹²이 또한 사

---

106 서울 창덕궁 동쪽에 있는 대궐이다.
107 1350년(경인년) 이후 본격화된 왜구의 침입으로 목장을 쓰였던 도서 지역을 관리할 수 없게 되면서 말의 수급이 악화되었던 것으로 생각된다.
108 다른 기사에는 '축주관사', '축주부 석성현사 민부소보' 등으로 나타난다. 1부 「중요인물」, '평만경' 참고.
109 소방목(蘇枋木)·적목(赤木)·홍자(紅紫)라고도 한다. 목재의 부위에 따라 한약재와 염료로 사용한다. 열대 지역의 나무이며 조선에서는 나지 않아서 세종 대에는 9년간 7만 근을 수입하기도 하였다.
110 조록나무과 식물인 소합향나무의 진액을 모은 것이다. 소합향이라는 이름은 옛날 소합국(蘇合國)에서 생산되었기 때문이라고 전하며, 특이한 향기가 있으며 맛은 조금 맵고 성질은 따뜻하다. 소합향은 정신을 맑게 하고 혈액순환을 촉진하므로 중풍, 흉복부 통증, 협심증, 관상동맥질환 등에 사용한다. 벌레에 물렸을 때, 기관지천식, 만성기관지염 등에도 쓰이며 각종 피부질환에 바르기도 한다.
111 접착력이 강한 아교의 일종으로 생각된다.
112 하송포(下松浦) 지좌(志佐)를 거점으로 하는 지좌씨(志佐氏) 일족의 우두머리이다. 무가관위

람을 보내어 그 지방 산물을 바쳤다.

9月 17日(乙亥) 4번째 기사
경상도에서 10월에 상번으로 올리는 시위패를 면제하게 하다

以慶尙道戌禦方急, 命除本道十月番上侍衛牌.

경상도의 수비가 당장 급하니, 본도本道에서 10월에 상번上番으로 올려 보내는 시위패侍衛牌를 면제하라고 명하였다.

9月 20日(庚辰) 2번째 기사
예조 판서가 일본국 서해도 구주총관 원도진의 글에 답하다

禮曹判書答日本國西海道九州摠管源道鎭書曰, 得書, 備諳動靜康裕, 慰甚. 今者專人陳慰, 誠意懇至, 所獻禮物, 謹已啓納. 仍致土宜縣布三百四十匹, 以授回价, 惟照領.

參議答熊州刺史源昌淸書曰, 足下專人陳慰, 禮信彌篤. 玆將土宜縣布一百二十匹, 就付回人, 惟照領. 又給平滿景使者縣布三百七十匹.

예조 판서가 일본국 서해도西海道[113] 구주총관九州摠管 원도진源道鎭[114]의 글에 답하기를,

"글을 받아 모든 것이 평안함을 두루 알게 되니, 심히 위로됩니다. 이

는 일기수(壹岐守)인데, 『조선왕조실록』에는 일기주 태수로 보인다. 세종 3년에 대마도 좌위문대랑과 함께 사자를 파견한 이후(세종 3-8-3-5), 세종 6년까지 6차례에 걸쳐 조선에 사자를 파견하였다(세종 6-10-6-7). 아버지는 원조(源調)이고 아들은 원의(源義)이다.

113 일본 구주지역을 지칭하는 용어이다. 일본 고대에는 전국을 칠도(七道)로 나누었는데, 중세에도 행정구획의 명칭을 그대로 사용하였다.

114 전 구주탐제(九州探題) 삽천만뢰(澁川滿賴)이고 원의준(源義俊, 澁川義俊)의 아버지이다. 1부 「중요인물」 '원도진' 참조.

제 사람을 보내어 위문하는 성의가 간절한 것을 잘 알겠습니다. 바쳐
온 예물은 삼가 이미 아뢰어 받아 들였습니다. 이에 토산물인 면포 3백
40필을 돌아가는 인편에 부치니, 받아주기 바랍니다"
라고 하였다. 또 참의參議가 웅주 자사熊本刺史 원창청源昌淸[115]의 글에 답
하기를,

"그대가 사람을 보내어 위문하니, 예와 신의가 더욱 돈독해졌습니다. 이
에 토산물인 면포 1백 20필을 돌아가는 인편에 부치니, 받아주기 바랍니다"
라고 하였다. 또 평만경平滿景의 사자使者에게도 면포 3백 70필을 주었다.

10月 4日(癸巳) 3번째 기사

대마도 왜에게 병선과 수군으로 도적의 변란을 대비케 하겠다고 선지하다

宣旨, "對馬島倭名雖歸附, 實非誠款. 刷慶尙左右道諸浦兵船及水
軍, 分泊巨濟島, 以待賊變. 其諸浦水軍, 以附近侍衛牌代之."

선지宣旨[116]하기를,

"대마도 왜가 말로만 귀속한다 하나, 참으로 본심이 아니다. 경상 좌·
우도 여러 포구에 있는 병선兵船과 수군水軍을 모아서 거제도巨濟島에 나
누어 수비시켜 도적의 변란을 대비하게 하라. 여러 포구의 수군은 부근
에 있는 시위패侍衛牌[117]로 대신하라"고 하였다.

---

115 원창청은 길견원창청(吉見源昌淸)으로도 보이므로, 길견씨(吉見氏)이고, 길견씨는 구주탐제
　　(九州探題) 삽천씨(澁川氏)의 피관(被官)이다. 1부 「중요인물」 '길견창청' 참조.
116 임금의 명령(命令)을 널리 선포(宣布)하는 것. 또는 전위(傳位)한 상왕(上王)의 전지(傳旨).
117 고려 말 조선 초 중앙군의 기간을 이룬 병종. 고려 말 이래 기선군(騎船軍)과 함께 양인 농민
　　으로 구성된 병력으로 일명 시위군이라고도 하였다.

10月 10日(己亥) 6번째 기사
전라도 관찰사가 장흥성을 수령현에 옮겨 쌓기를 청하다

工曹啓, “近者, 全羅道觀察使請移長興城於遂令縣, 命遣朝官更審之. 非惟全羅道, 諸道或請改築, 或請移築, 通報者非一. 請皆遣朝官, 與觀察使·節制使審其緩急以聞.” 從之.

공조에서 아뢰기를,

“전라도 관찰사가 장흥성長興城을 수령현遂令縣으로 옮겨 쌓기를 청하니, 조관朝官을 보내어 다시 살펴봐야 하겠습니다. 전라도뿐만 아니라, 다른 여러 도에서도 어떤 곳에서는 고쳐 쌓자고 청하고, 어떤 데는 옮겨 쌓자고 하여, 통보가 들어온 것이 한 군데뿐이 아닙니다. 청컨대, 모두 조관을 보내어 관찰사觀察使와 절제사와 같이 그 완급을 살펴서 보고하게 하소서”

하니, 이에 따랐다.

10月 11日(庚子) 3번째 기사
경상도 우도 수군 도안무사가 왜적의 폐해와 그 대비책을 아뢰다

慶尙道右道水軍都按撫使馳報, “金海府吏四人乘船至代浦, 爲倭所虜. 熊新縣二人至巨濟島神堂串, 又爲倭所擄. 倭賊出沒海中, 乘間殺擄, 構怨欲復, 非一日矣. 不可不備, 已徵聚附近郡縣侍衛牌·別牌·才人·禾尺以備之. 前者左衛門大郎使者言, ‘都都熊瓦謂大郎曰, 「我再遣使獻土物, 竝却而不受, 惟待汝之使者甚厚, 汝宜遣使, 更知許和與否.」以是大郎遣我來朝.’以今觀之, 必是間諜. 請拘留使者, 遣他倭人諭大郎, 令還被擄人口, 以觀其勢.”

慶尙道觀察使啓神堂・代浦倭賊刦掠事狀, 宣旨, "倭賊隱泊海島而不知, 令猝入摽掠, 其令觀察使, 鞫水軍按撫使及諸浦萬戶. 且不可爲一二船小賊, 徵聚士馬, 所聚軍士放歸其家."

경상도 우도 수군 도안무사가 급히 보고하기를,

"김해부金海府의 관리 네 사람이 배를 타고 대포代浦에 갔다가 왜倭에게 포로가 되었습니다. 웅신현熊新縣에서 두 사람은 거제도巨濟島 신당곶神堂串118에 갔다가, 또 왜에게 포로가 되었다. 왜적이 바다 가운데 출몰하면서 틈을 타서 죽이거나 잡아가고 하여, 원망이 쌓여서 복수하려고 한 것이 하루 이틀이 아닙니다. 방비하지 아니할 수 없어서, 이미 부근 군현郡縣의 시위패侍衛牌・별패別牌・재인才人・화척禾尺을 징집하여 대비하였습니다. 전에 좌위문대랑左衛門大郎119의 사자使者가 말하기를, '도도웅환都都熊丸120이 대랑大郎에게 말하기를, 「내가 두 번이나 사신을 보내어 토산물을 보냈는데, 모두 물리치고 받지 아니하며, 오직 너의 사자만 후대하니, 너는 마땅히 사신을 보내어 다시 한 번 화친하기를 허락할는지 여부를 알아보라」 하므로, 대랑이 나를 보내서 와 뵙는 것이라' 하였습니다. 지금으로 보면, 반드시 이는 간첩입니다. 청컨대, 사자를 구류拘留하고, 다른 왜인倭人을 보내어 대랑을 효유하여 포로된 사람을 돌려보내게 하고, 그 다음 형세를 살피십시오"

하였다.

---

118 거제현의 진산이 국사당산(國師堂山)이라고 하였고 이와 관련된 지명일 가능성이 있다(『세종실록』, 「지리지」).
119 대마도 두지포(頭地浦, 土寄, 쯔찌요리)에 거점을 둔 왜구의 우두머리로 조전좌위문태랑(早田左衛門太郎)이다. 1부 「중요인물」 '좌위문태랑' 참조.
120 원문의 도도웅와(都都熊瓦)는 도도웅환(都都熊丸, 宗貞盛)의 잘못이다. 1부 「중요인물」 '종정성' 참조.

경상도 관찰사가 또 신당·대포에서 왜적倭賊의 겁략劫掠한 사건을 계하여 오니 선지宣旨하기를,

"왜적이 해도海島에서 숨어 있는 것을 알지 못하고 졸지에 들어와서 노략질을 당했으니, 관찰사에게 명하여 수군 안무사와 여러 포구에 있는 만호萬戶들을 국문하라. 또는 배 한두 척의 적은 도적 때문에 병사나 군마를 징집할 수는 없으니, 징집한 군사는 제 집으로 돌아가게 하라"

하였다.

10月 17日(丙午) 5번째 기사
경상도 좌도 도절제사가 왜인이 3명을 죽였다고 급보하다
慶尙道左道都節制使馳報, "倭殺鹽戶三人."

경상도 좌도 도절제사가 급보하기를,

"왜인들이 염호鹽戶[121] 세 사람을 죽였다"

고 하였다.

10月 18日(丁未) 5번째 기사
대마도 도만호 좌위문대랑이 공물을 바치다
對馬島都萬戶左衛門大郎遣人獻硫黃一千斤·丹木二百斤·朱紅十斤, 其書辭頗不恭.

---

121 소금의 제조를 담당하는 직역을 말한다. 고려시대 충렬왕 25년(1299)에 각염법(榷塩法)을 실시하여 궁원(宮院)이나 사원(寺院) 권문세가에 의하여 개인 소유가 된 염분(塩盆)을 모두 국가에서 환수하여 염호(塩戶)라는 직책을 두어 이들이 생산한 소금을 의염창(義塩倉)에 바치게 하여 소금이 필요한 사람으로 하여금 의염창에 가서 국가가 책정한 공정 가격으로 소금을 사도록 하되 거주지의 군현에 베(布)를 선납한 후에 소금을 받도록 하였다.

대마도 도만호 좌위문대랑[122]이 사람을 보내어 유황硫黃 1천 근, 단목
丹木[123] 2백 근, 주홍朱[124] 10근을 바쳤는데, 그의 글의 내용이 자못 공손
하지 못하였다.

10月 19日(戊申) 6번째 기사
경상도 좌도 병마 절제사가 왜의 침입과 그 방책을 아뢰다

慶尙道左道兵馬都節制使啓, "今倭賊出沒海中. 道內軍官並屬水軍
處置使, 而營屬者只四百人. 請徵聚下番甲士及雜色軍丁, 分屯要害."
命預選士馬, 若有賊變, 徵聚掩捕.

경상도 좌도 병마 절제사가 아뢰기를,

"이제 왜적倭賊들이 해상에서 출몰하므로, 도내의 군관軍官을 모두 수
군 처치사水軍處置使[125]에 속하게 하였으나, 영營에 속한 자는 겨우 4백
명입니다. 청컨대, 하번갑사下番甲士 및 잡색군정雜色軍丁을 징집시켜서
나누어 요해 지역에 주둔하게 하소서"
하니,

"미리 군사와 군마를 뽑아 두었다가, 만약 적변이 있을 때에는 불러
모아서 잡게 하라"

---

122 대마도 두지포(頭地浦, 土寄, 쯔찌요리)에 거점을 둔 왜구의 우두머리로 조전좌위문태랑(早
田左衛門太郎)이다. 1부 「중요인물」 '좌위문태랑' 참조.
123 소방목(蘇枋木)·적목(赤木)·홍자(紅紫)라고도 한다. 목재의 부위에 따라 한약재와 염료로
사용한다. 열대 지역의 나무이며 조선에서는 나지 않아서 세종 대에는 9년간 7만 근을 수입하
기도 하였다.
124 붉은빛과 누른빛의 중간으로 붉은 쪽에 가까운 빛깔의 안료로 황화수은으로 이루어져 있다.
125 조선시대 수군의 최고 관직이다. 태종 때 수군도절제사라고 하였고, 세종 2년(1420) 수군 도
안무 처치사로 고쳤으며, 이후 세조12년(1466) 다시 수군절제사로 고쳤다. 그냥 처치사라고도
한다.

명하였다.

예조 좌랑이 대마도 도만호 좌위문대랑의 글에 답하다

禮曹佐郎答對馬島都萬戶左衛門大郞書曰, "承書, 備知萬吉, 爲慰.
所獻禮物, 謹稟堂上啓納. 兼諭, 守護官宗貞盛 再使人, 國家館待頗厚.
但其書語涉無禮, 難以爲答, 非國家絕交也. 古人云, '至誠未有不動者
也.' 若宗貞盛果能盡誠盡禮, 恭事我朝, 則當啓聞厚待. 今因人回, 就付
土宜緜布二百匹, 惟照領."

예조 좌랑禮曹佐郎이 대마도 도만호 좌위문대랑[126]의 글에 답하기를,

"글을 받아 평안함을 알게 되니, 위로됩니다. 바쳐온 예물은 삼가 당상
관에게 말씀드려 아뢰고 받아들였다. 겸하여 말할 것은 수호관守護官[127]
종정성宗貞盛[128]이 두 번이나 사람을 보냈는데, 국가에서 사관에 대접하
기를 자못 두터이 하였습니다. 다만 그 글의 내용이 무례하여 대답하기
가 어려운 것이고, 국가에서 절교하는 것은 아닙니다. 옛 사람이 이르기
를, '지성으로 하면 감동되지 아니하는 것이 없다' 하였으니, 만일 종정성
이 과연 정성과 예를 극진하게 하여 공손하게 우리나라를 섬긴다면 마땅

---

126 대마도 두지포(頭地浦, 土寄, 쯔찌요리)에 거점을 둔 왜구의 우두머리로 조전좌위문태랑(早
田左衛門太郞)이다. 1부 「중요인물」 '좌위문태랑' 참조.

127 겸창(鎌倉)·실정(室町)시대의 무사 직명으로 각 지방의 경비·치안 유지를 담당하였으며,
일정 지역을 지배하는 영주를 뜻하게 되었다.

128 대마도주 종정무(宗貞茂)의 아들 도도웅환(都都熊丸, 1385~1452)이다. 1418년 아버지가 죽
자 대마도 수호직을 이어받았다. 1419년에 기해동정을 겪었다. 1441년 대마도인들이 조선의
고초도 해상에서 고기를 잡을 수 있는 고초도 금약을 맺었고, 1443년에 계해약조를 맺었다. 주
군가(主君家)인 소이씨(少貳氏)의 세력이 약화되자 조선과의 교역권을 장악함으로써 대마도
를 효율적으로 지배하고자 하였으며, 마찬가지로 조선과의 교역에 관심을 가진 대내씨(大內
氏)와 대립하였다. 1부 「중요인물」 '종정성' 참조.

히 계문^{啓聞}하여 후대할 것입니다. 이제 돌아가는 인편에 토산으로 면포
綿布 2백 필을 보내니, 받아 주길 바란다”
하였다.

10月 25日(甲寅) 8번째 기사
전라도 도안무사가 왜적의 침입에 대해 보고하다

全羅道都按撫使馳報, “倭犯海島, 虜二人以歸.”

전라도 도안무사가 급히 보고하기를,

“왜가 바다 섬에 침범하여 두 사람을 포로로 잡아 돌아갔습니다”
하였다.

11月 6日(乙丑) 6번째 기사
일본국 전 구주총관 원도진이 의정부에 글을 보내다

日本國前九州摠管源道鎭遣使致書于議政府曰, 道鎭已辭兵馬之
柄, 居閑無事, 以大國屢篤交好, 不忍遽棄舊例, 遣使者以伸慇懃之意.
近琉球國商船爲對馬賊所邀, 彼此死者幾乎數百, 遂焚毁舟楫, 虜掠
人物. 琉球國比來貢獻于我, 故欲問其罪. 夫對馬之賊, 人面獸心, 難以
敎化·法令制之, 貴國沿海州郡, 當嚴戍禦, 以待賊變, 伏惟照亮.

仍獻硫黃一千二百斤·丹木一千斤·明礬二百斤·象牙二本·犀
角三本·樟腦五斤·磁盆五事·手箱二介·食籠一介·砂糖一百斤.
平宗壽又遣人弔太后之薨, 獻硫黃八百斤·沈香三十斤·蘇香五百斤·緋
提二具·甘草十斤·水犀角二本·手箱一介.

일본국 전 구주 총관九州摠管 원도진源道鎮[129]이 사신을 보내어 의정부에 글을 보내기를,

"원도진은 이미 병마兵馬를 맡은 자리에서 떠나서 아무 일도 없이 한가로이 있으나 대국에서 여러 번 교린交隣의 호의好誼를 두터이 하였으므로, 그 전의 예例를 차마 버리지 못하여 사자使者를 보내어 은근한 뜻을 전합니다. 요사이 유구국琉球國[130]의 상선商船이 대마도의 적賊에게 요격邀擊되어, 양편에서 죽은 사람이 거의 수백 명이나 되었으며, 드디어 배를 불사르고 사람과 물건을 노략하였습니다. 유구국이 근래에 우리나라에 공헌貢獻하는 까닭으로 (대마도에) 그 죄를 묻고자 합니다. 대체 대마도의 적은, 얼굴은 사람이나 마음은 짐승과 다름이 없으니, 교화敎化와 법령으로써 이를 제어制御하기가 어렵습니다. 귀국에서도 연해沿海 주군州郡에 마땅히 엄중하게 방어하여, 적의 변고에 대비對備해야 될 것이오니 삼가 살피소서"

라고 하였다.

유황硫黃 1천 2백 근, 단목丹木[131] 1천 근, 명반明礬 2백 근, 상아象牙 2본本, 서각犀角[132] 2본, 장뇌樟腦 5근, 자분磁盆[133] 5개事, 손상자手箱 2개介,[134] 식롱

---

129 전 구주탐제(九州探題) 삽천만뢰(澁川滿賴)이고 원의준(源義俊, 澁川義俊)의 아버지이다. 1부 「중요인물」, '원도진' 참조.

130 동중국해의 남동쪽, 현재 일본 오키나와 현 일대에 위치하였던 독립 왕국이다. 100여 년간 삼국으로 분할되어 있던 것을 1429년에 중산국(中山國)이 통일하여 건국하였다. 유구국은 중국이나 일본, 동남아시아 등과의 중계 무역으로 번성하였다. 1609년에 사쓰마 번의 침공을 받은 이후, 여러 차례 일본의 침략을 받아 1879년에 일본에 강제로 병합(유구 처분)되어 멸망하였고, 오키나와 현으로 바뀌었다.

131 소방목(蘇枋木)·적목(赤木)·홍자(紅紫)라고도 한다. 목재의 부위에 따라 한약재와 염료로 사용한다. 열대 지역의 나무이며 조선에서는 나지 않아서 세종 대에는 9년간 7만 근을 수입하기도 하였다.

132 코뿔소의 뿔이다. 성질이 매우 차서 해열제나 해독제, 지혈제로 쓰인다. 우황청심원의 재료이기도 하다. 물소의 뿔(수우각(水牛角) 또는 색이 검어 오서각(烏犀角)이라 함)을 대용으로

食籠 1개, 설탕 1백 근을 바쳤다. 평종수平宗壽[135]도 또한 사람을 보내어 태후太后의 돌아가심을 조문弔問하고, 유황硫黃 8백 근, 침향沈香[136] 30근, 소향蘇香 5백 근, 비제緋提[137] 2구具, 감초甘草 10근, 서각犀角[138] 2본, 손상자手箱 1개를 바쳤다.

11月 16日(乙亥) 3번째 기사
일본 구주총관 원의준이 공물을 바치고 대장경을 청구하다

日本九州摠管源義俊遣人獻土宜, 求『大藏經』. 平滿景與宗金, 亦皆遣人獻土宜.

일본 구주총관九州摠管 원의준源義俊[139]이 사람을 보내어 토산물을 바치고 『대장경大藏經』을 청구하였다. 평만경平滿景과 종금宗金[140]도 또한 모두 사람을 보내어 토산물을 바쳤다.

사용하기도 한다.

133 밥그릇 형태의 도자기로 생각된다.

134 물건이나 사람을 헤아리는 단위로 개(個)와 같이 쓰였다.

135 세종 즉위년 11월 29일에 구주총관(九州摠管) 우무위장군(右武衛將軍) 관하(管下) 농주태수(濃州太守) 판창평종수(板倉平宗壽)가 보인다. 평종수(平宗壽)가 원래 판창씨(板倉氏)였음을 알 수 있다. 판창씨로는 판창만가(板倉滿家)가 역시 조선에 사람을 보냈다. 종수(宗壽)와 만가(滿家)의 관계는 분명하지 않다. 판창씨는 구주탐제(九州探題)의 지위를 세습하고 있는 삽천씨(澁川氏)의 중신 중 한 집안이다.

136 서향과에 속하는 상록성 교목인 침향과 백목향의 목재부분으로 기가 위로 치밀어 오르는 것을 내리고 중초(中焦)를 따뜻하게 하며 신장을 따뜻하게 하고 기를 끌어 들이는 효능이 있다.

137 비(緋)는 침술에 사용하는 바늘을 말한다. 비제(緋提)의 정확한 의미는 알 수 없다.

138 코뿔소의 뿔이다. 성질이 매우 차서 해열제나 해독제, 지혈제로 쓰인다. 우황청심원의 재료이기도 하다. 물소의 뿔(수우각(水牛角) 또는 색이 검어 오서각(烏犀角)이라 함)을 대용으로 사용하기도 한다.

139 삽천만뢰(澁川滿賴, 源道鎭)의 아들로 구주탐제직을 계승하였다. 1부「중요인물」'삽천의준' 참조.

140 종금(?~1454)은 승려이면서 상인으로서 박다(博多)를 거점으로 활동하였다. 세종 7년에 조선으로부터 도서(圖書)를 받았고 세종 21년까지 매년 사절을 보냈다. 1부「주요인물」'종금 참조.

12月 18日(丁未) 4번째 기사

예조 참의가 일본 구주 평종수의 글에 답하다

禮曹參議答日本九州平宗壽書曰, 人至承書, 知嚴君棄世, 痛悼殊深. 嚴君輸誠我國, 爲日久矣. 今足下善繼父志, 良可嘉也. 所獻禮物, 謹已啓納. 玆將土宜, 就付回价, 領納.

예조 참의가 일본구주의 평종수平宗壽[141]에게 답서答書를 보냈는데, 그 답서에,

"사람이 와서 서신을 받고 그대의 아버지가 세상을 떠난 것을 알고 매우 슬픕니다. 그대의 아버지는 우리나라에 정성을 바친 지가 오래 되었는데, 지금 족하足下가 아버지의 뜻을 잘 계승하니, 진실로 칭찬할 만합니다. 바친 예물禮物은 삼가 이미 위에 아뢰어 받아들였습니다. 지금 토산물을 돌아가는 사자使者에게 부쳐 보내니 받아두기를 바랍니다."
라고 하였다.

---

141 세종 즉위년 11월 29일에 구주총관(九州摠管) 우무위장군(右武衛將軍) 관하(管下) 농주태수(濃州太守) 판창평종수(板倉平宗壽)가 보인다. 평종수(平宗壽)가 원래 판창씨(板倉氏)였음을 알 수 있다. 판창씨로는 판창만가(板倉滿家)가 역시 조선에 사람을 보냈다. 판창(평) 만가는 태종 14년까지 보이고, 태종 15년부터 평종수가 보이며, 이 때 아버지가 죽었다고 하였으므로, 부자관계일 가능성이 있다.

세종 4년
(1422 壬寅/일본 응영(應永) 29年)

1月 24日(壬午) 5번째 기사

일본국 원의준·등원뢰·원성 등이 토산물을 바치고 구류민들의 송환을
청하다

日本國九州節度使源義俊遣人來獻土物, 乞還對馬島人之拘留者.
薩摩州藤源賴·肥州田平殿源省等亦使人來獻土物, 乞還拘留倭.

일본국 구주 절도사九州節度使[1] 원의준源義俊[2]이 사람을 보내 와서 토산
물을 바치고, 대마도 사람으로 구류拘留된 자를 돌려보내 주기를 원하였
다. 살마주薩摩州[3]의 등원뢰藤原賴[4]와 비주肥州[5]의 전평전田平殿[6] 원성源省[7]

---

1 실정시대(室町時代) 구주 지역을 통괄하기 위하여 파견한 구주탐제(九州探題)를 가리킨다.
2 삽천만뢰(澁川滿賴, 源道鎭)의 아들로 구주탐제직을 계승하였다. 1부 「중요인물」 '삽천의준'
   참조.
3 구주 지역의 고대 이래의 지방의 명칭으로 지금의 녹아도현(鹿兒島縣) 서반부이다.
4 등원뢰구(藤原賴久)의 오기로 생각된다. 이집원뢰구(伊集院賴久, 15세기 말~16세기 초반)
   를 가리킨다. 살마국(薩摩國)을 중심으로 한 도진씨(島津氏)의 일족이자 그 중신(重臣)의 지
   위에 있었던 인물이다. 1413년에서 1417년에서 벌어진 도진씨 내부의 가독(家督) 다툼으로 유
   명하다. 태조 4년부터 보이며 살마주수(薩摩州守, 태종 6-11-1-2), 이집원우진(伊集院寓鎭, 세
   종 9-1-19-4) 등으로 보인다.

등이 또한 사람을 보내 와서 억류된 왜인을 돌려보내 주기를 원하였다.

2月 7日(甲午) 4번째 기사

왜적이 배를 빼앗아 가다

賊倭掠私船一艘于猬島.

왜적이 개인의 배 한 척을 위도^{猬島}[8]에서 빼앗아 갔다.

2月 8日(乙未) 6번째 기사

해문의 방어를 엄중히 하도록 하다

宣旨, "海門防禦, 不可不嚴. 修治器械, 申嚴號令, 常如敵至, 使賊不敢生
窺伺之心, 有國之常事也. 今者水軍都按撫處置使及各浦千戶・萬戶以倭
奴誠心歸附, 視同邊民, 或遇使船・商舶, 略無警備, 萬一有變, 豈不見敗?
自今雖使船・商舶所到各浦, 必設備示威, 先使小船往問來由覈實, 然後
乃許前來, 毋得似前怠弛."

선지^{宣旨}하기를,

"해문^{海門}의 방어는 엄중히 하지 않을 수 없다. 장비^{器械}를 수리하고
호령을 엄중히 하여, 항상 적군이 쳐들어오는 것처럼 하여, 적으로 하

---

5   비전(肥前)은 일본 고대의 지역 명칭으로 비전국(肥前國)을 줄일 것이다. 현재의 좌하현(佐賀
     縣, 사가현)과 장기현(長崎縣, 나가사키현)의 일부이다. 비후국(肥後國) 지방과 합쳐서 비국
     (肥國)이라고도 한다. 비(肥)는 화(火)의 일본어 훈을 음으로 표기한 것으로, 활화산인 아소산
     (阿蘇山)과 연관된 이름이다.

6   구주 서단에 위치한 전평(田平) 지역의 우두머리를 뜻한다.

7   북구주 서단의 전평을 근거로 한 세력의 우두머리로 준주태수(駿州太守, 駿河國의 國守)를
     자칭하였다.

8   전북 부안군의 서쪽 서해 상에 위치한 도서면이다. 6개의 유인도와 24개의 무인도로 이루어
     졌으며, 영광굴비의 황금어장이었던 칠산탄의 중심 지역이다.

여금 감히 우리를 엿볼 생각을 내지 못하게 하는 것이 나라를 다스리는 변함없는 방법이다. 지금 수군水軍의 도안무 처치사都安撫處置使[9]와 각 포浦의 천호千戶[10]·만호萬戶[11]들이, 왜놈이 진심으로 귀부歸附한다고 여겨, 변방의 백성과 같이 대하고 혹은 사신의 배와 상인商人의 배를 만나더라도 조금도 경계하여 대비하는 일이 없으니, 만일에 변고가 있다면 어찌 패하지 않겠는가. 지금부터는 비록 사신의 배와 상인의 배일지라도 배를 대는 각 포구浦口에는 반드시 방비를 설치하고 위엄을 보이며, 먼저 작은 배를 보내어 가서 그들이 온 사유를 물어 사실을 조사한 후에야 오도록 허가할 것이며, 그 전처럼 소홀하고 태만하지 말라".

2月 21日(戊申) 2번째 기사
개인의 배에 통행증을 발급하다

先是, 忠淸·全羅道海中, 私船往往獨行, 多爲倭賊所掠. 至是, 兵曹啓請, "自今私船, 須滿七八隻, 乃許下海. 其所騎軍人及軍器數目具錄, 京江則呈于工曹, 外方則呈于所在官及附近各浦官司, 嚴加覈實, 成給行狀, 以爲恒式. 又於發船之際, 附近各浦傳報都按撫使, 移文各浦, 使之設備. 又巡察海島, 其私船無行狀下海者, 沒官, 各浦萬戶·千戶不考行狀過送者科罪." 太上王從之.

이보다 먼저 충청도와 전라도의 바다 가운데에 개인의 배가 때때로

---

9 조선시대 수군의 최고 관직이다. 태종 때 수군도절제사라고 하였고, 세종 2년(1420) 수군 도안무 처치사로 고쳤으며, 이후 세조 12년(1466) 다시 수군절제사로 고쳤다.
10 만호 천호 백호는 원래 통솔하는 민호의 수를 기준으로 정해진 용어였으나, 점차 진장(鎭將)의 위계를 나타내게 되었다. 특히 만호는 육군보다 수군에 오랫동안 사용되었으나, 지방 수령이 겸임하지 않고 무장이 맡는 진장의 지위를 만호라고 불렀다. 천호는 만호부에 속한 관직이다.
11 각 도(道)의 여러 진(鎭)에 배치한 종4품의 무관 벼슬이다.

홀로 다니다가 왜적에게 많이 약탈당하였다. 이때에 와서 병조에서 아뢰어 청하기를,

"지금부터는 개인의 배는 반드시 7, 8척이 되어야만 그제야 바다에 다니도록 허용하소서. 그 타고 다니는 군인과 군기軍器의 수효도 상세히 기록하여, 경강京江[12]은 공조에 바치고, 외방外方은 그곳의 관청과 그 부근 각 포浦의 관사官司에 바치게 하고, 엄중히 사실을 조사하여 통행증行狀을 만들어 줄 것이오며, 이를 변함없는 규정으로 삼을 것입니다. 또 배가 떠날 즈음에는 부근의 각 포에서 도안무사都安撫使에게 전보傳報하고, 도안무사가 각 포에 공문을 보내어 대비토록 하소서. 또 해도海島를 순찰하여, 개인의 배가 통행증이 없이 바다에 다니는 것은 관에서 몰수하고, 각 포의 만호萬戶·천호千戶가 통행증을 조사하지 않고 그대로 보낸 자는 죄를 처단하소서"

라고 하니, 태상왕이 이에 따랐다.

2月 25日(壬子) 6번째 기사
거제의 영전을 폐지하다

罷巨濟營田. 先是, 巨濟之田, 使騎船軍耕稼, 以侍衛軍代騎船, 人多苦之. 至是, 曹備衡以處置使拜辭, 極陳其弊, 太上王命兵曹與三議政議之. 柳廷顯等同議啓曰, "巨濟古縣人民及在前往來耕田沿邊州郡之民, 幷令移入島內, 革其營田, 分給耕稼, 蠲免租稅. 又令兵船六十六艘守禦." 從之.

---

12 현재의 서울 뚝섬에서 양화나루에 이르는 한강 일대를 이르던 말이다. 그러나 여기서는 경기도와 한강 하구 일대를 뜻하는 것으로 보인다.

거제巨濟의 영전營田을 폐지하였다. 이보다 먼저 거제의 전지田地는 배 타는 군사로 하여금 농사짓게 하였는데, 시위군侍衛軍으로서 배 타는 군사를 대신하게 하니, 사람들이 많이 이를 괴롭게 여기었다. 이때에 조비형이 처치사[13]의 임무를 띠고 임금에게 하직하면서 그 폐해를 남김 없이 아뢰니, 태상왕이 병조와 삼의정에게 이를 의논하게 하였다. 유정현 등이 함께 의논하여 아뢰기를,

"거제巨濟 고현古縣의 인민과, 그 전부터 왕래하면서 전지田地를 경작하던 연변沿邊 고을의 백성들을 모두 섬 안으로 옮기고, 그 영전營田을 없애 그들에게 나누어 주어 농사짓게 하고, 그 조세租稅를 면제해 줄 것이며, 또 병선 66척으로 하여금 이 곳을 지켜 외적을 막게 할 것입니다"
라고 하니, 이에 따랐다.

2月 26日(癸丑) 4번째 기사
일본의 원의준·등원뢰·원성 등이 토산물을 바치다
日本源義俊·藤源賴·源省等各遣人來獻土宜, 回賜緜布有差.
일본의 원의준源義俊[14]·등원뢰藤源賴[15]·원성源省[16] 등이 각기 사람을 보내어 토산물을 바치므로, 면포를 차등 있게 내려 주었다.

---

13 조선시대 수군의 최고 관직이다. 태종 때 수군도절제사라고 하였고, 세종 2년(1420) 수군 도안무 처치사로 고쳤으며, 이후 세조12년(1466) 다시 수군절제사로 고쳤다.
14 삽천만뢰(澁川滿賴, 源道鎭)의 아들로 구주탐제직을 계승하였다. 1부 「중요인물」, '삽천의준' 참조.
15 등원뢰구(藤原賴久)의 오기로 생각된다.
16 북구주 서단의 전평(田平)을 근거로 한 세력의 우두머리로 준주태수(駿州太守, 駿河國의 國守)를 자칭하였다.

3月 5日(壬戌) 4번째 기사

일본의 원의준이 토산물을 바치다

日本九州摠管源義俊遣人奉書, 來獻土物, 請還對馬島倭人.

일본 구주 총관九州摠管 원의준源義俊이 사람을 보내어 토산물土宜을 바치고, 대마도 왜인倭人을 돌려보내 달라고 청하였다.[17]

3月 5日(壬戌) 5번째 기사

일본의 전 구주 총관 원도진이 토산물을 바치다

九州前摠管源道鎭遣人獻土宜.

구주의 전 총관摠管 원도진源道鎭[18]이 사람을 보내어 토산물土宜을 바쳤다.

3月 8日(乙丑) 5번째 기사

예조 좌랑 방구달이 일본국 서해도 준수 태수 원공의 서신에 답하다

禮曹佐郎房九達答日本國西海道駿州太守源公書曰, 所獻禮物, 謹稟堂上啓納. 兼諭請還人民, 年前移文各道, 挨尋未獲, 今於使人, 細問各人出來年月, 四郎五郎對以, "近日之事, 尙或遺忘, 況三四年前事, 何能記得?" 因此無憑挨刷, 惟照. 人回, 就將土宜付送, 領納.

예조 좌랑禮曹佐郎[19] 방구달房九達이 일본국 서해도西海道[20] 준주 태수駿

---

17 세종 4년 2월 26일에 보고된 원의준의 사인이 이 때 한양에 도착한 것으로 생각된다.
18 도진(道鎭)은 삽천만뢰(澁川滿賴)의 계명(戒名)이고 삽천의준(澁川義俊)의 아버지로 구주탐제직을 의준에 물려주었다. 1부 「중요인물」 '삽천만뢰' 참조.
19 조선시대 예조에 둔 정6품 관직으로 정원은 3원이다. 위로 예조판서(禮曹判書 : 正二品), 예조참판(從二品), 예조참의(正三品 堂上) 각 1원과 예조정랑(正五品) 3원이 있다.
20 구주지역 전체를 지칭하는 용어이다. 고대 일본 율령제에서 전국을 7도로 나누고, 구주지역

州太守 원공源公[21]의 글에 답하기를,

"바친 예물禮物은 삼가 당상堂上[22]에 아뢰어 받아들였습니다. 겸하여 인민人民을 돌려보내기를 청한다는 말을 알게 하였습니다. 연전에 각도에 공문을 보내어 사람을 찾았으나 찾아내지 못했는데, 지금 사인使人에게 그 사람들이 나온 연월年月을 자세히 물으니, 사랑오랑四郎五郎[23]이 대답하기를, '근일의 일도 오히려 혹시 잊어버릴 수 있는데, 하물며 3~4년 전의 일을 어찌 능히 기억하겠습니까?'라고 하니, 이로 인하여 빙거憑據로 삼아 사람을 찾아 돌려보낼 길이 없으니 살피기 바랍니다. 사인이 돌아가는 편에 토산물을 부쳐 보내니 받아 주기 바랍니다"

하였다.

3月 8日(乙丑) 6번째 기사
일기주의 궁내대랑이 글을 올리다

一岐州宮內大郞謹奉啓朝鮮國執政閣下, "伏承尊重動止萬萬歲. 僕雖爲本國生民, 所仰貴國恩澤, 今九州欲負貴國恩義, 評議未定, 籌策已半. 若有反逆謀, 僕必未別, 請貴朝闕下可以奏聞, 伏惟賜恩恕."[24]

일기주一岐州의 궁내대랑宮內大郞이 삼가 글을 올리기를,

"조선국朝鮮國 집정 각하執政閣下에게 받들어 아룁니다. 삼가 존체가 편안

을 서해도, 사국(四國) 지역을 남해도(南海道) 등을 명명하였다.

21 『조선왕조실록』에서 준주태수(駿州太守)를 자칭한 인물은 서해도(西海道) 즉 구주의 비전주(肥前州)의 원경(源慶)·원정(源定)·원원규(源圓珪)·원성(源省)이 있다. 이 기사의 원공(源公)은 태종 17년에 보이는 원원규와 세종 5년에 보이는 원성 사이에 위치한다. 정확히 누구인지 잘 알 수 없다.

22 예조의 당상관을 말한다.

23 서해도(西海道) 준주태수(駿州太守) 원공(源公)의 사신으로 온 사람인데 여기에만 보인다.

24 이 기사는 궁내대랑이 보낸 글을 서두부터 그대로 실은 것으로 보인다.

하시다는 말을 들었습니다. 저僕는 비록 본국本國의 생민生民을 위하여 귀국의 은택恩澤을 입고 있지만 지금 구주九州가 귀국의 은의恩義를 저버리고자 하여, 평의評議는 결정되지 못했지마는, 주책籌策은 이미 반이나 정해졌습니다. 만약 반역反逆의 모의가 있더라도 제가 반드시 기별할 수 없으니, 청컨대 귀국 조정의 궐하闕下에 아뢰어, 삼가 용서하시기를 바랍니다"라고 하였다.

3月 8日(乙丑) 7번째 기사
일기주의 상만호 도영이 토산물을 바치다
一岐州上萬戶道永遣人來獻土宜.
일기주의 상만호上萬戶 도영道永25이 사람을 보내어 토산물을 바쳤다.

3月 8日(乙丑) 8번째 기사
대마도 주월의 좌위문대랑이 토산물을 바치고 억류민의 송환을 청하다
對馬島舟越左衛門大郎遣人來獻土宜, 請還本島被留倭人.
대마도 주월舟越26의 좌위문대랑左衛門大郎27이 사람을 보내어 와서 토산물을 바치고 대마도에서 잡혀 와 억류된 왜인을 돌려보내 주기를 청하였다.

---

25 일기도(一岐島)의 상만호(上萬戶)로 태종 14년(1414)부터 세종 4년(1422)까지 통교하였다.
26 선월(船越)이라고도 표기하며, 일본어로는 '후나코시'라고 읽는다. 현재 소선월(小船越)에 해당하며, 배를 육지로 끌어 넘길 수 있는 곳이다.
27 대마도 두지포(頭地浦, 土寄, 쯔찌요리)에 거점을 둔 왜구의 우두머리로 조전좌위문태랑(早田左衛門太郎)이다. 1부 「중요인물」 '좌위문태랑' 참조.

3月 26日(癸未) 3번째 기사
일본국 구주 총관 원의준이 토산물을 바치다

日本國 九州摠管源義俊等遣人來獻土宜, 回賜緜布有差.

일본국 구주 총관九州摠管 원의준源義俊[28] 등이 사람을 보내와서 토산물을 바치므로, 면포緜布를 차등 있게 내려 주었다.

3月 27日(甲申) 4번째 기사
일본국 대마주의 좌위문대랑이 토산물을 바치다

日本國對馬州左衛門大郞遣人來獻土宜. 禮曹佐郞答書曰, "足下專人惠書, 幷獻禮物, 謹稟堂上啓納. 所諭本島和好事, 若宗彦六至誠歸附, 則當啓聞, 禮接如舊, 惟照. 人回, 就付土宜, 領受."

일본국 대마주對馬州의 좌위문대랑[29]이 사람을 보내어 토산물을 바쳤다. 예조 좌랑禮曹佐郞이 서신書信에 답하기를,

"족하足下가 사람을 보내어 서신을 전하고 예물까지 바치니, 삼가 (예조) 당상堂上에 아뢰고 위에 아뢰어 받아들이게 하였습니다. 말한 바 본도本島의 화호和好[30]에 관한 일은, 만약 종언륙宗彦六[31]이 지성으로 귀부歸附한다면, 마땅히 위에 아뢰어 예禮로써 접대하기를 그 전과 같이 할 것이니 살피기 바랍니다. 사람이 돌아가는 편에 토산물을 부쳐 보내니 받

---

28 도진(道鎭)은 삽천만뢰(澁川滿賴)의 계명(戒名)이고 삽천의준(澁川義俊)의 아버지로 구주탐제직을 의준에 물려주었다. 1부 「중요인물」 '삽천만뢰' 참조.

29 대마도 두지포(頭地浦, 土寄, 쯔찌요리)에 거점을 둔 왜구의 우두머리로 조전좌위문태랑(早田左衛門太郞)이다. 1부 「중요인물」 '좌위문태랑' 참조.

30 화해하여 우호적으로 지내는 것을 말한다. 기해동정 이후 단절된 통교 관계의 회복을 의미한다.

31 언륙(彦六)은 대마도 종씨 집안에서 습명(襲名)하던 아명(兒名)이다. 당시 대마도 수호는 종정성(宗貞盛)이므로 이때의 종언륙(宗彦六)은 종정성이다.

아주기를 바랍니다"

라고 하였다.

4月 4日(庚寅) 5번째 기사

거제에 이사한 사람들에게 종자와 식량을 주다

慶尙道監司崔士康啓, "巨濟新徙之民, 穀種口糧未能轉輸, 將失農
業, 誠爲可慮. 請以右道水軍營田所出分給, 使不失時, 待秋還收, 以爲
後日其島還上賑濟之備." 從之

경상 감사 최사강崔士康이 아뢰기를,

"거제巨濟에 새로 이사시킨 사람들에게 종자와 식량을 실어 보내지 못
하여, 농업에 실기할까 염려되옵니다. 청컨대 우도 수군右道水軍 영전營田
에서 생산된 곡식을 나누어 주어 농사 때를 놓치지 않도록 하고, 추수 때
에 환수하여, 뒷날 그 섬에 춘궁을 구제하는 환상還上으로 비축하소서"
하니, 이에 따랐다.

4月 8日(甲午) 3번째 기사

경상우도 처치사 도진무가 대마도 좌위문에게 답하는 서계를 올리다

禮曹啓, "慶尙右道處置使都鎭撫答對馬島左衛門書曰, '人來, 備知
起居淸勝, 欣慰欣慰. 諭及藤次郎子, 謹稟我使相大人, 遞送京都. 所送
扇子五柄, 義無私交, 以難接受. 顧以足下事我本朝, 至誠無二, 肆用啓
納, 聊將土宜虎皮一張付回人, 惟照領.'"

예조에서 아뢰기를, "경상우도 처치사 도진무慶尙右道處置使都鎭撫[32]가

대마도 좌위문左衛門[33]의 글에 답하기를,

'사람이 와서 모든 것이 평안함을 알게 되니 아주 기쁩니다. 부탁한 등차랑藤次郞[34]의 아들은 삼가 우리 사상 대인使相大人에게 여쭈어서 역마를 태워 서울로 보냈습니다. 보내 준 부채 다섯 자루는 도의상 사적私的 교제가 있을 수 없으므로, 접수하기 어려운 것입니다. 이제까지 그대의 우리나라를 섬김이 지성스럽고 딴마음이 없으므로, (임금께) 아뢰어 수납하였습니다. 변변하지 못하나마 토산물인 호피虎皮 한 장을 돌아가는 인편에 부치니 받아들이기 바랍니다'"

하였다.

4月 11日(丁酉) 3번째 기사
예조 판서 이지강이 일본국 구주 전 총관 원도진에게 서계를 보내다

禮曹判書李之剛答日本國九州前摠管源道鎭書曰, "書來, 得審迪吉, 喜慰殊深. 所獻禮物, 謹已啓納. 諭及和好對馬島事, 曩宗彦六再使人, 國家禮接如舊, 其書契, 語涉無禮, 不敢啓聞爲答. 彦六若能修誠,

---

32 조선 초기에는 중앙군의 군령을 맡은 삼군진무소(三軍鎭撫所)나 오위진무소(五衛鎭撫所)의 도진무(都鎭撫)가 있었듯이, 왕명을 받들어 외방에서 군사를 지휘하는 장수인 병마도절제사, 수군도안무처치사(水軍都安撫處置使)의 밑에도 도진무를 두었다.
    1466년(세조 12)의 관제 개혁에서 병마도절제사도진무는 병마우후, 수군도안무처치사도진무는 수군우후로 각각 개칭되었다. 이로부터 도원수·원수 등으로 출정하는 장수 밑에서 군령을 담당하는 직책의 호칭 역시 도진무에서 우후로 바뀌게 되었다.

33 대마도 두지포(頭地浦, 土寄, 쯔찌요리)에 거점을 둔 왜구의 우두머리로 조전좌위문태랑(早田左衛門太郞)으로 생각된다. 1부 「중요인물」, '좌위문태랑' 참조.

34 등차랑(藤次郞)은 선장(船匠), 즉 배를 만드는 목수로 대마도 정벌 때 좌위문삼랑(左衛門三郞)과 함께 조선에 포로로 잡혀왔다. 나중에 그들이 대마도 호족이라는 사실이 밝혀지자 태종이 음식, 의복은 물론 노비와 집, 심지어 양가집 딸까지 주며 대우해 주었다(태종 17-윤5-19-2, 세종 4-12-20-4, 세종 2-11-2-1, 세종 3-7-20-2, 세종 24-12-26-3).

恭順我朝, 其被留人民, 亦且啓達遣還, 惟照. 今因使回, 就付土宜, 冀
照領."

又答摠管源義俊書曰, "疊承辱書, 備審動止協吉, 仍承發回被虜人
一名, 感喜交深. 所獻禮物, 謹啓收納. 諭及宗周侍者等, 移文慶尙道
推刷, 某名等已曾身故. 宗周侍者彦三郎・次郎四郎等三名, 就付差
來源奇帶回, 其餘本是對馬島人, 必待宗彦六至誠歸順, 方許遣還, 惟
照. 姑將土宜幷授來使, 不腆爲愧."

예조 판서 이지강李之剛이 일본국 구주 전 총관九州前摠管 원도진源道鎭[35]
의 글에 답하기를,

"편지가 와서 평안함을 알게 되니, 대단히 기쁘고 위로됩니다. 바친
예물은 삼가 임금께 아뢰어 수납하였습니다. 부탁한 대마도와의 화호
和好는 지난번에 종언륙宗彦六[36]이 두 번이나 사신을 보내왔으며, 국가에
서도 옛날과 같이 예로 대접하였으나, 그 글의 말이 무례하므로, 감히
임금에게 올리지 못한다고 대답하였습니다. 만일 언륙이 정성을 다하
여 우리나라를 공경하고 순종한다면, 억류한 대마도 백성들도 또한 임
금께 말씀드려 돌려보낼 것이니 그리 밝게 아십시오. 이제 돌아가는 인
편에 토산물을 부치니, 받아들이기 바랍니다"

하였다. 또 총관 원의준[37]의 글에 답하기를,

"거듭 편지를 받아 기거가 평안함을 알게 되고, 겸하여 포로 한 명을

---

35 전 구주탐제(九州探題) 삽천만뢰(澁川滿賴)이고 원의준(源義俊, 澁川義俊)의 아버지이다. 1
부 「중요인물」, '원도진' 참조.

36 당시 대마도주 종정성(宗貞盛)의 통명(通名) 즉 평소에 쓰는 이름이다.

37 도진(道鎭)은 삽천만뢰(澁川滿賴)의 계명(戒名)이고 삽천의준(澁川義俊)의 아버지로 구주탐
제직을 의준에 물려주었다. 1부 「중요인물」, '삽천만뢰' 참조.

돌려보내 주니 대단히 기쁘고 감사드리는 바입니다. 바친 예물은 삼가 계달하여 수납하였습니다. 부탁한 종주宗周의 시자侍者 등은 경상도에 이문移文하여 추쇄推刷하게 하였는데, 아무 아무는 이미 죽었습니다. 종주의 시자로 언삼랑彦三郎·차랑次郎·사랑四郎 등 세 명은 보내온 사자 원기源奇가 돌아가는 편에 대동하게 하고, 그 나머지는 본시 대마도 사람이라, 종언륙宗彦六이 지성으로 귀순한 뒤에 돌려보낼 것이니, 그리 알기 바랍니다. 우선 토산물을 온 사신에게 부치나, 변변치 못하여 부끄럽습니다"

하였다.

5月 16日(壬申) 6번째 기사
왜노들의 검찰을 강화하도록 하다

兵曹啓, "倭奴或擅自出入, 或逃匿不現, 各道監司, 守令, 亦不用心考察. 今後不用心檢察守令·監司, 並依法科罪, 其不肯撫育, 非理役使, 使至逃亡, 情狀見著者, 守令·家長亦并論罪." 從之

병조에서 아뢰기를,

"왜노倭奴들이 혹은 제 마음대로 드나들고, 혹은 도망하여 나타나지 아니하는데, 각도의 감사와 수령이 또한 정신을 차려 고찰하지 않습니다. 금후로는 정신차려 검찰하지 아니하는 수령과 감사는 모두 법에 의하여 죄를 줄 것이며, (왜노를) 잘 무육撫育하지는 아니하고, 무리하게 사역하여 도망치게 한 정상이 현저하면, 수령과 (왜노를 맡은) 가장家長도 또한 죄를 따지게 하소서"

하니, 이에 따랐다.

7月 5日(庚申) 2번째 기사
일본국 삼주 태수와 대마도 좌위문태랑이 토산물을 바치다

日本國防·長·豐三州太守多多良道雄遣人獻土宜，自中宮東宮至左右政丞，皆有獻物. 對馬島左衛門大郞亦遣人獻土宜.

일본국 방·장·풍防·長·豐 삼주 태수三州太守 다다량도웅多多良道雄이 사람을 보내어 방물을 바쳤는데, 중궁中宮·동궁東宮으로부터 좌우 정승左右政丞에 이르기까지 모두 바치는 물건이 있었다. 대마도 좌위문대랑左衛門大郞[38]도 또한 사람을 보내어 토산물을 바쳤다.

7月 6日(辛酉) 3번째 기사
일본인 원도진과 평만경이 방물을 바치고 포로 송환을 요구하다

日本九州前都元帥源道鎭遣人來弔，獻土宜，仍請對馬島倭人之被虜者. 禮曹判書答其書曰，"若宗彦六輸情納款，當從所論." 筑州府平滿景遣使獻銅五百斤·硫黃一千斤·蘇木三百斤，又請發還對馬島被留者.

일본 구주九州 전前 도원수都元帥 원도진源道鎭[39]이 사람을 보내어 조문하고, 방물을 바치고 대마도 왜인의 포로를 돌려보내기를 청하였다. 예조 판서가 그 글에 답하기를,

---

38 대마도 두지포(頭地浦, 土寄, 쯔찌요리)에 거점을 둔 왜구의 우두머리로 조전좌위문태랑(早田左衛門太郞)으로 생각된다. 1부 「중요인물」 '좌위문태랑' 참조.
39 전 구주탐제(九州探題) 삽천만뢰(澁川滿賴)이고 원의준(源義俊, 澁川義俊)의 아버지이다. 1부 「중요인물」 '원도진' 참조.

"만일 종언륙宗彦六[40]이 정성을 다하여 조공하면 청하는 바를 들어줄

것입니다"

하였다. 축주부筑州府[41] 평만경平滿景[42]도 사신을 보내어 동銅 5백 근과

유황硫黃 1천 근, 소목蘇木[43] 3백 근을 바치고, 대마도 사람으로 억류된

자를 보내달라고 청하였다.

7月 7日(壬戌) 2번째 기사

왜선이 침입하여 채운포에서 사람을 잡아가자 조사하게 하다

全羅道水軍都按撫處置使趙菑報, "倭船一隻入彩雲浦, 虜三十餘人."

上遣三軍鎭撫李伯仁覆覈.

전라도 수군 도안무 처치사水軍都按撫處置使[44] 조치趙菑가, 왜선倭船 한 척

이 채운포彩雲浦[45]에 들어와 30여 명의 사람을 사로잡아 갔다고 보고하였

40 종정성(1385?~1452)은 종정무(宗貞茂)의 아들로, 종정무 사후 도주직을 이어받았으며, 종씨
(宗氏)의 9대 당주(當主)가 되었다. 세종 즉위년(1418) 8월부터 단종 즉위년(1452) 7월까지 총
300여 회에 걸쳐 통교하였다.
　주로 대마주 태수 혹은 대마도주를 자칭하였으며, 세종 10년(1428) 이전까지는 대마도수호
(對馬島守護) 도도웅환(都都熊丸)·대마도 종정성·대마도수호 종언륙(宗彦六), 종언륙정성
(宗彦六貞盛)·종우마언륙정성(宗右馬彦六貞盛) 등의 호칭을 사용하였다. 1부 「중요인물」
'종정성' 참조.

41 축주(筑州)는 축전(筑前)과 축후(筑後) 지역을 의미하지만, 여기서는 박다(博多)를 의미한다.

42 평만경(平萬景)이라고도 표기하며, 삽천만뢰(澁川滿賴, 源道眞)의 휘하로서 박다(博多) 석성
(石城) 지역의 통교자이다. 축주(筑州) 석성부관사(石城府管事, 세종 1-6-1-4), 서해로(西海路)
민부소보(民部少輔, 세종 2-5-19-4), 축주부(筑州府) 석성현사(石城縣使) 민부소보(民部少輔,
세종 3-7-5-2), 원도진관하(源道鎭管下, 세종 5-9-28-2) 등으로 보인다. 다만 석성의 종금(宗金)
은 대우씨(大友氏) 관하였던 것으로 생각되어 의문이 남는다.

43 소방목(蘇枋木)·적목(赤木)·홍자(紅紫)라고도 한다. 목재의 부위에 따라 한약재와 염료로
사용한다. 열대 지역의 나무이며 조선에서는 나지 않아서 세종 대에는 9년간 7만 근을 수입하
기도 하였다.

44 조선시대 수군의 최고 관직이다. 태종 때 수군도절제사라고 하였고, 세종 2년(1420) 수군 도
안무 처치사로 고쳤으며, 이후 세조 12년(1466) 다시 수군절제사로 고쳤다.

45 현재 충청남도 당진시 채운동 일대에 있던 포구이다. 현재는 석문방조제로 막혀 있지만, 용

다. 임금이 삼군 진무三軍鎭撫[46] 이백인李伯仁을 보내어 조사하게 하였다.

7月 12日(丁卯) 2번째 기사
일본 구주 절도사 원의준이 방물을 바치고 억류민 송환을 요구하다

日本 九州節度使源義俊遣使獻土宜, 且請發還對馬島人被留者.

일본 구주 절도사九州節度使[47] 원의준源義俊[48]이 사신을 보내어 방물을 바치고, 억류되어 있는 대마도 사람을 돌려보내 달라고 청하였다.

7月 21日(丙子) 2번째 기사
왜선의 노략질에 대비해서 김우생을 전라도, 신득해를 충청도, 윤득민을 경기도 해도 찰방에 임명하다

是時, 倭船出沒於全羅·忠清海島中, 望兵船則奔避, 遇私船則輒掠奪. 朝議以爲, "若使良將率勁卒, 乘私船之輕快者, 出海中以誘致之, 乃發强弓勁箭, 加以火炮, 庶幾可捕. 縱使未捕賊, 亦不敢輕我私船矣." 上然之, 乃以上護軍金祐生爲全羅道海道察訪, 大護軍申得海爲忠清道海道察訪, 尹得民爲京畿海道察訪, 各於本道, 擇船上有能者, 裝私船五隻, 每隻騎三十餘人, 摠十五隻, 迭爲三運, 邀伺草竊倭奴於全羅

장천 하구에 위치하여 바다에서 쉽게 접근할 수 있었던 것으로 생각된다.

46 병조를 맡은 유신(儒臣)들이 군사의 실무를 알지 못한다는 것과 병조에 군령(軍令)·군정(軍政)이 집중되어 있는 것이 부당하다 하여 1409년(태종 9) 삼군진무소를 설치하였다. 관원으로는 초기에 도진무(都鎭撫)·상진무(上鎭撫)·부진무(副鎭撫) 27인을 두었으나 때에 따라 증감하기도 하였다. 장관인 도진무는 가끔 문신으로 임명되는 경우가 있었지만, 대개는 무신직을 역임하는 자가 임명되었으며, 전임관(專任官)이 아니라 겸임관(兼任官)으로 충당되었다.

47 실정시대(室町時代) 구주 지역을 통괄하기 위하여 파견한 구주탐제(九州探題)를 가리킨다.

48 도진(道鎭)은 삽천만뢰(澁川滿賴)의 계명(戒名)이고 삽천의준(澁川義俊)의 아버지로 구주탐제직을 의준에 물려주었다. 1부 「중요인물」 '삽천만뢰' 참조.

等道, 仍賜祐生等內藥. 又命曰, "瘴海之氣可畏, 爾等往其道, 可食肉."
遂令各道監司備送酒肉.

이때에 왜선倭船이 전라·충청 양도의 섬 가운데 출몰하면서, 병선兵船을 보면 도망하여 피하고, 사선私船을 만나면 노략질하였다. 조정에서 의논하기를,

"만일 좋은 장수가 날랜 군사를 거느리고 빠른 사선을 타고 바다 가운데 나아가서 (왜선을) 꾀어 내어, 억센 활과 단단한 화살을 쏘고 겸하여 화포를 발사하면, 거의 다 잡을 수 있을 것이요, 비록 잡지는 못하더라도 또한 우리 사선을 가볍게 보지 못할 것입니다"

하니, 임금도 그렇게 생각하고, 곧 상호군上護軍 김우생金祐生을 전라도 해도 찰방海道察訪, 대호군大護軍 신득해申得海를 충청도 해도 찰방, 윤득민尹得民을 경기도 해도 찰방에 임명하고, 각각 본도의 유능한 선군을 골라 사선私船 5척을 장비하고, 매 척에 30명씩 태워서, 합계 15척이 번갈아 하루에 세 차례씩 나서서 도적질하는 왜놈들을 전라도 등 해상에서 기다리게 하고, 이어 우생祐生 등에게 내약內藥을 내렸다. 또 명하기를,

"독기 있는 바다의 기운이 무서우니, 너희들은 그 도에 가거든 육식하라"

하고, 각도 감사에게 명하여 술과 고기를 갖추어 보내게 하였다.

7月 22日(丁丑) 3번째 기사

일본국 대내다다량도웅·원도진·원의준 등이 방물을 바치다

日本國大內多多良道雄, 九州前總管源道鎭, 摠管源義俊遣人獻土宜.

일본국日本國 대내다다량도웅大內多多良道雄과 구주九州 전 총관前摠官 원도진源道鎭[49]·총관摠管 원의준源義俊[50]이 사람을 보내어 방물을 바쳤다.

7月 23日(戊寅) 1번째 기사

일본 도영·평만경·웅수·소조천상가 등이 방물을 바치다

日本一岐州上萬戶道永·民部少輔平滿景·對馬島熊壽·九州上使平民少早川美作州前司入道尙嘉[51]等遣使來獻土宜.

일본 일기주一岐州 상만호上萬戶 도영道永과 민부 소보民部少輔 평만경平滿景·대마도 웅수熊壽·구주九州 상사上使 평씨平氏 소조천少早川 미작주 전사美作州前司[52] 입도상가入道尙嘉[53] 등이 사신을 보내어 방물을 바쳤다.

49 전 구주탐제(九州探題) 삽천만뢰(澁川滿賴)이고 원의준(源義俊, 澁川義俊)의 아버지이다. 1부 「중요인물」, '원도진' 참조.
50 도진(道鎭)은 삽천만뢰(澁川滿賴)의 계명(戒名)이고 삽천의준(澁川義俊)의 아버지로 구주탐제직을 의준에 물려주었다. 1부 「중요인물」, '삽천만뢰' 참조.
51 구주(九州) 상사(上使) 평민(平民) 소조천(少早川) 미작주전사(美作州前司) 입도(入道) 상가(尙嘉) 전체가 한 사람을 지칭하는 것이다. 구주상사는 구주 지역의 유력자라는 뜻이고 평민(平民)은 평씨(平氏)의 오기로, 무사 가문은 종종 원씨(源氏)와 평씨(平氏)의 후손임을 자처하였다. 소조천(少早川)은 소조천(小早川)의 오기이며, 안예국(安藝國, 현재의 廣島縣)을 본거지로 하는 소조천씨(小早川氏)를 뜻한다.
52 미작국(美作國)을 뜻하며 작주(作州)라고도 하였다. 현재 강산현(岡山縣) 동북부 바다에 면하지 않은 내륙 산간부에 위치한다. 전사(前司)는 이전에 미작국 국수(國守) 즉 미작수(美作守)의 지위에 있었다는 뜻이다. 사신을 파견할 당시에는 출가하여 상가(常嘉)라는 법명을 가지게 된 것이다. 명자(名字)를 소조천(小早川)을 소조하(小早河)·소조천(少早川)이라고도 표기하였다. 법명을 상가(尙嘉)·상하(常賀) 등으로 표기하였으나 상가(常嘉)가 옳다.
53 일본 실정시대(室町時代) 전기의 무사인 소조천칙평(小早川則平, 1373~1433)이다. 안예국(安豫國) 소전장(沼田莊) 등을 영지로 지배하였다. 막부의 명령으로 정세가 불안정한 북구 구주에 여러 차례 원정에 나섰으며, 1432년에는 구주탐제의 교체를 막부에 건의하기도 하였다. 영지는 처음에 적자(嫡子)인 지평(持平)이 계승하였으나, 지평의 불효로 다시 동생인 희평(熙

8月 8日(壬辰) 4번째 기사

의정부 사인사가 대내전 다다량에게 서간을 보내다

議政府舍人司答大內殿多多良書曰, 承書, 從審體履康吉, 深以爲喜. 然自古人臣, 義無私交, 所惠物件, 義難容受. 只緣足下恭事我朝, 誠意彌篤, 玆用謹稟堂上, 啓聞收訖. 仍將土宜, 就付回价, 惟照領.

의정부 사인사舍人司가 대내전大內殿 다다량多多良[54]의 글에 답하기를, "서간을 받고 몸이 편한 것을 알게 되니 대단히 기쁩니다. 그러나 예로부터 신하로서는 사적인 교제가 없으므로, 보낸 물건은 의義로 보아 받을 수가 없습니다. 다만, 족하足下가 우리나라를 공손하게 섬겨서, 성의가 더욱 돈독하므로, 이에 당상관에게 말씀드려 계啓하여 아뢴 뒤에 받아들였습니다. 이에 토산물을 가지고 돌아가는 인편에 부치니 받아들이기 바랍니다"

하였다.

8月 13日(丁酉) 2번째 기사

전라도 수군 처치사 관하의 강득해·조침·승안도·정덕성을 처벌하다

義禁府論全羅道水軍處置使管下鎭撫姜得海·右道都萬戶趙琛·臨淄萬戶承安道·黔毛浦萬戶鄭德成不及捕倭之罪, 請依律處斬, 命安

平)이 맡게 되었다. 『해동제국기』에서는 안예주(安藝州) 소조천(小早川) 미작수(美作守) 지평이 보이고 그 아버지인 상하(常賀, 常嘉가 옳다)는 국왕인 족리장군(足利將軍)을 근시한다고 하였다. 지평의 아버지인 상가가 곧 칙평이다.
 칙평이 구주상사(九州上使) 및 구주순무사(九州巡撫使, 세종 9-1-19-7, 세종 10-3-1-2, 세종 10-8-26-5)로 자칭한 것은 1414년부터 막부의 명령으로 여러 차례 북부 구주 지역에 파견되어 구주탐제를 돕고 있었기 때문이다.
54 일본국 방장풍 삼주 자사(防長豊三州刺史) 대내다다량도웅(大內多多良道雄)을 말한다.

道杖一百, 琛·德成·得海贖杖一百, 皆屬本島水軍.

의금부義禁府에서 전라도 수군 처치사水軍處置使[55] 관하管下에 있는 진무鎭撫[56] 강득해姜得海·우도 도만호右道都萬戶 조침趙琛·임치 만호臨淄萬戶 승안도承安道·검모포黔毛浦 만호 정덕성鄭德成이 미처 왜를 잡지 못한 죄로 법에 의하여 참하기를 청하였다. 명하여 안도는 곤장 1백 대에, 침·덕성·득해는 속장贖杖 1백 대에 모두 본도 수군에 편입시켰다.

8月 15日(己亥) 2번째 기사
대사헌 성엄 등이 조치·승안도·조침·정덕성 등을 처벌하기를 청하다

大司憲成揜等上疏曰, "臣等竊謂, 守禦邊鄙, 國之大事. 當其任者, 雖在平時, 嚴號令·備器械, 若有警急, 則當乘機勦捕. 全羅道都按撫處置使趙蓄, 身爲主將, 當倭賊刼掠商船之日, 退縮畏懦, 避實追虛, 終無敢死赴敵之意. 此而不懲, 恐邊將逗遛不進之幾, 自此始矣. 伏望殿下, 將趙蓄依律施行. 承安道·趙琛·鄭德成不能應機進討之罪, 亦不可以少貸也. 殿下特從寬典, 只令杖一百, 充軍, 恐虧大體. 宜令依律科罪, 明示大法, 以戒後來."

不允.

대사헌大司憲 성엄成揜[57] 등이 상소하기를,

55 조선시대 수군의 최고 관직이다. 태종 때 수군도절제사라고 하였고, 세종 2년(1420) 수군 도안무 처치사로 고쳤으며, 이후 세조12년(1466) 다시 수군절제사로 고쳤다.
56 조선 초기에는 중앙군의 군령을 맡은 삼군진무소(三軍鎭撫所)나 오위진무소(五衛鎭撫所)의 도진무(都鎭撫)가 있었듯이, 왕명을 받들어 외방에서 군사를 지휘하는 장수인 병마도절제사, 수군도안무처치사(水軍都安撫處置使)의 밑에도 도진무를 두었다.
   1466년(세조 12)의 관제 개혁에서 병마도절제사도진무는 병마우후, 수군도안무처치사도진무는 수군우후로 각각 개칭되었다. 이로부터 도원수·원수 등으로 출정하는 장수 밑에서 군령을 담당하는 직책의 호칭 역시 도진무에서 우후로 바뀌게 되었다.
57 세종 즉위년부터, 세종 16년까지 등장하는 인물로 동지중추원사(同知中樞院使), 대사헌(大司

"신들은 그윽이 생각하건대, 변방을 수비하는 것은 나라의 큰일입니다. 그 책임을 맡은 자는 비록 평상시일지라도 호령을 엄하게 하고, 병기를 준비하였다가, 만일 경비가 위급할 때를 당하면, 당연히 때를 타서 토벌하여 잡아와야 합니다. 전라도 도안무처치사都安撫處置使 조치趙菑[58]가 신분이 주장主將이 되어, 왜적들이 상선商船을 겁탈하고 노략질할 때를 당하여, 겁을 먹어 무서워하고 나약하여, 있는 데는 피하고 없는 데만 추격하여, 끝내 용감하게 죽기로 적군을 추격할 의사가 없었습니다. 이러한 일을 징계하지 않는다면, 변방 장수로서 무서워하고 머뭇거려 나아가지 않는 일이 이로부터 시작될까 염려되옵니다. 엎드려 바라건대, 전하께서 조치를 법에 의하여 시행해야 합니다. 승안도承安道·조침趙琛·정덕성鄭德成이 때를 타서 토벌하지 못한 죄도 또한 조금도 용서할 수 없는 일입니다. 전하께서 특별히 관대한 법으로 다만 곤장 1백 대에 충군充軍만 시키는 것은 대체大體에 훼손되는 듯합니다. 마땅히 법에 의하여 죄를 주어서, 명백하게 대법大法이 이렇다는 것을 보여 장래에 경계가 되게 하소서"

하니, 윤허하지 아니하였다

8月 16日(庚子) 1번째 기사
전라도 도안무처치사 조치가 전공을 세우다

全羅道都按撫處置使趙菑遣鎭撫金得明·朴賢祐,　捕倭船一隻於

憲), 우군 총제, 좌군 총제, 판한성부사 등의 관직을 지냈다.
58 세종 즉위년부터 세종 11년까지 등장하는 인물로 우군 동지 총제, 전라도 도안무 처치사, 충청도 체복사 등을 지냈다.

黑山海洋, 斬首十二級, 餘皆溺死, 奪被虜男婦九名. 遣賢祐來獻捷, 賜
賢祐衣, 仍命兵曹第其軍功以聞.

전라도 도안무 처치사都安撫處置使 조치趙菑가 진무鎭撫[59] 김득명金得
明[60]과 박현우朴賢祐[61]를 보내어 왜선倭船 한 척을 흑산도 바다에서 잡아
머리를 벤 것이 12급級이며, 나머지는 모두 물에 빠져 죽었으며, 포로되
었던 남녀 9명을 빼앗았다. 현우를 보내어 첩보를 아뢰니, 현우에게 의
복을 내리고, 이에 병조兵曹에 명하여 그의 군공軍功을 등급매겨 아뢰도
록 하였다.

8月 16日(庚子) 2번째 기사
은진현 문성기의 처 이덕이 정절을 지키다

恩津縣女李德, 水軍文成己之妻也. 己亥夏, 成己死於倭賊德聞之,
卽往沿江覓屍, 累日不得而還. 以成己衣服置堂內, 朝夕供奉, 朔望設
奠, 哀痛甚至. 其父以年少無子, 欲奪其志, 德涕泣不食. 事成己父母,
盡其誠敬, 鄕人稱之.

은진현恩津縣[62]의 여자 이덕李德[63]은 문성기文成己의 아내이다. 기해년

---

59 조선 초기에는 중앙군의 군령을 맡은 삼군진무소(三軍鎭撫所)나 오위진무소(五衛鎭撫所)의
도진무(都鎭撫)가 있었듯이, 왕명을 받들어 외방에서 군사를 지휘하는 장수인 병마도절제사,
수군도안무처치사(水軍都安撫處置使)의 밑에도 도진무를 두었다.
　1466년(세조 12)의 관제 개혁에서 병마도절제사도진무는 병마우후, 수군도안무처치사도진
무는 수군우후로 각각 개칭되었다. 이로부터 도원수·원수 등으로 출정하는 장수 밑에서 군
령을 담당하는 직책의 호칭 역시 도진무에서 우후로 바뀌게 되었다.

60 진무, 위용장군(威勇將軍)을 지낸 인물이다. 세종 4년(1422) 8월 16일 1번째 기사·세종 4년 9
월 25일 1번째 기사 '진무' 참고.

61 진무, 위용장군을 지낸 인물이며 범장죄로 징계를 받은 기록이 있다. 세종 4년(1422) 8월 16일
1번째 기사·세종 4년(1422) 9월 25일 1번째 기사·세종 13년(1431) 9월 16일 3번째 기사 '박현우'
참고.

여름에 성기가 왜적에게 피살되었는데, 덕이 듣고 바로 가서 강을 따라 시체를 찾아 여러 날이 되도록 찾지 못하고 돌아왔다. 성기의 옷을 당堂 안에다 모셔 놓고 조석으로 공양하여 받들며, 초하루 보름에는 전奠을 배설하고 애통해 하기를 지극히 하였다. 그의 친정 아비가 나이 젊고 아들이 없다 하여, 그의 마음먹은 것을 빼앗아 다시 시집보내려 하니, 덕이 울며 밥을 먹지 아니하였다. 성기의 부모 섬기기를 정성과 공경으로 극진히 하니, 그 고을 사람들이 칭송하였다.

8月 19日(癸卯) 3번째 기사
경상도 수군 도안무처치사가 아뢰므로 연대·화포·병기를 설치하게 하다

慶尙道水軍都按撫處置使啓, "烽燧之處, 無堡壁可據, 因此或爲賊所掠, 法令雖嚴, 人皆疑畏, 不肯用心瞭望. 請高築烟臺, 上設弓家, 置火砲兵器, 晝夜常在其上, 看望賊變." 從之, 命諸道皆築烟臺.

경상도 수군 도안무처치사水軍都安撫處置使가 아뢰기를,

"봉화불을 올리는 장소에 의지할 보루와 장벽이 없어서, 이로 인하여 흔히 적敵의 겁탈을 당하게 됩니다. 법령이 비록 엄하나, 사람들이 모두 의심스럽고 두렵게 생각하여, 마음을 다하여 정찰하려 하지 아니합니다. 청컨대, 높게 연대烟臺를 쌓고, 활쏘는 집과 화포火砲와 병기兵器를 설

---

62 충청남도 논산군 은진면 일대의 옛 행정 구역이며 1914년 부군면(府郡面)의 통폐합으로 논산 군에 통합되었음. 고호는 덕근(德近)·덕은(德殷)·덕은(德恩)·가지내(加知奈)·가을내(加乙 乃)·신포(薪浦)·시진(市津) 등이다.

63 문성기가 왜구에게 죽자, 옷을 입고 혼을 달래며 절개를 지켰다. 위의 기사에서는 이덕의 남 편 문성기가 죽었다고 나오지만, 이후에 대마도 태수 종정성에게 글을 보내어 문성기를 찾아 귀환하게 하였다는 기사가 있다. 세종 4년(1422) 8월 16일 2번째 기사·세종 7년(1425) 4월 26 일 6번째 기사·세종 18년(1436) 윤6월 20일 5번째 기사 '이덕' 참고.

치하여, 밤낮으로 그 위에서 적의 변고를 살펴보게 하소서"

하니, 그대로 따르고, 여러 도에 명하여 모두 연대를 쌓으라고 명하였다.

8月 19日(癸卯) 6번째 기사
공조 좌랑 윤환을 처벌하다

前此, 商船屢爲倭賊所掠, 國家患之. 令工曹點其船上兵器, 且滿六七隻後方許下海, 給其行狀, 又令沿邊守禦官檢察. 工曹佐郎尹煥不考船隻之數, 給行狀, 憲府劾請其罪. 上曰, "煥無乃告堂上乎?" 同副代言郭存中問之, 煥曰, "我告參議李揚而給之, 然知非不止, 我亦豈得辭其責?" 存中以啓, 上曰, "此乃薄人也." 其贖杖七十. 存中又啓奪告身與否, 上曰, "何以更啓? 爲注書尹炯之兄歟? 罪雖大於此者, 若非不忠不孝, 則皆不奪告身, 何必奪告身乎?" 存中慙懼.

이에 앞서 상선商船이 여러 번 왜적倭賊의 노략질을 당하였으므로, 국가에서 걱정거리로 여겼다. 공조工曹[64]를 시켜 배 위의 병기를 조사하게 하고, 또한 6, 7척이 된 뒤에야 바야흐로 해상에 나가게 하고, 여행 증명行狀을 주게 하였으며, 또 연해변 수어관守禦官에게 명령하여 검찰하게 하였다. 공조 좌랑工曹佐郎 윤환尹煥[65]이 선척船隻 수효도 상고하지 아니하고 여행 증명을 내어준 일이 있었으므로, 헌부憲府에서 그에게 죄주기를 청하니, 임금이 말하기를,

"환煥이 당상堂上에게 고하지 않았는가?"

하니, 동부대언同副代言 곽존중郭存中[66]이 물어보니, 환이 말하기를,

---

64 조선시대에, 육조 가운데 산택·공장·영선·도야를 맡아보던 정2품아문.
65 공조좌랑, 목천현감 등을 지냈으며 가족은 아버지 윤승례, 형제 윤형, 윤회 등이 있었다.

"내가 참의參議 이양李揚에게 고하고 내어주기는 하였으나, 그른 줄 알면서 멈추지 못했으니, 나인들 어찌 그 책망을 피하겠는가"

하였다. 존중이 그 말대로 아뢰니, 임금이 말하기를,

"이는 경박한 사람이라"

하고, 그에게 속장贖杖 70대를 치게 하였다. 존중이 또 고신告身까지 회수할지를 아뢰니, 임금이 말하기를,

"어찌하여 다시 아뢰는가. 주서注書 윤형尹炯의 형이라고 하여 그러는 것이냐. 죄가 비록 이보다 크다 하여도, 만일 불충 불효가 아니면, 모두 고신告身까지 빼앗지는 않는 것이니, 어찌하여 고신을 빼앗으려고 하는가"

하니, 존중이 부끄러워하고 두렵게 여겼다.

8月 20日(甲辰) 1번째 기사
전라도 수군 도안무사 조치에게 의복과 술을 내리다

遣大護軍梁漸, 賜衣酒于全羅道水軍都按撫使趙菑, 仍諭之曰, "向倭賊掠我商船, 殺傷甚多. 卿爲主將, 不能追捕, 有司請置於法, 予不從之, 以待成功之日. 今卿斬賊首十餘級, 予甚嘉之, 卿其知悉."

대호군大護軍 양점梁漸[67]을 보내어 의복과 술을 전라도 수군 도안무사 조치趙菑에게 내리면서 이르기를,

"지난번에 왜적이 우리 상선商船을 노략질할 때에, 사상자가 너무 많았다. 경이 주장主將이 되어 능히 추격하여 잡지 못하였으므로, 유사有司

---

66 지사간원사, 도통사 종사관, 지병조사, 동부대언 등의 많은 관직을 지냈다.
67 내이포 만호, 지강령현사, 좌도 도만호, 대호군 등을 지냈다. 세종 1년(1419) 12월 3일 2번째 기사 · 세종 4년(1422) 8월 20일 1번째 기사 · 세종 6년(1424) 10월 7일 2번째 기사 · 세종 15년(1433) 7월 18일 2번째 기사 · 세종 21년(1439) 12월 5일 3번째 기사 '양점' 참고.

가 법으로 다스리자 하였는데, 내가 따르지 아니하고 성공할 날만 있기를 기다렸다. 이제 경이 적의 머리를 10여 급級이나 베었으니, 내가 지극히 갸륵하게 여기는 바이다. 경은 그런 줄 알라."

하였다.

8月 23日(丁未) 2번째 기사
왜 통사 박기와 박용진을 처벌하다

刑曹啓, "倭通事朴奇·朴用珍等率倭使到驪興, 嗾倭歐人, 又嗾倭直入衙門, 使婦女驚怖. 請依律斬之." 命減等施行.

형조에서 아뢰기를,

"왜통사倭通事[68] 박기朴奇[69]·박용진朴用珍등이 왜사倭使를 거느리고 여흥驪興에 이르러, 왜인을 추켜嗾 우리나라 사람을 때리게 하고, 또 왜인을 추켜 관청에 바로 들어오게 하고, 또 부녀자들을 놀래고 두렵게 하였습니다. 법에 의하여 베어 죽이게 하소서"

하니, 명하여 감등減等시켜 시행하도록 하였다.

9月 12日(丙寅) 2번째 기사
대마도 종언륙 및 그의 모친이 토산물을 바치다

對馬島守護宗彦六及其母遣使獻土宜. 參贊許稠啓, "宜厚待其使, 優其答賜." 從之.

---

68 조선시대 사역원에 소속되어 통역의 임무를 담당한 역관.
69 왜 통사로 왜구와 어울리고, 조선인들에게 피해를 끼쳐서 처벌을 받았다.

대마도 수호守護 종언륙宗彦六 및 그의 모친이 사신을 보내어 토산물을 바쳤다. 참찬參贊 허조許稠[70]가 아뢰기를,

"마땅히 그 사신을 후대하고 답례도 넉넉하게 하여야 합니다"

하니, 이에 따랐다.

9月 23日(丁丑) 2번째 기사
경기 해도 찰방 윤득민의 전공을 포상하다

京畿海道察訪尹得民捕倭船一隻於全羅道, 斬首一級, 遣其卒安恭瑞告捷, 賜恭瑞衣一襲, 遣成均直講權克和, 齎宣醞勞之, 且賜衣服.

경기京畿 해도 찰방海道察訪 윤득민尹得民[71]이 왜선倭船 한 척을 전라도에서 잡아 머리 1급級을 베고, 군사 안공서安恭瑞를 보내어 첩보捷報하므로, 공서에게 의복 한 벌을 내리고, 성균 직강成均直講 권극화權克和[72]를 보내어 선온宣醞을 가지고 가 위로하게 하고, 또 의복을 내렸다.

9月 25日(己卯) 1번째 기사
조씨로 의정 궁주를 삼다

以趙氏爲義貞宮主, 賚之女也. 李氏爲惠順宮主, 云老之女也. 初, 上

---

70 본관은 하양(河陽)이다. 자는 중통(仲通)이고, 호는 경암(敬菴)이며, 진사시와 생원시를 거쳐 1390년(공양왕 2) 식년문과에 급제하였다. 태종 초에는 직언으로 미움을 받았으나 곧 강직한 성품을 인정받아 이조정랑·호군·경승부소윤(敬承府少尹)·판사섬시사 등을 지냈다. 1411 년(태종 11) 예조참의로 학당의 설립에 힘썼으며, 왕실의 의식과 일반백성의 상제(喪祭)를 법제화하였다. 세종 때에는 예조판서·이조판서 등을 지냈으며, 1438년 우의정을 거쳐 이듬해 좌의정을 지냈다. 또, 공안부윤, 이조 판서, 판중추원사, 지성균관사을 지냈다.

71 해도찰방, 대호군, 상호군을 지냈다. 조선에 큰 홍수가 내려 민심이 흉흉하던때에, 술과 풍악을 울려서 징계를 받은 기록이 있다(세종 16-7-29-4).

72 성균 직강, 낙안 군사, 지사간원사, 청도도관찰사 겸 판청주목사 등을 지냈다.

令金益精議于李原曰, "趙氏, 嘉禮色所選, 欲封嬪如何?" 原曰, "趙氏不
成禮, 不宜封嬪." 上然之. 趙大臨爲平壤府院君, 許稠吏曹判書, 李之
剛戶曹判書, 金汝知禮曹判書, 卓愼議政府參贊, 朴光衍 · 權蔓中軍摠
制, 李隨藝文館提學, 趙菑左軍同知摠制, 仍爲全羅道水軍都按撫處
置使, 趙賚右軍同知摠制, 徐彌性司憲執義, 裵閏司憲掌令, 鄭甲孫司
諫院左正言, 李興發忠淸道兵馬都節制使, 玄貴命慶尙道兵馬都節制
使, 朴矩慶尙左道水軍都按撫處置使, 文貴全羅道兵馬都節制使, 盧
原湜判黃州牧事, 金自知判原州牧事, 崔詢判春川都護府事, 崔蠲判
安邊都護府事, 李尙興判慶源都護府事. 愼以嘉善藝文提學, 超拜資
憲, 辭曰, "臣以不才, 累蒙上恩, 位至二品, 略無絲毫之補, 今又超遷宰
輔之任, 必得曠官之誚." 上不允. 愼恬靜有守, 悃愊無華, 學問精微, 動
止有度, 常居賓師之位, 上知其賢而甄異之. 賚以義貞宮主之父, 由上
護軍拜嘉善. 菑以捕倭之功, 遷同知摠制. 麾下前同正鄭崇立爲司直,
前千戶朴賢祐 · 金得明爲威勇將軍. 又以軍功, 一等船軍於下番甲士
加一等除授, 曾受功牌鹽干, 拜海領隊長. 二等船軍於海領, 陞一等除
授, 曾受功牌鹽干, 拜海領隊副. 無功牌者, 給功牌三等, 各賜米四石 ·
緜布三匹. 又以尹得民爲上護軍以賞之.

　조 씨趙氏로 의정 궁주義貞宮主를 삼으니, 조뢰賚[73]의 딸이다. 이 씨李氏
로 혜순 궁주惠順宮主를 삼으니, 이운로云老의 딸이다. 처음에 임금이 김

73　조선 초기의 무신으로 본관은 한양(漢陽)이며 호는 백탄(栢灘)이다. 한산군(漢山君) 인옥(仁
沃)의 아들이다. 어린 나이에 생원시에 합격하였으며 이어서 무과에도 급제하였다. 상호군(上
護軍), 전성진첨절제사(尊城鎭僉節制使), 옹진진절제사(甕津鎭節制使)를 역임한 후 이어서 우
군동지총제(右軍同知摠制), 공조참판(工曹參判), 충청도와 경상도의 도절제사(都節制使)를
지냈다. 중궁책봉주청사(中宮冊封奏請使)로 명나라에 다녀온 후 다시 공조참판과 한성판윤
(漢城判尹)을 거쳐 지돈령부사(知敦寧府事)에 올랐다.

익정金益精[74]을 시켜 이원李原[75]과 의논하기를,

"조 씨는 가례색嘉禮色[76]이 뽑았으므로 빈을 봉하고자 하니, 어떠하냐"

하니, 원이 말하기를,

"조 씨가 예를 이루지 못하였으니, 빈嬪을 봉封할 수는 없는 일입니다"

하므로, 임금이 그러하게 여겼다. 조대림趙大臨[77]으로 평양 부원군平壤府院君을 삼고, 허조許稠로 이조 판서, 이지강李之剛[78]으로 호조 판서, 김여지金汝知[79]로 예조 판서, 탁신卓愼[80]으로 의정부 참찬, 박광연朴光衍[81]·권만權蔓[82]

---

74 좌부대언 우대언 좌대언 지신사 경창부윤 충청도 도관찰사 선위사(宣慰使) 이조 좌참판 형조 참판을 지냈으며, 세종 18년 1월 26일에 졸기 하였다. 조선 전기의 문신. 본관은 안동(安東). 자는 자비(子斐). 구(玖)의 증손으로, 할아버지는 성목(成牧)이고, 아버지는 한성부윤(漢城府尹) 휴(休)이며, 어머니는 김효신(金孝信)의 딸이다.

75 고려 말기·조선 전기의 문신으로 자는 차산(次山). 호는 용헌(容軒). 15세에 진사, 18세에 문과에 급제하였으며 우의정을 지냈다. 청백리에 녹선되었다.

76 조선시대에, 왕 또는 왕세자의 가례를 담당하던 부서.

77 조선 전기의 문신. 본관은 평양(平壤). 자는 겸지(謙之). 문하시중 인규(仁規)의 4세손으로, 아버지는 영의정부사 평양부원군(平壤府院君) 준(浚)의 아들이며, 태종의 부마이다.

78 본관은 광주(廣州). 자는 중잠(仲潛). 1382년(우왕 8) 과거에 급제, 중서문하성의 녹사(錄事)를 거쳐, 1392년(태조 1) 기거주(起居注)로서 조선 건국에 참여하였다. 특히, 이방원(李芳遠)의 측근으로서 1393년 정도전(鄭道傳) 일파에 의해 탄핵, 순군옥(巡軍獄)에 투옥되기도 하였다. 그 뒤 이방원이 즉위해 정권을 잡자 사헌부장령으로서 풍기단속과 공신세력 제거에 앞장섰다.

79 본관 연안(延安), 자 사행(士行), 시호 문익(文翼)이다. 1389년(창왕 1) 문과에 장원급제하여 사헌부규정(糾正)에 임명되나, 곧 언사(言事)로 전라도로 유배되었다가 뒤에 복직되어 우헌납(右獻納)으로 있던 1402년(태종 2) 언사로 창평(昌平)에 안치되었다. 언사로 순금사(巡禁司)에 갇혔다가 봉주지사(鳳州知事)로 좌천되었다. 1410년 정3품 지신사(知申事)에 올랐으나, 1413년 고려 종실의 후손인 왕걸오미(王乬吾未)의 동정을 알고도 보고하지 않은 죄로 파면되었다. 1418년 세종이 즉위하자 형조 판서로서 하정사(賀正使)가 되어 명나라에 다녀왔다. 그 뒤 예조 판서를 거쳐 종1품 의정부참찬에 올랐다.

80 조선의 문신. 자는 자기(子幾)·겸부(謙夫)·계위(係危), 호는 죽정(竹亭), 시호는 문정(文貞). 본관은 광주(光州). 1389년(창왕 1) 문과(文科)에 급제했으나 부모가 연로하므로 고향에서 감지(甘旨)를 지내고 아버지가 병사한 뒤 1398년(정종 즉위) 효행으로 천거되어 우습유(右拾遺)가 되었다. 여러 관직을 거쳐 태종 때 지신사(知申事)·경승부윤(敬承府尹)·이조 참판(吏曹參判)·예문관 제학(藝文館提學) 등을 지내고, 1421년(세종 3) 의정부참찬(議政府參贊)에 올랐다.

81 1418년(태종 18)에 경상도수군도절제사(慶尚道水軍都節制使)에 올랐고, 1418년(세종 즉위)에 다시 임용 되었다. 이듬해에 대마도 왜적을 정벌한 공으로 200여 명에게 포상을 하였는데 이때 중군총제(中軍摠制)에 임명되었다. 이 외에도 경상도 수군도절제사, 충청도 병마도절제사, 충청도 관찰사 등을 역임하였다.

으로 중군 총제中軍摠制, 이수李隨[83]로 예문관 제학藝文館提學을 삼고, 조치趙

菑로 좌군 동지총제左軍同知摠制를 삼아 그대로 전라도 수군 도안무 처치사全

羅道水軍都安撫處置使로 유임시키고, 조뢰趙賚는 우군 동지총제右軍同知摠制,

서미성徐彌性[84]으로 사헌 집의司憲執義, 배윤裵閏[85]으로 사헌 장령司憲掌令, 정

갑손鄭甲孫[86]으로 사간원 좌정언司諫院左正言, 이흥발李興發[87]로 충청도 병마

도절제사忠淸道兵馬都節制使, 현귀명玄貴命[88]으로 경상도 병마 도절제사慶尙

82 출사 시기는 알려진 바가 없으나 1409년(태종 9)에 영해부사(寧海府使)를 거쳐 함길도 도순문
사(咸吉道都巡問使)를 지냈다. 세종 때 대마도 왜적의 약탈이 점점 심하여지자 1419년(세종 1)
에 권만과 이천(李蕆)은 경상해도 조전절제사(慶尙海道助戰節制使)로 삼고 이지실(李之實)은
충청해도 조전절제사 박초(朴礎)는 전라 조전절제사로 삼아 왜적을 소탕하게 하였는데 이때
에 권만이 길을 떠날 때 세종이 환관 박성우(朴成祐)에게 명하여 특별히 전송하게 하였다.
83 고려 말·조선 초의 중신. 자는 택지(擇之), 호는 심은(深隱)·관곡(寬谷), 시호는 문정(文靖).
본관은 봉산(鳳山). 1396년(태조 5) 생원시(生員試)에 장원, 1410년(태종 10) 태종이 경명행수
(經明行修)한 사람을 구할 때 성균관의 추천을 받고 소명이 내렸으나 얼마 안 되어 과거 공부
를 하기 위해 사퇴하고 돌아왔다. 이듬해 왕의 명을 받고 상경하여 여러 왕자의 교육을 맡아
보았다. 세종의 사당에 함께 모셨다.
84 1383년(우왕 9)~1431년(세종 13). 조선 전기의 문신. 본관은 대구. 1399년(정종 1) 17세로 기묘식
년사마시(己卯式年司馬試)에 생원(生員) 장원으로 뽑혔고, 문경공(文景公) 권제(權踶)와 강학
(講學)하였다. 부인은 문충공(文忠公) 양촌 권근의 딸로, 부인과 사이에서 2남 5녀를 두었다.
85 본관은 성주(星州). 아버지는 대사간 규(規)이다. 1411년(태종 11) 식년문과에 을과로 급제하
여 예문관검열이 되었다. 1414년 병조좌랑을 지내고, 이듬해 이조좌랑을 역임하였다. 전선(銓
選 : 전형하여 관리를 선발함)을 관장할 때 탐오한 관리를 추천한 일로 사헌부로부터 탄핵을 받
았다. 그 뒤 사간원헌납(司諫院獻納)·사헌부장령(司憲府掌令)을 거쳐 집현전직제학(集賢殿
直提學)에 이르렀다.
86 1396년(태조 5)~1451년(문종 1). 조선 전기의 문신. 본관은 동래(東萊). 자는 인중(仁仲). 양생
(良生)의 증손으로, 문종의 후궁 소용 정씨(昭容鄭氏)의 아버지이다. 1417년(태종 17) 식년문
과에 동진사로 급제한 뒤 부정자·감찰·병조좌랑·헌납·지평 등을 두루 거쳐 지승문원사가
되었다. 1435년(세종 17)에 강직한 성격을 인정받아 좌승지로 발탁되고 지형조사(知刑曹事)·
예조참판을 거쳐 1438년 전라도관찰사로 나갔다.
87 1389년(우왕 14)~1439년(세종 21). 조선 전기의 종실. 왕의 근친으로 1412년(태종 12) 좌군동지
총제(左軍同知摠制)·별시위좌일번절제사(別侍衛左一番節制使)를 겸직하였고, 1427년 절일
사(節日使)로 명나라 예부(禮部)에 방물을 가지고 가는 도중, 요동 진무(鎭撫)가 방물을 풀어
헤친 일이 예부에 알려져 요동 진무와 함께 처벌을 받게 되었으나, 공신의 자손이었으므로 벌
을 면하였다. 1431년 지돈녕부사로 길주의 선위사(宣慰使)가 되고, 함흥선위사를 거쳐 중추원
사가 되었다. 그뒤 지중추원사 등을 역임하였다.
88 고려 우왕 때에 최영 장군의 휘하 군사로 있었다. 태종 조에 대호군·상호군·총제를 지냈고,
세종 조에는 우군동지총제(右軍同知摠制)에 이어 경상도병마도절제사(慶尙道兵馬都節制使),

道兵馬都節制使, 박구朴矩89로 경상좌도 수군 도안무 처치사, 문귀文貴90로 전라도 병마 도절제사, 노원식盧原湜91으로 황주 목사黃州牧使, 김자지金自知92로 판원주목사判原州牧事, 최순崔詢으로 판춘천도호부사判春川都護府事, 최견崔蠲93으로 판안변도호부사判安邊都護府使, 이상홍李尙興94으로 판경원도호부사判慶源都護府使를 삼았다. 신신愼은 가선嘉善 예문 제학藝文提學인데 자헌資憲에 제수하니, 사양하면서 말하기를,

"신이 재주도 없이 여러 번 주상의 은덕을 입사와, 직위가 2품에 이르

좌군총제(左軍摠制), 내금위절제사(內禁衛節制使)를 역임하였다. 1419년(세종 1) 강원도에 병마도절제사를 다시 설치했을 때, 현귀명은 상중에 있었음에도 그 직을 제수받았고, 세종은 임지에 내려가는 그를 위하여, "이제 살코기(精肉)를 먹도록 권하여 보내라"라는 명을 내렸다. 1424년(세종 6) 중군동지총제로 있을 때에는 흠문기거사(欽問起居使)로서 북경에 다녀왔고, 군사들에게 격구(擊毬)를 가르치기도 하였다.

89 경상좌도 수군 도안무 처치사, 좌군 총제, 별시위 절제사 등을 지냈다.

90 모친은 신의왕후(神懿王后)의 동생이다. 1403년(태종 3)에 함주(咸州)로 귀양을 갔다. 일의 발단은 다음과 같다. 당시에 전 소감(少監) 도희(都熙)가 거짓으로 전서(典書) 이사영(李士穎)과 상주목사(尙州牧使) 이발(李潑) 등이 군사를 일으켜서 난(亂)을 꾸미려 하였다 하였는데, 도희의 말을 믿을 수 없어서 이를 임금께 아뢰지 않은 죄로 귀양을 가게 되었다. 후에 복직되고, 외척으로 인하여 벼슬이 2품에까지 이르렀다. 시호(諡號)는 안소(安昭)이다.

91 평양도 병마절제사 판상원군사 황주목사, 좌군 총제 등을 지냈다.

92 본관 연안. 자 원명(元明). 호 일계(逸溪). 시호 문정(文靖). 우왕 때 과거에 급제하여, 1404년(태종 4) 집의(執義)를 지낸 뒤 형조참의·형조참판·호조참판을 역임하였다. 1419년(세종 1) 예조참판을 지낸 다음 대사헌·원주목사·평안도관찰사 등을 지내고, 1428년 형조판서에 올랐으나 동지총제(同知摠制) 성개(成槪)의 노비에 대한 잘못된 판결로 파직되었다. 뒤에 개성부유후(開城府留後)로 재기용되어, 1434년에 관직에서 물러났다. 한문에 뛰어났고 음양·천문·지리·의약 등에도 통달하였으며, 불교를 배척하고 유학을 숭상하였다.

93 1404년(태종 4) 형조정랑(刑曹正郞)에 이어 사헌집의(司憲執義)에 임명되고 1420년(세종 2) 우사간대부(右司諫大夫)에 이어서 판안변도호부사(判安邊都護府使)로 임명된다. 1425년(세종 7) 안변도호부사로 있을 때 수령의 딸이 혼인할 때 수령들의 급가를 없애고 집에서 혼인을 하도록 하였다. 다음해 판영흥대도호부사(判永興大都護府使), 한성부윤(漢城府尹), 함길도감사를 역임하였는데 1428년(세종 10) 함길도 도내에 학사를 건축하고 경서를 간행하기를 건의하였다. 이후 개성부유후(開城府留後), 중군총제, 판황주목사(判黃州牧事), 판공주목사를 역임하였다.

94 조선 전기의 문신. 세종으로부터 신임을 받아 경성절제사·의주목사·중추원부사·돈녕부동지사(敦寧府同知事) 등을 역임하였으며, 1432년(세종 14) 길주에 큰 재해가 있자 선위사(宣慰使)로 파견되어 임무를 잘 수행하였다. 이 해에 그 동안의 업적이 크다 하여 세종으로부터 옷 한 벌(衣一襲)·모(毛)·관(冠)·신발(革化)·약(藥)을 하사받았고, 경창부윤(慶昌府尹)에 제수되었다. 이듬해 과로로 인하여 죽었으며 공이 크다 하여 1434년 나라에서 제사를 지내주었다.

게 되나, 조금도 도움도 되지 못하고, 이제 또 뛰어서 재보^{宰輔}에 임명되면, 반드시 벼슬 자리만 차지하고 있다는 기롱만 들을 것입니다"

하매, 임금이 허락하지 아니하였다. 신신^愼은 겸손하고 고요하여, 주장하는 것이 분명하고 정성스러워서, 외화^{外華}는 없으나, 학문은 정밀하였고, 동지^{動止}가 법도가 있었다. 임금이 그의 어짊을 알고 가려서 달리 대접한 것이다. 조뢰는 의정 궁주^{義貞宮主}의 부친으로 상호군^{上護軍}에서 가선^{嘉善}을 받게 되고, 치뢰는 왜^倭를 잡았다는 공로로 동지총제^{同知摠制}로 삼고 휘하^{麾下}의 전^前 동정^{同正} 정숭립^{鄭崇立}은 사직^{司直}을 삼고, 전^前 천호^{千戶} 박현우^{朴賢祐}·김득명^{金得明}은 위용 장군^{威勇將軍}을 삼고, 또 군공^{軍功}으로 일등 선군^{一等船軍}은 하번 갑사^{下番甲士}로 한 등급을 올려 주고, 이미 공패^{功牌}를 받은 염간^{鹽干}에게는 해령 대장^{海領隊長}을 시키고, 이등 선군^{二等船軍}은 해령^{海領}으로 한 등급을 올려 주게 하고, 이미 공패^{功牌}를 받은 염간^{鹽干}에게는 해령 대부^{海領隊副}를 시키고, 공패^{功牌}가 없는 자에게는 공패를 주게 하고, 삼등^{三等}에는 각기 쌀^米 넉 섬, 면포^{綿布} 세 필을 내리고, 또 윤득민^{尹得民}에게는 상^賞으로 상호군^{上護軍}을 삼았다.

10月 12日(丙申) 4번째 기사

노귀상을 보내 일본 국왕 사신을 위로하게 하다

遣大護軍盧龜祥, 迎慰日本國王使臣于慶尙道.

대호군大護軍 노귀상盧龜祥[95]을 보내어 경상도에서 일본 국왕 사신을 맞아 위로하게 하였다.

11月 13日(丙寅) 4번째 기사

원의준이 토산물을 바치고 『대장경』을 청구하다

日本九州都元帥元義俊以本國皇太后之命, 遣人獻土物, 仍請『大藏經』.

일본의 구주 도원수九州都元帥 원의준源義俊[96]이 본국 황태후皇太后의 명령으로 사람을 보내어 토산물을 바치고, 인하여 『대장경大藏經』을 청구하였다.

11月 16日(己巳) 2번째 기사

일본 국왕이 서간을 전하고 『대장경』을 청하다

日本國王及其母后遣僧圭籌等, 致書獻方物, 求『大藏經』. 其書曰, 海路迢迢, 久不嗣音. 維時梅雨弄晴, 槐風噓爽, 恭惟神衛森嚴, 尊候納 倍萬之福? 往歲貴國使臣之到吾朝也, 時有國師, 號曰智覺普明, 開館

---

95 출사한 시기는 알 수 없으나, 1418년(태종 18)에 정랑(正郎)으로 있을 때 좌랑(佐郎) 곽정(郭貞) 등과 함께 파직(罷職)당한 일이 있다. 이는 성녕대군(誠寧大君) 이종(李褈)이 창진(瘡疹)에 걸려 위독할 때 무녀 보문(寶文)이 궁궐 안에서 술과 음식을 차려 놓고 귀신에게 제사하고 병이 낫기를 기도하였는데 이를 두고 어떤 사람들이 "'창질에 술과 음식으로 귀신에게 제사지낼 수가 없다'하고 이 때문에 이런 일이 생겼다"고 하여 노귀상 등은 파직을 당하였다. 후에 다시 복직되어 세종 때에는 참판에 올랐으며 문종 때 치사하였다.

96 도진(道鎭)은 삽천만뢰(澁川滿賴)의 계명(戒名)이고 삽천의준(澁川義俊)의 아버지로 구주탐제직을 의준에 물려주었다. 1부 「중요인물」 '삽천만뢰' 참조.

以厚遇之. 厥後其徒周棠者去遊貴國, 貴國先王使工, 圖國師壽象, 命
文臣李穡作贊, 托於周棠回便以贈之, 蓋不忘舊德也. 由是觀之, 貴國
之於我國師, 不可謂無因緣焉. 塔院要安置『藏經』, 寅昏披閱, 以報四
恩資三有, 而未能得其本, 爰欲就貴國以求之. 予感其不憚鯨波危險,
使法寶流通助喜, 附以此書, 伏請憐其懇志, 付之七千全備經典, 則予
亦同受其賜也. 然則兩邦之好, 有加永久. 不腆土宜, 具于別幅, 敢冀函
輅閑休, 式符眞禧. 不宣.

圭籌等入殿庭, 以浮屠禮欲不拜, 禮官使通事諭之曰, "無君臣之禮,
則何以奉使而來? 隣國之使, 拜於庭下, 禮也." 不獲已乃拜.

일본 국왕과 그 모후^{母后}가 중승^{中僧} 규주^{圭籌}[97] 등을 보내어 서간^{書簡}을 전
하고 방물^{方物}을 바치며『대장경^{大藏經}』을 청구하였다. 그 글에 이르기를,
"바닷길이 멀어 오래 소식이 끊어졌습니다. 이제 매우^{梅雨}는 개고, 괴
풍^{槐風}이 상쾌하게 불어오는데, 신령이 호위하여 존후^{尊侯}께서 만복을
받으시기를 삼가 바랍니다. 과거에[98] 귀국^{貴國} 사신이 우리나라에 왔을
때에, 그 때 국사^{國師} 지각보명^{智覺普明}[99]이란 이가 있어 관^館을 개설하고

---

97 기사 내용에 보면 승려라고 표기되어있다. 조선에 사신으로 온 기간은 약 3년이지만, 약 20여
회에 걸쳐서『세종실록』에 등장한다. 특히 조선의 대장경판을 요구하면서 강경한 태도를 취
하였다.

98 국사편찬위원회와 고전번역원의『조선왕조실록』번역문에서는 지난해라고 하였으나, 지각
보명 즉 운옥묘파가 죽은 것이 1388년이고, 선왕이 초상을 그려주었다고 하였으므로, 왕세(往
歲)가 1420년일 수 없다.

99 춘옥묘파(春屋妙葩, 1311~1388)의 시호(諡號)이다. 몽창소석(夢窓疎石, 1275~1351)의 조카
로 전하며, 동시에 그 제자로서 소석의 뒤를 이어 임제종 몽창파 융성의 기초를 다진 승려이
다. 천룡사(天龍寺), 남선사(南禪寺)의 주지를 역임하였고, 1379년에 족리의만(足利義滿)의
요청에 따라 전국의 선사와 선승을 통괄하는 천하승록사(天下僧錄司)에 임명되었고, 같은 해
지각보명국사라는 칭호를 받았다. 족리의만의 믿음이 두터워 의만이 창건한 상국사(相國寺)
의 주지가 되었으며, 1386년 이미 입적한 스승 몽창소석을 개산조로 모시고, 자신은 2대 주지
가 되었다.

그를 후하게 대접하였습니다. 그 후에 그의 제자 주당周棠100이란 자가 귀국에 유람 차 갔는데, 귀국의 선왕先王께서 화공畫工을 시켜 국사國師의 화상畫像101을 그리고, 문신文臣 이색李穡102으로 하여금 찬贊을 짓게 하여, 주당周棠이 돌아오는 편에 부탁하여 부쳐 보내셨으니寄贈, 대개 옛날의 후의를 잊을 수 없습니다. 이로 말미암아 보건대 귀국과 우리 국사와는 인연이 없다고 할 수 없습니다. 탑원塔院에서『대장경』을 안치安置하고 아침과 저녁으로 읽어, 사은四恩을 보답하고 삼유三有에 이바지하려고 하오나, 그 책을 얻을 수 없어서 귀국에 가서 이를 구하려고 합니다. 나도 그가 바다의 파도가 위험함을 꺼리지 않고 법보法寶를 유통시키려는 일에 감동하여, 기쁘게 도우려고 이 글을 부쳐 보내오니, 삼가 청하건대, 그 간절한 뜻을 불쌍히 여기시어 경전 전질全帙을 갖추어 7천 권을 보내주시면 나도 함께 그 혜택을 받으려고 하나이다. 그리하면 두 나라의 우호友好가 더욱 영구할 것입니다. 변변하지 않은 토산물土産物은 별폭別幅에 갖춰 적었사오며, 감히 편안히 복을 받으시기를 진심으로 축원하옵고 그만 그치나이다"

하였다. 규주圭籌 등이 전정殿庭에 들어와서 부도浮屠의 예禮로써 하고 절을 하지 않으려 하거늘, 예관禮官이 통사通事로 하여금 그를 타이르기를,

---

100 춘옥묘파(春屋妙葩, 1311~1388)의 제자라고 되어 있으나, 자세한 내용을 알 수 없다. 1404년에 일본으로 돌아가게 되었으므로 음식을 접대하였다는 내용이 보인다(태종 4-10-24-2). 또한 1405년에도 일본 국왕사로 주당이 왔다가(태종 5-12-6-2), 1406년에 하직하였다(태종 6-2-8-2).
101 춘옥묘파(春屋妙葩)의 초상화를 말한다.
102 시기상으로 고려 말에서 조선 태조까지 생존했던 이색은 사망년도가 1396년이므로, 고려 말에서 조선 초기 사이에 주당이라는 승려가 찾아왔어야 한다. 그러나 주당은 1404년에 일본으로 돌아가게 되었으므로 음식을 접대하였다는 내용이 보인다. 또한 1405년에도 일본 국왕사로 주당이 왔다가, 1406년에 하직하였다. 또한 태종은 1422년에 죽었으므로 이때는 아직 선왕이라고 할 수 없다. 따라서 이 기사의 내용에는 의문점이 많다.

"군신君臣의 예가 없으면 어찌 사명을 받들고 왔습니까? 이웃 나라의 사신이 뜰 아래에서 절하는 것이 예禮입니다"

하니, 마지못하여 그제야 절하였다.

11月 18日(辛未) 1번째 기사
대마도 왜인이 와서 토산물을 바치고, 태종 상을 위문하다

對馬島宗彦六・藤次郞・右衛門大郞等遣使來獻土物, 陳慰太宗之喪.

대마도의 종언륙宗彦六・등차랑藤次郞103・우위문 대랑右衛門大郞 등이 사신을 보내 와서 토산물을 바치고 태종太宗의 상喪을 위문慰問하였다.

11月 22日(乙亥) 3번째 기사
전라도 요해지 회령포에 비변책을 세우다

全羅道水軍都按撫處置使請以本營軍船二隻, 左右道軍船各一隻, 泊立要害會寧浦, 以備不虞. 從之.

전라도 수군 도안무처치사가 본영本營의 병선兵船 두 척과 좌・우도左右道의 병선 각 한 척씩으로 요해지要害地인 회령포會寧浦에 정박시켜 뜻밖에 일어나는 사변事變에 대비對備하기를 청하니, 이에 따랐다.

---

103 등차랑(藤次郞)은 선장(船匠), 즉 배를 만드는 목수로 대마도 정벌 때 좌위문삼랑(左衛門三郞)과 함께 조선에 포로로 잡혀왔다. 나중에 그들이 대마도 호족이라는 사실이 밝혀지자 태종이 음식, 의복은 물론 노비와 집, 심지어 양가집 딸까지 주며 대우해 주었다(태종 17-윤5-19-2, 세종 4-12-20-4, 세종 2-11-2-1, 세종 3-7-20-2, 세종 24-12-26-3).

11月 25日(戊寅) 2번째 기사

충청도 전라도 수군에게 휴가를 주다

命兵曹曰, "忠淸, 全羅等道水軍, 從海道察訪追賊于海上者, 給暇一
朔." (…下略…)

병조에 명하기를,

"충청도·전라도 등 수군水軍이 해도海道의 찰방察訪을 따라 적을 해상
海上에서 쫓은 자는 한 달 동안의 휴가를 주라"

하였다. (…하략…)

11月 26日(己卯) 1번째 기사

인정전에 나가 일본 국왕 사자를 맞이하다

盛陳兵衛, 御仁政殿, 引見日本國王使者僧圭籌及太后使者, 溫言慰
之曰, "天寒遠路, 艱苦渡海而來." 對曰, "殿下之優禮遠人至矣, 未知水
道之難也." 圭籌曰, "僧前此奉使再來, 上王親見, 待遇甚厚. 僧今受命
之日, 意謂復覲聖容, 心自喜幸, 及至對馬島, 聞晏駕, 不勝痛悼. 今殿
下亦親見厚待, 感德難忘." 上曰, "兩國之間, 聘問以時, 禮也. 近來聘問
久闕, 予甚嫌焉. 今爾王遣使修好, 予乃嘉之." 太后使者言, "太后命我
曰, '新營佛宇, 欲請『大藏』於朝鮮國王殿下, 然予婦女, 未能親達. 今聞
九州節度使與朝鮮國通好, 其依節度使以達.'" 圭籌又曰, "對馬島宗貞
茂妻謂僧曰, '去年夫死, 殿下賜祭致賻, 妾感德無已, 今聞上王殿下昇
遐, 不勝慟悼. 然, 妾, 婦人, 未能自達. 今因本國使臣, 陳慰進賻, 乞將此
意轉聞.'" 上曰, "予將復見." 命饋于朝啓廳.

군사의 호위를 성대하게 하여 인정전仁政殿에 나아가 일본 국왕의 사

자인 중 규주圭籌[104]를 불러 보고 부드러운 말로써 그를 위로하며 이르기를,

"날씨가 추운데 먼 길에 바다를 건너오느라고 매우 수고하였다"

고 하니, 대답하기를,

"전하께서 먼 곳 사람을 넘치는 예禮로 대접하심이 지극하시니, 물길水路의 어려운 것도 깨닫지 못하겠습니다"

하고, 규주가 말하기를,

"소승이 전날에 봉명 사신으로 두 번 왔을 때에, 상왕께서 친히 보시고 대우가 심히 두터웠습니다. 소승이 이번에 사명使命을 받던 날에 다시 성용聖容을 뵈옵게 되리라 생각하와 마음에 스스로 기뻐하고 다행하게 여겼더니, 대마도에 이르러서 상왕께서 승하하셨다는 말을 듣고 몹시 슬퍼함을 이기지 못하였습니다. 이제 전하께서 역시 친히 보시고 후하게 대접하심을 받사오니 거룩하신 덕을 감사하여 잊기 어렵겠나이다"

하였다. 임금이 말하기를,

"두 나라 사이에 때로 빙문聘問을 하는 것은 예도禮道이다. 근래에 빙문이 오랫동안 없어서, 내가 심히 서운하게 여겼다. 이제 그대의 임금이 사신을 보내어 수호修好하므로, 나는 이를 가상嘉尙히 여기노라"

하였다. 태후太后의 사자使者가 말하기를,

"태후가 나에게 명하되, '새로 절佛宇을 짓고 『대장경大藏經』을 조선 국왕 전하께 청구하고자 하나, 그러나 나는 부녀婦女라 이 뜻을 친히 여쭙지 못하였다. 지금 구주 절도사九州節度使[105]가 조선국으로 더불어 화호

---

104 세종 4년 11월 16일 2번째 기사의 '규주' 주석 참조.
105 실정시대(室町時代) 구주 지역을 통괄하기 위하여 파견한 구주탐제(九州探題)를 가리킨다.

和好를 통한다 함을 듣고 절도사를 통하여 조선국에 이 뜻을 여쭈라' 하였습니다"

하고, 규주가 또 말하기를,

"대마도 종정무宗貞茂의 아내가 소승에게 이르기를, '전년에 남편이 죽었을 때 전하께서 제祭를 내리시고 부의賻儀까지 주시니, 첩처妻이 은덕을 감사하여 마지 않사오며, 이제 들으니 상왕 전하께서 승하昇遐하셨다 하오니 슬픔을 이길 수 없습니다. 그러나 첩은 여자라 능히 스스로 아뢸 수 없었습니다. 이제 본국 사신을 통하여 위문의 말씀을 드리옵고 부의賻儀를 올립니다'라고 하였으므로, 이 뜻을 전하여 아뢰나이다"

라고 하였다. 임금이 말하기를,

"내가 장차 다시 보리라"

하고, 조계청朝啓廳에서 대접하라고 명하였다.

12月 4日(丁亥) 4번째 기사
예조에서 일본에 보내는 회례사 일에 대해 아뢰다

禮曹啓, "日本回禮使, 道上着素冠服, 入見國王時, 用吉服." 上曰, "不可. 帝所則以吉服入見可也, 於隣國不可脫素服. 古禮云, '君子於公門不脫衰. 雖不得已而脫, 冠則不脫.' 禮曹其與三議政, 同議以聞."

예조에서 아뢰기를,

"일본에 보내는 회례사回禮使는 도상道上에서는 흰색의 관복冠服을 입되, 가서 그 나라 국왕國王을 볼 때에는 길복吉服을 입게 할까 하나이다"

여기서는 삽천의준(澁川義俊)이다.

하니, 임금이 말하기를,

"옳지 않다. 황제의 처소에서는 길복으로 들어가 보는 것이 옳겠지마는, 이웃나라에 있어서는 소복素服을 벗을 수 없다. 고례古禮에 이르기를, '군자君子는 공문公門에서 최복衰服을 벗지 않으며, 부득이 하여 벗더라도 관冠은 벗지 않는다'고 하였으니, 예조禮曹는 삼의정三議政과 더불어 함께 의논하여 아뢰라"

하였다.

12月 10日(癸巳) 2번째 기사
거제도에 문무 겸비한 자를 가려 현령으로 삼도록 하다

慶尙道觀察使啓, "巨濟島斗入海中, 防禦甚緊, 請以才兼文武者爲縣守." 從之.

경상도 관찰사가 아뢰기를,

"거제도는 바다 가운데로 깊이 들어가 있어, 방어防禦가 심히 긴요한 곳이오니, 청컨대 재주가 문무 겸전文武兼全한 사람으로 현령縣守을 삼아 보내소서"

하여, 이에 따랐다.

12月 16日(己亥) 1번째 기사
인정전에 나가 일본 국왕 사신을 인견하다

御仁政殿, 引見日本國王使者圭籌等. 上諭之曰, "汝王昔年遣使通好, 予亦遣人以報. 只緣阻海, 未得數通, 今乃遣使修聘, 交隣之義至矣.

所需『大藏』, 當正秩付回禮使以送, 太后所請『藏經』, 亦當從之." 圭籌
等對曰, "臣等聞『藏經』銅板在奉書, 求之未得, 是眞無有也. 請將此意,
幷載于回書." 上曰, "予已知之矣."

임금이 인정전仁政殿에 나아가 일본 국왕의 사신 규주圭籌 등을 불러
보았다. 임금이 가르쳐 이르기를,

"너의 임금이 지난해에 사신을 보내어 화호和好를 통하므로, 나도 또
한 사람을 보내어 회보回報하였거니와, 다만 바다가 막힘으로 인하여
자주 통신하지 못함이 한이더니, 이제 또 사신을 보내어 교빙交聘의 예禮
를 닦으니, 교린交隣의 정의가 지극하다. 청구한『대장경大藏經』은 마땅
히 정질正秩로써 회례사回禮使에게 부쳐 보내겠으나, 태후太后가 청한
『대장경』도 또한 마땅히 청한 대로 하겠노라"

하니, 규주 등이 대답하기를,

"신들이 받들고 온 글월에『대장경』의 동판銅板이 있다는 말을 듣고
이를 구하였으나 얻지 못하였사오니, 이것은 참으로 없는 것입니다. 이
뜻을 회서回書에 아울러 써 주시기를 청합니다"

하니, 임금이 말하기를,

"내가 이미 알고 있다"

고 하였다.

12月 20日(癸卯) 3번째 기사
일본 회례사 박희중 등에게 옷 등을 하사하고 국서를 내리다

日本回禮使朴熙中·副使李藝等發程, 各賜衣一襲·毛冠·笠靴·藥餌,
書狀官奉禮郎吳敬之·通事尹仁甫等, 各賜毛衣·冠笠靴. 書曰, 朝鮮
國王奉復日本國王殿下. 海天遼闊, 音聞久疎, 今蒙專使惠書, 備嘗體
履康裕, 仍承嘉貺, 欣感殊深. 所諭『藏經』, 敢不是從? 又太后令九州都
元帥轉致珍貺, 兼需『藏經』, 亦所當從. 玆遣臣典農寺尹朴熙中·龍驤
侍衛司護軍李藝等, 往謝厚意, 詳具別錄. 來使所言『藏經』銅板, 我國
無有, 惟照諒. 冀益堅信義, 永膺多福.

일본 회례사回禮使 박희중朴熙中과 부사副使 이예李藝106 등이 길을 떠나
니, 각각 옷 한 벌씩과 모관毛冠·갓笠·신靴과 약품을 내리고, 서장관書狀
官인 봉례랑奉禮郎 오경지吳敬之와 통사通事 윤인보尹仁甫107 등에게 각각
모의관毛衣冠·갓·신을 내렸다. 국서國書에,

"조선 국왕은 일본 국왕 전하에게 회답합니다. 바다와 하늘이 멀고 넓
어서, 소식이 오랫동안 끊겼더니, 이제 보낸 사신 편에 주신 글월을 받아
몸이 편안함을 잘 알고, 또 좋은 선물을 받게 되니 기쁨과 감사함이 매우
깊습니다. 말씀한 바『대장경大藏經』은 어찌 좇지 않으리요. 또 태후太后
가 구주 도원수九州都元帥를 시켜 귀한 선물을 보내 주시고 겸하여『대장

---

106 조선 태종·세종 대에 대일 외교에서 활약한 인물이다(1373~1445). 43년간 외교관으로 활동
하면서 40여 차례에 걸쳐 일본을 왕래하였고, 유구국을 다녀오기도 하였다. 1443년 계해약조
체결의 주역이기도 하다. 1부「중요인물」, '이예' 참조.
107 1414년(태종 14) 왜관통사(倭官通事)로 처음 보이고, 기해동정 이후 최초로 조선 회례사의 통
사로 일본에 건너갔다. 그의 보고는 이후 조선의 대일정책에 큰 영향을 끼쳤다. 1424년 왜통
사(倭通事)·호군(護軍) 등을 역임하였고, 세종 21년과 25년에도 각각 통신사의 부사가 되어
일본에 다녀왔다. 1450년(문종 즉위년) 상호군으로, 대마도 상인들이 많이 오는 것을 엄하게
경계하도록 상소하였다. 1455년(세조 1) 상호군으로 좌익원종공신(佐翼原從功臣) 3등에 책록
되었다.

경』을 청하니, 또한 마땅히 좇아야 할 것입니다. 이에 신하 전농시 윤典農寺尹 박희중朴熙中과 용양 시위사 호군龍驤侍衛司護軍 이예李藝 등을 보내어 가서 후의厚意를 사례謝禮하게 하며 상세한 것은 별록別錄에 갖추었습니다. 온 사신이 말한 『대장경』 동판銅板은 우리나라에 없는 것이니 양해하기 바랍니다. 앞으로 더욱 신의를 굳게 지키고 길이 많은 복을 받기를 비는 바입니다"

라고 하였다.

12月 20日(癸卯) 4번째 기사

대마도를 정벌할 때 잡아온 왜인을 돌려보내다

初, 太宗征對馬島, 左衛門三郎·藤次郎被擄而來, 分置郡縣. 太宗聞二人在對馬島爲豪右, 召至京中, 賜家, 妻以良女, 凡飮食·衣服之物, 莫不優給, 至是, 上令二人從回禮使以歸. 吏曹判書許稠啓曰, "被擄之徒, 命歸鄕國, 使之還來, 則彼必幸其縱釋, 不肯復來, 國家終爲此虜所紿. 莫若因其喜悅之時, 命復來與否, 隨汝所便, 使開往來之路, 則彼必感慕聖恩復來矣." 上從之, 乃賜左衛門三郎·藤次郎襦衣各二襲·縣紬·苧布·笠靴·毛冠·米三十石, 命曰, "汝歸本土來否, 任汝所爲." 謂左衛門三郎曰, "聞汝子二人在此, 予將完恤, 勿以爲憂."

처음에 태종이 대마도를 정벌하여 좌위문삼랑左衛門三郎[108]과 등차랑

---

108 기해동정 때 잡혀온 대마도 왜인으로 왜구의 우두머리 조전좌위문태랑(早田左衛門太郞)의 친족으로 생각된다. 대마도에서 그의 송환을 여러 차례 요구하였다(세종 2-5-11-4, 세종 2-5-16-1, 세종 2-11-1-2). 삼미삼보라(三未三甫羅)라고도 표기하며, 이후 자유롭게 조선과 대마도 사이를 왕래하며 외교관계 분야에서 활동하였다(세종 5-6-3-2, 세종 8-1-18-3, 세종 8-1-25-3, 세종 16-3-25-4, 세종 21-2-4-2). 다만 동일한 시기에 여러 명의 삼미삼보라가 보이므로 구별해서 보아야 한다(세종 9-1-10-6).

藤次郎[109]을 잡아와서 군현郡縣에 나누어 두었다가, 태종이 그들 두 사람은 대마도에서 호족豪族이었다는 말을 듣고, 서울로 불러 올려 집을 주고 양가집 딸을 아내로 주고 모든 음식·의복 등 물건을 넉넉히 주었다. 이 때에 이르러 임금이 두 사람으로 하여금 회례사를 따라 돌아가게 하려 하니, 이조 판서 허조許稠가 아뢰기를,

"사로잡힌 무리를 저의 나라로 돌려보내며 그들더러 다시 돌아오라고 하면, 저들은 반드시 놓아준 것만을 다행히 여겨 다시 오지 않을 것이므로, 국가에서는 마침내 이 놈들에게 속은 바가 될 것입니다. 이제 그들이 기뻐할 때에, '너희들이 다시 오든지, 아니 오든지는 너희 마음대로 하라'고 명하시고, 왕래할 길만 열어주시면, 저들이 반드시 성은聖恩에 감격하고 사모하여 다시 올 것입니다"

하니, 임금이 이 말을 좇아 좌위문삼랑과 등차랑에게 각기 핫저고리襦衣 두 벌씩과 명주線紬·모시苧布와 갓笠과 신靴·모관毛冠과 쌀 30석씩을 내리고 명령하기를,

"네가 본토本土에 돌아갔다가 다시 오고 아니 오는 것은 너희 마음대로 할 것이다"

하고, 또 좌위문삼랑에게 이르기를,

"듣건대, 네 아들 두 사람이 이곳에 있다 하니, 내가 잘 보호하여 줄 것이니, 너는 걱정하지 말라"

하였다.

---

109 등차랑(藤次郎)은 선장(船匠), 즉 배를 만드는 목수로 대마도 정벌 때 좌위문삼랑(左衛門三郎)과 함께 조선에 포로로 잡혔다. 나중에 그들이 대마도 호족이라는 사실이 밝혀지자 태종이 음식, 의복은 물론 노비와 집, 심지어 양가집 딸까지 주며 대우해 주었다(태종 17-윤5-19-2, 세종 4-12-20-4, 세종 2-11-1-2, 세종 3-7-20-2, 세종 24-12-26-3).

12月 25日(戊申) 3번째 기사
일본 사신에게 두꺼운 옷을 내려주다

慶尙道觀察使啓, "日本國王使送留船倭人, 皆服單衣, 幾於凍死, 請
造襦衣給之." 從之.

경상도 관찰사가 아뢰기를,

"일본 국왕이 사신을 보내어, 배에 머물러 있는 왜인倭人들이 모두 홑
옷을 입고 거의 얼어 죽게 되었사오니, 핫옷襦衣을 지어 주기를 청합니다"
하니, 이에 따랐다.

閏12月 4日(丁巳) 2번째 기사
구주 총관 원의준이 토산물을 바치다

日本九州摠管源義俊遣人來獻土宜.

일본의 구주 총관九州摠官 원의준源義俊[110]이 사람을 보내어 토산물을
바쳤다

閏12月 17日(庚午) 5번째 기사
왜국 사신들이 사사로이 진상하는 것을 금하게 하다

禮曹啓, "倭使等私進上, 今後不許. 其中國王使臣及厚待客人, 以誠
意懇請, 則臨時啓聞取旨." 從之.

예조에서 아뢰기를,

"왜국의 사신들이 사사로이 진상進上하는 것을 지금부터는 허락하지

---
110 도진(道鎭)은 삽천만뢰(澁川滿賴)의 계명(戒名)이고 삽천의준(澁川義俊)의 아버지로 구주탐
제직을 의준에 물려주었다. 1부 「중요인물」 '삽천만뢰' 참조.

않아야 합니다. 그중에 국왕의 사신과 후히 대접한 객인客人이 성의로 써 간곡히 청한다면, 임시로 아뢰어 임금의 교지를 받도록 할까 합니다" 하니, 이에 따랐다.

閏12月 23日(丙子) 2번째 기사
일본 구주 총관이 사람을 보내 토산물을 바치다
日本九州摠管源義俊遣人來獻土宜.
일본 구주 총관九州摠官 원의준源義俊[111]이 사람을 보내어 토산물을 바 쳤다.

---

111 1부 「중요인물」 '삽천의준' 참조.

세종 5년
(1423 癸卯/일본 응영(應永) 30年)

1月 1日(癸未) 3번째 기사
구주 총관 원의준이 서신을 보내고 토산물을 바치다

九州摠管源義俊使人進土物, 命饋之. 義俊奉書于禮曹曰, "爰承前大王登仙, 寸心驚動, 不堪哀慟之極, 蒼天蒼天, 倍萬于他者也. 誼合自拜素幃, 鯨波渺瀰, 阻於趨造. 是故謹命行人性恩奉書. 想見聖慮悼念, 卿相閣老攀慕茶苦, 未易排遣, 杳然坐感我私而已. 伏願台照, 推予區區之誠, 以達聖聰至禱. 小禮土宜, 在于別楮, 啓納幸甚. 又有小禮, 陳于後矣. 雖是輕薄之物, 用爲前大王祭供之資助者也. 所謂苟有明信, 澗溪沼沚之毛・蘋蘩蘊藻之菜, 可薦於鬼神, 可羞於王公. 是以聊表信爾. 小禮, 蘇木一千觔, 犀角三箇, 藿香四十觔, 丁香皮二十觔, 硫黃五千觔, 明礬四百觔, 折敷二十枚, 蘇香油二觔, 金襴一段, 甘草二十觔, 朱盆二箇, 唐朱一斤. 祭供小禮, 素麪三十觔, 葛粉十五觔, 沈香二斤, 蠟炬五十, 溫州橘一千箇."

源義俊又奉書于禮曹, 請還被擄對馬人, 仍獻土物, 硫黃二千五百斤, 蘇木二千觔, 藿香一十斤, 犀角二本, 白檀三十觔, 香八斤, 銅二百斤, 川芎三十觔, 巴豆三十觔, 肉豆寇二十觔. 性恩等請親奠, 命議于政府. 領議政柳廷顯曰, "殊俗之人, 誠心奉進, 宜令客人序立於廣孝殿庭, 行拜禮, 其上香酌獻, 以執禮官爲之." 從之.

구주 총관九州管摠 원의준源義俊[1]이 사람을 시켜 토산물을 바치니, 그를 접대하기를 명하였다. 의준이 예조에 글을 올리기를,

"이제 전 대왕前大王이 돌아가셨다는 말을 듣고, 마음으로 크게 놀라 지극한 애통함을 견딜 수 없었으니 하늘이시여, 다른 이보다 만배나 더 했습니다. 도리로서는 마땅히 빈소素緯에 배례拜禮하여야 될 것이오나, 험한 물결이 아득하여 빨리 나아가는데 방해가 되었습니다. 이런 까닭으로 삼가 행인行人 성은性恩을 보내어 글을 올립니다. 생각하건대, 성려聖慮의 슬퍼하심이나, 경상卿相[2]과 각로閣老들의 사모하며 고민함이 쉽사리 가실 수 없으리니, 답답히 앉아서 홀로 애만 탈 뿐입니다. 삼가 살펴주시기 바라오며, 나의 변변치 못한 정성을 미루어 성총聖聰께 아뢰옵기를 빕니다. 조그만 예물인 토산물을 별지別紙에 기록하오니, 수납하여 주시기 바랍니다. 또 조그만 예물은 뒤에 적사오니, 비록 변변하지는 못한 물건이지마는 전 대왕前王께 올리는 제공祭供[3]에 바치려 하는 것입니다. 이른바 진실로 밝고 참다운 마음이라면 시내와 늪에 있는 풀이나 빈번蘋蘩[4]·온조蘊藻[5]와 같은 채소라도 귀신께 올릴 수도 있고, 왕

---

1 구주탐제(九州探題) 삽천의준(澁川義俊)이다. 1부 「중요인물」 '삽천의준' 참조.
2 재상. 삼정승(三政丞)과 육판서(六判書).
3 제사에 이바지하는 일, 또는 물건.
4 개구리밥과 산흰쑥이라는 뜻으로, 변변하지 못한 제수(祭需)를 비유적으로 이르는 말이다.

공王公께 바칠 수도 있는 것입니다. 이로써 잠깐 신의만 표합니다. 조그만 예물은 소목蘇木[6] 1천 근斤, 서각犀角[7] 3개介, 곽향藿香[8] 40근, 정향피丁香皮[9] 20근, 유황硫黃 5천 근, 백반明礬[10] 4백 근, 절부折敷[11] 20매枚, 소향유蘇香油 2근, 금란金欄[12] 1단段, 감초甘草 20근, 주분朱盆[13] 2개, 당주唐朱[14] 1근이고, 제공祭供의 조그만 예물은 소면[15] 30근, 갈분葛粉[16] 15근, 침향沈香[17] 2근, 납거蠟炬[18] 50개, 온주귤溫州橘[19] 1천 개입니다"

하였다.

원의준이 또 예조에 글을 올려 사로잡혀 온 대마도 사람을 돌려보내기를 청하고, 인하여 토산물을 바쳤으니, 유황 2천 5백 근, 소목[20] 2천

---

5   온(蘊)은 붕어마름(붕어마름과의 여러해살이 풀), 조(藻)는 마름(바늘꽃과의 한해살이 수초)를 이르는 말로서, 빈번과 같이 '별 볼일 없는'의 뜻으로 쓰인 듯하다.

6   소방목(蘇枋木)·적목(赤木)·홍자(紅紫)라고도 한다. 목재의 부위에 따라 한약재와 염료로 사용한다. 열대 지역의 나무이며 조선에서는 나지 않아서 세종 대에는 9년간 7만 근을 수입하기도 하였다.

7   코뿔소의 뿔이다. 성질이 매우 차서 해열제나 해독제, 지혈제로 쓰인다. 우황청심원의 재료이기도 하다. 물소의 뿔(수우각(水牛角) 또는 색이 검어 오서각(烏犀角)이라 함)을 대용으로 사용하기도 한다.

8   쌍떡잎식물 통화식물목 꿀풀과의 여러해살이풀의 지상부를 말린 약재이다. 전국의 산에서 자라며 추위와 건조에도 강하여 재배하고 있고 방애잎, 중개풀, 방아풀이라 하여 어린잎을 추어탕 등 고기비린내 제거용으로 사용한다. 비위에 습이 정체되어 복부창만, 식욕부진, 메스꺼움, 구토, 설사 등을 치료하며, 소화장애를 동반한 감기, 여름철 식체로 인한 구토, 설사, 구취, 옴이나 버짐 등에 효과가 있다고 한다.

9   정향나무의 껍질로 중초(中焦)가 냉하여 배꼽 위가 아픈 증세, 설사, 치통을 치료하는 약재이다.

10 화산암 중의 명반석을 가공하여 얻는 약재로 매염제, 수렴제 등으로 쓰인다.

11 네모난 쟁반, 네 귀의 모를 죽인 것을 가쿠오시키(角おしき), 네모반듯한 것을 히라오시키(平おしき), 다리가 달린 것을 아시우찌오시키(足打おしき)라 한다.

12 비단천에 금박 혹은 금사로 문양을 만든 화려하고 아름다운 직물을 말한다.

13 붉은 색의 그릇을 말한다. 일본의 붉은 색 칠기일 것이다.

14 당 즉 중국에서 생산되는 붉은 색을 나타내는 염료로 생각된다.

15 흰 국수 면발을 뜻한다.

16 칡뿌리에서 얻은 녹말 가루를 말한다.

17 서향과에 속하는 상록성 교목인 침향과 백목향의 목재부분으로 기가 위로 치밀어 오르는 것을 내리고 중초(中焦)를 따뜻하게 하며 신장을 따뜻하게 하고 기를 끌어 들이는 효능이 있다.

18 밀랍으로 만든 초이다.

19 귤나무 과에 딸린 과수. 중국의 온주 지방이 원산지이며 감귤류 중 상품에 속한다.

근, 곽향²¹ 10근, 서각²² 2본本, 백단白檀²³ 30근, 향香 8근, 동銅 2백 근, 천궁川芎 30근, 파두巴豆²⁴ 30근, 육두구肉豆蔲²⁵ 20근이다. 성은性恩 등이 친히 드리기를 청하니, 정부政府에 의논하기를 명하였다. 영의정 유정현이 아뢰기를,

"다른 나라의 사람이 성심으로 올리니, 마땅히 객인客人으로 하여금 광효전廣孝殿의 뜰에 차례대로 서서 배례拜禮를 행하게 하고, 향을 피우고 술잔을 드리는 일은 집례관執禮官²⁶으로서 하게 할 것입니다"

라고 하니, 이에 따랐다.

1月 1日(癸未) 4번째 기사
예조 판서 김여지가 원의준이 보낸 서신에 답서하다

禮曹判書金汝知答義俊書曰, "專人 陳慰, 仍獻禮物及祭供, 深感厚意, 謹已啓納. 今因使回, 就付土宜, 緜布九百三十匹, 聊表謝忱."

---

20 소방목(蘇枋木)·적목(赤木)·홍자(紅紫)라고도 한다. 목재의 부위에 따라 한약재와 염료로 사용한다. 열대 지역의 나무이며 조선에서는 나지 않아서 세종 대에는 9년간 7만 근을 수입하기도 하였다.
21 쌍떡잎식물 통화식물목 꿀풀과의 여러해살이풀의 지상부를 말린 약재이다. 전국의 산에서 자라며 추위와 건조에도 강하여 재배하고 있고 방애잎, 중개풀, 방아풀이라 하여 어린잎을 추어탕 등 고기비린내 제거용으로 사용한다. 비위에 습이 정체되어 복부창만, 식욕부진, 메스꺼움, 구토, 설사 등을 치료하며. 소화장애를 동반한 감기, 여름철 식체로 인한 구토, 설사, 구취, 옴이나 버짐 등에 효과가 있다고 한다.
22 코뿔소의 뿔이다. 성질이 매우 차서 해열제나 해독제, 지혈제로 쓰인다. 우황청심원의 재료이기도 하다. 물소의 뿔(수우각(水牛角) 또는 색이 검어 오서각(烏犀角)이라 함)을 대용으로 사용하기도 한다.
23 단향과의 반기생(半寄生)의 상록 교목이다. 고급 향료의 재료이다.
24 동남아시아에서 자생하는 파두나무의 씨앗을 말한다. 급성 위장염, 급성 접촉성 피부염, 홍반, 화끈거림, 가려움 등을 동반하는 독성을 가지고 있다. 심한 설사를 일으키는 것으로 잘 알려져 있다.
25 쌍떡잎식물 미나리아재비목 육두구과의 상록활엽 교목의 열매로 향신료로 사용한다.
26 각종 의례에서 의례절차를 담당하는 관인이다.

又答書曰, "所獻禮物, 謹啓收訖. 所諭對馬人事, 具在前書, 今不更贅. 土宜縣布七百匹, 就付回人, 領納是幸."

예조 판서 김여지金汝知가 원의준[27]의 서신에 답하기를,

"사람을 보내어 위로의 글을 올리고 인하여 예물과 제공祭供을 바치니, 후의厚意에 깊이 감사하며 삼가 위에 아뢰어 바쳤습니다. 지금 사신이 돌아가는 편에 토산물인 무명綿布 9백 30필을 부쳐 사례하는 정성을 표합니다"

고 하였다. 또 답서에

"바친 바 예물은 삼가 위에 아뢰어 받아들였으며, 논한 바 대마도 사람에 관한 일은 앞의 서신에서 자세히 말하였으므로 지금 다시 말하지 않습니다. 토산물인 무명 7백 필을 돌아가는 사람에게 부쳐 보내니 받아주시면 다행이겠습니다"

라고 하였다.

1月 4日(丙戌) 4번째 기사
축주 평만경의 사인이 사사로 향을 올리기를 청하다

筑州平滿景使人表阿三甫羅欲私進香, 命議于政府. 領議政柳廷顯曰, "神不享非禮, 私進香不可, 宜却而不受." 從之.

축주筑州 평만경平滿景[28]의 사인使人 표아삼보라表阿三甫羅[29]가 사사로

---

27 도진(道鎭)은 삽천만뢰(澁川滿賴)의 계명(戒名)이고 삽천의준(澁川義俊)의 아버지로 구주탐제직을 의준에 물려주었다. 1부 「중요인물」 '삽천만뢰' 참조.

28 평만경(平萬景)이라고도 표기하며, 삽천만뢰((澁川滿賴)의 휘하이며 박다(博多) 석성(石城) 지역의 통교자이다. 축주(筑州) 석성부관사(石城府管事, 세종 1-6-1-4), 서해로(西海路) 민부소보(民部少輔, 세종 2-5-19-4), 축주부(筑州府) 석성현사(石城縣使) 민부소보(民部少輔, 세종 3-7-5-2), 원도진관하(源道鎭管下, 세종 5-9-28-2) 등으로 보인다.

이 향香을 드리고자 하니, 정부政府에 의논하도록 명하였다. 영의정 유정현이 아뢰기를,

"신神은 예의에 어긋난 것은 흠향歆享[30]하지 않으므로 사사로이 향을 올리는 것은 옳지 못하니, 마땅히 물리치고 받지 말아야 될 것입니다"

라고 하니, 이에 따랐다.

1月 4日(丙戌) 5번째 기사
유구국 사신으로 칭하는 사람이 예물을 올리고자 했으나 서계·도서가 가짜이므로 물리치다

有稱琉球國使送人將土物來進, 其書契圖書, 皆非琉球國. 命議于政府, 左議政李原曰, "書契圖書客人, 皆非琉球, 所進禮物, 宜却而勿受." 從之.

유구국琉球國의 사신이라고 일컫는 사람이 토산물을 가지고 와서 바쳤는데, 그 서계書契[31]와 도서圖書가 모두 유구국의 것이 아니었다. 정부에 의논하기를 명하니, 좌의정 이원李原이 아뢰기를,

"서계書契·도서圖書와 객인客人이 모두 유구국 것이 아니니, 바친 예물을 마땅히 물리치고 받지 말아야 될 것입니다"

라고 하므로, 이에 따랐다.

---

29 훗날 대마도 도주 종정성의 사인으로 등장한다(세종 21-6-6-1). 일본인명 병위삼랑(兵衛三郞, 효에사브로)을 음가로 표기한 것으로 생각된다.
30 신명이 제사를 통해 바친 술과 음식을 먹고 즐거워 하는 것이다.
31 조선시대에 조선과 대마도 및 일본 각지의 통교자와 주고받은 공식 외교문서를 말한다.

1月 5日(丁亥) 3번째 기사

병조가 경상좌도 각포에서 비도거선을 만들어 임기응변할 것을 아뢰다

兵曹啓, "鼻居刀船【小船輕疾者, 俗謂之鼻居刀.】 隨大船行使便

利, 亦令慶尙左道各浦 輕快造作, 臨機應變." 從之.

병조에서 아뢰기를,

"비거도선鼻居刀船【작은 배로서 가볍고 빠른 것을 민간에서 비거도

라고 이른다】은 큰 배를 따라 운용하기 편리하니, 또한 경상좌도 각 포

浦로 하여금 가볍고 빠르게 만들어 그때 그때의 상황에 따라 변란에 대

응하게 하소서"

라고 하니, 이에 따랐다.

1月 12日(甲午) 4번째 기사

일본국의 사람이 와서 토산물을 바치다

日本國日向·大隅·薩摩三州太守源朝臣久豐使人來獻土物, 硫黃

三千觔, 大刀十箇, 金襴一段, 犀角二本, 白檀香十觔, 沈香十觔, 白鏔十

觔, 甘草十觔, 蘇木一千觔, 扇子二十本, 命饋之. 禮曹判書金汝知答久

豐書曰, "善繼令兄通好, 欣慰殊深. 所獻禮物, 謹已啓納. 不腆土宜緜

布五百四十匹, 就付回人." 久豐, 元久之弟也.

일본국의 일향日向32·대우大隅33·살마薩摩34 세 주州의 태수太守 원조

---

32 일향국(日向國)으로 현재 일본 구주 지역 미야자키현(宮崎縣)의 지역에 대한 고대 이래의 명
    칭이다.
33 대우국(大隅國)으로 현재 일본 구주 지역 가고시마현(鹿兒島縣)의 서반부에 대한 고대 이래
    의 명칭이다.
34 살마국(薩摩國)으로 현재 일본 구주 지역 가고시마현(鹿兒島縣)의 동반부에 대한 고대 이래
    의 명칭이다.

신원조신^{朝臣}[35] 원구풍^{源久豊}[36]이 사람을 시켜 와서 토산물, 유황^{琉黃} 3천 근, 큰 칼^{大刀} 10개, 금란^{金欄} 1단, 서각^{犀角}[37] 2본, 백단향^{白檀香}[38] 10근, 침향^{沈香}[39] 10근, 백예^{白銳} 10근, 감초^{甘草} 10근, 소목^{蘇木} 1천 근, 부채^{扇子} 20자루를 바치니, 그들을 접대하도록 명하였다. 예조 판서 김여지^{金汝知}가 구풍^{久豊}의 서신에 답하기를,

"영형^{令兄}[40]의 뜻을 잘 계승하여 통호^{通好}하니 매우 기쁩니다. 바친 예물^{禮物}은 삼가 이미 위에 아뢰어 받아들였습니다. 변변하지 못한 토산물인 면포^{緜布} 5백 40필을 돌아가는 사람에게 부쳐 보냅니다"

라고 하였다. 구풍^{久豊}은 원구^{元久}[41]의 아우이다.

---

35 조신(朝臣)은 아손(あそん)이라고 읽으며, 천무천황 때에 정한 8종류의 성(性) 중에 두 번째에 해당한다. 이 시대에는 무사들이 원평등귤(源平藤橘) 즉 원(源)·평(平)·등원(藤原)·귤(橘) 씨의 후손이라고 자처하는 경우가 많았다.

36 일향(日向)·대우(大隅)·살마(薩摩)의 수호대명(守護大名)인 도진구풍(島津久豊, 1375~1425)이다. 도진씨의 8대 당주이며, 도진씨구(島津氏久)의 아들이고 원구(元久)의 아우이다. 아들로는 충국(忠國)·용구(用久)·계구(季久)·유구(有久)·풍구(豊久)가 있다.

37 코뿔소의 뿔이다. 성질이 매우 차서 해열제나 해독제, 지혈제로 쓰인다. 우황청심원의 재료이기도 하다. 물소의 뿔(수우각(水牛角) 또는 색이 검어 오서각(烏犀角)이라 함)을 대용으로 사용하기도 한다.

38 단향나무의 심재 부분으로 맑은 향이 난다. 나무의 표면이 흰 것은 백단, 황색인 것을 황단, 자색이 나는 것을 자단이라고 하는데, 나무가 단단하고 무거우며 짙은 향기가 나는 것을 백단이 으뜸이라고 한다.

39 서향과에 속하는 상록성 교목인 침향과 백목향의 목재부분으로 기가 위로 치밀어 오르는 것을 내리고 중초(中焦)를 따뜻하게 하며 신장을 따뜻하게 하고 기를 끌어 들이는 효능이 있다.

40 서간문에서 상대의 형을 높여 이르는 말로, 여기서는 도진원구(島津元久)를 말한다.

41 도진씨(島津氏) 7대 당주(當主, 1363~1411)이며 대우(大隅) 일향(日向) 살마(薩摩)의 수호(守護)로서 구주 남부 지역의 대표적인 수호대명(守護大名)이었다. 영국(領國) 내의 국인(國人)의 피관화(被官化)를 꾀하여 내부의 지배력을 강화하는 한편, 조선 명 유구와의 무역에도 힘썼다. 그러나 이미 도진원구는 사망한 시기이므로, 위사(僞使)로 생각된다.

요망스런 말을 한 선군 이용을 형률대로 다스리게 했다가 놓아 주다

忠州住船軍李龍爲妖言云, "吾常念阿彌陁佛, 一日行至陰城地 迦葉寺洞, 高聲念佛, 忽聞空中有聲, 立而審聽, 有以微聲謂予曰, '汝有何願, 如此念佛而行? 仰視黃白黑三色雲中有圓孔, 其間三佛共坐, 皆白色. 予惶恐, 退跪叢樸中, 合掌答云, '吾無他願, 家遭疫厲, 嚴親歿逝, 家貧乞食. 止願年豐國泰民安念佛耳.' 佛答云, '近年風雨不調, 禾穀不登, 只緣自東方對馬島來鬼人之所致, 饋餉送還則可致年豐. 又東方來回回生佛, 九月十月十一月三朔巡行我土, 若造此佛形像, 水陸有變, 或射或打, 則國家太平. 又來正月初一十五日, 用生米一器食一器祭天, 則國主成佛, 臣下皆遊佛境快樂.' 吾聞此言, 欲更跪, 動搖叢木, 雄雉二雌雉一, 自叢木中高飛直上. 更仰見, 雲中圓孔合, 佛形掩閉, 雲中有言, '汝不及時啓達, 此言無驗. 三四月旱, 五六月有水災.' 俄而其三色雲直上迦葉山頭而散." 下義禁按律, 尋命除論罪放送.

충주忠州에 사는 선군船軍 이용李龍이 요망스런 말을 하기를,

"내가 늘 아미타불阿彌陀佛을 염송念誦했는데, 어느 날 음성陰城 땅의 가섭사迦葉寺 골짜기에 이르러 높은 목소리로 염불念佛하였더니, 문득 공중에서 소리가 들리므로, 서서 자세히 들으니, 가는 소리로 나에게 이르기를, '네가 무슨 소원이 있기에 이와 같이 염불을 하면서 다니느냐'고 하였다. 우러러 쳐다보니 황색·백색·흑색 세 가지 색깔의 구름 속에 둥근 구멍이 있고, 그 사이에 세 부처가 함께 앉았는데, 모두 흰색이었다. 나는 몹시 두려워서 물러나 초목이 우거진 속에 꿇어앉아 합장合掌하여 답하기를, '나는 다른 소원은 없고, 집에서 역병을 만나 아버지가

돌아가셨으며, 집이 가난하여 밥을 빌어먹게 되었습니다. 다만 풍년이 들어 나라가 태평하고, 백성이 편안하기를 원하여 염불念佛할 뿐입니다' 라고 하였다. 부처가 대답하기를, '근년에 바람과 비가 고르지 않고, 곡식이 풍년이 들지 않는 것은 다만, 동방 대마도에서 온 귀인鬼人 때문이니, 대접하여 돌려보내면 풍년이 될 것이다. 또 동방에서 온 회회 생불回回生佛이 9 · 10 · 11월의 석 달 동안 우리 국토國土를 돌아다닐 것이니, 만약 이 부처의 형상을 만들어 물에서나 육지에서나 변變이 있거든, 혹은 (부처를) 쏘기도 하고, 혹은 (부처를) 때리기도 한다면, 국가가 태평할 것이다. 또 오는 정월 초하룻날과 15일에 생쌀 한 그릇과 음식 한 그릇으로 하늘에 제사지내면, 나라의 임금은 부처가 되고, 신하들은 모두 부처가 있는 곳에 노닐어 쾌락하게 될 것이라'고 하였다. 나는 이 말을 듣고 다시 꿇어앉으려고 하니, 우거진 숲이 흔들리며 장끼 두 마리와 까투리 한 마리가 그 속에서 높이 날아 곧바르게 올라갔다. 다시 쳐다보니, 구름 속에 둥근 구멍이 합해지고 부처의 형체가 가리워지며 구름 속에서 말이 들리기를, '네가 시기에 맞추어 위에 아뢰지 않으면, 이 말이 증험이 없을 것이다. 3, 4월에는 가물고, 5, 6월에는 수재水災가 있을 것이다'라고 하더니, 조금 후에 그 세 가지 색깔의 구름이 바로 가섭산迦葉山 꼭대기로 올라가 흩어졌다"

고 하였다. 의금부에 내리어 형률대로 다스리게 했다가 조금 후에 논죄는 하지 말고 놓아 보내라고 명하였다.

1月 12日(甲午) 7번째 기사
일본국 축주 관사 평만경이 토산물을 바치다

日本國筑州管事平滿景使人獻土物, 命饋之. 其書曰, "滿景承先考
皇帝登遐, 初聞仰天痛哭, 投地泣血. 大失庇麻, 不幸無大於此焉. 仰惟
盡傷, 使平三郎左衛門奉書告哀, 伏願聞達. 小禮土宜, 龍腦五十錢,
(目)蘇香油二觔, 唐朱二觔, 黃練緯二匹, 硫黃二千觔, 藿香十觔, 麒麟
血二觔, 甘草二十觔, 扇子二十把."

禮曹參議柳衍之答書曰, "專人陳慰, 深感深感. 所獻禮物, 謹已啓
納. 今將土宜緜布四百七十匹, 就付回人."

일본국의 축주 관사筑州管事 평만경平滿景[42]이 사람을 시켜 토산물을

바치니, 그를 접대하라고 명하였다. 그 서신書信에,

"만경滿景은 선고 황제先考皇帝가 돌아가셨다는 말을 처음 들었을 적에

하늘을 우러러보고 통곡했으며 땅에 몸을 던져 울었습니다. 크게 의지

할 곳을 잃었으니, 불행한 일이 이보다 더 큰 것이 없었습니다. 우러러

마음을 상하여 평삼랑좌위문平三郎左衛門으로 하여금 글을 받들어 슬픔

을 고하오니, 삼가 아뢰어 주시기를 원합니다. 조그만 예물禮物로 올리

는 토산물은 용뇌龍腦[43] 50전목錢目, 소향유蘇香油 2근, 당주唐朱 2근, 황련

위黃練緯[44] 2필, 유황硫黃 2천 근, 곽향藿香[45] 10근, 기린혈麒麟血[46] 2근, 감

42 1부「중요인물」, '평만경' 참조.
43 용뇌향과의 용뇌향의 수간창구에서 흘러나온 수지 또는 수간과 가지를 썰어 수증기 증류하
    여 얻은 백색의 결정체이다.
44 연위(練緯)는 숙사(熟絲)를 씨실로 하고 생사를 날실로 해서 짠 비단을 뜻하는 것으로 보아
    황색 비단으로 추측된다.
45 쌍떡잎식물 통화식물목 꿀풀과의 여러해살이풀의 지상부를 말린 약재이다. 전국의 산에서
    자라며 추위와 건조에도 강하여 재배하고 있고 방애잎, 중개풀, 방아풀이라 하여 어린잎을 추
    어탕 등 고기비린내 제거용으로 사용한다. 비위에 습이 정체되어 복부창만, 식욕부진, 메스꺼
    움, 구토, 설사 등을 치료하며. 소화장애를 동반한 감기, 여름철 식체로 인한 구토, 설사, 구취,

초^{甘草} 20근, 부채^{扇子} 20자루를 바칩니다"라고 하였다. 예조 참의 유연지柳衍之가 답서하기를,

"사람을 보내어 위문^{慰問}하니 깊이 감사합니다. 바친 예물은 삼가 이미 위에 아뢰어 받아들였습니다. 지금 토산물인 면포^{緜布} 4백 70필을 돌아가는 사람에게 부쳐 보냅니다"
라고 하였다.

1月 12日(甲午) 8번째 기사
창녕 부원군 성석린의 졸기

(…前略…) 庚申夏, 倭賊入升天府, 幾陷京城. 時, 石璘爲元帥, 楊伯淵偏將. 諸將見賊鋒銳甚, 欲退渡橋, 石璘獨決策曰, "若過此橋, 人心貳矣, 不若背橋一戰." 諸將從之, 人皆殊死戰, 賊果失利而遁. (…下略…)

(…전략…) 경신년 여름에 왜적이 승천부^{升天府}에 들어와서 서울을 거의 함락시킬 뻔하였는데, 이 때 석린은 원수元帥가 되고, 양백연楊伯淵은 편장偏將이 되었다. 여러 장수들은 적의 선봉先鋒이 매우 날랜 것을 보고는 물러가서 다리를 건너고자 하였으나, 석린이 홀로 계책을 결정하여 말하기를,

"만약 이 다리를 지나간다면, 사람들의 마음이 이반^{離叛}될 것이니, 다리를 등지고 한번 싸우는 것이 좋겠다"
라고 하니, 여러 장수들이 그 말에 따라, 사람이 모두 죽을 힘을 내어 싸우니, 적이 과연 이기지 못하고 도망하였다. (…하략…)

　 옴이나 버짐 등에 효과가 있다고 한다.
46　 용혈수의 열매에서 짜낸 나뭇진. 착색제나 방식제 따위로 쓴다.

1月 14日(丙申) 3번째 기사

사직 정숭립 등이 왜적 잡는 계책을 진술하다

司直鄭崇立等陳捕倭之策, "一, 戰艦間於海中捉魚船, 誘致海寇, 水陸
伏兵, 挾攻捕之. 一, 令都萬戶加造輕快船, 搜探諸島. 一, 濟州貢船出來
時, 預先相通, 萬戶將輕快船, 巡行守護." 命尹得民依此臨機應變.

사직司直[47] 정숭립鄭崇立 등이 왜적을 잡는 계책을 진술했는데,

"1. 전함戰艦이 바다에 있는 고기잡는 배들 가운데에 끼어 있으면서
왜구海寇를 꾀어내어, 수륙水陸 복병伏兵으로 협공하여 잡는 것이요,

2. 도만호都萬戶[48]로 하여금 경쾌한 배를 더 만들어 여러 섬을 수탐搜探
하게 할 것이요,

3. 제주濟州의 공선貢船[49]이 나올 때에 미리 서로 통하게 하고 만호萬戶가
경쾌한 배를 타고 순행巡行하면서 수호守護하게 할 것입니다"

라고 하였다. 윤득민尹得民[50]에게 명하여 이 계책에 따라 임기응변臨機應變
하게 하였다.

1月 17日(己亥) 4번째 기사

판좌군도총제부사 김남수의 졸기

判左軍都摠制府事金南秀, 是月甲午, 卒于忠淸道定山縣私第, 訃
聞, 輟朝三日, 遣內史弔之, 賜賻紙一百卷·燭十條. 南秀, 延安府人, 高
麗密直副使乙珍之子. 恭愍王朝, 初授玄化寺眞殿直, 累遷至少府尹,

---

47 조선 때 오위(五衛)에 속하던 정5품의 벼슬이다.
48 각 도(道)의 수군(水軍)을 거느리던 종3품의 무관 벼슬이다.
49 각 지방의 공물을 실어 나르는 배이다.
50 오위(五衛)의 종3품 벼슬인 대호군(大護軍)직을 지냈다.

出爲洪州牧使, 拜戶曹判書. 我太祖開國, 授蓴堤等處兵馬使, 歷吏禮兵刑曹典書·中軍同知摠制, 出爲忠淸道都節制使, 陞左軍都摠制. 又出爲吉州道都按撫察理使, 入判恭安府事, 尋知議政府事·工曹判書, 陞判中軍都摠制府事, 移判左軍. 南秀少有雄勇之名, 屢立戰功, 同列有過, 面罵無忌. 常戒子孝誠等曰, "予以不才, 遭遇聖明, 位躋一品, 爾亦蒙恩, 登名仕版, 難以報效." 歲在己亥, 孝誠赴征對馬島, 南秀臨別語曰, "勿以病父爲憂, 要當努力報國." 壬寅, 孝誠在慶源, 又與書勉之. 及老, 罷歸定山縣舊業, 至是卒, 年七十有四. 官庀葬事. 諡莊襄, 勝敵志強莊, 甲胄有勞襄. 子孝誠·孝忠.

판좌군도총제부사判左軍都摠制府事 김남수金南秀가 이달 갑오甲午에 충청도 정산현定山縣의 사제私第에서 졸卒하였다. 부음이 위에 들리니, 3일 동안 조회를 폐하고, 내사內史를 보내어 조상弔喪하고 부의賻儀로 종이 1백 권과 초 10자루를 내렸다. 남수는 연안부延安府 사람이니, 고려의 밀직 부사密直副使 김을진金乙珍의 아들이다. 공민왕 때에 처음으로 현화사 진전玄化寺眞殿의 전직殿直에 임명되어 여러 번 벼슬을 옮기어 소부윤少府尹에 이르렀다. 나가서 홍주 목사洪州牧使가 되었다가 호조 판서에 임명되었다. 우리 태조가 나라를 세우매, 순제蓴堤 등지의 병마사兵馬使에 임명되었다. 이조·예조·병조·형조의 전서典書와 중군 동지총제中軍同知摠制를 거쳐, 나가서 충청도 도절제사忠淸道都節制使가 되어 좌군 도총제左軍都摠制에 승진되었다. 또 나가서 길주도 도안무 찰리사吉州道都安撫察理使가 되었다가 들어와서 판공안부사判恭安府事에 임명되고, 조금 후에 지의정부사知議政府事·공조 판서가 되고, 판중군도총제부사判中軍都摠制府事로 승진되었다가 판좌군判左軍으로 옮겨졌다. 남수는 젊을 때부터 뛰어나게 용감하다는 명성이 있어 여러 번 전공戰功을 세웠으며, 동렬同列이 허물이 있으면, 대면對面하여 꾸짖고 꺼리는 것이 없었다. 항상 아들 김효성金孝誠 등에게 경계하기를,

"나는 재주가 없는 사람으로서 밝은 임금을 만나 직위가 1품에 올랐으며, 너도 또한 은혜를 입어 이름이 사판仕版에 올랐으니, 은혜를 갚기가 어렵겠다"

라고 하였다. 기해년에 김효성이 대마도 정벌에 나가니, 남수가 떠나보내는 말로

"병든 아비의 일은 근심하지 말고 마땅히 노력하여 나라의 은혜를 갚아야 될 것이다"

라고 하였다. 임인년에 김효성이 경원慶源에 있었는데, 또 글을 보내어 면려勉勵시켰다. 그가 늙으매, 벼슬을 그만 두고 정산현定山縣의 구업舊業에 돌아갔는데, 이때에 와서 돌아가니, 나이 74세였다. 관에서 장사葬事를 다스리고 장양莊襄이라 시호諡號를 내렸으니, 적에게 이기고 뜻이 강한 것을 장莊이라 하고, 전쟁에서 공로가 있는 것을 양襄이라 한다. 아들은 김효성과 김효충金孝忠이다.

1月 20日(壬寅) 5번째 기사
일본 회례사의 행차에 금한 물건을 수검하도록 하다

禮曹據慶尙道監司關啓, "日本國回禮使行次, 緣無防禁, 依式物件外, 雜物與禁物, 潛隱濫持, 恣行買賣, 埋沒士風. 請自今回禮使行次, 差官搜檢." 命依啓施行, 只搜檢禁物.

예조에서 경상도 감사의 관문關文에 의거하여 아뢰기를,

"일본국 회례사回禮使의 행차行次가 방금防禁[51]이 없는 것을 빌미로, 규정에 의거한 물건 외에 잡물雜物과 금물禁物을 몰래 숨겨 함부로 가지고 가서 마음대로 매매賣買하여, 선비의 기풍氣風을 매몰埋沒시킵니다. 지금부터는 회례사의 행차에 관원을 보내어 수검搜檢하게 하소서"

라고 하니, 아뢴 대로 시행하되 다만 금물만 수검하도록 명하였다.

1月 21日(癸卯) 5번째 기사
전라도 감사가 병선 정박 위치를 옮기도록 아뢰다

全羅道監司啓, "道內進禮梁兵船移泊于內禮梁, 與巨濟西面平山浦兵船相對, 烟火相望, 鼓角相聞, 禦敵爲便." 從之.

전라도 감사가 아뢰기를,

"도내道內 진례량進禮梁[52]의 병선兵船을 내례량內禮梁[53]으로 옮겨 정박停泊시켜, 거제巨濟 서면西面 평산포平山浦[54]의 병선과 서로 마주보게 하여,

---

51 못 하게 막아서 금함을 말한다.
52 녹도과 돌산 사이에 있던 수군진으로 생각된다(세종 3-7-21-3). 지금의 여수시 삼일동 신덕포와 낙포로 추정하는 견해가 있다. 신덕포로 추정하는 이유는 지금의 삼일동 상암(진례)을 중심으로 앞에는 백도가 있고 조석이 빨라 앞을 막아주고 만입이 발달하고 조망이 좋기 때문이다. 낙포는 진례량이 남해도의 평산포 만호진과 마주보지 않으므로 내례포로 옮겼다고 하였기 때문이다(『디지털여수문화대전』-진례만호진).『세종실록』의 기록 순서와 평산포가 보이지 않는다는 점에서는 현재 여수시청 일대일 가능성이 있다. 이곳에 군장(軍藏)이라는 지명이 남아 있다.
53 『세종실록』 지리지에 "관내의 만호가 여덟이니, 내례가 순천부 남쪽 머포에 있으며, 중선 6척, 별선 6척과 군사 766명과 사공 6명을 거느린다(掌內萬戶八 內禮 在順天府南旀浦 領中船六艘 別船六艘 軍七六六名 梢工六名)"고 하였다. 이는 내례진이 머포에 주둔하고 있었음을 말해준다. 수군진의 이름과 포구의 이름이 일치하지 않는 경우는 옮겨 주둔하는 경우가 많다. 머포는 현재 대경도와 소경도와 위치한 국동 일대로 보고 있으며, 내례진을 따로 여수시 군자동 동산동 관문동 고소동 중앙동의 남쪽에 인접한 해안 즉 여수 구항으로 보는 견해가 있다. (『디지털여수문화대전』-내례만호진)

연화烟火[55]로써 서로 바라보고, 고각鼓角[56]으로써 서로 들리게 하면, 적군을 막는 데 편리할 것입니다"

라고 하니, 이에 따랐다.

1月 24日(丙午) 3번째 기사

사사로이 온 일본 사신을 돌려보내다

禮曹啓, "日本左衛門大郎於慶尙道水軍處置使都鎭撫處, 送書贈物. 人臣義無私交, 勿受送還." 從之.

예조에서 아뢰기를,

"일본의 좌위문대랑左衛門大郎[57]이 경상도 수군 처치사 도진무처慶尙道水軍處置使都鎭撫處에 사신을 보내어 물건을 보내왔습니다. 신하는 의리상 사사로이 교제할 수 없으니 받지 말고 돌려보낼 것입니다"

라고 하니, 이에 따랐다.

1月 28日(庚戌) 8번째 기사

일본의 원재에게 도서를 내리다

日本源才呈書于禮曹, 請圖書, 命造給圖書二.

일본의 원재源才[58]가 예조禮曹에 서신을 바치고 도서圖書를 청하므로,

---

54 현재 경상남도 남해군 남면 평산리이다. 남해도의 서쪽 해안에 자리하고 있다.

55 연기와 불이라는 뜻이다. 봉수대에서 낮에는 연기로 밤에는 불로 신호를 보내는 것이다.

56 북과 나팔이라는 뜻이다. 봉수대에서 날씨가 흐리거나 비가 오면 북과 나팔로 신호를 보냈다.

57 대마도 두지포(頭地浦, 土寄, 쯔찌요리)에 거점을 둔 왜구의 우두머리로 조전좌위문태랑(早田左衛門太郎)이다. 1부 「중요인물」'좌위문태랑' 참조.

58 일본의 선승으로 후에 양주 회암사(檜巖寺)에서 숨을 거두고, 이에 왕이 고을에 장사비용을 부담케 하고 전(奠)을 드리도록 명하였다고 한다. 세종 5년(1423) 10월 22일 1번째 기사 '원재' 참고.

도서 두 개를 만들어 주도록 명하였다.

1月 28日(庚戌) 9번째 기사
일본 구주 총관 원도진이 서신을 보내 종을 청구하고, 준수 태수 원성이
예물을 바치다

日本國前九州摠管源道鎭修書于禮曹, 謝還被虜人口, 兼求佛寺鍾.
仍獻硫黃五千觔·丹木五百觔·甘草五十觔·犀角二本·花磁酒器
二·象牙藥器二·枇杷栽五本·枇杷葉五觔. 禮曹判書金汝知答書曰,
"所諭梵鍾, 本不多有, 曩因貴國諸鎭求去殆盡, 未能塞請. 土宜正布一
千四百五十匹, 付回人."

駿州太守源省修書禮曹陳慰, 獻禮物, 硫黃六千觔·犀角八本·丹
木五百觔·恭奠白檀四觔三兩·胡椒二觔·丹木一百觔. 禮曹佐郎成
念祖答書曰, "專人陳慰, 且修進香之禮, 爲感殊深. 土宜正布一千一
十匹, 付回价."

肥州太守源昌淸修書于禮曹陳慰, 獻禮物, 藿香一十觔·丁香皮一
十觔·大黃一十觔·黃耆五觔·膽礬一觔·犀角一本·澤瀉一十觔·
銅二百觔·蘇木五百觔·磁白磁羅三百介·磁白小鉢一十介·大刀
二把·硫黃二千觔. 禮曹參議柳衍之答書曰, "專人陳慰, 兼獻禮物, 謹
已啓納. 土宜正布四百匹, 聊表謝忱."

일본국의 전前 구주 총관九州摠管 원도진源道鎭[59]이 예조에 서신을 보내
어 사로잡힌 인구人口를 돌려준 데 대하여 사례하고, 겸해 불사종佛寺鍾[60]

---

59 전 구주탐제(九州探題) 삽천만뢰(澁川滿賴)이고 원의준(源義俊, 澁川義俊)의 아버지이다. 1
부 「중요인물」 '원도진' 참조.

을 청구하였다. 인하여 유황硫黃 5천 근, 단목丹木[61] 5백 근, 감초甘草 50근, 서각犀角[62] 2본本, 화자주기花磁酒器[63] 2개, 상아象牙로 만든 약그릇 2개, 비파재枇杷栽[64] 5본本, 비파엽枇杷葉[65] 5근을 바쳤다. 예조 판서 김여지金汝知가 그 서신에 답하기를,

"말씀하신 범종梵鍾은 본디 많이 있지 않은 것인데, 지난번에 귀국의 여러 진鎭에서 구해가서 거의 없어졌으므로, 청구한 대로 들어 줄 수 없게 되었습니다. 토산물인 정포正布[66] 1천 40백 50필을 돌아가는 인편에 부쳐 보냅니다"

라고 하였다. 준주[67] 태수駿州太守 원성源省[68]이 예조에 사신을 보내어 위로하고 예물禮物을 바쳤으니, 그 예물은 유황硫黃 6천 근, 서각犀角 8본, 단목丹木 5백 근이고, 제물恭奠백단白檀 4근 3냥쭝, 호초胡椒[69] 2근, 단목丹木 1백 근이었다. 예조 좌랑禮曹佐郞[70] 성염조成念祖[71]가 그 서신에 답하기를,

---

60 절에서 사용하는 범종(梵鐘)을 말한다.
61 소방목(蘇枋木)·적목(赤木)·홍자(紅紫)라고도 한다. 목재의 부위에 따라 한약재와 염료로 사용한다. 열대 지역의 나무이며 조선에서는 나지 않아서 세종 대에는 9년간 7만 근을 수입하기도 하였다.
62 코뿔소의 뿔이다. 성질이 매우 차서 해열제나 해독제, 지혈제로 쓰인다. 우황청심원의 재료이기도 하다. 물소의 뿔(수우각(水牛角) 또는 색이 검어 오서각(烏犀角)이라 함)을 대용으로 사용하기도 한다.
63 주기(酒器)는 술그릇을 뜻하므로, 꽃무늬로 장식된 사기 술그릇이라 추측된다.
64 비파나무의 묘목이다. 비파나무는 약재로 다양하게 사용된다.
65 비파나무의 잎을 말려 만든 약재이다. 진해·거담의 약효가 있다.
66 품질이 좋은 베. 조선 때 관리의 녹봉으로 주던 오승마포(五升麻布)를 달리 일컫던 말.
67 준하국(駿河國)을 말한다. 현재의 시즈오카현(靜岡縣) 오이 강 좌안의 중부와 북동부에 해당한다.
68 북구주 서단의 전평(田平)을 근거로 한 세력의 우두머리로 준주태수(駿州太守, 駿河國의 國守)를 자칭하였다. 준하국(駿河國) 지역을 다스리는 장관이라는 뜻으로 무가관위이다.
69 인도 남부가 원산지인 후추나무의 열매이다.
70 조선시대 육조의 정6품 관직으로 정랑(正郞: 正五品)의 다음이다.
71 본관은 창녕(昌寧). 자는 자경(子敬). 부원군 여완(汝完)의 증손으로, 사헌부감찰·사간원정언·사헌부지평(司憲府持平), 이조·예조의 정랑, 사헌부의 장령(掌令)·집의를 지내고, 승정원의 동부승지와 도승지를 거쳐 이조참판, 외관으로 경상도관찰사, 병조·형조의 참판, 한성부판사, 개성부유수에 올랐으나 말년에 병으로 사임하고 지중추원사에 임명되었다.

"사람을 보내어 위로하고, 또 향香을 올리는 예禮를 차리니 매우 감사합니다. 토산물인 정포正布 1천 10필을 돌아가는 인편에 부칩니다"

라고 하였다.

비주[72] 태수肥州太守 원창청源昌淸[73]이 예조에 글을 보내어 위로하고 예물을 바쳤으니, 곽향藿香[74] 10근, 정향피丁香皮[75] 10근, 대황大黃[75] 10근, 황기黃耆[76] 5근,·담반膽礬[77] 1근, 서각犀角 1본本, 택사澤瀉[78] 10근, 동銅 2백 근, 소목蘇木[79] 5백 근, 자백자라磁白磁羅[80] 3백 개, 자백소발磁白小鉢[81] 10개, 대도大刀 2자루, 유황硫黃 2천 근이었다. 예조 참의 유연지柳衍之가 그 서신에 답하기를,

"사람을 보내어 위로하고 겸하여 예물禮物까지 바치니, 삼가 이미 위에 아뢰어 받아들였습니다. 토산물인 정포正布 4백 필로 사례를 표합니다"

---

72 구주(九州) 중 비전(肥前)과 비후(肥後)를 아우르는 말이다.

73 원창청은 길견원창청(吉見源昌淸)으로도 보이므로, 길견씨(吉見氏)이고, 길견씨는 구주탐제(九州探題) 삽천씨(澁川氏)의 피관(被官)이다. 1부 「중요인물」 길견창청 참조.

74 쌍떡잎식물 통화식물목 꿀풀과의 여러해살이풀의 지상부를 말린 약재이다. 전국의 산에서 자라며 추위와 건조에도 강하여 재배하고 있고 방애잎, 중개풀, 방아풀이라 하여 어린잎을 추어탕 등 고기비린내 제거용으로 사용한다. 비위에 습이 정체되어 복부창만, 식욕부진, 메스꺼움, 구토, 설사 등을 치료하며. 소화장애를 동반한 감기, 여름철 식체로 인한 구토, 설사, 구취, 옴이나 버짐 등에 효과가 있다고 한다.

75 마디풀과의 여러해살이풀 대황류의 뿌리로 만든 한약재이다. 몸 속의 열과 독을 배출시켜, 장과 위를 세척한다.

76 기혈을 보충하고 염증을 치료하며 면역을 강화하고 혈압을 낮추는 등 다양한 효능이 있는 것으로 알려져 있으나, 음기가 부족한 체질을 가진 사람에게는 금기시되는 약재이다.

77 황산동으로 이루어지는 광물이다.

78 택사과에 딸린 여러해살이풀. 약재로 쓰기 위하여 재배하는데, 뿌리줄기는 한방에서 이뇨제·수종·임질에 약으로 쓴다.

79 소방목(蘇枋木)·적목(赤木)·홍자(紅紫)라고도 한다. 목재의 부위에 따라 한약재와 염료로 사용한다. 열대 지역의 나무이며 조선에서는 나지 않아서 세종 대에는 9년간 7만 근을 수입하기도 하였다.

80 미상. 자백(磁白)은 흰 사기, 라(羅)는 얇은 견직물을 뜻한다고 하여 사기 재질의 얇은 그릇의 한 종류로 추정된다.

81 사기로 만들어진 작은 그릇이다.

라고 하였다.

좌위문대랑이 사람을 시켜 토산물을 바치고, 소조하상가·원도진 등이 글
을 올리다

左衛門大郎使人獻土物. 小早河常嘉使人上禮曹書曰, "承先考皇
帝登仙, 初聞悲駭, 至忘飮食. 想聖躬孝履戀哀之極, 坐感于懷. 海路
渺然, 不能躬拜素幃, 無處乎逃罪. 是故差使行人釋祖禪奉書閣下, 伏
願聞達. 今春奉書使回告曰, '甚受厚慰.' 幷所付珍貺, 不堪欣喜者也.
不腆小禮, 香七十觔, 水牛角八本, 蘇木五百觔, 白練緯一段, 陳皮八
十觔, 芭豆十觔, 當歸二觔, 常山五觔, 連翹二觔, 麒麟血二觔, 硫黃二
千觔."

禮曹佐郎成念祖答書曰, "專人陳慰深感. 土宜五升布三百八十匹,
以謝厚意."

源道鎭修書于禮曹, 仍獻藿香五十觔·蓬莪木二十觔·白檀三十七
觔·胡椒十觔·白芷二十觔·黃芩二十觔·丁香皮二十觔·草果二
觔·縮砂十觔·附子一觔·唐絲三觔·枇杷葉二十觔·白鷄二十觔·
蘇木一千觔·象牙三十觔·硫黃三千觔, 回賜正布七百六十匹.

源道鎭又書曰, "伏惟, 皇考皇帝聖文懸日月之曜, 神武震雷霆之
威, 允是百王之宗, 足爲萬世之法. 仁浹于寓內, 義溢于異邦. 是以,
我國君深修隣交之好, 數憑通禮之使, 有年于玆, 音耗不絶, 每知康
安, 以祝以禱. 承登仙, 不知所措, 如喪考妣, 況於聖睿乎? 遂使行人

通信, 往代拜禮之儀, 海路渺茫, 枉賜尊恕. 不腆土宜, 載在別箋." 丹木三百觔, 槍子二十本, 硫黃一千五百斤. 回賜五升布二百六十匹.

左衛門大郎修書于政府, 獻土宜, 丹木一千觔·硫黃九千觔, 回賜正布一千二百二十匹.

좌위문대랑左衛門大郎[82]이 사람을 시켜 토산물을 바쳤다. 소조하상가小早河常嘉[83]가 사람을 시켜 예조에 글을 올렸는데, 그 글에,

"선고 황제先考皇帝께서 세상을 떠나셨다는 말을 받자와, 처음 듣고 놀라서 음식을 잊을 지경에 이르렀습니다. 생각건대, 임금의 효성으로 사모하고 슬퍼하심이 지극하사 저의 마음까지 감격하게 한 것입니다. 그러나 바닷길이 멀어서 능히 몸소 빈소素嬪에 나아가 뵙지 못하와 죄를 피할 길이 없습니다. 이런 까닭으로 사신으로 행인行人 석조선釋祖禪[84]을 보내어 각하閣下에게 서신을 올리오니 삼가 위에 아뢰기를 원합니다. 금년 봄에 서신을 가지고 간 사신이 돌아와서 알리기를,

'후한 위로를 받았다'고 하고 아울러 진귀한 물품을 부쳐 보내니 기쁨을 금하지 못하겠습니다. 변변하지 못한 작은 예물禮物로서 향香 70근, 수우각水牛角[85] 8본本, 소목蘇木[86] 5백 근, 백련위白練緯[87] 1단段, 진피陳皮[88] 80

---

82 대마도 두지포(頭地浦, 土寄, 쯔찌요리)에 거점을 둔 왜구의 우두머리로 조전좌위문태랑(早田左衛門太郎)이다. 1부 「중요인물」 '좌위문태랑' 참조.
83 소조천상하(小早川常賀)로 일본 작주(作州, 원래는 美作州(みまさか, 현재 岡山縣의 북동부에 위치했던 지역)) 자사를 자칭하였다.
84 승려 조선(祖禪)이라는 뜻이다. 조선이라는 일본 승려는 여기에만 보인다.
85 물소의 뿔로 약재로는 열을 내리고 해독하는 작용이 있고, 각궁을 만드는 재료로 쓰였다.
86 소방목(蘇枋木)·적목(赤木)·홍자(紅紫)라고도 한다. 목재의 부위에 따라 한약재와 염료로 사용한다. 열대 지역의 나무이며 조선에서는 나지 않아서 세종 대에는 9년간 7만 근을 수입하기도 하였다.
87 연위(練緯)는 숙사(熟絲)를 씨실로 하고 생사를 날실로 해서 짠 비단을 뜻하는 것으로 보아 흰색 비단으로 추측된다.
88 오래 묵은 귤껍질이다. 맛은 쓰고 매운데 건위(健胃)·발한(發汗)의 약효가 있다.

근, 파두芭豆 10근, 당귀當歸[89] 2근, 상산常山[90] 5근, 연교連翹[91] 2근, 기린혈
麒麟血[92] 2근, 유황硫黃 2천 근을 드립니다"

라고 하였다. 예조 좌랑 성염조成念祖가 그 글에 답하기를,

"사람을 보내어 위로하시니 매우 감사합니다. 토산물인 오승포五升
布[93] 3백 80필로 후의厚意에 사례謝禮합니다"

라고 하였다. 원도진源道鎭[94]이 예조에 서신을 보내고, 인하여 곽향藿香[95]

50근, 봉아목蓬莪木[96] 20근, 백단白檀 37근, 호초胡椒 10근, 백지白芷[97] 20근,

황금黃芩[98] 20근, 정향피丁香皮[99] 20근, 초과草果[100] 2근, 축사縮砂[101] 10근,

---

89 신감채의 뿌리를 한방에서 이르는 말. 보혈 작용이 뛰어나 부인병에 쓴다.

90 범의귀과에 속하는 상산이라는 나무의 뿌리로 만든 약재이다. 일명 촉칠(蜀漆), 계골상산(鷄
骨常山), 황상산(黃常山)이라고도 하며, 일찍부터 학질을 치료하는 데 사용하였다.

91 물푸레나무과의 세잎개나리의 익은 열매를 말린 것이다. 성질이 차고, 종기의 고름을 빼거나
통증을 멎게 하거나 살충·이뇨(利尿)하는 데에 내복약으로 쓰였다.

92 딴 이름은 기린갈(麒麟竭)·혈갈(血竭)이다. 종려과 식물인 기린갈나무의 진을 말린 것이다.
열매를 따서 시루에 넣고 쪄서 진이 나오게 하거나 짓찧어 천에 싸서 압착하여 진이 나오게 한
다음 졸여서 덩어리 모양으로 만든다. 줄기는 쪼개거나 작은 구멍을 뚫어 진이 흘러나오게 한
다. 맛은 달고 짜며 성질은 평하다. (한의학대사전 편찬위원회, 『한의학대사전』, 정담, 2010)

93 다섯 새의 베나 무명. 품질이 중간 정도이다.

94 전 구주탐제(九州探題) 삽천만뢰(澁川滿賴)이고 원의준(源義俊, 澁川義俊)의 아버지이다. 1
부 「중요인물」 참조.

95 쌍떡잎식물 통화식물목 꿀풀과의 여러해살이풀의 지상부를 말린 약재이다. 전국의 산에서
자라며 추위와 건조에도 강하여 재배하고 있고 방애잎, 중개풀, 방아풀이라 하여 어린잎을 추
어탕 등 고기비린내 제거용으로 사용한다. 비위에 습이 정체되어 복부창만, 식욕부진, 메스꺼
움, 구토, 설사 등을 치료하며, 소화장애를 동반한 감기, 여름철 식체로 인한 구토, 설사, 구취,
옴이나 버짐 등에 효과가 있다고 한다.

96 봉아출(蓬莪朮)의 오기로 생각된다. 생강과에 딸린 여러해살이풀인 아출(봉출)의 뿌리줄기
를 말린 것이다. 기와 혈액 순환을 촉진하고 어혈을 없애며 통증을 멎게 하고 월경을 순조롭게
하는 효능이 있다고 한다.

97 산형과의 구릿대 또는 그 변종의 뿌리를 말려 만든 약재.

98 꿀풀과에 속하는 여러해살이 초본식물인 황금(黃芩)의 뿌리로 만든 약재.

99 정향나무의 나무껍질로 중초가 냉하여 배꼽 위가 아픈 증세나 설사와 치통을 치료한다.

100 생강과에 속하는 열대식물인 초두구의 열매를 말린 것이다. 습한을 제거하고 담을 삭이며 학
질을 치료한다.

101 양춘사, 녹각사의 씨를 말한다. 형태가 마치 실을 꼬아 말아놓은 것처럼 보인다. 습(濕)을 말
려주고, 기를 잘 소통시키며, 폐를 도와주고 콩팥의 기운을 더해주고 임산부의 안정을 돕고 통

부자附子[102] 1근, 당사唐絲[103] 3근, 비파엽枇杷葉 20근, 백계白鷄[104] 20근, 소목蘇木[105] 1천 근, 상아象牙 30근, 유황硫黃 3천 근을 바쳤는데, 정포正布 7백 60필을 주었다. 원도진이 또 서신을 보내기를,

"삼가 생각하옵건대, 황고황제皇考皇帝께서는, 성문聖文은 일월日月과 같이 빛나고, 신무神武는 뇌정雷霆의 위엄을 떨치었습니다. 진실로 이는 백왕百王의 으뜸이요, 만세萬世의 법이 될 만합니다. 인仁은 온 세계에 흡족하고, 의義는 다른 나라에까지 넘치었습니다. 이로써 우리 국군國君이 인교隣交[106]의 화호和好를 닦아서 방문訪問하는 사신을 자주 보냈으니, 이것이 몇 해가 되도록 소식이 끊어지지 않았으므로, 매양 평안하신 줄 알고 축수祝壽하고 기도하였습니다. 그러나 세상을 떠나심을 듣고는 어찌할 바를 몰라서 부모가 죽은 것 같사온데, 하물며 임금聖睿이 어떠하오리까. 드디어 행인行人을 시켜 통신通信하여 가서 배례拜禮하는 의식을 대신하게 했는데, 멀고 먼 바닷길 때문이니 용서해 주십시오. 변변치 못한 토산물은 별전別箋[107]에 기재되어 있습니다"

라고 하였다. 단목丹木 3백 근, 창자槍子 20본, 유황硫黃 1천 5백 근이었다. 회사回賜[108]로 오승포五升布 2백 60필을 주었다.

증을 그치게 하는 효능이 있는 약재.
102 미나리아재비과에 속하는 투구꽃의 덩이뿌리를 말린 것이다. 오두(烏頭)라고도 하며, 강심·진통·이뇨제로 사용하며, 마비나 신경통 등에 사용하는 극약이다.
103 중국에서 나는 명주실(明紬絲)이다.
104 미상. 그대로 해석하면 흰 닭이다.
105 소방목(蘇枋木)·적목(赤木)·홍자(紅紫)라고도 한다. 목재의 부위에 따라 한약재와 염료로 사용한다. 열대 지역의 나무이며 조선에서는 나지 않아서 세종 대에는 9년간 7만 근을 수입하기도 하였다.
106 이웃 나라와의 교제하는 것을 말한다.
107 공식적인 외교 서한과 별도로 물품 등의 내용을 기록한 문서. 별폭(別幅)이라고도 한다.
108 조공의 답례로 주는 물품이다.

좌위문대랑左衛門大郎[109]이 정부政府에 서신을 보내고, 토산물인 단목丹木 1천 근, 유황 9천 근을 바치니, 회사로 정포正布 1천 2백 20필을 주었다.

2月 7日(戊午) 5번째 기사

왜객 접대가 많은 지역에 잡역을 면제하게 하다

兵曹啓, "左道水站, 倭客來往, 迎送支待寔繁. 請依各驛例, 除水夫戶內雜役, 餘丁雖多, 毌定他役." 從之.

병조에서 아뢰기를,

"좌도左道[110]의 수참水站은 왜객倭客들의 내왕에 따르는 영송迎送과 접대接待가 참으로 빈번합니다. 청컨대, 각역各驛의 예例에 의하여 수부水夫[111]의 호내戶內 잡역雜役을 없애 주고, 여정餘丁[112]은 비록 많더라도 다른 용역用役에는 관계하지 말게 할 것입니다"

라고 하니, 이에 따랐다.

2月 10日(辛酉) 3번째 기사

법성포 만호 이수산이 왜적을 쫓다 빠져 죽다

禮曹啓, "法聖浦萬戶李壽山因追倭賊, 溺死海中, 請依他例致賻." 命加他例五石.

---

109 대마도 두지포(頭地浦, 土寄, 쯔찌요리)에 거점을 둔 왜구의 우두머리로 조전좌위문태랑(早田左衛門太郎)이다. 1부 「중요인물」 '좌위문태랑' 참조.
110 조선시대 지방 행정구역의 명칭. 경기도의 남쪽, 충청도의 북쪽, 전라·경상·황해도의 동쪽을 말한다.
111 조선시대 강을 통한 세곡 운반을 목적으로 설치된 수참(水站)에 배속되어 운반을 담당하던 인부를 말한다.
112 현역에 복무하는 정군(正軍)을 돕는 장정(壯丁)이나 군역에 편제되지 않은 장정을 말한다.

예조에서 아뢰기를,

"법성포法聖浦[113] 만호萬戶[114] 이수산李壽山이 왜적倭賊을 추격하다가 바다에 빠져 죽었으니, 다른 예例에 의하여 부의賻儀[115] 주기를 청합니다"

라고 하니, 명하여 다른 예보다 5석을 더 주게 하였다.

2月 18日(己巳) 3번째 기사
면포 수량이 적어 왜인에게 회사할 적에 마포를 아울러 쓰게 하다

戶曹啓, "濟用監留庫五六升縣布數少, 請倭客人回賜, 竝用五六升麻布." 從之.

호조에서 아뢰기를,

"제용감濟用監[116]의 창고에 남은 5, 6승升의 면포縣布가 수량이 적으니, 왜倭 객인客人에게 회사回賜할 적에 5, 6승의 삼베麻布를 아울러 쓰기를 청합니다"

라고 하니, 이에 따랐다.

2月 21日(壬申) 3번째 기사
왜인 24인이 귀화하기 위해 오다

禮曹據慶尙道監司關啓, "對馬島倭人邊三甫羅・萬時羅等共一船, 今

---

113 전남 영광군 법성면 해안에 있는 포구(浦口)인데 여기서는 법성포에 설치한 수군진을 말한다. 『세종실록』 지리지에 따르면 전라도 영광군의 북쪽에 있으며 중선 6척, 별선 2척과 군사 4백 93명과 뱃사공 4명을 거느린다고 하였다.
114 외침 방어를 목적으로 설치된 만호부의 관직이다.
115 초상집에 부조로 보내는 돈이나 물품을 말한다.
116 조선 때 궁중에서 쓰는 모시, 피물(皮物), 마포(麻布), 인삼(人蔘)의 진헌(進獻) 및 의복(衣服)과 사(紗), 나(羅), 능(綾) 단(緞)의 사여(賜與)와 포화(布貨)의 염직을 맡아보던 관청이다.

月十二日到海雲浦自言, '本島田小賦重, 生理艱難. 聞朝鮮仁政, 仰慕聖德, 欲投化安業.' 各帶妻子男婦共二十四名, 越海而來." 命老弱與婦人, 給糧安留, 其壯丁上送.

예조에서 경상도 감사의 관문關文에 의하여 아뢰기를,

"대마도의 왜인 변삼보라邊三甫羅[117]와 만시라萬時羅[118] 등이 배 한 척에 같이 타고 이달 12일에 해운포海運浦에 이르러 말하기를, '본도本島에는, 전지田地는 적은데 부세賦稅는 과중하여 생계生計가 매우 어렵습니다. 조선에서 인정仁政을 시행한다는 말을 듣고, 성덕盛德을 우러러 사모하여 귀화歸化해서 직업을 얻어 편안히 살고자 한다'라고 하면서 각기 처자妻子 남녀 모두 24명을 거느리고 바다를 건너왔습니다"

하였다. 명하여 늙은이와 어린이와 부인들에게 양식을 주어 편안히 머물게 하고, 장정은 서울로 올려 보내게 하였다.

2月 26日(丁丑) 4번째 기사
일본국인이 토산물을 바치다

日本國下松浦志佐一歧守源重使人陳慰, 獻土物, 蘇木八百觔·硫黃二千三百觔·蘇香油二觔五兩, 回賜正布四百七十匹.

일본국의 하송포下松浦[119] 지좌志佐[120]의 일기一歧 태수 원중源重[121]이 사

---

117 조선에 귀화한 대마도 왜인으로 평삼랑(平三郎)의 음가를 한자로 옮긴 것으로 생각된다. 세종 8년에 시라삼보라·노오묘와 함께 조선에 머물러 살 수 있게 되었다(세종 8-8-23-3).

118 세종 8년 1월에 대마도의 시라삼보라와 사이문구로 등 남녀 14명을 내이포에 거주하게 하였다는 내용이 보인다(세종 8-1-3-1). 동일인물인지는 분명하지 않다.

119 현재 일본 장기현(長崎縣) 이만리시(伊萬里市) 서부·송포시(松浦市)·평호시(平戶市) 등이 위치한 지역을 말한다.

120 일기도(壹岐島)를 분할통치하는 송포 지역 세력들 중 하나이다. 그 밖에 좌지(佐志)·호자(呼子)·압타(鴨打)·염진류(鹽津留) 등이 있었다. 지좌는 일본 장기현(長崎縣) 송포시(松浦市)

람을 시켜 위로하고, 토산물인 소목蘇木[122] 8백 근, 유황 2천 3백 근, 소향유蘇香油 2근 5냥쭝을 바치므로, 정포正布 4백 70필을 주었다.

3月 2日(癸未) 2번째 기사
왜국 중 법근에게 의복 등을 내려주다

賜倭僧法勤夏節衣一襲‧笠鞋, 安接興天寺.

왜국의 중 법근法勤[123]에게 여름철 의복 한 벌과 갓笠과 신鞋을 주고, 흥천사興天寺[124]에서 평안하게 머물러 거주하게 하였다.

3月 4日(乙酉) 2번째 기사
일본국 원성의 사신을 접대하다

禮曹啓, "源省使送金元珍自言, '吾欲回去於日向‧薩摩‧大隅等處, 刷得被擄本國人, 率領回來.' 元珍本是我國人, 請於上項三州都摠日向太守源久豐處修書, 請刷被虜我國人, 授元珍送還. 仍贈虎皮‧花席‧縣紬‧苧麻布‧人蔘‧松子等物, 亦贈元珍衣一襲幷笠靴." 從之. 遂命禮曹判書金汝知致書曰, 奉書日本國日向‧大隅‧薩摩三州太守

지좌정(志佐町) 일대이다. 실정시대에는 송포반도의 거의 중앙에 위치한 비전국(肥前國) 송포군(松浦郡)을 거점으로 지좌씨(志佐氏)가 활동하였다.

121 비전국 송포군의 거점으로 한 지좌씨의 우두머리이다. 일기국의 장관인 일기수(壹岐守)를 자칭하였다. 원조(源調, 源志佐調)의 아들이고 원의(源義)의 아버지이다.

122 소방목(蘇枋木)‧적목(赤木)‧홍자(紅紫)라고도 한다. 목재의 부위에 따라 한약재와 염료로 사용한다. 열대 지역의 나무이며 조선에서는 나지 않아서 세종 대에는 9년간 7만 근을 수입하기도 하였다.

123 여기에만 보인다.

124 조선시대 때의 절로 태조의 계비 강씨가 죽자 그 원당(願堂)으로 서울 정릉(貞陵)에 지은 것이며, 선종의 사찰로서 조계본사(曹溪本寺)라 불렸다. 세종이 불교를 선(禪)‧교(敎) 양종으로 통합할 때 선종 종무원으로 했다. 지금 덕수궁에 그 절에 있던 종이 걸려 있다.

源公足下. 海天遼闊, 未詳體履何如. 嘗聞, 本國人物被擄轉賣者, 多在
三州地面. 右件人物, 盡還舊土, 令親戚完聚, 在閣下一諾, 易如反掌也.
今肥州太守所遣金元珍, 元是本國之産, 因其告歸敢布, 幸閣下恕照.
不腆土宜, 聊表寸忱, 惟領納.

　　예조에서 아뢰기를,

　　"원성源省[125]이 보내 온 사신 김원진金元珍[126]이 스스로 말하기를, '내가
일향日向·살마薩摩·대우大隅 등지에 돌아가서 사로잡힌 본국本國 사람을
다 찾아서, 거느리고 오고자 한다' 합니다. 원진은 본시 우리나라 사람인
데, 위의 세 주의 도총都摠인 일향 태수日向太守 원구풍源久豐[127]에게, 서신을
보내어 사로잡힌 우리나라 사람을 돌려줄 것을 청하니, 원진에게 주어 돌
려보냈습니다. 인하여 (원구풍에게는) 호피虎皮·꽃방석·면주綿紬[128]·모
시·마포麻布·인삼·잣松子 등의 물품을 주고, 원진에게도 또한 옷 한 벌과
갓笠·신靴까지 줄 것입니다"
라고 하니, 이에 따랐다. 드디어 예조 판서 김여지金汝知[129]에게 명하여 서
신을 보내게 하였는데, 그 서신에,

125 북구주 서단의 전평(田平)을 근거로 한 세력의 우두머리로 준주태수(駿州太守, 駿河國의 國
　　守)를 자칭하였다.
126 구주 전평전 원성의 사자로 조선에 파견되었다. 원래 조선인이었다가 왜구에 포로가 되었거
　　나 그 부모가 포로가 되었던 것으로 생각된다. 처음은 왜인·왜통사로 불리웠으나, 조선이 김
　　원진의 딸에게 집을 주고 또 김원진이 유구에서 조선인들을 쇄환해 오자 나중에는 본국인으
　　로 여겼다.
127 일향(日向)·대우(大隅)·살마(薩摩)의 수호대명(守護大名)인 도진구풍(島津久豐, 1375~
　　1425)이다. 도진씨의 8대 당주이며, 도진씨구(島津氏久)의 아들이고 원구(元久)의 아우이다.
　　아들로는 충국(忠國)·용구(用久)·계구(季久)·유구(有久)·풍구(豐久)가 있다.
128 명주(明紬)를 말한다.
129 고려 말·조선 초의 문신. 고려 말 조선 초에 관직에 있으면서 여러 차례 언사(言事)로 유배·
　　파면·좌천 되었다가 복직되었다. 1418년 세종이 즉위하자 형조판서로서 하정사가 되어 명나
　　라에 다녀오고 예조판서를 거쳐 의정부참찬에 올랐다.

"일본국 일향·대우·살마 세 주의 태수 원공 족하源公足下에게 서신을 보냅니다. 바다가 매우 멀고 넓은데, 체리體履가 어떠하십니까? 일찍이 듣건대, 본국 사람들이 사로잡혀 전매轉賣된 자가 세 주의 땅에 많이 있다고 합니다. 위의 사람들을 구토舊土에 다 돌려보내어 친척들과 서로 모이게 하는 일은, 족하足下의 한 번 승낙에 달려 있으니, 손바닥을 뒤집는 것과 같이 쉬운 일입니다. 지금 비주 태수肥州太守가 보낸 김원진은 본시 우리나라에서 태어난 사람이니, 그가 돌아가는 편에 감히 사정을 말하니, 각하閣下는 너그럽게 살펴주십시오. 변변치 못한 토산물로서 적은 정성을 표시하오니 받아주기 바랍니다"

라고 하였다.

3月 5日(丙戌) 5번째 기사
전라도 영암 등의 염간들을 적변이 있을 때 나가 지키게 하다

兵曹據全羅道水軍按撫使牒啓, "道內靈巖·羅州·靈光等各官鹽倉所屬慈恩·巖泰·波之頭·莞浦等處鹽干, 曾有捕倭之功, 而受功牌者, 分左右番, 無功牌者, 題名抄錄, 有賊變, 令赴防, 計其赴防日數, 除鹽貢." 從之.

병조에서 전라도 수군 안무사水軍安撫使의 통첩에 의하여 아뢰기를,

"도내의 영암靈巖·나주羅州·영광靈光 등 각 고을의 관영 소금 창고에 소속된 자은慈恩·암태巖泰·파지두波之頭[130]·완포莞浦 등지의 염간鹽干으로 일찍이 왜적을 잡은 공로가 있어 공패功牌를 받은 사람은 좌우번左右番

---

130 여기에만 보인다.

으로 나누게 하고, 공패가 없는 사람은 이름을 써서 초록抄錄하여, 적의 변고가 있으면 그들로 하여금 달려가서 변방을 방비하게 하고, 그 변방을 방비한 날수를 계산하여 소금을 공물 바치는 것을 제해 줄 것입니다" 라고 하니, 이에 따랐다.

3月 11日(壬辰) 6번째 기사
예조에서 중국 사신이 돌아갈 동안 왜·야인 접대에 대해 아뢰다

禮曹啓, "朝廷使臣回還間, 倭客人所至各官, 停留優待, 兀良哈·兀狄哈還入送." 從之.

예조에서 아뢰기를,

"중국의 사신이 돌아갈 동안에, 왜倭 객인客人은 이르는 각 고을마다 머무르게 하여 우대優待하고, 올량합兀良哈[131]과 올적합兀狄哈[132]은 돌려보내게 할 것입니다"

라고 하니, 이에 따랐다.

3月 12日(癸巳) 6번째 기사
병조에서 왜 객인의 육로 상경보다 수로가 편리함을 아뢰다

兵曹與議政府·諸曹同議啓, "倭客人皆以陸路一處上來, 故各驛勞弊. 若水路可以行船時, 則以水邊各官官船, 從洛東江上來, 至尙州守山驛下陸, 更從陸路, 踰草岾至忠州金遷川, 乘船達于京, 其供給與曳

---

131 여진족의 한 부족으로 원래 우수리강 지류인 무릉허(穆陵河) 유역에 거주하였던 것으로 생각된다.
132 두만강 건너편에 살던 여진 종족의 하나이다.

船人夫, 各官相遞支應. 客人騎卜馬不滿十匹者, 竝依舊陸路上來. 水路不宜行船時, 則除草岾, 從增若 · 竹嶺兩路分道上送."

命如議得, 一二度上來後, 便否更啓.

병조가 의정부와 여러 관청曹과 함께 의논하여 아뢰기를,

"왜倭 객인客人은 모두 육로陸路 한 길로 서울로 올라오게 하니, 각역各驛이 수고롭고 피곤합니다. 만약 수로水路로 배가 다닐 만한 때이면, 물가의 각 고을 관선官船으로 낙동강洛東江으로부터 올라와서 상주尙州의 수산역守山驛[133]에 이르러 육지에 내려, 다시 육로를 따라 초점草岾[134]을 넘어 충주忠州의 금천천金遷川에 이르러 배를 타고 서울로 오게 하며. 그 공급과 배를 끄는 인부들을 각 고을에서 서로 번갈아 지응支應[135]하게 합니다. 객인客人은 타고 짐 실은 말이 10필이 되지 않은 경우는 모두 그 전대로 육로로 올라오게 합니다. 수로에 배 다니기가 적당하지 않을 때에는, 초점草岾은 그만 제쳐 놓고 증약增若[136]과 죽령竹嶺[137]의 두 길을 따라 길을 나누어 올려보내게 할 것입니다"

라고 하니, 의논대로 하되 한두 번 올라오게 한 후에 편리하고 편리하지 않음을 다시 아뢰도록 명하였다.

---

133 현 예천군 풍양면 수산리에 있던 역원(驛院)이다.
134 조령(鳥嶺)이다. 충청북도 괴산군의 연풍면과 문경시 문경읍의 경계에 위치하는 고개이다.
135 조선시대 때 벼슬아치가 공무로 어느 곳에 갔을 경우, 필요한 물품을 그 지방 관아에서 대어주던 일을 말한다.
136 현 충청북도 옥천군 군북면 증약리이다. 이 때는 현재의 추풍령을 넘게 된다.
137 경상북도 영풍군 풍기읍과 충청북도 단양군 대강면 경계에 있는 재.

3月 25日(丙午) 1번째 기사

전라도에 안치된 왜인에게 양식을 주라고 전지하다

傳旨戶曹, "全羅道安置倭人平三甫羅·萬時羅等二十四名, 農業未成前給糧料."

호조에 전지하기를,

"전라도에 안치安置된 왜인倭人 평삼보라平三甫羅**138** · 만시라萬時羅**139** 등 24명이 농사를 하기 전까지 양식을 주라"

고 하였다.

3月 25日(丙午) 2번째 기사

전라도에 안치된 왜인에게 조세와 요역을 면제하게 하다

傳旨于兵曹, "今全羅道安置倭人等, 田租限三年, 徭役限十年蠲免."

병조에 전지하기를,

"지금 전라도에 안치安置된 왜인倭人들에게 전조田租는 3년까지, 요역徭役은 10년까지 면제해 주라"

고 하였다.

---

138 세종 5년(1423) 2월 21일 3번째 기사에 해운포를 통해 귀화하려 온 왜인 24명 중 한 명이다. 해당 기사에서는 변삼보라(邊三甫羅)라고 하였다.

139 세종 5년 3월 21일에 변삼보라와 함께 해운포에서 와서 조선에 살 것을 원하였고, 이때에 이르러 전라도에 안치되었다. 세종 6년 3월 20일에는 표아시라·삼미삼보라와 함께 진안현에 안치되었는데, 농사 때를 놓치고 또 불이 나서 곡식을 다 잃게 되었으므로 구제하였다.

4月 11日(辛酉) 3번째 기사

병조에서 대마주의 사신에 대해 후대할 것을 건의하다

兵曹據慶尙道監司關啓, "對馬州波知羅沙門將自己使喚被虜本國
人金三·朴陽箴及一族人使喚朴奇·今順等人口刷送, 其心可嘉. 其
使送船主與門而羅, 請令送至京中厚接." 從之.

병조에서 경상도 감사의 관문에 의하여 아뢰기를,

"대마주對馬州의 파지라사문波知羅沙門[140]이 자기 집에서 부리던 피로被
虜[141]된 본국인 김삼金三·박양잠朴陽箴 및 그의 일가一家에서 부리던 박
기朴奇·금순今順 등의 사람들을 모두 보내 왔으니, 그 마음이 가상합니
다.[142] 그 사신使臣으로 보내 온 선주船主 여문이라與門而羅를, 청컨대 경
중京中에 보내어 후대하게 하소서"

하니, 이에 따랐다.

4月 16日(丙寅) 8번째 기사

경상도 감사가 장사하는 왜인의 배를 내이포로 사실을 보고하다

慶尙道監司報, "對馬州興利倭人多羅三甫羅等九名·羅曳等九名·表
時羅等十名所乘船四艘, 富山浦到泊, 因無興利人, 欲於乃而浦回泊.
已令鎭撫盧漢卿將兵船二隻, 護送回泊."

---

140 여기에만 보인다. 팔랑좌위문(八郞左衛門, 하찌로자에몬)이라는 일본 인명을 한자 음가로
   표기한 것이다. 팔랑좌위문은 세종 22년(1440) 5월 19일 6번째 기사에서 종정성이 그를 '양식
   을 받고자 하여, 몰래 다른 배를 타고 와서 사인(使人)이라 사칭'하는 인물이라 하였는데, 동일
   인물일 확률이 높다.
141 적에게 사로잡히는 것 또는 그런 사람을 말한다.
142 우위문차랑(右衛門次郞)의 음차 표기로 생각된다. 세종 21년의 여매이라(汝每而羅)와 동일
   인물일 가능성이 있다(세종 21-12-5-3).

경상도 감사가 보고하기를,

"대마주對馬州의 장사하는 왜인倭人 다라삼보라多羅三甫羅[143] 등 9명과 나예羅曳 등 9명과 표시라表時羅[144] 등 10명이 타고 온 배 4척이 부산포富山浦에 이르러 정박하였는데, 무역하는 사람들이 없으므로 내이포乃而浦[145]로 옮겨 정박하려 하므로, 이미 진무鎭撫[146] 노한경盧漢卿을 시켜 병선 2척을 거느리고 호송하여 옮겨 정박하도록 하였다"

고 하였다.

5月 2日(辛巳) 6번째 기사

일본 중 원재에게 옷을 하사하다

命給日本僧源才夏衣一襲.

일본 중僧 원재源才에게 여름옷 한 벌을 주라고 명하였다

---

143 태랑삼랑(太郞三郞)의 음차 표기로 생각된다. 세종 22년에 보이는 태랑삼랑과 동일인물일 가능성이 있다(세종 22-5-19-6).

144 태조4년 1월3일에 항복한 왜인이었던 표시라와는 다른 사람으로 보인다. 병위사랑(兵衛四郞, 효에시로)이라는 일본 인명의 음가를 한자로 옮긴 것이다. 세종 7년의 대마도 지고포의 병위사랑(세종 7-5-1-5), 세종 16년의 흥리왜인 병위사랑(세종 16-1-25-3)과 동일인물일 가능성이 있다.

145 현재 경상남도 진해시 웅천동 일대이다. 내이포(乃而浦)는 제포(薺浦)라고도 표기하며 우리말의 '냉이'를 뜻하는 한자 '제(薺)'와 '포(浦)'가 합쳐진 말이다. 조선 전기에 제포왜관이 있었던 곳이기도 하다. 내이포는 문종대까지 보이다가 이후는 주로 제포라는 명칭을 사용하였다. 성종대 일시적으로 내이포가 나타나는데, 이는『해동제국기』가 편찬되면서 일시적으로 영향을 준 것으로 생각된다. 이근우,「『海東諸國紀』의 지리정보와 李藝」,『한일관계사연구』 51, 한일관계사학회, 2015.

146 조선 초기 여러 군영에 두었던 군사실무 담당 관직. 이들은 병조의 낭관급으로 각종 군령을 수령·전달하고 감독하는 임무를 담당하였다. 초기에는 승정원에서 직접 왕명을 수령하였으나, 세종의 즉위 이후에는 병조의 권한이 강화되면서 기능이 약화되었고, 1466년에 오위진무소가 오위도총부로 개편되면서 그 명칭이 사라지게 되었다.

5月 19日(戊戌) 3번째 기사

일본국 관서도 원준신이 토산물을 바치다

日本國關西道九州府石城式部小輔源俊臣使人來獻土宜, 修書于
禮曹曰, "雖久懷葵心, 未得投芹誠. 何者? 余兄源道鎭堅結隣交之義,
使令不踰年, 音問無虛月. 余辱同氣, 豈肯異調? 遂發行人, 以瀉憤悱.
不腆土宜, 硫黃一千五百斤, 丹木五百斤, 朱鋒十把, 砂䃋一百斤, 良薑
三十斤, 鉛鐵十五斤, 蠟燭二百挺, 胡椒一十斤, 茶盞四介, 阿佛藥五斤,
赤銅三百斤."

命禮曹參議成槪答書曰, "足下承令兄好意, 輸款甚勤, 所獻禮物,
謹已啓納. 今因使回, 就付土宜正布四百匹, 聊表謝忱."

일본국 관서도關西道147 구주부九州府 석성石城148 식부소보式部小輔149 원
준신源俊臣150이 사람을 보내어 토산물을 바치고, 예조에 글을 보내기를,

"비록 오랫동안 우러러 보는 마음을 가졌으나, 지극한 정성을 표하지
못하였습니다. 왜냐하면, 저의 형 원도진源道鎭151이 교린交隣의 의의義를
굳게 하여 사람을 보내는 데 해를 넘기지 아니하였고, 편지를 보내어 문
안하는 데 달을 거르지 않았습니다. 제가 동기同氣로서 어찌 다른 마음을
갖겠습니까. 마침내 행인行人을 보내어 답답한 회포를 쏟는 바입니다. 약
소한 토산물로서 유황 1천 5백 근, 단목152 5백 근, 주봉朱鋒153 10묶음, 설

---

147 현재의 일본 관서(關西)가 아니라, 구주지역 전체를 일컫는 것이다. 정식 명칭은 서해도(西海道)
이다.
148 서해도(西海道) 축전(筑前)에 있었던 지명으로, 현재 후쿠오카현(福岡縣)의 북서부이다.
149 식부성(式部省)은 율령 제도하의 태정관의 팔성(八省) 중의 하나로 국가의 의식이나 인사(人事)
를 맡았던 관청. 보(輔)는 '보조'라는 의미로, 식부성의 차관을 말한다. 원준신의 무가관위이다.
150 구주탐제(九州探題) 원도진(源道鎭)의 아우이다.
151 전 구주탐제(九州探題) 삽천만뢰(澁川滿賴)이고 원의준(源義俊, 澁川義俊)의 아버지이다. 1부
「중요인물」참조.
152 소방목(蘇枋木)·적목(赤木)·홍자(紅紫)라고도 한다. 목재의 부위에 따라 한약재와 염료로

탕 1백 근, 양강良薑[154] 30근, 연철鉛鐵 15근, 납촉蠟燭[155] 2백 자루, 호초胡椒 10근, 찻잔茶盞 4개, 아불약阿佛藥[156] 5근, 적동赤銅 3백 근을 보냅니다"

하니, 예조 참의 성개成槪[157]에게 명하여 답서答書하기를,

"족하足下가 영형令兄의 좋은 뜻을 이어받아 정성을 표함이 심히 부지 런합니다. 보낸 예물은 삼가 이미 아뢰어 받아들였습니다. 이제 돌아가 는 인편에 토산물로 정포正布 4백 필을 부쳐 사례하는 정성을 표합니다"

하였다.

5月 25日(甲辰) 2번째 기사
구주 도원수 원의준이 토산물을 바치다

九州都元帥源義俊使人來獻土物, 硫黃一千斤, 丹木一千觔, 銅鐵二百觔, 大刀二把. 回賜正布三百七十匹·縣紬三十匹.

구주 도원수九州都元帥 원의준源義俊[158]이 사람을 보내어 토산물을 바쳤 는데, 유황硫黃이 1천 근, 단목丹木[159]이 1천 근, 동철銅鐵이 2백 근, 대도大

사용한다. 열대 지역의 나무이며 조선에서는 나지 않아서 세종 대에는 9년간 7만 근을 수입하 기도 하였다.

153 봉(鋒)은 칼날 또는 병기를 뜻하는 것으로 보아 붉은색 칠을 한 병기로 추측된다. 자세히 알 수 없다.

154 생강의 한 종류. 중국의 광동, 광시에서 나는 다년생 약초로, 고량강(高良薑)이라고도 부른다.

155 밀랍으로 만든 초를 말한다.

156 아선약(阿仙藥)의 오기로 생각된다(세종 5-5-25-5). 아선약은 해아다(孩兒茶)·아다(兒茶)라 고도 하며 콩과식물인 아카시아(아다), 꼭두서니과 식물인 아다구(아선약나무)의 가지와 잎 을 졸여서 말린 엑기스다. 열을 내리고 담을 삭이며 출혈을 멎게 하는 등의 효능이 있다.

157 미상~1440년(세종 22). 본관은 창녕(昌寧). 자는 평중(平仲). 1416년 병신(丙申) 친시(親試) 을과(乙科) 2위로 문과에 급제하였다. 1418년 예문관직제학(藝文館直提學)으로 경연의 시강 관이 되어『대학연의』를 진강하였다. 이어서 예조참의, 호조참의, 이조참의, 황해감사(黃海監 司), 동지총제(同知摠制), 병조참판을 역임하였다.

158 도진(道鎭)은 삽천만뢰(澁川滿賴)의 계명(戒名)이고 삽천의준(澁川義俊)의 아버지로 구주탐 제직을 의준에 물려주었다. 1부「중요인물」'삽천만뢰' 참조.

刀 2자루였다. 회사回賜로 정포正布 3백 70필, 면주綿紬 30필을 주었다.

5月 25日(甲辰) 3번째 기사
축주부 석성관사 평만경이 토산물을 바치다

筑州府石城管事平滿景使人來獻土宜, 硫黃二千五百觔, 丹木五百

觔, 砂糖五十觔, 藿香一十觔, 銅鐵二百觔, 黃蠟三十觔, 巴豆一十觔, 沈

香二觔. 回賜正布一百六十匹·縣紬六十匹.

축주부筑州府 석성 관사石城管事 평만경平滿景160이 사람을 보내어 토산

물을 바쳤는데, 유황 2천 5백 근, 단목 5백 근, 설탕砂糖 50근, 곽향藿香161

10근, 동철 2백 근, 황랍黃蠟162 30근, 파두巴豆 10근, 침향沈香163 2근이다.

회사로 정포 1백 60필, 면주綿紬 60필을 내렸다.

---

159 소방목(蘇枋木)·적목(赤木)·홍자(紅紫)라고도 한다. 목재의 부위에 따라 한약재와 염료로
사용한다. 열대 지역의 나무이며 조선에서는 나지 않아서 세종 대에는 9년간 7만 근을 수입하
기도 하였다.
160 박다(博多) 석성(石城) 지역의 통교자이다. 축주(筑州) 석성부관사(石城府管事, 세종 1년 6월
1일 갑술조), 서해로(西海路) 민부소보(民部少輔, 세종 2-5-19-4), 축주부(筑州府) 석성현사(石
城縣使) 민부소보(民部少輔, 세종 3-7-5-2), 원도진관하(源道鎭管下, 세종 5-9-28-2) 등으로 보
인다. 1부「중요인물」, '평만경' 참조.
161 쌍떡잎식물 통화식물목 꿀풀과의 여러해살이풀의 지상부를 말린 약재이다. 전국의 산에서
자라며 추위와 건조에도 강하여 재배하고 있고 방애잎, 중개풀, 방아풀이라 하여 어린잎을 추
어탕 등 고기비린내 제거용으로 사용한다. 비위에 습이 정체되어 복부창만, 식욕부진, 메스꺼
움, 구토, 설사 등을 치료하며, 소화장애를 동반한 감기, 여름철 식체로 인한 구토, 설사, 구취,
옴이나 버짐 등에 효과가 있다고 한다.
162 꿀벌의 집에서 꿀을 짜내고 찌꺼기를 끓여 만든 기름덩이. 벌집을 만들기 위하여 꿀벌이 분
비하는 물질로, 중기(中氣)를 보하고 기운을 북돋우며 상처 부위를 빨리 낫게 하고 해독하며
통증을 제어하는 효능이 있다.
163 서향과에 속하는 상록성 교목인 침향과 백목향의 목재 부분으로 기가 위로 치밀어 오르는 것
을 내리고 중초(中焦)를 따뜻하게 하며 신장을 따뜻하게 하고 기를 끌어 들이는 효능이 있다.

5月 25日(甲辰) 4번째 기사

작주 전 자사 평상가가 토산물을 바치다

作州前刺史平常嘉使人來獻硫黃二千觔·丹木五百觔·藿香二十
觔·甘草·川芎香·白芷各十觔·蘇香油二觔·光明朱一觔·犀角·
紫檀各一本, 回賜正布一百四十匹·縣紬六十匹.

작주作州[164] 전前 자사刺史 평상가平常嘉[165]가 사람을 보내어 유황 2천
근, 단목[166] 5백 근, 곽향[167] 20근, 감초甘草·천궁川芎·향백지香白芷[168] 각
10근, 소향유蘇香油 2근, 광명주光明朱[169] 1근, 서각(犀角, 코뿔소 뿔)·자단紫
檀[170] 각 1본을 바쳤다. 회사로 정포 1백 40필, 면주綿紬 60필을 주었다.

5月 25日(甲辰) 5번째 기사

구주 전 총관 원도진이 토산물을 바치다

九州前總管源道鎭使人來獻硫黃一千觔·丹木四百觔·銅鐵一千

---

164 미작국(美作國)으로 지금의 강산현(岡山縣)의 북동부에 위치한 지역이다. 미작국수(美作國
守)는 소조천씨(小早川氏)의 무가관위이다.

165 소조천상가(小早川常嘉)이다. 미작태수(美作太守, 세종 5-9-16-2), 구주순무사(九州巡撫使, 세
종 9-1-19-7) 등으로 보인다.

166 소방목(蘇枋木)·적목(赤木)·홍자(紅紫)라고도 한다. 목재의 부위에 따라 한약재와 염료로
사용한다. 열대 지역의 나무이며 조선에서는 나지 않아서 세종 대에는 9년간 7만 근을 수입하
기도 하였다.

167 쌍떡잎식물 통화식물목 꿀풀과의 여러해살이풀의 지상부를 말린 약재이다. 전국의 산에서
자라며 추위와 건조에도 강하여 재배하고 있고 방애잎, 중개풀, 방아풀이라 하여 어린잎을 추
어탕 등 고기비린내 제거용으로 사용한다. 비위에 습이 정체되어 복부창만, 식욕부진, 메스꺼
움, 구토, 설사 등을 치료하며, 소화장애를 동반한 감기, 여름철 식체로 인한 구토, 설사, 구취,
옴이나 버짐 등에 효과가 있다고 한다.

168 구릿대, 어수리의 뿌리로 만든 약재이다. 외감(外感)으로 인한 두통, 코 막힘, 콧물을 다스리
고 위장장애로 인한 미릉골통 및 치통을 치료하는 효능이 있다.

169 주(朱)는 붉은 안료를 의미하므로, 빛이 맑은 붉은색 안료로 추측된다.

170 쌍떡잎식물 장미목 콩과의 상록 소교목이다. 부기를 가라앉히고 지혈하여 통증을 가라앉히
는 효능이 있는 약재로 쓰인다.

勉·扇子六十把·犀角三本·蘇香油一勉·藿香二十勉·阿仙藥十
勉, 回賜正布三百八十匹.

구주九州 전前 총관摠管 원도진源道鎭171이 사람을 보내어 유황 1천 근,
단목172 4백 근, 동철 1천 근, 부채扇子 60자루, 서각犀角 3본, 소향유蘇香油
1근, 곽향藿香173 20근, 아선약阿仙藥174 10근을 바쳤다. 회사로 정포 3백
80필을 주었다.

6月 3日(壬子) 2번째 기사
왜인 등차랑의 모친이 토산물을 바치다

倭人藤次郎母, 使人謝賜暇次郎來覲, 仍獻土宜, 回賜正布二百二十
匹. 藤次郎亦獻土宜, 回賜正布二百匹. 三味三甫羅使人獻丹木三百
勉·硫黃一千斤, 回賜正布三百匹.

왜인倭人 등차랑藤次郎175의 모친이 사람을 보내어, 차랑에게 부모를

---

171 전 구주탐제(九州探題) 삽천만뢰(澁川滿賴)이고 원의준(源義俊, 澁川義俊)의 아버지이다. 1
부 「중요인물」 '원도진' 참조.
172 소방목(蘇枋木)·적목(赤木)·홍자(紅紫)라고도 한다. 목재의 부위에 따라 한약재와 염료로
사용한다. 열대 지역의 나무이며 조선에서는 나지 않아서 세종 대에는 9년간 7만 근을 수입하
기도 하였다.
173 쌍떡잎식물 통화식물목 꿀풀과의 여러해살이풀의 지상부를 말린 약재이다. 전국의 산에서
자라며 추위와 건조에도 강하여 재배하고 있고 방애잎, 중개풀, 방아풀이라 하여 어린잎을 추
어탕 등 고기비린내 제거용으로 사용한다. 비위에 습이 정체되어 복부창만, 식욕부진, 메스꺼
움, 구토, 설사 등을 치료하며, 소화장애를 동반한 감기, 여름철 식체로 인한 구토, 설사, 구취,
옴이나 버짐 등에 효과가 있다고 한다.
174 아카시아, 아선약나무 따위의 잎이나 가지를 졸여 만든 약이다. 열을 내리고 담을 삭히며, 피
나는 것을 멈추고 음식을 소화시키며, 새살이 잘 돋아나게 하고 아픔을 멈추게 한다.
175 등차랑(藤次郎)은 선장(船匠), 즉 배를 만드는 목수로 대마도 정벌 때 좌위문삼랑(左衛門三
郎)과 함께 조선에 포로로 잡혀왔다. 나중에 그들이 대마도 호족이라는 사실이 밝혀지자 태종
이 음식, 의복은 물론 노비와 집, 심지어 양가집 딸까지 주며 대우해 주었다(태종 17-윤5-19-2,
세종 4-12-20-4, 세종 2-11-2-1, 세종 3-7-20-2, 세종 24-12-26-3).

살펴볼 수 있도록 휴가를 준 것에 사례하고, 아울러 토산물을 바쳤으므로 정포 2백 20필을 회사하였다. 등차랑도 또한 토산물을 바쳤으므로, 회사로 정포 2백 필을 회사하였다. 삼미삼보라三味三寶羅[176]도 사람을 시켜 단목丹木[177] 3백 근, 유황硫黃 1천 근을 바쳤으므로, 회사로 정포 3백 필을 회사하였다.

6月 4日(癸丑) 2번째 기사
대마도 화지난쇄무에게 면포 등을 하사하다

對馬島和知難麗無刷還被虜唐人藍三等四名, 命賜綿布四十匹·米十石. 賜藍三等衣袴·笠靴.

대마도 화지난쇄무和知難麗無[178]가 피로被虜된 당인唐人 남삼藍三[179] 등 4명을 돌려보내니, 면포綿布 40필과 쌀 10석을 주게 하고, 남삼 등에게는 의과衣袴와 갓笠·신靴을 주게 하였다.

---

176 기해동정 때 붙잡혀 온 왜인으로 조전좌위문대랑과 일족일 가능성이 있다. 조전좌위문대랑의 아들인 육랑차랑(六郞次郞) 및 여매시라(汝每時羅)와 함께 명을 노략질하려고 한 사례가 있기 때문이다(세종 21-2-4-2). 이후 삼미삼보라 송환에 대한 논의 과정을 거쳐서(세종 2-5-16-1, 세종 2-11-1-2), 세종 3년에는 삼미삼보라와 등차랑에게 집과 양식 노비를 지급하였다(세종 3-7-20-2). 그런데 세종 5년에는 삼미삼보라와 등차랑이 대마도에서 사람을 보내 토물을 바친 것으로 보아 세종 3년 이후에 대마도로 돌아간 것으로 보인다(세종 5-6-3-2). 세종 8년에 좌위문대랑이 삼미삼보라를 보내어 거제도에 농토를 지을 수 있도록 해 줄 것과 경상 좌우도의 각 항구에서 마음대로 무역할 수 있도록 해 줄 것을 요구하였다(세종 8-1-18-3). 『조선왕조실록』에는 여러 명의 삼미삼보라가 보이는데, 이는 좌위문삼랑(左衛門三郞)이 흔한 이름이기 때문일 것이다.

177 소방목(蘇枋木)·적목(赤木)·홍자(紅紫)라고도 한다. 목재의 부위에 따라 한약재와 염료로 사용한다. 열대 지역의 나무이며 조선에서는 나지 않아서 세종 대에는 9년간 7만 근을 수입하기도 하였다.

178 팔랑좌위문(八郞左衛門, 하찌로자에몬)이라는 일본 인명을 한자의 음가로 표기한 것이다. 화지난쇄모(和知難麗毛)라고도 표기되며, 세종 24년(1442) 10월 16일 1번째 기사에 종정성이 보낸 왜인으로 등장하는 화지라문(和知羅文)과 동일인물로 추정된다.

179 세종 5년(1423) 8월 3일 2번째 기사를 통해 중국인임을 확인할 수 있다.

6月 12日(辛酉) 2번째 기사

당인 영관보에게 의복 등을 하사하다

賜被倭唐人榮官保衣笠靴·苧麻布各一匹, 差僉知同譯完事裵蘊, 解送遼東

왜인倭人에게 피로被虜된 당인唐人 영관보榮官保에게 의복·갓·신과 저마포苧麻布[180] 각 1필을 주고, 첨지사역원僉知同譯院[181] 배온裵蘊[182]을 보내어 요동으로 돌려보냈다.

6月 15日(甲子) 4번째 기사

원도진에게 면포 등을 하사하다

源道鎭使送客人而羅三甫羅率本國被虜人一名來, 命賜綿布十五匹.

원도진源道鎭[183]이 객인客人 이라삼보라而羅三甫羅[184]를 보내어 본국 사람으로서 피로被虜된 1명을 거느리고 왔으므로, 면포綿布 5필을 주라고 명하였다.

---

180 쐐기풀과에 속하는 모시풀 껍질의 실로 짠 직물. 베보다 곱고 빛이 희어 여름 옷감으로 많이 쓰인다.

181 첨지는 첨지중추부사의 준말이고, 사역원은 고려·조선시대 외국어의 통역과 번역에 관한 일을 관장하기 위해 설치되었던 관서이다.

182 세종 6년 흠문 기거사(欽問起居使)의 통사로 파견되는 등 명과의 외교에서 활동하였다.

183 전 구주탐제(九州探題) 삽천만뢰(澁川滿賴)이고 원의준(源義俊, 澁川義俊)의 아버지이다. 1부 「중요인물」, '원도진' 참조.

184 차랑삼랑(次郎三郎)의 음차 표기이다. 세종 19년에는 종정성의 사인으로 이랑삼랑(二郎三郎)이 보인다(세종 19-5-16-2).

6月 15日(甲子) 5번째 기사

유황·동철 등을 바친 좌위문대랑에게 답서를 보내다

左衛門大郞使人來獻硫黃二千三百觔·銅鐵三百觔·胡椒二十觔·
蓬朮十七觔. 禮曹佐郞成念祖答書曰, "回禮使回程過海糧三十石, 授回
使前去, 回禮使還至幸傳輿? 有人言本國人朴貴山·金同等曾被本州人
虜掠, 轉賣于足下, 爲奴使喚. 其父母日夜涕泣懸望, 足下須將貴山·金
同發還, 俾令父子完聚幸甚. 就付土宜正布四百七十匹, 領納."

좌위문대랑左衛門大郞[185]이 사람을 보내어 유황 2천 3백 근, 동철銅鐵 3
백 근, 호초胡椒 20근, 봉출蓬朮[186] 17근을 바쳤다. 예조 좌랑 성염조成念祖
가 답서하기를,

"회례사回禮使가 돌아갈 때에 바다를 건너는 데 필요한 식량 30석을 회
사回使에게 주어 가지고 가게 했는데, 회례사가 돌아올 때에 다행히 전하
였습니까? 전하는 말에, 본국 사람으로서 박귀산朴貴山·김동金同 등이 일
찍이 본주本州 사람에게 잡혔는데, 족하足下에게 팔려 들어가 종이 되어
심부름을 한다고 합니다. 그들의 부모가 밤낮으로 울며 생각하고 있으
니, 족하는 반드시 귀산과 김동을 돌려보내어, 그들로 하여금 부자와 함
께 단란하게 살도록 하면 다행일 것입니다. 토산물로 정포正布 4백 70필
을 보내니 받아주기를 바랍니다"

하였다.

---

185 대마도 두지포(頭地浦, 土寄, 쓰찌요리)에 거점을 둔 왜구의 우두머리로 조전좌위문태랑(早
田左衛門太郞)이다. 1부 「중요인물」 '좌위문태랑' 참조.
186 봉술(蓬茂)의 뿌리줄기이다. 성질이 따뜻하여 식적(食積), 어혈(瘀血), 징가(癥瘕) 따위에 쓰인다.

6月 21日(庚午) 6번째 기사
평만경이 단목·유황 등을 바치다

平滿景使人進丹木一千斤·硫黃一千九百斤·香三十七斤·銅鐵
五百斤·皿五百箇·劍十五腰·犀角二丁·常山三劬·爐甘石五劬·
鬱金二十劬·蓽撥二十劬·陳皮五劬·象牙香合五箇·沈香十兩，回
賜正布三百八十匹. 源道鎭使人進丹木一千劬·甘草一十劬·硫黃三
千劬·扇子一十把·銅鐵二百劬·胡椒一十劬·沈香一十斤·大刀一
十把，回賜正布三百八十匹. 源義俊使人進銅鐵一千劬·大刀十五
把·長刀五柄·陳皮五十劬·朱盤五十片·素麪二百斤·乾梅一千
枚·砂餹五十劬·葛粉三十劬·硫黃二百劬，回賜正布三百五十匹. 源
俊信使人進銅鐵六百劬·丹木一百劬·盤五十片·大刀一十把·素
麪一百劬·葛粉三十劬·銅鍋一十口·乾梅一千枚，回賜正布一百七
十匹. 常嘉使人進硫黃一千劬·鎧一兩·大刀子十柄·蘇木五百劬·
銅鐵一千劬·蠟燭一百挺·麒麟血五劬，回賜正布三百七十匹.

평만경平滿景이 사람을 보내 단목丹木[187] 1천 근, 유황硫黃 1천 9백 근,
향香 37근, 동철銅鐵 5백 근, 그릇皿 5백 개, 검劍 15자루, 서각犀角 2개, 상
산常山 3근, 노감석爐甘石[188] 5근, 울금鬱金[189] 20근, 필발蓽撥[190] 20근, 진피
陳皮 5근, 상아향합象牙香合[191] 5개, 침향沈香[192] 10냥쭝을 바쳤으므로, 회

---

187 소방목(蘇枋木)·적목(赤木)·홍자(紅紫)라고도 한다. 목재의 부위에 따라 한약재와 염료로
사용한다. 열대 지역의 나무이며 조선에서는 나지 않아서 세종 대에는 9년간 7만 근을 수입하
기도 하였다.
188 능아연석의 돌로 풍열로 인해 안구가 붓고 충혈되어 아픈 것을 치료하며 피부습진, 만성피부
궤양, 가려움증에 효능이 있는 약재이다.
189 생강과에 속하는 다년생 초본식물. 소화불량·위염·간염·담낭 및 담도염(膽道炎)·황달·
경폐(經閉)·산후어혈복통(産後瘀血腹痛)·질타손상(跌打損傷) 등에 치료제로 쓰인다.
190 우리나라에서는 후추과의 필발(蓽撥)의 덜 익은 열매를 말한다. 장위가 차서 생기는 복부동
통, 구토, 식욕감퇴, 설사, 이질, 치통 등에 사용한다.

사回賜로 정포正布 3백 80필을 회사하였다. 원도진源道鎭[193]이 사람을 보내 단목 1천 근, 감초甘草 10근, 유황 3천 근, 부채扇子 10자루, 동철銅鐵 2백 근, 호초胡椒 10근, 침향沈香 10근, 대도大刀 10자루를 바쳤으므로, 정포正布 3백 80필을 회사하였다. 원의준源義俊[194]이 사람을 보내 동철銅鐵 1천 근, 대도大刀 15자루, 진피陳皮 50근, 붉은 쟁반朱盤 50편片, 소면素麪 2백 근, 말린 매실乾梅 1천 개, 설탕 50근, 갈분葛粉 30근, 유황 2백 근을 바쳤으므로, 정포正布 3백 50필을 회사하였다. 원준신源俊信이 사람을 보내 동철 6백 근, 단목 1백 근, 반盤 50편片, 대도大刀 10자루, 소면素麪 1백 근, 갈분葛粉 30근, 동와銅鍋[195] 10개, 건매乾梅 1천 개를 바쳤으므로, 정포正布 1백 70필을 회사하였다. 상가常嘉가 사람을 보내 유황 1천 근, 개鎧 1냥쭝, 대도大刀 10자루, 소목蘇木[196] 5백 근, 동철 1천 근, 납촉蠟燭 1백 자루, 기린혈麒麟血[197] 5근을 바쳤으므로, 정포正布 3백 70필을 회사하였다.

---

191 상아로 만든 그릇.

192 서향과에 속하는 상록성 교목인 침향과 백목향의 목재 부분으로 기(氣)가 위로 치밀어 오르는 것을 내리고 중초(中焦)를 따뜻하게 하며 신장을 따뜻하게 하고 기를 끌어 들이는 효능이 있다.

193 전 구주탐제(九州探題) 삽천만뢰(澁川滿賴)이고 원의준(源義俊, 澁川義俊)의 아버지이다. 1부 「중요인물」, '원도진' 참조.

194 도진(道鎭)은 삽천만뢰(澁川滿賴)의 계명(戒名)이고 삽천의준(澁川義俊)의 아버지로 구주탐제직을 의준에 물려주었다. 1부 「중요인물」, '삽천만뢰' 참조.

195 구리로 만든 냄비.

196 소방목(蘇枋木)·적목(赤木)·홍자(紅紫)라고도 한다. 목재의 부위에 따라 한약재와 염료로 사용한다. 열대 지역의 나무이며 조선에서는 나지 않아서 세종 대에는 9년간 7만 근을 수입하기도 하였다.

197 딴 이름은 기린갈(麒麟竭)·혈갈(血竭)이다. 종려과 식물인 기린갈나무의 진을 말린 것이다. 열매를 따서 시루에 넣고 쪄서 진이 나오게 하거나 짓찧어 천에 싸서 압착하여 진이 나오게 한 다음 졸여서 덩어리 모양으로 만든다. 줄기는 쪼개거나 작은 구멍을 뚫어 진이 흘러나오게 한다. 맛은 달고 짜며 성질은 평하다.(한의학대사전 편찬위원회, 『한의학대사전』, 정담, 2010)

6月 21日(庚午) 7번째 기사
원성의 정사 중 수령이 유황 공납에 대해 예조에 서간을 올리다

源省正使釋秀嶺在館呈書于禮曹曰, "前日差使員以執事之命, 三品其硫黃來曰, '比乎此而居其上中者藏之, 其下者除之.' 今源公所貢硫黃, 亦雖有上中下三品, 旣及數千觔, 故暫置之於富山浦, 以竢聞執事之命矣. 僕竊以, 源公畏大國之威, 不遑寧處, 晝議宵思, 願欲忠大國, 故不遠萬里之重溟, 奉不腆之土宜, 以表其至誠, 大國以貢物不精不受之, 則絶下邑之好也. 僕聞之, 昔齊桓伐楚, 問包茅之不貢, 但責其貢不納, 而不論貢之精麤. 楚, 大國也. 豈無善於包茅者? 蓋尙其貢而已矣. 下邑之硫黃, 卽是楚國之包茅也. 伏冀悉納, 以爲下國之貢, 幸甚."

원성源省[198]의 정사正使 중釋 수령秀嶺이 객관에 있으면서 예조禮曹에 글을 보내기를,

"전날에 차사원差使員[199]이 집사執事[200]의 명으로 세 가지 품질의 유황硫黃을 가지고 와서 말하기를, '이 품질에 비比하여 상중上中에 해당되는 것은 수장收藏할 것이요, 아래에 해당하는 것은 제거할 것이라' 하였는데, 이제 원공源公이 공납貢納한 유황도 비록 상·중·하의 세 품질이 있으나, 이미 수천 근에 달하므로 잠시 부산포富山浦에 두었다가 집사執事의 명을 들으려 하였던 것입니다. 제 생각에는, 원공이 대국大國의 위엄을 두려워하여 어찌할 줄을 모르는 중이라, 밤낮으로 의논하고 생각하여 대국에 충성하려 하여, 만 리의 먼 바닷길을 멀리 여기지 아니하고

---

198 북구주 서단의 전평(田平)을 근거로 한 세력의 우두머리로 준주태수(駿州太守, 駿河國의 國守)를 자칭하였다.
199 조선시대 각종 특수 임무의 수행을 위하여 임시로 차출, 임명되는 관원.
200 조선시대 국왕과 왕실을 중심으로 한 각종 의식에서 주관자를 도와 의식을 진행시킨 의식 관원.

변변치 못한 토산물을 받들어 지극한 정성을 표하고자 하오니, 대국에서 공물이 정精하지 못하다 하여 받아들이지 아니한다면 하읍下邑의 호의를 끊는 것입니다. 저는 듣건대, 옛날에 제齊 환공桓公이 초楚나라 정벌할 때, 포모包茅를 바치지 아니한 것을 문죄하면서 다만 공물을 바치지 아니한 것만 책責하였고, 공물의 정이 좋고 나쁜 것을 논하지 아니하였습니다. 초는 대국이라 어찌 포모보다 좋은 것이 없었겠습니까? 무릇 그 공물만을 가상하게 여겼을 뿐입니다. 저희들이 유황硫黃은 곧 초나라의 포모와 같습니다. 바라옵건대, 다 수납하여 저희의 공물로 여기시면 다행이겠습니다"

하였다.

6月 26日(乙亥) 2번째 기사
동과 단목의 육상 수송의 폐단으로 해상 수송하게 하다

禮曹啓, "倭客人連續所獻銅與丹木, 輸轉站路, 受弊不小. 自今除陸路輸轉, 輸納海邊各官, 待本道貢船上來時, 與硫黃並載上送. 其所獻雜物, 令其道監司, 分上中下三品, 移關本曹, 本曹參考物價, 量宜回賜. 其客人私齎丹木銅, 臨時量數上送, 其餘並於下船處和賣." 從之.

예조에서 아뢰기를,

"왜倭 객인客人이 연이어 진헌하는 동銅과 단목丹木[201]을 수송하는데, 참로站路의 폐단이 적지 않습니다. 지금부터는 육로로 수송하지 말고,

---

201 소방목(蘇枋木)·적목(赤木)·홍자(紅紫)라고도 한다. 목재의 부위에 따라 한약재와 염료로 사용한다. 열대 지역의 나무이며 조선에서는 나지 않아서 세종 대에는 9년간 7만 근을 수입하기도 하였다.

해변 각 관청에서 그 도의 공선貢船이 올라올 때에 유황硫黃과 아울러 실어서 올려 보내십시오. 그 밖의 바치는 여러 가지 물품은 그 도의 감사監司를 시켜 상·중·하 3품으로 나누어 본조本曹로 이관移關하면, 본조本曹에서는 물가를 참작하여 적당하게 회사回賜하게 하소서. 그 객인客人이 사적으로 가지고 온 단목과 동은 그 때에 수량을 헤아려 올려 보내고, 그 나머지는 모두 배가 정박한 곳에서 거래하게 하소서"

하니, 이에 따랐다.

6月 26日(乙亥) 3번째 기사
대마주 대관 야마다로중구가 단목 등을 바치다

對馬州代官野馬多老重久使人來獻丹木一千二百觔·銅五百二十觔·甘草十五觔·犀角三箇, 回賜正布三百二十匹.

대마주 대관對馬州代官 야마다로중구野馬多老重久[202]가 사람을 보내어 단목丹木[203] 1천 2백 근, 동銅 5백 20근, 감초甘草 15근, 서각犀角 3개를 바치니, 정포正布 3백 20필을 회사하였다.

6月 27日(丙子) 2번째 기사
귀화 왜인 평삼보라에게 조애미두를 하사하다

慶尙道監司報, "自願投化倭人平三甫羅妻父全車物故, 請給助哀米

---

202 여기에만 보인다. 산대랑(山大郞)의 음차 표기로 생각된다.
203 소방목(蘇枋木)·적목(赤木)·홍자(紅紫)라고도 한다. 목재의 부위에 따라 한약재와 염료로 사용한다. 열대 지역의 나무이며 조선에서는 나지 않아서 세종 대에는 9년간 7만 근을 수입하기도 하였다.

豆各三石." 從之.

경상도 감사가 보고하기를,

"자원自願해서 귀화한 왜인倭人 평삼보라平三甫羅의 장인妻父 전거全車가 사망하였으니, 조애미두助哀米豆 각 3석을 청합니다"

하니, 이에 따랐다.

7月 11日(己丑) 3번째 기사
원의준이 예조에 글을 보내다

源義俊・平滿景等使人來獻土物. 源義俊致書于禮曹曰, "吾國王所求『大藏』釋典, 見賜恩惠. 所載船隻, 自對馬直至長門州赤間關繫纜, 待貴朝使船, 有日于玆. 今四月初四日, 到於博城冷泉津, 風帆無恙, 卽日入京. 殿下想是歡喜無量. 義俊所求尊經, 曲辱恩賜, 懼怵之至, 不知蹈舞, 爲致謝忱, 聊表芹誠. 硫黃五千斤, 蘇木一千斤, 金襴一段, 華段子一段, 蘇合油三斤, 犀角一本, 葛箱一箇, 黑漆箱一箇, 櫛一十片, 椒一十斤, 丁香皮一十斤, 陳皮一十斤, 象牙尺一箇, 墨一百挺, 淡礬一斤."

命禮曹判書申商答書曰, "承諭知回禮使安好已經貴管, 慰喜. 土宜正布三百匹, 以謝厚意."

平滿景致書于禮曹曰, "貴國使船, 今月初四日到岸, 十日, 吾寡君摠管禮接. 旣所求釋典『大藏』全部, 芳惠無大於此. 又辱珍産之貺, 寡君歡喜無量. 玆惟隣好益厚, 永世不渝. 薄禮硫黃三千五百斤, 黑柿九十斤, 香二十五斤, 銅五百斤, 練緯二匹, 鑞一百斤, 扇子二十把, 大刀二柄, 蠟燭三百挺, 絹二匹."

禮曹參議成槩答書曰, "承書知回禮使安好已到貴境, 慰喜. 姑將土宜正布一百六十匹, 付回价."

원의준[204]·평만경 등이 사람을 보내어 토산물을 바쳤다. 원의준이 예조에 글을 보내기를,

"우리 국왕이 청구한 『대장』 불경을 은혜로이 보내주셨습니다. 실은 배가 대마도에서 바로 장문주長門州의 적간관赤間關에 이르러 닻줄을 매고, 귀조貴朝의 사신이 탄 배가 오기를 기다린 지가 이제 며칠이 되었습니다. 금 4월 초 4일에 박성博城[205]의 냉천진冷泉津[206]에 도착하여 순풍에 아무 탈 없이 곧 서울로 들어갔으니, 추측하건대 전하께서도 대단히 기뻐하실 것입니다. 의준이 청구한 존경尊經도 내려 주시니 너무 기뻐서 발을 구르며 춤이 나와도 모를 지경입니다. 사례하는 뜻에서 조그마한 성의를 표시합니다. 유황 5천 근, 소목[207] 1천 근, 금란 1단, 화단자 1단, 소향유 3근, 서각犀角 1본, 갈상葛箱 1개, 흑칠상黑漆箱 1개, 빗櫛 10편片, 초椒 10근, 정향피丁香皮 10근, 진피陳皮 10근, 상아척象牙尺 1개, 먹墨 1백 정挺, 담반淡礬 1근을 드립니다"

라고 하였다. 예조 판서 신상에게 명하여 답서하기를,

"서신을 받아, 회례사가 편안하고 좋게 이미 귀하의 관하를 지나갔음을 알았으니 기쁘오. 토산물인 정포 3백 필로써 후한 뜻에 사례하오"

---

204 도진(道鎭)은 삽천만뢰(澁川滿賴)의 계명(戒名)이고 삽천의준(澁川義俊)의 아버지로 구주탐제직을 의준에 물려주었다. 1부 「중요인물」, '삽천만뢰' 참조.

205 박다(博多)를 말한다.

206 냉천진(冷川津)이라고도 하며, 현재 즐전신사(櫛田神社) 서북쪽에 냉천정(冷泉町)이 있다.

207 소방목(蘇枋木)·적목(赤木)·홍자(紅紫)라고도 한다. 목재의 부위에 따라 한약재와 염료로 사용한다. 열대 지역의 나무이며 조선에서는 나지 않아서 세종 대에는 9년간 7만 근을 수입하기도 하였다.

라고 하였다. 평만경이 예조에 서신을 보내기를,

"귀국의 사신이 타고 온 배가 이달 초 4일에 해안에 도착하니, 우리 주군인 총관이 예로써 접대하였습니다.[208] 이미 청구한 석전 대장 전부를 주시니, 은혜가 이보다 큰 것이 없사오며, 또한 진귀한 물품까지 주시니 우리 임금께서 기뻐하심이 끝이 없었습니다. 다만 인국의 호의好誼가 더욱 두터워져서 영원토록 변하지 않기를 바랍니다. 박례薄禮이나 유황 3천 5백 근, 흑시黑柿 90근, 향 25근, 동 5백 근, 연위練緯 2필, 납랍 1백 근, 부채扇子 20 자루把, 대도 2자루, 납촉蠟燭 3백 정, 견絹 2필을 보냅니다"

라고 하였다. 예조 참의 성개가 서신에 답했는데, 그 답서에,

"서신을 받아 회례사가 편안하고 좋게 이미 귀국의 경내에 도착하였음을 알았으니 기쁩니다. 토산물인 정포 1백 60필을 돌아가는 사신에게 부칩니다."

라고 하였다.

7月 17日(乙未) 4번째 기사

대마도 좌위문대랑이 토산물을 바치다

對馬島左衛門大郎使人獻土物, 丹木一千觔, 回賜正布二百二十匹.

대마도의 좌위문대랑左衛門大郎[209]이 사람을 보내어 토산물인 단목丹木[210] 1천 근을 바치므로, 정포正布 2백 20필을 회사하였다.

---

208 구주탐제 원의준을 말한다.

209 대마도 두지포(頭地浦, 土寄, 쯔찌요리)에 거점을 둔 왜구의 우두머리로 조전좌위문태랑(早田左衛門太郎)이다. 1부 「중요인물」 '좌위문태랑' 참조.

210 소방목(蘇枋木)·적목(赤木)·홍자(紅紫)라고도 한다. 목재의 부위에 따라 한약재와 염료로 사용한다. 열대 지역의 나무이며 조선에서는 나지 않아서 세종 대에는 9년간 7만 근을 수입하기도 하였다.

9月 5日(癸未) 6번째 기사

왜선에 대하여 허위로 보고한 경상도 우도 처치사 이설을 처벌하게 하다

刑曹啓, "慶尙道右道處置使都鎭撫檢工曹參議李渫遇倭船於樸串,
見一人下陸而隱, 射之不中. 其倭投劍水中來降, 渫卽使人斬之, 妄報
云, '與賊相戰, 射殺十二級, 斷頭一級.' 罪律應斬." 命減等杖八十.

형조에서 아뢰기를,

"경상도 우도 처치사 도진무211 검공조 참의右道處置使都鎭撫檢工曹參議212
이설李渫이 왜선倭船을 박곶樸串213에서 만나, 한 사람이 육지에 내리는 것
을 숨어서 이를 쏘았으나, 맞지 않으니 그 왜인이 칼을 물 가운데 던지고
와서 항복하였는데, 이설은 즉시 사람을 시켜 목 베고 거짓으로 보고하기
를, '적과 서로 싸워서 12명을 쏘아 죽이고 머리 1급級을 베었다' 하였으니,
죄는 마땅히 참형斬刑에 처할 것입니다"

하니, 감등減等하여 곤장 80대를 치도록 명하였다.

9月 16日(甲午) 2번째 기사

일본국 구주도원수 원의준 등이 토산물을 바치다

日本國九州都元帥源義俊·美作太守平常嘉等使人獻土物, 回賜源義
俊正布一百四十匹, 平常嘉一百五十匹.

---

211 조선 초기에는 중앙군의 군령을 맡은 삼군진무소(三軍鎭撫所)나 오위진무소(五衛鎭撫所)의
   도진무(都鎭撫)가 있었듯이, 왕명을 받들어 외방에서 군사를 지휘하는 장수인 병마도절제사,
   수군도안무처치사(水軍都安撫處置使)의 밑에도 도진무를 두었다.
   　1466년(세조 12)의 관제 개혁에서 병마도절제사도진무는 병마우후, 수군도안무처치사도진
   무는 수군우후로 각각 개칭되었다. 이로부터 도원수·원수 등으로 출정하는 장수 밑에서 군
   령을 담당하는 직책의 호칭 역시 도진무에서 우후로 바뀌게 되었다.
212 검(檢)은 검교(檢校)라는 뜻으로 실제로 사무는 맡지 않고 직함만 가졌음을 뜻한다.
213 여기에만 보인다. 현재의 경상남도 해안의 지명으로 생각된다.

일본국 구주 도원수九州都元帥 원의준源義俊[214]과 미작 태수美作太守 평상가平常嘉[215] 등이 사람을 시켜 토산물을 바치므로, 원의준에게는 정포正布 1백 40필을, 평상가에게는 1백 50필을 회사回賜하였다.

9月 18日(丙申) 2번째 기사
일본 전 총관 원도진이 대장경을 청구하는 글을 예조에 올리다

日本九州前摠管源道鎭·筑州府石城管事平滿景等使人獻土物. 源道鎭奉書于禮曹, 其書曰, "吾殿下前年求『大藏經』, 貴國卽見恩惠. 又愚息義俊求尊經, 同辱厚惠, 僥倖之至, 得罪得罪. 回禮使四月四日到筑州石城冷泉津. 薄禮在別錄, 扇子百五十把, 練緯二匹, 犀角二本, 土黃十斤, 金襴一段, 麒麟血一斤半, 陳皮百斤, 丁香五斤半, 草菓十斤, 紗二匹, 黃芩十斤, 藿香三十斤, 蘇合油五斤, 銅五百斤, 蘇木一千斤, 硫黃六百斤."

命禮曹判書申商答書曰, "所獻禮物, 謹啓收納. 仍知回禮使船已到冷泉津, 欣喜. 土宜正布六百八十匹領納."

平滿景奉書于禮曹, 其書曰, "吾國長州人鬚左近寄寓大國畿內, 傳聞被謫在于荒服. 此有一老母在于本州, 年旣邁耋, 晝夜悲泣忘食, 伏請見還. 長州與九州隣甚, 其族屢來哀訴, 余不勝其情, 故告以區區, 伏乞啓達. 土宜練緯二匹, 鉛五十斤, 蘇木一千斤, 銅五百斤, 縮砂十斤, 樟腦五斤, 沈香五斤, 朱盆二片."

---

214 구주탐제 삽천의준이다. 1부「중요인물」'삽천의준' 참조.
215 미작태수(美作太守, 美作守)라는 무가관위를 가지고 이 시기에 구주지역에서 활동한 인물로는 안예국(安藝國) 소전(沼田)을 영지로 하는 소조천칙평(小早川則平) 입도상가(入道常嘉, 美作守)가 있다(세종 즉-10-13-4, 세종 5-9-16-2, 세종 9-1-19-11).

禮曹佐郎成念祖答書曰, "所諭鬚左近被罪, 謫在外方, 未敢稟啓照悉. 土宜正布四百四十匹領納."

일본 구주九州 전 총관摠管 원도진源道鎭[216]과 축주부筑州府 석성 관사石城管事 평만경平滿景[217] 등이 사람을 보내어 토산물을 바쳤다. 원도진이 예조에 글을 올리기를,

"우리 전하께서 전년에 『대장경大藏經』을 구하니, 귀국貴國에서 즉시 보내주신 은혜를 베푸셨으며, 또 내 자식 의준義俊[218]이 불경尊經을 구할 때에도 역시 보내주신 은혜를 받자와 요행함이 지극하매 죄송스럽기 짝이 없습니다. 회례사回禮使는 4월 4일에 축주筑州 석성石城의 냉천진冷泉津에 닿았습니다. 보잘것없는 예물은 별록別錄에 있습니다. 부채扇子 1백 50자루把, 연위練緯 2필, 서각犀角 2本, 토황土黃[219] 10근, 금란金襴 1단段, 기린혈麒麟血[220] 1근 반, 진피陳皮 1백 근, 정향丁香 5근 반, 초과草菓 10근, 사紗 2필, 황금黃金 10근, 곽향藿香[221] 30근, 소향유蘇香油 5근, 동銅 5백 근,

---

216 전 구주탐제(九州探題) 삽천만뢰(澁川滿賴)이고 원의준(源義俊, 澁川義俊)의 아버지이다. 1부 「중요인물」 '원도진' 참조.

217 1부 「중요인물」 '평만경' 참조.

218 도진(道鎭)은 삽천만뢰(澁川滿賴)의 계명(戒名)이고 삽천의준(澁川義俊)의 아버지로 구주탐 제직을 의준에 물려주었다. 1부 「중요인물」 '삽천만뢰' 참조.

219 비석(砒石), 목별자인(木鼈子仁), 파두인(巴豆仁), 요사(硇砂)의 분말을 목별자유(木鼈子油) 와 석뇌유(石腦油)로 뭉쳐서 기름을 발라 흙 속에 묻어두었다가 49일 만에 꺼내어 만드는 한 약이다. 피부의 혹을 말리고 치질을 치료한다. 이시진, 『본초강목』 「금석 4」 「토황(土黃)」.

220 딴 이름은 기린갈(麒麟竭)·혈갈(血竭)이다. 종려과 식물인 기린갈나무의 진을 말린 것이다. 열매를 따서 시루에 넣고 쪄서 진이 나오게 하거나 짓찧어 천에 싸서 압착하여 진이 나오게 한 다음 졸여서 덩어리 모양으로 만든다. 줄기는 쪼개거나 작은 구멍을 뚫어 진이 흘러나오게 한 다. 맛은 달고 짜며 성질은 평하다. 『한의학대사전』

221 쌍떡잎식물 통화식물목 꿀풀과의 여러해살이풀의 지상부를 말린 약재이다. 전국의 산에서 자라며 추위와 건조에도 강하여 재배하고 있고 방애잎, 중개풀, 방아풀이라 하여 어린잎을 추 어탕 등 고기비린내 제거용으로 사용한다. 비위에 습이 정체되어 복부창만, 식욕부진, 메스꺼 움, 구토, 설사 등을 치료하며, 소화장애를 동반한 감기, 여름철 식체로 인한 구토, 설사, 구취, 옴이나 버짐 등에 효과가 있다고 한다.

소목蘇木222 1천 근, 유황硫黃 6백 근을 바칩니다"

라고 하였다. 예조 판서 신상申商에게 명하여 서신에 답하기를,

"바친 예물禮物은 삼가 위에 아뢰어 받아들였습니다. 인하여 회례사回禮使가 이미 냉천진冷泉津에 도착하였음을 알게 되었으니 매우 기쁩니다. 토산물인 정포正布 6백 80필을 받아주십시오"

라고 하였다. 평만경平滿景이 예조에 글을 올리기를,

"우리나라 장주長州223 사람 수좌근鬚左近224이 대국大國의 기내畿內225에 기우寄寓했는데, 전해 듣건대, 귀양을 가서 황복荒服226에 있다고 합니다. 그는 이곳에 노모가 있어 본주本州에 사는데, 나이 이미 80세가 되었으며, 밤낮으로 슬피 울어 밥 먹는 것까지 잊고 있으니, 삼가 돌려보내기를 청합니다. 장주와 구주九州는 심히 가까우므로, 그 친족이 여러 번 와서 슬피 호소하여, 제가 그 정경情景을 견딜 수 없으므로 구구한 말로써 알리오니 삼가 위에 아뢰기를 원합니다. 토산물은 연위練緯 2필, 연鉛 50근, 소목蘇木 1천 근, 동銅 5백 근, 축사縮砂 10근, 장뇌樟腦 5근, 침향沈香227 5근, 화분禾盆 2편片을 바칩니다"

라고 하였다. 예조 좌랑 성염조成念祖가 서신에 답하기를,

"말한 바 수좌근鬚左近이 죄를 지어 외방外方에 귀양가 있으니 감히 아

---

222 소방목(蘇枋木)·적목(赤木)·홍자(紅紫)라고도 한다. 목재의 부위에 따라 한약재와 염료로 사용한다. 열대 지역의 나무이며 조선에서는 나지 않아서 세종 대에는 9년간 7만 근을 수입하기도 하였다.
223 일본 본주(本州)의 장문국(長門國)을 말한다. 현재 산구현(山口縣) 일대이다.
224 여기에만 보인다. 좌근은 좌근위부(左近衛府)의 약칭으로 일본 인명에 흔히 쓰이는 백관명(百官名)의 하나이다.
225 조선의 한양과 경기를 뜻한다.
226 거친 땅과 변방을 뜻한다. 원래 천자의 교화가 미치지 않는 지역을 말한다.
227 서향과에 속하는 상록성 교목인 침향과 백목향의 목재 부분으로 기가 위로 치밀어 오르는 것을 내리고 중초(中焦)를 따뜻하게 하며 신장을 따뜻하게 하고 기를 끌어 들이는 효능이 있다.

릴 수 없습니다. 양해해 주십시오. 토산물인 정포正布 4백 40필을 받아
주십시오"
라고 하였다.

9月 24日(壬寅) 3번째 기사
일본 선승 원재에게 의복 등을 내리다
賜日本禪和子源才衣一襲·皮鞋一雙.
일본 선승禪和子 원재源才에게 의복 한 벌과 가죽신 한 켤레를 내렸다.

9月 24日(壬寅) 4번째 기사
일본 축전주 태수 등원만정 등이 토산물을 바치다
日本國筑前州太守藤源滿貞及其幕下備州刺史砥上大藏氏種·左
衛門大郎等使人獻土物. 滿貞奉書于禮曹曰, "本朝行聘於貴國, 答聘
之專价, 四月四日到石城之津, 遂枉驪駕於宰府之私第. 賜書告以官
船護送之事, 豈敢不奉命哉? 官船歸朝之日, 可致謝答之忱焉. 先奉書
幷方物, 聊申海路無恙之慶耳. 下情得備達明聞則是幸. 硫黃二千五
百斤, 丹木四千五百斤, 靑磁盆七十箇, 白磁椀大小二十箇, 良香十三
斤, 陳皮十六斤, 丁香皮六十五斤, 硯二枚, 金畫手篋一箇, 火筯二雙, 倚
箱一箇, 付太箱火筯二雙, 佩刀五腰, 銅一百五十斤."
　　禮曹參議成槪答書曰, "所獻禮物, 謹已收納. 幷諭回禮使船到石城
之津, 撥官船護送, 爲感爲謝. 今將土宜正布一千六百五十匹表意, 惟
不腆是愧."

大藏氏種奉書于禮曹曰, "僕聞貴國風化之美, 而眷慮不已者久矣. 然寡君使與謀本州大小之政事, 夙夜靡遑寧處, 以故未能循禮問, 獻愚懇, 千里之外, 徒馳仰而已. 方今寡君行聘於貴國, 僕固所願也. 不腆土宜, 丹木四百斤·硫黃四百斤·長刀四把·藿香八斤·錫二十七斤·朱椀七十箇·佩刀四腰表誠."

禮曹佐郎成念祖答書曰, "能從太守, 輸誠修好, 良用爲喜. 所獻禮物, 轉啓收納. 仍將土宜正布一百五十匹, 就付回价."

大郎修書, 仍獻土物, 丹木三百斤·胡椒一百十斤·硫黃一千斤·檳榔子五十斤·鉛燒八斤. 禮曹佐郎成念祖答書曰, "所獻禮物, 轉啓收納. 前者回禮使處過海糧米三十石, 專人傳送, 喜喜. 今又將糧米一百石, 付貴价送去, 希回禮使處傳送. 土宜正布一百八十匹照領."

일본국 축전주 태수筑前州太守 등원만정藤源滿貞[228]과 그 막하幕下인 비주 자사備州刺史 지상 대장씨종砥上大藏氏種[229]과 좌위문대랑左衛門大郎[230] 등이 사람을 시켜 토산물을 바쳤다. 만정滿貞이 예조에 글을 올리기를, "본조本朝에서 귀국貴國에 사신을 보냈는데, 답례하는 전사專使가 4월

---

228 소이만정(少貳滿貞)이다. 1부 「중요인물」, '소이만정/등원만정' 참조.

229 장주태수 선종(禪種)의 일족으로 생각된다(태종 16-4-29-4). 대장씨(大藏氏)는 원래 판상씨 (坂上氏)와 마찬가지로 후한(後漢) 영제(靈帝)의 후손으로 전하며, 고대 말기에 대재부(大宰府) 관인으로 구주에 세력을 갖게 되었다. 그래서 축전국(筑前國) 지역의 유력씨족이었으며, 원전(原田)·석전(席田)·안수(鞍手)·추월(秋月)·저상(砥上) 등 많은 씨족으로 분화되었다고 한다. 풍후국(豊後國) 일전군(日田郡)을 거점으로 하는 일전씨(日田氏)와 일향국(日向國) 고과번주(高鍋藩主) 추월씨(秋月氏)가 모두 대장씨에서 비롯되었다고 한다. 대장씨는 종(種) 이라는 글자를 통자(通字)로 사용하였는데, 선종이 누구인지 정확히 알 수 없다. 세종 5년에는 축전주 태수 등원만정(藤源滿貞, 少貳滿貞)의 막하인 비주자사(備州刺史) 지상(砥上) 대장씨 종(大藏氏種)이 보인다. 지상(토가미) 역시 대장씨에 분화된 씨명으로 보인다. 따라서 이 시기에 대장씨는 소이씨의 휘하에 있었던 것으로 생각된다.

230 대마도 두지포(頭地浦, 土寄, 쯔찌요리)에 거점을 둔 왜구의 우두머리로 조전좌위문태랑(早田左衛門太郎)이다. 1부 「중요인물」, '좌위문태랑' 참조.

4일에 석성石城의 나루에 이르러, 드디어 재부宰府의 사제私第에 왔습니다. 내리신 글에 관선官船으로 호송護送하라고 하셨으니, 어찌 감히 명령을 받들지 않겠습니까. 관선이 귀조하는 날에, 답하는 정성을 보이겠습니다. 먼저 서신과 방물方物을 바쳐 바닷길에 탈이 없는 경사를 보이오니, 저의 뜻이 잘 전달되어 아뢰어 주신다면 다행이겠습니다. 유황硫黃 2천 5백 근, 단목丹木231 4천 5백 근, 청자분靑磁盆 70개, 백자완白磁椀 크고 작은 것 20개, 양향良香 13근, 진피陳皮 16근, 정향피丁香皮 65근, 벼루硯 2개, 금화수협金畵手篋 1개, 화근火筋 2쌍, 의상倚箱 1개, 부태상付太箱 화근火筋 2쌍, 패도佩刀 5개, 동동銅 1백 50근을 바칩니다"

라고 하였다. 예조 참의 성개成槪가 그 서신에 답하기를,

"바친 바 예물禮物은 삼가 이미 수납收納하였습니다. 아울러 회례사回禮使의 배가 석성石城의 나루에 이르렀고 관선을 내어 호송護送하였다고 하니 감사합니다. 지금 토산물인 정포正布 1천 6백 50필로써 성의를 표시하오나, 변변치 못하여 부끄럽습니다"

라고 하였다. 대장씨종大藏氏種이 예조에 서신을 보내기를,

"제가 귀국 풍화風化의 아름답다는 말을 듣고 사모하여, 마지않은 지가 오래 되었습니다. 그러나 과군寡君이 저로 하여금 본주本州의 크고 작은 정사政事를 함께 도모하게 하므로, 이른 아침부터 밤늦게까지 편안히 거처할 여가가 없었으니, 이런 까닭으로 능히 예禮를 따라 어리석은 정성으로 문안하지 못하고 천 리 밖에서 한갓 우러러볼 뿐입니다. 이제

---

231 소방목(蘇枋木)·적목(赤木)·홍자(紅紫)라고도 한다. 목재의 부위에 따라 한약재와 염료로 사용한다. 열대 지역의 나무이며 조선에서는 나지 않아서 세종 대에는 9년간 7만 근을 수입하기도 하였다.

과군이 귀국에 사신을 보내어 예물을 교환하오니, 제가 진실로 원하던 바입니다. 변변치 못한 토산물인 단목^{丹木} 4백 근, 유황^{硫黄} 4백 근, 장도^{長刀} 4자루, 곽향^{藿香}232 8근, 주석^錫 27근, 주완^{朱椀} 70개, 패도^{佩刀} 4개로써 성의를 표합니다"

라고 하였다. 예조 좌랑 성염조^{成念祖}가 서신에 답하기를,

"태수^{太守}를 따라 성심을 다하여 수호^{修好}하니, 진실로 기쁘게 생각합니다. 바친 바 예물은 위에 아뢰어 받아들였습니다. 인하여 토산물인 정포^{正布} 1백 50필을 돌아가는 사신에게 부쳐 보냅니다"

라고 하였다. 대랑^{大郎}은 서신과 함께 토산물인 단목^{丹木} 3백 근, 호초^{胡椒} 1백 10근, 유황^{硫黄} 1천 근, 빈랑자^{檳榔子} 50근, 연소^{鉛燒} 8근을 바쳤다. 예조 좌랑 성염조가 이에 답서^{答書}하기를,

"바친 바 예물은 위에 아뢰어 받아들였습니다. 전자에 회례사^{回禮使}에게 과해량미^{過海糧米} 30석을 따로 사람을 보내 전달하였습니다. 매우 기쁘게 생각하오. 지금 또 양미^{糧米} 1백 석을 귀하의 사인에게 부쳐 보내니 회례사에게 전해 주기를 바랍니다. 토산물인 정포^{正布} 1백 80필을 받아주십시오"

라고 하였다.

---

232 쌍떡잎식물 통화식물목 꿀풀과의 여러해살이풀의 지상부를 말린 약재이다. 전국의 산에서 자라며 추위와 건조에도 강하여 재배하고 있고 방애잎, 중개풀, 방아풀이라 하여 어린잎을 추어탕 등 고기비린내 제거용으로 사용한다. 비위에 습이 정체되어 복부창만, 식욕부진, 메스꺼움, 구토, 설사 등을 치료하며. 소화장애를 동반한 감기, 여름철 식체로 인한 구토, 설사, 구취, 옴이나 버짐 등에 효과가 있다고 한다.

9月 27日(乙巳) 3번째 기사

왜 객인이 바친 금선단자를 거부하다

傳旨, "倭客人等所進金線段子, 勿許納." 以其非本土所產也.

전지하기를,

"왜倭 객인客人들이 바친 금선단자金線段子[233]를 들이지 못하게 하라"
고 하였으니, 본토本土에서 생산된 것이 아니기 때문이다.

9月 28日(丙午) 2번째 기사

원도진의 관하인 평만경의 서신에는 예조 낭관이 답하도록 하다

禮曹啓, "在前平滿景之書, 本曹參議修答, 然此人乃源道鎭管下, 請
令郞官答之." 從之.

예조에서 아뢰기를,

"전에 평만경平滿景의 서신은, 본조本曹의 참의參議가 답하였는데, 그
러나 이 사람은 곧 원도진源道鎭[234]의 관하管下이니, 청컨대, 낭관郞官으
로 하여금 (서신에) 답하게 하소서"

하니, 이에 따랐다.

10月 3日(庚戌) 7번째 기사

왜적의 선박을 공격한 윤득홍과 이귀생에게 옷 등을 하사하다

全羅道處置使尹得洪使鎭撫前萬戶李貴生馳啓, "賊倭十四艘隱泊

---

233 금실을 넣어서 짠 비단천이다.
234 전 구주탐제(九州探題) 삽천만뢰(澁川滿賴)이고 원의준(源義俊, 澁川義俊)의 아버지이다. 1부
　　「중요인물」 참조.

孤島, 臣率領兵船, 分三道而出. 賊見我一船先行, 卽來圍接戰, 我諸船
繼至, 賊知不敵, 反揚帆而走. 諸船共逐, 貴生船追及之, 捕賊一船, 遂
斬首八級, 投海者十三人." 上命饋貴生, 賜衣一襲. 遣集賢殿修撰金墩,
賜得洪衣一襲·酒一百六十瓶以慰之, 仍命論功等第以啓.

전라도 처치사處置使 윤득홍尹得洪이 진무鎭撫[235] 전 만호前萬戶 이귀생
李貴生으로 하여금 급히 아뢰기를,

"왜적倭賊 14척의 선박이 외딴섬에 숨어 있는 것을 신이 병선을 이끌
고 세 길로 나누어 나아갔습니다. 적은 우리 배 한 척이 먼저 가는 것을
보고 즉시 와서 포위하고 접전하므로, 우리 배 여러 척이 연이어 이르
니, 적이 대적하지 못할 것을 알고서 도로 돛을 올리고 달아났습니다.
여러 배가 함께 추격하다가, 귀생의 배가 이를 뒤쫓아서 적의 배 한 척
을 나포하고, 드디어 적의 머리 8급級을 베니, 바다에 투신한 자가 13인
이었나이다"

하니, 임금이 명하여 귀생에게 음식을 대접하게 하고 옷 한 벌을 하사하
고, 집현전 수찬集賢殿修撰 김돈金墩을 보내어 득홍에게 옷 한 벌과 술 1백
60병을 내려서 그를 위로하고, 이내 명하여 공적功績의 등급을 논하여
아뢰도록 하였다.

---

235 조선 초기에는 중앙군의 군령을 맡은 삼군진무소(三軍鎭撫所)나 오위진무소(五衛鎭撫所)의
도진무(都鎭撫)가 있었듯이, 왕명을 받들어 외방에서 군사를 지휘하는 장수인 병마도절제사,
수군도안무처치사(水軍都安撫處置使)의 밑에도 도진무를 두었다.
　1466년(세조 12)의 관제 개혁에서 병마도절제사도진무는 병마우후, 수군도안무처치사도진
무는 수군우후로 각각 개칭되었다. 이로부터 도원수·원수 등으로 출정하는 장수 밑에서 군
령을 담당하는 직책의 호칭 역시 도진무에서 우후로 바뀌게 되었다.

10月 4日(辛亥) 2번째 기사
대마주 태수 종정성이 토산물을 바치다

對馬州太守宗貞盛使人來獻土物, 致書于禮曹曰, "貴國聖德神功太上太宗殿下去歲游雲之日, 以霄壤阻遠, 不致薦悼蕪辭, 今月專价至, 得審知. 以我先考執問, 故中腸不勝宿草之餘哀, 冀照. 香七斤, 麒麟血十三斤, 檳榔百二十六斤, 丹木三百七十斤."

命禮曹參議成槪復書曰, "書至, 乃知足下繼承先志, 專人陳慰, 良用爲感. 所獻供祭之資, 謹啓收納. 土宜正布二百五十匹, 就付回价."

貞盛又致書曰, "欽惟貴國聖皇踐阼, 下情慶忭無窮. 虔賀配天之運, 普及遠裔之民. 弊邑産物, 具在別幅. 胡椒一百斤, 龍腦一斤四兩, 靑沙槃四十四箇, 靑沙桶一箇, 藤一百八十二本."

回賜正布一百七十匹. 貞盛, 貞茂之子也.

대마주 태수對馬州太守 종정성宗貞盛**236**이 사람을 보내어 토산물을 바치고, 예조에 글을 보내기를,

"귀국의 성덕신공 태상 태종 전하聖德神功太上太宗殿下께옵서 지난해 승하하옵신 날에는, 하늘과 땅이 막히고 멀어서 변변치 못한 말로 슬픈 뜻을 드리지 못하였더니, 금월에 보내신 사절이 이르러 자세히 알게 되었습니다. 저의 선고先考가 죽었을 때 조문하셨으므로, 마음속으로 해가 묵은 남은 슬픔을 억제할 길이 없사오니, 보시고 살피시기 바랍니다.

---

236 대마도주 종정무(宗貞茂)의 아들 도도웅환(都都熊丸, 1385~1452)이다. 1418년 아버지가 죽자 대마도 수호직을 이어받았다. 1419년에 기해동정을 겪었다. 1441년 대마도인들이 조선의 고초도 해상에서 고기를 잡을 수 있는 고초도 금약을 맺었고, 1443년에 계해약조를 맺었다. 주군가(主君家)인 소이씨(少貳氏)의 세력이 약화되자 조선과의 교역권을 장악함으로써 대마도를 효율적으로 지배하고자 하였으며, 마찬가지로 조선과의 교역에 관심을 가진 대내씨(大內氏)와 대립하였다. 1부 「중요인물」 '종정성' 참조.

향香 7근斤, 기린혈麒麟血[237] 13근, 빈랑檳榔[238] 1백 26근, 단목丹木[239] 3백 70근을 예물로 올립니다"

하였다. 예조 참의禮曹參議 성개成槪에게 명하여 답서하기를,

"서간이 이르러, 비로소 족하가 선대의 뜻을 이어받아 사람을 보내어 위문을 진달하니 자못 감사합니다. 헌납한 제사에, 쓸 물자는 삼가 아뢰어 받아들였습니다. 토산물로서 정포正布 2백 50필을 회환하는 사신에게 부치는 바입니다"

하였다. 정성이 또 글을 올리기를,

"공경히 생각하옵건대, 귀국 성황께옵서 왕위에 오르시니, 저의 마음이 무한히 즐겁고 기쁩니다. 하늘과 더불어 덕을 합하신 운수가 널리 먼 변방의 백성에까지 미치심을 경건히 축하하오며, 폐읍弊邑의 산물은 별지別幅에 갖추어 올리나이다. 호초胡椒 1백 근, 용뇌龍腦 1근 4냥중兩, 청사반靑沙槃 44개, 청사통靑沙桶 1개, 등藤 1백 82본입니다"

하였다. 정포正布 1백 70필을 회사回賜하였다. 정성은 정무貞茂의 아들이다.

---

237 딴 이름은 기린갈(麒麟竭)·혈갈(血竭)이다. 종려과 식물인 기린갈나무의 진을 말린 것이다. 열매를 따서 시루에 넣고 쪄서 진이 나오게 하거나 짓찧어 천에 싸서 압착하여 진이 나오게 한 다음 졸여서 덩어리 모양으로 만든다. 줄기는 쪼개거나 작은 구멍을 뚫어 진이 흘러나오게 한다. 맛은 달고 짜며 성질은 평하다.『한의학대사전』

238 딴 이름은 빈랑인(檳榔仁)·대복빈랑(大腹檳榔)·빈랑자(檳榔子)이다. 종려과 식물인 빈랑나무의 여문 씨를 말린 것이다. 맛은 맵고 성질은 따뜻하다. 위경(胃經)·대장경(大腸經)에 작용한다. 기생충을 구제하고 기(氣)를 내리며 대소변이 잘 통하게 한다.『한의학대사전』

239 소방목(蘇枋木)·적목(赤木)·홍자(紅紫)라고도 한다. 목재의 부위에 따라 한약재와 염료로 사용한다. 열대 지역의 나무이며 조선에서는 나지 않아서 세종 대에는 9년간 7만 근을 수입하기도 하였다.

10月 10日(丁巳) 4번째 기사
경상도 감사가 살마주 태수가 보낸 포로자에 대해 원적지로 보낼 것을 청하다

慶尙道監司報, "源省使送金原珍率來薩摩州太守久豐刷送本國被擄男五口, 女四名, 請還元籍." 從之.

경상도 감사가 보고하기를,

"원성源省[240]이 김원진金原珍[241]을 보내어 살마주 태수薩摩州太守 구풍久豐[242]이 찾아서 보낸 본국의 포로 남자 5명과 여자 4명을 인솔하고 왔으니, 원적지元籍地로 돌려보낼 것을 청합니다"

하니, 이에 따랐다.

10月 10日(丁巳) 5번째 기사
일본국 서해도 원만직 등이 토산물을 보내다

日本國西海道源道鎭姪中務大輔源滿直·關西道九州右衛門佐大莊氏滿種·一歧守護代源朝臣白濱伯耆守沙彌光秀等使人來獻土宜, 回賜滿直正布三百九十匹, 滿種三百二十匹, 光秀二百九十匹.

일본국 서해도西海道 원도진源道鎭[243]의 조카 중무대보中務大輔[244] 원만

---

240 북구주 서단의 전평(田平)을 근거로 한 세력의 우두머리로 준주태수(駿州太守, 駿河國의 國守)를 자칭하였다.
241 김원진은 왜인(세종 5-12-8-2), 왜통사(세종 13-1-11-3)이라고도 하고, 본국인이라고도 하였다(세종 19-7-20-3). 구주 전평전 원성의 사자로 조선에 파견되었다. 원래 조선인이었다가 왜구에 포로가 되었거나 그 부모가 포로가 되었던 것으로 생각된다. 처음은 왜인·왜통사로 불리웠으나, 조선이 김원진의 딸에게 집을 주고 또 김원진이 유구에서 조선인들을 쇄환해 오자 나중에는 본국인으로 여겼던 것으로 생각된다.
242 일향(日向)·대우(大隅)·살마(薩摩)의 수호대명(守護大名)인 도진구풍(島津久豐, 1375~1425)이다. 도진씨의 8대 당주이며, 도진씨구(島津氏久)의 아들이고 원구(元久)의 아우이다. 아들로는 충국(忠國)·용구(用久)·계구(季久)·유구(有久)·풍구(豐久)가 있다.
243 전 구주탐제(九州探題) 삽천만뢰(澁川滿賴)이고 원의준(源義俊, 澁川義俊)의 아버지이다. 1부「중요인물」'원도진' 참조.

직源満直²⁴⁵과 관서도關西道 구주九州 우위문좌右衛門佐²⁴⁶ 대장씨만종大藏氏満種²⁴⁷과 일기 수호대一岐守護代 원조신源朝臣 백빈白濱²⁴⁸ 백기수伯耆守 사미沙彌 광수光秀²⁴⁹ 등이 사람을 보내어 토산물을 바치니, 만직에게 정포 3백 90필, 만종에게 3백 20필, 광수에게 2백 90필을 회사回賜하였다.

10月 13日(庚申) 3번째 기사
일본국 회례사 서장관 오경지가 돌아와 복명하다

日本國回禮使書狀官奉禮郎吳敬之來復命, 仍啓, "使朴熙中因刷本
國被擄人·留博多."

일본국 회례사 서장관書狀官 봉례랑 오경지吳敬之가 돌아와서 복명하고, 인하여 아뢰기를,

"회례사 박희중朴熙中은 본국의 피로被擄된 사람들을 찾아 오려고 박

---

244 일본 고대 중앙관사 중 천황과 관련된 일을 담당하는 중무성(中務省)의 차관이라는 뜻이다. 원만직의 무가관위이다.
245 삽천만직(澁川満直, 1390~1434)이다. 만직(満直)은 1428년에 종형(從兄)인 삽천의준(澁川義俊)으로부터 구주탐제(九州探題)의 지위를 물려받았고, 비전국(肥前國) 수호(守護)를 겸하였다.
246 일본 고대 중앙 군사 조직인 우위문부(右衛門部)의 차관이라는 뜻으로 만종(満種)의 무가관위이다.
247 원문의 대장씨(大莊氏)는 대장씨(大藏氏)의 잘못으로 보인다. 태종 16년(1416) 4월 29일 2번째 기사에 선종(禪種)이 보인다. 대장씨는 원래 판상씨(坂上氏)와 마찬가지로 후한(後漢) 영제(靈帝)의 후손으로 전하며, 고대 말기에 대재부(大宰府) 관인으로 구주에 세력을 갖게 되었다. 그래서 축전국(筑前國) 지역의 유력 씨족이었으며, 원전(原田)·석전(席田)·안수(鞍手)·추월(秋月)·저상(砥上) 등 많은 씨족으로 분화되었다고 한다. 풍후국(豊後國) 일전군(日田郡)을 거점으로 하는 일전씨(日田氏)와 일향국(日向國) 고과번주(高鍋藩主) 추월씨(秋月氏)가 모두 대장씨에서 비롯되었다고 한다. 대장씨는 종(種)이라는 글자를 통자(通字)로 사용하였는데, 선종이 누구인지 정확히 알 수 없다. 세종 5년에는 축전주 태수 등원만정(藤原満貞, 少貳満貞)의 막하인 비주자사(備州刺史) 지상(砥上) 대장씨종(大藏氏種)이 보인다. 지상(토가미) 역시 대장씨에 분화된 씨명으로 보인다. 따라서 이 시기에 대장씨는 소이씨의 휘하에 있었던 것으로 생각된다.
248 『조선왕조실록』에 빈번하게 보이는 하송포(下松浦) 지좌(志佐)에 백빈이 보인다.
249 원조신(源朝臣)과 광수(光秀)는 두 사람이 아니라, 전자는 씨성이고 후자는 법명인 것으로 보인다.

다博多에 머무르고 있습니다"

하였다.

10月 13日(庚申) 3번째 기사
(왜구에게) 도망해온 당인 삼림 등에게 옷 등을 하사하다

賜被擄逃來唐人 散林存林奏只等衣服, 笠鞋.

　사로잡혔다가 도망해 온 중국인唐人 산림散林 · 존림存林 · 주지奏只250 등
에게 옷과 갓笠과 신靴을 하사하였다.

10月 15日(壬戌) 3번째 기사
일본 구주 다다량덕웅 · 평만경 등이 토산물을 바치다

　日本九州多多良德雄 · 筑前州管事平滿景等使人來獻土物.　多多
良德雄致書于禮曹曰, "承聞, 去歲太上皇厭世, 是貴國之大故也. 伏惟
殿下儼然猶在憂服之中, 摧痛哀慕奈何? 更望節哀就禮, 以全大孝. 小
子館于京師, 夙夜在公, 政事浩穰, 何暇及他? 以故, 不伸弔問一禮者,
踰年于玆矣. 緩慢之罪, 宜在譴絶, 而不可逭焉. 高明審察賜恕則多幸
也. 專差建幢首座奉書, 幷不腆土宜, 具如別幅." 雖不足爲賻贈, 聊表
追悼之萬一爾. 臨紙哽塞, 無勝悽惋之至. 紅織金段子一匹, 白織金段
子一匹, 硫黃一千斤, 鵬砂一斤, 蘇香油二斤, 紅練絹一匹, 銅五百斤, 樟
腦十斤, 香白芷一十斤, 銀地扇子二十本, 紅漆茶杅五十枚, 黃芩二十
斤, 土黃二十斤, 杜沖三斤, 附子三斤, 巴豆十斤, 犀角五本, 麻黃三十

---

250 이름을 어떻게 나누어야 할지 알 수 없다.

斤, 蘇木一千斤, 紫檀五十斤, 白檀香五十斤, 蘇香二十三斤, 蠟燭一百丁."

禮曹判書申商復書曰, "專人陳慰爲感. 所獻贐儀, 謹啓收納. 仍將
土宜正布一千三百六十匹·縣紬二十匹, 以表謝忱."

平滿景致書禮曹, 求鞍子, 仍獻土物. 銅三百斤, 硫黃五百斤, 犀角
二本, 貝母十斤, 樟腦五斤, 蘇木一千斤, 陳皮五十斤, 藿香三十斤, 丁
香皮一百斤, 麻黃二十斤, 巴戟十斤, 白磁茶椀十箇, 靑磁茶椀三十
箇, 靑磁盤三十箇. 命禮曹佐郎成念祖復書曰, "馬鞍製造非易, 未卽
從請. 唯土宜正布六百九十匹, 付回使."

일본 구주九州 다다량덕웅多多良德雄251 · 축전주 관사筑前州管事 평만경
平滿景 등이 사람을 보내어 토산물을 바쳤다. 다다량덕웅이 예조에 글을
올려 말하기를,

"받들어 듣건대, 지난해에 태상황께서 세상을 버리셨다 하니, 이는 귀
국의 큰 상사입니다. 엎드려 생각하옵건대, 금상 전하今上殿下께옵서 공
경히 오히려 상복 중에 계시오니 비통하시고 애모哀慕하심이 어떠하오
리까. 다시 슬픔을 억제하시고 예절에 좇으시어 큰 효도를 온전히 하시
옵기를 바랍니다. 소자는 경사京師의 객사客舍에 있으면서 밤낮으로 공
직에 종사하므로, 정무가 많고 복잡하여 다른 일에 미칠 겨를이 없습니

---

251 대내성견(1377~1431)은 대내다다량도웅(大內多多良道雄)으로도 보이며, 아명은 육랑(六郞)
이고, 법명이 도웅(道雄)이다. 대내홍세(大內弘世)의 아들로 1396년 구주탐제(九州探題) 삽천
만뢰(澁川滿賴, 源道眞)에 대하여 소이정뢰(少貳貞賴)와 국지무조(菊池武朝)가 반란을 일으키
자 형제들과 함께 출진하였다. 1401년 동생 홍무(弘茂)의 가독 계승 다툼에서 승리하였고, 주방
장문 풍전국의 수호를 겸하였다. 1406년에 출가하여, 계명을 덕웅(德雄)이라고 하였다. 1425년
구주탐제 삽천의준(澁川義俊)이 소이만정(少貳滿貞) · 국지겸조(菊池兼朝)에게 패하자 구주
로 내려가 반란을 평정하고 새로운 구주탐제 삽천만직(澁川滿直)을 원조하였다. 축전국(筑前
國)의 영유를 둘러싸고 소이만정 · 대우지직(大友持直)과 다투다가 1431년 축전국 이토군(怡土
郡)에서 전사하였다. 그가 죽자 조카인 대내지세(大內持世)가 대내씨(大內氏)의 가독(家督)을
계승하였다.

다. 그러므로 인하여 조문吊問의 예절을 펴지 못한 채 이제 해를 넘겼습니다. 더디고 게으른 죄는 마땅히 견책하시고 거절하셔도, 피할 수 없는 일입니다. 고명하신 귀관께서 살피시어 용서하여 주시면 다행이 하겠습니다. 특히 건당 수좌建幢首座를 보내어 글을 받들어 올리고, 아울러 변변하지 못한 토산물을 별폭別幅과 같이 갖추었습니다. 비록 족히 부의賻儀가 될 것이 못되오나, 또한 추도追悼하는 정성의 만분의 일을 표하는 바입니다. 종이紙를 임하매, 목이 메어 슬픔을 누를 길이 없나이다. 홍직 금단자紅織金段子 1필, 백직 금단자 1필, 유황硫黃 1천 근, 붕사硼砂 1근, 소향유蘇香油 2근, 홍련견紅練絹 1필, 동동銅 5백 근, 장뇌樟腦 10근, 향백지香白芷[252] 10근, 은지선자銀地扇子 20본, 홍칠다반紅漆茶柈 50매, 황금黃芩 20근, 토황土黃[253] 20근, 두충杜沖 3근, 부자附子 3근, 파두巴豆 10근, 서각犀角 5본, 마황麻黃 30근, 소목蘇木[254] 1천 근, 자단紫檀 50근, 백단향白檀香 50근, 소향蘇香 23근, 납촉蠟燭 1백 정丁이라"

하였다. 예조 판서 신상申商이 회답하는 서간에 이르기를,

"특히 사람을 보내어 위문을 진달하니 감사합니다. 헌납한 부의는 삼가 아뢰어 받아들였습니다. 인하여 토산물로 정포 1천 3백 60필과 면주 20필을 가지고서 정의를 표합니다"

하였다. 평만경이 예조에 글을 보내어 말안장을 청구하고, 인하여 토산

---

252 구릿대의 뿌리를 말린 약재이다. 감기로 인한 두통 등에 효과가 있다.

253 비석(砒石), 목별자인(木鼈子仁), 파두인(巴豆仁), 요사(硇砂)의 분말을 목별자유(木鼈子油)와 석뇌유(石腦油)로 뭉쳐서 기름을 발라 흙 속에 묻어두었다가 49일 만에 꺼내어 만드는 한약이다. 피부의 혹을 말리고 치질을 치료한다.(이시진, 『본초강목』「금석 4」「토황」)

254 소방목(蘇枋木)·적목(赤木)·홍자(紅紫)라고도 한다. 목재의 부위에 따라 한약재와 염료로 사용한다. 열대 지역의 나무이며 조선에서는 나지 않아서 세종 대에는 9년간 7만 근을 수입하기도 하였다.

물로 동銅 3백 근, 유황 5백 근, 서각 2본, 패모貝母 10근, 장뇌 5근, 소목 1천 근, 진피陳皮 50근, 곽향藿香[255] 30근, 정향피丁香皮 1백 근, 마황麻黃 20근, 파극巴戟 10근, 백자다완白磁茶椀 10개, 청자다완靑磁茶椀 30개, 청자반靑磁盤 30개를 바쳤다. 예조 좌랑禮曹佐郎 성염조成念祖에 명하여 다시 글을 보내기를,

"말안장은 제조하기가 쉽지 않아 즉시 청구에 응하지 못합니다. 다만 토산물인 정포 6백 90필을 회사回使에게 부칩니다"

하였다.

10月 16日(癸亥) 3번째 기사
토지를 점유하고 있는 왜인이 바친 사라 등을 수납하다

禮曹啓, "一歧·對馬島等處作賊倭人外, 其他有土地倭人所獻紗羅綾段, 請依前例許納." 從之.

예조에서 아뢰기를,

"일기一歧·대마도 등지의 도적 행위를 한 왜인을 제외하고, 그 밖에 지역을 다스리고 있는 왜인들이 바친 사라紗羅와 능단綾段은 전례에 의하여 수납하도록 윤허하심을 청합니다"

하니, 이에 따랐다.

---

255 쌍떡잎식물 통화식물목 꿀풀과의 여러해살이풀의 지상부를 말린 약재이다. 전국의 산에서 자라며 추위와 건조에도 강하여 재배하고 있고 방애잎, 중개풀, 방아풀이라 하여 어린잎을 추어탕 등 고기비린내 제거용으로 사용한다. 비위에 습이 정체되어 복부창만, 식욕부진, 메스꺼움, 구토, 설사 등을 치료하며. 소화장애를 동반한 감기, 여름철 식체로 인한 구토, 설사, 구취, 옴이나 버짐 등에 효과가 있다고 한다.

10月 18日(乙丑) 3번째 기사

일본국 구주 원의준 등이 토산물을 바치다

日本國九州源義俊・平常嘉・源昌淸等使人獻土宜. 義俊進硫黃五千斤・蘇木三千斤・銅五百斤・蘇香油五斤・犀角三本・藿香三十斤・丁香皮五十斤・百檀香十四斤, 回賜正布七百七十匹. 平常嘉進蘇香油三斤・檀香八斤・川芎十斤・胡椒十斤・黑柿一百五十斤・銅二百斤・丹木一千斤・硫黃五千斤, 回賜正布二百五十匹. 昌淸進蘇香油三斤・犀角三斤六兩・藿香三十斤・檳子三十斤・銅五百斤・蘇木二千斤・硫黃五千斤, 回賜正布五百十匹.

일본국 구주九州의 원의준源義俊[256]・평상가平常嘉・원창청源昌淸[257] 등이 사람을 보내어 토산물을 바쳤다. 의준은 유황 5천 근, 소목[258] 3천 근, 동 500근, 소향유 5근, 서각 3본, 곽향[259] 30근, 정향피 50근, 백단향 14근을 바쳤으므로, 정포 770필을 회사하였다. 평상가는 소향유 3근, 단향 8근, 천궁川芎 10근, 호초 10근, 흑시黑柿 150근, 동 2백 근, 단목丹木[260] 1천 근, 유황 5천 근을 바쳤으므로, 정포 250필을 회사하였다. 창청은 소향

---

256 도진(道鎭)은 삽천만뢰(澁川滿賴)의 계명(戒名)이고 삽천의준(澁川義俊)의 아버지로 구주탐제직을 의준에 물려주었다. 1부 「중요인물」 '삽천만뢰' 참조.

257 원창청은 길견원창청(吉見源昌淸)으로도 보이므로, 길견씨(吉見氏)이고, 길견씨는 구주탐제(九州探題) 삽천씨(澁川氏)의 피관(被官)이다. 1부 「중요인물」 '길견창청' 참조.

258 소방목(蘇枋木)・적목(赤木)・홍자(紅紫)라고도 한다. 목재의 부위에 따라 한약재와 염료로 사용한다. 열대 지역의 나무이며 조선에서는 나지 않아서 세종 대에는 9년간 7만 근을 수입하기도 하였다.

259 쌍떡잎식물 통화식물목 꿀풀과의 여러해살이풀의 지상부를 말린 약재이다. 전국의 산에서 자라며 추위와 건조에도 강하여 재배하고 있고 방애잎, 중개풀, 방아풀이라 하여 어린잎을 추어탕 등 고기비린내 제거용으로 사용한다. 비위에 습이 정체되어 복부창만, 식욕부진, 메스꺼움, 구토, 설사 등을 치료하며. 소화장애를 동반한 감기, 여름철 식체로 인한 구토, 설사, 구취, 옴이나 버짐 등에 효과가 있다고 한다.

260 소방목(蘇枋木)・적목(赤木)・홍자(紅紫)라고도 한다. 목재의 부위에 따라 한약재와 염료로 사용한다. 열대 지역의 나무이며 조선에서는 나지 않아서 세종 대에는 9년간 7만 근을 수입하기도 하였다.

유 3근, 서각 3근 6냥, 곽향 30근, 빈자檳子 30근, 동 500근, 소목 2천 근, 유황 5천 근을 바쳤으므로, 정포 5백 필을 회사하였다.

10月 22日(己巳) 1번째 기사
회암사에서 죽은 일본 중 원재에게 장사 비용을 지급하다

日本僧源才在檜巖寺死, 命楊州官庀葬致奠.

일본의 중 원재源才가 회암사檜巖寺에 있다가 죽으니, 양주楊州 고을에 명하여 장사 비용을 내게 하고 제를 지내도록 하였다.

10月 25日(壬申) 3번째 기사
경상도 감사가 왜객 접대 위해 공급물품을 운반하는 폐단에 대해 건의하다

慶尙道監司啓, "倭客支待各官, 雖當農月, 客人來則臨時輸轉支應, 米麵雜物, 多至二三十馱, 其弊不小. 請於客人所泊乃而浦·富山浦兩處, 令船軍加造館舍及庫廩. 公備鋪陳器皿而藏之. 又令支待各官預輸米麵及雜凡供支之物, 以所在東萊·金海官掌之, 臨時出納供給, 以除農時馱載往來之弊." 從之.

경상도 감사가 아뢰기를,

"왜객倭客에게 (물자를) 지급 접대하는 각 고을들은 비록 농사철을 당한다 하더라도, 객인客人이 오면 임시臨時하여 지응支應하려고 운수하는 미면米麵과 잡물이 20~30바리馱의 많은 수량에 이르러, 그 폐단이 적지 아니합니다. 청컨대, 객인이 숙박하고 있는 내이포乃而浦와 부산포富山浦 두 곳에다가 선군船軍으로 하여금 관사館舍와 창고를 더 짓게 하고, (거기

에) 포진鋪陳할 기명器皿을 공식으로 갖추어서 보관하게 하소서. 또 지응하는 각 지방관으로 하여금 미리 미면과 잡물 등의 지공支供에 필요한 물자를 운송하게 하여, 그 소재지인 동래와 김해 두 고을 관원으로 이를 맡게 하였다가 필요할 때 출납 공급케 하여, 농번기에 짐을 싣고 왕래하는 폐단을 제거하도록 하소서"

하니, 이에 따랐다.

10월 25일(壬申) 6번째 기사
일본국 원의준·평만경 등이 토산물을 바치다

日本國源義俊·平滿景·源省·左衛門大郎等使人獻土物. 義俊進香一十斤·犀角四本·蘇膏油十二斤·硫黃三千斤·丹木一千斤·檳榔二十斤·胡椒一十斤·藤三百本, 回賜正布三百四十匹. 滿景進犀角二本·樟腦一十斤·硫黃三千斤·大盆二箇·鐵捷六斤·丹砂三斤·練緯二匹·蘇木一千斤·鉛四十斤·扇子一百把·小盆三十箇·胡椒一十斤, 回賜正布三百五十匹. 源省進硫黃一萬斤·丹木一千斤·犀角五本, 回賜正布九百一十匹. 大郎進沈香三片·丹木一千斤·硫黃六千斤·胡椒一百斤, 回賜正布二百九十匹.

일본국의 원의준源義俊261·평만경平滿景262·원성源省263·좌위문대랑

---

261 도진(道鎭)은 삽천만뢰(澁川滿賴)의 계명(戒名)이고 삽천의준(澁川義俊)의 아버지로 구주탐제직을 의준에 물려주었다. 1부 「중요인물」 '삽천만뢰' 참조.
262 박다(博多) 석성(石城) 지역의 통교자이다. 축주(筑州) 석성부관사(石城府管事, 세종 1-6-1-4), 서해로(西海路) 민부소보(民部少輔, 세종 2-5-19-4), 축주부(筑州府) 석성현사(石城縣使) 민부소보(民部少輔, 세종 3-7-5-2), 원도진관하(源道鎭管下, 세종 5-9-28-2) 등으로 보인다.
263 북구주 서단의 전평(田平)을 근거로 한 세력의 우두머리로 준주태수(駿州太守, 駿河國의 國守)를 자칭하였다.

左衛門大郎²⁶⁴ 등이 사람을 보내어 토산물을 바쳤다. 의준은 향 10근, 서 각 4본, 소고유蘇膏油 12근, 유황 3천 근, 단목²⁶⁵ 1천 근, 빈랑²⁶⁶ 20근, 호 초 10근, 등藤 3백 본을 바쳤으므로, 정포 3백 40필을 회사하였다. 만경 은 서각 2본, 장뇌 10근, 유황 3천 근, 대분大盆 2개, 염첩磏捷 6근, 단사丹 砂 3근, 연위練緯 2필, 소목 1천 근, 연 40근, 부채扇子 1백 자루把, 소분 30 개, 호초 10근을 바쳤으므로, 정포 3백 50필을 회사하였다. 원성은 유황 1만 근, 단목 1천 근, 서각 5본을 바쳤으므로, 정포 9백 10필을 회사하였 다. 대랑은 침향²⁶⁷ 3편, 단목 1천 근, 유황 6천 근, 호초 1백 근을 바쳐 왔 으므로, 정포 2백 90필을 회사하였다.

10月 27日(甲戌) 4번째 기사
일향 · 대우 · 살마주 태수 원구풍 등이 토산물을 바치다

日向 · 大隅 · 薩摩州太守修理大夫匠作源久豐及子源貴久使人來 獻土物. 久豐致書于左右大政丞曰, "薰風萬里, 海天觀望, 入五雲三角 山樣聞. 謹奉短疏, 遣使佐恭, 弔慰先帝仙化. 於戱堪悲歎? 奉獻土宜. 硫黃八千斤, 金襴二段, 蘇木七千斤, 砂䥯一百斤, 胡椒一百斤, 鹿皮五 十領, 白銀一百斤, 白檀香五十斤, 柔鹿皮十箇, 鬼魚皮十箇, 水牛角三

---

264 대마도 두지포(頭地浦, 土寄, 쯔찌요리)에 거점을 둔 왜구의 우두머리로 조전좌위문태랑(早 田左衛門太郎)이다. 1부「중요인물」'좌위문태랑' 참조.

265 소방목(蘇枋木) · 적목(赤木) · 홍자(紅紫)라고도 한다. 목재의 부위에 따라 한약재와 염료로 사용한다. 열대 지역의 나무이며 조선에서는 나지 않아서 세종 대에는 9년간 7만 근을 수입하 기도 하였다.

266 딴 이름은 빈랑인(檳榔仁) · 대복빈랑(大腹檳榔) · 빈랑자(檳榔子)이다. 종려과 식물인 빈랑 나무의 여문 씨를 말린 것이다. 맛은 맵고 성질은 따뜻하다. 위경(胃經) · 대장경(大腸經)에 작 용한다. 기생충을 구제하고 기(氣)를 내리며 대소변이 잘 통하게 한다.『한의학대사전』

267 서향과에 속하는 상록성 교목인 침향과 백목향의 목재 부분으로 기(氣)가 위로 치밀어 오르는 것을 내리고 중초(中焦)를 따뜻하게 하며 신장을 따뜻하게 하고 기를 끌어 들이는 효능이 있다.

箇, 寶砂半斤, 紙彩四員, 酒尊五箇."

久豐又致書于禮曹, "刷還被擄十人, 仍進硫黃一千斤, 白銀扇三十箇, 朱長槍二箇, 蘇木一百斤." 禮曹判書申商復久豐書曰, "專人陳慰, 兼諭修好之誠, 愈久不替, 良深嘉悅. 所獻兩度禮物與被擄人口, 謹已啓納. 土宜正布一千五百十六匹, 就付回价."

貴久獻土宜. 硫黃五千斤, 白鑞五十斤, 蘇木二千斤, 白檀香二十五斤, 長刀二, 大刀五. 佐郎成念祖復貴久書曰, "書至, 知足下奉承父志, 始通隣好之誠, 良以爲嘉. 所獻禮物, 轉啓收納. 土宜若干, 付回价."

일향日向 · 대우大隅 · 살마주 태수薩摩州太守 수리대부修理大夫 장작匠作[268] 원구풍源久豐[269]과 (그의) 아들 원귀구源貴久가 사람을 보내어 토산물을 바쳤다. 구풍이 좌 · 우대정승左右大政丞에게 글을 보내기를,

"훈풍薰風 만리萬里 길에 바다와 하늘을 바라보니, 오색 구름五雲이 삼각산으로 들어가는 모습이 보이는 듯하옵니다. 삼가 짤막한 소를 받들어 사자 좌공使者佐恭을 보내어 선제의 돌아가심仙化을 조위弔慰하옵니다. 아아, 비탄悲歎함을 어찌 견디오리까. 토산물을 받들어 드리옵니다. 유황 8천 근, 금란 2단, 소목[270] 7천 근, 설탕 1백 근, 호초 1백 근, 녹비鹿皮 50장, 백랍 1백 근, 백단향白檀香 50근, 유록비柔鹿皮 10개, 괴어피鬼魚皮 10개, 수우각水牛角 3개, 보사寶砂 반근, 지채紙彩 4둘레員, 주준酒尊 5개"

---

268 장작감(匠作監)의 오기로 보인다. 장작감은 원래 일본 고대에 각종 물품의 제작을 담당하는 관사이다.

269 일향(日向) · 대우(大隅) · 살마(薩摩)의 수호대명(守護大名)인 도진구풍(島津久豐, 1375~1425)이다. 도진씨의 8대 당주이며, 도진씨구(島津氏久)의 아들이고 원구(元久)의 아우이다. 아들로는 충국(忠國) · 용구(用久) · 계구(季久) · 유구(有久) · 풍구(豐久)가 있다.

270 소방목(蘇枋木) · 적목(赤木) · 홍자(紅紫)라고도 한다. 목재의 부위에 따라 한약재와 염료로 사용한다. 열대 지역의 나무이며 조선에서는 나지 않아서 세종 대에는 9년간 7만 근을 수입하기도 하였다.

라 하고, 구풍이 또 예조에 서간을 보내기를,

"피로被擄된 사람 10인을 찾아서 돌려보내고, 인하여 유황 1천 근, 백은선白銀扇 30개, 주장창朱長槍 2개, 소목 1백 근을 드리나이다"

하였다. 예조 판서 신상申商이 구풍의 서간에 회답하기를,

"특별한 사람을 보내어 위문을 베풀고 겸하여 수호修好의 성의를 밝게 고함이 오래 갈수록 변함이 없으니, 참으로 깊이 즐겁고 기쁩니다. 헌납한 두 차례의 예물과 피로된 인구는 삼가 이미 아뢰고 받아들였습니다. 토산물로 정포正布 1천 5백 16필을 회환하는 사절편에 부칩니다"

하였다.

귀구가 토산물로 유황 5천 근, 백랍 50근, 소목 2천 근, 백단향 25근, 장도 2개, 대도 5개를 바쳤다. (예조) 좌랑 성염조成念祖가 귀구의 서간에 답하기를,

"글월이 이르러 족하가 아버지의 뜻을 이어 받들어 비로소 인국隣國과의 수호의 성의를 통함을 알고 몹시 기쁘게 생각합니다. 헌납한 예물은 아뢰어 받아들였습니다. 토산물 약간을 돌아가는 사절에게 부칩니다"

하였다.

11月 17日(甲午) 3번째 기사
일본국 원의준이 대장경을 청구하다

日本國源義俊使人求『大藏經』, 仍獻硫黃五千斤·銅二百斤·紺色織金段子一匹·丹木五百斤·胡椒二十斤·藤二百本·藿香二十斤·麻黃十斤, 回賜正布二百一十匹. 平滿景使人獻丹木四千斤·炎蒸二

十斤·陳皮五十斤·樟腦一十斤·銅二百斤·犀角二本, 回賜正布七
百八十匹. 源朝臣使人求『大般若經』, 請還俘擄人, 仍獻大刀二腰·硯
子二面·硫黃七千斤·陳皮三十斤·藿香五斤·高良薑十斤·肉豆蔲
五斤·蘇木三百斤, 回賜正布六十匹.

일본국 원의준^{源義俊}[271]이 사람을 보내어 『대장경^{大藏經}』을 청구하고,
인하여 유황 5천 근, 동 2백 근, 감색직 금단자^{紺色織金段子} 1필, 단목[272] 5
백 근, 호초 20근, 등 2백 본, 곽향^{藿香}[273] 20근, 마황 10근을 바쳐왔으므
로, 정포 2백 10필을 회사^{回賜}하였다. 평만경^{平滿景}[274]이 사람을 보내어
단목 4천 근, 염증^{炎蒸} 20근, 진피^{陳皮} 50근, 장뇌^{樟腦} 10근, 동 2백 근, 서
각 2본을 바쳤으므로, 정포 7백 80필을 회사하였다. 원조신^{源朝臣}[275]이
사람을 보내어 『대반야경^{大般若經}』[276]을 요구하고 포로된 사람을 돌려
보내 줄 것을 청하면서, 인하여 대도 2자루^腰, 연자^{硯子} 2면^面, 유황 7천
근, 진피^{陳皮} 30근, 곽향[277] 5근, 고량강^{高良薑} 10근, 육두구^{肉豆蔲} 5근, 소

271 당시 구주탐제 삽천의준(澁川義俊)이다. 1부 「중요인물」 '삽천의준' 참조.
272 소방목(蘇枋木)·적목(赤木)·홍자(紅紫)라고도 한다. 목재의 부위에 따라 한약재와 염료로
    사용한다. 열대 지역의 나무이며 조선에서는 나지 않아서 세종 대에는 9년간 7만 근을 수입하
    기도 하였다.
273 쌍떡잎식물 통화식물목 꿀풀과의 여러해살이풀의 지상부를 말린 약재이다. 전국의 산에서
    자라며 추위와 건조에도 강하여 재배하고 있고 방애잎, 중개풀, 방아풀이라 하여 어린잎을 추
    어탕 등 고기비린내 제거용으로 사용한다. 비위에 습이 정체되어 복부창만, 식욕부진, 메스꺼
    움, 구토, 설사 등을 치료하며. 소화장애를 동반한 감기, 여름철 식체로 인한 구토, 설사, 구취,
    옴이나 버짐 등에 효과가 있다고 한다.
274 박다(博多) 석성(石城) 지역의 통교자이다. 축주(筑州) 석성부관사(石城府管事, 세종 1-6-1-4),
    서해로(西海路) 민부소보(民部少輔, 세종 2-5-19-4), 축주부(筑州府) 석성현사(石城縣使) 민부
    소보(民部少輔, 세종 3-7-5-2), 원도진관하(源道鎭管下, 세종 5-9-28-2) 등으로 보인다.
275 일본 일기주(一岐州)의 일기 수호대(一岐守護代)인지 분명하지 않다.
276 반야부(般若部) 경전의 약 4분의 3을 차지하는 방대한 불경이다.
277 쌍떡잎식물 통화식물목 꿀풀과의 여러해살이풀의 지상부를 말린 약재이다. 전국의 산에서
    자라며 추위와 건조에도 강하여 재배하고 있고 방애잎, 중개풀, 방아풀이라 하여 어린잎을 추
    어탕 등 고기비린내 제거용으로 사용한다. 비위에 습이 정체되어 복부창만, 식욕부진, 메스꺼
    움, 구토, 설사 등을 치료하며. 소화장애를 동반한 감기, 여름철 식체로 인한 구토, 설사, 구취,

목 3백 근을 바쳐 왔으므로, 정포 60필을 회사하였다.

11月 17日(甲午) 4번째 기사

서계에서 제외된 일기주 원중의 석유황은 수납치 아니하다

禮曹啓, "源義俊使送客人及一岐州 源重使送客人所獻石硫黃九百
五十斤, 無書契持來, 請勿收納." 從之.

예조에서 아뢰기를,

"원의준源義俊[278]이 보내 온 객인과 일기주一岐州의 원중源重[279]이 보내
온 객인이 헌납한 석유황石硫黃 9백 50근은 서계書契[280] 없이 가져 온 것
이오니 수납하지 마시기를 청합니다"

하니, 이에 따랐다.

11月 23日(庚子) 3번째 기사

경상도 감사가 일본왕 사신 배의 정박사실을 보고하다

慶尙道監司報, "回禮使船, 同日本國王使臣船十八隻, 今月二十日,
到泊乃而浦."

경상도 감사가 보고하기를,

옴이나 버짐 등에 효과가 있다고 한다.

278 도진(道鎭)은 삽천만뢰(澁川滿賴)의 계명(戒名)이고 삽천의준(澁川義俊)의 아버지로 구주탐
제직을 의준에 물려주었다. 1부 「중요인물」 '삽천만뢰' 참조.

279 하송포(下松浦) 지좌(志佐)를 거점으로 하는 지좌씨(志佐氏) 일족의 우두머리이다. 무가관위
는 일기수(壹岐守)인데, 『조선왕조실록』에는 일기주 태수로 보인다. 세종 3년에 대마도 좌위
문대랑과 함께 사자를 파견한 이후(세종 3-8-3-5, 1421년), 세종 6년까지 6차례에 걸쳐 조선에
사자를 파견하였다(세종 6-10-6-7). 아버지는 원조(源調)이고 아들은 원의(源義)이다.

280 조선시대에 조선과 대마도 및 일본 각지의 통교자와 주고받은 공식 외교문서를 말한다.

"회례사回禮使[281]의 선박이 일본 국왕의 사신의 배 18척과 같이 이달 20일에 내이포乃而浦[282]에 도착하여 정박하였습니다"
하였다.

11月 24日(辛丑) 2번째 기사
일본 국왕 사신의 선위사 이흡이 출발하다
日本國王使臣宣慰使典農寺尹李洽發行.
일본 국왕 사신의 선위사宣慰使[283] 전농시 윤典農寺尹[284] 이흡李洽이 출발하였다.

11月 24日(辛丑) 3번째 기사
일본국 원도진이 토산물을 바치다
日本國源道鎭使人獻土物, 硫黃五千斤·銅一百斤·蘇木三百斤·麻黃一十斤·川芎五斤·黃芩五斤·羅漢石一十斤·肉從容一斤·良薑一十斤·犀角三本·象牙一本, 回賜正布一百六十匹. 平滿景使人致書禮曹曰, "回禮使, 四月四日上岸石城冷川津, 二十三日發津, 順風揚帆, 想是不日到京, 且海上隨處囑護無恙. 使藤三郎稟告, 隨例薄物記于別幅. 硫黃五千斤·良薑二十斤·肉豆蔲十斤·龍腦三兩·蘇木二百

281 일본 국왕사의 파견에 대응하여 조선이 파견한 사신을 말한다. 먼저 받은 예를 되갚는 사신이라는 뜻이다.
282 조선시대 경상남도 창원시 진해구 웅천동(熊川洞)에 있었던 왜관이다. 제포(薺浦)라고 하였다. '내이'와 '제'는 모두 '냉이'라는 뜻이다.
283 조선시대 외국의 사신이 입국했을 때 그 노고를 위로하기 위하여 파견하던 임시 관직이다.
284 전농시(典農寺)의 장관이다.

斤·麻黃十斤·金剛砂一百斤·犀角一本·黃芩三斤·丁香皮五斤."
回賜正布八十匹.

일본국의 원도진源道鎭[285]이 사람을 보내어 토산물인 유황 5천 근, 동 1백 근, 소목[286] 3백 근, 마황 10근, 천궁 5근, 황금黃芩 5근, 나한석 10근, 육종용肉從容 1근, 양강 10근, 서각 3본, 상아 1본을 바쳤으므로, 정포 1백 60필을 회사하였다. 평만경平滿景이 또 사람을 보내어 예조에 글을 올리기를,

"회례사가 4월 4일에 석성石城[287]의 냉천진冷川津[288]에 도착하였고, 23일에 이 진津을 출발하였는데, 순풍에 돛을 올렸으니, 며칠 안에 경도에 도착할 것으로 생각됩니다. 해상에는 곳곳마다 아무 일 없도록 당부하였기에 등삼랑藤三郞[289]을 보내어 아뢰오며, 예에 따라 보잘것없는 물품이나 별지에 기록하였나이다. 유황 5천 근, 양강 20근, 육두구肉豆蔲 10근, 용뇌 3냥쭝, 소목 2백 근, 마황 10근, 금강사金剛砂 1백 근, 서각 1본, 황금 3근, 정향피丁香皮 5근"

이라 하였다. 정포 80필을 회사하였다.

285 전 구주탐제(九州探題) 삽천만뢰(澁川滿賴)이고 원의준(源義俊, 澁川義俊)의 아버지이다. 1부 「중요인물」 '원도진' 참조.

286 소방목(蘇枋木)·적목(赤木)·홍자(紅紫)라고도 한다. 목재의 부위에 따라 한약재와 염료로 사용한다. 열대 지역의 나무이며 조선에서는 나지 않아서 세종 대에는 9년간 7만 근을 수입하기도 하였다.

287 서해도(西海道) 축전주(筑前州) 박다(博多)의 별명이다. 여몽연합군의 재침을 막기 위하여 석축을 쌓았기 때문에 생긴 이름이다.

288 박다 내부의 지명으로 현재도 즐전신사(櫛田神社) 서북쪽 냉천정(冷泉町)이 있다.

289 삽천만뢰(澁川滿賴) 휘하의 평만경이 조선의 회례사가 박다(博多)에 안착하였음을 조선에 알리기 위해서 파견한 사자이다.

11月 27日(甲辰) 2번째 기사

대마도 (종)무세의 서간을 도로 내주고 갖고 온 상품은 매매하도록 하다

禮曹啓, "今來對馬島茂世使送客人, 以書辭違格, 未得詣闕進上. 請還給其書, 令禮賓寺於所館饋之, 其所持興利物件, 令和賣而歸." 從之.

예조에서 아뢰기를,

"이번에 온 대마도 무세茂世290가 보낸 객인客人이, 글의 내용이 격식에 어긋났기 때문에 대궐에 나아가 진상하지 못하고 있습니다. 청컨대, 그 서간을 도로 내어 주고 예빈시禮賓寺291로 하여금 그 관소에서 궤향饋餉하게 하며, 그 가지고 온 상품은 매매하여 돌아가게 하소서"

하니, 이에 따랐다.

12月 4日(辛亥) 2번째 기사

일본국 회례사로 갔던 직제학 박희중이 복명하다

日本國回禮使直提學朴熙中·副使護軍李藝來復命.

일본국에 회례사回禮使로 갔던 직제학直提學292 박희중朴熙中293·부사副使294 호군 이예李藝295가 돌아와서 복명하였다.

---

290 종정무의 아우 종무세(宗茂世)이다. 우마윤(右馬允) 근강수(近江守)를 자처하였다.
291 빈객(賓客)의 연향(宴享)과 재신(宰臣)의 음식 공궤(供饋)를 관장한 관청.
292 조선시대 규장각에 두었던 벼슬로 정3품 당상관(堂上官) 이상 종2품까지였으며, 정원은 2원이다.
293 조선 전기 김제 벽골제를 수축한 문신.
294 조선시대 외교 관계상 사신으로 파견된 삼사신(三使臣) 가운데 정사(正使)를 보좌한 사신이다.
295 조선 태종·세종대에 대일 외교에서 활약한 인물이다(1373~1445). 43년간 외교관으로 활동하면서 40여 차례에 걸쳐 일본을 왕래하였고, 유구국을 다녀오기도 하였다. 1443년 계해약조 체결의 주역이기도 하다. 유고로『학파실기(鶴坡實紀)』가 있다. 1부「중요인물」'이예' 참조.

12月 5日(壬子) 2번째 기사

회례사의 선군을 살해하여 잡혀온 일본 승려 증천·증익을 놓아 보내게
하다

王旨, "今昌原府囚禁日本國博多居僧曾泉·曾益等不勝小憤, 歐殺
回禮使率行船軍金貞. 殺人者殺, 天下通典, 回禮使據法拿來, 理宜按
律斷罪, 以戒後來. 然無知犯法, 固不足數, 特從寬典, 肆赦不論. 將此
意說與曾泉等知之, 付今來日本國王使送船掌事者放還." 初, 朴熙中
使過博多, 曾泉等歐金貞殺之. 比回, 詰其酋倭, 擊僧而歸, 囚于昌原,
士林壯之.

임금이 교지하기를,

"현재 창원부昌原府296에 구금되어 있는 일본국 박다博多297에 살던 승
려 증천曾泉·증익曾益 등이 작은 분을 참지 못하고, 회례사回禮使가 인솔
하고 갔던 선군298 김정金貞을 때려죽였다. 살인한 자는 죽인다는 것은
천하의 공통된 법도이므로, 회례사가 법에 의거하여 나포拿捕해 왔으니,
사리로 보아 의당히 율문을 상고하여 그 죄를 처단함으로써 장래를 경
계할 것이다. 그러나 아무 지각 없이 법을 범한 것은 진실로 족히 따질 만
한 것이 못되므로 특히 관대한 은전에 따라 용서하고 거론하지 않을 것
이다. 이 뜻을 증천 등에게 설유하여 알게 하고 이번에 일본 국왕이 보내
온 사송선使送船299을 관장하는 자에게 부쳐서 놓아 보내게 하라"

하였다. 처음에 박희중이 사명을 받들고 박다를 지날 적에, 증천 등이 김

---

296 조선 전기 경상남도 창원 지역에 설치된 행정구역 겸 관사의 이름이다.
297 일본 중세시대에 상업도시로 발전했던 구주(九州) 북부의 항만도시이다. 명·유구 등과도 교
   역하였다.
298 현재 복강(福岡)의 해안 및 이와 인접한 지역이다.
299 일본이나 대마도에서 우리나라에 사신을 태워 보내온 배를 이른다.

정을 때려서 죽였다. 돌아올 때에 그 왜의 우두머리를 힐책하고, 중僧을 붙잡아 돌아와서 창원에 수감하니, 사림士林들이 이를 장하게 여겼다.

12月 5日(壬子) 5번째 기사
회례사를 따라갔다가 일본에서 죽은 선군 김정·위사준을 치제하고 세금 면제하게 하다

王旨, "船軍慶尙道咸昌住金貞·淸道住魏思俊隨回禮使船, 死於日 本. 令其道招魂致祭, 給米豆六石, 復其家."

임금이 교지하기를,

"선군船軍 경상도 함창咸昌에 거주하던 김정金貞과 청도淸道에 거주하 던 위사준魏思俊이 회례사의 배에 따라갔다가 일본에서 죽었다. 그 도道 로 하여금 혼魂을 불러 치제致祭300할 것이며, 미두米頭 6석을 지급하고 그 집의 세금을 면제하게 하라"

하였다.

12月 8日(乙卯) 2번째 기사
왜인 김원진의 딸 등에게 집을 주게 하다

命倭人金源珍女子, 兀狄哈劉時所應哈·金西澄阿·金吾光阿各給家舍.

명하기를,

"왜인 김원진金源珍301의 딸과 올적합 유시소응합劉時所應哈과 금서징

---

300 국가에서 왕족이나 대신, 국가를 위하여 죽은 사람에게 제문(祭文)과 제물(祭物)을 갖추어 지 내주는 제사이다.
301 구주 전평전 원성의 사자로 조선에 파견되었다. 원래 조선인이었다가 왜구에 포로가 되었거 나 그 부모가 포로가 되었던 것으로 생각된다. 처음은 왜인·왜통사로 불리웠으나, 조선이 김

아金西澄阿, 금오광아金吾光阿에게 각각 집家舍을 주라"

고 하였다.

12月 19日(丙寅) 3번째 기사
일본에서 사망한 부사정 김자호에게 부의를 내리다

禮曹啓, "副司正金自湖死於日本, 淳昌郡事崔直之死於任所, 請俱
依例致賻." 從之.

예조에서 아뢰기를,

"부사정副司正 김자호金自湖가 일본에서 죽고, 순창 군사淳昌郡事 최직
지崔直之는 임소任所302에서 죽었으니, 청컨대, 규례에 의하여 부의를 내
리소서"

하니, 이에 따랐다.

12月 20日(丁卯) 3번째 기사
예조에서 일본 국왕이 보낸 객인의 접대법에 대해 아뢰다

禮曹啓, "今來日本國王使送客人, 分館于三處, 則供給宴享, 禮賓寺
未易獨辦. 請東平館委禮賓寺, 西平館仁壽府, 墨寺仁順府, 詣闕肅拜
及賜見時, 三次饋餉及禮曹兩次慰宴, 回禮使看訪, 漢江餞宴, 內資·
內贍·禮賓臨時分定." 從之.

예조에서 아뢰기를,

원진의 딸에게 집을 주고 또 김원진이 유구에서 조선인들을 쇄환해 오자 나중에는 본국인으
로 여겼다.
302 관원이 근무하는 직소(職所)를 말한다.

"이번에 온 일본 국왕이 보낸 객인客人들을 세 곳에 나누어 사관을 정하면, 연향宴享303 등 (접대에 따르는) 공급을 예빈시禮賓寺304에서 홀로 감당하기는 쉽지 않을 것입니다. 청컨대, 동평관東平館305은 예빈시에서 맡고, 서평관西平館은 인수부仁壽府306에서 맡고, 묵사墨寺는 인순부仁順府에서 맡게 하고, 대궐에 나아가 숙배肅拜할 때와 알현謁見할 때의 세 차례의 궤향饋餉과 예조의 두 차례의 위로연慰宴307과 회례사回禮使의 방문과 한강에서의 전송연餞宴 등을 내자시內資308 · 내섬시內贍309 · 예빈시에 그때 그때 나누어 정하도록 하소서"

하니, 이에 따랐다.

12月 25日(壬申) 1번째 기사
일본 국왕의 사신 규주·범령 등 135명이 토산물을 바치다

日本國王使臣圭籌·梵齡, 都船主久俊等一百三十五人詣闕獻土宜. 上御仁政殿受禮訖, 命圭籌·梵齡入殿內, 久俊在殿外. 上曰, "爾等

---

303 조선시대 궁중 잔치의 총칭이다.
304 조선시대 종6품아문(從六品衙門)으로 손님들에게 잔치를 베풀어 주고, 종실(宗室)·중신(重臣)에 대한 음식 대접을 하는 일 등을 맡는다.
305 조선 전기에 일본과의 외교와 무역에 중요한 구실을 하던 곳으로 왜관(倭館)이라고도 한다. 위치는 서울 남산 북쪽 기슭의 남부 낙선방(樂善坊 : 지금의 인사동)에 있었으며, 1407년(태종 7)에 설치된 것으로 보인다. 1434년(세종 16)에 동관과 서관을 합해 1관으로 하고 4면에는 담장을 높이 쌓아 문을 엄중하게 지키면서 잠상(潛商)의 출입을 단속하였다.
306 조선 정종 2년(1400) 2월에 설치한 동궁의 관아인 세자부(世子府)의 이름이다.
307 괴로움이나 슬픔을 달래고 덜어 주거나 수고를 치하할 목적으로 여는 잔치.
308 조선시대 종6품아문(從六品衙門)으로 궁중으로 공급되는 쌀·국수·술·간장·기름·꿀·채소·과일과 궁중연회, 직조(織造) 등의 일을 관장한다. 궁중연회와 직조는 후에 폐지되었다.
309 각 전(殿)과 각 궁(宮)에 음식물, 제물과 기름, 초, 소찬(素饌)을 맡아 보고 또한 2품 이상의 관원에게 음식 주는 일과, 일본·여진(女眞 : 만주) 등에 음식, 옷감, 술을 주는 일을 관장하며 덕천고(德泉庫)라고도 부른다.

去年海路無恙回國, 今又無事而來, 予甚喜焉. 國王不待予請, 刷還諸
島擄去人口, 良用嘉悅." 圭籌等對曰, "被擄人內, 其不載寡君書中者,
以回禮使之言刷還者也." 上又曰, "國王所求大藏經板, 我國唯有一本,
難以塞請, 但欲以密敎大藏經板·註華嚴經板·漢字『大藏經』全部送
之." 圭籌等對曰, "寡君以爲, 年年使人請經, 恐爲煩瀆, 一賜經板則後
無請經之瀆. 密字, 寡君本不解看, 若蒙賜漢字本, 則寡君必誠感悅, 臣
之爲使與有光焉." 上曰, "漢字板, 祖宗相傳唯一本耳. 若疊有之, 向國
王敢有吝惜心乎?" 圭籌等對曰, "上敎詳密, 深謝深謝. 臣等亦更商量
以啓." 上命內官饋使副于六曹朝啓廳, 其餘客人, 分饋于東西廊. 上以
大藏經板無用之物, 而隣國請之, 初欲與之, 大臣等議曰, "經板雖非可
嗇之物, 日本之求無已, 今若一一從之, 後有求其不可與之物, 則非所
以慮遠也." 故上以難於塞請答之. 其國王書曰, 日本國奉三寶弟子道
詮再奉書朝鮮國王殿下. 專使回, 所需『藏經』, 與回禮使同到, 喜慰可
言哉? 矧又祗領珍貺, 感愧無量. 玆從使者之所請, 搜索被擄人於處處
以歸之. 今重遣專使圭籌知客·副使梵齡藏主, 別有所陳, 此事雖似得
隴望蜀, 要修隣好, 寧可秘情? 聞貴國藏經板非一, 正要請一藏經板, 安
之此方, 使信心輩任意印施. 若能運平等之慈, 忘自他之別, 頒法寶以
博其利, 則豈非深福源·增壽岳之一端耶? 苟得如所請, 永以爲好也.
不腆土宜, 具如別幅, 敢冀茂迎川至之祥, 卽膺天錫之祉. 別幅, 經史類
題二十卷, 白練緯五十段, 沈香三十斤, 白檀五十斤, 丹木一千斤, 胡椒
三十斤, 甘草五十斤, 藿香二十斤, 銅二百五十斤.

일본 국왕의 사신 규주圭籌[310]·범령梵齡[311]과 도선주都船主[312] 구준久俊
등 135인이 대궐에 나아가서 토산물을 바쳤다. 임금이 인정전에 나아가서 예를 받은 뒤에, 규주와 범령은 전 안에 들어오도록 명하고, 구준은 전 밖에 있도록 하였다. 임금이 말하기를,

"너희들이 지난해에는 바닷길에 탈 없이 고국으로 돌아갔고, 이제 또 무사히 왔으니, 내 몹시 기쁘노라. 국왕이 나의 요청을 기다리지 않고 여러 섬에 피로披攜된 사람을 찾아서 돌려보내 주니, 실로 기쁘고 즐겁다"

하니, 규주 등이 대답하여 아뢰기를,

"피로되었던 사람 중에 과군寡君의 글 속에 실려 있지 않은 자는 회례사의 말로써 찾아 보낸 것이옵니다"

하였다. 임금이 또 말하기를,

"국왕이 요구한 바 대장경판大藏經板은 우리나라에 오직 1벌 밖에 없으므로 요청에 응하기 어렵고, 다만 밀교대장경판密教大藏經板313과 주화엄경판註華嚴經板314과 한자대장경漢字大藏經의 전부를 보내려고 한다"

하니, 규주 등이 대답하기를,

"과군이 해마다 사람을 보내어 경을 청하는 것으로써 번쇄煩瑣하지나 않을까 염려하고 있으나, 한번 경판을 하사하시면 뒤에는 경판을 청구하는 번거로움은 없을 것입니다. 밀자密字는 과군이 본래 해독하지 못하

---

310 아래 내용에 규주(圭籌)는 지객(知客)이고 범령(梵齡)은 장주(藏主)로 나온다. 사찰에서 손님을 접대하는 소임을 지객이라고 하고, 불경 등을 관리하는 소임을 장주라고 한다. 이들은 실정막부 4대 장군 족리의지(足利義持)가 고려대장경판을 얻기 위하여 파견한 승려들이다. 그러나 조선이 대장경판이 조종 이래로 내려온 것이고 1벌밖에 없어 줄 수 없다고 하자, 집요하게 이를 얻으려고 노력하였다. 결국 무력으로 이를 빼앗는 내용의 글을 족리의지에게 보내려고 한 사실이 발각되어 큰 사건으로 비화되었다. 두 승려의 신상에 대해서는 잘 알 수 없다.
311 위의 각주 참고.
312 사송선 등 선박의 운영 책임자를 말한다.
313 밀교와 관련된 불경들을 말한다. 원나라의 불교가 밀교였기 때문에 고려 말에 밀교 관련 경전이 도입된 것으로 보인다.
314 『대방광불화엄경소(大方廣佛華嚴經疏)』의 판목(版木)을 말한다. 『팔만대장경』처럼 불경을 인쇄할 수 있도록 불경의 내용을 새긴 나무판이다.

오니, 만약 한자본을 하사하심을 얻는다면, 과군이 반드시 진심으로 감사하고 기뻐할 것이며, 신이 사절로 온 것도 함께 빛이 날 것입니다"

하였다. 임금이 말하기를,

"한자판은 조종조로부터 서로 전하는 것이 다만 1벌뿐이다. 만약 겹쳐서 여러 벌 있다면 국왕에 대하여 굳이 아끼어 주지 않으려는 마음이 있겠느냐"

하니, 규주 등이 대답하여 아뢰기를,

"성상의 하교가 자상하시니 깊이 감사하고 깊이 감사하옵니다. 신들도 또한 잘 헤아려서 아뢰겠나이다"

하였다. 임금이 내관에게 명하여, 사신과 부사副使는 육조의 조계청朝啓廳315에서 음식을 접대하게 하고, 그 나머지의 객인客人은 동랑東廊316과 서랑西廊317에서 접대하게 하였다.

임금이 대장경판은 무용지물인데, 이웃나라에서 청구한다 하여 처음에 이를 주려고 하매, 대신들이 논의하여 말하기를,

"경판은 비록 아낄 물건이 아니오나, 일본이 계속 청구하는 것을 지금 만약에 일일이 좇다가, 뒤에 줄 수 없는 물건을 청구하는 것이 있게 된다면, 이는 먼 앞날을 염려하는 것이 못됩니다"

라고 하기 때문에, 임금이 그 청구에 응할 수 없다고 답한 것이다.

그 일본 국왕의 서간에 이르기를,

"일본 국왕은 삼보三寶의 제자 도전道詮을 보내어 재차 조선 국왕 전하

---

315 조선시대에 대신(大臣), 중요 아문의 당상관, 승지 등이 아침마다 임금에게 정무를 아뢰던 청사(廳舍)이다.
316 인정전의 동쪽 회랑이다.
317 인정전의 서쪽 회랑이다.

께 글을 받들어 올리나이다. 전사專使가 돌아오매, 필요한 장경藏經이 회례사와 더불어 같이 이르니, 기쁘고 위안됨을 어찌 다 말씀하오리까. 더욱이 또 보배로운 물품을 공경히 영수하오니, 감사하고 또 부끄러운 마음이 한이 없나이다. 이에 사자使者의 청하는 바를 좇아 붙잡혀 온 사람을 곳곳에서 탐색하여 돌려보냈습니다. 이제 거듭 전사專使 규주 지객圭籌知客과 부사 범령 장주梵齡藏主를 보내어 별달리 진달하는 바 있사오니 이 일이 비록 농隴 땅에 올라 촉蜀 땅을 바라보는 것 같사오나, 인국隣國과 우호友好를 닦으려고 할진대, 어찌 숨김이 있겠습니까. 들자오니 귀국에 장경판藏經板이 하나뿐이 아니라 하니 정히 한 장경판을 요청하여 이곳에 받들어 안치하여, 신봉하는 무리들로 하여금 임의로 인쇄 보시布施하여, 만약 능히 평등의 자애를 옮겨 자타自他의 구별을 잊고 인국隣國을 반포하여 그 이익을 널리 한다면, 어찌 복의 근원을 깊이 하고 수명壽岳을 늘이는 일단一端이 아니겠습니까. 진실로 소청하는 바와 같이 얻게 된다면 길이 우호가 유지될 것입니다. 변변치 못한 토산물을 별폭別幅과 같이 갖추었고, 냇물이 밀어 닥치듯이 이르는 상서祥瑞를 많이 맞으시고, 또 하늘이 주시는 복을 받으시기를 감히 바랍니다. 별폭『경사류제經史類題』318 20권, 백련위白練緯319 50단段, 침향沈香320 30근, 백단白檀 50근, 단목丹木 1천 근, 호초胡椒 30근, 감초甘草 50근, 곽향藿香321 20근, 동

---

318 유제(類題)란 비슷한 주제나 계제(季題) 별로 시가(詩歌)를 분류한 것을 말한다. 경사(經史)에 대하여 주제별로 분류하여 정리한 책으로 생각되지만, 자세히 알 수 없다.
319 흰 빛을 띠는 숙사(熟絲)와 생사(生絲)를 섞어서 짠 비단천을 말한다.
320 서향과에 속하는 상록성 교목인 침향과 백목향의 목재부분으로 기가 위로 치밀어 오르는 것을 내리고 중초(中焦)를 따뜻하게 하며 신장을 따뜻하게 하고 기를 끌어 들이는 효능이 있다.
321 쌍떡잎식물 통화식물목 꿀풀과의 여러해살이풀의 지상부를 말린 약재이다. 전국의 산에서 자라며 추위와 건조에도 강하여 재배하고 있고 방애잎, 중개풀, 방아풀이라 하여 어린잎을 추어탕 등 고기비린내 제거용으로 사용한다. 비위에 습이 정체되어 복부창만, 식욕부진, 메스꺼

銅 250근"

이라고 하였다.

12月 25日(壬申) 2번째 기사
대마주 좌위문대랑 등이 토산물을 바치다

對馬州左衛門大郎使人獻土物, 丹木一千六百斤·胡椒七十斤·硫黃一千斤, 藤次郎使人獻土物, 胡椒二十斤·丹木二百斤, 各回賜正布有差.

대마주對馬州의 좌위문대랑左衛門大郎[322]이 사람을 보내어 토산물로 단목丹木[323] 1천 6백 근과 호초胡椒 70근, 유황硫黃 1천 근을 바치고, 등차랑藤次郎[324]은 사자를 보내어 토산물로 호초 20근과 단목 2백 근을 바쳐 왔으므로, 각각 정포를 차등 있게 회사하였다.

12月 25日(壬申) 4번째 기사
왜구에게 납치되었던 당인 장청 등이 돌아오다

被擄唐人張淸等男女共十二人, 自慶尙道乘馹而來. 初, 淸等被擄倭寇, 居日本七歲, 竊倭船, 率其徒渡海而來, 冀還本土. 淸善草書, 自

움, 구토, 설사 등을 치료하며. 소화장애를 동반한 감기, 여름철 식체로 인한 구토, 설사, 구취, 옴이나 버짐 등에 효과가 있다고 한다.

322 대마도 두지포(頭地浦, 土寄, 쯔찌요리)에 거점을 둔 왜구의 우두머리로 조전좌위문태랑(早田左衛門太郎)이다. 1부 「중요인물」 '좌위문태랑' 참조.

323 소방목(蘇枋木)·적목(赤木)·홍자(紅紫)라고도 한다. 목재의 부위에 따라 한약재와 염료로 사용한다. 열대 지역의 나무이며 조선에서는 나지 않아서 세종 대에는 9년간 7만 근을 수입하기도 하였다.

324 등차랑(藤次郎)은 선장(船匠), 즉 배를 만드는 목수로 대마도 정벌 때 좌위문삼랑(左衛門三郎)과 함께 조선에 포로로 잡혀왔다. 나중에 그들이 대마도 호족이라는 사실이 밝혀지자 태종이 음식, 의복은 물론 노비와 집, 심지어 양가집 딸까지 주며 대우해 주었다(태종 17-윤5-19-2; 세종 4-12-20-4; 세종 2-11-2-1; 세종 3-7-20-2; 세종 24-12-26-3).

言, "家在溫州府樂清縣, 讀書爲儒." 上欲解送, 大臣等止之曰, "日本僭擬名號, 不臣中國, 且侵邊境. 今淸之來也, 見我國回禮使於島中, 淸還朝廷, 必聞我與日本交通之狀. 不如留之, 厚其資廩, 給其奴婢, 因而娶妻授職, 久居我國, 則漸忘懷土之情." 上然之. 淸寓太平館, 書五柳先生本在山, 偶然爲客落人間. 秋來見月多歸思, 自起開籠放白鷳之詩, 呈于禮曹, 又述請還箋上之, 禮曹不啓.

납치되었던 중국^{唐人} 장청^{張淸} 등 남녀 모두 12인이 경상도로부터 역마를 타고 왔다. 처음에 장청 등이 왜구^{倭寇}에게 납치되어 일본에 거주한 지 7년 만에 왜의 배를 몰래 훔쳐 가지고 그의 무리를 거느리고 바다를 건너와서 본토로 돌아가기를 희망한 것이다. 장청이 초서^{草書}를 잘 썼으며, 스스로 말하기를,

"집은 온주부^{溫州府} 낙청현^{樂淸縣}에 있고, 글을 읽어 유학^{儒學}을 업으로 삼았다"

하였다. 임금이 돌려 보내려고 하니, 대신들이 이를 말려 말하기를,

"일본이 명호^{名號}를 참람하게 천자에 비의^{比擬}하고 중국을 신하로서 섬기지 않으며, 또 변경^{邊境}을 침범하고 있사온대, 이번에 장청이 올 때에 우리나라 회례사를 일본에서 보았으니, 장청이 돌아가면 명나라에서 우리가 일본과 더불어 서로 통교하고 있는 상황을 반드시 들을 것입니다. 머물려 두고 그 자산^{資産}과 양곡을 후히 주고, 노비를 주며, 인하여 아내를 얻게 하고, 벼슬을 제수하여 오랫동안 우리나라에 살게 되면 점차 본토를 그리는 정을 잊을 것입니다"

하니, 임금이 그렇게 여겼다.

장청이 태평관에 기우^{寄寓}하고 있으면서,

"오류 선생五柳先生[325] 이 본시 산에 있더니, 우연히 손이 되어 인간에 떨어졌다. 가을이 오고 달을 보니, 돌아갈 뜻이 간절하여, 스스로 새장 문을 열고 한새白鵬[326]를 놓아 보내노라"

는 시를 써서 예조에 바치고, 또 돌려보내 주기를 청하는 전문箋文을 올렸으나, 예조에서 아뢰지 아니하였다.

12月 27日(甲戌) 7번째 기사
규주·범령 등이 대장경판 청구하는 글을 예조에 올리다

圭籌·梵齡等呈書于禮曹曰, "自入貴國以來, 蒙殿下隆待之恩, 況前日肅拜紫極, 大承接謙之厚, 下情歡抃, 不可枚擧也. 我本朝所求請者, 大藏經板也, 今殿下蒙許與者, 皆別也. 雖持歸國, 必不適我殿下之意, 而我等遭罪責. 伏冀閣下憐悼吾儕, 詳聞于聖聰, 賜本朝所求之經板, 則君之惠也, 孤之願也. 諒察惟冀, 不宣."

圭籌私進麒麟血一斤, 香五斤, 沈束白檀各十三斤, 犀角二頭, 革皮箱一, 練緯一段, 玳瑁盆一, 銅二百斤, 丹木一百斤, 胡椒十斤, 甘草十斤, 藿香五斤. 梵齡私進五色綵花琉璃盃一, 沈束香五斤, 環刀二十柄, 犀角一頭, 白檀三十斤, 銅一百斤, 甘草十斤, 藿香五斤, 胡椒十斤.

규주와 범령[327] 등이 예조에 글을 올려 말하기를,

---

325 도연명이 집 주위에 버드나무 다섯 그루를 심고 즐기니, 사람들이 그를 오류 선생이라고 불렀다.
326 온몸이 다 희고 꽁지가 긴 꿩과의 새이다.
327 이들은 실정막부 4대 장군 족리의지(足利義持)가 고려대장경판을 얻기 위하여 파견한 승려들이다. 그러나 조선이 대장경판이 조종 이래로 내려온 것이고 1벌밖에 없어 줄 수 없다고 하자, 집요하게 이를 얻으려고 노력하였다. 결국 무력으로 이를 빼앗자는 내용의 글을 족리의지에게 보내려고 한 사실이 발각되어 큰 사건으로 비화되었다. 두 승려의 신상에 대해서는 잘 알 수 없다.

"귀국에 들어온 이래로 전하의 융숭하신 대우를 입었고, 더욱이 전날 대궐에 나아가서 숙배할 때에 크게 후하신 연향宴享을 더하여 내리시와, 기쁜 마음을 일일이 들어 말씀할 수 없습니다. 우리 본조가 요구하는 바는 대장경판이요, 이제 전하께서 허락하여 주신 것은 모두 다른 것들입니다. 비록 가지고 본국으로 돌아간다 하더라도 우리 국왕의 뜻에 맞지 않을 것이요, 저희들은 견책을 당할 것입니다. 바라건대, 각하께서 우리 무리들을 불쌍히 여기시고 자세히 성총聖聰에 아뢰시와, 본국에서 구하는 경판을 하사하신다면 임금님의 은혜요, 저희들의 소원입니다. 용서하시고 살펴심을 바라오며, (예물을) 다 갖추지는 못하였습니다"

하였다. 규주가 사사로이 기린혈麒麟血[328] 1근, 향香 5근, 침속沈束[329]·백단白檀[330] 각각 13근, 서각犀角[331] 2머리頭, 혁피상洫皮箱[332] 1개, 연위練緯[333] 1단, 대모분玳瑁盆[334] 1개, 동銅 2백 근, 단목丹木[335] 1백 근, 호초胡椒 10근, 감초甘草 10근, 곽향藿香[336] 5근을 바쳤다. 범령이 사사로이 오색채

---

328 다른 이름은 기린갈(麒麟竭)·혈갈(血竭)이다. 종려과 식물인 기린갈나무의 진을 말린 것이다. 열매를 따서 시루에 넣고 쪄서 진이 나오게 하거나 짓찧어 천에 싸서 압착하여 진이 나오게 한 다음 졸여서 덩어리 모양으로 만든다. 줄기는 쪼개거나 작은 구멍을 뚫어 진이 흘러나오게 한다. 맛은 달고 짜며 성질은 평하다.『한의학대사전』.
329 침향(沈香)의 오기로 생각된다. 침향은 서향과에 속하는 상록성 교목인 침향과 백목향의 목재 부분으로 기가 위로 치밀어 오르는 것을 내리고 중초(中焦)를 따뜻하게 하며 신장을 따뜻하게 하고 기를 끌어 들이는 효능이 있다.
330 단향과의 반기생(半寄生)의 상록 교목이다. 고급 향료의 재료이다.
331 코뿔소의 뿔이다. 성질이 매우 차서 해열제나 해독제, 지혈제로 쓰인다. 우황청심원의 재료이기도 하다. 물소의 뿔(수우각(水牛角) 또는 색이 검어 오서각(烏犀角)이라 함)을 대용으로 사용하기도 한다.
332 여기에만 보인다.
333 연위(練緯)는 숙사(熟絲)를 씨실로 하고 생사를 날실로 해서 짠 비단을 뜻하는 것으로 보아 황색 비단으로 추측된다.
334 대모는 바다거북의 껍질이다. 이를 이용하여 만든 그릇을 말한다.
335 소방목(蘇枋木)·적목(赤木)·홍자(紅紫)라고도 한다. 목재의 부위에 따라 한약재와 염료로 사용한다. 열대 지역의 나무이며 조선에서는 나지 않아서 세종 대에는 9년간 7만 근을 수입하기도 하였다.

화 유리배五色綵花琉璃盃 1개, 침속향沈束香[337] 5근, 환도環刀[338] 20자루柄, 서각 1머리, 백단白檀 30근, 동 1백 근, 감초 10근, 곽향 5근, 호초 10근을 바쳤다.

12月 28日(乙亥) 1번째 기사
구주 전 도원수 원도진이 토산물을 바치다

九州前都元帥源道鎭使人獻土物, 硫黃一萬三千斤, 大刀二十把, 蘇木一千斤, 沈香二斤四兩, 銅三百斤, 胡椒三十斤, 回賜正布三百七十匹.

구주九州의 전 도원수都元帥 원도진源道鎭[339]이 사람을 보내어 토산물로 유황硫黃 1만 3천 근, 대도大刀 20자루把, 소목蘇木[340] 1천 근, 침향沈香[341] 2근 4냥쭝, 동銅 3백 근, 호초胡椒 30근을 바쳐 왔으므로, 정포正布 3백 70필을 하사하였다.

---

336 쌍떡잎식물 통화식물목 꿀풀과의 여러해살이풀의 지상부를 말린 약재이다. 전국의 산에서 자라며 추위와 건조에도 강하여 재배하고 있고 방애잎, 중개풀, 방아풀이라 하여 어린잎을 추어탕 등 고기비린내 제거용으로 사용한다. 비위에 습이 정체되어 복부창만, 식욕부진, 메스꺼움, 구토, 설사 등을 치료하며. 소화장애를 동반한 감기, 여름철 식체로 인한 구토, 설사, 구취, 옴이나 버짐 등에 효과가 있다고 한다.
337 여기에만 보인다. 오기가 있는 것으로 생각된다.
338 일본도(日本刀)를 뜻한다. 직도(直刀)에서 대해서 칼날이 휘어 있다. 원래 환도는 손잡이 부분에 둥근 고리 모양이 있는 칼이다.
339 전 구주탐제(九州探題) 삽천만뢰(澁川滿賴)이고 원의준(源義俊, 澁川義俊)의 아버지이다. 1부 「중요인물」참조.
340 소방목(蘇枋木)·적목(赤木)·홍자(紅紫)라고도 한다. 목재의 부위에 따라 한약재와 염료로 사용한다. 열대 지역의 나무이며 조선에서는 나지 않아서 세종 대에는 9년간 7만 근을 수입하기도 하였다.
341 서향과에 속하는 상록성 교목인 침향과 백목향의 목재 부분으로 기가 위로 치밀어 오르는 것을 내리고 중초(中焦)를 따뜻하게 하며 신장을 따뜻하게 하고 기를 끌어 들이는 효능이 있다.

세종 6년
(1424 甲辰/일본 응영(應永) 31年)

1月 1日(戊寅) 1번째 기사

망궐례를 행하다. 일본 국왕 사신 규주·범령 등이 정조 배례를 올리다

上以黑衣, 群臣朝服, 行望闕禮. 停本朝賀禮, 議政府率百官, 獻鞍馬及表裏, 諸道進箋獻方物. 日本國王使臣圭籌·梵齡, 船主久俊等六十餘人, 亦詣闕拜正, 進土宜, 回賜圭籌正布二百六十匹, 梵齡一百九十匹, 久俊七百八十匹, 押物禿盛八十匹.

임금은 흑의黑衣를 입고, 군신은 조복朝服[1] 차림으로 망궐례望闕禮[2]를 행하고, 본조本朝의 하례賀禮는 정지하였다. 의정부議政府에서는 백관을 거느리고 안장 갖춘 말과 의복 안팎 감을 드리고, 각도에서는 전문箋文[3]

---

1 관원이 조정에 나아가 하례할 때에 입던 예복. 붉은빛의 비단으로 만들며, 소매가 넓고 깃이 곧다.
2 고려시대나 조선시대에 설날과 동짓날 그리고 중국황제의 생일에 왕을 비롯한 문무관원, 종친 등이 중국의 궁궐이 있는 쪽을 향해서 드리는 예이다. 1896년 대한제국이 창건된 이후 폐지되었다.
3 나라에 길한 일이나 흉한 일이 있을 때에 임금에게 써 바치던 사륙체의 글이다.

과 방물方物⁴을 올렸다. 일본 국왕 사신 규주圭籌⁵·범령梵齡⁶과 선주船主 구준久俊⁷ 등 60여 인도 또한 대궐에 나와 정조 배례正朝拜禮를 올리고 방물을 드리니, 규주圭籌에게 정포正布⁸ 2백 60필을 주고, 범령梵齡에게는 1백 90필, 구준久俊에게는 7백 80필, 압물押物⁹ 독성禿盛¹⁰에게는 80필을 회사回賜¹¹하였다.

1월 1일(戊寅) 2번째 기사
일본국 사신 규주 등이 대장경판을 얻고자 지신사에게 올린 글

圭籌等上知申事書曰, "圭籌等舊各承命, 容拜於殿庭, 卽謹言來意, 殿下曰, 大藏經板只一本也, 不可賜. 更以金字『華嚴經』八十卷·梵字 密教經板藏經一部·注華嚴經板, 此四者賜焉, 皆天下無雙之法寶也. 嗚呼! 殿下之大恩, 至哉偉哉! 雖然縱載奉我殿下, 闕然不足盈素願. 且 如梵本者, 亦無我朝通曉者, 徒知爲佛氏之一寶耳. 伏冀尊官更聞于 聖聰, 賜漢字七千卷經板者, 我殿下喜慶之不可測焉. 事若不成, 則我

4　조선시대 그 지방에서 나는 특산물을 지방에서 조정에 바치거나 조선에서 명·청나라에 바치던 예물.
5　세종 5년에 조선에 온 일본 사신 일행의 한 사람이다. 태종 14년(1414) 6월 20일 1번째 기사·태종 14년(1414) 7월 11일 2번째 기사에서 그의 기록을 찾아볼 수 있으며, 세종 대에 이르러 총 26건의 기사가 있다. 세종 이후로는 나타나지 않는다.
6　세종 5년에 규주와 더불어 조선에 온 일본 사신 일행의 한 사람이다.
7　세종 5년(1423) 12월 25일 1번째 기사·세종 6년(1424) 1월 1일 2번째 기사·세종 6년(1424) 1월 28일 1번째 기사·세종 6년(1424) 3월 23일 4번째 기사 '구준' 참고. 총 4건 등장하는 인물로 일본 사신일행의 배의 주인인 것으로 보인다.
8　관리의 녹봉으로 주거나 혹은 잡세로 거두던 품목의 하나. 보통 5승(升)에서 5승 35척(尺) 정도가 기준이 되었다. 혹은 품질이 좋은 베.
9　외국에 사신이 갈 때 수행하여 조공하는 물건과 교역하는 물건들을 맡아 관리하는 관원.
10　여기에만 보인다.
11　방물이나 공물에 대한 답례품을 말한다.

等有何顏面, 再歸本國耶? 凡博愛謂之仁, 行而宜謂之義. 二者, 君子攸勤, 先覺所嘉也. 尊官盈我本朝之願望, 而使我等歸其本國, 是謂仁義之最者也. 書不盡言, 伏希藻鑑爲幸."

규주圭籌 등이 지신사知申事[12]에게 글을 올리기를,

"규주 등이 지난 세말에 모두 명을 받들어 인정전 뜰에서 배례하도록 용납해 주시므로, 삼가 온 뜻을 아뢰었더니, 전하께서 말씀하시기를, 대장경판大藏經板은 다만 한 벌뿐이니 내려 줄 수 없고, 다시 금자金字로 쓴 『화엄경華嚴經』 80권과 범자梵字로 된 밀교경판密敎經板[13]과 장경藏經 1부와 주화엄경판注華嚴經板[14]을 내려 줄 것이니, 이 네 가지는 다 천하에 둘도 없는 법보法寶라고 하시었습니다. 아아, 전하의 큰 은덕이 지극하시고 거룩하십니다. 그러나 비록 이것을 싣고 가서 우리 전하께 올리더라도 본래에 원하던 것에 부족하여 마음에 차지 아니할 것이요, 또 범본梵本[15] 같은 것은 우리나라에서는 아는 이가 없어서 한갓 불씨佛氏의 보배의 하나로만 알 뿐입니다. 엎드려 바라건대, 존관尊官께서는 다시 전하께 아뢰어 한자漢字로 된 칠천 권 경판經板[16]을 내리시면, 우리 전하께서는 헤아릴 수 없이 기뻐하고 즐거워할 것입니다. 이 일이 만약 이루

---

12 고려·조선시대 왕명을 출납하던 승정원의 정3품 관직으로 도승지의 고려시대 칭호라고 볼 수 있다. 왕의 측근에서 시종하며 인재를 가려 관리로 선발하는 일에 깊숙이 관여했기 때문에 기능이 왕권과 직결되었다. 따라서 왕권이 강력한 시기나 국왕의 신임을 받을 때에는 의정부·육조 대신에 필적하는 기능을 발휘하였다.

13 밀교란 『대일경』의 대일여래를 주불로 삼고, 의례를 중시하며 그 의례를 집행하는 방법을 스승과 제자 사이에만 전하는 유파를 비롯하여 비밀스러운 수행을 행하는 유파 등 여러 유파가 있다. 여기서 티벳불교를 받은 금강승 밀교와 연관된 불경으로 생각된다.

14 『대방광불화엄경소(大方廣佛華嚴經疏)』라고 하는 『화엄경』에 주석을 단 불경의 판목이다.

15 범어 즉 산스크리트어로 된 불경을 말한다. 산스크리트어로 된 불경을 일본 승려들이 읽을 수 없다고 한 것이다.

16 해인사의 팔만대장경을 뜻한다.

어지지 못하면, 우리들은 무슨 면목으로 다시 본국에 돌아가겠습니까.
무릇 널리 사랑하는 것을 인仁이라 하고, 행하여 마땅한 것을 의義라 한
다 하오니, 이 두 가지는 군자君子로서 부지런히 할 바이며, 먼저 깨달은
자가 아름답게 여길 바입니다. 존관께서는 우리나라의 원하는 것을 들
어주시어, 우리들로 하여금 본국에 돌아가게 하면, 이는 인仁과 의義의
으뜸 되는 것입니다. 글로써 할 말을 다할 수 없으니, 밝게 살펴주시면
다행이겠습니다"

하였다.

1月 2日(己卯) 1번째 기사
일본국 사신 규주 등이 대장경판을 얻지 못하자 단식하다

圭籌·梵齡求經板不得, 絶食而言曰, "吾等之來, 專以求大藏經板
也. 吾等初來時, 奏御所曰, '經板若不齎來, 吾當不還.' 今不得而還, 則
必受食言之罪, 寧不食自斃."

규주圭籌와 범령梵齡이 경판經板을 구하였다가 얻지 못하자, 음식을 끊
고 말하기를,

"우리들이 온 것은 오로지 대장경판大藏經板을 구하려는 것이다. 우리
들이 처음 올 때에 어소御所[17]에 아뢰기를, '만일 경판經板을 받들고 올
수 없으면, 우리들은 돌아오지 않겠다'고 하였다. 이제 얻지 못하고 돌
아가면 반드시 말대로 실천하지 못한 죄를 받을 것이니, 차라리 먹지 않
고 죽을 수밖에 없다"

---

17 경도의 실정막부의 장군을 말한다. 이때는 족리의지(足利義持)이다.

하였다.

1月 4日(辛巳) 2번째 기사

김진을 왜사관에 보내 사신들에게 식사하게 하였으나 먹지 않다

遺禮曹佐郎金墹于倭使館, 饋圭籌·梵齡食, 固辭不喫.

예조 좌랑 김진金墹을 왜사관倭使館에 보내어 규주와 범령에게 음식을
권하였으나 굳이 사양하고 먹지 아니하였다.

1月 5日(壬午) 5번째 기사

직제학 박희중 등을 보내 일본 사신들에게 식사하게 하였으나 먹지 아니하다

遺直提學朴熙中, 護軍李藝·尹仁甫等, 饋圭籌·梵齡食, 亦不喫.

직제학直提學[18] 박희중朴熙中 · 호군護軍[19] 이예李藝[20] · 윤인보尹仁甫[21] 등
을 보내어 규주圭籌와 범령梵齡에게 음식 먹기를 권하였으나, 역시 먹지 아

---

18 조선시대 집현전(集賢殿)의 종3품 관직과 홍문(弘文館)·예문관(藝文館)의 정3품 당하관(堂
下官)으로 정원은 각 1원이다. 홍문관직제학(弘文館直提學)은 지제교(知製教)를 겸직하고 동
벽(東壁)이라 칭하였으며, 예문관직제학(藝文館直提學)은 도승지(都承旨)가 예겸하였다. 규
장각직제학은 홍문관부제학(弘文館副提學)의 후보자(候補者)로 천망(薦望)된 사람으로 임명
하되 타관(他官)으로 겸임시켰다.

19 조선시대 5위(五衛)에 속하는 정4품의 무관직(武官職). 고려 공민왕 때에 장군(將軍)을 호군(護
軍)으로 개칭하였으나, 조선 건국 초에는 영(領)의 지휘관을 장군이라 하였다. 그뒤 장군을 사마
(司馬)라 칭하더니, 태종 3년(1403)에 호군(護軍)으로 다시 개칭되어 그대로 고정되었다.

20 조선 태종 세종대에 대일 외교에서 활약한 인물이다(1373~1445). 43년간 외교관으로 활동
하면서 40여 차례에 걸쳐 일본을 왕래하였고, 유구국을 다녀오기도 하였다. 1443년 계해약조
체결의 주역이기도 하다. 1부「중요인물」'이예' 참조.

21 1414년(태종 14) 왜관통사(倭官通事)로 처음 보이고, 기해동정 이후 최초로 조선 회례사의 통
사로 일본에 건너갔다. 그의 보고는 이후 조선의 대일정책에 큰 영향을 끼쳤다. 1424년 왜통
사(倭通事)·군(護軍) 등을 역임하였고, 세종 21년과 25년에도 각각 통신사의 부사가 되어 일
본에 다녀왔다. 1450년(문종 즉위년) 상호군으로, 대마도 상인들이 많이 오는 것을 엄하게 경
계하도록 상소하였다. 1455년(세조 1) 상호군으로 좌익원종공신(佐翼原從功臣) 3등에 책록되
었다.

니하였다.

1月 6日(癸未) 1번째 기사
박희중 등에 명하여 일본 사신들에게 식사하게 하니 그제야 먹다

命朴熙中·李藝·尹仁甫, 敎圭籌·梵齡曰, "爾等以不得經板, 絶不飮食, 然經板之得不得, 不係於食與不食. 爾爲使臣, 一不愜意, 悻悻忍飢, 豈使臣之體耶?" 仍命饋食, 圭籌等食之.

박희중·이예[22]·윤인보 등에게 명하여 규주圭籌와 범령梵齡에게 말하기를,

"너희들이 경판經板을 얻지 못한다 하여 음식을 끊고 먹지 아니하나, 경판을 얻고 얻지 못하는 것이 음식을 먹고 안 먹는 데에 달린 것이 아니다. 너희들이 사신이 되어 한 가지가 뜻에 맞지 않는다고 화를 내어 굶주림을 참으니, 어찌 사신된 체통이라 하겠는가" 하고, 이어서 먹을 것을 주라고 명하였더니, 규주 등이 그제야 먹었다.

1月 6日(癸未) 5번째 기사
일본 구주 원도진이 토산물을 바치다

日本九州節度使源道鎭, 遣使來獻土物.

구주九州 원도진源道鎭[23]이 사람을 시켜 토산물을 바쳤다.

---

22 조선 태종·세종 대에 대일 외교에서 활약한 인물이다(1373~1445). 43년간 외교관으로 활동하면서 40여 차례에 걸쳐 일본을 왕래하였고, 유구국을 다녀오기도 하였다. 1443년 계해약조 체결의 주역이기도 하다. 1부 「중요인물」 참조.

23 전 구주탐제(九州探題) 삽천만뢰(澁川滿賴)이고 원의준(源義俊, 澁川義俊)의 아버지이다. 1부 「중요인물」 '원도진' 참조.

1월 8일(乙酉) 1번째 기사

호군 윤인보를 보내어 일본 사신 규주 등을 효유하고 밀교 대장경판 등을
주다

上遣護軍尹仁甫, 諭圭籌等賜密教大藏經板·注華嚴經板, 『大藏
經』一部·兼遣回禮使之意. 又諭曰, "今欲兼送金字『華嚴經』一部, 汝
國重此經否?" 圭籌等欣然曰, "金字『華嚴經』, 我國之素所敬重, 御所
必感喜也."

임금이 호군護軍 윤인보尹仁甫[24]를 보내어 규주圭籌 등을 효유曉諭[25]하
고, 밀교 대장경판密教大藏經板과 주화엄경판注華嚴經板과『대장경大藏經』1
부部를 내려 주고, 겸하여 회례사回禮使까지 보낸다는 뜻을 밝히고, 또
이르기를,

"이제 금자金字로 쓴『화엄경華嚴經』1부를 겸하여 보내고자 하노라.
너희 나라에서는 이 경문을 소중하게 하는가"

하니, 규주 등이 기뻐하며 말하기를,

"금자로 쓴『화엄경』은 저희 나라에서 본래에 공경하고 소중하게 여
기는 것이니, 어소御所에서 반드시 감사하고 기쁘게 여길 것입니다"

하였다.

---

24 1414년(태종 14) 왜관통사(倭官通事)로 처음 보이고, 기해동정 이후 최초로 조선 회례사의 통사
로 일본에 건너갔다. 그의 보고는 이후 조선의 대일정책에 큰 영향을 끼쳤다. 1424년 왜통사(倭
通事)·군(護軍) 등을 역임하였고, 세종 21년과 25년에도 각각 통신사의 부사가 되어 일본에 다
녀왔다. 1450년(문종 즉위년) 상호군으로, 대마도 상인들이 많이 오는 것을 엄하게 경계하도록
상소하였다. 1455년(세조 1) 상호군으로 좌익원종공신(佐翼原從功臣) 3등에 책록되었다.
25 깨달아 알아듣도록 타이르는 것이다.

1月 9日(丙戌) 2번째 기사

대내전 덕웅·종정무 처자·좌위문대랑 등에게 선물을 회례사 편에 보내
주다

賜大內殿德雄豹皮一領·虎皮二領·緜紬五匹·苧布五匹·彩花
席十張, 故宗貞茂妻子造米五十石·緜紬十匹, 左衛門大郞燒酒三十
瓶·苧布五匹等物, 付回禮使行. 源義俊·小二殿·藤源滿貞·宗貞盛
等處賜送之物, 亦依壬寅年例.

　　대내전大內殿[26] 덕웅德雄[27]에게 표피豹皮 1장, 호피虎皮 2장, 면주綿紬 5
필, 저포苧布 5필, 채화석彩花席[28] 10장을 주고, 종정무宗貞茂 처자에게 조
미造米 50석, 면주 10필을 주었으며, 좌위문대랑左衛門大郞[29]에게 소주燒酒
30병, 저포苧布[30] 5필 등을 회례사回禮使[31]가 가는 편에 부쳐 보냈다. 원

26　조선시대 우리나라에 사신을 보내오던 일본 호족의 하나인 대내씨(大內氏)이다. 14세기 중
엽부터 일본의 구주 동북부와 본주의 서부에서 세력을 떨쳤다. 그 가보(家譜)에 따르면 백제
의 시조 온조(溫祚)의 후손으로서 백제가 망하자 성명왕(聖明王)의 셋째 아들 임성(林聖)이 일
본으로 건너가서 주방(周方)의 다다량빈(多多良濱)에 정착하였고, 그 후손은 대내촌(大內村)
에서 살았다고 하여 성(姓)을 다다량, 씨(氏)를 대내라 하였다고 한다. 대내씨가 백제 왕족의
후손이라는 주장은 조선과의 교역 조건을 유리하게 하고, 조선에서 영지를 얻으려는 의도에
서 비롯된 것으로 보인다.

27　대내성견(1377~1431)은 대내다다량도웅(大內多多良道雄)으로도 보이며, 아명은 육랑(六
郞)이고, 법명이 도웅(道雄)이다. 대내홍세(大內弘世)의 아들로 1396년 구주탐제(九州探題)
삽천만뢰(澁川滿賴, 源道眞)에 대하여 소이정뢰(少貳貞賴)와 국지무조(菊池武朝)가 반란을
일으키자 형제들과 함께 출진하였다. 1401년 동생 홍무(弘茂)의 가독 계승 다툼에서 승리하였
고, 주방 장문 풍전국의 수호를 겸하였다. 1406년에 출가하여, 계명을 덕웅(德雄)이라고 하였
다. 1425년 구주탐제 삽천의준(澁川義俊)이 소이만정(少貳滿貞)·국지겸조(菊池兼朝)에게 패
하자 구주로 내려가 반란을 평정하고 새로운 구주탐제 삽천만직(澁川滿直)을 원조하였다. 축
전국(筑前國)의 영유를 둘러싸고 소이만정·대우지직(大友持直)과 다투다가 1431년 축전국
이토군(怡土郡)에서 전사하였다. 그가 죽자 조카인 대내지세(大內持世)가 대내씨(大內氏)의
가독(家督)을 계승하였다.

28　여러 가지 색깔로 꽃무늬를 놓아서 짠 돗자리이다.

29　대마도 두지포(頭地浦, 土寄, 쯔찌요리)에 거점을 둔 왜구의 우두머리로 조전좌위문태랑(早
田左衛門太郞)이다. 1부 「중요인물」 '좌위문태랑' 참조.

30　쐐기풀과에 속하는 모시풀의 인피섬유로 제작한 직물. 여름 옷감으로 쓰인다.

31　고려·조선시대 교린관계에 있는 나라와 내왕한 사신이다.

의준源義俊[32] · 소이전小二殿[33] 등원만정藤源滿貞[34] · 종정성宗貞盛[35] 등에게 하사하여 보내는 물건은 또한 임인년의 예에 의하였다.

1月 14日(辛卯) 1번째 기사

예조에서 일본국 회례사와 부사에게 비단 겹옷 한 벌씩을 지어 주기를 청하다

禮曹啓, "今日本國回禮使副使, 請造給羅裌衣一襲." 命加給李藝木緜裌衣二.

예조에서 아뢰기를,

"이제 일본국 회례사回禮使와 부사副使에게 비단 겹옷裌衣 한 벌씩을 지어 주소서"

하고 청하니, 이예李藝[36]에게 목면木緜 겹옷 두 벌을 더 지어 주라고 명하였다.

---

32 구주탐제 삽천의준(澁川義俊)이다. 1부 「중요인물」, '삽천의준' 참조.

33 일본 구주지방의 북부에 세력을 둔 소이씨(少貳氏)에 대한 존칭으로, 이때는 소이만정(少貳滿貞)이다. 대내씨(大內氏) 등에게 밀려 대마도에 쫓겨나 있었다. 원래 등원씨(藤原氏)에서 나온 일파로서 조상이 태재부 소이(太宰府少貳)의 벼슬을 지냈으므로 소이씨가 되었다. 소이전(少貳殿)으로 쓰는 것이 옳으나 조선시대에는 흔히 소이전(小二殿)으로 썼다.

34 당시 일본국 축전주 태수(筑前州太守) 소이만정(少貳滿貞)이다. 1부 「중요인물」, '소이만정' 참조.

35 대마도주 종정무(宗貞茂)의 아들 도도웅환(都都熊丸, 1385~1452)이다. 1418년 아버지가 죽자 대마도 수호직을 이어받았다. 1419년에 기해동정을 겪었다. 1441년 대마도인들이 조선의 고초도 해상에서 고기를 잡을 수 있는 고초도 금약을 맺었고, 1443년에 계해약조를 맺었다. 주군가(主君家)인 소이씨(少貳氏)의 세력이 약화되자 조선과의 교역권을 장악함으로써 대마도를 효율적으로 지배하고자 하였으며, 마찬가지로 조선과의 교역에 관심을 가진 대내씨(大內氏)와 대립하였다. 1부 「중요인물」, '종정성' 참조.

36 조선 태종 · 세종 대에 대일 외교에서 활약한 인물이다(1373~1445). 43년간 외교관으로 활동하면서 40여 차례에 걸쳐 일본을 왕래하였고, 유구국을 다녀오기도 하였다. 1443년 계해약조 체결의 주역이기도 하다. 1부 「중요인물」 참조.

1月 16日(癸巳) 1번째 기사
부제학 신장에게 일본 객인 광주 등이 청하는 액자와 도호를 써 주라고
명하다

命副提學申檣, 寫日本客人光柱等求請額子及道號.

부제학副提學 신장申檣에게 명하여, 일본 객인客人 광주光柱[37] 등이 청
구하는 액자額子와 도호道號[38]를 써 주라고 하였다.

1月 17日(甲午) 2번째 기사
병조에서 일본 국왕에게 보내는 경판 수송에 필요한 소와 말의 징발에 관해
아뢰다

兵曹啓, "今日本國王處賜送經板一百五駄, 不可只以驛馬轉輸. 請
令各驛, 近處各里牛馬幷刷駄運." 從之.

병조에서 아뢰기를,

"이제 일본 국왕에게 보내는 경판經板이 1백 50바리駄나 되니, 다만 역
마驛馬만 가지고 실어낼 수가 없습니다. 각 역 근처의 각 동리의 소와 말
을 출동시켜 실어 보내게 하소서"

하니, 이에 따랐다.

1月 17日(甲午) 3번째 기사
선화자 서기 주호·중 묘음·선주 오랑 등이 방물을 바치다

戶曹啓, "禪和子書記周顯·禪和子昌悅·僧妙音·船主五郎右衛門

---

37 여기에만 보인다. 일본국왕사 일행으로 생각된다.
38 승려의 이름을 높여 부르는 호칭이다.

資長·船軍左衛門有正·三甫羅等進上." 回賜正布八百七十匹.

　호조에서 아뢰기를,

"선화자禪和子[39] 서기書記[40] 주호周顥[41]와 선화자 창열昌悅[42]과 중僧 묘음妙音[43]과 선주船主 오랑우위문五郎右衛門 자장資長,[44] 선군船軍 좌위문유정左衛門有正·삼보라三甫羅[45] 등이 방물을 진상하였습니다"

하니, 정포正布 8백 70필을 회사하였다.

1月 18日(乙未) 1번째 기사
일본국 사신 규주 등이 어소에 보고할 장초를 누설한 반인 가하를 결박하여 가두다

日本國王使送客人圭籌等縛伴人加賀, 囚于房內. 以加賀洩圭籌等報御所狀草故也.

　일본 국왕의 사신으로 보내 온 객인客人 규주圭籌[46] 등이 반인伴人[47] 가하加賀를 결박하여 방 안에 가두었다. 그것은 가하가 규주圭籌 등이 어소御所[48]에 보고할 장초狀草[49]를 보고 누설한 때문이었다.

39　선승(禪僧)이라는 뜻이다.
40　서기(書記)는 선종(禪宗) 계열의 사찰에서 수좌(首座) 다음 가는 소임을 말한다.
41　이 기사와 세종 6년 1월 26일 3번째 기사에만 보인다.
42　여기에만 보인다.
43　여기에만 보인다.
44　선주가 두 사람일 가능성은 적기 때문에 오랑우위문자장 전체가 선주의 이름으로 생각된다. 오랑우위문은 통명(通名)이고 자장은 실명이라고 볼 수 있다.
45　좌위문유정삼보라한 한 사람의 이름으로 볼 수 있으나, 분명하지 않다. 여기에만 보인다.
46　태종 14년부터 세종 6년에 걸쳐 일본국의 사신으로『대장경』등의 불경을 요구하였다. 일본 측에서도 사적(事跡)을 확인할 수 없으며, 강호시대(江戶時代)에 편찬된『이국사승소록(異國使僧小錄)』과 같은 후대의 사료에만 이름이 올라 있다.
47　수행인을 말한다. 자신이 모시는 상관이나 주인의 신변을 호위하거나 명령을 받들기 위해 따라다니는 사람들.
48　일본의 천황 및 황족, 장군 등 존귀한 자의 거처를 뜻한다. 여기에서는 실정막부의 장군 족리

1月 19日(丙申) 2번째 기사

일본국 사신 규주에게 가사 장삼과 신발 및 『대반야경』을 주다

賜圭籌縣紬袈裟·長衫·猠皮僧鞋及『大般若經』.

규주圭籌에게 면주縣紬로 만든 가사·장삼[50]과 전피猠皮[51]로 만든 중이
신는 신발 및 『대반야경大般若經』을 내려 주었다.

1月 20日(丁酉) 5번째 기사

왜 통사 윤인보와 그의 아우 윤인시, 왜노 3명을 의금부에 가두다

命囚倭通事尹仁甫及弟仁始與其家倭奴三人于義禁府, 遺領議政
柳廷顯·參贊安純·兵曹判書趙末生·大司憲河演·刑曹判書權軫·
同副代言鄭欽之·右司諫朴冠雜治之. 初, 本國被虜人來言, "在對馬
島時, 日本國王通于島主曰, '今遺使朝鮮, 求大藏經板, 若不許, 則欲行
侵掠. 汝等亦修戰艦以從.'" 至是, 本朝不許經板, 圭籌·梵齡等將通書
本國立草曰, "今到朝鮮, 力請大藏經板未得. 遺兵船數千艘, 掠奪而歸
若何?" 隨從僧加賀竊其草, 授通事李春發. 春發以啓, 上召議政府·六
曹議曰, "前日被虜人之言, 與今加賀所出之書無異. 且日本國王書亦
曰, '若從所求, 則永以爲好.' 觀此三言, 則其爲不道可知. 然彼惟恐不
得『大藏經』板耳, 安知我欲送『華嚴經板』·『密敎大藏經板』·『金字
華嚴經』乎? 彼雖不道, 予則以寬厚待之若何?" 適倭館錄事奔告曰, "有

의지(足利義持, 1386~1328)를 가리키는 것으로 생각된다.

49 임금에게 올리던 장계의 초고를 말한다. 여기서는 실정막부 장군에게 올릴 글이라는 의미로
쓰였다.

50 승려가 입는 옷이다.

51 염소나 양의 가죽이다.

人漏言于圭籌, 圭籌等使船主與管下各佩刀, 縛加賀將殺之." 於是, 政府·諸曹獻議曰, "漏言必通事尹仁甫也. 考問仁甫, 得其情實, 然後處置可也." 故有是命.

왜倭 통사通事 윤인보尹仁甫[52]와 그의 아우 윤인시仁始와 그의 집의 왜노倭奴 3명을 의금부에 가두고, 영의정 유정현과 참찬 안순安純·병조 판서 조말생·대사헌 하연·형조 판서 권진權軫·동부대언同副代言[53] 정흠지鄭欽之·우사간右司諫[54] 박관朴冠을 보내어 합동으로 죄를 다스리도록 하였다. 당초에 본국 사람으로서 피로被虜[55]되었던 자가 와서 말하기를,

"대마도에 있을 때에 일본 국왕[56]이 도주島主에게 통고하기를, '이제 조선에 사신을 보내어 대장경판大藏經板을 구하려 하나, 만약 허락하지 아니하면 침략侵掠하는 방법을 취할 것이다. 너희들도 전함戰艦을 수리하여 따라야 한다'고 하였다"

하였는데, 지금에 이르러 우리 조정에서 경판經板을 허락하지 아니하므로, 규주圭籌[57]와 범령梵齡[58] 등이 장차 본국에 통서通書하려고 초안을 잡아 쓰기를,

"지금 조선에 와서 힘써 대장경판을 청구하였으나 얻지 못하였습니다.

---

52 1414년(태종 14) 왜관통사(倭官通事)로 처음 보이고, 기해동정 이후 최초로 조선 회례사의 통사로 일본에 건너갔다. 그의 보고는 이후 조선의 대일정책에 큰 영향을 끼쳤다. 1424년 왜통사(倭通事)·군(護軍) 등을 역임하였고, 세종 21년과 25년에도 각각 통신사의 부사가 되어 일본에 다녀왔다. 1450년(문종 즉위년) 상호군으로, 대마도 상인들이 많이 오는 것을 엄하게 경계하도록 상소하였다. 1455년(세조 1) 상호군으로 좌익원종공신(佐翼原從功臣) 3등에 책록되었다.

53 조선 전기에, 승정원의 대언 가운데 끝자리인 정3품 벼슬. 뒤에 동부승지로 고쳤다.

54 조선시대에, 사간원에 속한 정3품 벼슬이다.

55 적에게 사로잡힘. 혹은 그런 사람을 말한다.

56 실정막부의 4대 장군 족리의지(足利義持)를 말한다.

57 족리의지가 고려대장경판을 얻고자 하여 파견한 승려이다.

58 위의 각주 참고.

병선兵船 수천 척을 보내어 약탈하여 돌아가는 것이 어떻습니까?"

라고 하였다. 수종隨從[59]하여 온 왜승倭僧 가하加賀[60]가 그 초안을 도적질하여 통사通事 이춘발李春發에게 주었다. 춘발이 이것을 아뢴 것이다. 임금이 의정부와 육조를 불러 의논하기를,

"전번에 붙잡혀 갔던 사람의 말과 이제 가하가 내어놓은 글이 다름이 없이 같다. 또 일본 국왕의 서간에는 역시 말하기를, '만일 청구에 따라 준다면 길이 사이좋게 지내겠다'는 말이 있으니, 이 세 가지 말을 견주어 보면, 그들이 말할 수 없는 악한 짓을 하려고 하는 것을 알 수 있다. 그러나 저들은 오직 대장경판을 얻지 못할까 두려워한 것이고, 우리가 화엄경판華嚴經板과 밀교 대장경판密敎大藏經板과 금으로 글자를 쓴 『화엄경』 등을 보내려는 것을 어찌 알았겠느냐? 저들이 비록 말 못할 악한 짓을 하려 한다 해도 우리는 관후寬厚[61]하게 대하는 것이 어떠하겠느냐"

하였다. 그 때 마침 왜관 녹사倭館錄事[62]가 달려와서 고하기를,

"어떤 사람이 말을 규주에게 누설하여, 규주 등이 선주船主와 그의 부하로 하여금 각기 칼을 차고 가하加賀를 결박하여 죽이려 한다"

고 하였다. 그래서 정부와 육조가 의견을 올리기를,

"그 말을 누설한 자는 반드시 통사 윤인보일 것입니다. 먼저 인보를

---

59 남을 따라 다니며 곁에서 심부름 따위의 시중을 듦. 또는 그렇게 시중을 드는 사람을 말한다.
60 규주·범령과 함께 온 승려이다. 실정막부 4대 장군 족리의지가 대장경 경판의 청구를 위하여 파견한 규주와 범령이 조선의 허락을 얻지 못하자, 무력으로 탈취하자는 뜻을 담은 글을 족리의지에게 보내려고 하였다. 그런데 그들과 함께 온 일본 승려 가하(加賀)가 그 글을 훔쳐 이춘발에게 전달하여, 규주와 범령의 음모가 발각되었다. 이 사건은 일본이 고려대장경판을 확보하려는 의지가 얼마나 강했는지를 보여주는 사건이다.(江田俊雄, 「足利義持による高麗藏經板の强請顚末」, 『印度學仏教學研究』 6, 日本印度學佛教學會, 1955, pp.596~598)
61 마음이 너그럽고 후덕하다는 뜻이다.
62 조선시대에, 의정부나 중추원에 속한 경아전의 상급 구실아치를 통틀어 이르던 말. 기록을 담당하거나 문서, 전곡(錢穀) 따위를 관장했다.

고문하여 그 정실을 알아 본 뒤에 처치하는 것이 가합니다"

하였으므로, 이 명령이 있게 된 것이다.

1月 21日(戊戌) 2번째 기사

대마도 종언륙에게 명주·저포·채화석을 내리어 회례사에게 부쳐 보내다

賜對馬島宗彦六紬苧布各十匹·綵花席十張, 送付回禮使行.

대마도 종언륙宗彦六[63]에게 명주와 저포苧布 각 10필과 채화석綵花席 10
장을 내리어 회례사回禮使에게 부쳐 보냈다.

1月 21日(戊戌) 3번째 기사

동·서관·묵사에 거처하는 왜 객인들의 내왕을 금지하다

傳旨, "東西館墨寺分處倭客人等, 禁其互相往來, 不得相通. 若有不
得已相見事, 監護官處, 進告事意, 令與通事出入."

전지하기를,

"동·서관東西館과 묵사墨寺[64]에 나누어서 거처하는 왜倭 객인客人들이
서로 내왕함을 금지시켜 통하지 못하게 하라. 만일 부득이해서 서로 보
고자 할 경우에는 감호관監護官[65]에게 사의事意를 고한 후 통사通事와 같

---

63 종정성(1385?~1452)이다. 종정무(宗貞茂)의 아들로, 종정무 사후 도주직을 이어받았으며,
종씨(宗氏)의 9대 당주(當主)가 되었다. 세종 즉위년(1418) 8월부터 단종 즉위년(1452) 7월까
지 총 300여 회에 걸쳐 통교하였다.
　주로 대마주 태수 혹은 대마도주를 자칭하였으며, 세종 10년(1428) 이전까지는 대마도수호
(對馬島守護) 도도웅환(都都熊丸)·대마도 종정성·대마도수호 종언륙(宗彦六), 종언륙정성
(宗彦六貞盛)·종우마언륙정성(宗右馬彦六貞盛) 등의 호칭을 사용하였다.

64 조선시대 일본 사신이 머물던 숙소로, 동평관, 서평관, 묵사(墨寺)로 나뉘어져 있었다. 현재
의 서울시 종로구에 묵사동이 있었다.

65 여진이나 일본의 사신을 맞이할 때에 이들에 대한 접대를 감독하던 벼슬아치이다.

이 출입하게 하라"
고 하였다.

1月 22日(己亥) 1번째 기사
일본국 사신 규주 등이 가하를 구류하여 심문한 후 예조에게 서장으로 알리다

圭籌·梵齡等拘繫加賀訊問, 加賀具告其故云, "圭籌等報御所狀曰,
'朝鮮國不許經板, 粧船數千艘, 侵掠朝鮮, 搶奪經板.' 等事, 書傳于通
事李春發是實." 圭籌等聽此恐懼, 乃爲書呈于監護官李升曰, "方今上
德隆盛, 兩國和好益厚, 不意小僧加賀構此浮言, 將絶和好. 願監護官,
齎此書, 轉呈禮曹幸甚." 李升答曰, "初繫加賀之時, 謂某等曰, '加賀屢
犯竊盜, 結縛訊問.' 今反以構說浮言爲言何哉? 且此言從何而出?" 圭
籌等勃然變色曰, "是與加賀同心也." 卽率伴人十餘名, 竝皆徒行到禮
曹朝房, 呈書曰, 日本國奉使釋圭籌·梵齡等謹上書禮曹列公閣下. 某
等厚蒙殿下遇對, 旣賜法寶之最者, 懽欣交甚. 將畢事而還歸, 日者, 畫
僧周文者妄發言曰, "護軍尹仁甫於我本朝, 有要約引連十七隻船復."
朝鮮唯有仁甫一人, 專秉國政乎? 別通事李春發謾採摭此言奏之, 仁
甫遂蒙其責. 噫! 是某等未嘗知之也. 爰亦有伴人加賀者往往狗偸矣,
我從人舟子雖知之, 以夫備伴人之列, 不使某等知之. 及舍于西平舘,
猶至犯取公物, 以故衆等告向所侵, 殆泊十有餘件. 我本朝之憲條, 爲
盜者先堅枷械手足, 漸加鞫問, 依款結案, 然後處刑. 方今奉使于貴國,
敬順國法之故, 不肯斬殺, 又有疑故喋喋. 前日, 令人特加難問, 彼亦曰,
"我唯爲別通事李春發賺殺, 設無根之說語焉." 蓋蒙大恥, 而歸國必殺

也,不如投身於貴國,憑玆撝具狀呈上,惟圖躬蒙厚祿耳. 其他不偢言不言也. 甚哉,小人之害物! 信哉,君子之遠焉! 夫如朝鮮,上有明君,而輔佐咸賢良也. 然又文章法憲,追稱曩古,不用嫌疑,不近妄佞也,昭昭乎雖如是. 智者之千慮,必有一失,愚者之千計,必有一得. 此事若不明白,某等爲疑誤矣. 由是,具陳始末. 某等初奉承使命之日,退于私室,獨自長息. 侍奉僧問,"有何事,怏怏然不喜久之哉?" 良久謂曰,"奉使之節至大也,不能之,永墜忠信孝義之名. 忠義不立,安爲人哉? 再相見於汝等,不可得乎! 故鬱怏耳." 斯言轉展達我殿下,當拜辭之日,從容曰,"我與朝鮮久修隣好,以不秘情,請經板,寧不給之,豈有使者之失耶?" 某等聽命唯唯. 凡王于一國,必萬乘之尊也. 焉因瑣細事,背累歲積日之盟耶? 且某等前日絶食,殆欲至死者,無別志,偏爲法寶也,我殿下照察某等精誠. 昔雪山童子求半偈,將殞命,翳桑餓人酬一餐,輒倒戈,包胥哭于秦庭七晝夜,而存楚,蘇卿陷於胡坑十九年,而歸漢. 或盛夏降霜,或祁冬抽筍,如是之類,載諸史籍. 忠義孝信之覃者,感鬼神·動天地也,炳乎煥乎,某等亦效嚮也. 遂膺睿命之故,順勑使侑膳矣. 不意彼二人妄庸之徒,有妄惑之言,正爲國家遭疑怪. 若某等所陳,猶有尤豫,則請先遣官船令問知之,欄留某等,可否之決,在數月之間,翹足而可待哉. 右若飾虛食言,明神殛之,祖宗咎之. 三世如來·十方佛陀,當旺化南山神·日本顯化天照大神·天滿大自在天神及一切大小天神地祇等,垂洞鑑罰某等. 嗚呼! 蒼蒼彼天,皎皎彼日,照臨某等丹忱. 言音不通,方禁不識,粗述綱槪,伏希閣下能聞于堂上,怏不被詔許,何日芟平胸次之茅塞耶? 恭惟照及. 不宣.

규주圭籌와 범령梵齡 등이 가하加賀를 구류하여 잡아매어 놓고 심문하

니, 가하가 그 연고를 모두 고하기를,

"규주 등이 어소御所[66]에 보고할 서장書狀에 이르기를, '조선국이 경판經板을 허락하지 아니하니, 배船 수천 척을 준비하여 조선을 침략하여 경판을 약탈하자'고 하였다. 이 사를 통사通事 이춘발李春發에게 글을 보내 전했다"

하니, 규주 등이 이 말을 듣고 두려운 마음이 나서, 서장을 만들어 감호관監護官 이승李升에게 말하기를,

"지금 임금의 성덕이 융성하시어 두 나라의 화호和好함이 더욱 두터운 가운데, 뜻하지 않게 소승小僧 가하가 이러한 뜬소문을 지어내어 장차 화호함을 끊으려 합니다. 감호관께서 이 서장을 예조에 바쳤으면 큰 다행이겠습니다"

라고 하니, 이승이 답하기를,

"처음 가하를 결박하였을 때에 우리들에게 이르기를, '가하가 여러 번 절도죄를 범하여 결박해서 심문한다' 하더니, 지금 도리어 뜬소문을 만들어 내었다고 말하는 것은 어찌된 일인가. 또 이 말이 어디로부터 나오게 된 것이냐"

하였다. 규주 등이 갑자기 화를 내며 얼굴빛을 바꾸면서 말하기를,

"이는 바로 가하와 같은 마음이로구나"

하고, 즉시 반인伴人 10여 명을 거느리고 모두 걸어서 예조의 조방朝房[67]에 가서 서장을 올리기를,

"일본국 봉사奉使[68] 중釋 규주·범령 등은 삼가 서간을 예조의 열공 각

---

66 실정막부의 4대 장군 족리의지(足利義持)를 뜻한다.
67 조정의 신하들이 조회 시간을 기다리며 쉬던 방이다.

하렬공합하列公閤下에 올리나이다. 저희들이 전하의 두터운 대우를 입사와 이미 가장 좋은 법보法寶를 내려 주시어 즐겁기 한량없나이다. 장차 일을 마치고 돌아가려고 하던 중인데, 그 사이 화승畫僧[69] 주문周文[70]이란 자가 망령된 말을 하기를, '호군護軍 윤인보尹仁甫[71]가 우리나라 조정에서 약속한 바가 있어서 17척의 배를 이끌고 (본국으로) 돌아온 것이다'[72]라고 하니, 조선에는 오직 윤인보 한 사람이 오로지 국정國政을 잡고 있는 것입니까. 별통사別通事 이춘발李春發이 부질없이 이 말을 아뢰어서, 인보가 드디어 문책을 받게 되었습니다. 이것은 저희들로는 일찍이 알지 못한 일입니다. 그리고 또 반인에 가하란 자가 있어 이따금 도적질을 하였는데, 저희들에게 따라온 사람이나 뱃사공들이 비록 이것을 알고 있으나, 이 가하도 반인의 열에 끼어 있으므로 저희들에게는 알리지 않았습니다. 서평관西平館[73]으로 사관舍館을 정하기에 이르러서는 이 사람이 또 공물公物을 절취한 죄를 범하였고 이 때문에 여러 사람들은 먼저 번

---

68 일본국왕의 사신으로 가라는 명령을 받들었다는 뜻이다.

69 그림을 그리는 승려를 말한다.

70 주문(周文)은 일본국 왕사(王使)로 온 규주·범령을 따라온 승려이다. 행적은 자세히 알 수 없고, 윤인보와 족리의지(足利義持) 사이에 고려대장경판 지급과 관련된 약조를 누설하였다.

71 1414년(태종 14) 왜관통사(倭官通事)로 처음 보이고, 기해동정 이후 최초로 조선 회례사의 통사로 일본에 건너갔다. 그의 보고는 이후 조선의 대일정책에 큰 영향을 끼쳤다. 1424년 왜통사(倭通事)·호군(護軍) 등을 역임하였고, 세종 21년과 25년에도 각각 통신사의 부사가 되어 일본에 다녀왔다. 1450년(문종 즉위년) 상호군으로, 대마도 상인들이 많이 오는 것을 엄하게 경계하도록 상소하였다. 1455년(세조 1) 상호군으로 좌익원종공신(佐翼原從功臣) 3등에 책록되었다.

72 윤인보가 족리의지(足利義持)에게 고려대장경판을 반드시 받을 수 있도록 약조하였다는 뜻으로 읽을 수 있다. 1~2척의 배가 아니라 17척이 온 것도 『팔만대장경』을 싣고 가기 위한 목적으로 생각된다.

73 조선 초기 일본 사신이 머물던 숙소. 일본과의 외교와 무역에 중요한 구실을 하던 곳으로서 왜관(倭館)이라고도 한다. 서울 남부 낙선방(樂善坊)에 있었으며, 동쪽의 숙소를 동평관(東平館), 서쪽의 숙소를 서평관이라 했다. 이후 동·서평관 및 묵사(墨寺)에 머물던 사신 및 수행원들이 서로 내왕하는 가운데 밀매행위가 심화되자, 세종 20년(1438)에는 합하여 1관으로 했다. 동쪽에 있는 것은 동평관 1소, 서쪽에 있는 것을 동평관 2소라 하였다.

에 저지른 죄까지 고발하게 되어 무려 10여 가지 사건에 이르렀습니다. 우리나라 국법 조목에는 도적질한 자는 먼저 단단히 수족을 묶어 놓고 차근차근 국문하여, 법에 의하여 판결한 뒤에 형을 집행합니다. 그러나 지금 귀국에 사신으로 와 있으니 공경히 이 나라 법을 따르려 하므로 아직 베어 죽이지 아니하였더니, 또 의심되는 일을 만들어 나불나불 말하였습니다. 전일에 사람을 시켜 특별히 힐문하여 보았더니, 그가 말하기를, '오직 별통사 이춘발이 나를 뒤집어씌워 죽이려고 근거 없는 말을 낸 것이다'고 하였으나, 대개 이러한 큰 부끄러운 일을 당하고 제 나라에 돌아가도 반드시 죽을 것이니, 차라리 몸을 귀국에 두고자 하여, 이를 빙자하여 서장을 갖추어 올려서 오직 자신의 두터운 관록을 꾀하는 것입니다. 그 밖의 말 같지 않은 말은 하지 않겠습니다. 소인들을 해롭힘이 이 같으니 너무 심합니다. 진실로 군자는 그들을 멀리해야 하겠습니다. 조선 같은 나라는 위로 밝으신 군왕이 계시고, 보좌하는 신하가 모두 현량한 사람입니다. 그리고 또 문장과 법헌法憲이 옛날 성세盛世를 따라 혐의스런 말도 쓰지 아니하고, 망령된 사람을 가까이하지도 아니하여, 밝고 밝기가 비록 이와 같습니다. 지혜로운 자도 천 번 생각하면 반드시 한 번 실수는 있는 것이요, 어리석은 자도 천 번 생각하면 반드시 한 번쯤은 얻음이 있다 합니다. 만약 이 일이 명백하게 되지 못하면 저희들을 의심하고 오해할 것이므로 시말始末을 갖추어 진술하는 바입니다.

저희들이 처음에 사명使命을 받던 날에 제 숙소로 돌아와 홀로 길게 한숨을 내어 쉬니, 시봉侍奉[74]하던 중이 묻기를, '무슨 일이 있기에 그다지 오래도록 불편해 하며快快[75] 기뻐하지 아니합니까?' 하므로 얼마 동안 있

다가 일러주기를, '사신이 되는 일이란 지극히 큰 일이다. 제대로 하지
못하면 길이 충신효의忠信孝義의 이름을 떨어뜨릴 것이니, 충의가 서지
아니하면 어찌 사람이라 하겠는가. 너희들을 다시 보고 싶어도 보지 못
하게 될 것이니, 답답하고 걱정스럽기 때문이다' 하였는데, 이 말이 우리
전하께 들어가게 되었고 인사하고 하직하던 날에 조용히 말하기를, '우
리가 조선과 오랫동안 이웃 나라로서 좋게 지내어 왔으니 마음을 숨기
지 않고 경판經板을 청구하여 주지 않는다 하더라도 어찌 사자使者의 실
수라 하겠는가' 하였습니다. 저희들은 명령을 듣고 예라고 대답하였습
니다. 무릇 한 나라의 임금 노릇을 하는 것은 만승萬乘 천자와 같은 높은
자리입니다. 어찌 작은 일을 가지고 여러 해 동안 날로 쌓은 맹세를 배반
해 버릴 수 있겠습니까. 전일에 저희들이 절식絶食하여 죽으려 하였던
것은 별다른 뜻이 있는 것이 아니고 오로지 법보法寶를 위함이었으며,
우리 전하께서 저희들의 정성을 살펴 주셨나이다. 옛날에 설산동자雪山
童子[76]는 반게半偈[77]를 구하려고 목숨 버리기에 이르렀고, 예상아인翳桑餓
人[78]은 한 번 밥 얻어먹은 것을 갚으려고 바로 도과倒戈[79]하게 되었고, 포

---

[74] 받들어 모시는 것이다. 특히 사찰에서 제자가 스승을 모시는 것을 시봉이라고 한다.
[75] 매우 마음에 차지 아니하거나 야속해하는 것을 말한다.
[76] 석가모니가 설산 즉 히말라야산맥에서 수행하였기 때문에 이르는 말이다.
[77] 불교에서 '제행무상(諸行無常) 시생멸법(是生滅法) 생멸멸이(生滅滅已) 적멸위락(寂滅爲樂)'
의 후반게 「열반경」 제 14에 석가여래가 과거 생에 설산에 들어가 보살행을 닦을 때에, 나찰
(羅刹)에게 앞의 반게를 듣고, 기뻐서 다시 후반을 듣고자 하였다. 그러나 나찰이 일러 주지 않
기 때문에 몸을 버려 그에게 주기를 약속하고 그것을 마저 들었다. 그래서 '설산의 반게', '설산
의 8자(八字)'라고도 한다.
[78] 뽕나무 그늘 아래 굶주려 있던 사람. 중국 춘추시대에 진(晉)나라의 영첩(靈輒)이 굶주려 뽕
나무 그늘에 쓰러져 있을 때 조순(趙盾)이 그를 구해 주었더니, 그 후 영첩은 영공(靈公)의 개
사(介士)가 되어 조순의 위급을 구하여 피하게 했다. 이때 조순이 그 까닭을 물으니 '예상의 아
인'이라고 대답한 옛일에서 온 것이다. 예상은 뽕나무 그늘. 일설에는 지명이라고도 한다.
[79] 창을 거꾸로 한다는 뜻으로, 자기편을 배신하여 난(亂)을 일으킴을 이르는 말이다.

서包胥[80]는 진秦나라 뜰에서 7주야晝夜를 울어서 초楚나라를 보존하였고, 소경蘇卿은 호지胡地의 구덩이에 들어가 있다가 19년 만에 한漢나라로 돌아왔으며, 혹 한여름에도 서리가 내리게 되고, 혹 한겨울에도 죽순이 나오게 되니, 이와 같은 따위가 사책에 실려 있습니다. 충의와 효신孝信이 넓게 미쳐 귀신과 천지를 감동시킨 것이 명백하니, 저희들도 이것을 본받은 것입니다. 드디어 임금의 명령을 받게 되어 칙사勅使가 권한 찬품饌品에 순응하였던 것입니다. 뜻하지 않게 저 요망하고 용렬한 두 사람이 망령되고 의혹스러운 말을 하여, 바로 국가에서 의심하고 괴이한 일을 당하게 하였습니다.

만약 저희들의 진술함이 시원하지 않으시면 청하건대, 관선官船을 보내어 물어 알아보시고 저희들은 여기에 머물러 있게 하시면, 옳고 그른 것이 결정되기까지 두어 달 동안이라도 발을 돋우고 기다리겠나이다. 만일 거짓으로 빈말을 꾸며 대었다면 신명神明이 죽여 줄 것이요, 조종祖宗[81]이 죄줄 것입니다. 삼세여래三世如來와 시방불타十方佛陀와 당왕화남산신當旺化南山神과 일본 현화천조대신日本顯化天照大神과 천만대자재천신天滿大自在天神과 일체 대소 천신天神・지지地祇들이 밝게 통감하시어, 저희들을 벌 줄 것입니다. 아아, 창창한 저 하늘과 교교皎皎[82]한 저 해님이 저희들의 붉은 마음을 비춰 주실 것입니다. 언어가 통하지 아니하고 나라의 법금을 알지 못하나 대강 줄거리만 진술하오니, 엎드려 바라건대, 각하께서는 바로 당상堂上에게 올려 주소서. 속히 조서詔書로써 허락하

---

80 신포서(申包胥)는 중국 춘추시대 초나라의 정치가이다.
81 임금의 시조(始祖)와 중흥(中興)의 조상을 말한다.
82 환하게 밝은 모양이다.

심을 입지 못하게 되면, 어느 날에 가슴의 답답함을 쓸어 없애겠나이까. 공손히 바라노니 살펴 주소서. 할 말을 다하지 못하나이다"
하였다.

1月 24日(辛丑) 2번째 기사
일본국 객인의 무역품 중 동·대도 등은 공조 등에서 무역할 수 있도록 청하다

戶曹啓, "日本國客人私物, 已令市裏人貿易, 然市裏人財物有限, 難以畢易. 請其銅·鑞·丹木·胡椒·大刀等物, 令工曹·軍器監·義盈庫等各司貿易." 從之.

호조에서 아뢰기를,

"일본국 객인客人의 사물私物은 이미 시장 사람들과 무역하게 하였으나, 시장 사람들의 가진 재물이 한정이 있어서 다 사들이기가 어렵습니다. 청하건대 동銅·납鑞·단목丹木[83]·호초胡椒·대도大刀 등의 물건을 공조工曹[84]와 군기감軍器監과 의영고義盈庫[85] 등 각사에서 무역하게 하소서"
하니, 이에 따랐다.

---

[83] 속이 붉은 교목의 일종으로 활을 만드는 데 쓰이고, 속의 붉은 부분은 목홍(木紅)이라 하는 안료의 재료이며, 혹은 한방의 통경제(通經劑)로 쓰인다.
[84] 조선시대 육조 가운데 산택·공장·영선·도야를 맡아보던 정2품 아문이다.
[85] 조선시대 호조에 속하여 기름, 꿀, 후추 따위의 공급·관리를 맡아보던 관아이다. 태조 1년(1392)에 두었다가 고종 19년(1882)에 없앴다.

1月 24日(辛丑) 6번째 기사

(일본 반인) 가하의 서간을 윤인보에게 보이고 통역한 정재를 의금부에
가두다

囚禮曹正郎鄭載于義禁府. 以加賀之書示尹仁甫, 反譯故也.

예조 정랑禮曹正郎 정재鄭載를 의금부에 가두었다. 가하加賀의 서간을 윤
인보尹仁甫[86]에게 보였으며, 뿐만 아니라 통역까지 하였기 때문이었다.

1月 25日(壬寅) 3번째 기사

일본국 사신 규주 등에게 예조에서 전별연을 내리다

賜日本國王使臣圭籌等餞宴于禮曹.

일본 국왕의 사신 규주圭籌 등에게 전별연餞別宴[87]을 예조에서 베풀었다.

1月 25日(壬寅) 4번째 기사

일본국 사신 규주와 범령이 가지고 있던 산수도 및 도호의 찬과 시를 구하다

圭籌·梵齡求所持山水圖及道號讚與詩, 直集賢殿魚變甲作山水圖讚
曰,層巒萬仞, 流水千回. 雲嵐樹梢, 樓閣巖隈. 隱映出沒, 方壺·蓬萊 上人
意匠, 逈奪天機 模寫之妙, 莫究其微. 嗚呼! 豈所謂觀摩詰之畫, 畫中有詩
者歟?

---

86 1414년(태종 14) 왜관통사(倭官通事)로 처음 보이고, 기해동정 이후 최초로 조선 회례사의 통
사로 일본에 건너갔다. 그의 보고는 이후 조선의 대일정책에 큰 영향을 끼쳤다. 1424년 왜통
사(倭通事)·호군(護軍) 등을 역임하였고, 세종 21년과 25년에도 각각 통신사의 부사가 되어
일본에 다녀왔다. 1450년(문종 즉위년) 상호군으로, 대마도 상인들이 많이 오는 것을 엄하게
경계하도록 상소하였다. 1455년(세조 1) 상호군으로 좌익원종공신(佐翼原從功臣) 3등에 책록
되었다.

87 보내는 쪽에서 예를 차려 작별할 때에 베푸는 잔치를 말한다.

直集賢殿兪尙智山水圖詩曰, 烟水雲山淡又濃, 參差樓閣樹重重. 盤回石徑無尋處, 轉入岩嶢第幾峰.

集賢殿校理兪孝通詩曰, 有客來携山水圖, 乍看無乃寫方壺. 層巒隱見雲千疊, 古寺微茫樹數株.

集賢殿副提學申檣詩曰, 樹林翁鬱蔭層樓, 萬頃波頭一葉舟. 絶壁遙岑相隱映, 看來却訝在丹丘.

集賢殿直提學金尙直竹軒詩曰, 地僻居仍靜, 開軒對竹林. 自將淸瘦態, 不受雪霜侵. 月上篩金色, 風來戛玉音. 高師遣有相, 讌坐樂無心.

申檣梅窓詩曰, 玉藥嬋姸冒雪開, 淸標宜作百花魁. 歲寒心事誰相識? 唯有高人出定來.

魚變甲雪庵詩曰, 雪岳凌空聳幾層? 庵中面壁一高僧. 神淸骨冷心無累, 不暇人寰熱腦蒸.

集賢殿副校理安止畫觀音讚曰, 蒼灣一曲, 翠壁千疊. 素衣眞相, 淵澄月白. 身在於斯, 心則無着. 於諸衆生, 發苦與樂.

규주와 범령이 가지고 있던 산수도山水圖 및 도호道號의 찬讚과 시詩를 구하니, 직집현전直集賢殿 어변갑魚變甲이 지은 산수도찬山水圖讚에 이르기를,

충충이 솟은 뫼는 만 길이요,

흐르는 물은 천 구비라.

구름과 아지랑이는 나뭇가지에서 일고,

다락과 높은 집은 바위에 섰도다.

보일 듯 말듯

방호(方壺)인가 봉래(蓬萊)인가.

상인(上人)의 참된 생각

천기(天機)를 앗아 왔네.

그린 솜씨 묘한 재주

정미함을 캘 수 없다.

아아,

이것이 이른바

마힐(摩詰)의 그림을 보고

그 속에 시(詩)가 들어 있다 함이로다.

직집현전 유상지(兪尙智)의 산수도시(山水圖詩)에 이르기를,

연기 서린 물과 구름 낀 산이 옅고 짙은데,

여기저기 누각들은 나무 속에 쌓여 있네.

돌길을 돌고 돌아 찾을 곳은 어디냐.

뾰족 솟은 봉우리 사이로 굴러 들어가리라.

집현전 교리(集賢殿校理)[88] 유효통(兪孝通)의 시에 이르기를,

손님이 찾아와서 산수도를 보이는데,

언뜻 보니 아아 방호산이 여기로다.

층층으로 섰는 뫼는 천첩 구름 속에 숨어 있고,

---

88 조선시대에, 집현전, 홍문관, 교서관, 승문원 따위에 속하여 문한(文翰)의 일을 맡아보던 문
관 벼슬. 정5품 또는 종5품이었다.

옛 절은 아득하게 두어 그루 고목 사이에 섰구나.

집현전 부제학副提學 신장申檣의 시에 이르기를,

검푸르게 우거진 나무 숲 층층이 덮여 있고,
만경창파 물머리에 일엽편주(一葉片舟) 떠 있구나.
절벽과 먼 뫼는 은은히 비치는데,
보면서 오노라니, 아아, 여기가 단구(丹丘)이었던가 하노라.

집현전 직제학直提學 김상직金尙直의 죽헌시竹軒詩에 이르기를,

궁벽한 땅에 고요히 사노라니,
헌 창을 열어놓고 대숲과 마주 보네.
맑고 여윈 그 자태를
눈서리인들 어찌하리.
저 달이 떠오르면 금빛으로 체(篩)질하고,
바람이 불어오면 구슬소리 알연(戛然)하였다.
스님이 보낸 임과 마주 앉아서,
무심히 오손도손 속삭여 보네.

신장申檣의 매창시梅窓詩에 이르기를,

옥 같은 고운 송이, 눈(雪)을 뚫고 방긋 웃네.

맑고 맑은 네 모습은 꽃 가운데 으뜸이다.

저무는 해 차거운 마음 뉘라서 알아줄까.

오직 높으신 그 임만이 꼭 오셔야 하리.

어변갑魚變甲의 설암시雪庵詩에 이르기를,

허공에 솟은 설악 몇 층이더냐.

암자 안에 고승은 벽만 보고 있더라.

맑은 정신 깨끗한 기골 마음은 안 매이니,

끓고 찌고 골치 아픈 인간 세상 아니 보리.

집현전 부교리副校理 안지安止의 화관음찬畵觀音讚에 이르기를,

푸른 물구비 한 구비에

천첩 돌벼랑 둘러 있고,

흰 옷 입고 미소 짓는 참된 모습

못(淵)처럼 맑고 달처럼 밝도다.

몸은 여기에 있으나

마음은 어디에도 없도다.

여러 중생들아, 다 오너라.

괴로움 뽑아 주고 즐거움 피게 하리

하였다.

1月 25日(壬寅) 7번째 기사
왜승 가하·통사 이춘발·윤인시를 대질 심문한 후 불문에 붙이기로 하고
석방하다

倭僧加賀所出書辭, 橫逆無禮. 圭籌等皆以不知, 誓天力辨, 加賀反
以爲, "通事李春發誘我曰, '若出此書, 國家必厚賞.' 故敢爲此書, 俾呈
禮曹." 上曰, "下春發于獄, 與加賀對論何如?" 政府·六曹皆曰, "上敎甚
當." 獨吏曹判書許稠·禮曹判書申商曰, "倭人反覆無常, 不足取信. 今
又自惑惶恐, 置之法外, 勿令憑問." 上竟下春發于義禁府, 幷囚加賀,
與之對問. 加賀見府官儼列堂上, 庭下刑物具陳, 獄卒羅列前後, 數十
輩持杖呵吼, 喪魄破膽, 罔知攸措. 府官飮以巵酒, 或誘或勑, 移時鞫問,
加賀曰, "春發誘我作書, 俾呈禮曹耳, 非圭籌等所知也." 杖春發鞫之,
不服, 然加賀之言無理, 非春發所誘明矣. 義禁府具辭以啓, 上曰, "加
賀之罪甚重, 固當置法, 第以隣國使人, 故特宥之, 可勿問." 加賀聞之,
喜謝曰, "今則上恩重矣, 吾歸國, 必不生矣." 遂放加賀·春發·尹仁始
及倭奴三人.

왜승倭僧 가하加賀[89]에게서 나온 서장의 내용이 횡역橫逆[90]하고 무례
하거늘 규주圭籌 등이 모두 알지 못한다 하며, 하늘에 맹세하면서 힘써
변명하고, 가하는 도리어

"통사通事 이춘발李春發이 나를 꾀면서 '만일 이 글만 내놓게 되면 국가
에서 반드시 후하게 상을 준다' 하므로, 감히 이렇게 만들어 예조에 바
치게 한 것이라"

---

89 실정막부 4대 장군 족리의지(足利義持)가 고려대장경판을 얻기 위하여 파견한 규주·범령과
함께 온 승려이다. 무력으로 대장경판을 탈취하고자 하는 글을 훔쳐 조선에 알렸다.
90 당연한 이치에 어그러지는 것을 말한다.

하였다. 임금이 말하기를,

"춘발을 옥에 내려서 가하와 대질시키는 것이 어떠하냐"

하니, 정부와 육조에서 모두 아뢰기를,

"성상의 하교가 지당합니다"

라고 하였으나, 유독 이조 판서 허조許稠와 예조 판서 신상申商이 아뢰기를,

"왜인들은 반복무상反覆無常[91]하여 믿을 수 없고, 이제 또 저들이 스스로 느끼어 황공하게 생각하니, 법 밖에 두어 묻지 말게 하소서"

하였다. 그러나 임금은 마침내 춘발을 의금부에 내리고 가하까지 가두어 대질시키게 하였다. 가하가, 부관府官들이 당상堂上에 엄숙하게 벌여 앉고, 뜰아래는 형구刑具가 진열되었고, 옥졸獄卒들이 나열하여 앞뒤로 수십 명이 곤장을 들고 큰소리로 외치는 것을 보고서, 넋을 잃고 간담이 서늘하여 어찌할 바를 몰랐다. 부관府官이 큰 잔으로 술을 주어 마시게 하고, 달래기도 하고 혹 꾸짖기도 하면서 얼마 동안 국문하였더니, 가하가 말하기를,

"춘발이 나를 꾀어서 글을 만들어 예조에 바치게 한 것이요, 규주 등이 아는 일은 아니라"

하였고, 춘발도 매질하면서 국문하였으나 자복하지 아니하나, 가하의 말이 이유가 닿지 아니하니, 춘발이 꾀지 않은 것은 명백하였다. 의금부에서 사연을 갖추어 아뢰니, 임금이 말하기를,

"가하의 죄가 심히 중하여 진실로 법대로 처리하여야 하겠으나, 그래도 이웃나라 사인使人이므로 특히 용서한 것이니 불문에 붙이라"

---

91 언행이 이랬다저랬다 일정하지 아니한 것을 말한다.

하였다. 가하가 듣고 기뻐하여 사례하기를,

"이제 성상의 은혜는 무거우나, 나는 우리나라에 돌아가기만 하면 반드시 살지 못한다"

하였다. 드디어 가하와 춘발과 윤인시尹仁始와 왜노倭奴 3인을 모두 석방하였다.

1月 26日(癸卯) 3번째 기사

일본 국왕이 보내 온 상부관인·도선주·부선주·선승 주호 등에게 선물을 내리다

賜日本國王使送上副官人縣紬各三匹·白苧布三匹·彩花席五張·人蔘五斤, 上官人綿紬長衫袈裟·貁皮僧鞋, 禪和子周顯·周文·都船主各縣紬二匹·苧布一匹·麻布一匹, 副船主·押物各縣紬一匹·苧布一匹.

일본 국왕이 보내 온 상부관인上副官人에게 면주縣紬 각 3필, 백저포白苧布 3필, 채화석彩花席 5장, 인삼人蔘 5근을 주고, 상관인上官人에게는 면주장삼綿紬長衫과 가사袈裟와 전피貁皮로 만든 중이 신는 신을 주고, 선화자禪和子 주호周顯·주문周文[92]과 도선주都船主에게는 각기 면주縣紬 2필, 저포苧布 1필, 마포麻布 1필을 주고, 부선주副船主와 압물押物에게는 각기 면주縣紬 1필, 저포苧布 1필을 주었다.

---

92 주문(周文)은 일본국왕사(王使)로 온 규주·범령을 따라온 승려이다. 행적은 자세히 알 수 없고, 윤인보와 족리의지(足利義持) 사이에 고려대장경판 지급과 관련된 약조를 누설하였다.

1月 27日(甲辰) 1번째 기사
일본국 사신 규주 등이 돌아가기를 청하다

傳旨于兵曹, "今日本國王使臣圭籌等請還分置倭人, 其京中及各道散處八十名, 令騎馬人及時行移, 聚於慶尙道金海乃而浦, 以待使臣之回. 其中願留者, 勿幷還送."

병조에 전지하기를,

"이제 일본 국왕 사신 규주 등이 분치해 둔 왜인들을 돌려줄 것을 청하니, 그중 서울과 각도에 흩어져 살고 있는 80명을 말 탄 사람으로 하여금 때에 맞추어 행이行移[93]하여, 경상도 김해金海의 내이포乃而浦[94]에 모이게 하고, 사신이 돌아가는 것을 기다리라. 그 가운데 머물러 있기를 원하는 자는 돌려보내지 말라"

하였다.

1月 28日(乙巳) 1번째 기사
일본국 사신들이 예궐하여 절하고 하직하다

日本國王使臣詣闕拜辭, 上以白衣·翼善冠·黑帶, 御仁政殿賜見. 正使圭籌·副使梵齡入殿內, 都船主久俊在西階上俛伏. 上命令圭籌·梵齡就前, 使通事崔古音宣傳曰, "屢遣使臣, 以修隣好, 且本國被擄人民, 不待請還, 推刷以來, 予甚喜焉, 傳達國王." 圭籌對曰, "臣當備辭以達." 上曰, "水路險艱好去. 今遣回禮使隨後發程, 細在回禮使." 圭

---

93 행문이첩(行文移牒)한다는 뜻으로 명령을 신속하게 각지에 전달하는 것을 말한다.

94 제포(薺浦)라고도 한다. 조선시대 전기에 설치한 삼포(三浦) 왜관 가운데 하나로 지금의 경상남도 창원시 진해구 웅천동에 있던 포소이다.

籌對曰,“謹與回禮使偕行. 且所求漢字大藏經板, 未蒙允許, 心實悶焉,
今得都受賜梵字華嚴經板, 實是罕有, 我國王得見之則必感喜矣." 圭
籌等趨出下庭鞠躬, 上入內. 命中使賜宴圭籌·梵齡于六曹朝啓廳, 伴
送人饋于西廊, 各司侍衛于朝房.

일본 국왕 사신이 예궐詣闕[95]하여 절하고 하직하니, 임금이 흰 옷에
익선관翼善冠과 흑대黑帶 차림으로 인정전仁政殿에 거둥하여 알현하게 하
였다. 정사正使 규주圭籌와 부사副使 범령梵齡을 전전殿 안에 들어오게 하고,
도선주都船主 구준久俊은 서계西階[96]에 있되 엎드리지 않게 하였다. 임금
이 규주와 범령에게 명하여 앞으로 나오라 하고, 통사通事 최고음崔古音
에게 전지하여 말하기를,

"여러 번 사신을 보내어 이웃 나라와 좋게 지내려 하고, 또 본국의 피
로된 사람을 돌려보내기를 청하지 아니하여도 찾아서 데리고 오니, 내
가 심히 기쁘다. 너희 국왕에게 전달하라"

하니, 규주가 대답하여 아뢰기를,

"신이 마땅히 갖추어 전달하겠나이다"

하였다. 임금이 말하기를,

"바닷길이 험난하니 잘 가라. 이제 회례사回禮使를 보내어 뒤따라 발
정發程[97]하게 할 것이니 자세한 것은 회례사에게 말하리라"

하였다. 규주 등이 대답하여 아뢰기를,

"삼가 회례사와 같이 떠나겠으며, 또 요구하였던 한자漢字로 된 대장

---

95 입궐과 같다. 대궐 안으로 들어가는 것이다.
96 조정에서, 관인들이 동서(東西)로 갈라설 때 서쪽에 있는 자리이다. 품계석이 세워져 있어 관
  인의 품계에 맞추어 줄지어 선다.
97 길을 떠나는 것을 말한다.

경판大藏經板은 허락하심을 받지 못하여 마음이 실로 민망하오나, 이제 내려 받은 범자梵字로 된 화엄경판華嚴經板은 실로 드문 것으로서, 우리나라 국왕이 보시게 되면 반드시 감사하고, 기뻐할 것입니다"

라고 하였다. 규주 등이 추창趨蹌98하고 물러나와 뜰에 내려 국궁鞠躬99하고, 임금은 안으로 들어갔다. 중사中使100에게 명하여 규주와 범령에게 육조의 조계청朝啓廳101에서 잔치를 내리게 하고, 반송인伴送人은 서랑西廊에서 음식을 먹이고, 각사各司102에서는 조방朝房103에서 시위하게 하였다.

1月 28日(乙巳) 5번째 기사
예조 참의 성개가 대마도 수호 종공의 어머니에게 답하다

禮曹參議成槩奉復對馬州守護宗公慈親盒下, "國家不忘先守護公輸誠, 今將糙米三十石·緜布十匹送去, 照領."

예조 참의 성개成槩가 대마주 수호對馬州守護 종공宗公104의 자친慈親 염하盒下에게 답장하기를,

"우리나라에서 돌아가신 수호공守護公105의 정성을 받은 것을 잊지 아

---

98 예도(禮度)에 맞게 허리를 굽히고 종종걸음으로 빨리 걷는 것을 말한다.
99 윗사람이나 위패 앞에서 존경하는 뜻으로 몸을 굽히는 행위를 말한다.
100 왕의 명령을 전하던 내시를 말한다.
101 조선시대에 대신(大臣), 중요 아문의 당상관, 승지 등이 아침마다 임금에게 정무를 아뢰던 청사(廳舍). 조계는 상참(常參) 의식이 끝난 후 이어서 행하던 회의로서, 편전(便殿)인 경복궁의 사정전(思政殿)과 창덕궁의 선정전(宣政殿)이 조계청에 해당한다.
102 경각사(京各司)라는 뜻으로, 서울에 있던 관아를 통틀어 이르는 말이다.
103 조신(朝臣)들이 조회(朝會) 때를 기다리기 위하여 아침에 각 사별로 모이던 방. 대궐 문 밖에 있었음. 직방(直房)이라고도 한다.
104 종정성(宗貞盛)이다. 1부 「중요인물」 '종정성' 참조.
105 실정시대의 수호대명(守護大名)을 말한다. 대마도 전체를 장악하고 통제하는 지위로, 종정

니하여, 이제 조미糙米 30석과 면포綿布 10필을 보내는 것이니 그리 알고
받으시오"

하였다.

1月 28日(乙巳) 6번째 기사
예조 참의 성개가 대마도 수호 종공에게 답장하다

禮曹參議成槪奉復對馬州守護宗公, "諭及人口, 行移各道推刷, 見
得幾名送還. 今貴國殿下差人修好, 我殿下差某官某等回禮, 希發船
護送. 足下慈堂處糙米三十石·綿布一十匹送去, 領納."

예조 참의 성개가 대마주 수호對馬州守護 종공宗公[106]에게 답하기를,

"말씀하신 사람은, 각도에 공문을 내어서 찾아 현재 몇 명을 돌려보
냅니다. 이제 귀국貴國의 전하가 사람을 보내어 수호修好하므로, 우리 전
하께서는 아무 벼슬 아무를 보내어 회례回禮하려 하니, 배를 보내어 호
송하여 주기 바랍니다. 족하足下의 자당에게 조미糙米 30석과 면포綿布
10필을 보내니 받아들이기 바랍니다"

하였다.

1月 28日(乙巳) 8번째 기사
일본 회례사의 행차에 관한 사헌부의 계

司憲府啓, "日本回禮使行次禁令未立, 其於買賣之際, 不無汎濫. 請

무(宗貞茂)를 가리킨다. 1부 「중요인물」 '종정무' 참조.
106 종정성(宗貞盛)이다.

回禮使副使行次內所持雜物, 令戶曹禁物分揀, 詳定立法, 令其道差官搜探, 府亦遣書吏, 考察其違法者, 依赴京行次犯法者論罪條件, 科斷." 從之.

사헌부에서 아뢰기를,

"일본 회례사回禮使의 행차에 아직 금령禁令이 서 있지 아니하여, 그들이 매매할 때에 지나친 일이 없지 않습니다. 청하건대 회례사 부사副使의 행차 안에 가지고 가는 잡물을 호조戶曹에서 금하는 물건을 분간하여 법을 상정詳定하여 세우고, 그 도의 차관差官으로 하여금 수색 조사하게 하고, 본부에서도 또한 서리書吏를 보내어 그 위법한 자를 살펴서, 북경北京에 들어가는 행차가 범법한 경우에 죄를 논하는 예例로 규정條件을 만들어 단죄하소서"

하니, 이에 따랐다.

2月 1日(丁未) 3번째 기사
호군 윤인보·예조 정랑 정재의 처벌에 관하여 의금부가 아뢰다

義禁府啓, "護軍尹仁甫傳聞周文之言, 說與圭籌罪, 照律, 緣邊關塞及腹裏地面, 但有境內奸細走透消息於外人及境外奸細入境內, 探聽事情者, 盤獲到官, 須要鞫問, 接引起謀之人, 得實皆斬. 禮曹正郎鄭載已聽代言金赭倭書毋令仁甫得知之言, 反使仁甫反譯罪, 照律不應得爲而爲之者事理重杖八十." 命尹仁甫減二等, 鄭載減三等.

의금부에서 아뢰기를,

"호군護軍 윤인보尹仁甫[107]가 주문周文[108]의 말을 전해 듣고 규주圭籌[109]

에게 말하여 주었으니 그 죄를 율로 따지면, 연변 관새關塞[110]와 내부에서 경내境內의 첩자奸細가 소식을 외인外人에게 알리거나, 경외境外에 있는 첩자가 경내에 들어와서 우리 사정을 탐지하는 자를 잡게 되면, 관청에 데리고 와서 국문할 것이며, 접촉한 사람과 모의를 시작한 자를 조사하여, 사실이 밝혀지면 모두 베어 죽이도록 되어 있습니다.[111] 예조 정랑[112] 정재鄭載는 이미 대언代言 김자金赭가 왜서倭書[113]를 인보仁甫에게 알려 주지 말라는 말을 듣고서 도리어 인보를 시켜 통역하게 하였으니, 그 죄를 율로 따지면, 응당 해서는 안 될 일을 하였을 때 사안이 중대한 경우에 해당하므로 장杖 80대에 처하소서"[114]

하니, 윤인보는 2등等을 감하고, 정재는 3등을 감하라고 명하였다.

---

107 1414년(태종 14) 왜관통사(倭官通事)로 처음 보이고, 기해동정 이후 최초로 조선 회례사의 통사로 일본에 건너갔다. 그의 보고는 이후 조선의 대일정책에 큰 영향을 끼쳤다. 1424년 왜통사(倭通事)·군(護軍) 등을 역임하였고, 세종 21년과 25년에도 각각 통신사의 부사가 되어 일본에 다녀왔다. 1450년(문종 즉위년) 상호군으로, 대마도 상인들이 많이 오는 것을 엄하게 경계하도록 상소하였다. 1455년(세조 1) 상호군으로 좌익원종공신(佐翼原從功臣) 3등에 책록되었다.

108 주문(周文)은 일본국왕사(王使)로 온 규주·범령을 따라온 승려이다. 행적은 자세히 알 수 없고, 윤인보와 족리의지(足利義持) 사이에 고려대장경판 지급과 관련된 약조를 누설하였다.

109 족리의지(足利義持)가 고려대장경판을 요구하기 위하여 파견한 승려이지만, 자세한 행적은 알 수 없다.

110 나라의 국경 지방에 베푼 관문 또는 요새.

111 『대명률』「병률」「반힐간세(盤詰奸細)」조.

112 조선시대 육조(六曹)의 정5품 관직. 이·호·예·병·형·공조의 중견실무 책임자들이었다. 정원은 고려시대에는 문종대를 기준으로 각 부마다 2인이 표준이었으나 이부만 1인이었다. 그리고 이부 고공사(考功司)와 형부 도관(都官)에 각각 2인이 더 배치되었다. 조선시대에는 1405년(태종 5) 1인씩 증원해 각 조 3인이 표준이었다. 이조·병조·예조의 정랑·좌랑은 특별히 중시되어 문과 출신의 문관으로만 임명하게 하였다. 이들을 낭관·낭청 혹은 조랑(曹郎)이라고도 하였다.

113 조선이 고려대장경판을 주지 않으면, 무력으로 이를 탈취하자는 내용이 담긴 글이다. 윤인보 등이 읽힌 사건(세종 6-1-20-5)이다.

114 대명률 형률 잡범 불응득위이위지(應得爲而爲之) 조항.

2月 3日(己酉) 6번째 기사

일본국 사신이 돌아가는 길에 보급할 양식에 관해 예조에서 아뢰다

禮曹啓, "日本國王使送上官人圭籌其所乘來船十六隻所率人五百
二十三名. 今還歸時, 一朔糧及各船草芚請之, 然上項人一朔料則二
百九石三斗, 依數題給未便. 今姑以半朔料一百四石九斗及草芚, 酌
量題給入送." 從之.

예조에서 아뢰기를,

"일본 국왕의 사신으로 온 상관인上官人[115] 규주圭籌가 타고온 배가 16
척이며, 거느린 사람이 523명입니다. 이제 돌아가면서 한 달 양식과 각
선船의 초둔草芚[116]을 청구하였는데, 이상 인원수에 대한 한 달 양식이
209석 3두斗이나, 그 수량대로 다 주는 것은 미편未便합니다. 반 달분 양
식 104석 9두와 초둔草芚은 요량하여 적당한 수량을 주어 보내게 하소서"
하니, 이에 따랐다.

2月 4日(庚戌) 4번째 기사

판예빈시사 이숙당에게 한강까지 일본국 사신을 전송하게 하다

日本國使臣圭籌等發行, 命判禮賓寺事李叔當餞于漢江, 典農正李
洽爲宣慰使.

일본국 사신 규주 등이 떠나가는데, 판예빈시사判禮賓寺事[117] 이숙당李

---

115 조선에 온 일본 사신 가운데 우두머리.

116 뜸이라고도 하며, 띠·부들 같은 풀로 거적처럼 엮어 만든 물건. 비올 때에 물건을 덮거나, 볕
을 가리는 데에 쓰인다.

117 조선시대 손님 접대와 연회를 담당하던 관청인 예빈시의 으뜸 벼슬로, 정3품직이다. 예빈사
(禮賓寺)는 나라의 손님을 접대하고 연회와 종실 및 재상 등을 대접하는 관청으로서 왜전(倭
典), 반객사(頒客舍), 사빈(司賓), 봉빈(奉賓) 등으로 부른다.

叔當에게 명하여 한강^{漢江}까지 전송하게 하고, 전농정^{典農正} 이흡^{李洽}으로 선위사^{宣慰使}118를 삼았다.

2月 7日(癸丑) 3번째 기사
일본 회례사 판선공감사 박안신 등에게 선물과 함께 답신을 보내다

日本回禮使判繕工監事朴安臣·副使大護軍李藝等拜辭, 上引見安臣·藝等, 各賜衣一襲·笠靴. 從事官孔達·崔古晋·朴忱亦賜衣一襲·笠靴. 又特賜孔達米十石. 安臣等奉回答日本國王書乃行, 其書曰, "專使惠書, 備審體履多福, 仍承嘉貺, 甚喜. 且蒙多遣俘虜, 深以爲感. 所需大藏之板, 只有一件, 實我祖宗相傳之物, 未獲依命, 將密教大藏若注華嚴經板, 授臣判繕工監事朴安臣·虎翼侍衛司大護軍李藝領去, 以表謝忱. 來使圭籌請還人口五十三名, 就付發遣. 不腆信物, 金字『仁王護國般若波羅密經』一部·金字『阿彌陁經』一部·金字『釋迦譜』一部·靑紙金字單本『華嚴經』一部·『大藏經』一部·大紅羅袈裟草綠羅粧飾一件·紫羅掛子鴉靑羅粧飾一件·藍羅長衫一件·黑細麻布十五匹·紅細苧布十五匹·白細苧布十五匹·滿花席三十五張·松子五百觔·人蔘一百觔·淸蜜二十斗·豹皮五領·虎皮五令·各色斜皮一十領·紫斜皮僧鞋一雙, 照悉."

일본 회례사^{回禮使}119 판선공감사^{判繕工監事}120 박안신^{朴安臣}121과 부사^副

---

118 조선시대 여러 나라의 사신이 입국하였을 때 그 노고를 위문하기 위하여 파견한 관리. 중국 사신에 대해서는 원접사(遠接使)와 더불어 의주·안주·평양·황주·개성부의 5개처에 선위사를 파견하였고, 일본 및 유구국(琉球國) 사신에 대해서는 선위사만을 보내어 영송(迎送)하였다.
119 고려·조선시대에 교린관계에 있는 나라와 내왕한 사신.
120 고려·조선시대 토목과 영선(營繕)에 관한 일을 관장하기 위해 설치했던 관서인 선공감의 으뜸 벼슬로, 정3품직이다.

使¹²² 대호군大護軍 이예李藝¹²³ 등이 배사拜辭¹²⁴하니, 임금이 안신安臣과 예藝 등을 인견引見¹²⁵하고 각기 옷 한 벌과 갓과 신을 내려 주고, 종사관從事官¹²⁶ 공달孔達과 최고음崔古音·박침朴忱에게도 또한 옷 한 벌과 갓과 신을 내렸다. 또 특히 공달에게는 쌀 10석을 내려 주었다. 안신 등이 일본 국왕에게 회답하는 서간을 받들고 떠나갔는데, 그 서간에 말하기를,

"사신과 서간이 와서 체리體履가 다복多福함을 알게 되었고, 겸하여 좋은 선물까지 받았으며, 또 부로俘虜¹²⁷들을 많이 보내 주어 깊이 감사하오. 청하는 바 대장경판은 다만 한 벌뿐으로, 실로 우리 조종祖宗¹²⁸으로부터 전래한 물건이어서 청하는 대로 되지 못하였고, 밀교대장密教大藏 및 주화엄경판注華嚴經板을 신하 판선공감사 박안신과 호익 시위사虎翼侍衛司¹²⁹ 대호군 이예에게 주어 가지고 가게 하여 사례하는 마음을 표하

---

121 고려 말 조선 초의 문신. 사관으로 등용되어 태종 대에 사간원좌정언(司諫院左正言)을 맡았으나 유배를 다녀오고, 뒤에 집의(執義)·판선공감사(判繕工監事)를 역임했다. 1424년(세종6) 회례사(回禮使)로 일본에 다녀왔는데, 이때 도중에서 침입해 온 해적을 위력으로 물리쳐서 무사히 귀환하게 되었다. 귀국 후 우사간에 임명되었고, 이어 공조·예조·병조의 참의, 병조·예조·형조·공조·이조의 참판을 거쳐 대사헌, 황해도·전라도·충청도·평안도의 관찰사 등을 역임하였다.
122 사(使)의 부직(副職)이다. 경직(京職)과 외직(外職) 등 여러 관서에 설치되어 있었다. 품계와 정원, 연혁 등은 일정하지 않고 관서에 따라 다르다.
123 조선 태종·세종 대에 대일 외교에서 활약한 인물이다(1373∼1445). 43년간 외교관으로 활동하면서 40여 차례에 걸쳐 일본을 왕래하였고, 유구국을 다녀오기도 하였다. 1443년 계해약조 체결의 주역이기도 하다. 1부「중요인물」참조.
124 지방관이 부임할 때 혹은 외국에 사신으로 갈 때 전정(殿庭)에 나아가 임금께 숙배하고 하직하는 일.
125 임금이 신하를 불러 들여 만나보는 것.
126 중국에 보내던 하정사(賀正使)나 일본에 보내던 조선통신사를 수행하던 삼사(三使) 가운데 하나이다. 직무는 사행 중 정사(正使)와 부사(副使)를 보좌하면서 매일 매일의 사건을 기록하였다가 귀국 후 국왕에게 견문한 바를 보고하는 것이다. 한편 일행을 감찰하고 도강할 때에 일행의 인마(人馬)·복태를 점검하는 행대어사(行臺御史)를 겸하였다.
127 사로잡힌 사람이라는 뜻으로 현재 포로(捕虜)와 비슷하게 사용되었다.
128 대대(代代)의 군주(君主)에 대한 총칭이다. 여기서는 세종의 선조인 태조, 정종, 태종.
129 조선 태종 9(1409)년에 호익순위사(虎翼巡衛司)를 고친 이름. 호익순위사란 조선 태조 3년(1394) 2월에 의흥친군(義興親軍)의 십위(十衛)의 하나인 천우위(千牛衛)를 고친 이름으로, 문

는 바이오. 온 사신 규주圭籌가 돌려보내기를 청한 인구 53명도 이 인편에 같이 보내며, 변변하지 못한 신물信物로 금자金字로 쓴『인왕호국반야바라밀경仁王護國般若波羅密經』1부와 금자『아미타경阿彌陀經』1부, 금자『석가보釋迦譜』1부, 청지靑紙에 금자로 쓴 단본單本『화엄경華嚴經』1부,『대장경大藏經』1부, 대홍라 가사大紅羅袈裟[130]에 초록라草綠羅로 장식한 것 1벌과 자라괘자紫羅掛子[131]에 아청라鴉靑羅로 장식한 것 한 벌, 남라장삼藍羅長衫 한 벌, 흑세마포黑細麻布 15필, 홍세저포紅細苧布 15필, 백세저포白細苧布 15필, 만화석滿花席 35장, 잣松子 5백 근, 인삼人蔘 1백 근, 청밀淸蜜 20두斗, 표피豹皮 5장, 호피虎皮 5장, 각색 사피各色斜皮[132] 10장, 검붉은 사피紫斜皮로 만든 승혜僧鞋[133] 한 켤레를 보내니 그리 아시오"
하였다.

2月 7日(癸丑) 4번째 기사
일본 구주 전 도원수 원도진·대내전 다다량공에게 예조 참판 이명덕이 서신을 보내다

禮曹參判李明德答書于日本國九州前都元帥源道鎭曰, "承書, 備認體氣康裕, 爲慰. 所獻禮物, 謹已啓納. 今玆貴國殿下專使修好, 我殿下差判繕工監事朴安臣·虎翼侍衛司大護軍李藝等官回禮, 冀撥船護送. 土宜絲紬五匹·苧布五匹·彩花席一十張·豹皮一領·虎皮二領, 惟照領."

　　종 원년(1451)에 오위(五衛)를 두면서 폐하였다.
130 붉은 색 승려의 옷으로, 가사는 승복을 이르는 말이다.
131 쾌자(快子)라고도 하며 소매가 없는 도포의 일종이다.
132 사피(斜皮)란 담비 가죽을 뜻한다.
133 승려가 신는 신발.

禮曹參議成槪答書于筑前州太宰府少卿藤原滿貞曰, "書至, 備審體履康勝, 欣慰. 所獻禮物, 謹已啓納. 兼諭人口, 行移各道推刷, 見得五十三名發還. 今貴國殿下專使修好, 今差判繕工監事朴安臣·虎翼侍衛司大護軍李藝等官回禮, 道經貴轄, 兼撥船護送. 土宜豹皮一領·虎皮二領·絲紬五匹·白苧布五匹·雜彩花席十張, 惟領納."

禮曹佐郎金塡答書于對馬州左衛門大郎曰, "得書, 知動定迪吉, 爲慰. 所獻禮物, 謹已啓納. 諭及人口, 行移各道檢刷, 見得幾名發還. 兼諭鐵狛, 推尋未得. 今也貴國殿下差人修好, 我殿下差判繕工監事朴安臣·虎翼侍衛司大護軍李藝等官回禮, 希撥船護送. 土宜正布三百一十匹·苧布五匹·燒酒三十瓶, 惟領納."

禮曹參判李明德答書于日本國大內殿多多良公曰, "緬惟體履康裕, 欣慰欣慰. 今者貴國殿下專使修好, 我殿下差判繕工監事朴安臣·虎翼侍衛司大護軍李藝等官回禮, 冀撥船護送. 不腆土宜絲紬五匹·苧布五匹·彩花席一十張·豹皮一領·虎皮二領, 惟照領."

禮曹參判李明德答書于九州都元帥將監源義俊曰, "承書, 備知起居迪吉, 欣慰欣慰. 所獻禮物, 謹已啓納. 年前被虜人口, 搜尋發還, 深感深感. 今者貴國殿下專使修好, 我殿下差判繕工監事朴安臣·虎翼侍衛司大護軍李藝回禮, 道經貴轄, 希撥船護送. 不腆土宜絲紬五匹·苧布五匹·彩花席一十張·豹皮一領·虎皮二領."

예조 참판 이명덕이 일본 구주九州 전前 도원수都元帥 원도진源道鎭[134]에게 답서하기를,

---

[134] 전 구주탐제(九州探題) 삽천만뢰(澁川滿賴)이고 원의준(源義俊, 澁川義俊)의 아버지이다. 1부 「중요인물」 '원도진' 참조.

"서간을 받고 체기體氣가 평안함을 알게 되니 위로되는 바이오. 진헌한 예물은 삼가 이미 아뢰어 받아들였습니다. 귀국貴國 전하가 (우리 전하를) 위하여 사신을 보내어 우호를 다지므로, 우리 전하께서도 판선공감사判繕工監事 박안신朴安臣과 호익시위사虎翼侍衛司 대호군大護軍 이예李藝[135] 등의 관원을 회례回禮로 보내니 배를 내어 호송하여 주기 바라오. 토산물로 면주綿紬 5필, 저포苧布 5필, 채화석彩花席 10장, 표피豹皮 1장, 호피虎皮 2장을 보내니 받아들이기 바라오"

하고, 예조 참의 성개成槩가 축전주筑前州 태재부[136] 소경太宰府少卿 등원만정藤原滿貞[137]에게 답서하기를,

"서간이 와서 체리體履가 평안함을 알게 되니 즐겁고 위로되는 바이오. 진헌한 예물은 삼가 이미 아뢰어 받아들였습니다. 말한 바 사람은 각 도에 행이行移하여 찾은 것이 현재 53명이니 돌려보냅니다. 귀국 전하가 (우리 전하를) 위하여 사신을 보내서 우호를 다지므로, 이제 판선공감사

---

135 조선 태종·세종 대에 대일 외교에서 활약한 인물이다(1373~1445). 43년간 외교관으로 활동하면서 40여 차례에 걸쳐 일본을 왕래하였고, 유구국을 다녀오기도 하였다. 1443년 계해약조 체결의 주역이기도 하다. 1부 「중요인물」참조.

136 대재부는 일본 고대에 구주 지역의 행정·군사·외교 등을 관장하기 위하여 설치한 관사이다. 대재부의 차관에 해당하는 소이(少貳)라는 관직을 무등씨(武藤氏)가 세습하였고, 이 때문에 소이씨를 칭하게 되었다. 소이라는 관직을 소경(少卿)이라고 하였다.

137 소이만정(少貳滿貞, 1394~1433)이다. 소이정뢰(少貳貞賴)의 아들로 1404년 아버지의 죽음으로 소이씨 가독을 계승하였다. 소이정뢰는 1396년에 구주탐제(九州探題)가 된 삽천만뢰(澁川滿賴, 源道鎭)과 여러 차례에 걸쳐 싸웠다. 1419년 삽천만뢰가 구주탐제직을 아들인 삽천의준(澁川義俊)에게 물려주었다. 이후 1423년에 박다(博多)에서 삽천의준과 싸워 물리쳤다. 1425년에도 의준의 반격을 물리쳤지만, 북구주의 평정을 위해서 내려온 대내성견(大內盛見)에게 패하여 박다 지역에서 물러나지 않을 수 없었다. 소이만정을 성견은 1428년에 새로이 구주탐제가 된 삽천만직(澁川滿直)을 도와 구주에서 세력을 확대하고자 하였다. 1431년에 만정은, 축전국(筑前國)의 영유권을 두고 성견과 대적한 대우지직(大友持直)을 도와 대내성견을 물리쳤다. 1433년에 소이만정을 추토(追討)하기 위해서 구주에 내려온 대내지세(大內持世)와 싸웠으나 축전의 추월성(秋月城)에서 전사하였고, 아들 소이자사(少貳資嗣)도 비전국(肥前國) 여하장(與賀庄) 전투에서 전사하였다.

박안신과 호익 시위사 대호군 이예 등의 관원으로 회례하는 것인데, 길이 귀하의 관할을 지나니 배를 내어 호송하여 주기 바라오. 토산물로 표피豹皮 1장, 호피虎皮 2장, 면주綿紬 5필, 백저포白苧布 5필, 잡채화석雜彩花席 10장 등을 보내니 받아들이기 바라오"

하고, 예조 좌랑 김진金墳이 대마도 좌위문대랑左衛門大郎[138]에게 답서하기를,

"서간을 받고 동정動定이 평안함을 알게 되니 위로되는 바이오. 진헌한 예물은 삼가 아뢰어 받아들였습니다. 말한 바 사람은 각도에 행이行移하여 찾은 사람 몇 명을 돌려보내는 바이며, 겸하여 말한 바 철유鐵狪[139]는 찾아도 구하지 못하였소. 귀국의 전하가 사람을 보내어 우호를 다지므로, 우리 전하께서 판선공감사 박안신과 호익 시위사 이예 등의 관원을 보내어 회례하니, 배를 내어 호송하여 주기 바라오. 토산물로 정포正布 3백 10필, 저포 5필, 소주燒酒 30병을 보내니 받아들이기 바라오"

하고, 예조 참판 이명덕이 일본국 대내전 다다량공大內殿多多良公[140]에게

---

138 대마도 두지포(頭地浦, 土齋, 쯔찌요리)에 거점을 둔 왜구의 우두머리로 조전좌위문태랑(早田左衛門太郎)이다. 1부 「중요인물」 '좌위문태랑' 참조.

139 꼬리가 긴 검은 원숭이 '유'자로 기록되어 있으나 철유(鐵釉)를 적으려다 오자가 생긴 것으로 보인다. 철유는 철분을 다량 함유한 유약으로 도자기에 두껍게 입히는데, 유약의 두께에 따라 적갈색, 흑갈색, 진녹색 등 다양한 색상이 나타나는 것이다.

140 대내성견(1377~1431)은 대내다다량도웅(大內多多良道雄)으로도 보이며, 아명은 육랑(六郎) 이고, 법명이 도웅(道雄)이다. 대내홍세(大內弘世)의 아들로 1396년 구주탐제(九州探題) 삽천 만뢰(澁川滿賴, 源道眞)에 대하여 소이정뢰(少貳貞賴)와 국지무조(菊池武朝)가 반란을 일으키자 형제들과 함께 출진하였다. 1401년 동생 홍무(弘茂)의 가독 계승 다툼에서 승리하였고, 주방 장문 풍전국의 수호를 겸하였다. 1406년에 출가하여, 계명을 덕웅(德雄)이라고 하였다. 1425년 구주탐제 삽천의준(澁川義俊)이 소이만정(少貳滿貞)·국지겸조(菊池兼朝)에게 패하자 구주로 내려가 반란을 평정하고 새로운 구주탐제 삽천만직(澁川滿直)을 원조하였다. 축전국(筑前國)의 영유를 둘러싸고 소이만정·대우지직(大友持直)과 다투다가 1431년 축전국 이토군(怡土郡)에서 전사하였다. 그가 죽자 조카인 대내지세(大內持世)가 대내씨(大內氏)의 가독(家督)을 계승하였다.

답서하기를,

"멀리 체리體履가 평안함을 알게 되니 기쁘며 위로되는 바이오. 이제 귀국의 전하가 사신을 보내어 우호를 다지므로, 우리 전하께서 판선공 감사 박안신과 호익 시위사 대호군 이예 등의 관원을 회례로 보내니, 배를 내어 호송하여 주기 바라오. 변변하지 못한 토산물로 면주 5필, 저포 5필, 채화석 10장, 표피 1장, 호피 2장을 보내니 받아들이기 바라오"

하고, 예조 참판 이명덕이 구주 도원수九州都元帥 장감將監141 원의준源義 俊142에게 답서하기를,

"서간을 받고 기거起居가 평안함을 알게 되니 즐겁고 위로되는 바이오. 진헌한 예물禮物은 삼가 이미 아뢰어 받아들였습니다. 연전에 포로된 인구를 찾아서 보내 주니 깊이 감사하는 바이오. 이제 귀국의 전하가 사신을 보내어 우호를 다지므로, 우리 전하께서 판선공감사 박안신과 호익 시위사 대호군 이예를 회례사로 보내니, 길道이 귀하 관내를 지나게 될 때에는 배를 내어 호송해 주기 바라오. 변변하지 못한 토산물로 면주 5필, 저포 5필, 채화석 10장, 표피 1장, 호피 2장을 보내는 바이오"

하였다.

---

141 근위부(近衛府)의 4등관 중 판관(判官)에 해당하는 관직이다. 관위로는 종6위상이다. 근위장 감(近衛將監)이 삽천의준의 무가관위이다.
142 도진(道鎭)은 삽천만뢰(澁川滿賴)의 계명(戒名)이고 삽천의준(澁川義俊)의 아버지로 구주탐 제직을 의준에 물려주었다. 1부 「중요인물」 '삽천만뢰/원의준' 참조.

2月 9日(乙卯) 2번째 기사

왜구와 야인이 연해 등을 침입하다

左軍都督府保字六百八十三號勘合內一件, 欽進馬匹事, 準兵部咨
呈, 兵科抄出遼東都司奏, "永樂二十一年十月二十一日, 抄準朝鮮國
王咨, ‘本國近因倭寇·野人來往作耗, 於沿海等處及北門常川防禦.’"
(⋯下略⋯)

좌군 도독부左軍都督府의 보자683호保字六百八十三號로 감합勘合한 내용의
1건인, 마필馬匹을 진납進納한 사건에 대하여 병부兵部에서 병과兵科에 상정
上呈하기 위하여 요동 도사遼東都司의 주문奏文을 초출抄出한 데 의거하면,

"영락 21년 10월 21일 자 조선 국왕의 자문咨文에 의한 것인 바, 그 내용
에, ‘본국이, 근래에 왜구倭寇와 야인野人들이 연해 등지沿海等地와 북문 상
천 방어 지역北門常川防禦地域에 내왕하면서 작란作亂하였다." (⋯하략⋯)

2月 14日(庚申) 7번째 기사

예조에서 유곡 역자 최경을 상해한 것에 왜인 여모다라의 처벌해 대해 아뢰다

禮曹據慶尙道監司關啓, "倭人與毛多羅, 曾於上京回還時, 以刀子
刺傷幽谷驛子崔敬左臂. 今依永樂十二年九月初五日受教, 倭人上京
往返時, 發毒以刃傷人者, 以鬪毆律, 杖八十, 徒二年之法, 已杖八十.
然是彼土之人, 請除徒年, 授同船客人送之." 從之.

예조에서 경상도 감사의 관문關文[143]에 의하여 아뢰기를,

---

[143] 조선시대에, 동등한 관부 상호 간 또는 상급 관부에서 하급 관부로 보내던 공문서. 혹은 관청에
서 발급하던 허가서. 여기서는 예조가 종2품아문이고, 경상도 감사 역시 종2품직이므로, 동등한
관부 상호 간에 보내던 공문서라고 볼 수 있다.

"왜인倭人 여모다라與毛多羅[144]가 일찍이 상경하였다가 돌아오는 길에 유곡幽谷 역자驛子[145] 최경崔敬의 왼팔을 칼로 찔렀으니, 이제 영락 12년 9월 초5일의 수교受教에 의하여, 왜인으로서 상경하였다가 돌아갈 때에 화를 내어 칼로 사람을 상하게 하였으니, 이 죄는 투구율鬪毆律에 의하여 장 80대에, 도徒 2년에 처하는 법에 따라 이미 장 80대에 처하였습니다. 그가 외국 사람이니 도년徒年의 형은 면제하고 동행한 선객船客들과 함께 돌려보내오리까"

하니, 이에 따랐다.

3月 4日(庚辰) 8번째 기사
일본국 원창청이 사람을 보내 토산물을 바치다

日本國源昌淸使人獻土宜, 命饋之, 回賜正布一百三十匹.

일본국 원창청源昌淸[146]이 사람을 보내어 토산물을 바치니, 음식을 대접하라고 명하고, 회사回賜로 정포正布 1백 30필을 내려 주었다.

---

144 일본 인명 우위문태랑(右衛門太郞, 에몬타로)의 음차 표기로 생각된다.
145 역참(驛站)에 소속되어 그에 관련된 각종 역(役)을 부담하는 사람을 일컫는 말로, 이들은 역리 (驛吏)와 일반 역민(驛民)으로 구성되었다. 역참과 관련된 고역을 의무적으로 져야하는 부류였기 때문에 역리와 일반 역민은 각기 군현의 향리와 민(民)에 비해 낮은 계층으로 취급되었다.
146 원창청은 길견원창청(吉見源昌淸)으로도 보이므로, 길견씨(吉見氏)이고, 길견씨는 구주탐제 (九州探題) 삽천씨(澁川氏)의 피관(被官)이다. 1부 「중요인물」 '길견창청' 참조.

3月 20日(丙申) 3번째 기사
병조에서 계묘년 9월에 전라도 고초도에서 공을 세운 자들의 상을 내리는 기준에 관해 아뢰다

兵曹啓, "癸卯九月, 萬戶李貴生 全羅道 孤草島捕倭時, 隨從成功一等鹽干三人, 二等鹽干十五人. 請依己亥年東征軍士賞功例, 一等許爲補充軍, 二等己身除役, 功牌成給." 從之.

병조에서 아뢰기를,

"계묘 9월에 만호萬戶 이귀생李貴生이 전라도 고초도孤草島에서 왜倭를 잡을 때 따라가서 일등 공을 세운 염간鹽干 3인과 이등 염간鹽干 15인에게 기해년에 동정東征하였던 군사들에게 상준 예例에 의하여, 1등에게는 보충군補充軍이 되는 것을 허하고, 2등에게는 자신의 사역을 면제하고 공패功牌도 만들어 주소서"

하니, 이에 따랐다.

3月 20日(丙申) 4번째 기사
호조에서 전라 감사의 관문에 의거하여 진안현에 안치한 왜인들의 구휼을 청하다

戶曹據全羅道監司關啓, "鎭安縣安置倭人萬時羅·表阿時羅·三昧三甫羅等爲因前年晚到, 農事失時, 今又失火, 財穀盡燒, 請賑濟救恤." 命曲加賑救, 勿令饑餓.

호조에서 전라 감사의 관문關文에 의하여 아뢰기를,

"진안현鎭安縣[147]에 안치하였던 왜인倭人 만시라萬時羅[148]·표아시라表阿

---

147 전라북도 진안군의 옛 행정구역이다.

時羅[149]・삼미삼보라三昧三甫羅[150] 등이 지난해에 때 늦게 들어왔기 때문에 농사에 실기되었고, 지금은 또 화재로 인하여 곡식을 다 소실하였으니, 청하건대 진제賑濟하여 구휼하소서"

하니, 명하기를,

"극진히 구제하여 주리지 않도록 하라"

하였다.

3月 23日(己亥) 4번째 기사
일본 사신의 청에 따라 중종과 대종을 주다

慶尙道監司報, "今賜日本國使臣梵齡密陽來中鍾, 重一百二十四斤, 都船主久俊固城來大鍾重三百十三斤." 因其請也.

경상도 감사가 보고하기를,

---

148 세종 5년 2월에 대마도의 변삼보라(邊三甫羅)와 같이 해운포에 들어와서 조선에서 농사를 짓게 해달라고 요청하였으며(세종 5-2-21-3), 5년 3월에 전라도에 안치한 만시라 등 24명에게 농사를 짓기 전에 양식을 주라고 하였고(세종 5-3-25-1), 6년 3월에는 전라도 진안현에 안치된 만시라 등이 농사도 실기하고 화재로 인하여 곡식을 잃었으니 구제하라고 하였고(세종 6-3-20-4), 문종 즉위년 6월에는 종정성의 사인인 만시라가 충청도 청풍군에 갑자기 죽었다고 하였다(문종 즉위-6-30-4). 다만 문종대의 만시라는 전라도 진안현에 정착한 만시라와 동일인물인지 분명하지 않다.

149 병위사랑(兵衛四郎)이라는 일본 인명을 한자의 음가로 옮긴 것이다. 실제로 전라도 진안현에 안치된 표아시라 이외에도 표아시라 및 병위사랑이라는 이름이 다수 확인된다. 특히 상인이나 대마도주 등의 사인으로 파견된 경우도 적지 않다.

150 기해동정 때 붙잡혀 온 왜인으로 조전좌위문대랑(早田左衛門大郎)과 일족일 가능성이 있다. 조전좌위문대랑의 아들인 육랑차랑(六郎次郎) 및 여매시라(汝每時羅)와 함께 명을 노략질하려고 한 사례가 있기 때문이다(세종 21-2-4-2). 이후 삼미삼보라 송환에 대한 논의 과정을 거쳐서(세종 2-5-16-1, 세종 2-11-1-2), 세종 3년에는 삼미삼보라와 등차랑에게 집과 양식 노비를 지급하였다(세종 3-7-20-2). 그런데 세종 5년에는 삼미삼보라와 등차랑이 대마도에서 사람을 보내 토물을 바친 것으로 보아 세종 3년 이후에 대마도로 돌아간 것으로 보인다(세종 5-6-3-2). 세종 8년에 좌위문대랑이 삼미삼보라를 보내어 거제도에 농토를 지을 수 있도록 해 줄 것과 경상 좌우도의 각 항구에서 마음대로 무역할 수 있도록 해 줄 것을 요구하였다(세종 8-1-18-3). 『조선왕조실록』에는 여러 명의 삼미삼보라가 보이는데, 이는 좌위문삼랑(左衛門三郎)이라는 흔한 이름이기 때문일 것이다.

"이번에 일본국 사신 범령梵齡에게 내려 준 밀양密陽에서 들여온 중종中鍾[151]의 무게가 1백 24근이며, 도선주都船主 구준久俊에게 내려 준 고성固城에서 들여온 대종大鍾의 무게는 3백 13근입니다"

하였으니, 이것은 그들의 요청에 따른 것이었다.

3月 25日(辛丑) 2번째 기사
사헌부에서 회례사로서 부정한 일을 한 직제학 박희중의 징계를 청하다

司憲府啓, "直提學朴熙中以回禮使奉使他國, 固當循禮義, 以全使節, 宣布上德. 反與無知通事之輩同謀, 異土唐人張儀盜竊載船, 及其渡海, 不報監司, 隱密率來. 復命後經十九日, 乃報禮曹, 而猶不分析其根脚, 使禮曹稱對馬島胎生, 誤錯啓聞, 又自領受, 任然役使. 按律杖八十, 請依律施行." 不允.

사헌부에서 아뢰기를,

"직제학直提學 박희중朴熙中이 회례사回禮使로서 타국에 사신으로 갔으면, 마땅히 예의를 지켜 사신된 절차를 완전히 하여 군상君上의 성덕을 선포했어야 할 것입니다. 도리어 무식한 통사通事들과 공모하여 이역의 중국인인 장의張儀를 몰래 배에 싣고 왔고, 바다를 건너온 뒤에도 감사監司에게 보고하지 아니하고 비밀리 거느리고 왔습니다. 복명한 뒤에도 19일 동안이나 지내고서야 예조에 보고하면서 오히려 그 신분을 명백히 하지 않고, 예조로 하여금 대마도 태생이라고 잘못 아뢰게 만들었고, 또 자기가 데려다가 마음대로 부리어 일을 시켰으니, 율에 의하면 곤장

---

151 중간 크기의 종을 말한다.

80대에 해당하오니, 청하건대 율에 의하여 시행하소서"

하니, 윤허하지 아니하였다.

3月 26日(壬寅) 1번째 기사
직제학 박희중의 죄를 탄핵하자는 좌사간 박관 등의 상소문

左司諫朴冠等上疏曰, "臣等竊謂, 凡爲奉使者, 以淸儉自養, 禮義自守, 然後身不陷於不義, 而不辱君命矣. 今直提學朴熙中奉使日本, 唯知貪利, 不顧禮義, 盜竊人口, 潛引率來, 以爲己奴, 隱置其家, 不卽啓聞, 至旬有九日, 乃報禮曹, 尙不以實. 且使尹仁始·李藝等亦效所爲, 以逞其欲. 是雖市井之徒, 尙不忍爲, 況以讀書儒臣, 使於他國, 行己無恥, 反爲盜竊, 貽笑辱命, 欺君欺國, 是豈可赦之罪乎? 伏望殿下, 一依憲司之請, 不計微勞, 明正其罪, 以懲後來. 其尹仁始·李藝之罪, 亦依律施行, 公道幸甚."

前此憲司劾請熙中之罪, 上以奉使絶域, 特原之, 故諫院又請罪.

좌사간左司諫 박관朴冠 등이 상소하기를,

"신 등은 그윽이 생각하건대, 무릇 봉사奉使하는 자가 청검淸儉으로써 자신을 기르고 예의禮義로 자신을 지켜야 몸이 불의不義에 빠지지 아니하고 군명君命을 욕되게 하지 아니할 것입니다. 지금 직제학直提學 박희중朴熙中이 일본에 사신으로 가서 오직 이익만 탐하고 예의는 돌보지 아니하여 사람을 도적질해 가지고 비밀히 거느리고 와서 자기의 종으로 만들어 집에 숨겨 두고 즉시 계문하지 않다가, 19일 만에야 겨우 예조에 알리면서도 오히려 사실대로 하지 아니하였습니다. 또 윤인시尹仁始와 이예李藝[152] 등으로 하여금 한 바를 본받게 하여 그 욕심을 드러내게 했습니다. 이는 비록 시정市井의 무리들도 오히려 차마 하지 못할 일이거늘, 하물며 글 읽은 유신儒臣으로서 타국에 사신으로 가서 행동이 너무나 염치없었고, 더욱이 도적질까지 하여 자신이 웃음거리가 되고 임금의 명령을 욕되게 하여, 임금을 속이고 나라를 속였으니 어찌 용서할 죄이겠습니까. 엎드려 바라오니, 전하께서는 오로지 헌사憲司의 청함에 의하여 미미한 공로를 따질 것 없이 명백히 그 죄를 처단하여 뒷사람에게 징계가 되게 하시고, 윤인시와 이예의 죄도 역시 율에 의하여 시행하면 공도公道에 다행할 일입니다"

하였다. 앞서 헌사에서 희중의 죄를 탄핵할 것을 청하였더니, 임금이 절역絶域에 봉사하였다 하여 특히 용서하였으므로, 간원諫院에서 또 죄 주기를 청한 것이었다.

3월 27日(癸卯) 3번째 기사
직제학 박희중의 관직을 파면하다
罷直提學朴熙中職.
직제학直提學 박희중朴熙中을 파직하였다.

---

152 조선 태종·세종 대에 대일 외교에서 활약한 인물이다(1373~1445). 43년간 외교관으로 활동하면서 40여 차례에 걸쳐 일본을 왕래하였고, 유구국을 다녀오기도 하였다. 1443년 계해약조 체결의 주역이기도 하다. 1부 「중요인물」 '이예' 참조.

4月 17日(壬戌) 3번째 기사

소나무 양성 기술과 병선 수호의 방법을 상세히 갖추어 아뢰도록 명하다

傳旨于兵曹, "兵船國家禦寇之器, 其用最重, 其材須用松木. 自庚寅以後, 連年造船, 近水之地, 松木殆盡. 又因田獵之徒縱火燒焚, 不得成長, 將來可慮. 各浦兵船主守之人, 不謹守護, 不數年間, 以致朽破, 隨復改造, 非獨材木難繼, 水軍益致困苦, 予甚慮焉. 其松木養成之術, 兵船守護之法, 詳具以聞."

병조에 전지하기를,

"병선兵船은 국가에서 노략질을 막는 장비로 그 쓰임이 가장 중한 것이고 선재船材는 꼭 송목松木을 사용한 경인년 이후부터 해마다 배를 건조해서 물과 가까운 지방은 송목이 거의 다했다. 또 사냥하는 무리가 불을 놓아 태우므로 자라나지 못하니 장래가 염려스럽다. 각 포浦의 병선을 유지하는 책임을 맡은 사람은 유지·관리에 조심하지 않아서, 몇 해가 되지도 않았는데, 썩고 깨어지므로 또 다시 개조하게 되니, 비단 재목을 잇대기가 어려울 뿐만 아니라, 수군도 더욱 곤란하게 되니 나는 매우 염려한다. 송목을 양성하는 기술과 병선을 수호하는 방법을 상세하게 갖추어서 알리라"

하였다.

4月 28日(癸酉) 3번째 기사

송목의 양성과 병선의 수호 조건에 관한 병조의 계

兵曹啓松木養盛, 兵船守護條件, "一, 兵船每朔兩度依法烟熏, 掃淨守護. 如不用心, 萬戶·千戶以王旨不從論罪. 一, 各浦萬戶·千戶兵船

熏掃勤慢, 監司, 處置使出其不意, 差人考察, 每季月望前啓聞. 如無處
置使之道, 則都節制使考察. 一, 松木無人海島則萬戶・千戶・鎭撫專
管斫取, 陸地則量數報監司, 令所在官大中小船, 分揀計條題給. 如前
過多斫取, 則其萬戶・千戶・鎭撫及各其官守令, 依律論罪. 一, 造船松
木作板, 勿令費用. 如前費用, 則匠人及萬戶・千戶・鎭撫依律論罪.
一, 牛馬放牧處外, 有松木處, 分授禁火. 如有縱火者, 以王旨不從論罪.
其不考察守令, 監司, 依律論罪. 一, 沿海各官所種松木之數, 培養之狀,
每年歲末啓聞. 一, 兵船烟熏掃淨及松木載植之數, 禁火之狀, 每年春
秋兵船, 軍器點考時, 并擲奸考察. 其不用心萬戶, 千戶, 守令, 監司, 處
置使, 節制使, 竝依律論罪." 從之.

병조에서 송목松木을 양성하는 것과 병선兵船을 유지・관리하는 조건
을 아뢰었는데,

"1. 병선은 한 달에 두 차례씩 연기烟氣를 쐬고 깨끗하게 소제하여 관
리하여야 한다. 여기에 힘쓰지 않는 만호萬戶・천호千戶는 왕지에 복종
하지 않은 것으로 논죄한다.

2. 각 포浦의 만호・천호가 병선에 연기를 쐬고 소제하기를 부지런히
하였는가 게을리 했는가를 감사와 처치사處置使가 사람을 불시에 보내
어 고찰하게 하고, 사계四季의 마지막 달 보름 전에 계문啓聞하게 한다.
처치사가 없는 도에는 도절제사가 고찰한다.

3. 송목은 사람이 없는 섬이면 만호・천호・진무鎭撫[153]가 선재船材 베

---

[153] 조선 초기에는 중앙군의 군령을 맡은 삼군진무소(三軍鎭撫所)나 오위진무소(五衛鎭撫所)의
도진무(都鎭撫)가 있었듯이, 왕명을 받들어 외방에서 군사를 지휘하는 장수인 병마도절제사,
수군도안무처치사(水軍都安撫處置使)의 밑에도 도진무를 두었다.
1466년(세조 12)의 관제 개혁에서 병마도절제사도진무는 병마우후, 수군도안무처치사도진

어오는 것을 전적으로 관장하고, 육지에서는 (필요한 선재) 수량을 보고하면 감사가 병선이 있는 고을 관원에게 대·중·소선小船을 분간하고 (재목이 소용되는) 조건을 헤아려 제급題給한다. 전과 같이 너무 많이 베었으면 그 만호·천호와 진무 및 그 고을 수령을 율대로 논죄한다.

4. 조선造船할 송목으로서, 판자板子로 만든 것은 (딴 곳에) 허비하지 말게 한다. 전과 같이 (딴 곳에) 허비하였으면 장인匠人 및 만호·천호·진무를 율대로 논죄한다.

5. 소·말을 방목放牧하는 곳 외에 송목이 있는 곳은, 금화禁火하는 구역을 분할하여 준다. 만일 (이 금화 구역에) 불을 놓는 자가 있으면 왕지를 복종하지 않는 것으로 논죄하고, 고찰하지 않은 수령·감사도 율에 의하여 논죄한다.

6. 연해沿海 각 고을에서는 송목을 심은 수효와 가꾸는 상태를 매년 세말歲末에 아뢴다.

7. 병선에 연기를 쐬고 깨끗이 소제하는 것과 송목을 심은 수효, 금화禁火한 상태 등은 매년 춘추春秋로 병선·군기를 점고點考할 때에 아울러 조사하고 고찰한다. 애쓰지 않은 만호·천호·수령·감사·처치사·절제사는 아울러 율대로 논죄한다"

하니, 이에 따랐다.

무는 수군우후로 각각 개칭되었다. 이로부터 도원수·원수 등으로 출정하는 장수 밑에서 군령을 담당하는 직책의 호칭 역시 도진무에서 우후로 바뀌게 되었다.

5月 11日(乙酉) 3번째 기사

대마주 좌위문대랑이 토산물을 바치고 포로된 사람을 돌려주기를 청하다

對馬州左衛門大郎遣人獻土物, 仍致書禮曹, 請還被擄人口, 回賜正布五百四十匹.

대마주對馬州 좌위문대랑左衛門大郎[154]이 사람을 보내어 토산물을 바치고, 이어 예조에 편지를 보내어 포로된 사람을 돌려주기를 청하므로, 정포 5백 40필을 회사回賜하였다.

5月 12日(丙戌) 4번째 기사

영의정 유정현 등을 불러 중국인 장청 등의 본국 송환을 논의하다

上召領議政柳廷顯・左議政李原等曰, "往者唐人張淸, 予以廷議, 使居全州, 於予心深以爲未安, 卿等深思熟慮言之. 頃有言授職, 俾任事大文書者. 然此人別無才能, 借曰有才, 何賴此人以修詞命乎? 我國自來, 被倭 漢人來到, 則皆還中國, 其中豈無備知我國與日本相通者, 置而勿論. 獨張淸等不還本土, 何異於五十步笑百步哉? 但以遲緩不奏爲慮." 僉曰, "上敎善矣. 雖曰遲留, 猶愈於不送矣. 且於發還時, 近以朝廷易換馬事煩, 未卽發還爲言可矣." 上曰, "然." 又曰, "朴熙中買來唐人, 處之如何?" 僉曰, "朴熙中以我國被擄人推刷事, 奉使日本時, 買易而來, 奏聞爲可." 是日, 特召還張淸等男女十二人.

임금이 영의정 유정현柳廷顯・좌의정 이원李原 등을 불러서 말하기를, "지난번에 중국 사람 장청張淸을 조정 논의에 따라 전주全州에 살게 하

---

154 대마도 두지포(頭地浦, 土寄, 쯔찌요리)에 거점을 둔 왜구의 우두머리로 조전좌위문태랑(早田左衛門太郎)이다. 1부 「중요인물」 '좌위문태랑' 참조.

였으나, 내 마음으로 몹시 미안未安하게 생각하니 경들은 깊이 생각하여서 말을 하오. 전번에 (장청에게) 관직을 주어서 사대 문서事大文書를 맡게 하라는 자가 있었소. 그러나 이 사람이 특별한 재능이 없고, 가령 재능이 있다고 하더라도 어찌 이 사람의 힘을 입어서 사명詞命을 작성하겠소. 우리나라는 그 전부터 왜倭에 포로되었던 중국 사람이 오면 모두 중국에 돌려보냈는데, 그중에 우리나라와 일본이 서로 통하는 것을 자세하게 아는 자가 어찌 없었겠소마는, (중국에서) 그냥 두고 논란하지 않았소. 유독 장청 등을 본국에 돌려보내지 않는 것은 오십보로서 백보를 비웃는 것과 무엇이 다르겠소. 다만 (이 일을 시일이) 늦도록 주문奏聞하지 않았음이 염려되오"

하니, 모두 말하기를,

"상교上敎가 옳습니다. 비록 늦어졌다 하더라도 보내지 않는 것보다는 오히려 낫습니다. 또 돌려보낼 때에, 근래 조정에 말馬을 무역하는 일로써 바빠 바로 돌려보내지 못하였다고 말하는 것이 좋겠습니다"

하니, 임금이 말하기를

"옳다"

하고, 또 말하기를,

"박희중朴熙中이 왜에서 사가지고 온買來 중국 사람은 어떻게 처리하겠소"

하니, 모두 말하기를,

"박희중이 포로된 우리나라 사람을 찾아오는 일로써 일본에 사신으로 갔을 때에 사가지고 왔다고 (명나라에) 주문奏聞하는 것이 좋겠습니다"

하였다. 이날 특별히 장청 등 남녀 12인을 소환召還하였다.

5月 12日(丙戌) 6번째 기사
왜구에 저항하여 목숨을 잃은 김언경의 처 김씨에게 정문하고 복호하도록
명하다

故知郡事金彦卿妻金氏於洪武丁卯, 倭寇闌入其第, 欲逼之, 縛而曳
之, 金氏不忍其辱, 執籬柱而固拒, 罵賊不絶, 寇乃刺而殺之, 命旌門復戶.

고故 지군사知郡事[155] 김언경金彦卿의 처 김 씨는 홍무洪武 정묘년[156]에
왜구가 그의 집에 들어와 겁탈하려고 묶어서 끌어내니, 김 씨는 욕스러
움을 참지 못하여, 울타리 기둥을 잡고 굳게 항거하면서 도둑을 꾸짖기
를 그치지 아니하니, 도둑이 찔러 죽였으므로 정문旌門하고 복호復戶[157]
하도록 명하였다.

5月 14日(戊子) 5번째 기사
왜인들끼리 사사로이 통하는 것을 엄히 금하다

禮曹啓, "人臣義無私交. 今諸島住倭人及曾投化來居倭人私通消息,
未便. 請禮曹呈書外, 自中私通消息痛禁." 從之.

예조에서 아뢰기를,

"신하의 의리義理에는 (외국 사람과) 사사로이 사귐이 없어야 하는데,
지금 여러 섬島에 거주居住하는 왜인倭人과 일찍이 투화投化하여 와서 사
는 왜인이 사사로이 소식을 통하는 것은 온당하지 못합니다. (왜인이) 예
조 글을 바치는 외에 저희들끼리 사사로이 소식을 통하는 것을 엄히 금

---

155 고려시대 지방 행정 구역인 군(郡)의 행정을 맡아보던 관직으로 후에 군수(郡守)를 일컫게 된
  5품관이다.
156 고려시대 우왕이 통치하던 1387년이다.
157 조선시대 국가가 호(戶)에 부과하는 요역(徭役) 부담을 감면하거나 면제해 주던 제도. 복호를
  하는 경우는 몇 가지 있으나, 이 경우는 열녀에게 면제해 주는 것이다.

하기를 청합니다"

하니, 이에 따랐다.

5月 20日(甲午) 4번째 기사

일본국 비주 전평에 우거하는 해주 태수 원성의 후실 융선이 토산물을 바치다

日本國肥州田平寓鎭海[158]州太守源省後室融仙使人獻土宜, 仍致
書于禮曹曰, "惟我夫子, 雖産于異域, 致隣敬之儀, 世世不怠, 不幸去年
身故矣. 貴朝民十二名漂流來, 妾豈忘先夫通好之禮乎? 速整船隻, 令
熟使源珍護送之矣. 禮物丹木一百斤, 胡椒五斤."

禮曹佐郎金塤答書曰, "承書仍審太守公捐館, 良深興悼. 兼蒙發還
本國漂流之人, 敢不爲謝? 回付土宜緜布一百二十匹·正布二十匹."

일본국 비주肥州 전평田平 우진寓鎭 준주태수駿州太守 원성源省[159]의 후
실後室[160] 융선融仙[161]이 사람을 보내어 토산물을 바치고, 이어 예조에
글을 올려 말하기를,

"우리 부자夫子[162]는 비록 이역異域에서 났으나, 이웃나라를 공경하는

---

158 해(海)는 준(駿)의 오자이다. 다른 곳에서는 원성(源省)이 모두 준주태수(駿州太守)로 보인
다. 준주(駿州)는 준하국(駿河國)의 이칭(異稱)으로 현재의 정강현(靜岡縣) 동부와 중부 지역
을 말한다.

159 북구주 서단의 전평(田平)을 근거로 한 세력의 우두머리로 준주태수(駿州太守, 駿河國의 國
守)를 자칭하였다.

160 후실은 후처라는 뜻이 아니라, 남편이 먼저 죽고 뒤에 남게 된 부인이라는 뜻으로 사용한 것
으로 생각된다.

161 전평(田平) 준주태수(駿州太守) 원성(源省)의 처 혹은 후실(後室)로 등장하는데, 주로 토산물
을 바치거나 서신을 주고받는 등 활발하게 교역한 인물이다. 세종 6년(1424) 5월 20일 4번째
기사·세종 7년(1425) 10월 8일 3번째 기사·세종 7년(1425) 10월 16일 5번째 기사·세종 10년
(1428) 1월 12일 5번째 기사·세종 10년(1428) 1월 25일 7번째 기사·세종 11년(1429) 6월 18일
4번째 기사·세종 11년(1429) 9월 8일 4번째 기사·세종 15년(1433) 11월 5일 1번째 기사 '융선'
참고.

예의禮儀를 다해서 대代마다 태만하지 않았는데, 불행하게 지난해에 작고作故하였습니다. 귀국 백성 12명이 (풍파에) 표류해서 왔는데, 첩妾이 어찌 선부先夫가 통호通好하던 예禮를 잊어버리겠습니까. 속히 선척船隻을 정돈하고, 익숙한 사자 원진源珍163으로 하여금 호송護送하게 하였습니다. 예물禮物로 단목丹木164 1백 근과 호초胡椒 5근을 올립니다"

하였다.

예조 좌랑 김전金墳이 답서하기를,

"편지를 받아 살피고 태수공太守公165이 작고捐館하였음을 깊이 애도哀悼하는 바이오. 겸해서 표류하였던 본국 사람을 돌려보낸 데 어찌 감사하지 않겠소. 돌아가는 편에 토산물로 면포緜布 1백 20필과 정포正布 20필을 부치는 바이오"

하였다.

5月 20日(甲午) 5번째 기사

일본국 일기 본거포에 우거하는 등실이 토산물을 바치다

日本國一歧本居浦寓住藤實使人獻土宜.

일본국 일기一岐 본거포本居浦166에 우거寓居하는 등실藤實167이 사람을

---

162 융선의 남편 준주태수(駿州太守) 원성(源省)을 뜻한다. 남편이 죽자 그 미망인이 대신 교역을 하겠다고 사람을 보내온 것이다.

163 세종 1년(1419) 10월 1일 3번째 기사를 보아 왜인인 것으로 보이며 일본 측에서 보내는 사신이었던 것으로 추정된다.

164 소방목(蘇枋木)·적목(赤木)·홍자(紅紫)라고도 한다. 목재의 부위에 따라 한약재와 염료로 사용한다. 열대 지역의 나무이며 조선에서는 나지 않아서 세종 대에는 9년간 7만 근을 수입하기도 하였다.

165 융선의 남편 준주태수(駿州太守) 원성(源省)을 뜻한다.

보내어 토산물을 바쳤다.

6月 16日(己未) 5번째 기사
일본국 구주 원의준이 토산물을 바치다

九州原義俊使人獻土宜. 扇子一百把·蘇木二千斤·金襴一段·銅
五百斤·犀角二本·朱折敷二十片·絹一十匹·砂金一裹·丹砂四
斤·檳榔子一十斤, 回賜正布五百三十匹.

구주 원의준原義俊[168]이 사람을 시켜 토산물을 바쳤다. 선자扇子[169] 1백
자루, 소목蘇木[170] 2천 근, 금란金襴 1단, 동銅 5백 근, 서각犀角[171] 2본, 주절
부朱折敷[172] 20편片, 견絹 10필, 사금砂金[173] 1봉지, 단사丹砂 4근, 빈랑자檳榔
子[174] 10근이었다. 돌아가는 편에 정포正布 5백 30필을 하사하였다.

---

166 일기도의 남서부에 있는 포구의 이름으로, '모토이'라고 읽는다. 『해동제국기』에서는 모도이
    포(毛都伊浦)라고 표기하였고, 100호가 있다고 하였다.
167 등실이라고 하는 인물은 본 기사 외에 순종실록에서 기록을 찾을 수 있는데, 시대를 고려해
    보았을 때, 동일 인물은 아닌 것으로 추정된다. 일기 본거포(一岐本居浦)의 만호 혹은 태수였
    을 것으로 생각된다.
168 도진(道鎭)은 삽천만뢰(澁川滿賴)의 계명(戒名)이고 삽천의준(澁川義俊)의 아버지로 구주탐
    제직을 의준에 물려주었다. 1부 「중요인물」, '삽천만뢰' 참조.
169 일본 부채 중에서 펼부채를 뜻한다.
170 소방목(蘇枋木)·적목(赤木)·홍자(紅紫)라고도 한다. 목재의 부위에 따라 한약재와 염료로
    사용한다. 열대 지역의 나무이며 조선에서는 나지 않아서 세종 대에는 9년간 7만 근을 수입하
    기도 하였다.
171 한의학에서 약재로 사용하는 코뿔소의 뿔이다.
172 주홍빛을 띠는 네모난 쟁반이다.
173 자연 금의 한 형태로 금광상이 풍화 침식되었을 때 자연 금이 모암에서 분리되어 미세한 작은
    입자로 되어 있는 것이다.
174 딴 이름은 빈랑인(檳榔仁)·대복빈랑(大腹檳榔)·빈랑자(檳榔子)이다. 종려과 식물인 빈랑
    나무의 여문 씨를 말린 것이다. 맛은 맵고 성질은 따뜻하다. 위경(胃經)·대장경(大腸經)에 작
    용한다. 기생충을 구제하고 기(氣)를 내리며 대소변이 잘 통하게 한다.(한의학대사전 편찬위
    원회, 『한의학대사전』, 정담, 2001)

6月 16日(己未) 6번째 기사

(일본국) 석성 관사 평만경이 토산물을 바치고 양적이라는 자를 찾아주도록 청하다

石城管事平滿景使人獻土物, 奉禮曹書曰, "有亮積者, 浮圖氏也. 筑州本貫, 而暫寓對馬, 一火所延, 玉石無辨. 近來對馬人, 已得還定, 然亮積未得旋 有母年已期頤, 哀痛愈深, 扶病訴之, 可憐. 乞得生還, 使母子之道全之, 惟上達." 土宜鎧一領·長刀二柄·生絹五匹·胡椒三十斤·樟腦四斤·土黃十筒·丹木五百斤·銅二百斤.

禮曹佐郎金塡答書, "所諭亮積, 行移挨尋. 土宜正布八十匹, 付回价."

석성 관사石城管事[175] 평만경平滿景[176]이 사람을 시켜 토산물을 바치고 예조에 글을 보내기를,

"양적亮積이라는 자가 있는데 부도浮圖[177]입니다. 축주筑州가 본관本貫이면서 잠깐 대마對馬에 우거寓居하였는데, 병란이 한 번 일어나매[178] 옥석玉石을 분별치 못하였습니다. 근래에 대마 사람은 이미 돌아와 정주還定하게 되었으나, 양적은 돌아오지 못하고 있습니다. 어미가 있어 이미 기이期頤[179]인데 애통함이 더욱 깊습니다. 병든 몸으로 호소하는 것이 가련합니다. (양적을) 생환生還하도록 하여 모자母子의 도리를 온전하게

---

175 관서도(關西道) 축전주(筑前州)에 있는 석성(石城) 지역을 다스리는 관리라는 뜻이다. 석성은 박다(博多)의 별칭으로 여몽연합군의 공격에 대비하기 위하여 해안을 따라서 석축을 쌓았기 때문에 붙은 이름이다. 축전주는 현재의 복강현(福岡縣)의 북서부를 말한다.

176 세종 2년(1420) 5월 19일 4번째 기사에 서해로 민부소보(西海路民部少輔) 평만경(平滿景)으로 보인다. 민부소보란 대보령(大寶令)에 의해서 설치된 태정관(太政官)에 속한 기관으로 민부성의 차관 중 하위직을 말하는데, 이는 실직이 아니고 무가관위이다.

177 선승(禪僧)의 사리탑을 의미하지만, 여기서는 승려라는 뜻으로 쓰였다.

178 기해동정을 말한다.

179 백 살의 나이를 말한다. 사람의 수명은 100년으로써 기(期)로 하므로 '기'라 한 것이며, 이(頤)는 양(養)을 뜻한다. 곧 몹시 늙어서 음식(飮食)·기거(起居)가 모두 다른 사람에게 걸린다는 뜻이다.

하소서. 오직 이것을 아룁니다"

하였으며, 토산물로는 투구 1벌, 긴 칼 2자루, 생견生絹 5필, 호초胡椒 30
근, 장뇌樟腦 4근, 토황土黃[180] 10통筒, 단목丹木[181] 5백 근, 동銅 2백 근이었
다. 예조 좌랑 김전金墳의 답서答書에,

"말씀한 양적은 행이行移[182]하여 찾겠습니다. 토산물로 정포正布 80필
을 돌아가는 사인伱편에 부칩니다"

하였다.

6月 20日(癸亥) 3번째 기사
일본국 작주 전 자사 조하평상가가 토산물을 바치니 정포 8백 40필을 하사
하다

日本作州前刺史早河平常嘉使人獻土宜, 回賜正布八百四十匹.

일본 작주作州[183] 전 자사刺史 조하평상가早河平常嘉[184]가 사람을 시켜
토산물을 바치므로, 돌아가는 편에 정포正布 8백 40필을 하사하였다.

---

180 비석(砒石), 목별자인(木鼈子仁), 파두인(巴豆仁), 요사(硇砂)의 분말을 목별자유(木鼈子油)
와 석뇌유(石腦油)로 뭉쳐서 기름을 발라 흙 속에 묻어두었다가 49일 만에 꺼내어 만드는 한
약이다. 피부의 혹을 말리고 치질을 치료한다.(이시진, 『본초강목』 「금석 4」 「토황」)

181 소방목(蘇枋木)·적목(赤木)·홍자(紅紫)라고도 한다. 목재의 부위에 따라 한약재와 염료로
사용한다. 열대 지역의 나무이며 조선에서는 나지 않아서 세종 대에는 9년간 7만 근을 수입하
기도 하였다.

182 행문이첩(行文移牒), 즉 관청에서 문서를 발송하여 조회(照會)한다는 것을 의미한다.

183 작주(作州)는 미작국(美作國)으로, 현재의 오카야마(岡山)현 북동부를 말한다.

184 조하(早河)는 소조하(小早河) 혹은 소조천(小早川)의 잘못이다. 평상가는 미작태수(美作太
守)라는 호칭도 사용하고 있다.

6月 20日(癸亥) 4번째 기사

일본국 대마주 종정성이 토산물을 바치고 피류된 일본인들의 송환을 청하다

對馬州宗貞盛使人獻土宜, 奉禮曹書曰, "我國人蒙恩, 數員雖獲還, 或子來父留, 弟來兄留, 各困索居, 懷慕不已. 又專望我國先監司平將軍婦子兄弟未得被還, 伏願宥恕, 俾令挈渾家來."

禮曹參議成槪答書曰, "諭及平將軍道全, 曾從仕我朝, 厚蒙國恩, 不致恪謹, 用干邦憲, 謫在于外, 非他被留人比也. 玆用難以啓達. 幷諭被留人口, 行移各道挨究, 姑將見得十一名及土宜正布二百四十匹, 就付回价."

대마주 종정성宗貞盛[185]이 사람을 시켜 토산물을 바치고 예조에 글을 바쳐 말하기를,

"저희 나라 사람으로서 몇 사람은 은혜를 입어 돌아왔습니다만, 혹시 자식은 왔지만 아비는 잡혀 있고, 동생은 왔지만 형은 못 돌아와 서로 외롭게 살면서 사모해 마지않습니다. 또 오로지 바라오니, 저희 나라 전 감사 평 장군平將軍[186]의 부인·자식·형·아우도 돌려보내지 않으시니, 너그럽게 용서하시어 온 가족을 이끌고 오게 하시기를 엎드려 원합니다"

하니, 예조 참의 성개成槪가 답서하기를,

"언급言及한 평장군 도전道全[187]은 일찍이 우리 조정에 벼슬하여 국은

---

185 종정성(1385?~1452)은 종정무(宗貞茂)의 아들로, 종정무 사후 도주직을 이어받았으며, 종씨(宗氏)의 9대 당주(當主)가 되었다. 세종 즉위년(1418) 8월부터 단종 즉위년(1452) 7월까지 총 300여 회에 걸쳐 통교하였다.
　　주로 대마주 태수 혹은 대마도주를 자칭하였으며, 세종 10년(1428) 이전까지는 대마도수호(對馬島守護) 도도웅환(都都熊丸)·대마도 종정성·대마도수호 종언륙(宗彦六), 종언륙정성(宗彦六貞盛)·종우마언륙정성(宗右馬彦六貞盛) 등의 호칭을 사용하였다.
186 평도전(平道全)을 말한다. 1부「중요인물」'평도전' 참조.

國恩을 후하게 입었는데, 정성과 근면을 다하지 않다가 국법에 저촉抵觸되어 외방外方에 귀양갔으니, 다른 사로잡힌 사람과 견줄 수가 없으므로 계달啓達[188]하기 어렵도다. 아울러 말한 사로잡힌 사람들은 각도各道에 이첩하여 조사하는 중이나, 우선 발견한 11명과 토산 정포 2백 40필을 돌아가는 사인 편에 부치노라"

하였다.

6月 22日(乙丑) 3번째 기사
경상도 처치사가 전 구량량 만호 한우의 서용을 청하다

慶尙道處置使啓, "前仇良梁萬戶韓祐, 諸浦潊, 島嶼無不詳知, 船上慣熟, 請於各浦萬戶窠闕敍用." 從之.

경상도 처치사慶尙道處置使가 아뢰기를,

"전 구량량仇良梁[189] 만호萬戶 한우韓祐는 여러 갯벌과 섬들을 모르는 곳이 없고 뱃일에 익숙하니, 각 포浦에 만호 자리가 빈 곳이 있으면 서용敍用하소서"

하니, 이에 따랐다.

---

187 대마도에서 조선에 귀화한 왜인이다. 1부 「중요인물」, '평도전' 참조.
188 임금에게 의견을 아뢰는 것으로 계품(啓稟)이라고도 한다.
189 구라량(仇羅梁)이라고도 하며, 조선 전기의 수군진으로 경상도 진주(晉州)의 임내(任內)인 각산향(角山鄕)에 있었다. 각산향은 현재의 경상남도 사천시 각산 주변에 있었던 곳으로 생각된다. 구라량의 수군진은 이후 경상도 진주 구량량 만호진을 사량도(현 사량면 금평리)로 옮겨 사량만호진이라 칭했다(세종 1-7-15-6).

6月 22日(乙丑) 2번째 기사

각도의 단 관찰사·병마 절제사의 겸직자는 '첨'자를 없애도록 청하다

吏曹啓, "在前外方摠兵馬者, 兩府以上則稱兵馬都節制使, 三品則
稱兵馬僉節制使. 今江原道觀察使爲三品則例當稱兵馬僉節制使, 然
都摠一道兵馬而稱僉未便. 今後各道單觀察使, 或兼兵馬節制使, 則
特除僉字." 從之.

이조에서 아뢰기를,

"전에는 외방^{外方}에 병마를 총괄하는 자를, 양부^{兩府} 이상은 '병마도
절제사^{兵馬都節制使}'라 부르고, 3품이면 '병마 첨절제사'라고 불렀습니다.
지금 강원도 관찰사는 3품이니 예^例에 따라 '병마 첨절제사'라고 호칭하
는 것이 당연합니다마는 한 도의 병마를 모두 총괄하는데, '첨^僉'이라고
부르는 것은 알맞지 못합니다. 이제부터는 각도의 단 관찰사^{單觀察使}나
혹 병마 절제사를 겸직한 자는 특히 '첨^僉' 자를 없애게 하소서"

하니, 그대로 따랐다.

7月 2日(乙亥) 4번째 기사

대마주의 종언륙의 모친에게 정포를 하사하다

對馬州宗彦六之母使人謝賜米豆, 仍獻土宜, 回賜正布八十匹. 對
馬州左衛門大郎使人獻柑橘栽五十.

대마주의 종언륙^{宗彦六}**190**의 모친이 사람을 보내어 쌀과 콩을 하사한
것에 대하여 사례하고 인하여 토산물을 바치니, 정포^{正布} 80필을 회례
로 하사하였다. 대마주의 좌위문대랑^{左衛門大郎}**191**이 사람을 보내어 감

---

190 일본 대마주의 태수 종정성(宗貞盛)이다.

귤재柑橘栽 50본을 헌상하였다.

7月 14日(丁亥) 4번째 기사
대마주 수호 종정성 등이 우리나라에 사는 왜인의 송환을 청하다

禮曹啓, "對馬州守護宗貞盛等請還人口, 請以兵曹倭案載錄倭人三十一名內, 遲道住九名, 隨後入送京中・京畿・忠淸・慶尙等道住二十二名, 遣知印推刷, 送于乃而浦交割, 其中願留者留之." 從之.

예조에서 아뢰기를,

"대마주 수호對馬州守護 종정성宗貞盛[192] 등이 사람들을 돌려보내 달라고 청하니, 병조의 왜안倭案[193]에 기록된 왜인 31명 중에서 먼 도에 거주하는 9명과 추후에 보내온 경중京中과 경기・충청・경상도 등에 거주하는 22명을 지인知印을 보내어 찾아서 내이포乃而浦로 보내어 넘겨주게 하되, 그중에 머물러 살기를 원하는 자는 그대로 머물러 살게 하소서"
하니 이에 따랐다.

<hr>

191 대마도 두지포(頭地浦, 土寄, 쯔찌요리)에 거점을 둔 왜구의 우두머리로 조전좌위문태랑(早田左衛門太郞)이다. 1부 「중요인물」 '좌위문태랑' 참조.

192 대마도주 종정무(宗貞茂)의 아들 도도웅환(都都熊丸, 1385~1452)이다. 1418년 아버지가 죽자 대마도 수호직을 이어받았다. 1419년에 기해동정을 겪었다. 1441년 대마도인들이 조선의 고초도 해상에서 고기를 잡을 수 있는 고초도 금약을 맺었고, 1443년에 계해약조를 맺었다. 주군가(主君家)인 소이씨(少貳氏)의 세력이 약화되자 조선과의 교역권을 장악함으로써 대마도를 효율적으로 지배하고자 하였으며, 마찬가지로 조선과의 교역에 관심을 가진 대내씨(大內氏)와 대립하였다. 1부 「중요인물」 '종정성' 참조.

193 병조에서 관리하던 왜인의 호구조사를 기록하던 장부로 보인다.

7月 26日(己亥) 3번째 기사

병선을 오래 쓸 방도를 병조에서 아뢰니 이를 허락하다

兵曹啓, "兵船外面施薄板, 隨其蠧食改之, 則可用二十餘年. 姑將劍
船一艘, 外施薄板, 試其快鈍." 從之.

병조에서 아뢰기를,

"병선兵船의 외면에 얇은 널쪽을 대었다가 배좀蠧이 갉아 먹으면 고쳐
대고 하면, 20여 년은 쓸 수 있다고 하오니, 우선 검선劍船 한 척을 가져다가
외면에 얇은 널을 대어서 그 빠르고 둔함을 시험하게 하소서"
하니, 이에 따랐다.

8月 21日(癸亥) 9번째 기사

구주의 작주 자사 평상가가 소목 유황·정향·곽향 등을 바치다

九州作州刺史平常嘉使人獻蘇木一千觔·硫黃一千觔·丁香五十
觔·藿香三十觔·白檀十五斤·犀角三本·金襴一段·象牙一本·銅
二百觔·鉛二十觔, 回賜正布三百四十匹.

구주九州의 작주 자사作州刺史 평상가平常嘉가 사람을 보내어 소목蘇木[194]
1천 근, 유황[195] 1천 근, 정향丁香[196] 50근, 곽향藿香[197] 30근, 백단白檀[198] 15

---

194 소방목(蘇枋木)·적목(赤木)·홍자(紅紫)라고도 한다. 목재의 부위에 따라 한약재와 염료로
사용한다. 열대 지역의 나무이며 조선에서는 나지 않아서 세종 대에는 9년간 7만 근을 수입하
기도 하였다.
195 기(氣)를 더하고 지혈(止血)하고 근골(筋骨)을 튼튼하게 하고 명문(命門)을 따뜻하게 하며 살
충(殺蟲)하는 효능이 있는 약재이다.
196 정향나무의 꽃봉오리로 중초(中焦)를 따뜻하게 하고 콩팥(腎)을 덥혀 주며 역행한 기(氣)를
내리는 효능이 있는 약재로 쓰인다.
197 중국에서는 곽향(藿香)이라 표기하며, 우리나라에서는 성숙한 배초향을 곽향이라 하여 약재
로 사용한다. 곽향은 포기 전체를 소화·건위·진통·구토·복통·감기 등에 효과가 있다. 한
국·일본·타이완·중국 등지에 분포한다.

근, 서각犀角 3개, 금란金欄 1필, 상아象牙 1개, 구리 2백 근, 납鉛 20근을 바쳤으므로, 정포正布 3백 40필을 회사回賜하였다.

8月 21日(癸亥) 10번째 기사
일본국 태재부 종우마 근강수 무세가 토산물을 바치다
日本國大宰府宗右馬近江守茂世使人獻土宜.

일본국 태재부太宰府 종우마宗右馬 근강수近江守 무세茂世[199]가 사람을 보내어 토산물을 바쳤다.

8月 21日(癸亥) 11번째 기사
축주 자사 등원만정이 금란·비단·광견 등을 바치다

筑州刺史藤源滿貞使人獻金襴一段·羅一段·光絹二匹·生綃十匹·摺扇一百把·檳榔子一十觔·土黄二十筒·胡椒一十觔·犀角二頭·朱盤大小四十片·銅五百觔·蘇枋一百五十觔·紅綃一段·大刀十把·黃丹五觔, 回賜正布五百五十匹.

축주 자사筑州刺史 등원만정藤源滿貞[200]이 사람을 보내어 금란金欄 1필, 비단羅 1필, 광견光絹 2필, 생초生綃[201] 10필, 접는 부채摺扇 1백 자루, 빈랑자檳榔子[202] 10근, 토황土黄[203] 20통筒, 호초 10근, 서각 2개, 주반朱盤 크고

---

198 표백 과정을 거치지 않은 직물을 말한다. 주로 그림을 그리는 데 사용하며, 화권(畫卷)을 뜻하기도 한다.
199 대마도 종씨 계보에 따르면 종정무의 형제 중 한 사람이다. 우마(右馬)라는 것은 말을 관리하는 관직을 말하며, 이와 마찬가지로 근강수(近江守)는 근강국(近江國)의 장관이라는 뜻으로 모두 실직이 아닌 무가관위이다.
200 소이만정(少貳滿貞)이다. 1부 「중요인물」참조.
201 생사(生絲)로 얇게 짠 깁(紗) 붙이의 하나로 여름 옷감으로 쓰인다.

작은 것 40편片, 구리 5백 근, 소방蘇枋204 1백 50근, 홍초紅綃 1필, 대도大刀 10자루, 황단黃丹 5근을 바쳤으므로, 정포正布 5백 50필을 회사回賜로 주었다.

9月 4日(丙子) 2번째 기사
왜변에 대비해 전라도 내의 낙안군의 토성을 넓혀 쌓게 하다
全羅道監司報, "道內樂安郡土城低微, 萬有倭變, 難以保守. 乞以雜石, 稍廣舊基城之." 從之.

전라도 감사가 보고하기를,

"도내의 낙안군樂安郡의 토성土城이 낮고 작아서, 만약 왜변倭變이 있다면 보존해 지키기 어렵습니다. 잡석으로 옛터를 좀 넓혀서 성을 쌓게 하소서"

하니, 그대로 허락하였다.

9月 20日(壬辰) 1번째 기사
전라도 수군 도안무처치사 윤득홍이 왜적을 크게 물리치니 상을 내리다
全羅道水軍都按撫處置使尹得洪使錄事錢丁理馳啓, "今九月十二

---

202 딴 이름은 빈랑인(檳榔仁)·대복빈랑(大腹檳榔)·빈랑자(檳榔子)이다. 종려과 식물인 빈랑나무의 여문 씨를 말린 것이다. 맛은 맵고 성질은 따뜻하다. 위경(胃經)·대장경(大腸經)에 작용한다. 기생충을 구제하고 기(氣)를 내리며 대소변이 잘 통하게 한다. 한의학대사전 편찬위원회, 『한의학대사전』, 정담, 2001.

203 비석(砒石), 목별자인(木鼈子仁), 파두인(巴豆仁), 요사(硇砂)의 분말을 목별자유(木鼈子油)와 석뇌유(石腦油)로 뭉쳐서 기름을 발라 흙 속에 묻어두었다가 49일 만에 꺼내어 만드는 한약이다. 피부의 혹을 말리고 치질을 치료한다. (이시진, 『본초강목』 「금석 4」 「토황」)

204 소목(蘇木)을 삶은 검붉은 물감을 뜻하지만 여기서는 목재 그 자체를 의미하는 것으로 보인다. 소목은 부위에 따라 약재와 염료로 쓴다.

日, 倭賊船十二艘來泊於西餘鼠島, 臣率兵船挾攻, 追至孤草島東, 捕賊船一艘, 斬首五級, 溺死十六名. 又令軍官前司直鄭崇立率兵船四艘追之, 又捕賊船一艘, 斬首十三級." 上賜錢丁理衣一襲, 遣集賢殿修撰權採, 賜得洪內醞一百六十瓶·鞍馬·衣一襲, 仍命兵曹論功行賞.

전라도 수군 도안무처치사^{水軍都安撫處置使}[205] 윤득홍^{尹得洪}[206]이 녹사^{錄事} 전정리^{錢丁理}를 시켜서 달려와 아뢰기를,

"이번 9월 12일에 왜적의 배 12척이 서여서도^{西餘鼠島}[207]에 와서 정박하였으므로, 신이 병선을 영솔하고 협공^{挾攻}하여 고초도^{孤草島} 동쪽까지 추격하여 적선 한 척을 잡고, 머리 5급^級을 베었으며, 물에 빠져 죽은 놈이 16명이요, 또 군관^{軍官} 전 사직^{司直} 정숭립^{鄭崇立}을 시켜 병선 4척을 영솔하고 쫓게 하여, 또 적의 배 한 척을 잡고, 머리 13급을 베었습니다"

하였다. 임금이 전정리에게 옷 한 벌을 하사하고, 집현전 수찬^{修撰}[208] 권채^{權採}[209]를 보내어 득홍에게 내온^{內醞} 1백 60병과 안장 갖춘 말과 옷 한 벌을 하사하고, 인하여 병조에 명하여 논공행상하게 하였다.

---

205 세종 때 왜구를 막기 위해 별도로 둔 수사.

206 1419년(세종 1) 백령도(白翎島)를 침범한 왜구의 선박 1척과 왜인의 머리를 벤 공으로 상을 받고, 경기수군첨절제사(京畿水軍僉節制使), 우군첨총제(右軍僉摠制), 동지총제(同知摠制), 전라도처치사(全羅道處置使), 동지중추원사(同知中樞院事) 등 다양한 관직을 맡았다. 바닷가 출신이라 배를 다루는 일에 능숙하여, 여러 도(道)의 조운(漕運) 및 병선(兵船)의 일을 관장하였다.

207 전라남도 완도군 청산면 여서리에 여서도라는 섬이 있으나, 서여서도라는 섬은 현재 보이지 않는다. 그러나 고초도의 서쪽, 연화도의 서쪽, 제주도의 북쪽에 있었음을 보여주는 『조선왕조실록』의 기록으로 보아, 현재의 여서도 위치와 모순되지 않는다.

208 조선시대 홍문관(弘文館)의 정6품 벼슬.

209 안동 출신의 문신. 시문과 경학에 뛰어나서 세종의 극진한 예우를 받았으며, 조선 초기 유학의 대가 권근의 조카이다.

10月 1日(壬寅) 3번째 기사
전라도 보성·낙안 등의 군에 성을 쌓다

城全羅道 寶城, 樂安等郡.

전라도 보성寶城·낙안樂安 등의 군에 성을 쌓았다.

10月 6日(丁未) 6번째 기사
대마도 좌위문대랑이 피로인 1명을 돌려 보내고 방물을 바쳐 면포를 회사
하다

對馬島左衛門大郎使人送還被擄人一名, 仍獻土物, 回賜緜布.

대마도 좌위문대랑左衛門大郎[210]이 사람을 보내어 피로인被擄人 1명을
돌려보내고 이내 방물을 바치니, 면포를 회사하였다.

10月 6日(丁未) 7번째 기사
일본국에서 소목 8백 근, 금장식 식롱 1개 등을 바치다

日本國一歧守源朝臣重使人獻蘇木八百斤·金粧飾食籠一箇·麒
麟血一斤·犀角一箇·銀磨付扇子十本·藤子五十本, 回賜正布一百
五十匹.

일본국 일기수一歧守 원조신源朝臣 중중重[211]이 사람을 보내어 소목蘇木[212]

---

210 대마도 두지포(頭地浦, 土寄, 쯔찌요리)에 거점을 둔 왜구의 우두머리로 조전좌위문태랑(早
田左衛門太郎)이다. 1부 「중요인물」 '좌위문태랑' 참조.
211 하송포(下松浦) 지좌(志佐)를 거점으로 하는 지좌씨(志佐氏) 일족의 우두머리이다. 무가관위
는 일기수(壹岐守)인데, 『조선왕조실록』에는 일기주 태수로 보인다. 세종 3년에 대마도 좌위
문대랑과 함께 사자를 파견한 이후(세종 3-8-3-5), 세종 6년까지 6차례에 걸쳐 조선에 사자를
파견하였다(세종 6-10-6-7). 아버지는 원조(源調)이고 아들은 원의(源義)이다. 세종 3년(1421)
8월 3일 5번째 기사·세종 3년(1421) 9월 9일 4번째 기사·세종 3년(1421) 9월 19일 6번째 기
사·세종 5년(1423) 2월 26일 4번째 기사·세종 5년(1423) 11월 17일 4번째 기사·세종 6년

8백 근, 금장식 식롱金粧飾食籠 1개, 기린혈麒麟血[213] 1근, 서각犀角 1개, 은
마부선자銀磨付扇子 10자루, 등자藤子 50본을 바치니, 정포正布 1백 50필을
회사하였다.

10月 6日(丁未) 10번째 기사
병사가 역마를 임의대로 내지 못하게 하고 내사 시킴을 호군 신정리의 상소문

護軍申丁理上書曰, "臣去年秋, 受慶尙道敬差之命, 見聞頗有未便
者. 各官皆有衙祿公須之田, 而其租不周於一年經費, 居官者不可闕
於支奉, 故委邑吏, 使之供辦, 而不給, 則或抑賣鹽貨於民間, 或借貸米
豆於國庫者, 蓋不得已也. 是以素稱賢明者, 爲守令則首犯此辜, 事發
而議, 厥罪旣重, 胥爲不廉之徒‧貪汚之吏. 苟見如此, 意爲素稱賢明
者, 猶尙爲此, 遂相與效尤, 漸以成風, 萬計營構, 實虧政理. 乞將衙祿
公須之田, 悉屬軍資, 其常費依中朝之制, 逐時支給, 則賢明者不至犯
禁, 貪汚者亦不得夤緣逞欲.

且置各道都節制使, 訓鍊軍士者, 所以捍禦寇虜也. 今見右道兵馬
使因皮脯之軍, 聚軍馬至於七八日之程, 發驛騎多至五六十匹, 馳騁
畋獵, 所至各官, 輒營草舍, 以至數十餘間, 紛然搔擾, 其供億之弊, 不

(1424) 10월 6일 7번째 기사에 '원중'으로 등장하지만, 세종 7년(1425) 3월 25일 2번째 기사‧세
  종 9년(1427) 1월 13일 7번째 기사‧세종 11년(1429) 4월 20일 4번째 기사에는 '원조신중'으로
  등장하는데, 동일인물일 것으로 추정된다.
212 소방목(蘇枋木)‧적목(赤木)‧홍자(紅紫)라고도 한다. 목재의 부위에 따라 한약재와 염료로
  사용한다. 열대 지역의 나무이며 조선에서는 나지 않아서 세종 대에는 9년간 7만 근을 수입하
  기도 하였다.
213 딴 이름은 기린갈(麒麟竭)‧혈갈(血竭)이다. 종려과 식물인 기린갈나무의 진을 말린 것이다.
  열매를 따서 시루에 넣고 쪄서 진이 나오게 하거나 짓찧어 천에 싸서 압착하여 진이 나오게 한
  다음 졸여서 덩어리 모양으로 만든다. 줄기는 쪼개거나 작은 구멍을 뚫어 진이 흘러나오게 한다.
  맛은 달고 짜며 성질은 평하다.(한의학대사전 편찬위원회, 『한의학대사전』, 정담, 2010)

可勝言・然其來已久, 以爲當然, 臣恐豈徒右道? 他道亦或皆然. 若使
寇虜聞之, 必生乘間竊發之心, 不可不慮也. 乞照兵營貢案之額, 定
其畋獵之期, 軍士之數, 除軍情緊急外, 兵使毋得擅發鋪馬, 如有似前
恣行, 不顧民弊者, 令監司糾擧."

啓下戶曹, 擬議以聞. 戶曹啓, "各官衙祿公須, 全以國庫所儲支用,
則軍資將有虛竭之虞. 願復州縣屯田之制, 留守牧大都護府水旱田,
多不過十結, 都護府知官八結, 縣令縣監六結, 以官奴婢無弊耕作, 所
出報監司置簿, 隨其衙廩乏絶之時, 報監司支用, 若加耕, 或役民守令,
按律科罪. 其兵使畋獵踈數, 軍馬多小, 令主掌兵曹擬議以啓." 從之.

호군護軍 신정리申丁理가 상서하기를,

"신이 작년 가을에 경상도 경차관敬差官으로 명을 받았었는데, 보고
들은 것이 퍽 옳지 못한 것이 있었습니다. 각 관官에 모두 아록전衙祿田・
공수전公須田이 있는데, 그 수입이 1년간 경비에 충당할 수 없으며, 수령
으로서 내왕하는 관원을 접대하지 아니할 수 없으므로, 읍리邑吏에게
위임하여 음식을 준비시키게 되고, 부족할 때에는 염화鹽貨를 강제로
민간에 팔고, 혹은 쌀과 콩을 국고國庫에서 차대借貸하는 것은 어쩔 수
없는 일입니다. 그러므로, 본래 현명한 사람도 수령이 되면 먼저 이 죄
를 범하고, 일이 발각이 되어 그 죄를 논하게 되면, 죄가 중하여 다 청렴
하지 못한 무리와 탐오貪汚한 관리가 됩니다. 진실로 이러한 것을 보게
되니, 수령들의 생각으로는 본시 현명한 사람도 이러한 짓을 한다 하고,
마침내 서로 허물을 본받아 차츰 풍속화되어, 여러 가지 방법으로 협잡
을 하니 실로 다스리는 이치에 어긋납니다. 아록전・공수전은 모두 군
자軍資에 소속시키고, 그 경상비는 중국의 예에 의하여 그때 그때 지급

하면, 현명한 자는 법을 범하지 아니하고, 탐오한 자도 또한 그것을 구실삼아 사욕을 부리지 못할 것입니다.

또 각도에 도절제사都節制使를 두어서 군사를 훈련시키는 것은 왜구와 오랑캐를 방어하려는 것입니다. 이제 우도 병마사右道兵馬使를 보니, 피포皮脯214를 마련하는 군대로 인연하여, 군마軍馬를 모으는 것이 7, 8일의 먼 거리에 이르고, 역마驛馬를 5, 60필까지 동원하여 이리저리 몰아 사냥을 하는데, 그들이 이르는 각 고을에서는 임시로 수십 간의 초사草舍를 짓게 되어 대단히 수선스러우며, 그들을 접대하는 폐단은 이루 말할 수 없습니다. 그러나 그 유래가 오래 되어 당연한 것으로 알고 있으나, 신이 염려하는 것은 어찌 우도뿐이겠습니까. 다른 도 또한 다 이러할 것입니다. 만일 왜구와 오랑캐가 이러한 줄을 알게 되면 반드시 그 틈을 타서 도적질할 마음이 생길 것이니, 염려하지 않을 수가 없습니다. 청컨대, 병영兵營 공안貢案의 (피포皮脯) 숫자에 따라서 사냥하는 기간과 군사의 수를 정하고, 군사의 긴급한 사정 이외에는 병사가 마음대로 역마鋪馬를 내지 못하게 하고, 만일 전과 같이 방자한 행동을 하며 민폐를 돌보지 아니하는 자는 감사를 시켜 조사하여 보고하도록 하소서"

하니, 호조에 내려서 의논하여 올리게 하였다. 호조에서 아뢰기를,

"각 고을의 아록衙祿과 공수公須를 전부 국고의 저축에서 지급하면 군자軍資가 없어질 염려가 있습니다. 주현州縣의 둔전屯田 제도를 복구하여 유수留守·목牧·대도호부大都護府에는 수전水田·한전旱田을 최고 10결結까지 하고, 도호부都護府와 지관知官은 8결, 현령縣令·현감縣監은 6결로

---

214 가죽과 육포를 말한다.

하여, 관노비를 시켜 폐단 없이 경작하게 하고, 그 소출을 감사에게 보고하여 장부에 기입하고, 관아의 비용이 떨어졌을 때 감사에게 보고하여 쓰도록 하고, 만일 가외로 경작하거나, 백성을 부려서 경작하면 수령은 율에 의하여 죄를 주십시오. 병사兵使의 사냥하는 회수와 군마群馬의 다소는 주무 관청인 병조에서 의논하여 아뢰게 하소서"

하니, 이에 따랐다.

10月 7日(戊申) 2번째 기사
왜적에게 패전하여 군관이 살해되고 선졸 4명이 물에 빠져죽었음을 처치사가 보고하다

全羅道處置使報, "左道都萬戶梁漸追倭賊于釜島戰敗, 軍官三人遇害, 船卒四人溺死." 命戰亡人招魂致祭, 其軍官各給米豆十石, 軍卒六石, 仍復其家. 且日本回禮使朴安臣率去船軍物故者十六人, 亦令招魂致祭.

전라도 처치사處置使[215]가 보고하기를,

"좌도 도만호左道都萬戶 양점梁漸이 왜적倭賊을 부도釜島[216]에서 추격하다가 패전하여, 군관軍官 세 사람이 살해되고, 선졸船卒 네 명이 물에 빠져 죽었습니다"

하였다. 전망인戰亡人에 대하여 초혼제招魂祭를 지내게 하고, 군관에게는 각기 쌀과 콩 10석씩을, 군졸에게는 6석씩을 주고, 그 집은 부역을 면제

---

215 조선시대 수군의 최고 관직이다. 태종 때 수군도절제사라고 하였고, 세종 2년(1420) 수군 도안무 처치사로 고쳤으며, 이후 세조 12년(1466) 다시 수군절제사로 고쳤다.
216 사료에서는 여기에만 보인다. 현재 전남 여수시 남면에 부도(대부도)가 있으나, 동일한 곳인지는 분명하지 않다.

시키게 하였다. 또 일본 회례사回禮使 박안신朴安臣이 거느리고 간 선군 중 사망한 16명의 초혼제도 또한 지내게 하였다.

11月 7日(戊寅) 2번째 기사
왜구를 쫓고 배를 포획한 제주도 안무사 김소에게 옷 등을 하사하다

遣奉常少尹高得宗, 賜濟州都按撫使金素內醞衣一襲, 賞逐倭獲船也.

봉상 소윤奉常少尹 고득종高得宗[217]을 보내어 제주도 안무사濟州都安撫使 김소金素에게 내온內醞과 옷 한 벌을 하사하였다. 왜구를 쫓아내고 배를 포획한 상이었다.

11月 13日(甲申) 2번째 기사
일본국 서해도 축주 종상사무씨경이 방물을 바쳐 정포를 회사하다

日本國西海道筑州宗像社務氏經使人來獻土物, 回賜正布.

일본국 서해도西海道 축주筑州 종상사무씨경宗像社務氏經[218]이 사람을 보내어 방물을 바치니, 정포正布를 회사하였다.

11月 23日(甲午) 2번째 기사
일본국 석성관사 평만경이 방물을 바쳐 정포 550필을 회사하다

日本國 石城管事平滿景使人獻土宜, 金襴一段, 丹木五百斤, 犀角

---

217 제주도 출신으로 세종의 각별한 총애를 받은 인물이다. 대마도의 고초도 어업권을 허가하는 데 협조하였다.

218 종상신사(宗像神社)의 궁사(宮司) 가문이 무사화하여 북구주 일대의 전란에 참여하였다. 씨경(氏經)은 대내씨(大內氏)와 소이씨(小貳氏)의 세력 다툼 과정에서 종상신사이 대궁사(大宮社) 취임과 퇴임을 반복하였다. 씨경의 아버지는 씨충(氏忠), 아들은 씨정(氏正)이다.

四頭, 縮砂十斤, 銅三百斤, 扇子一百本·樟腦二十斤·鑞五十斤, 盤二十片, 川芎一十斤, 蓬莪朮一十斤, 靑皮一十斤, 明礬五百斤, 甘草十斤, 回賜正布五百五十匹.

일본국 석성 관사石城管事 평만경平滿景[219]이 사람을 보내어 방물을 바쳤는데, 금란金襴 1단段, 단목丹木[220] 5백 근, 서각犀角 4개頭, 축사縮砂 10근, 동銅 3백 근, 선자扇子 1백 자루, 장뇌樟腦 20근, 납鑞 50근, 반盤 20개, 천궁川芎 10근, 봉아출蓬莪朮 10근, 청피靑皮 10근, 명반明礬 5백 근, 감초甘草 10근이다. 정포 5백 50필을 회사回賜하였다.

11月 30日(辛丑) 3번째 기사
병마 도절제사와 수군 도안무처치사는 임기 2년으로 변방을 지키게 하다
吏曹判書許稠等啓, "將帥之任, 不可速遞. 士卒之勇怯, 山川之要害, 敵人之情狀, 皆非一朝一夕之所能知也. 伏望自今各道兵馬都節制使水軍都按撫處置使, 須經兩期, 其有成效者, 兼差外官, 以久其任, 以鎭方面." 從之.

이조 판서 허조許稠 등이 아뢰기를,

"장수의 직임은 단기간에 교체할 수 없는 것입니다. 사졸들의 용감하고 겁 많은 것과 산천의 요해要害와 적의 정상은 모두 하루 아침 하루 저녁에 알 수 있는 것이 아닙니다. 지금부터 각도의 병마 도절제사兵馬都節

---

219 박다(博多) 지역의 통교자로 세종 즉위년부터 10년까지 빈번하게 사람을 보내 방물을 바쳤다. 석성관사(石城管事) 및 민부소보(民部少輔)를 자처하였다.
220 소방목(蘇枋木)·적목(赤木)·홍자(紅紫)라고도 한다. 목재의 부위에 따라 한약재와 염료로 사용한다. 열대 지역의 나무이며 조선에서는 나지 않아서 세종 대에는 9년간 7만 근을 수입하기도 하였다.

制使와 수군 도안무처치사水軍都安撫處置使는 반드시 두 해를 지나게 하고, 그 성적이 좋은 자는 수령을 겸하게 하여 오래도록 그 직무를 맡아서 변방을 진압시키게 하소서"

하니, 이에 따랐다.

12月 3日(甲辰) 2번째 기사
일본국 전 구주도원수 원도진이 토산물을 바치어 정포 330필을 주다

日本國前九州都元帥源道鎭使人獻土宜, 丹木·蘇香油·陳皮·胡椒·金襴·光絹等物. 回賜正布三百三十匹.

일본국 전 구주 도원수前九州都元帥 원도진源道鎭[221]이 사람을 보내어 토산물로 단목丹木[222]·소향유蘇香油·진피陳皮·호초胡椒·금란金襴·광견光絹 등을 바쳤다. 회사품回賜品으로 정포正布 3백 30필을 주었다.

12月 17日(戊午) 2번째 기사
수륙을 방어하다 병사한 자·전사한 자의 집에 차등 있게 부역을 면제하다

兵曹啓, "赴防船軍病死及溺死人等, 曾有復戶之法, 而無復戶年限, 未便. 請自今水陸赴防, 因病身死者, 本家復一年, 因公行船溺死者, 復三年, 水陸戰亡者, 復五年." 從之.

병조에서 아뢰기를,

---

221 전 구주탐제(九州探題) 삽천만뢰(澁川滿賴)이고 원의준(源義俊, 澁川義俊)의 아버지이다. 1부 「중요인물」 '원도진' 참조.

222 소방목(蘇枋木)·적목(赤木)·홍자(紅紫)라고도 한다. 목재의 부위에 따라 한약재와 염료로 사용한다. 열대 지역의 나무이며 조선에서는 나지 않아서 세종 대에는 9년간 7만 근을 수입하기도 하였다.

"(일선) 방어에 나갔던 선군船軍이 병들어 죽거나 물에 빠져 죽은 자에 대하여 일찍이 복호復戶하는 법을 세웠사오나, 복호 연한을 정하지 아니하여 편하지 못합니다. 지금부터 수륙으로 방어하러 나갔다가 병사한 자는 그 집의 부역을 1년간 면제하고, 공사로 배를 타고 나갔다가 물에 빠져 죽은 자는 3년 동안 면제하고, 수륙 전쟁에서 전사한 자는 5년 동안 면제하게 하소서"

하니, 이에 따랐다.

12月 17日(戊午) 3번째 기사
일본국 회례사 박안신과 이예를 내전에 불러 접견하다

日本國回禮使上護軍朴安臣·副使大護軍李藝復命, 上引見于內殿. 安臣等啓曰, "臣等初到赤間關, 圭籌膽書馳報御所, 留待五十五日, 回報不來. 臣等怪問其故, 圭籌答云, '吾之馳報, 已達御所, 恨不得所求經板, 故無回報.' 又云, '爲探候事變, 曾請同行僧瓊藏主, 送于大內殿, 來則可知.' 使通事崔古音同等訪問其處事變, 諸處喧說, '拘留回禮船於此, 粧各處船百餘隻, 送于朝鮮.' 又言, '大內殿所部赤間關兼領三州太守白松殿來出令曰, 「今回禮船未得上京. 且有雜談, 或恐逃還.」 乃聚軍人, 水陸關防. 又於回路阿是浦等處粧船, 以防逃歸之路.' 旣而, 白松殿見臣等言曰, '今者大內殿以御所之命移文於我, 回禮使船載來經板與『藏經』·『金字經』, 載他船送于京.' 臣等問曰, '書契禮物與使臣, 處之如何?' 答云, '此事, 予不敢知.' 臣等曰, '若然則事理未當, 不可從命. 須將此意, 更達大內殿, 轉達于御所爲可.'

後十五日, 瓊藏主回自京云, ‘御所欲以回禮船拘留赤間關, 只將經與本板, 傳載輸京. 大內殿啓云,「拘隣國使臣, 於義未安, 宜當引接.」御所乃許來京.’ 遂與圭籌等五月二十一日到京, 館於城北深修菴, 輸『藏經』與木板, 置于相國寺. 六月二十五日, 御所乃到都城北等持寺, 引見臣等, 臣等乃進國書, 只納金字四經, 其餘禮物, 竝不許納. 臣等乃與奏事僧官曰, ‘書契所載禮物, 置處如何?’ 答曰, ‘御所所求在經, 故只留經與本板, 餘則不受.’ 臣等致書于鹿苑院曰, ‘交隣以禮, 禮必以幣, 非取其幣, 所以表信也. 年前貴國遣使修好, 惟我主上特遣臣等, 以表禮忱, 齎來禮物, 如目載在來書. 乃今只留經與本板, 餘皆不留, 有同絶信, 使者之心, 不能無憾. 請將此意, 轉達御所.’ 鹿苑周噩答書曰, ‘來諭齎來禮物, 唯留釋敎本板, 餘皆回納, 若我殿下之意, 所欲在法, 而不在世財也. 從今以後, 要求『藏經』, 將命者相往來, 所冀互省國費, 共敦隣好, 非有異意, 莫以爲念也.’

居數日, 僧西堂中允・梵齡來曰, ‘吾等以上副官人歸貴國.’ 臣等問其所以, 曰, ‘御所以不得經板, 未快於心, 卽欲使我更請耳.’ 臣等上書于御所曰, ‘竊謂天道以誠而萬物成焉, 人道以信而百行立焉. 故有國者必修隣好, 相好而無相猶, 以敦信也. 自我太祖開國以來, 貴國先王及今殿下曁左右臣僚所需『藏經』與諸法器, 隨卽搜遣, 固非一二, 皆爲修睦之擧也. 年前殿下遣使修好, 且遣俘虜, 惟我殿下深感厚意, 其待使臣, 禮儀甚勤. 圭籌・梵齡之所親承, 奚待賤价之喋喋也? 至若所需藏經本板, 只有一件, 祖宗所傳, 義不可以與人也. 且今齎來密敎大藏本板, 亦我國之所重, 注華嚴經板則上世宗師大覺和尙以國命請于宋朝, 浮海以來, 其古今神異之跡, 不可備論. 金字『華嚴』・『護國仁王經』・『阿彌陀經』・『釋迦譜』等四經, 實我殿下之寶藏, 但以未許藏經本板之請, 幷『藏經』一部授臣等, 遣以答修好之意, 其餘禮物, 竝在來書. 今乃只留釋敎本板, 餘皆不留, 於通信之意, 似有嫌焉. 故前日致書鹿苑, 俾達殿下, 冀其留容, 鹿苑答書云, 「殿下所欲, 在法而不在世財. 自今將命者, 屢相往來, 所冀互省國費, 非有異意, 莫以爲念也.」惟我殿下所以遣使聘問, 從以禮物, 但爲表信, 何可計費? 況衣襨一襲, 唯用法服, 蓼蜜松子, 只須茶藥, 其餘禮物, 亦隨土宜, 類非世財之比! 故於前日, 敢陳愚意, 冀蒙幷留, 初非以不容禮物爲有異意而憂念之也. 今日貴國以此待我, 明日我國亦以此待貴國之使, 殿下以爲何如? 伏望齎來禮物, 竝皆留容, 以敦信義.' 周璏答書云, '今閱書簡, 辭語甚切. 殿下初欲深拒, 恐或累及使者, 齎來禮物, 今旣幷留矣. 御所贈錢百貫, 以爲路次之須.'

臣等留彼國凡七十二日. 八月初六日, 回至九州, 見節度使源義俊謂曰, '閤下之使价, 厚禮以待, 曾有朝命矣. 然一年之內, 使人或至二十餘行, 豈皆閤下之使人? 率皆干請興利者也. 大抵人情, 煩數則怠心生焉. 若於閤下使人, 所當厚者而薄, 則有乖於修好之義, 於其干請興利者而皆欲厚之, 則不堪民弊. 自今使者與干請者, 別其符驗而送之, 則名實相當, 接待有差, 而修好可永矣.' 義俊曰, '諾. 自今每歲春節一使人, 秋節一使人, 敬問起居, 必以新造圖書着送. 又有緊要事外, 不敢使人.'

到一岐州, 看佐毛道居住都仇羅謂臣等曰, '志佐殿所掌一歧東面書吐里船一隻・乏羅乏未船一隻・對馬島船二隻, 曾爲捉魚, 歸貴國全羅道, 爲其道兵船所捕. 其被捉人親戚族類, 幸回禮使到此, 欲報仇讎,

已聚軍民帶甲三百餘名屯營.' 適對馬島左衛門大郎使送博多船二隻,
與節度使護送船一隻粧備待變. 且使人諭以利害, 所聚兵四日而散.

至對馬島, 左衛門大郎謂臣等曰, '自少偏蒙上德, 無以報効, 但以
禁亂爲心, 每與本州人告以禍福. 然此土之人, 不信吾言以爲. 「上國
待我, 不與宗貞茂時同. 前此魚鹽和賣, 聽各浦通行, 今至於乃而浦·
富山浦外, 毋得通行. 前此過海糧, 給一朔, 而今只給十日料. 且小二
殿與宗貞盛處, 不專委送人.」' 臣等答曰, "專使慰問, 禮之大者. 然宗
貞茂時至誠歸附, 全心禁賊, 故我國每遣人問慰. 往者此島之人, 作
賊犯邊, 行兵問罪, 纔數年矣, 何暇問慰? 自今歸附至誠, 則上德自廣
矣. 過海糧, 非獨此島, 國王使船與諸處使船皆然, 以其邊糧有限, 國
費無窮也. 魚鹽之價, 彼此皆然, 何必各浦? 未聞不得買賣而還歸者
也. 且此島之人, 托以和賣, 橫行各浦, 有時擄掠, 故茲用禁其橫行, 是
固自取也.'

仍進齎來日本國王答書, 其辭曰,

"日本國道詮拜復朝鮮國王殿下. 圭籌知客與回禮使偕至, 奉答書
幷別幅, 件件嘉貺, 不勝銘感. 然而雅意所需者, 卽大藏之板也. 其餘
珍貨, 積如山岳, 亦何用哉? 故初唯留法寶, 餘皆不留. 於是使臣屢以
違禮絶信爲辭, 不欲齎去, 所以不能回納而領之. 自今以後, 行李往
來, 不要以土宜爲禮, 唯修隣好而已, 互省國費, 不亦可哉? 次將發專
使中允西堂, 再諭委曲, 若能使大藏經板流傳我國, 何賜若此哉? 秋
暑未艾, 伏冀爲國自珍."

周·長·豐前三州都督多多良德雄·關西道都元帥源義俊·筑前
大宰藤源滿貞·對馬州守宗貞盛皆復書謝恩賜, 仍獻禮物. 上謂諸大

臣曰, "朴安臣回至一岐島, 幾乎危矣, 賴守護代官等向我國至誠, 故營救得全爾." 初遣回禮使也, 朝議以爲, "日本通使, 非本爲聘問之禮, 特以求所欲耳. 海路隔險, 每遣回禮, 萬一不測, 亦爲可慮, 一世不過一再交通可也." 上曰, "此使行後, 必不回禮矣." 遂遣之. 及安臣之往, 果國王恨其不得經板薄待, 以安臣有膽略能言, 故全使節而還.

일본국 회례사回禮使 상호군上護軍 박안신朴安臣과 부사副使 대호군大護軍 이예李藝223가 복명復命하였는데, 임금이 내전에 불러 들여 접견하였다. 안신 등이 아뢰기를,

"신 등이 처음에 적간관赤間關에 이르자 규주圭籌가 국서國書를 등사하여 급히 어소御所224에 보고하였는데, 55일이나 기다리고 있어도 회보回報가 오지 아니하였습니다. 신 등이 괴이하게 여겨 그 까닭을 물으니, 규주가 대답하기를, '저의 보고가 이미 어소에 도착하였을 터인데, 구하는 경판經板225을 얻지 못함을 한하여 회보가 없는 듯하다' 하였다. 또 이르기를, '사변事變을 탐정하기 위하여 일찍이 같이 온 중 경장주瓊藏主를 대내전大內殿226에 보냈으니, (그가) 돌아오면 알 것이라'고 하였습니다. 통사通事 최고음동崔古音同227 등으로 하여금 그곳의 사변을 탐지하게 하였더니, 여러 곳에서 말하기를, '회례선回禮船을 여기에 구류시키고 여

---

223 조선 태종·세종대에 대일 외교에서 활약한 인물이다(1373~1445). 43년간 외교관으로 활동하면서 40여 차례에 걸쳐 일본을 왕래하였고, 유구국을 다녀오기도 하였다. 1443년 계해약조 체결의 주역이기도 하다. 1부 「중요인물」 '이예' 참조.
224 천황·황족·장군 등 고귀한 신분에 있는 자의 거처를 말한다. 여기에서는 실정막부 장군의 거처를 말한다.
225 족리의지(足利義持)가 규주(圭籌)와 범령(梵靈)을 보내어 얻고자 한 고려대장경판(팔만대장경판)을 말한다.
226 일본 본주(本州)의 서쪽 일대를 지배한 무사 가문이다. 1부 「중요인물」 대내씨 참조.
227 여기에만 보인다.

러 곳에 있는 배 1백여 척을 무장하여 조선으로 보낸다' 하였습니다. 또 말하기를, '대내전228의 소속인 적간관赤間關을 겸령兼領하고 있는 삼주 태수三州太守 백송전白松殿229이 와서 영을 내려 회례선을 경도京都에 올라가지 못하게 하였다' 하였습니다. 또 잡담雜談으로, '(회례선이) 혹시 도망할까 염려하여 군인을 모아 수륙으로 방비하고, 또 돌아가는 길목인 아시포阿是浦230 등지에 선척을 무장시켜 도망하는 길을 막는다'는 말도 있었습니다. 얼마 후에 백송전白松殿이 신 등을 찾아보고 말하기를. '이제 대내전에서 장군의 명령으로 공문을 나에게 보냈는데, 회례선에 신고 온 경판經板과 『장경藏經』·『금자경金字經』은 다른 배에 실어서 경도에 보내게 하겠다' 하였습니다. 신 등이 묻기를, '서계書契231와 예물禮物 및 사신使臣은 어떻게 처리하는 거냐' 하니, 대답하기를 '이 일은 내가 알 바가 아니다'라고 하였습니다. 신 등이 이르기를, '만일 그렇다면 사리에 합당하지 아니하니 명령대로 따를 수 없는 것이다. 모름지기 이 뜻을 다시 대내전에 말하여 장군에게 전달하게 하라' 했습니다.

15일 후에 경장주瓊藏主232가 경도에서 돌아와 이르기를, '장군이 회례선을 적간관에 구류시키고 다만 경經과 목판木板을 (다른 배에) 옮겨 실어 경도에 가져오라고 하였는데, 대내전이 아뢰기를, 「이웃 나라 사신

---

228 대내씨(大內氏)를 말한다. 이때 대내씨(大內氏)의 당주는 대내다다량덕웅(大內多多良德雄)이다.
229 백송전은 백송씨(白松氏)일 것이다. 원래 장문국(長門國) 지역은 14세기 중엽까지 물부수옥(物部守屋)을 시조로 하는 후동씨(厚東氏)가 장악하고 있었고, 백송씨는 후동씨의 지족이다. 대내씨가 이 지역에 진출한 이후에는 후동씨가 쇠퇴한 것으로 생각하였으나, 15세기 초까지 후동씨의 지족이 남아 있었음을 보여주는 중요한 사료이다.
230 여기에만 보인다. 대마도에 아시미포(阿時未浦)가 보이지만 동일한 곳인지 분명하지 않다.
231 조선시대에 조선과 대마도 및 일본 각지의 통교자와 주고받은 공식 외교문서를 말한다.
232 여기에만 보인다. 장주(藏主)는 선종 사찰에서 경장(經藏)을 관장하는 승려를 말한다. 경(瓊)만 이름이라고 보기 어려우므로 탈자가 있는 것으로 생각된다.

을 구류하는 것은 의리상 미안한 일이니, 장군에게 데려다가 접견해야 한다」 하니, 그제야 경도에 들어올 것을 허락하였다' 했습니다. 이에 규주 등과 함께 5월 21일에 경도에 도착하여 성북城北 심수암深修菴[233]에 사관을 정하고, 『장경』과 목판木板은 상국사相國寺[234]에 두었습니다. 6월 25일에 장군御所이 도성都城 북편 등지사等持寺[235]에 나와 신 등을 접견하므로, 신 등이 국서國書를 바치니, 다만 금자사경金字寫經[236]만 받고 그 나머지 예물을 받으려고 하지 아니하였습니다. 신 등이 말을 전달하는 중에게 말하기를, '서계에 기재된 예물은 어떻게 할 것이냐' 하니, 대답하기를, '장군御所이 요구하는 것이 불경이므로, 다만 경과 목판만 받고 나머지는 받지 않는다' 하였습니다. 신 등이 서간을 녹원원鹿苑院[237]에 보내어 이르기를, '이웃 나라와 사귀는 데에는 예禮로써 다하고, 예는 반드시 폐백으로 표시하는데, 그것은 재물을 취하는 것이 아니라 신의를 표시하는 것이다. 연전에 귀국에서 사신을 보내어 수호修好하므로, 우리 주상께서도 특히 신 등을 보내어 예를 표한 것이고, 가지고 온 예물이

---

233 심수암은 도성의 북쪽 10리 혹은 30리에 떨어져 있으며 승려는 없고 무사들이 바깥을 경비하였다고 한다. 송희경은 『일본행록』에서 심수암을 유굴(幽堀)이라고 표현한 것으로 보아 별다른 시설이 없는 작은 암자같은 곳으로 생각된다.

234 실정막부 3대 장군 족리의만(足利義滿)이 건립한 선종 사찰로 1382년에서 시작해서 1392년에 완성하였다. 실정막부와 인접한 곳에 위치하였으며, 경도에서 가장 큰 선종 사찰이었다. 몽창소석(夢窓疎石)이 개산(開山)이며, 오산문학의 중심지이기도 하였다.

235 일본 경도시 삼조(三條) 방문(坊門) 만리소로(萬里小路)에 있었던 선종사찰이나 현재는 남아있지 않다. 정식 명칭은 봉황산(鳳凰山) 등지원(等地院)으로 원래 현재 등지원이 있는 자리에 있었으나, 1349년에 만리소로로 이전하였다. 현재의 등지원은 경도시 북구(北區) 등지원(等地院) 북정(北町)에 있는데, 실정 장군가의 보리사(菩提寺)이며, 정식 명칭이 만년산(萬年山) 등지원이다.

236 금물로 글씨를 쓴 경전을 말한다.

237 실정막부 3대 장군 족리의만(足利義滿)이 자신의 참선 수행을 위해서 창건한 사찰이다. 경도의 상국사(相國寺) 경내에 있었고, 녹원원 주지가 경도오산(京都五山)을 포함한 임제종(臨濟宗) 사찰 전체의 사무(寺務)를 통괄하였다. 이를 승록(僧錄)이라고 한다. 명치시대의 폐불훼석(廢佛毀釋) 때 절과 족리의만의 묘가 모두 사라졌다.

목록과 같이 서계에 실려 있다. 이제 경과 목판만 받고 나머지는 모두 받지 아니하여 절교하는 것과 같으니, 사자의 마음은 유감이라 하지 아니 할 수 없다. 이 뜻을 장군에게 전달하기를 바란다' 하니, 녹원鹿苑 주악周噩[238]이 답서하기를, '말하는 예물 가운데 오직 석교 목판만 받고 나머지를 모두 돌려주는 것은 우리 전하의 뜻이 법法에 있고 세상 사람이 원하는 재물에 있는 것이 아니다. 금후『장경』을 요구하기 위하여 명령을 받들고 서로 왕래할 터이니, 바라는 것은 서로 국비를 절약하여 외교로 두텁게 하자는 것이요, 다른 뜻이 있는 것은 아니니 염려하지 말라' 하였습니다. 며칠이 지나 중 서당西堂[239] 중윤中允[240]과 범령梵齡이 와서 말하기를, '우리들이 상부관인上副官人으로 귀국貴國에 가게 되었다'고 하므로, 신 등이 그 까닭을 물으니, 이르기를, '장군이 경판을 얻지 못한 것을 불쾌하게 생각하고 나를 시켜 다시 청하게 하는 것이라' 하였습니다. 신 등이 장군에게 상서하기를, '생각하건대, 천도天道는 정성을 다함으로써 만물이 이루어지고, 인도人道는 신의를 지킴으로써 여러 가지 행실이 서게 된다. 그러므로, 나라를 경영하는 자는 반드시 이웃 나라와 교제하여 서로 좋아하고 서로 속이지 아니하여 신의를 두텁게 하는 것이다. 우리 태조께서 개국한 이래, 귀국의 선왕先王과 전하殿下와 좌우

---

238 당시 경도(京都) 상국사(相國寺)에 있으며 실정막부의 외교에 참여한 승려로 생각된다. 상국사에 전하는 족리의만을 그린 그림에 녹원(鹿苑) 주악(周噩)이름으로 된 찬(讚)이 남아 있다. 엄중주악(嚴中周噩, 1359~1428)이다. 남북조시대(南北朝時代)부터 실정시대(室町時代) 초기에 걸쳐서 활약한 임제종(臨濟宗)의 승려로 구조경교(九條經教)의 아들이다. 처음에는 천조주우(天助周祐) 별호(別号)를 나운(懶雲)이라고 하였다. 춘옥묘파(春屋妙葩)의 법을 이어 상국사(相國寺), 천룡사(天龍寺), 남선사(南禪寺) 등에서 주석하였다. 녹원승록(鹿苑僧錄)을 지냈다. 문집으로『양호집(養浩集)』이 있으며, 시호는 지해대주선사(智海大珠禪師)이다.
239 서당은 선종 사찰에서 다른 절의 주지를 지낸 승려를 지칭하는 것이다.
240 실정시대 경도(京都)에서 활동한 승려로 생각되지만 자세히 알 수 없다.

의 신하들이 요구하는 장경과 여러 가지 법기法器는 요구할 때마다 찾아서 보낸 것이 한두 번이 아닌데, 모두 화목한 외교를 닦기 위함이었다. 연전에 전하가 사신을 보내어 수호修好하고 겸하여 부로俘虜를 보낼 때 우리 전하가 깊이 후의에 감동하여 사신을 대접하는 예의가 심히 은근하였다. (그것은) 규주圭籌와 범령梵齡이 친히 아는 바로서, 내가 누누이 말할 필요도 없는 것이다. 지금 요구하는 장경 목판은 다만 한 벌 뿐이요, 조종祖宗이래 전해 오는 것이므로 의리상 남에게 줄 수 없는 것이다. 또 지금 가져온 밀교 장경 목판도 또한 우리나라에서 소중히 여긴 것이요, 주화엄경판注華嚴經板은 옛날 종사宗師 대각 화상大覺和尚이 어명으로 송나라 조정에 청하여 바다를 건너 들여온 것으로서, 이에 대한 고금의 신기하고 이상한 자취는 이루 다 말할 수 없는 것이다. 금자『화엄경華嚴經』·『호국인왕경護國仁王經』·『아미타경阿彌陀經』·『석가보釋迦譜』 등 사경四經도 실로 우리 전하가 보장寶藏하는 것이나, 다만 장경 목판의 청을 들어주지 못하므로 말미암아 장경 한 부와 합하여 신 등에게 주어 수호의 뜻을 표한 것이고 그 나머지 예물은 모두 서계에 있는 바와 같다. 이제 다만 석교 목판만 받고 나머지는 받지 아니하니, 통신通信하는 뜻으로 보아 좋지 못한 것이다. 그러므로, 전일에 녹원에 서간을 보내어 전하에게 전달하여 받아들이기를 바랐는데, 녹원의 답서에 이르기를, '전하가 하고자 하는 것은 법에 있고 세상 재물에 있는 것이 아니다. 금후 사신이 자주 왕래할 터이므로 서로 국가의 경비를 절약하자는 것이요, 다른 뜻이 있는 것은 아니니 염려하지 말라'고 하였다. 우리 전하께서 사신을 보내어 수호하고 겸하여 예물을 보내서 신의를 표한 것인데, 어찌 비용을 계산할 것이냐. 더구나, 의대衣襨 한 벌은 법복法服에만 사용하는 것이요, 인삼과 꿀·잣은 다만 다약茶藥에 사용되는 것이요, 나머지 예물도 또한 우리나라 특산물로서 보통 재물과 같은 것이 아니다. 그러므로 전일에 감히 어리석은 뜻을 말하여 모두 받아들이기를 바랐던 것이요, 처음부터 예물을 받지 아니하는 것을 딴 뜻이 있다 하여 근심한 것은 아니다. 오늘날 귀국이 이렇게 우리를 대접하고, 명일에 우리나라에서 또한 이렇게 귀국의 사신을 대접한다면, 전하는 어떻게 생각할 것인가. 바라건대 가지고 온 예물을 모두 받아들여서 신의를 두텁게 하라'고 하였습니다. 주악周噩이 답서하기를, '이제 서간을 보니 말이 대단히 적절하다. 전하는 처음에 굳게 거절하였으나, 누가 사자에게 미칠까 염려하여, 가지고 온 예물을 모두 받아들이고 장군이 돈 1백 관貫을 주어 노비로 쓰게 하였다' 했습니다.

신 등이 경도에 머문지 도합 72일 만에 돌아와 8월 초6일에 구주九州에 이르러 절도사 원의준源義俊241을 보고 이르기를, '각하의 사신을 후례로 대접하는 것은 일찍이 조정의 명령이 있기 때문이다. 그러나 1년 동안에 보내온 사신이 이십여 차례나 되니, 어찌 다 각하의 사신이라 할 수 있겠는가. 대부분 다 청원하여 사신이 된 상인이다. 대저 사람의 마음은 자주 있는 일이면 태만하게 되는 것이다. 만일 각하의 사신으로 당연히 후대할 사람에게 박하게 하면 수호修好의 도리에 어긋나는 것이다. 청원한 상인에게까지 다 후대하려면 민폐民弊를 견뎌낼 수 없는 것이다. 이제부터 사신과 청원자의 부험符驗을 구별하여 보내면 이름과 실지가 서로 맞고 접대하는 것도 차등을 두어 영구히 수호할 수 있는 것

---

241 도진(道鎭)은 삽천만뢰(澁川滿賴)의 계명(戒名)이고 삽천의준(澁川義俊)의 아버지로 구주탐제직을 의준에 물려주었다. 1부 「중요인물」, '삽천만뢰' 참조.

이다' 하니, 의준이 이르기를, '좋다. 이제부터는 매년 봄철에 한 번, 가을철에 한 번씩 사람을 보내어 문안하겠는데, 반드시 새로 만든 도서圖書를 찍어 보내겠다. 다른 긴요한 일이 있기 전에는 사람을 보내지 않겠다'라고 하였습니다.

일기주一岐州에 이르러 간좌모도看佐毛道[242]에 거주한 도구라都仇羅[243]가 신 등에게 이르기를, '지좌전志佐殿[244]의 관내인 일기주 동면東面 서토리書吐里[245]의 배 한 척과 우라우미亐羅亐未[246]의 배 한 척과 대마도의 배두 척이 일찍이 고기를 잡기 위하여 귀국 전라도에 들어갔다가 그 도의 병선에게 붙잡혔습니다. 붙잡힌 사람의 친척과 족류들이 만일 회례사가 이 땅에 도착하기만 하면 원수를 갚겠다 하고, 군민軍民 3백여 명을 무장시키고 주둔하고 있다"고 하였습니다. 마침 대마도 좌위문대랑左衛門大郎[247]이 보낸 박다博多 배 두 척과 절도사의 호송선護送船 한 척이 무장하여 변고에 대비하고, 또 사람을 보내어 이익과 손해를 가지고 달랜 까닭에 보였던 병대가 나흘 만에 해산하였습니다.

대마도에 이르니, 좌위문대랑이 신 등에게 이르기를, '젊을 때부터 남

---

242 간좌모도(看佐毛道)는 일기도(壹岐島)의 풍본(風本)·간사모도(間沙毛都)라고도 표기한다. 섬의 서북쪽에 있어서 대마도와 쉽게 왕래할 수 있는 곳이다.

243 일기도(壹岐島) 등칠의 아들 등구랑(藤九郎)이다. 등칠은 세종 10년에 사람을 보내어 자신의 아버지가 조선에서 태어난 사람이라고 하였다. 일기지주(一岐知主)의 명으로 집사의 역할을 맡고 있었다(세종 10-2-2-2). 세종 11년에는 도서를 만들어 주기를 청하므로 이를 들어 주었다 (세종 11-9-17-3). 이후 여러 차례에 걸쳐 조선과 통교하였으며, 그의 아들 등구랑(藤九郎) 역시 조선과 통교하였다.

244 지좌는 일본 장기현(長崎縣) 송포시(松浦市) 지좌정(志佐町) 일대이다. 실정시대에는 송포반도의 거의 중앙에 위치한 비전국(肥前國) 송포군(松浦郡)을 거점으로 지좌씨(志佐氏)가 활동하였다. 당시 지좌의 우두머리는 원중(源重)일 것으로 추정된다.

245 여기에만 보인다.

246 일기도(壹岐島)의 서쪽 풍본(風本, 카자모토) 남쪽에 있는 지명이다.

247 대마도 두지포(頭地浦, 土寄, 쯔찌요리)에 거점을 둔 왜구의 우두머리로 조전좌위문태랑(早田左衛門太郎)이다. 1부 「중요인물」 '좌위문태랑' 참조.

달리 임금의 덕을 입어 보답할 길이 없으니, 다만 난동을 금지시킬 것을 마음먹고 늘 본주本州 사람에게 화와 복을 가지고 타일렀습니다. 그러나 이곳 사람들이 나의 말을 믿어주지 아니하면서 말하기를, 「상국에서 우리를 대접하는 것이 종정무宗貞茂 때와 같지 않다. 전에는 어염魚鹽을 매매할 때 각 포에 통행할 것을 허락하였는데, 지금은 내이포乃而浦와 부산포富山浦 이외에는 통행하지 못하게 하고, 전에는 과해량過海糧을 한 달 치씩 주었는데 지금은 열흘 치 밖에 주지 아니하고, 또 소이전小二殿과 종정성宗貞盛에게는 사신을 따로 보내지 않는다.」라고 한다' 하므로, 신 등이 대답하기를, '전사專使를 보내어 위문하는 것은 예禮의 큰 것이다. 종정무 때에는 지성으로 귀부歸附하고 진심으로 도적을 금지하였으므로, 우리나라에서 늘 사람을 보내어 위문했던 것이다. 지난번에 이 섬의 사람들이 도적이 되어 변방을 침범하였기 때문에 군대를 동원하여 토벌한 지 겨우 몇 년밖에 되지 않는데, 어느 겨를에 위문할 수 있겠는가. 지금부터라도 지성으로 귀부하면 임금의 덕이 자연히 넓어질 것이다. 과해량은 이 섬뿐만 아니라 국왕의 사선과 여러 곳의 사선도 다 그러한데, 그것은 변방의 양식은 한이 있고 국가의 비용은 무궁하기 때문이다. 어염의 가격은 피차가 다 그러한데, 어찌 반드시 모든 포구에 갈 필요가 있는가? 아직까지 매매하지 못하고 돌아갔다는 말은 들어보지 못하였다. 또 이 섬의 사람들이 매매를 칭탁하고 여러 포구에 횡행하면서 때때로 노략질하는 까닭에 그 횡행을 금한 것이니, 이것은 진실로 스스로 취한 것이라' 하였습니다" 하였다. 이어 가지고 온 일본 국왕의 답서를 바쳤는데, 그 글에 이르기를,

"일본국 도전道詮248은 조선 국왕 전하에게 절하고 답장합니다. 규주 지객知客249이 회례사와 함께 이르러, 답서와 별폭別幅을 받들었는데, 여러

가지 아름다운 선물은 감명하여 마지 않는 바입니다. 그러나 나에게 필요한 것은 대장경판이요, 그 나머지 진귀한 물건은 산악과 같이 쌓였다 할지라도 소용이 없는 것입니다. 그러므로, 당초에 법보法寶만 받고 나머지는 모두 받지 아니하려고 하였습니다. 그런데 사신이 여러 번 예의에 어긋나고 국교를 끊는 것이라 하여 가지고 가려고 하지 아니하므로, 도로 보내지 못하고 받아들였습니다. 지금부터 사신이 내왕할 때에 토산물을 예로 보낼 필요는 없고, 다만 교린의 친목만 닦아서 상호 간 국가의 비용을 절약하는 것이 좋지 아니하겠습니까. 이에 전권 사신으로 중윤中允250 서당西堂251을 보내어 다시 자세히 아뢰니, 만일 대장경판을 우리나라에 보내어 주신다면, 무엇을 준들 이것보다 더 좋은 것이 있겠습니까. 가을 더위가 끝나지 아니하였으니, 나라를 위하여 몸조심하시기를 엎드려 바랍니다"

하였다. 주周 · 장長 · 풍전豊前252의 삼주 도독三州都督 다다량 덕웅多多良德雄253 · 관서도 도원수關西道都元帥 원의준源義俊254 · 축전 태재筑前太宰255 등

---

248 실정막부 3대 장군 족리의지(足利義持)의 계명(戒名)이다.
249 일본 선종사원에서 외부에서 오는 손님의 접대와 새로 입문한 수행승을 보살피는 역할을 맡은 승려를 말한다. 규주가 사찰에서 맡은 직책의 이름이다.
250 이 기사에만 보인다.
251 서당(西堂)은 선종 사찰에서 다른 절의 주지를 가리키는 존칭이다. 자기 절의 주지를 지낸 사람은 동당(東堂)이라고 부른다.
252 주방(周防), 장문(長門), 풍전(豊前) 세 지역을 말한다. 본주 서단에서 구주 지방의 동부를 가리킨다.
253 대내성견(1377~1431)이다. 대내다량도웅(大內多多良道雄)으로도 보이며, 아명은 육랑(六郎)이고, 법명이 도웅(道雄)이다. 대내홍세(大內弘世)의 아들로 1396년 구주탐제(九州探題) 삽천만뢰(澁川滿賴, 源道眞)에 대하여 소이정뢰(少貳貞賴)와 국지무조(菊池武朝)가 반란을 일으키자 형제들과 함께 출진하였다. 1401년 동생 홍무(弘茂)의 가독 계승 다툼에서 승리하였고, 주방 장문 풍전국의 수호를 겸하였다. 1406년에 출가하여, 계명을 덕웅(德雄)이라고 하였다. 1425년 구주탐제 삽천의준(澁川義俊)이 소이만정(少貳滿貞) · 국지겸조(菊池兼朝)에게 패하자 구주로 내려가 반란을 평정하고 새로운 구주탐제 삽천만직(澁川滿直)을 원조하였다. 축전국(筑前國)의 영유를 둘러싸고 소이만정 · 대우지직(大友持直)과 다투다가 1431년 축

원 만정藤原滿貞[256]·대마주수對馬州守 종정성宗貞盛[257]도 모두 답장하여 은 사恩賜를 사례하고 예물禮物을 바쳤다. 임금이 여러 대신에게 이르기를,

　"박안신이 일기도一岐島에 이르렀을 때 거의 위태로웠는데, 수호守護 대 관代官 등이 우리나라에 정성을 다하여 구원하였으므로 살게 된 것이다" 하였다. 처음에 회례사를 보낼 때, 조정에서 의논하기를,

　"일본을 사신을 통한 것은 본시 빙문聘問의 예를 닦기 위함이 아니요, 특히 그들의 욕구를 채우자는 데 있는 것이다. 바닷길이 멀고 험하여 회례사를 보낼 때마다 혹시 예측하지 못한 일이 있을까 염려되니, 한 대 에 한두 번을 넘지 않게 교통하는 것이 가합니다"

전국 이토군(怡土郡)에서 전사하였다. 그가 죽자 조카인 대내지세(大內持世)가 대내씨(大內 氏)의 가독(家督)을 계승하였다.

254 삽천만뢰(澁川滿賴)의 아들로 1419년에 구주탐제직을 이어받았다(1400~1434). 무가관위는 좌근장감(左近將監)이다. 1423년에 소이만정(少貳滿貞)이 박다(博多)를 공격하자 패하여 비 전국(肥前國) 산포성(山浦城)으로 피신하였다. 이후 구주탐제의 영향력을 쇠퇴하기 시작하였 다. 1425년 의준은 소이만정을 공격하였으나 패하고, 1428년에 삽천만직(澁川滿直)에게 구주 탐제를 물려주고, 자신은 축후국(筑後國) 주견성(酒見城)에 은거하였다.

255 축전국 대재부의 장관이라는 뜻으로 사용하였다. 원래 소이씨는 대재부의 차관인 소이(少貳) 라는 관직을 세습하였기 때문에 생긴 씨명이다.

256 소이만정(少貳滿貞, 1394~1433)이다. 소이정뢰(少貳貞賴)의 아들로 1404년 아버지의 죽음 으로 소이씨 가독을 계승하였다. 소이정뢰는 1396년에 구주탐제(九州探題)가 된 삽천만뢰(澁 川滿賴, 源道鎭)와 여러 차례에 걸쳐 싸웠다. 1419년 삽천만뢰가 구주탐제직을 아들인 삽천의 준(澁川義俊)에게 물려주었다. 이후 1423년에 박다(博多)에서 삽천의준과 싸워 물리쳤다. 1425년에도 의준의 반격을 물리쳤지만, 북구주의 평정을 위해서 내려온 대내성견(大內盛見) 에게 패하여 박다 지역에서 물러나지 않을 수 없었다. 소이만정을 성견은 1428년에 새로이 구 주탐제가 된 삽천만직(澁川滿直)을 도와 구주에서 세력을 확대하고자 하였다. 1431년에 만정 은, 축전국(筑前國)의 영유권을 두고 성견과 대적한 대우지직(大友持直)을 도와 대내성견을 물리쳤다. 1433년에 소이만정을 추토(追討)하기 위해서 구주에 내려온 대내지세(大內持世)와 싸웠으나 축전의 추월성(秋月城)에서 전사하였고, 아들 소이자사(少貳資嗣)도 비전국(肥前 國) 여하장(與賀庄) 전투에서 전사하였다.

257 대마도주 종정무(宗貞茂)의 아들 도도웅환(都都熊丸, 1385~1452)이다. 1418년 아버지가 죽 자 대마도 수호직을 이어받았다. 1419년에 기해동정을 겪었다. 1441년 대마도인들이 조선의 고초도 해상에서 고기를 잡을 수 있는 고초도 금약을 맺었고, 1443년에 계해약조를 맺었다. 주 군가(主君家)인 소이씨(少貳氏)의 세력이 약화되자 조선과의 교역권을 장악함으로써 대마도 를 효율적으로 지배하고자 하였으며, 마찬가지로 조선과의 교역에 관심을 가진 대내씨(大內 氏)와 대립하였다. 1부 「중요인물」 '종정성' 참조.

하였는데, 임금이 이르기를,

"이번 사행 뒤에는 다시 회례할 필요가 없다"

하면서 보냈던 것이다. 안신이 일본에 도착하자, 과연 국왕이 경판을 얻지 못하였음을 원망하고 박대하였는데, 안신은 담략膽略이 있고 말도 잘하므로 인하여 능히 사명을 다하고 돌아오게 된 것이었다.

12月 21日(壬戌) 3번째 기사
왜구를 잡는 데 공을 세운 장신 · 장백동 등의 역을 면제시키고 공패를 주다

兵曹啓, "去九月全羅道處置使尹得洪於西餘鼠島捕倭時, 順天記官張伸, 功在一等, 子孫幷免其役, 鹽干張白同 · 金生等十二人, 功在二等, 復其身役, 竝依己亥年東征例, 給功牌." 從之.

병조에서 아뢰기를,

"지난 9월에 전라도 처치사處置使258 윤득홍尹得洪이 서여서도西餘鼠島259에서 왜구를 잡을 때, 순천 기관記官 장신張伸이 일등 공을 세웠으니, 그 자손들의 역役을 모두 면제하고, 염간鹽干 장백동張白同 · 김생金生 등 12명은 이등 공을 세웠으니, 그 신역身役을 면제시키고, (세종 원년) 동정東征260 때의 예에 의하여 모두 공패功牌를 주게 사소서"

하니, 이에 따랐다.

---

258 조선시대 수군의 최고 관직이다. 태종 때 수군도절제사라고 하였고, 세종 2년(1420) 수군 도안무 처치사로 고쳤으며, 이후 세조12년(1466) 다시 수군절제사로 고쳤다.

259 전라남도 완도군 청산면 여서리에 여서도라는 섬이 있으나, 서여서도라는 섬은 현재 보이지 않는다. 그러나 고초도의 서쪽, 연화도의 서쪽, 제주도의 북쪽에 있었음을 보여주는『조선왕조실록』의 기록으로 보아, 현재의 여서도 위치와 모순되지 않는다.

260 1419년에 대마도를 정벌한 기해동정을 말한다.

12月 29日(庚午) 1번째 기사
귀화한 여진인·왜인과 함께 궐내에서 불구경을 하다

造火棚于闕內, 日暮, 上出御幄次觀之, 當直僉摠制以上入侍. 又命向化兀狄哈·兀良哈·斡孕里女眞·倭人, 皆令觀火.

화붕火棚[261]을 궐내에 만들고, 날이 저물어서 임금이 악차幄次에서 나와 구경하는데, 숙직 당번인 첨총제僉摠制 이상이 입시하고, 또 귀화한 올적합兀狄哈·올량합兀良哈·알타리斡朶里의 여진인女眞人과 왜인倭人도 모두 불구경을 하게 하였다.

---

261 화약을 설치하여 불꽃놀이를 할 수 있도록 만든 틀을 말한다.